民族文字古籍叢書——7

國家圖書館藏

陳紅彦　薩仁高娃　主编
全桂花　執行主编

北京大学出版社
PEKING UNIVERSITY PRESS

国家出版基金项目
NATIONAL PUBLICATION FOUNDATION

國家出版基金項目

目　録

◆ 滿文

滿族先民爲女真人，建立金朝後，曾借鑒漢文和契丹文創製女真文。1599 年，努爾哈赤命額爾德尼、噶蓋二人參照蒙古文字母創製滿文，俗稱“無圈點滿文”或“老滿文”。老滿文僅行用三十餘年，留下的文獻不多，最著名的爲《滿文老檔》等後金時期檔案，另有一些碑銘、木牌。1632 年，清太宗皇太極命達海對文字加以改進，改進後的滿文字母旁加圈點，有了較爲完善的字母體系和拼寫法，具有區別於蒙古文字母的明顯特徵，俗稱“有圈點滿文”。清朝建立後，滿文被尊爲“國書”。現存滿文文獻多以有圈點滿文書寫。另有三十二體滿文篆字，於清乾隆十三年（1748）參照漢文篆書創製而成。

御製資政要覽

清順治十二年(1655)刻本, 版框18.2釐米×12.1釐米。館藏號：Man0115。

爲清順治帝所作，輯歷代經史典籍中有關政事部分進行闡述，既有忠臣、孝子、賢人、廉吏的事迹，也有奸貪、不肖、悖亂的事例，體現了順治帝的治政思想。此爲順治十二年刻本，前有順治帝序，正文包括君道、臣道、父道、子道、夫道、婦道、兄弟、體仁、弘義、敦禮、察微、昭信、知人、厚生、教化、儉德、遷善、務學、重農、睦親、積善、愛民、慈幼、養生等共三十篇。後序一卷。入選第三批《國家珍貴古籍名録》，名録號爲 09756。

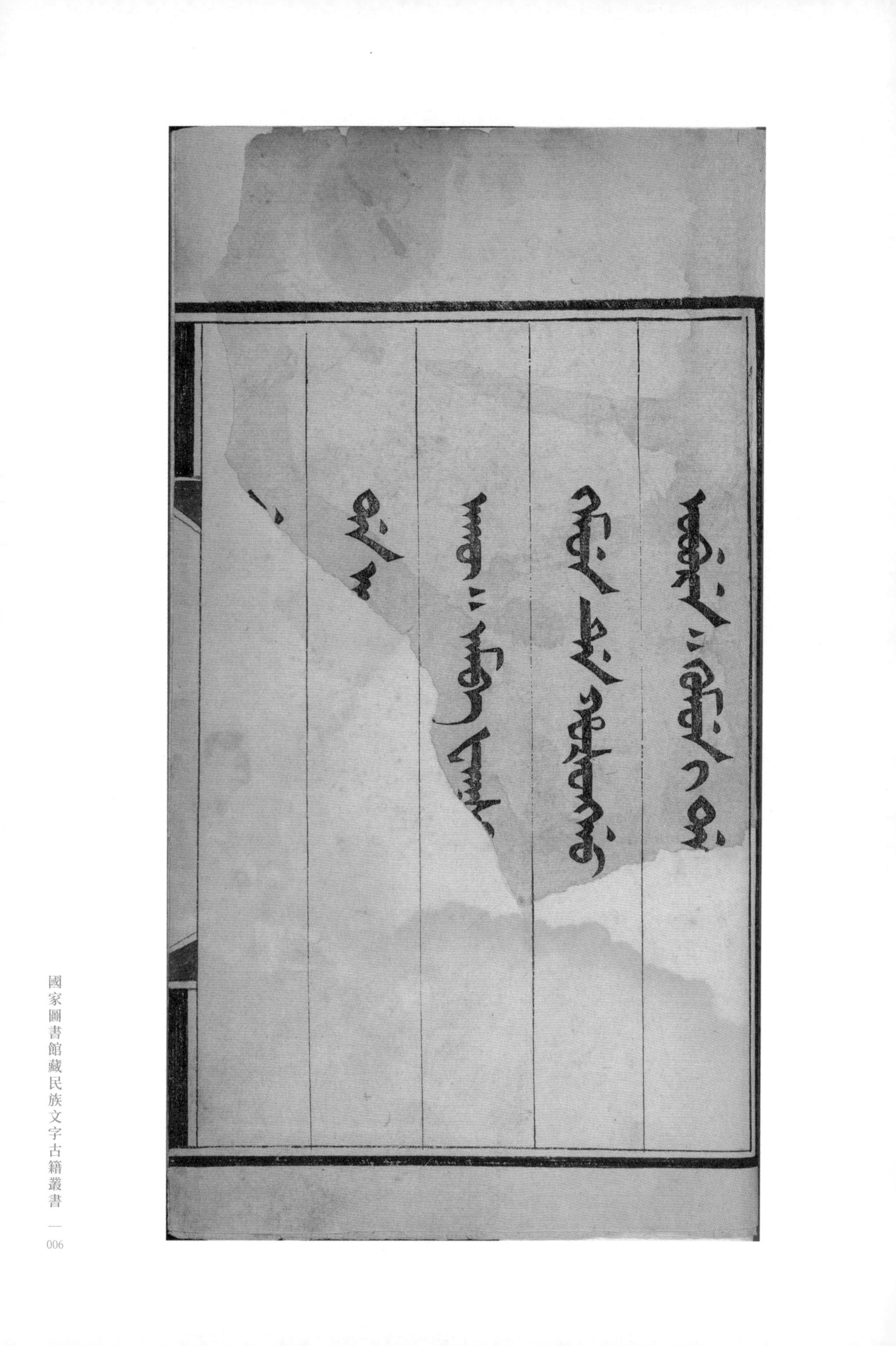

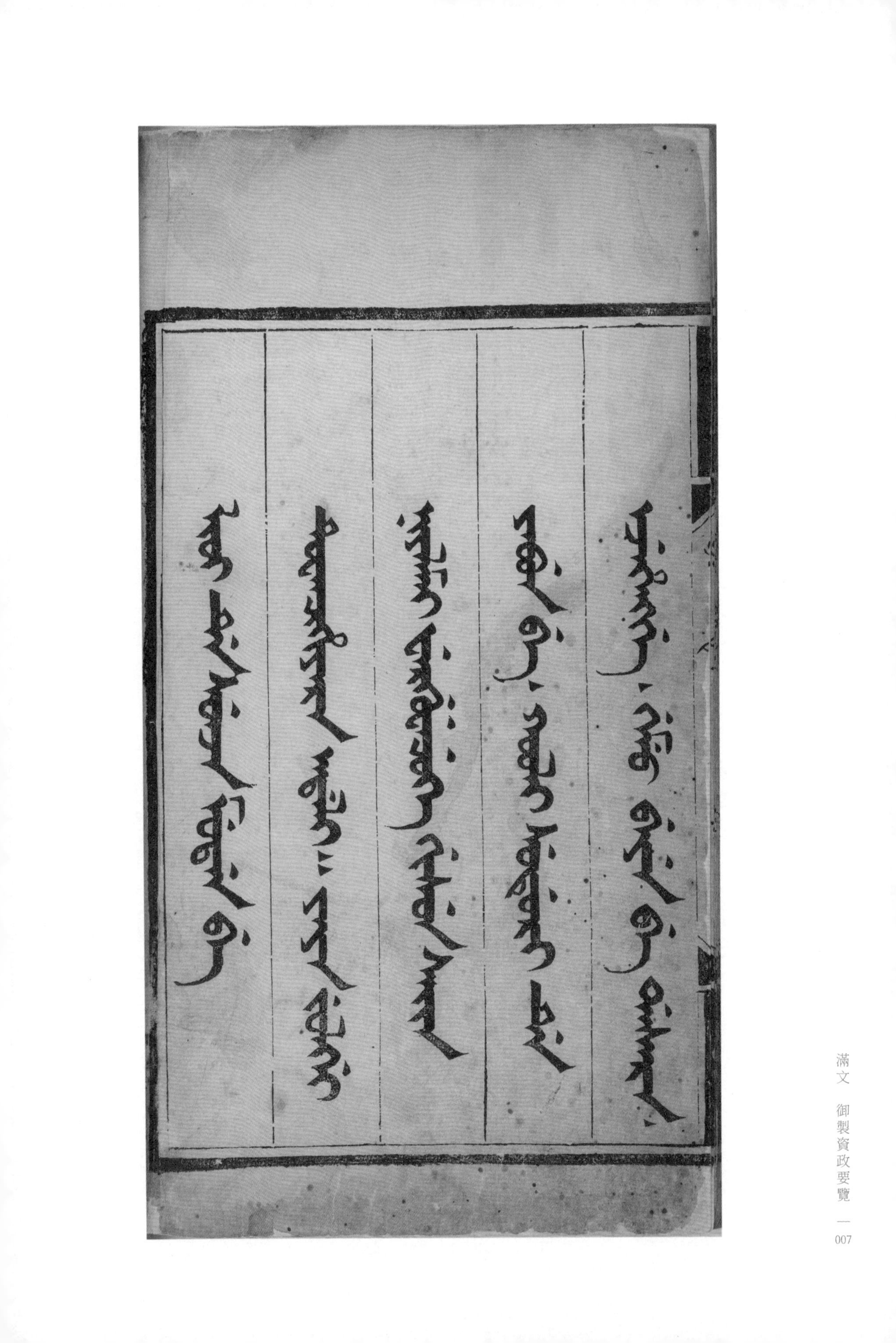

[illegible]

[illegible]

[illegible]

[illegible]

[illegible]

ᠵᡠᠯᡤᡝ ᠪᡝ ᡨᡠᠸᠠᠮᡝ ᠰᡳᠨ::

ᡩᡝ ᡩᡝᠨ ᠰᡝᠮᡝᠨ ᡨᠣᠪᠣ:: ᠪᡝ

ᠮᡠᡴᡡᠨ ᠣᠮᠣᠰᡳ ᠪᡝ ᡤᡳᠰᡠᠨ

ᡤᡳᠰᡠᠨ ᡝᠮᡠ ᠪᡝ ᠣᠮᠣᠰᡳ::

ᠵᡝ ᡤᡳᠰᡠᠨ ᡤᡝᠨᡤᡳᠶᡝᠨ ᠴᠣᡥᠣᠮᡝ ᡨᡠᠸᠠᠮᡝ

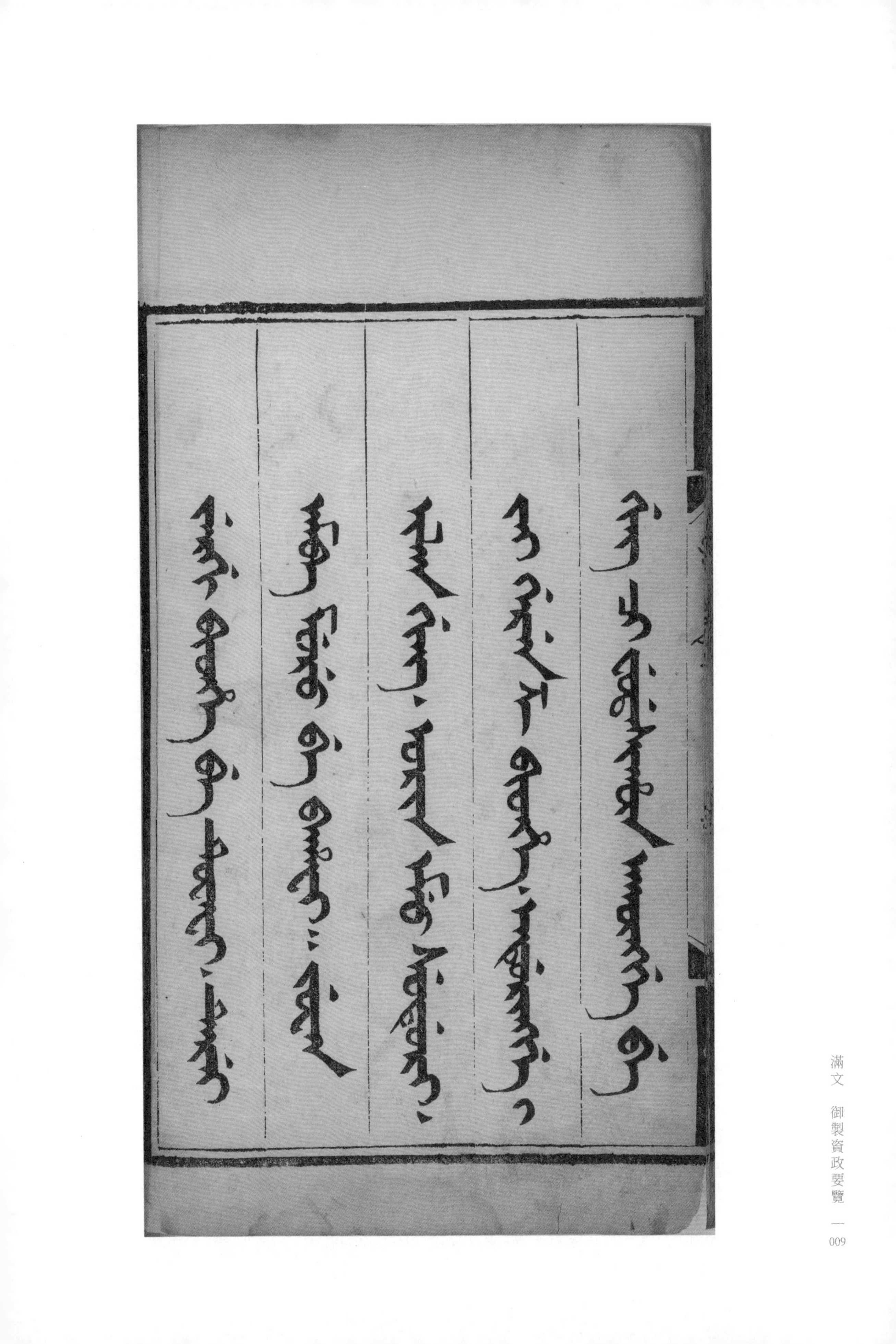

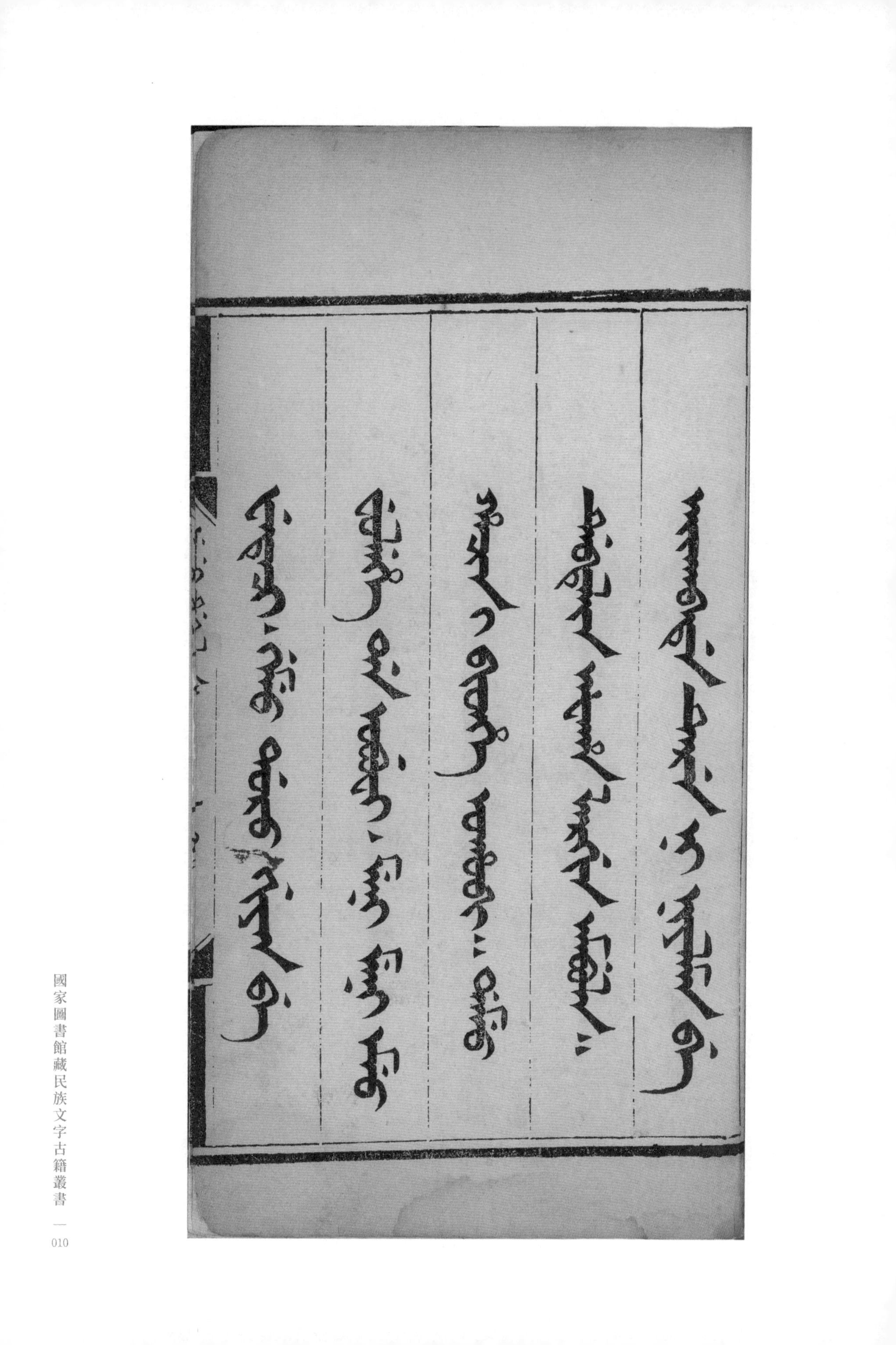

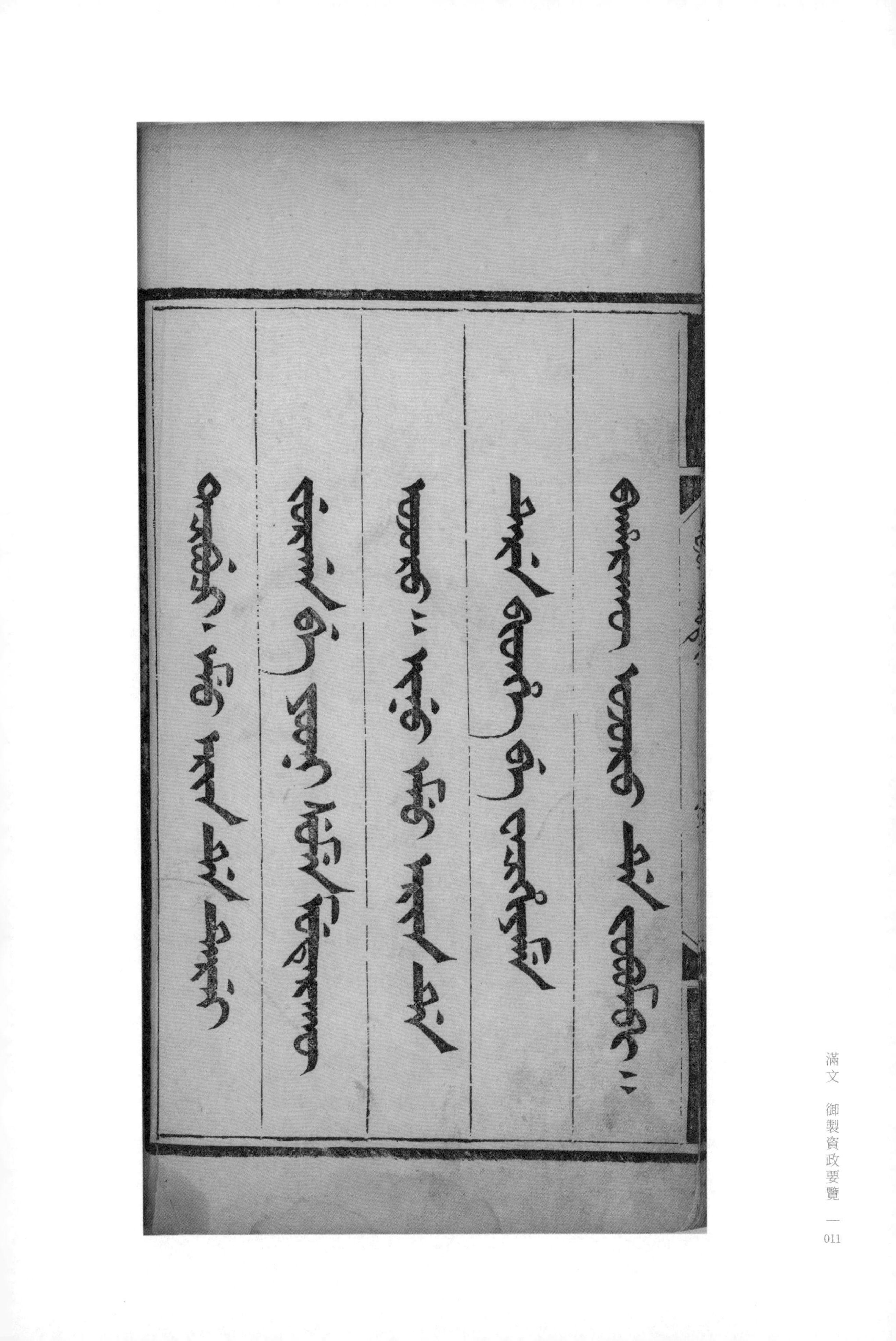

[illegible]

[illegible]

[illegible]

[illegible]

ᠨᡳᠩᡤᡠᠨ ᠪᠣᡳᡤᠣᠨ ᠪᡝ ᡨᡠᠸᠠᠨᠴᡳᡥᡳᠶᠠᠮᡝ ᡨᡠᠸᠠᠨ

ᠮᡠᠰᡝᠪᡠ ᠪᡝ ᡨᡠᠸᠠᠪᡠᡥᡝ ᠠᠴᠠᠪᡠᡥᠠ ᠉

ᠪᠣᡥᠣᠨ ᠪᡝ ᠠᠯᡳᠨ ᡨᡝᠨ ᡨᡠᠸᠠᠨ

ᠠᠮᠪᡠᠯᡳ ᠪᡝ ᠠᠨᠠᡥᡡᠨ ᠠᠴᠠᠪᡠᡥᠠ ᠉

ᡨᡠᠸᠠᠪᡠ ᠪᠣᡳᠨᡳ ᠪᠣᡥᠣᠨ ᡳ ᠪᠣᠨᡳᠨ

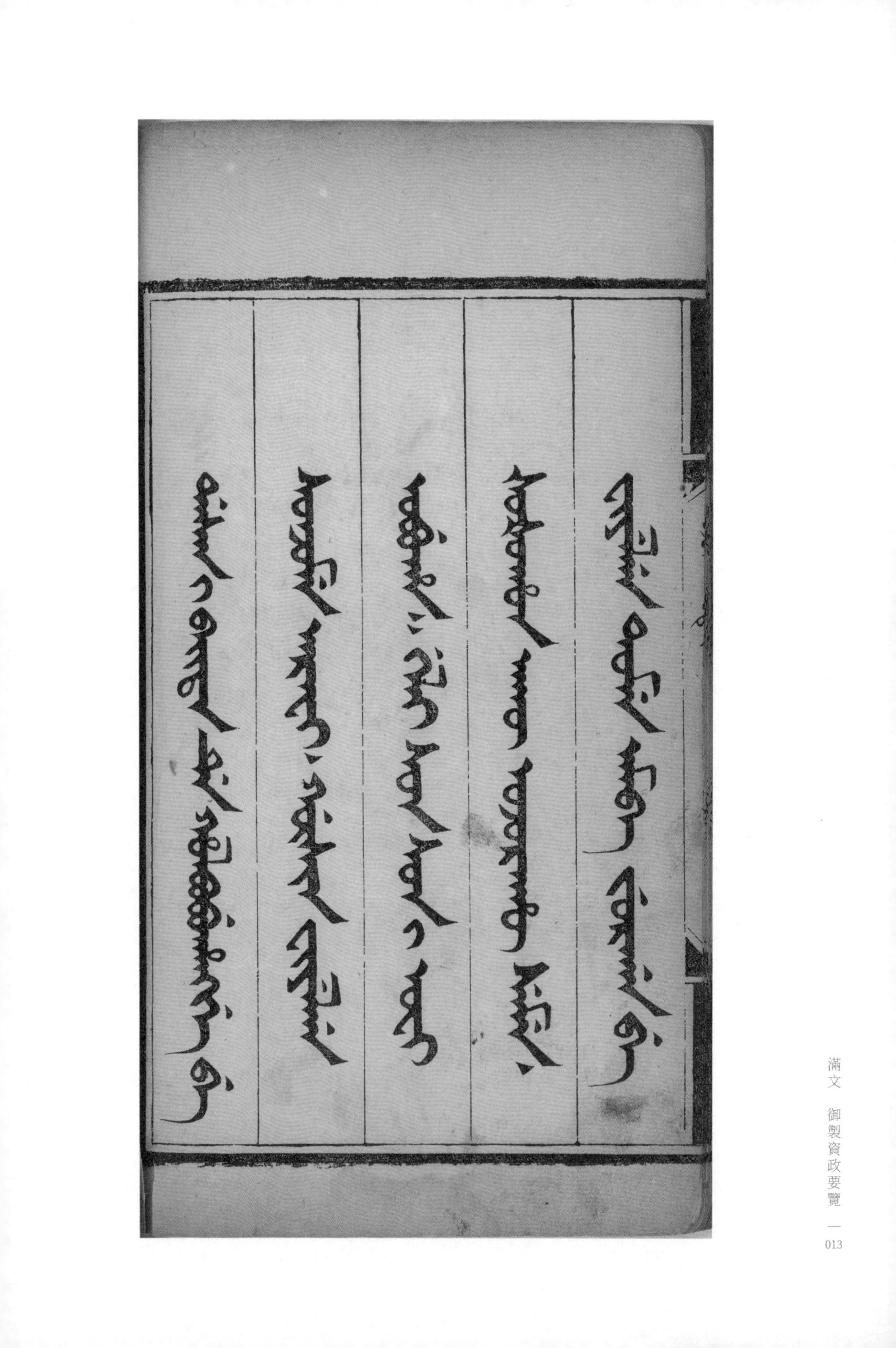

ᡤᠣᠰᡳᠩᡤᠠ ᡨᠣᡴᡨᠣᠪᡠᠨ᠉ ᠠᡳᠰᡳᠨ

ᠪᠣᠯᡤᠣ ᡤᡳᠩᡤᡠᠨ ᡳ ᡨᠠᠴᡳᠨ ᠪᡝᠶᡝ ᡩᡝ

ᡤᠣᠰᡳᠩᡤᠠ ᠪᡝ ᠠᠮᠪᠠᠩᡤᠠ

ᡨᡠᠸᠠᠨ ᡤᡳᠰᡠᠨ᠉ ᠪᡝᠶᡝ ᠰᡳᠨ

ᠪᠣᠯᡤᠣᠨ᠉ ᠪᡝᠶᡝ ᡳ ᡤᡳᠰᡠᠨ ᡩᡝ

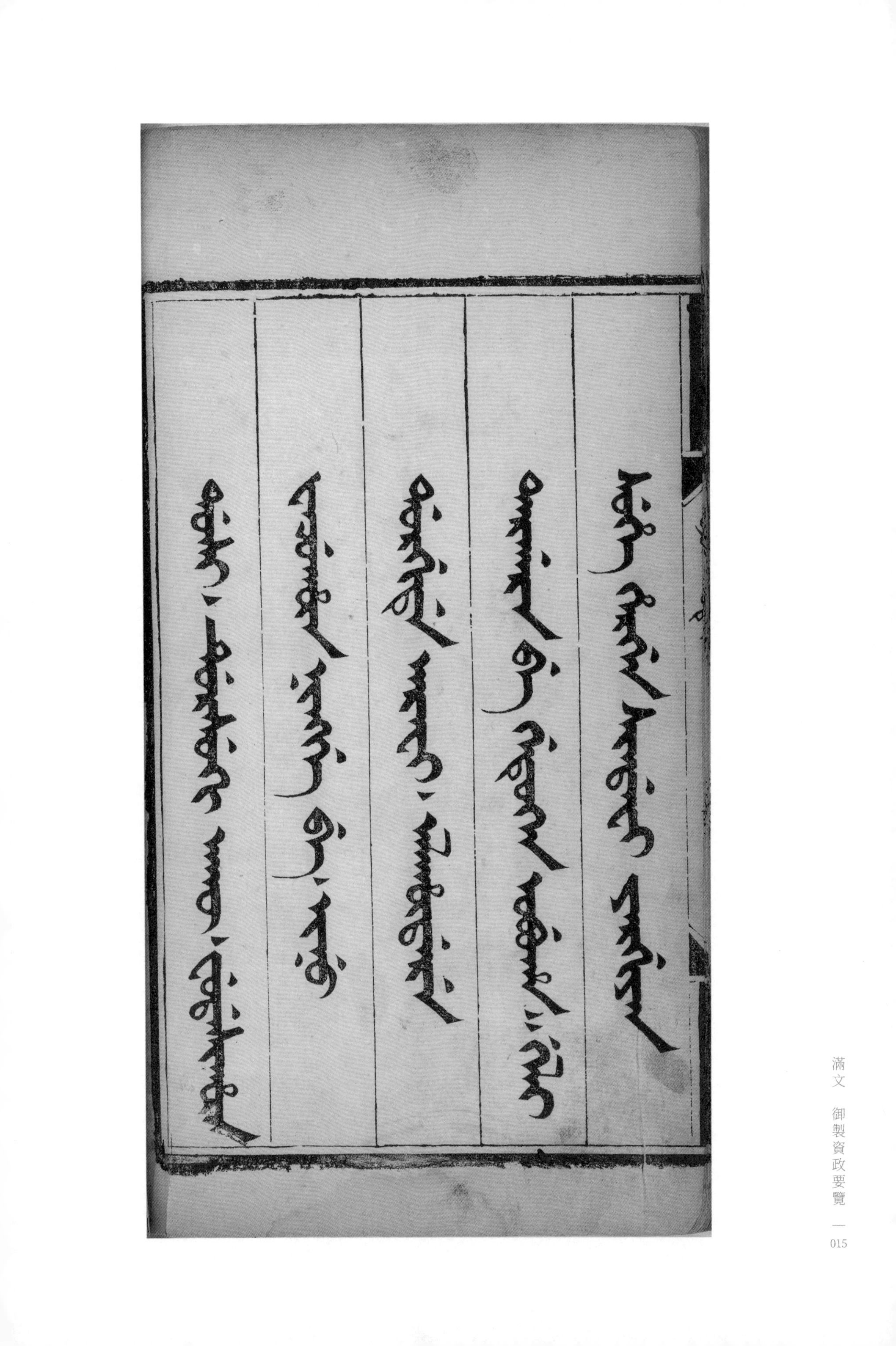

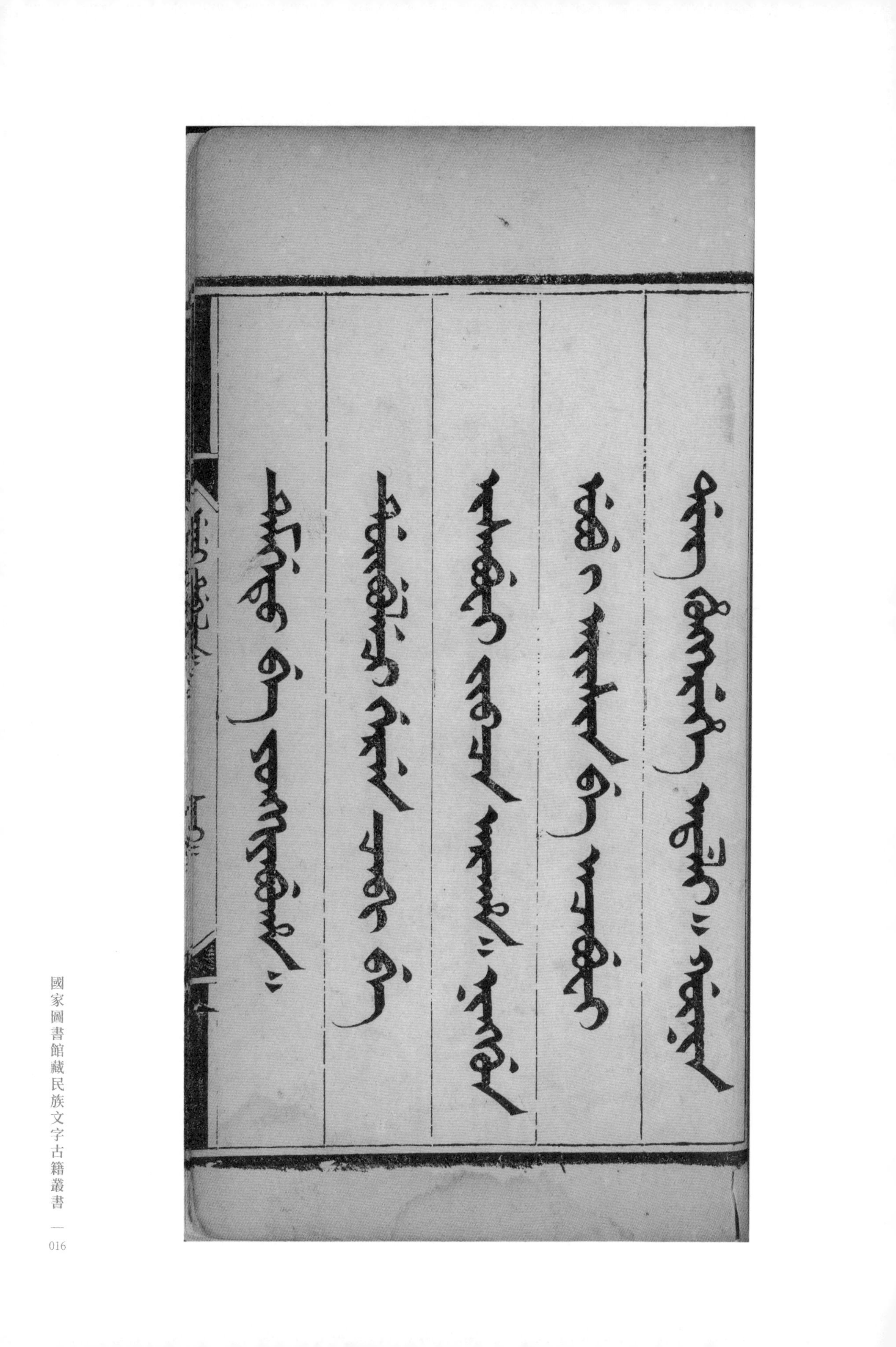

[illegible]

[illegible]

[illegible]

[illegible]

[illegible]

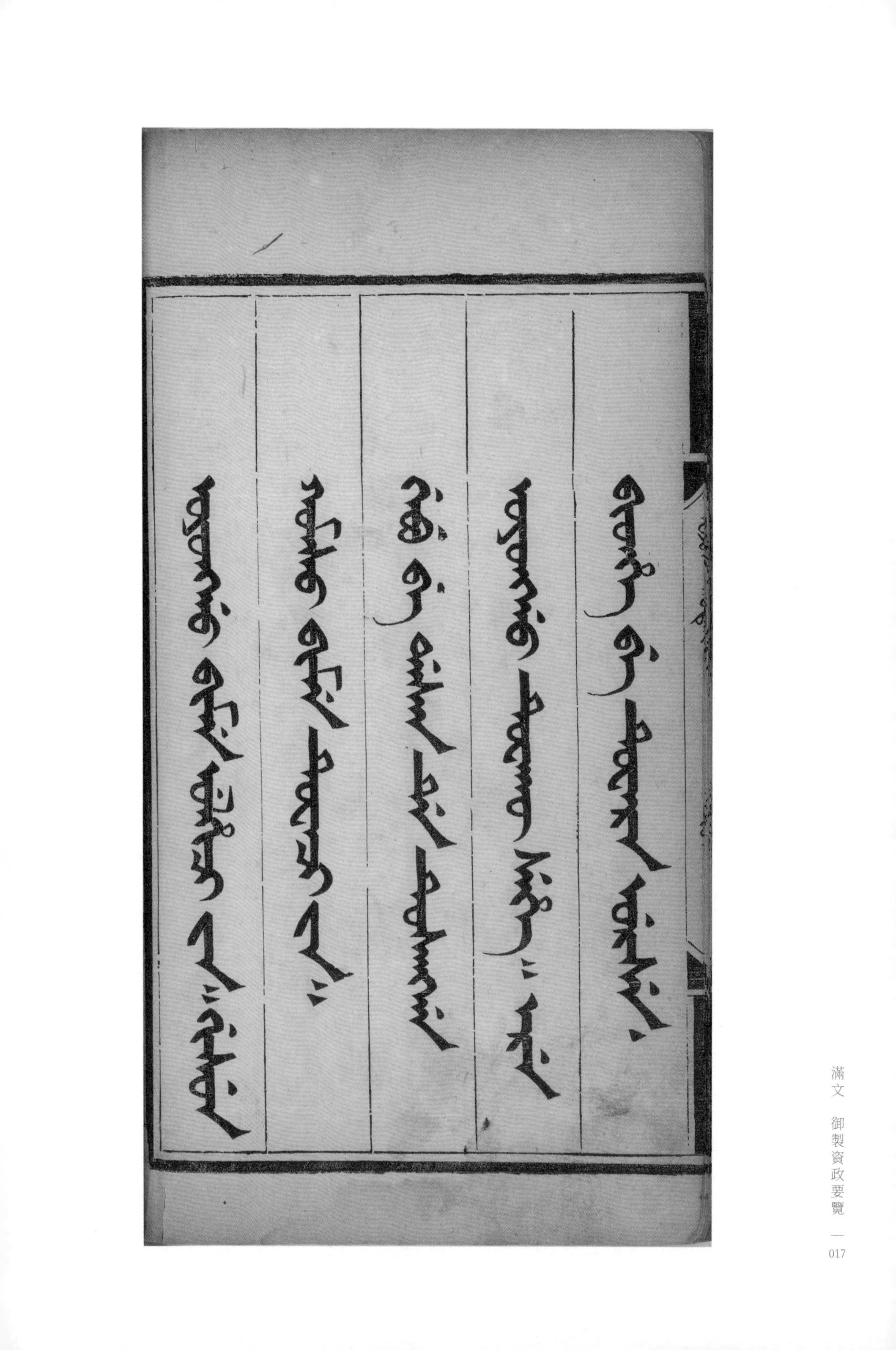

[illegible]

[illegible]

[illegible]

[illegible]

[illegible]

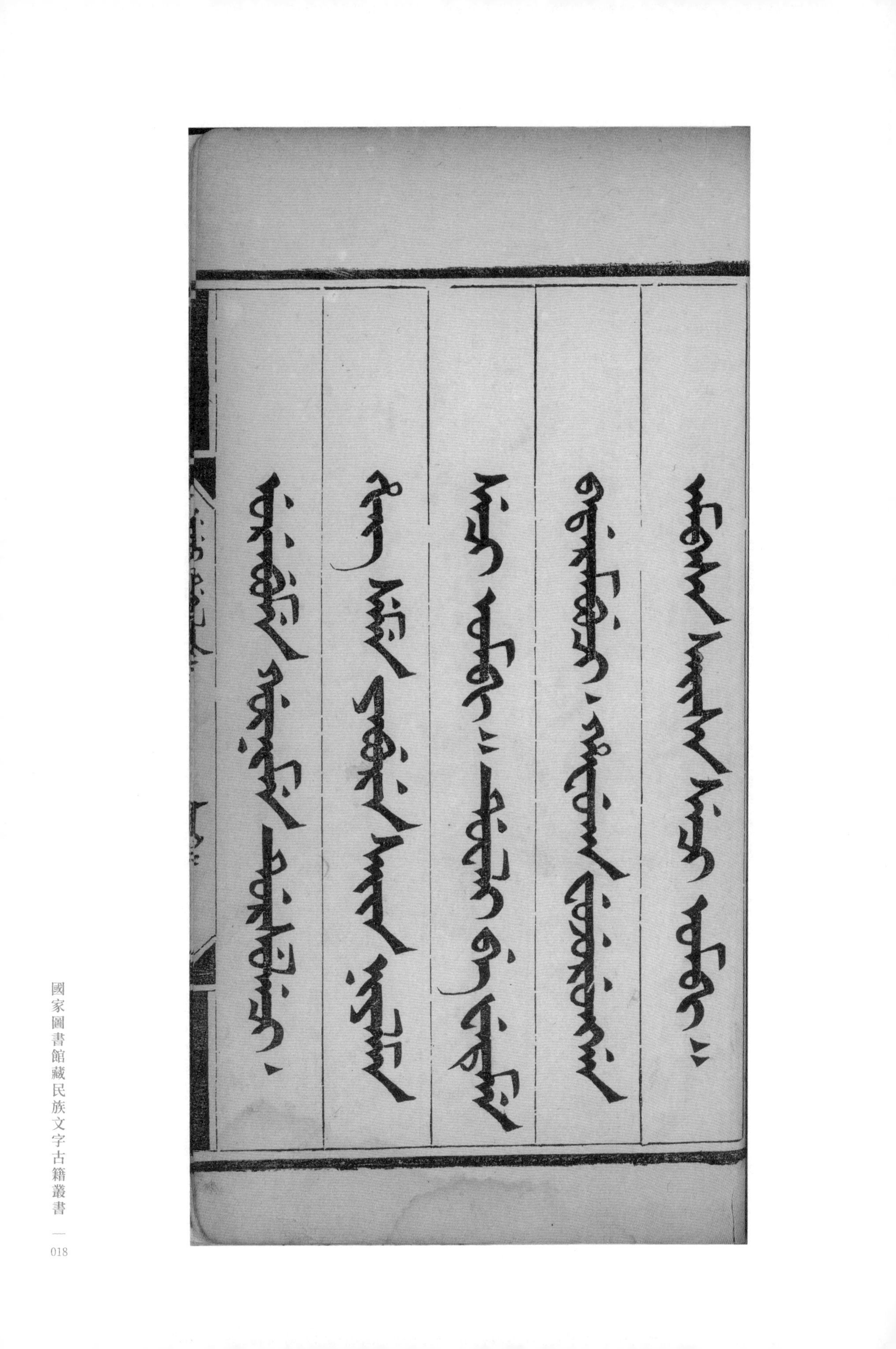

[illegible]

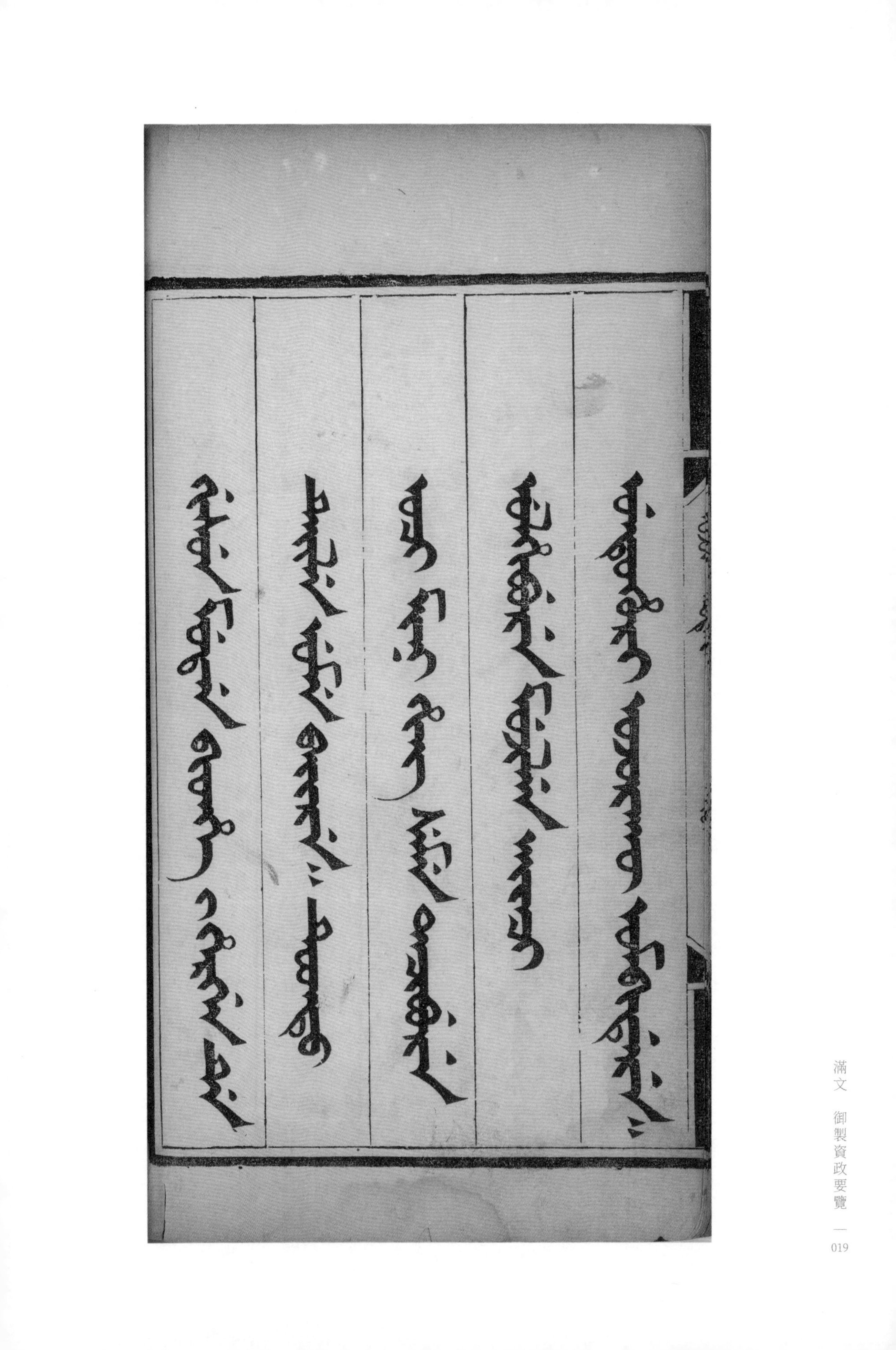

ᠠᠮᠪᠠᠯᡳᠩᡤᡡ ᡝᡵᡩᡝᠮᡠᠩᡤᡝ ᡳ ᠨᡳᠩᡤᡠᠴᡳ ᠠᠨᡳᠶᠠ

ᠰᠠᡳᠨ ᠰᠠᡳᠨ ᠪᠣᡩᠣᠨ ᡨᡠᠮᡝᠨ ᠰᡳᠨᡳᠩᡤᡝ

ᠠᠮᠪᠠᠰᠠ᠉

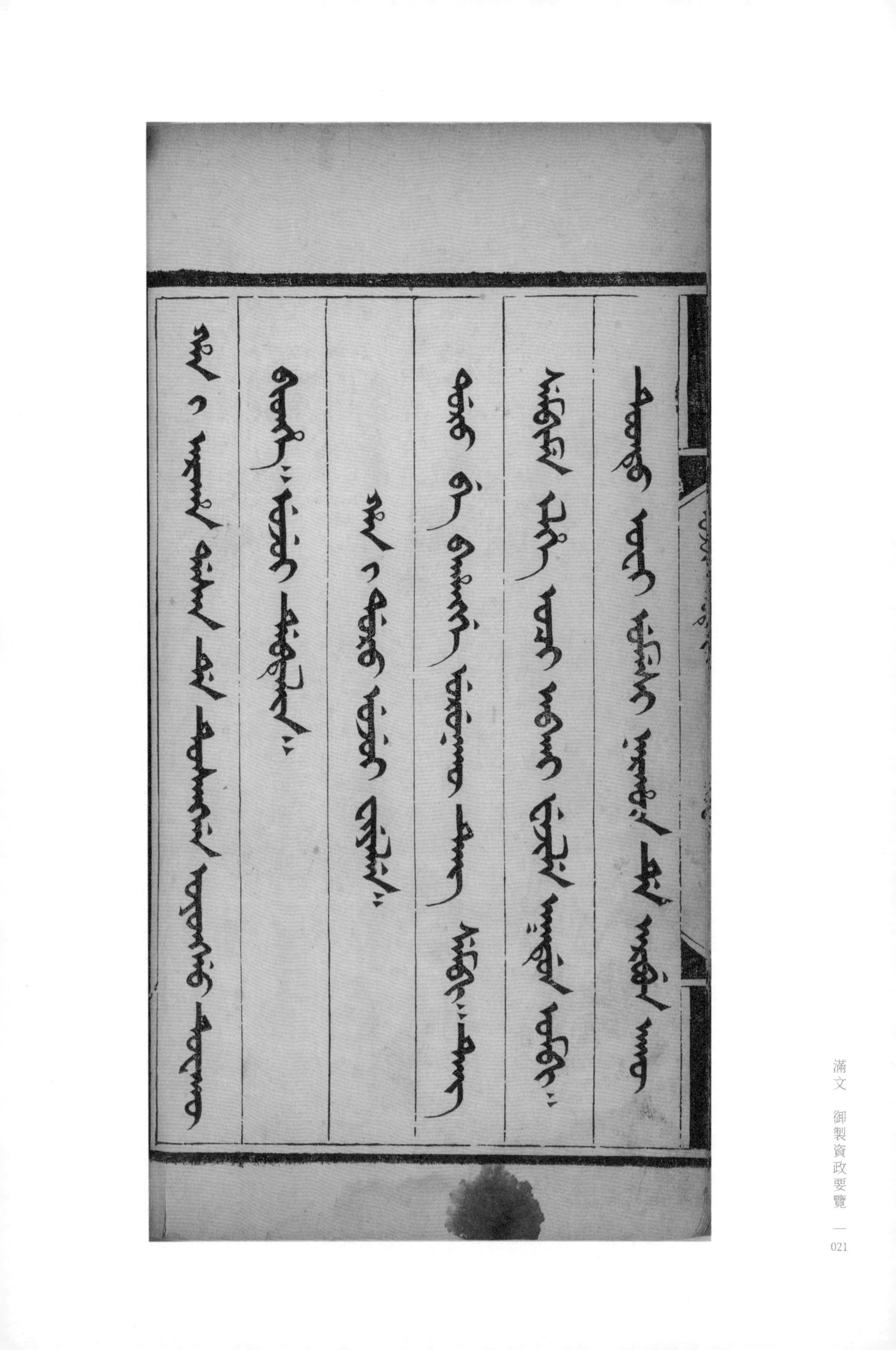

ᠵᡝᠣ ᡳ [illegible]

[illegible]

ᠵᡝᠣ ᡳ [illegible]

[illegible]

[illegible]

[illegible]

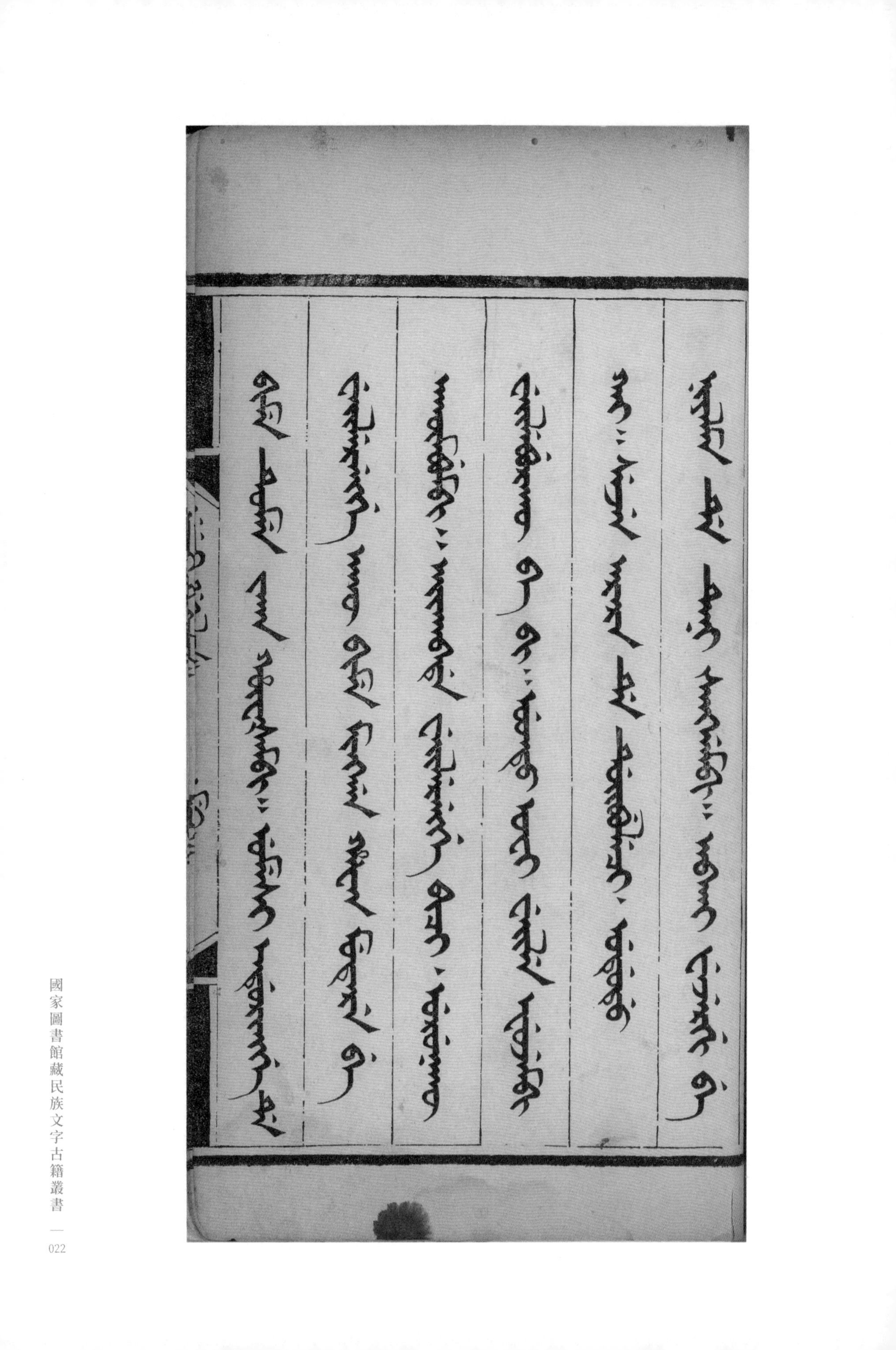

ᠰᡝᡶᡠ ᡨᠠᠴᡳᠪᡠᡵᡝ᠈ ᠨᡳᠶᠠᠯᠮᠠ ᡨᠠᠴᡳᠪᡠᡵᡝ᠈ ᡩᠣᡵᠣ ᠪᡝ ᡤᡝᠩᡤᡳᠶᡝᠨ

ᠪᡝ ᡩᡝ᠈ ᡩᠣᡵᠣ ᡩᠠᠰᠠᡵᠠ ᡩᡝ ᡩᠠᠰᠠᠪᡠᡵᡝ᠉ ᡨᡠᡵᡤᡠ

ᡩᠠᠰᠠᠪᡠᡵᡝᠩᡤᡝ᠉ ᡳᠨᡝᠨᡳ᠈ ᡳᠨᡝᠨᡳ᠈ ᡨᡠᡵᡤᡠᠨ ᡩᡝ ᡩᠠᠰᠠᠪᡠᡵᡝᠩᡤᡝ᠉

ᡤᡳᠰᡠᠨ ᠪᠣᡩᠣᡵᠣ ᡩᡝ ᡩᠠᠰᠠᠪᡠᡵᡝᠩᡤᡝ᠉ ᡤᠣ ᡳ ᠪᡠᠰᡝᡵᡝ

ᡤᡝᠨᡳᠨ ᡤᡳᠨᡳᠨ ᡤᡠᠰᡝᠨ ᡳ ᠮᡝᠩᡤᡝᠨ ᠪᡝ ᠪᡝᡳ᠉ ᡨᠠᠰᠠ

ᠪᠠᠨᠵᡳᠨᠠᠨ᠈ ᠪᠣᡳᡤᠣᠨ ᡳᠨᡝᠨ ᠰᡝᠮᡝ ᠰᡠᡴᡠᠨ ᠪᠣᡳᡤᠣᠨ᠉ ᡳᠨᡝᠨ

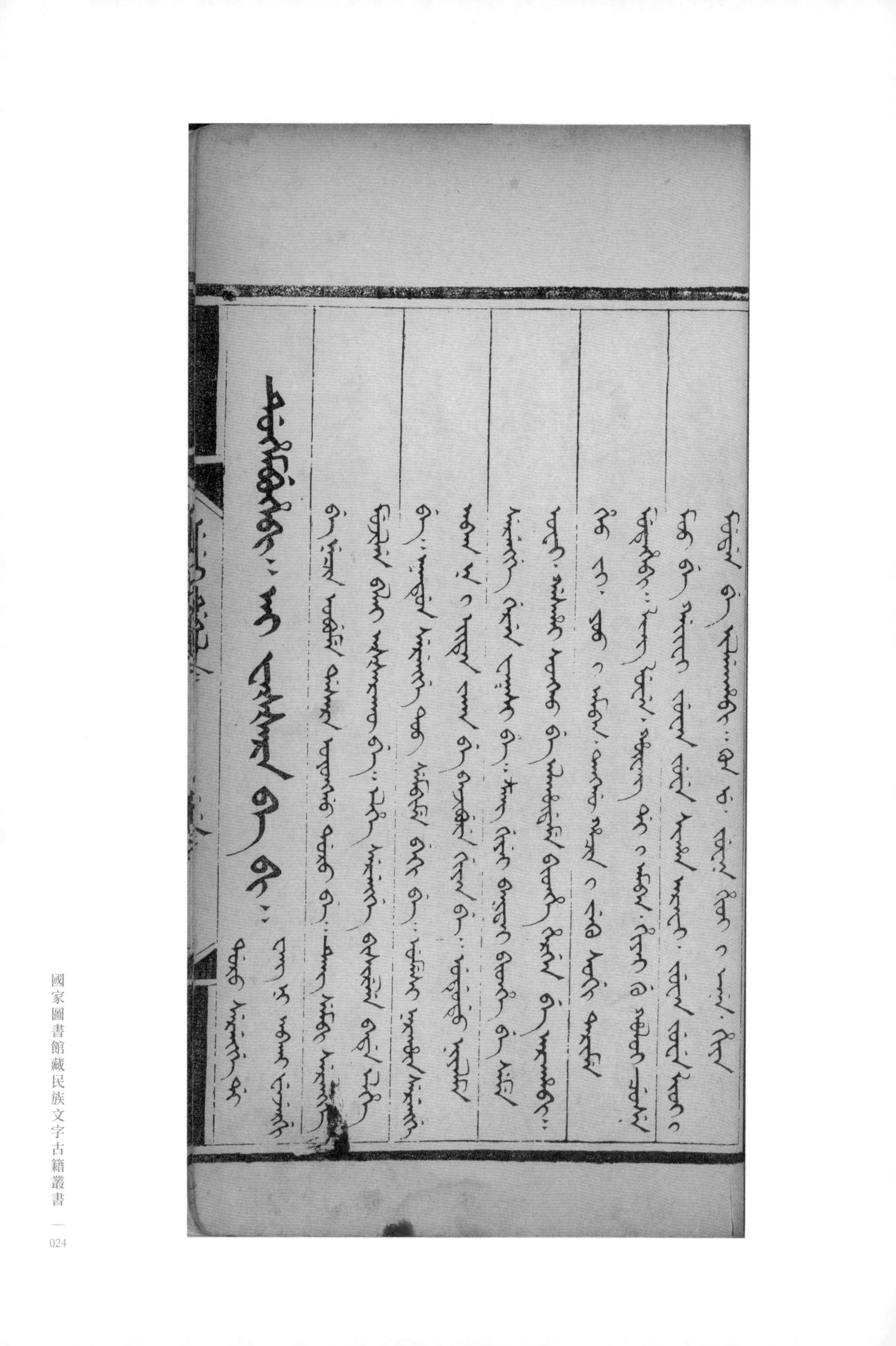

[illegible]

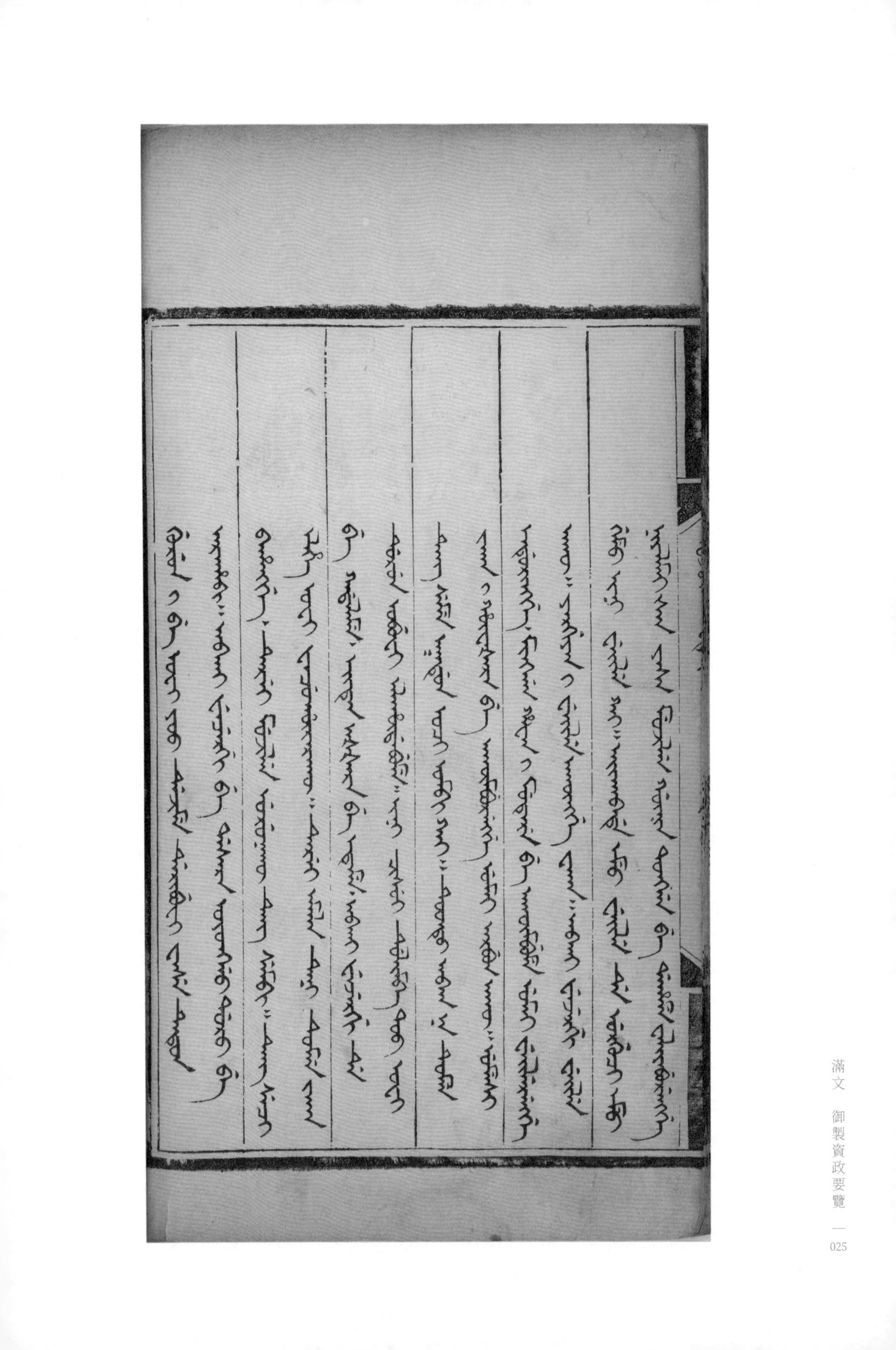

[illegible]

[illegible]

[illegible]

[illegible]

[illegible]

[illegible]

[illegible]

[illegible]

[illegible]

[illegible]

[illegible]

[illegible]

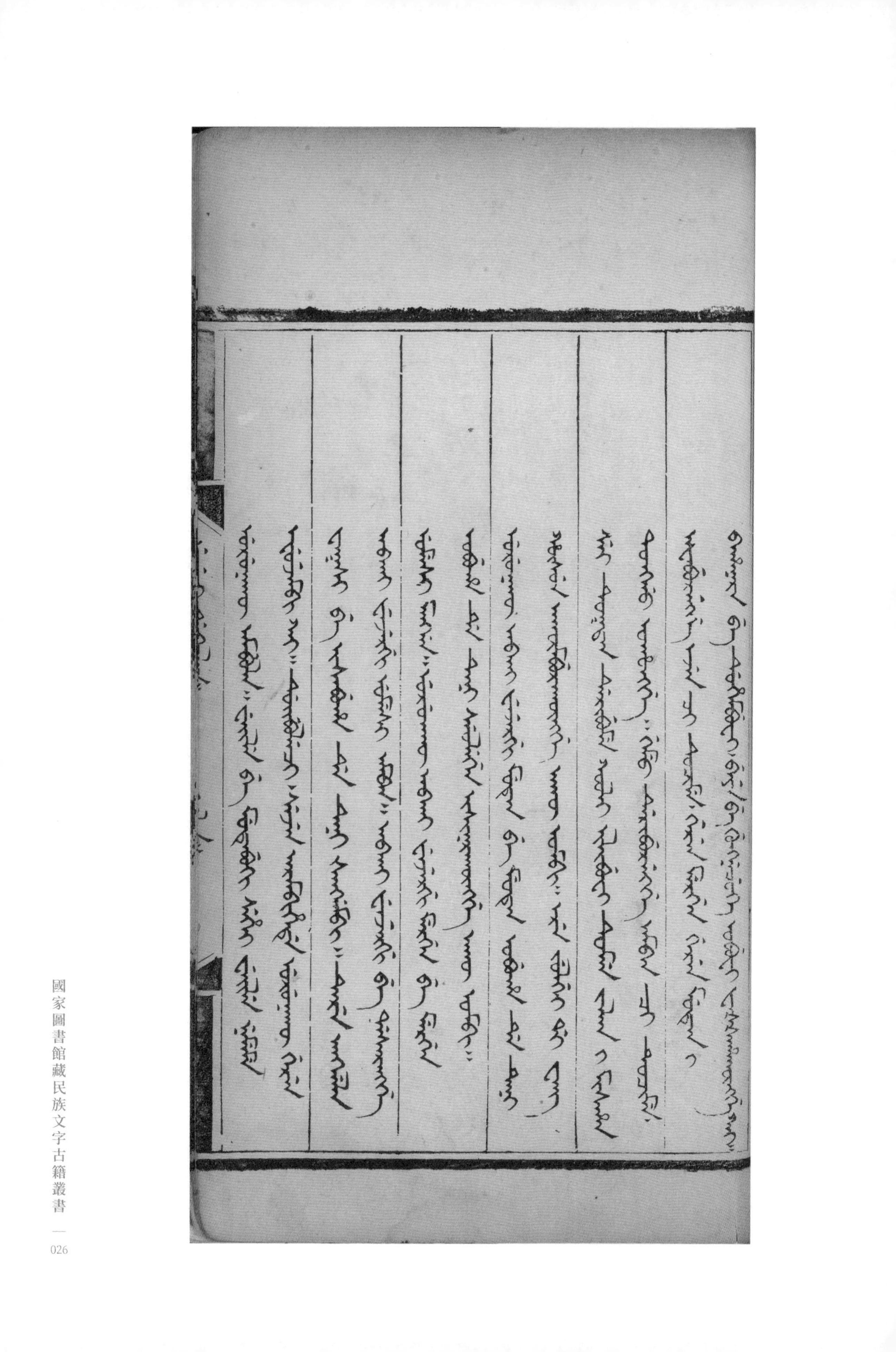

[illegible]
[illegible]
[illegible]
[illegible]
[illegible]
[illegible]
[illegible]
[illegible]
[illegible]
[illegible]
[illegible]
[illegible]

ᡨᡝᠨᡳ ᡨᡝᡵᡝ ᡩᡝ ᠪᡠᡵᡝᠩᡤᡝᠮᠪᡳ ᠮᡠᠰᡳ ᡩᡝ

ᠪᠣᠣᡳ ᠰᡳᠮᡝ ᡳᡵᡤᡝᠨ ᡩᡝ ᠪᠣᡥᠣᠰᠣ ᠪᡝᠰᡝᠩᡤᡝ

ᡤᡡᠨᡳᠨ ᠵᠠᡴᠠᡩᡝ ᠪᡝᠰᡝᡳ ᡨᡝᠨᡩᡝ ᠠᠨᡩᡠᡵᡝᠨ ᠠᠮᠪᠠ

ᡤᡡᠨᡳᠨ ᡩᡝ ᡨᡝᡵᡝᡥᡝᠮᠪᡳ᠉ ᠠᡩᠠᡵᡝ ᡨᡝᠨᡩᡝ ᠪᡝᠰᡝᠩ

ᠪᡝᡨᡝ ᡨᡝᡵᡝᡥᡝᠨᡳ᠈ ᠰᡝᡳᠨᡳ ᡩᡝ ᠪᠣᠣᡳᠵᡝᠩᡤᡝ ᠪᡝᠰᡝᠩᡤᡝ

ᡤᡡᠨᡳᠨ ᡨᡝᠨ᠈ ᠠᠨᡳᠶᠠ᠈ ᠠᠨᡳᠶᠠᡳ ᠪᠣᠣᡳᠵᡝᠩᡤᡝ ᡩᡝ

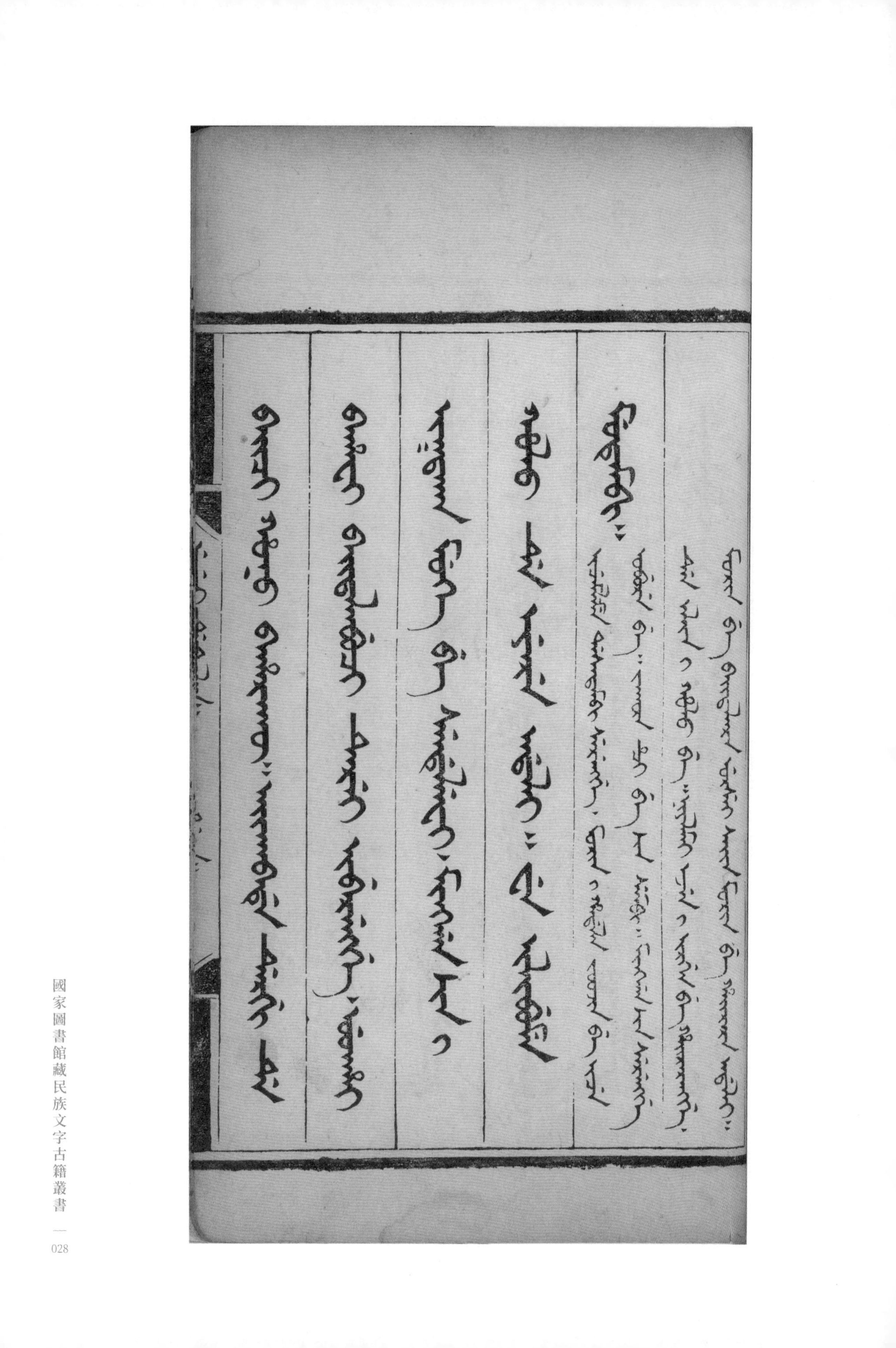

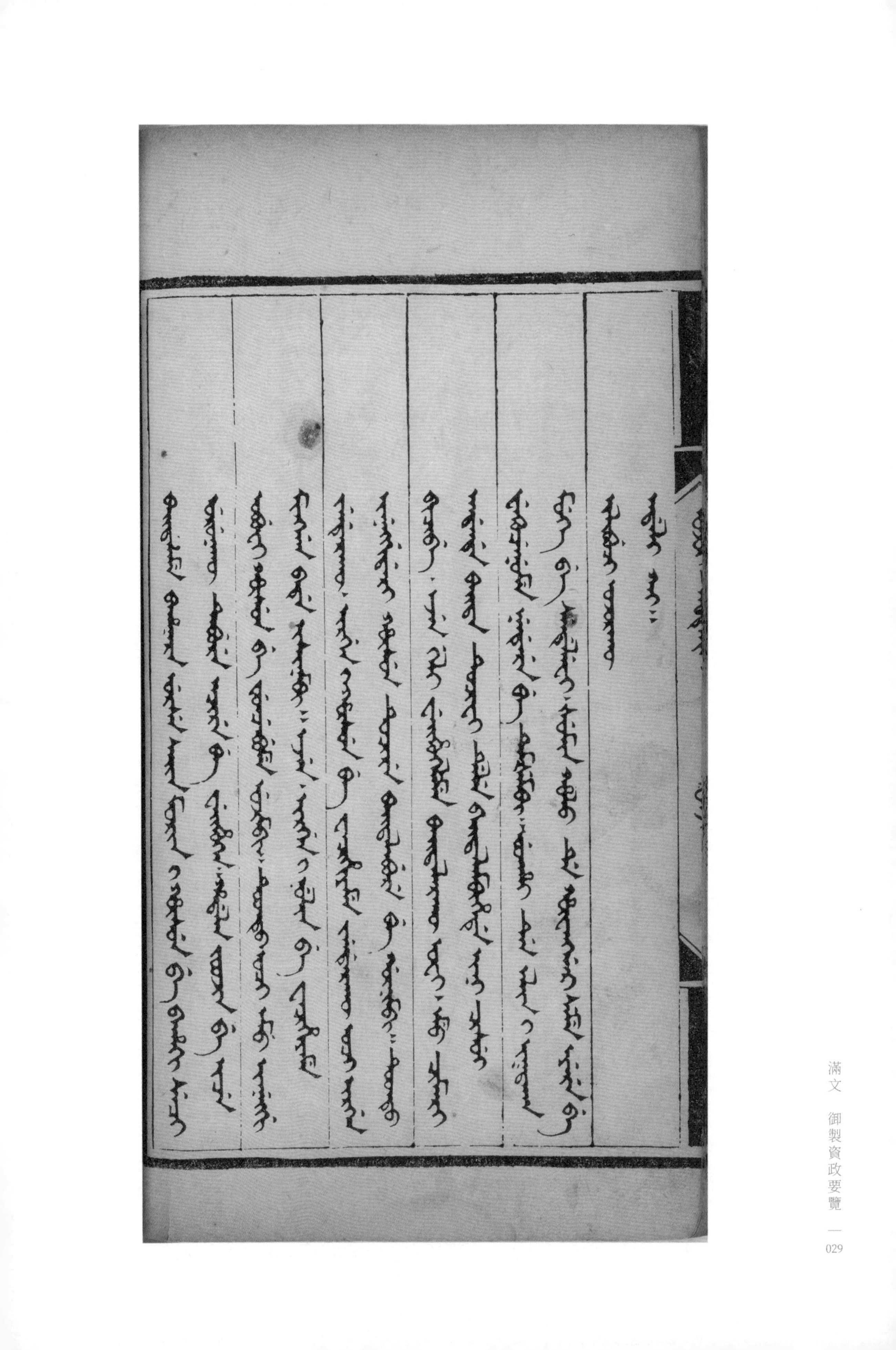

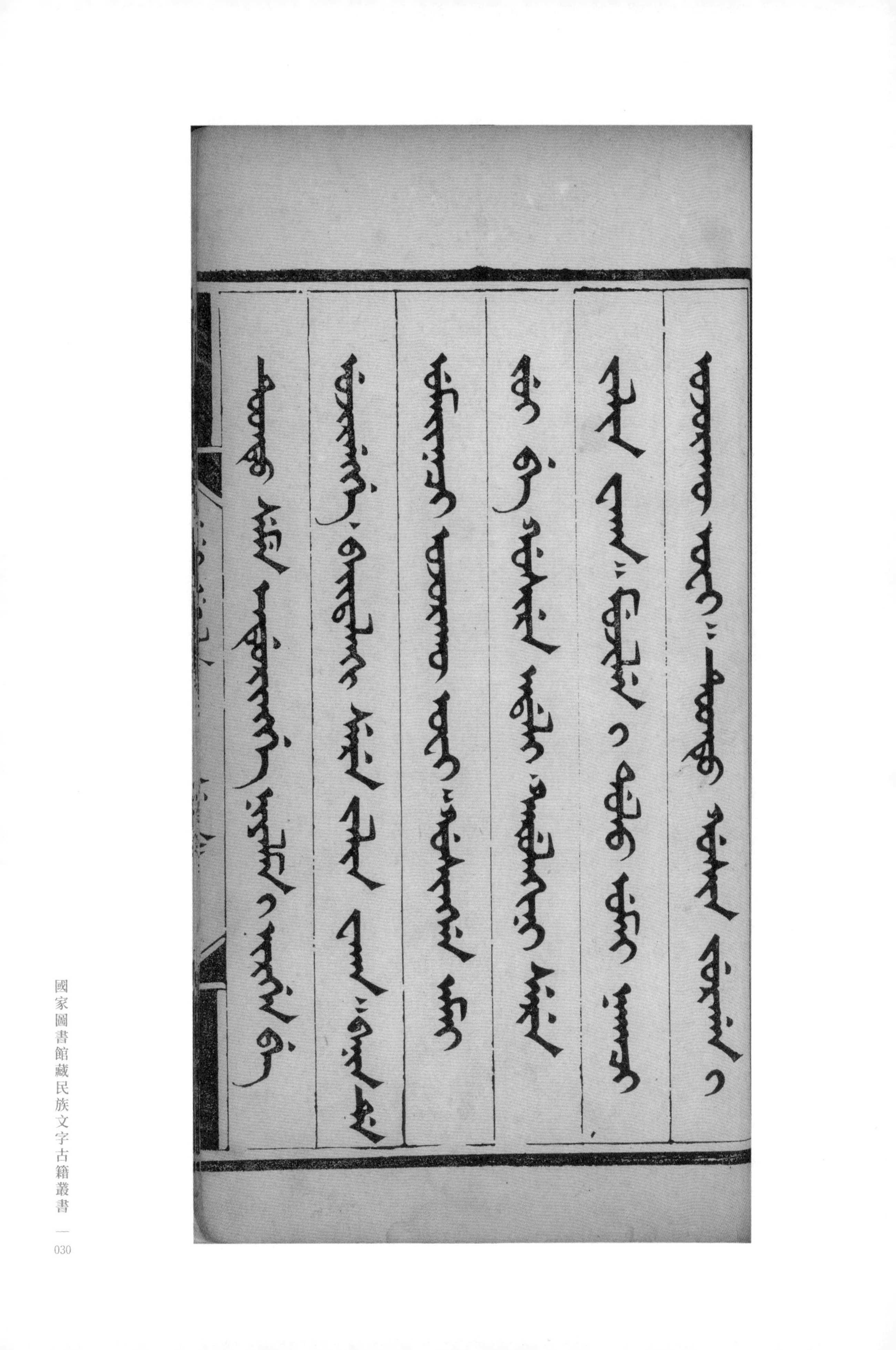

[illegible] [illegible] [illegible] [illegible] ᡳ [illegible] [illegible]
[illegible] [illegible] [illegible] [illegible] [illegible] [illegible] [illegible]
[illegible] [illegible] [illegible] [illegible] [illegible] [illegible]
[illegible] [illegible] [illegible] [illegible] [illegible] [illegible] [illegible]
[illegible] [illegible] [illegible] ᡳ [illegible] [illegible] [illegible]
[illegible] [illegible] [illegible] [illegible] [illegible] ᡳ

ᠠᠨᡤᠠ᠈ ᡩᠠᠰᠠᠮᡝ ᡨᡠᡵᡤᡠᠨ ᠪᡝᠶᡝᠨᠴᡳ᠉ ᠵᡳᡵᡤᠠᠨ᠈

ᠪᠣᡩᠣᠮᡝ ᠰᠠᡵᠰᡳᡵᡝ ᠪᡝ ᡩᠠᠰᠠᡵᠠ᠉ ᠵᡠᡵᡤᠠᠨ ᠰᡠᠸᡝ ᡩᡝ

ᡤᡝᠩᡤᡳᠶᡝᠨ᠉ ᠮᡠᡩᡠᠩ ᠪᡝ ᡳᠯᡝᡨᡠᠯᡝᠮᡝ ᠰᡝᠪᠰᡝᡵᡝ᠈

ᡝᠨᡨᡝᡥᡝᠮᡝ ᠪᡝ ᡤᡳᠶᠠᠨᡤᡳᠶᠠ᠈ ᠮᡝᠩᡤᡳᠨ ᠰᡳᠨᡩᡝᡵᡝ ᠪᡝ

ᡥᡡᠸᠠᡥᡳᠶᠠᡵᡝ ᡳ ᡨᡠᡵᡤᡠᠨ ᡩᡝ᠉ ᠪᡠᠶᡝᠨᠴᡳ ᠮᡝᠨᡝ

ᡩᠣᡵᠣᠯᠣᠮᡝ᠉ ᠵᡠᡴᡩᡠᠨ ᠪᡝᠶᡝ ᡳ ᠪᠣᡩᠣᡵᠣᠩᡤᡝ᠉ ᠪᠣᡩᠣᡵᠣ

ᡝᠵᡝᠨ ᡳ ᡥᡡᡨᡠᡵᡳ ᠪᠠᠨᠵᡳᠮᠪᡳ ᡥᠠᠨ ᡳ ᡥᠠᡵᡤᠠᡧᠠ᠉
ᠣᠯᡥᠣᠪᠠᡴᡡ ᠪᡝ᠉ ᠪᠣᠣ ᡩᡝ ᠪᡝᡳᡩᡝᠮᡝ ᡩᡝ
ᠰᡝ ᡩᡝ ᡨᡠᠸᠠᠮᠪᡳ ᠨᡳ ᡤᡳᠰᡠᠨ ᡩᡝ
ᡥᡡᠸᠠᡵᡳ ᡨᡠᠴᡳᠪᡠᡵᡝ᠉ ᡩᡝ ᡥᠠᠨ ᡳ ᡤᡝᠮᡠ
ᠠᠮᠪᠠᡴᠠᠯᠠᡥᡳᠶᠠᡵᡳ᠉ ᠪᡠᠯᡝᡴᡠ ᠪᡝ ᠪᡠᡥᡳᠶᡝ ᡳ ᡨᡠᠸᠠ ᡥᠠᠨ ᡳ
ᠰᡝᠪᡤᡝ ᡥᠣᠨᡳ ᠠᠪᡴᠠᡳ᠉ ᡝᠨᡩᡠᡵᡳᠩᡤᡝ ᡩᡝ

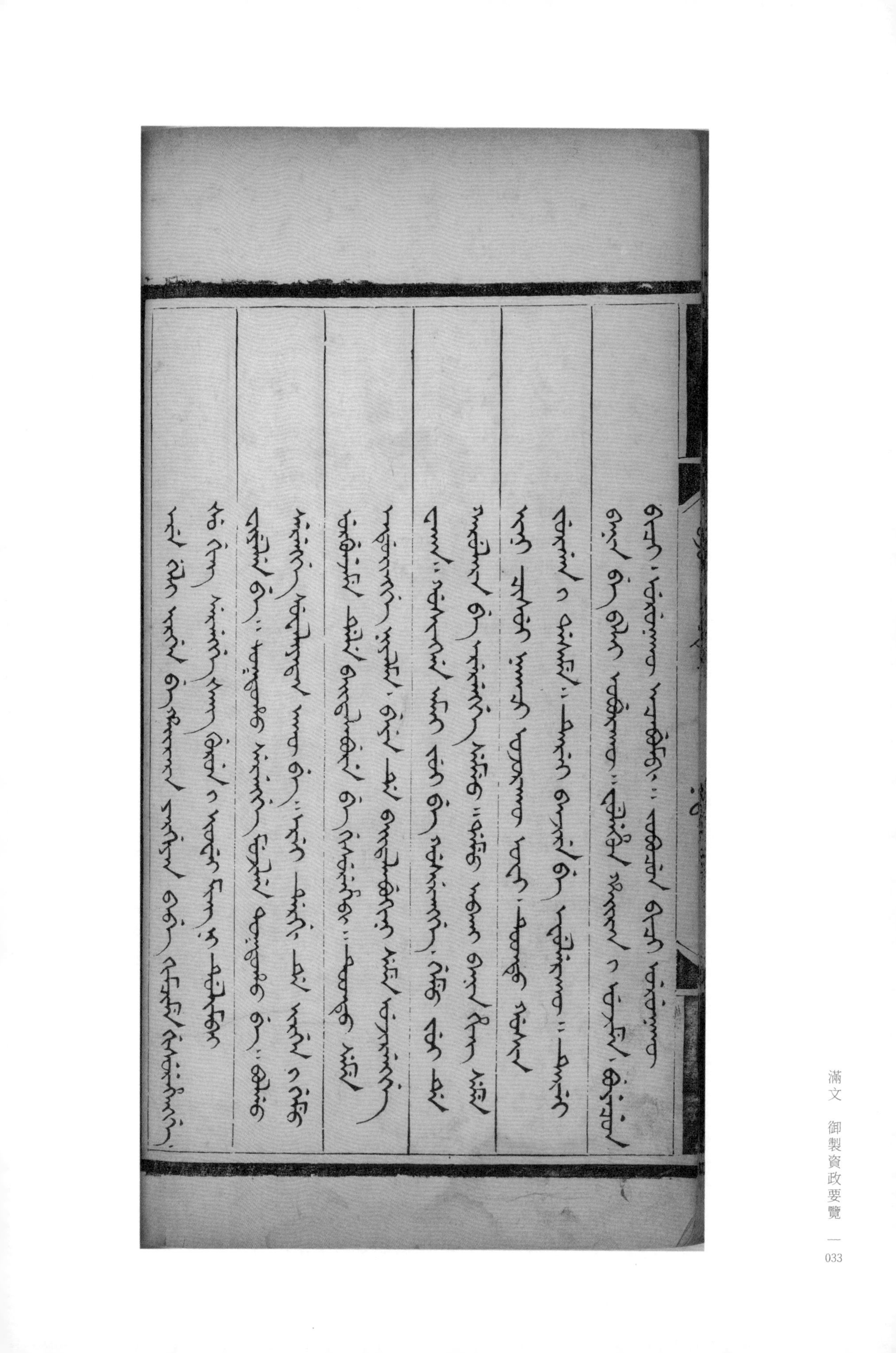

[illegible]
[illegible]
[illegible]
[illegible]
[illegible]
[illegible]
[illegible]
[illegible]
[illegible]
[illegible]
[illegible]
[illegible]

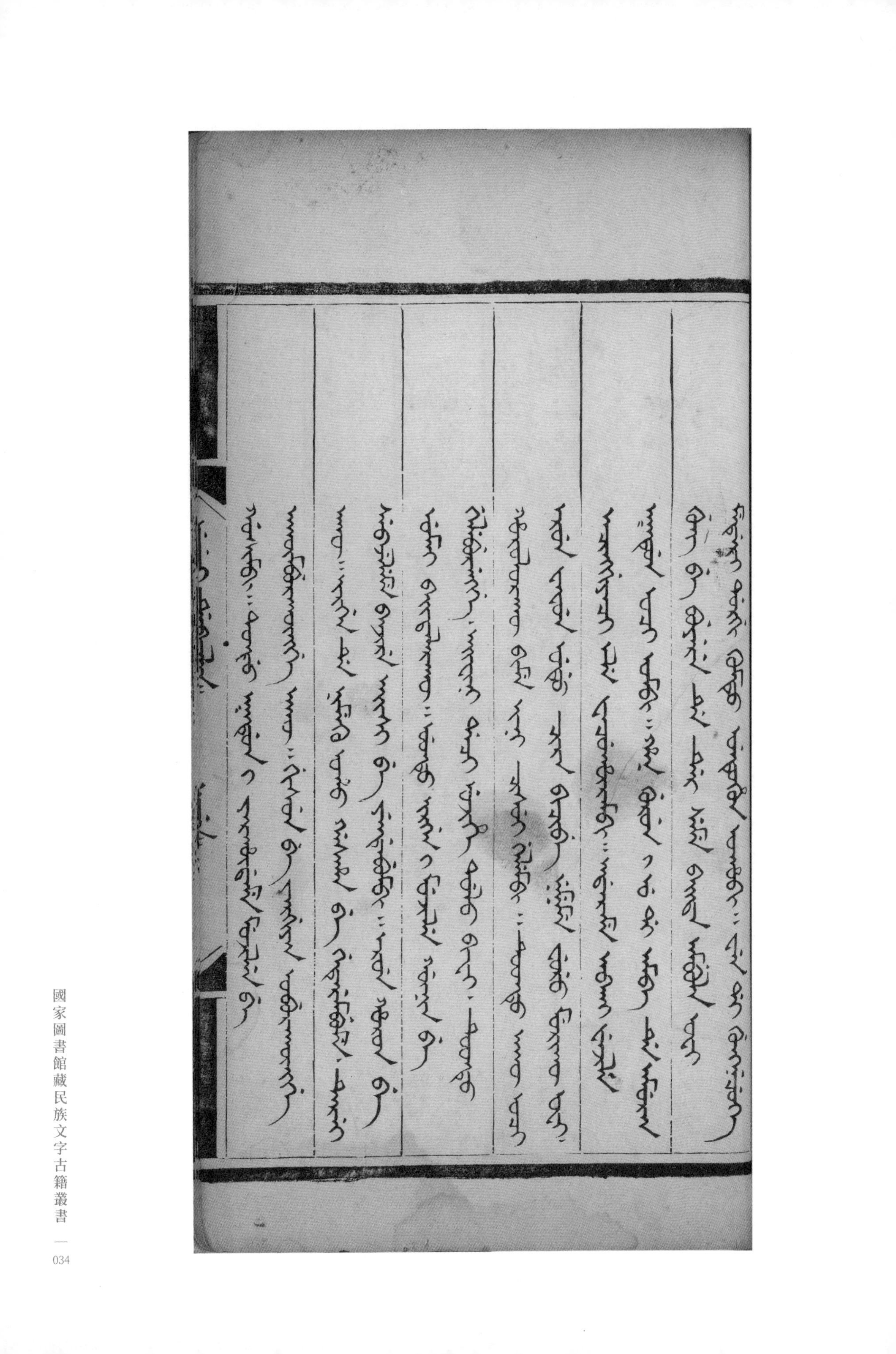

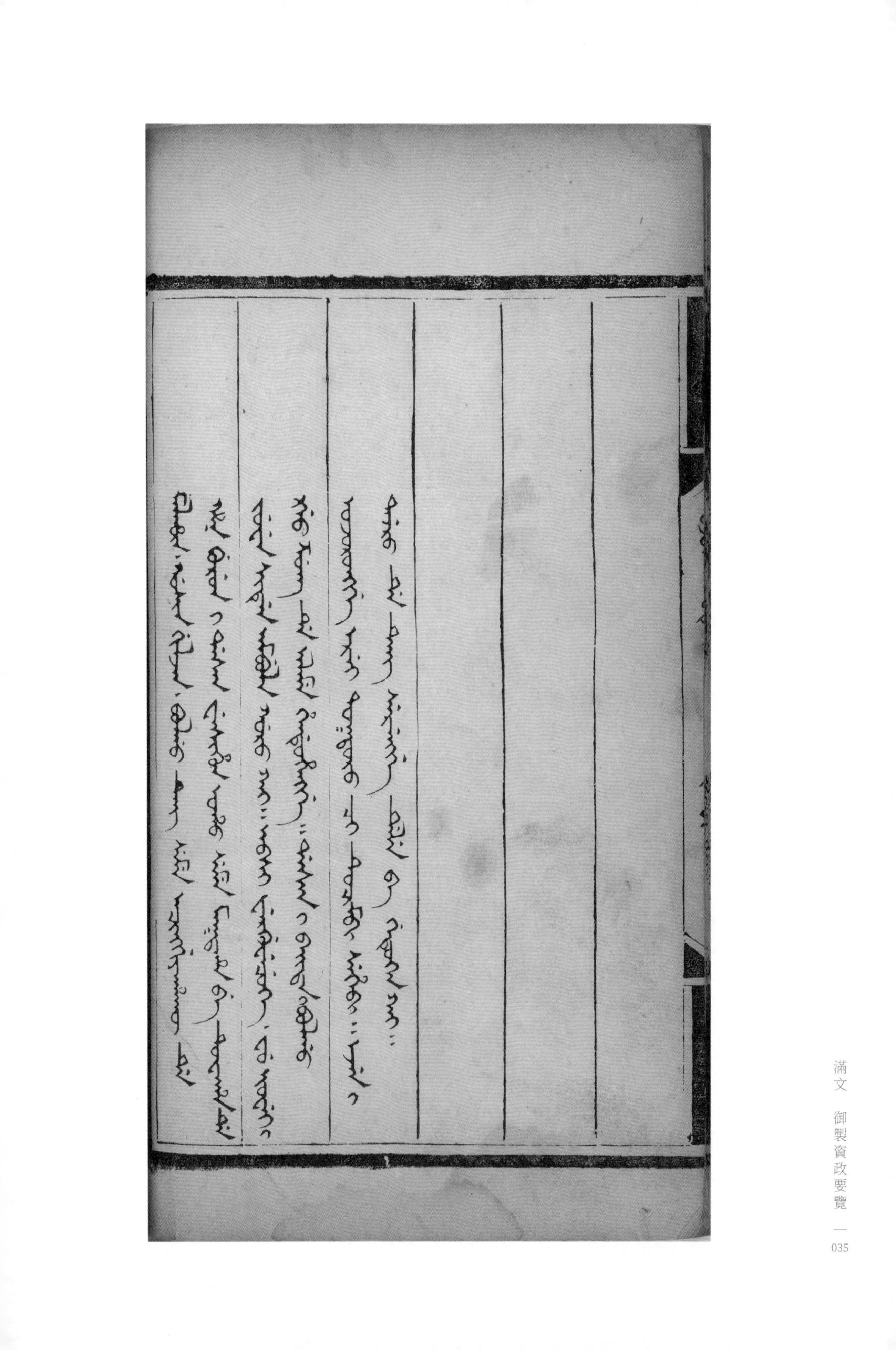

[illegible]
[illegible]
[illegible]
[illegible]
[illegible]
[illegible]

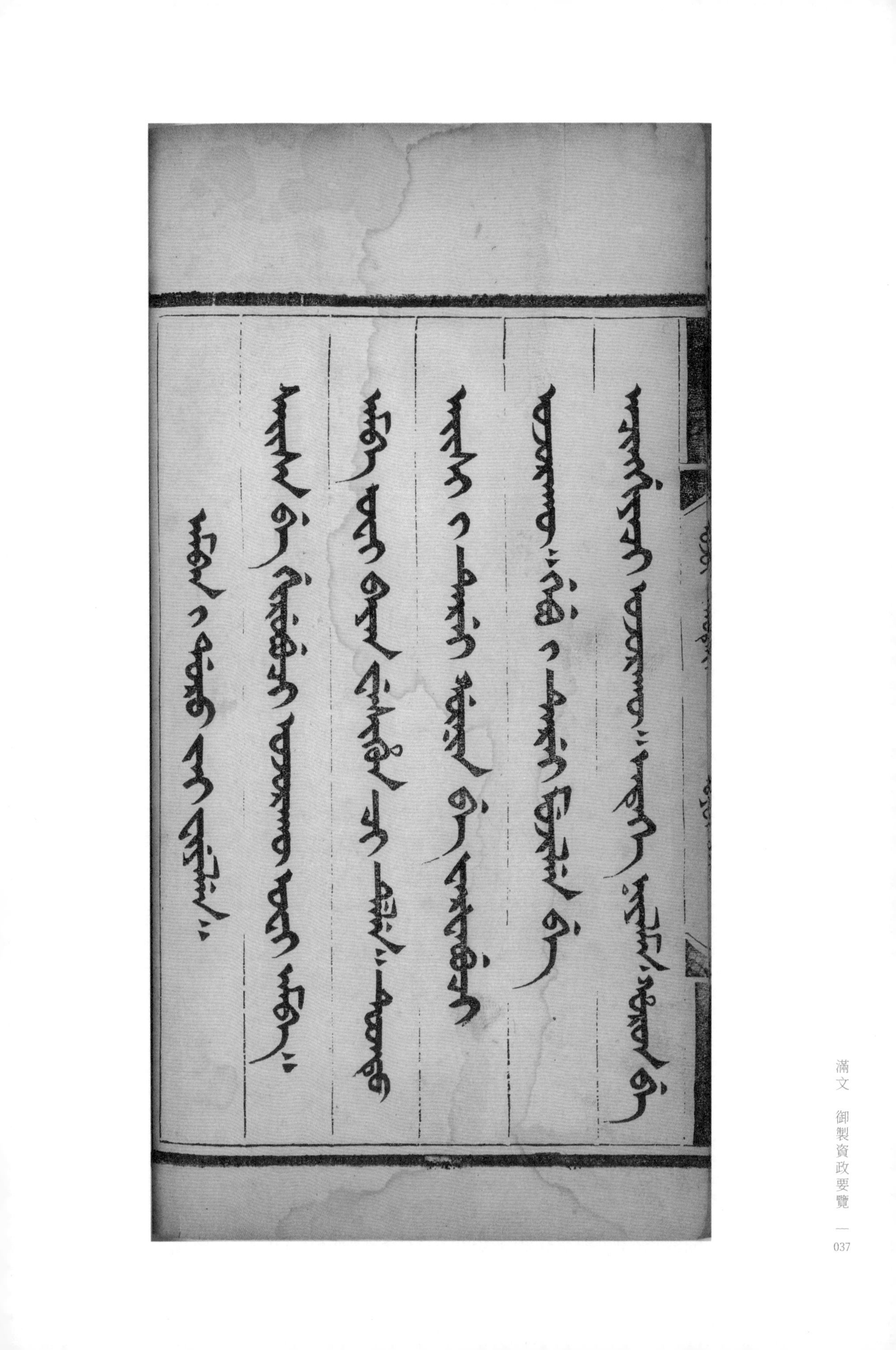

[illegible]

[illegible]

[illegible]

[illegible]

[illegible]

[illegible]

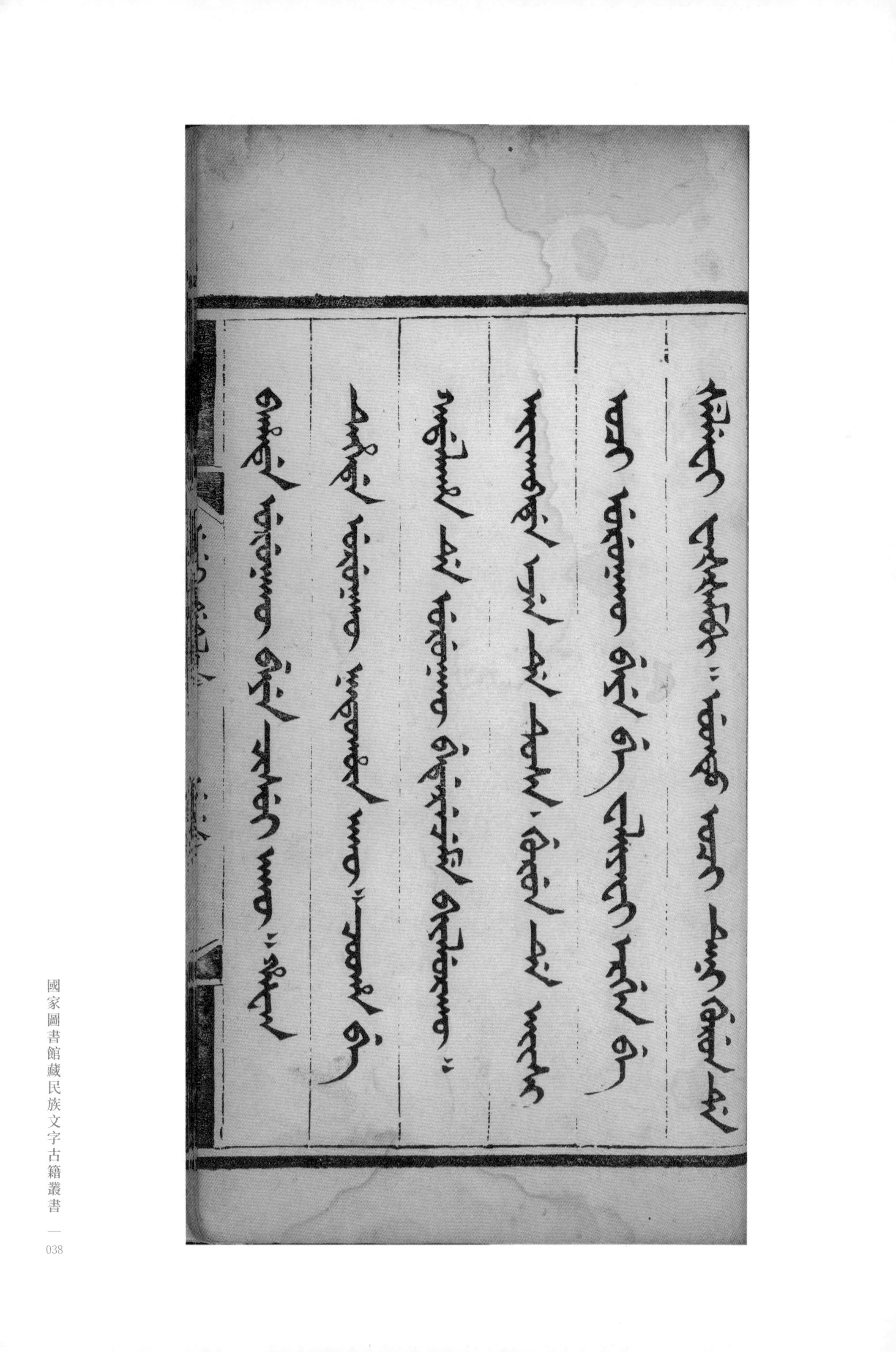

[illegible]

[illegible]

[illegible]

[illegible]

[illegible]

[illegible]

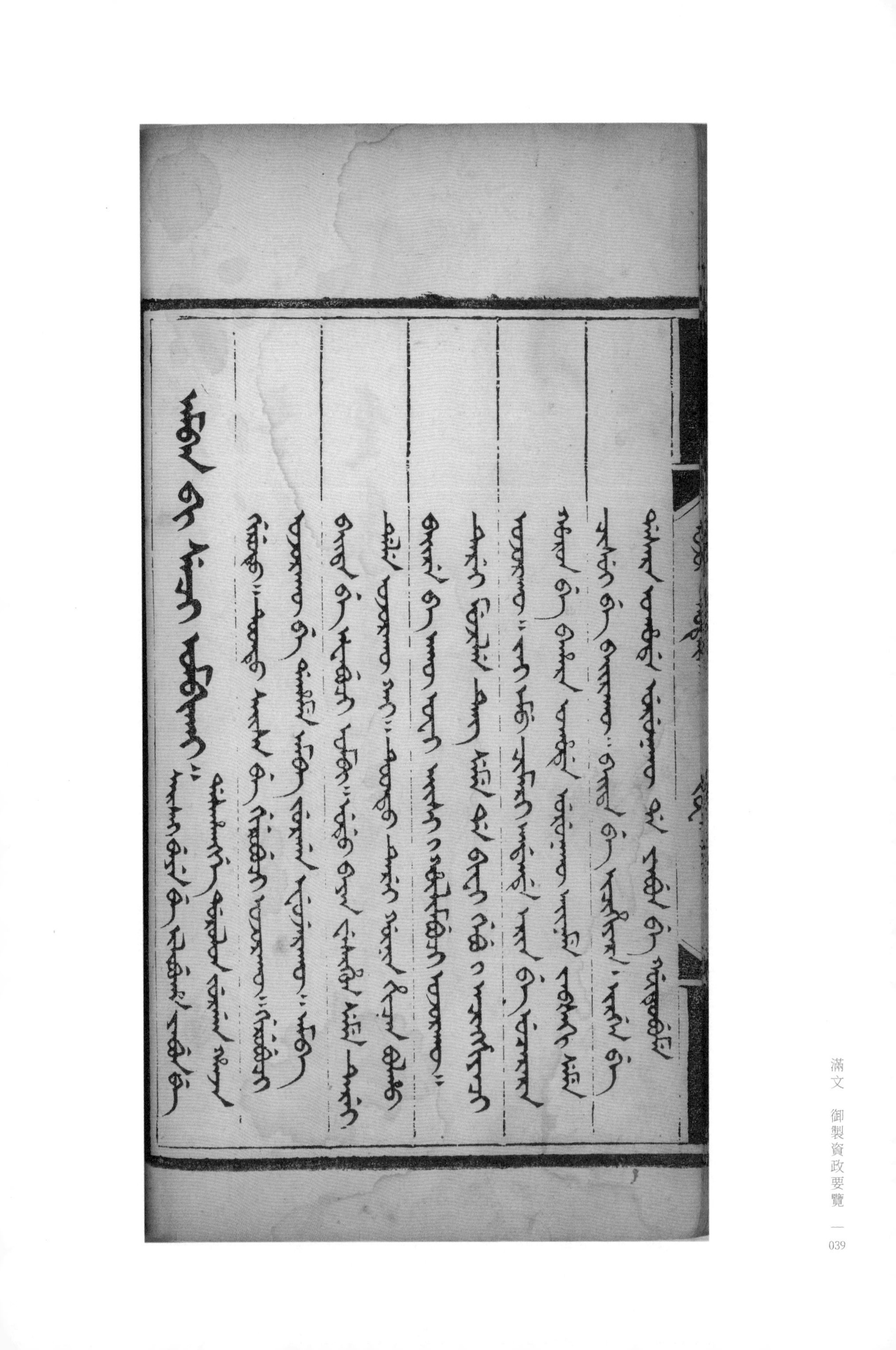

[illegible]

[illegible]

[illegible]

[illegible]

[illegible]

[illegible]

[illegible]

[illegible]

[illegible]

[illegible]

[illegible] [illegible] [illegible]

ᡥᡡᠸᠠᠯᡳᠶᠠᠰᡠᠨ ᠣᡴᡡ ᠪᡝᠶᡝ ᠪᡳ ᠰᠠᡵᡤᠠᠨ ᡳ ᠪᡝᠶᡝ

ᡥᡡᠸᠠᠯᡳᠶᠠᠨᡳ᠈ ᡥᡡᠸᠠᠯᡳᠶᠠᠰᡠᠨ ᠪᡝ ᠪᡠᡵᡝ ᡳ ᠰᡝᡵᡝᠩᡤᡝ ᠪᡝ᠈ ᡥᡡᠸᠠᠯᡳᠶᠠᠰᡠᠨ᠉ ᡨᠣᡵᡤᡳ

ᡝᡵᡝ᠈ ᡠᡨᡠ ᠪᡝ᠈ ᡝᡵᡝ ᠪᠣᠯᠣ ᠪᡝᠶᡝ ᠪᡝ ᡨᡠᠸᡝᠨ᠈ ᡥᡡᠸᠠᠯᡳᠶᠠᠰᡠᠨ

ᡝᡵᡝ ᠪᠣ ᠪᡝ ᠰᡝᠮᡝ ᡤᡳᠰᡠᠨ᠈ ᡳᠰᡳᠪᡠᡴᡠ᠈ ᡥᡡᠸᠠᠯᡳᠶᠠᠰᡠᠨ ᡥᠣᠰᠣ

ᡤᡝᠮᡠ ᠪᡝ ᠵᠠᡴᠠ ᡥᡡᠸᠠᠯᡳᠶᠠᠰᡠᠨ᠉ ᡳ᠈ ᡳᠰᡳᠪᡠᡴᡠ᠉ ᡝ

ᡤᡝᠮᡠ ᠪᡝ ᠰᡝᠮᡝ ᡥᡡᠸᠠᠯᡳᠶᠠᠰᡠᠨ᠉

ᡝᠵᡝᠨ ᡥᠠᠨ ᡳ ᡤᡳᠰᡠᡵᡝᠮᠪᡳ ᠪᡝ ᡳ᠈ ᡳ᠈ ᡤᡳᠰᡠᠨ

ᡝᠵᡝᠨ᠉ ᠰᡝᡵᡝᠩᡤᡝ ᠪᡝ ᡳ ᡥᡡᠸᠠᠯᡳᠶᠠᠰᡠᠨ ᡳ ᡥᠠᠨ ᠪᡝ᠉ ᠰᡝᠮᡝ ᡥᠠᠨ ᠰᡝᡵᡝᠩᡤᡝ ᡳ ᡥᠠᠨ ᠪᡝ ᡳ ᠪᡝ᠉

ᡩᡝᡵᡤᡳ ᡥᡝᠰᡝ ᡤᡝᠮᡠ᠈ ᡩᡝᡵᡤᡳ ᠰᡝᡵᡝᠩᡤᡝ ᡳᠰᡳᠪᡠᡴᡠ᠉

ᡤᡠᠸᡝ ᠪᡠ ᠪᡠᠶᡝᡥᡝ ᡳ ᡩᡝ ᠠᠨᡳᠶᠠ ᠪᡝᠶᡝ ᡥᡳᠶᠣᠣᡧᡠᠩᡤᠠ

ᠵᡳᠯᡝᠨ ᡤᡠᡵᡠᠨ ᠪᠣᠣᠨ ᠰᡝ ᠪᡠᡵᡝ ᠪᡝ ᡤᡡᠨᡳᠨ ᠪᡳ

ᠵᡳᠯᡝᡥᡝ ᠰᡝ ᠪᠣᠣᠰᡠᠩᡤᠣ ᡩᡝ ᠪᠣᠣᠣ ᠪᡠᡵᡝᠩᡤᡝ

ᠠᠨᡳ ᠪᡝ ᡤᡠᠰᡠᠨ ᡝᠨᡳᠶᡝᠨ ᡳᠨᡝ ᠪᡳᠰᡳᡥᠠᠩᡤᠠ

ᠣᠪᡠᠩᡤᠣ ᡩᡝ ᠪᠣᠣᠰᡠᠩᡤᠣ ᠪᠣᠣ ᠪᡝ ᡝᠮᡠᠨ ᠰᠠᠩᡤᠠ

ᠣᠪᡠᠩᡤᠣ ᡩᡝ ᠪᠣᠣᠣ ᠪᡠᡵᡝᠩᡤᡝ ᡳᠨᡝᡥᡝ ᠪᡝ

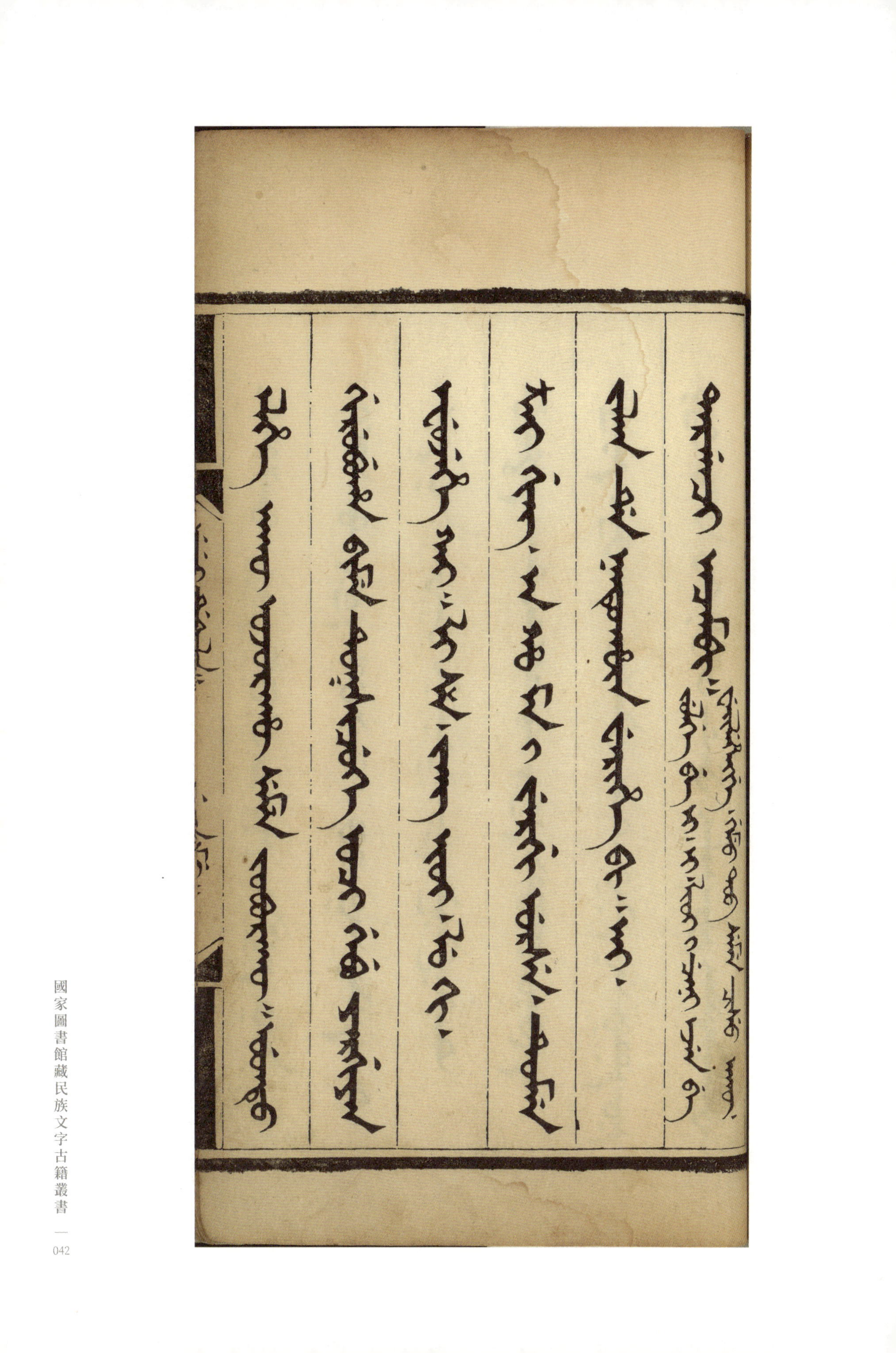

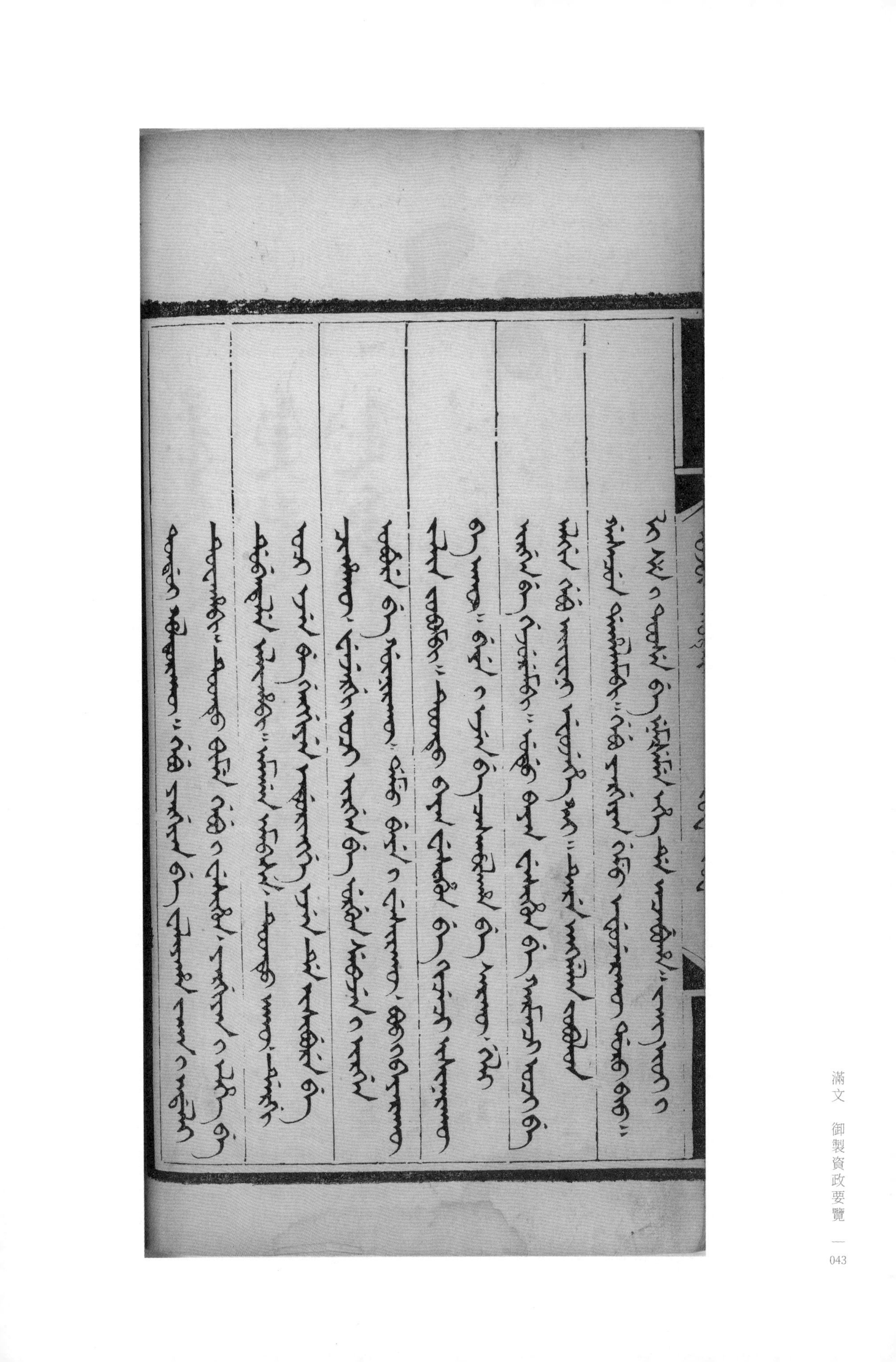

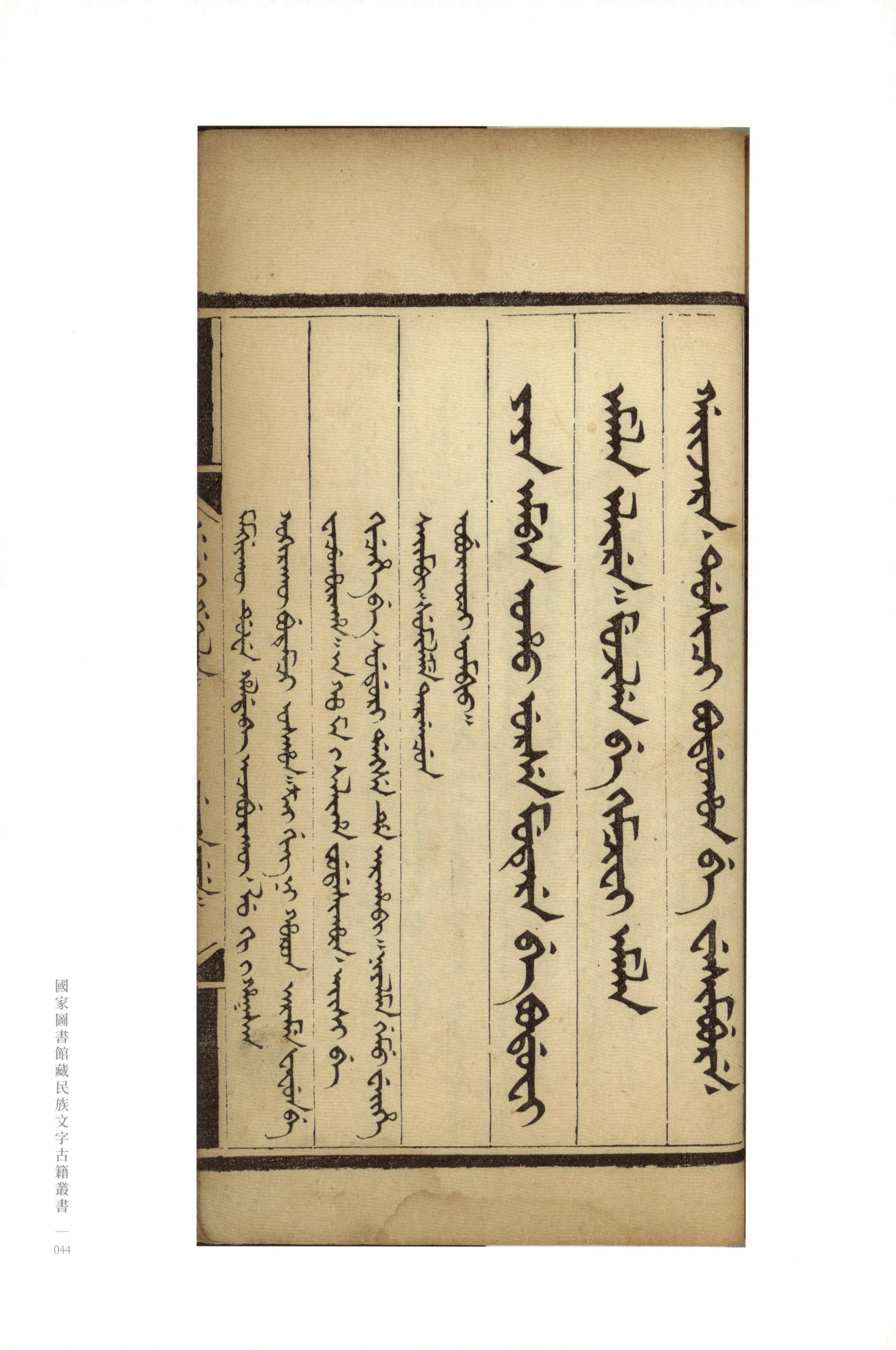

[illegible]

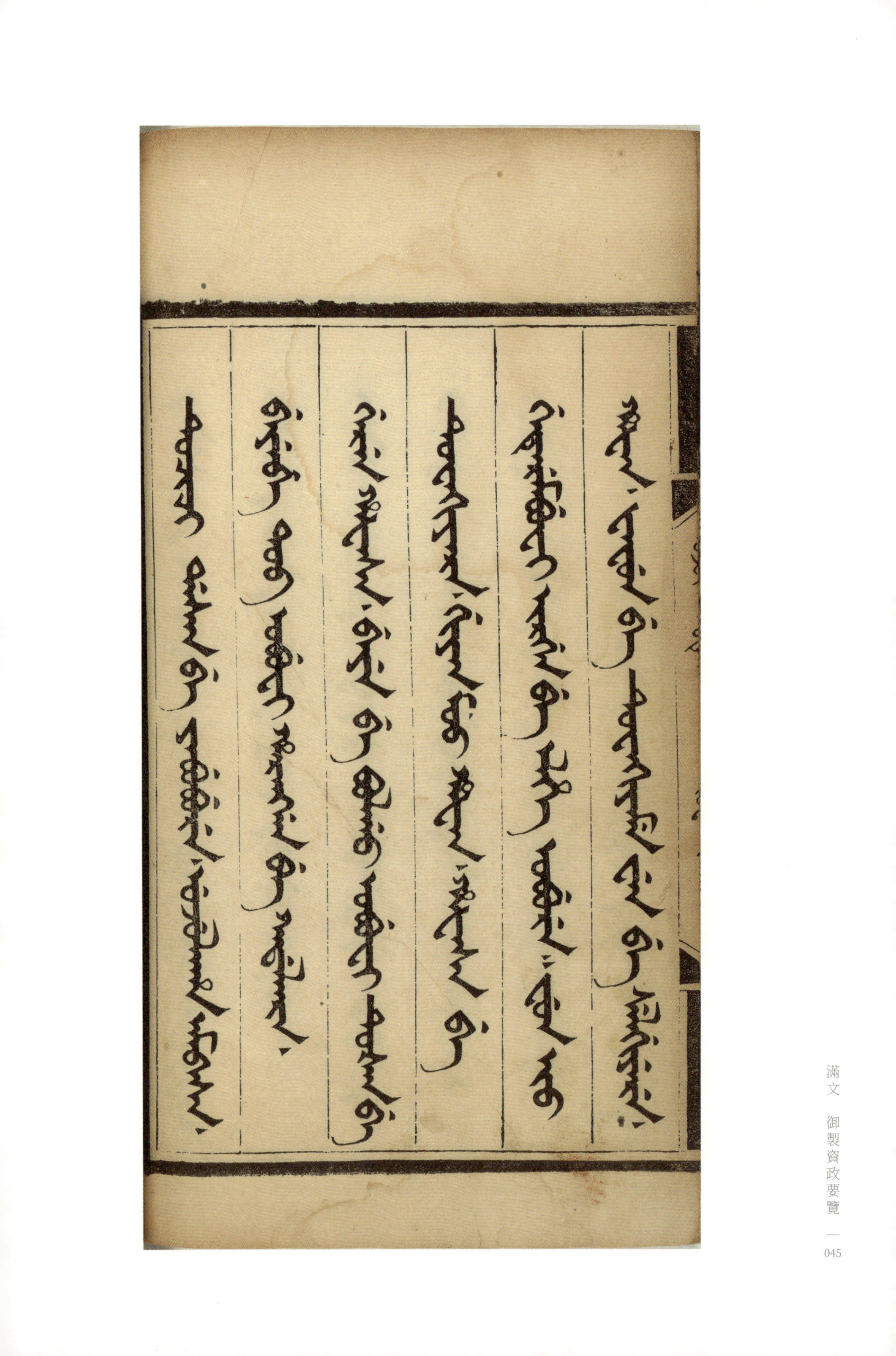

[illegible]

[illegible]

[illegible]

[illegible]

[illegible]

[illegible]

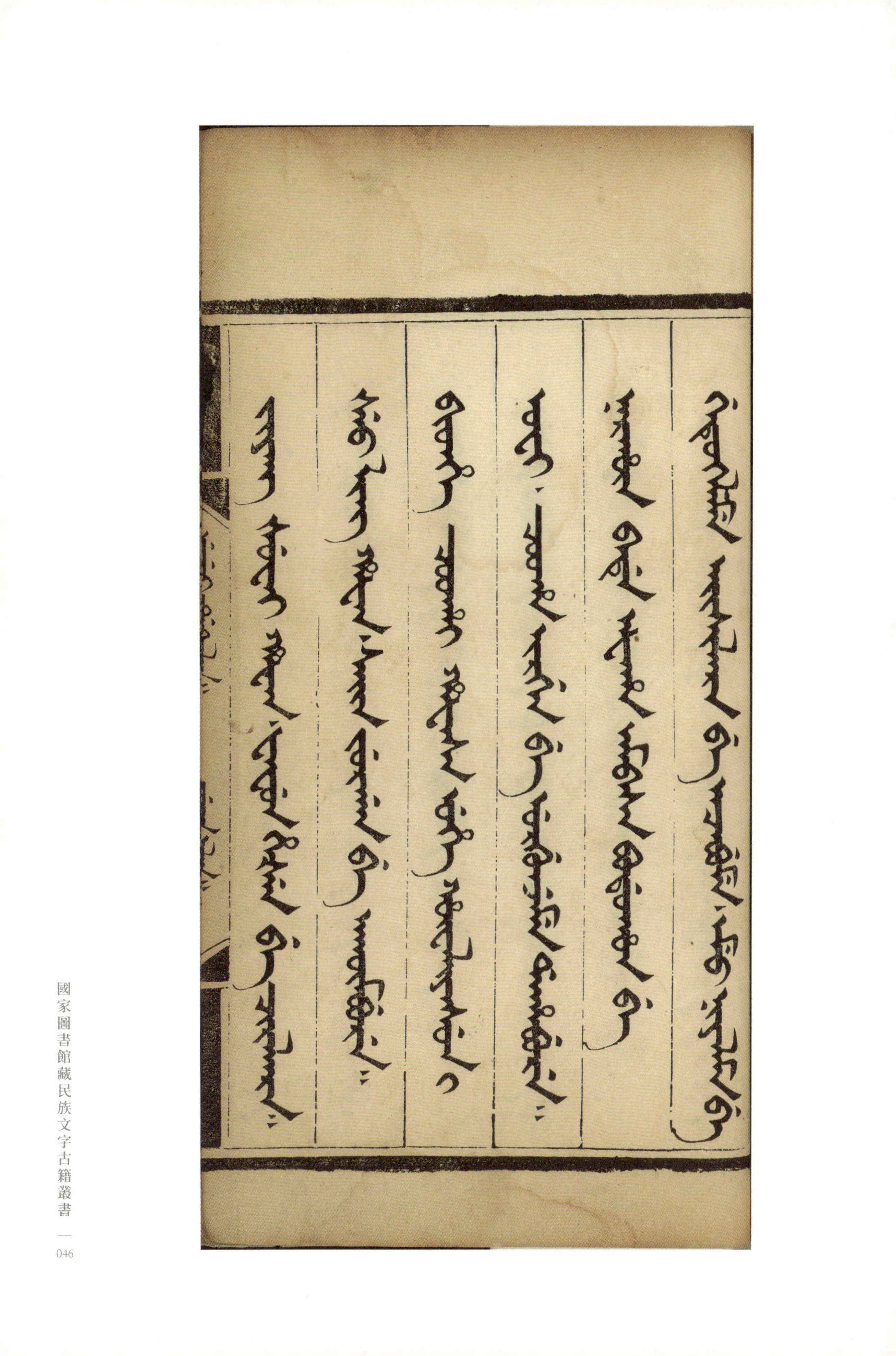

[illegible] [illegible] [illegible] [illegible] [illegible] ᡩᡝ [illegible] ᠉

[illegible] [illegible] [illegible] [illegible] [illegible] ᡩᡝ [illegible] ᠉

[illegible] [illegible] [illegible] [illegible] [illegible] [illegible]

[illegible] ᠈ [illegible] [illegible] ᡩᡝ [illegible] [illegible] ᠉

[illegible] [illegible] [illegible] [illegible] [illegible] ᡩᡝ

[illegible] [illegible] ᡩᡝ [illegible] ᠈ [illegible] [illegible]

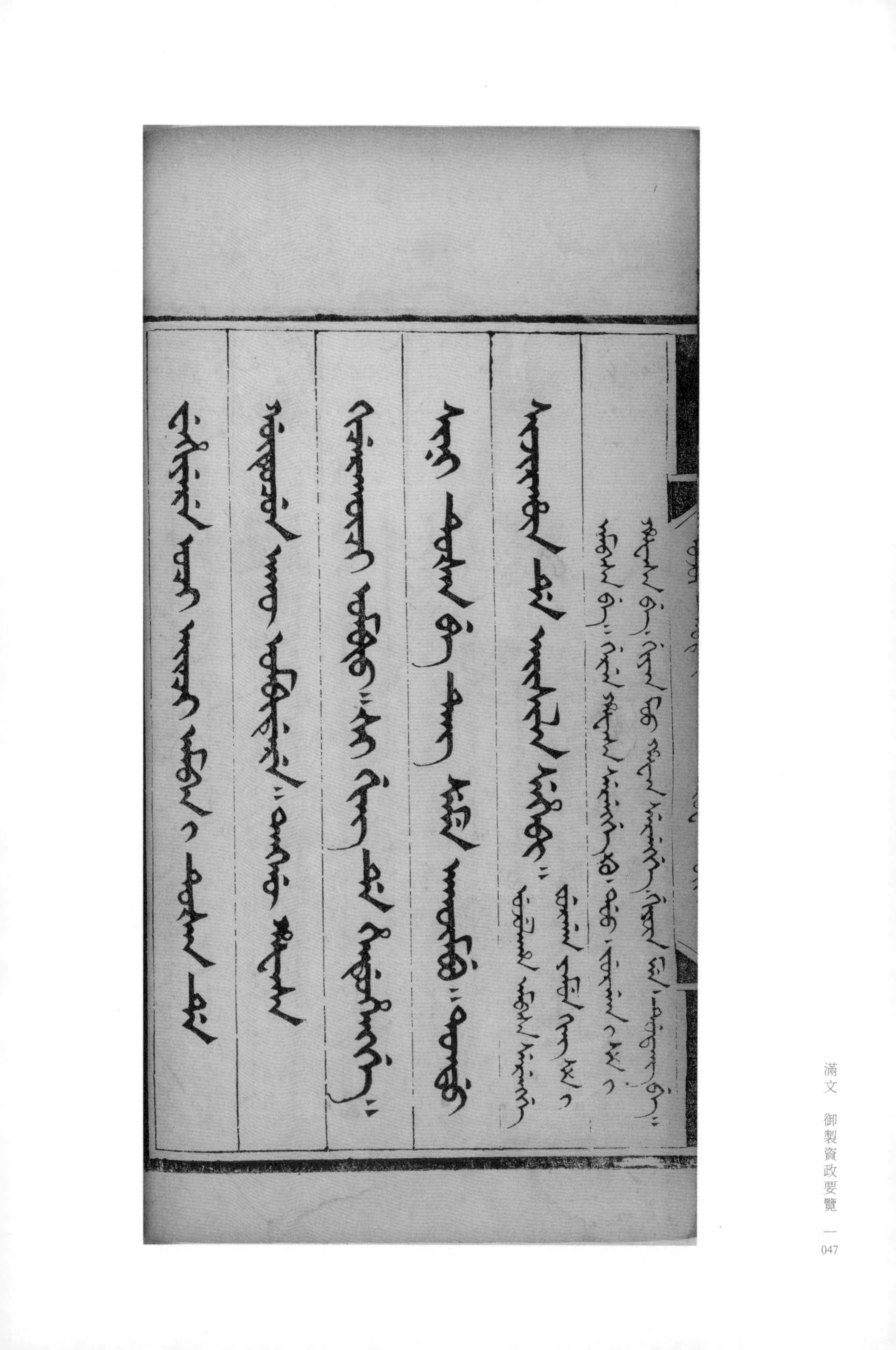

[illegible]

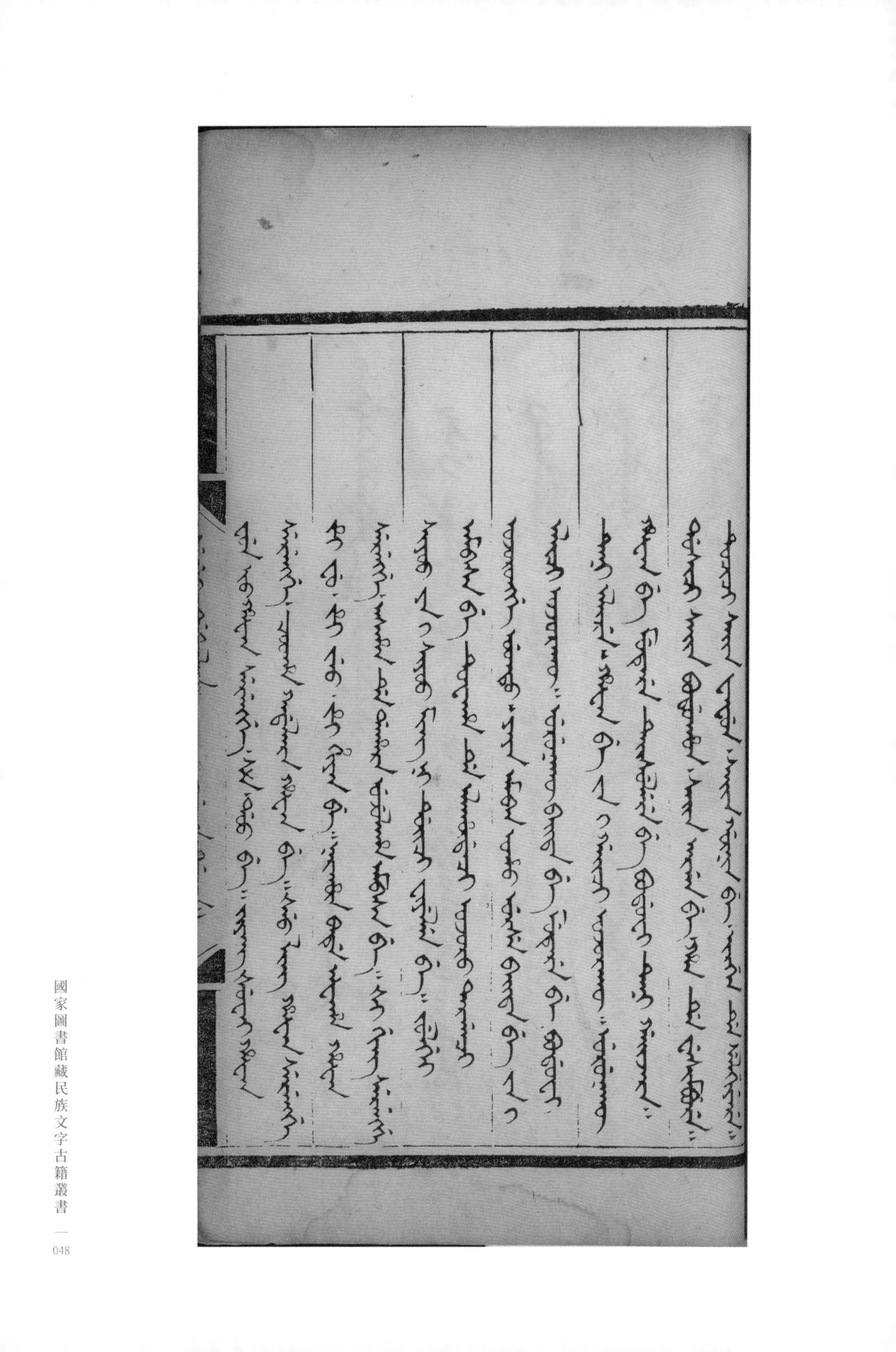

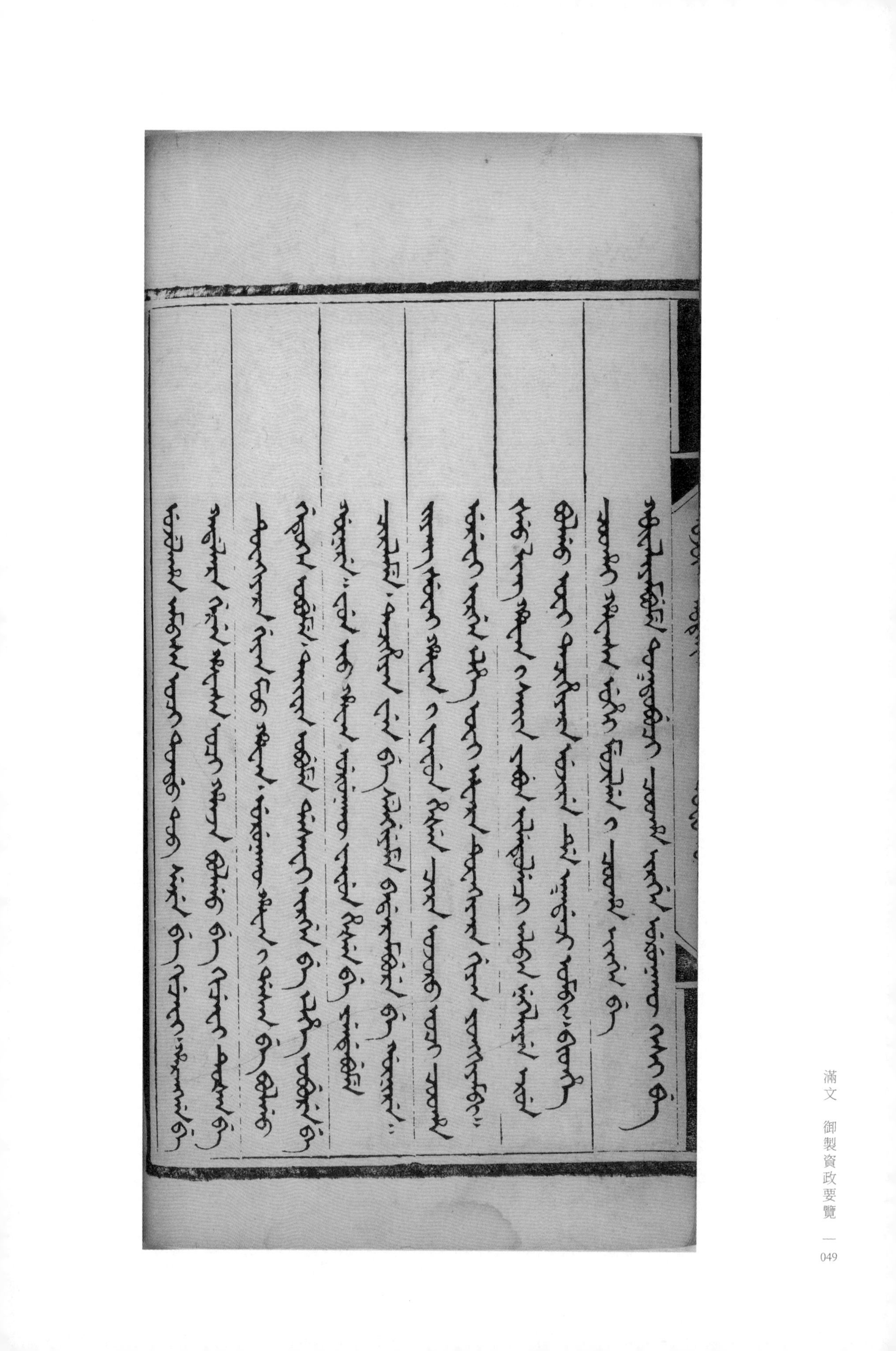

ᡨᡠᠸᠠᡵᡤᡝ ᠪᡝᡳᠯᡝᡵᡝ ᠪᡝᠶᡝᠪᡝ :: ᡨᡝᡵᡝ ᡳ ᠮᡠᡩᠠᠨ ᠪᡝ ᡝᡵᡤᡝᠮᡝ ᠪᡝᠶᡝᠪᡝ ᠪᡝᡳᠯᡝᠮᡝ

ᠪᡝᡳᠯᡝᡥᡝ ᠪᡝᠶᡝᠪᡝ ᠪᡝ ᠪᡝᡳᠯᡝᠮᡝ ᠪᡝᠶᡝᠪᡝ ᠰᡝᠮᡝ ᡳ ᠪᡝᠶᡝᠪᡝ

ᠪᡝᡳᠯᡝᠮᡝ ᠪᡝ ᠪᡝᠶᡝᠯᡝᠮᡝ ᠪᡝ ᠰᠠᡳᠯᡝᠮᡝ ᡳ ᠪᡝᠶᡝᡳᠯᡝᠮᡝ ᠪᡝ

ᠰᠠᡳᡧᠠᠮᡝ ᠪᡝᠶᡝ ᡳ ᠰᡳᠮᡳᡤᡝᠨ ᠪᡝ ᠵᡳᠯᡤᠠᠨ ᠪᡝᠶᡝ ᡳ

ᠪᡝᡳᠯᡝᠮᡝ ᠪᡝ ᠰᠠᡳᡧᠠᠮᡝ ᠪᡝᠶᡝᠪᡝ :: ᠪᡝᡳᠯᡝᠮᡝ ᠪᡝᡳᠯᡝᠮᡝ ᠰᡝᠮᡝ

ᠰᡳᠮᡝ ᠪᡝᠶᡝᠪᡝ ᠪᡝᠶᡝ ᠪᡝᠶᡝᠪᡝ ᠪᡝᡳᠯᡝᠮᡝ ᠪᡝ ᠰᡳᠮᡳᡤᡝᠨ ᠪᡝᠶᡝ

ᠪᡝᡳᠯᡝᠮᡝ ᡳ ᠪᡝᠶᡝ ᠰᡝᠮᡝ ᠰᠠᡳᠨ ᠮᡠᠰᡝ ᠰᡝᠮᡝ :: ᠪᡝᠶᡝ ᠪᡝᠶᡝᠪᡝ

ᠰᡳᠮᡝᠨ ᠪᡝᠶᡝ ᡳ ᠪᡝᠶᡝᠪᡝ ᠰᡝᠮᡝ ᠪᡝᠶᡝᠪᡝ :: ᠪᡝᠶᡝᠪᡝ ᠰᡝᠮᡝ ᠰᡳᠮᡝᠨ

ᡝᡵᡝ ᠪᡝᠶᡝ ᠪᡝ ᡳ ᠰᠠᡳᡧᠠᠮᡝ ᠰᡝᠮᡝ ᠪᡝᠶᡝ ᡳ ᠪᡝᠶᡝᠪᡝ ᠰᡝᠮᡝ ᠪᡝᠶᡝ

ᡤᡝᠨᡝᡥᡝ ᠪᡝᠶᡝᡳ ᠪᡝ ᡳ ᠰᠠᡳᡧᠠᠮᡝ ᡳ ᠪᡝᠶᡝᠪᡝ ᠰᡝᠮᡝ ᠰᡝᠮᡝ

ᠰᡳᠮᡳᡤᡝᠨ ᠰᡝᠮᡝ ᠰᡝᡳᠮᡝᠨ ᠪᡝᠶᡝᠪᡝ :: ᠪᡝᠶᡝᠪᡝ ᠰᡳᠮᡝ ᠪᡝᡳᠯᡝᠮᡝ ᠪᡝ

ᠵᡠᠸᡝᡵᡤᡝ ᡠᠵᡠᡵᡳ ᠪᡝ ᡨᡠᠸᠠᠮᡝ ᡩᠣᠣᠨᡳ ᠪᡝ ᠰᡠᡵᡠᡴᡳᠯᠠᠮᡝ ::

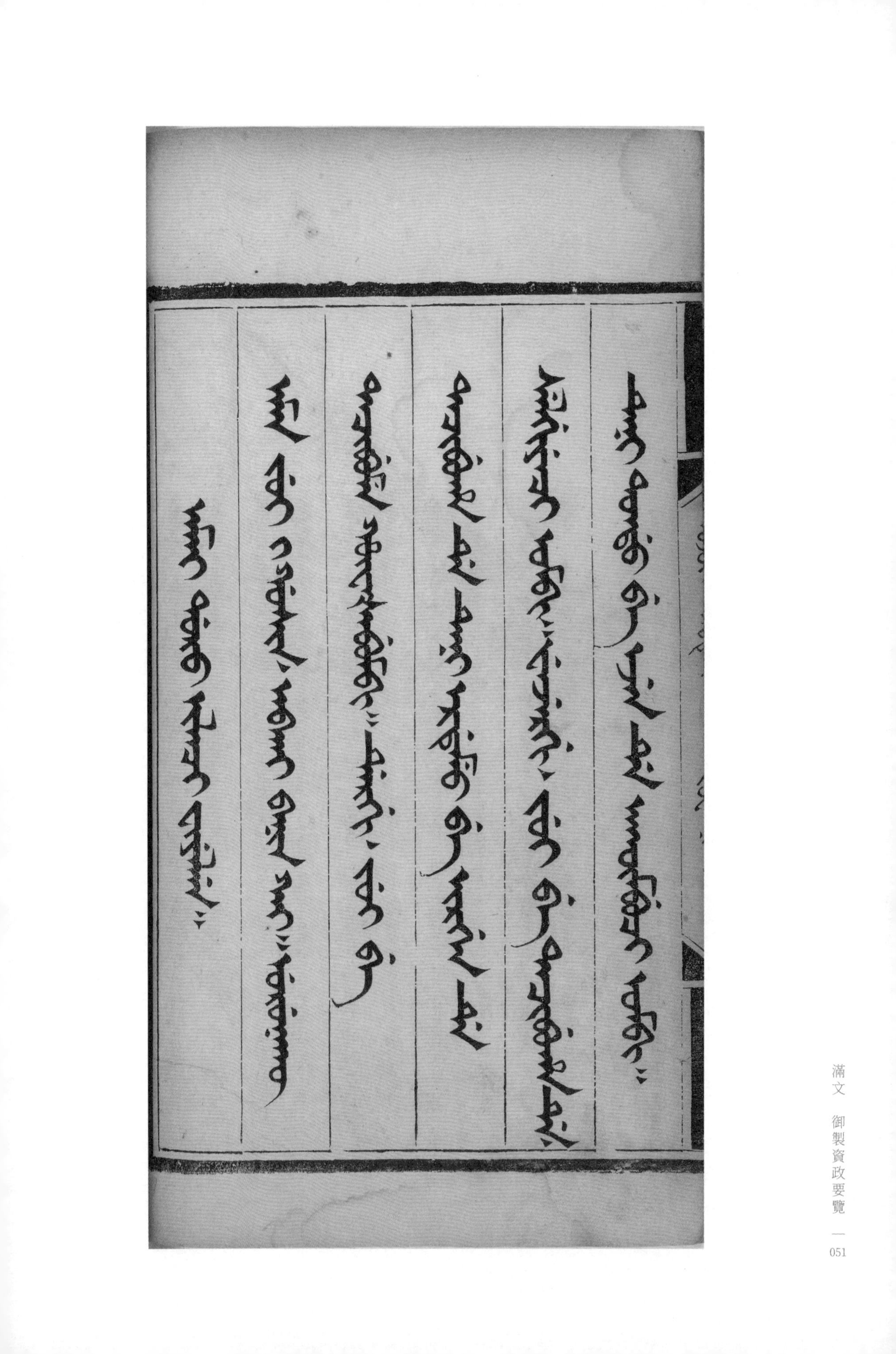

[illegible]

[illegible]

[illegible]

[illegible]

[illegible]

[illegible]

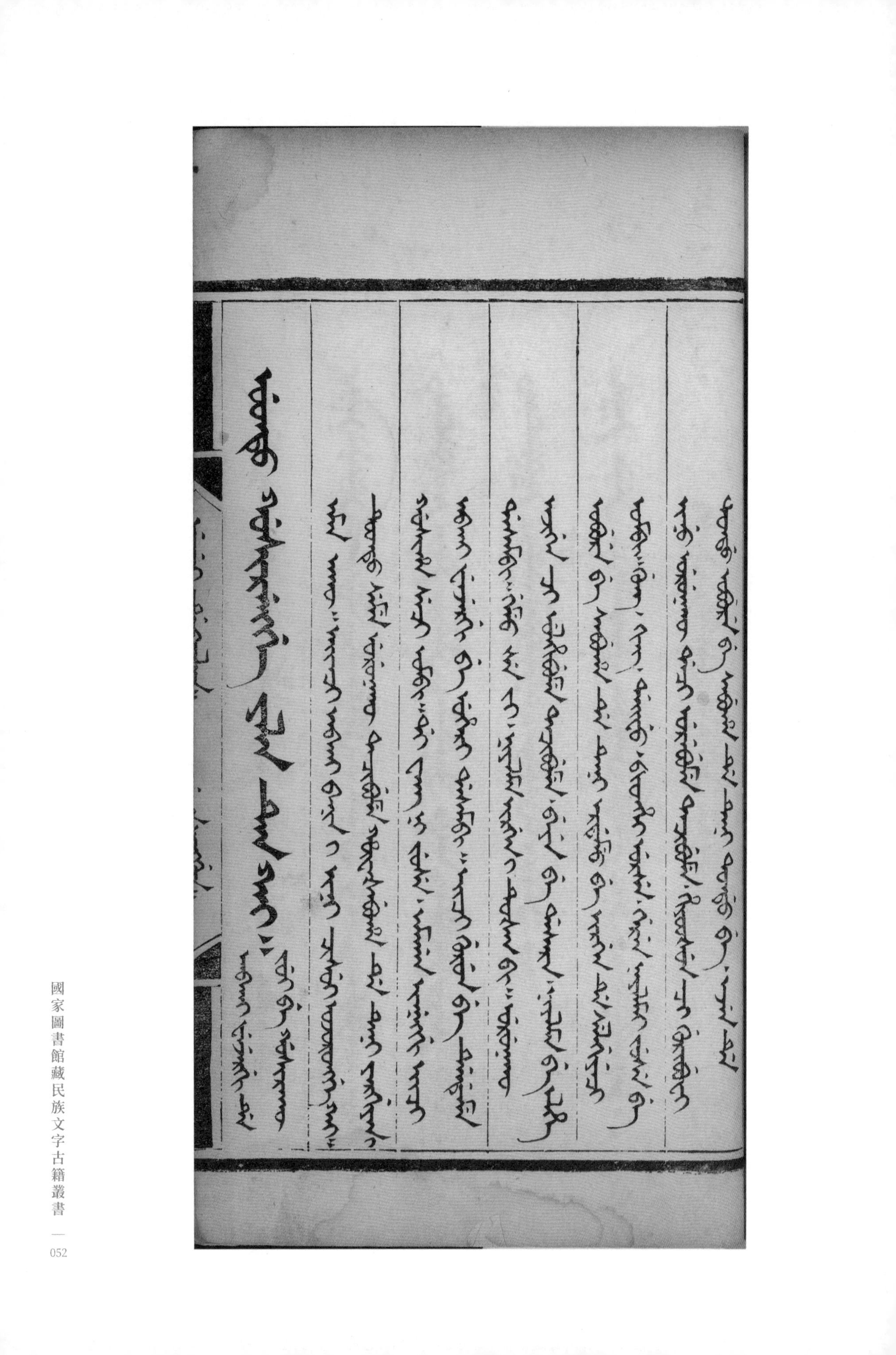

[illegible]

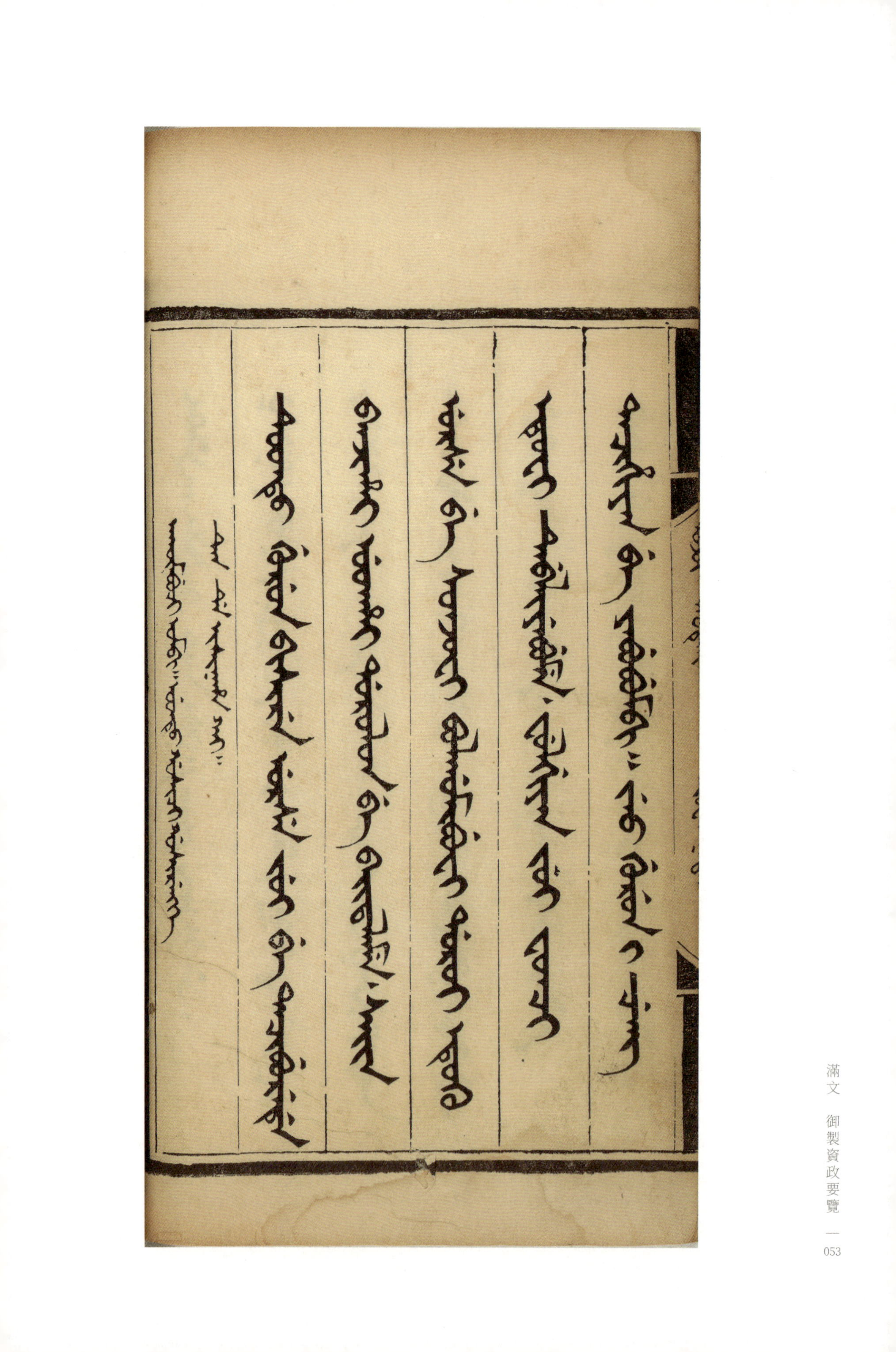

ᡝᠵᡝᠨ ᡳ ᠪᡝᠶᡝᠪᡝ ᡨᡠᠸᠠᡴᡳᠶᠠᡵᠠ ᠰᠠᡳᠨ ᠪᡝ ᠪᡝᠶᡝ ᠣᠪᡠᠮᠪᡳ᠉

ᡝᡳ ᠪᠠᡥᠠᡵᠠ ᠵᠠᡳ ᠣᠪᡠᠮᠪᡳ᠉ ᠮᡝᠩᡤᡝ ᠪᠠᡥᠠᡵᠠ ᡤᡝᠯᡳ ᠣᠪᡠᠮᠪᡳ

ᠮᡠᠰᡝᡳ᠉ ᠠᠮᠪᠠᠰᠠ ᠶᠠᠪᡠ ᡨᡠᠴᡳᡴᡝ ᡤᡳᠰᡠᠨ ᠮᠣᡩᠣ

ᡥᡳᠶᠣᠣᡧᡠᠯᠠᠮᡝ ᠰᠠᡳᠰᠠᠩᡤᠠ ᠰᠠᡳᠨ᠉ ᠮᡠᠰᡝᡳ ᠪᡝᠶᡝᠪᡝ ᠠᠯᡳᠰᡳᠨ

ᡤᡳᠩᡤᡠᠯᡝ ᠪᠣᡩᠣ ᠵᠠᡴᡡᠨ ᠠᡳ᠈ ᠪᡠᠯᡝᡴᡠ ᡥᡝᡵᡤᡝᠨ ᡤᡝᠮᡠ

ᠰᡝᠮᠪᡳ᠉ ᡨᡠᠸᠠᡵᠠ ᠪᡝ ᡥᡝᠰᡝᡳ ᠵᡝᠯᡝᠪᡝ ᠰᡳᠨᡝᡴᡝ᠈

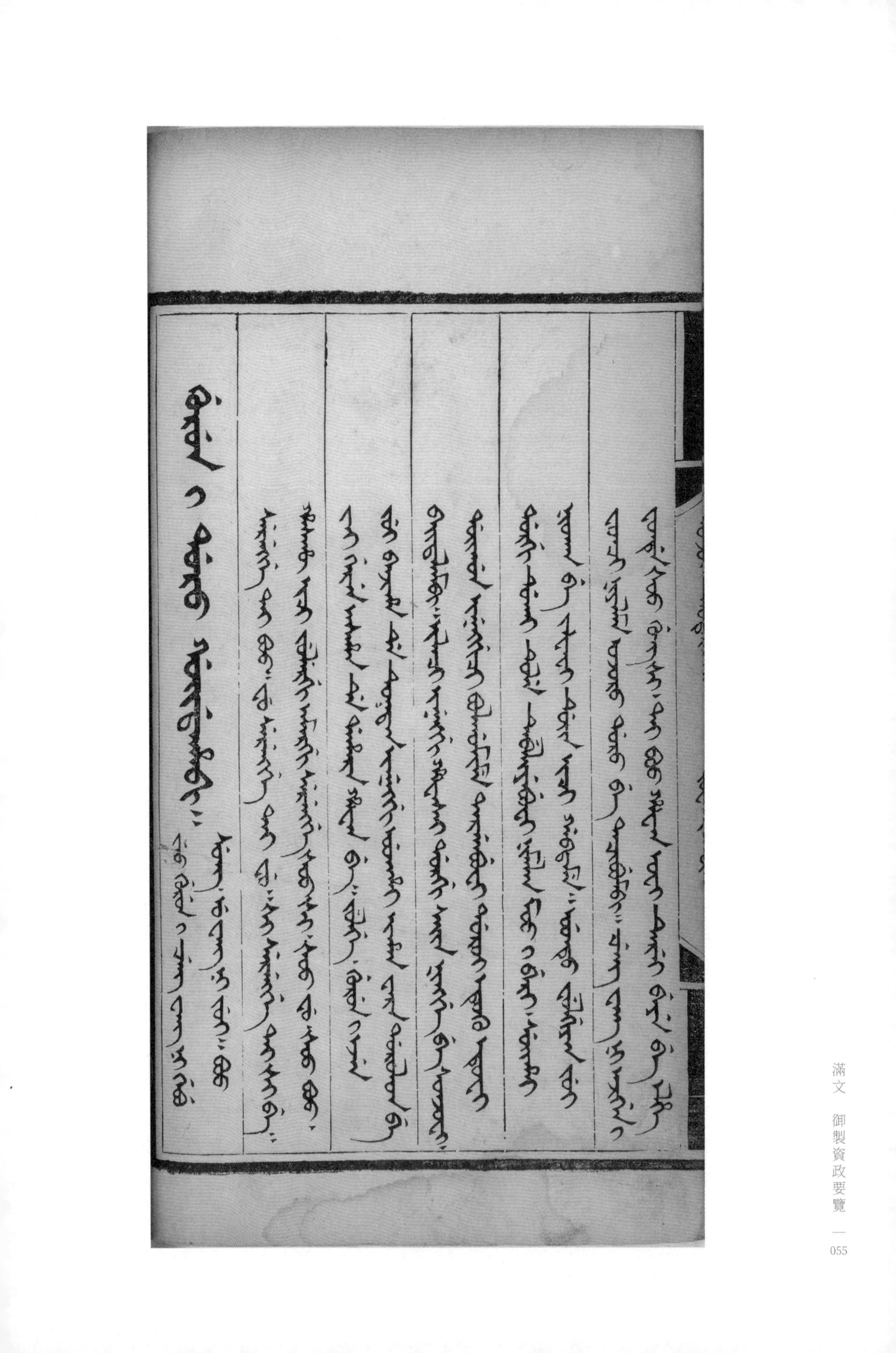

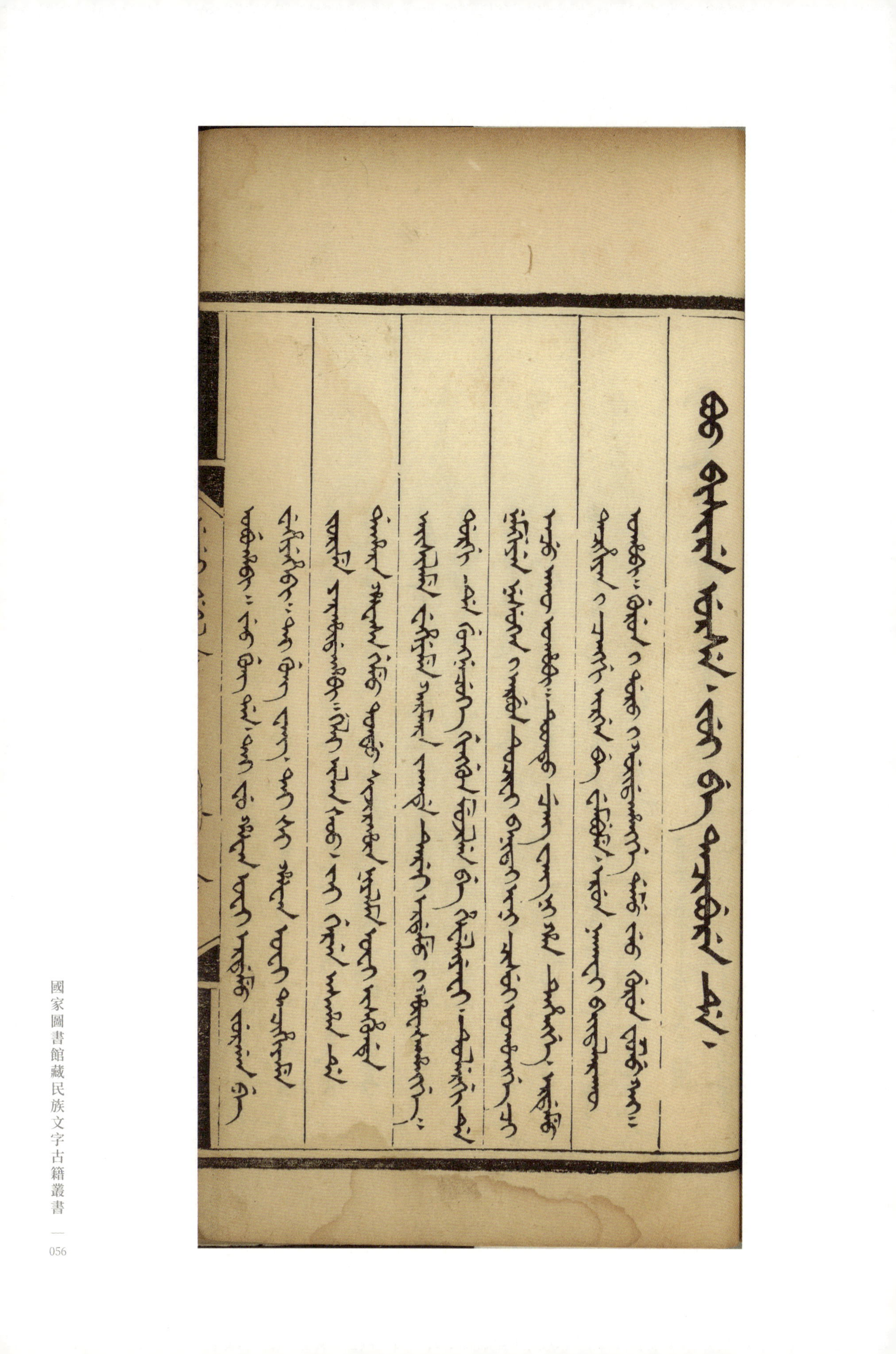

[illegible] ᡩᡝ [illegible] [illegible] ᠪᡝ [illegible]

[illegible] ᡩᡝ [illegible] [illegible] ᠪᡝ [illegible]

[illegible] ᡩᡝ [illegible] [illegible] [illegible] ᠪᡝ [illegible]

[illegible] ᠪᡝ [illegible] [illegible] [illegible] [illegible]

[illegible] [illegible] [illegible] [illegible] ᠪᡝ [illegible] ::

[illegible] [illegible] ᠪᡝ [illegible] [illegible] ᡩᡝ [illegible] ᠪᡝ

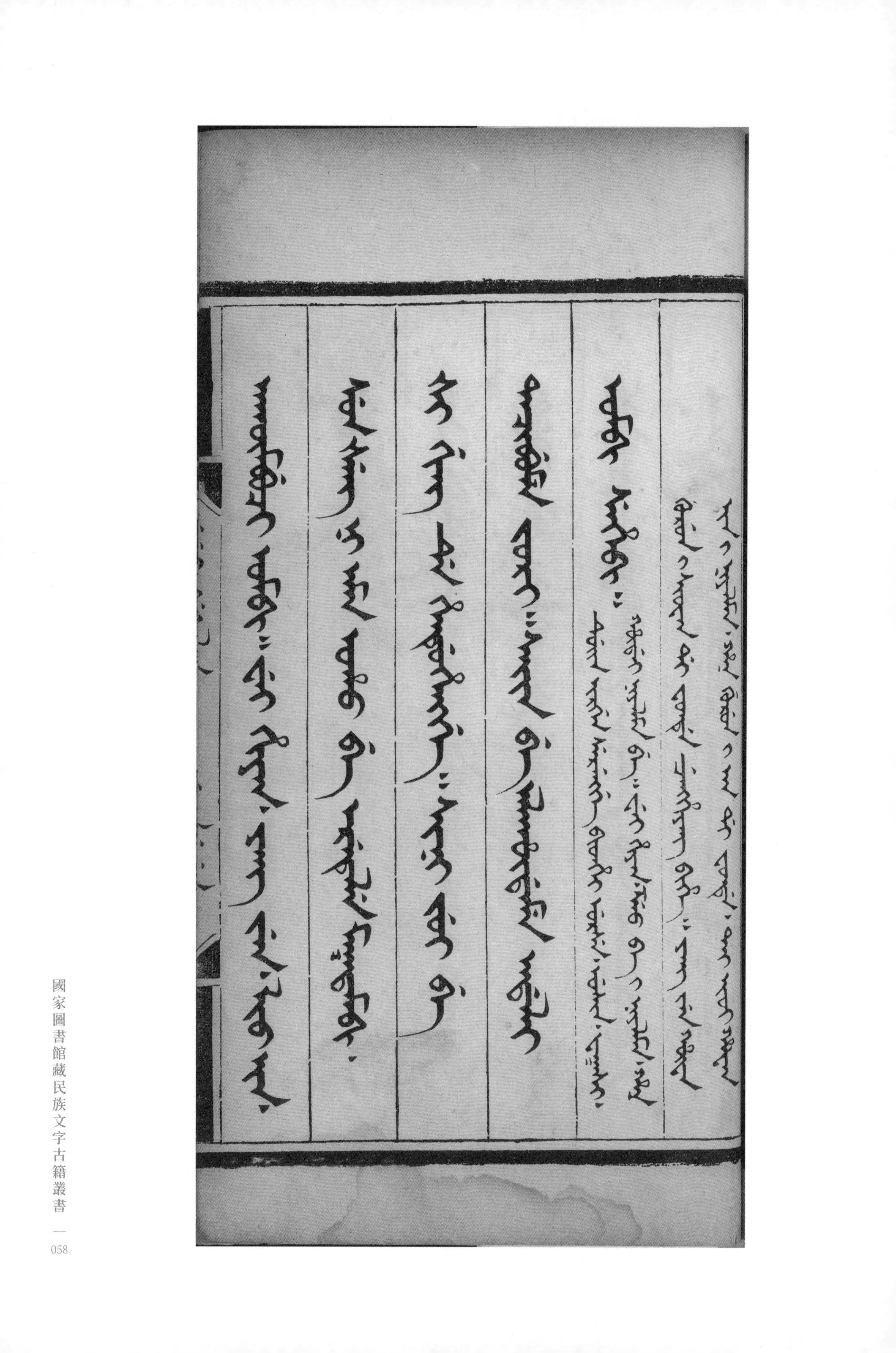

[illegible]

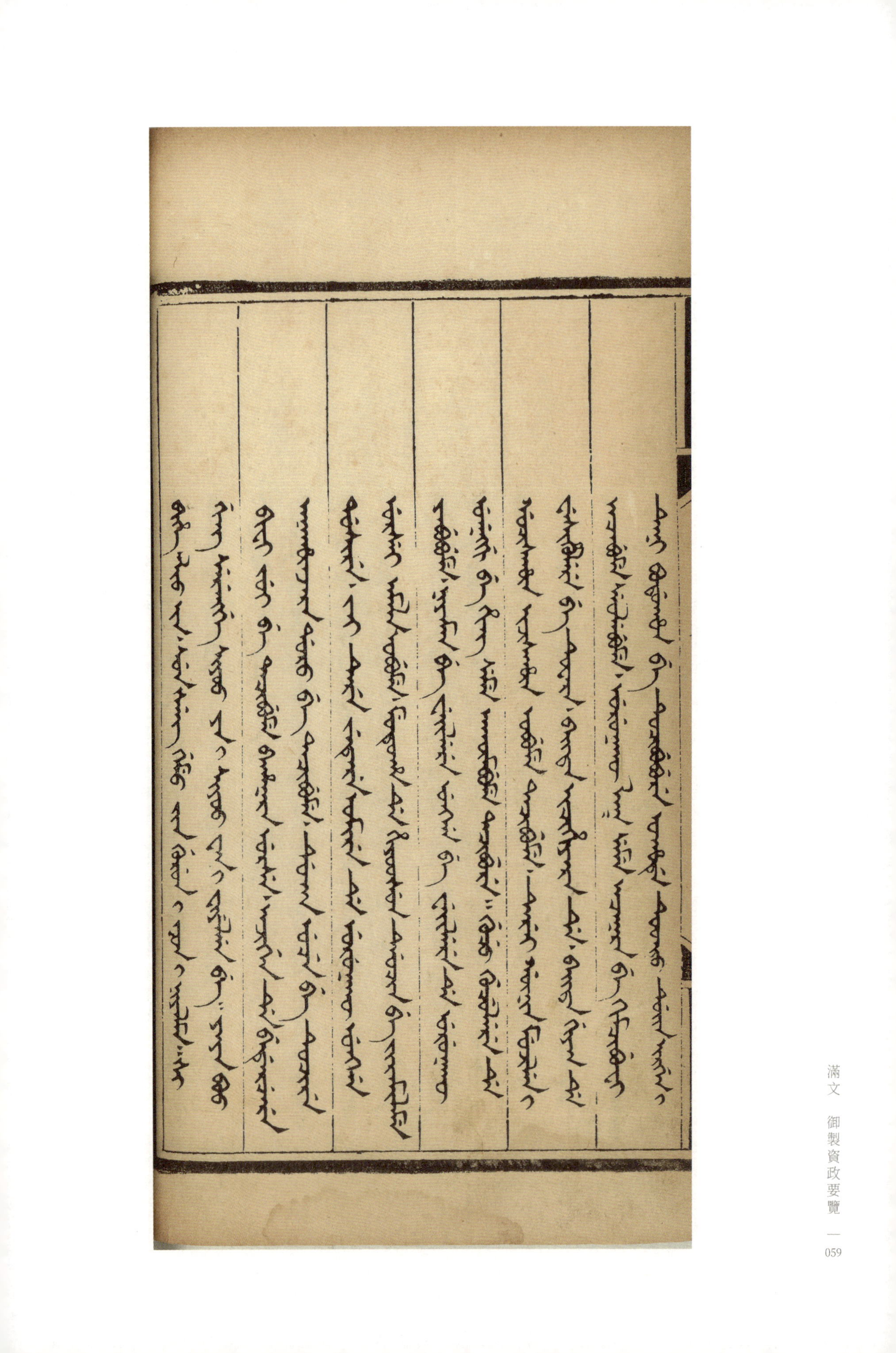

[illegible]

[illegible]

[illegible]

[illegible]

[illegible]

[illegible]

[illegible]

[illegible]

[illegible]

[illegible]

[illegible]

[illegible]

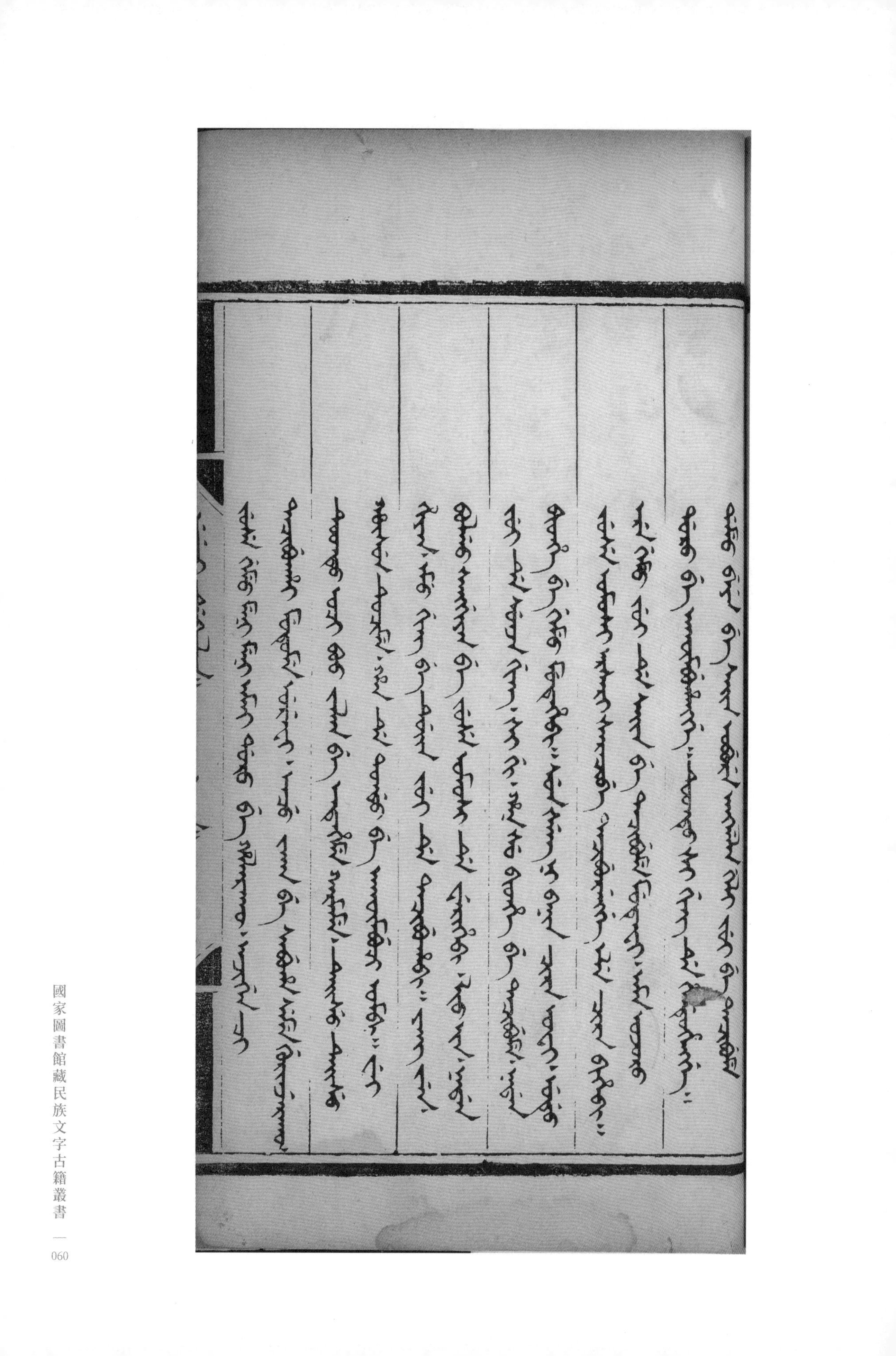

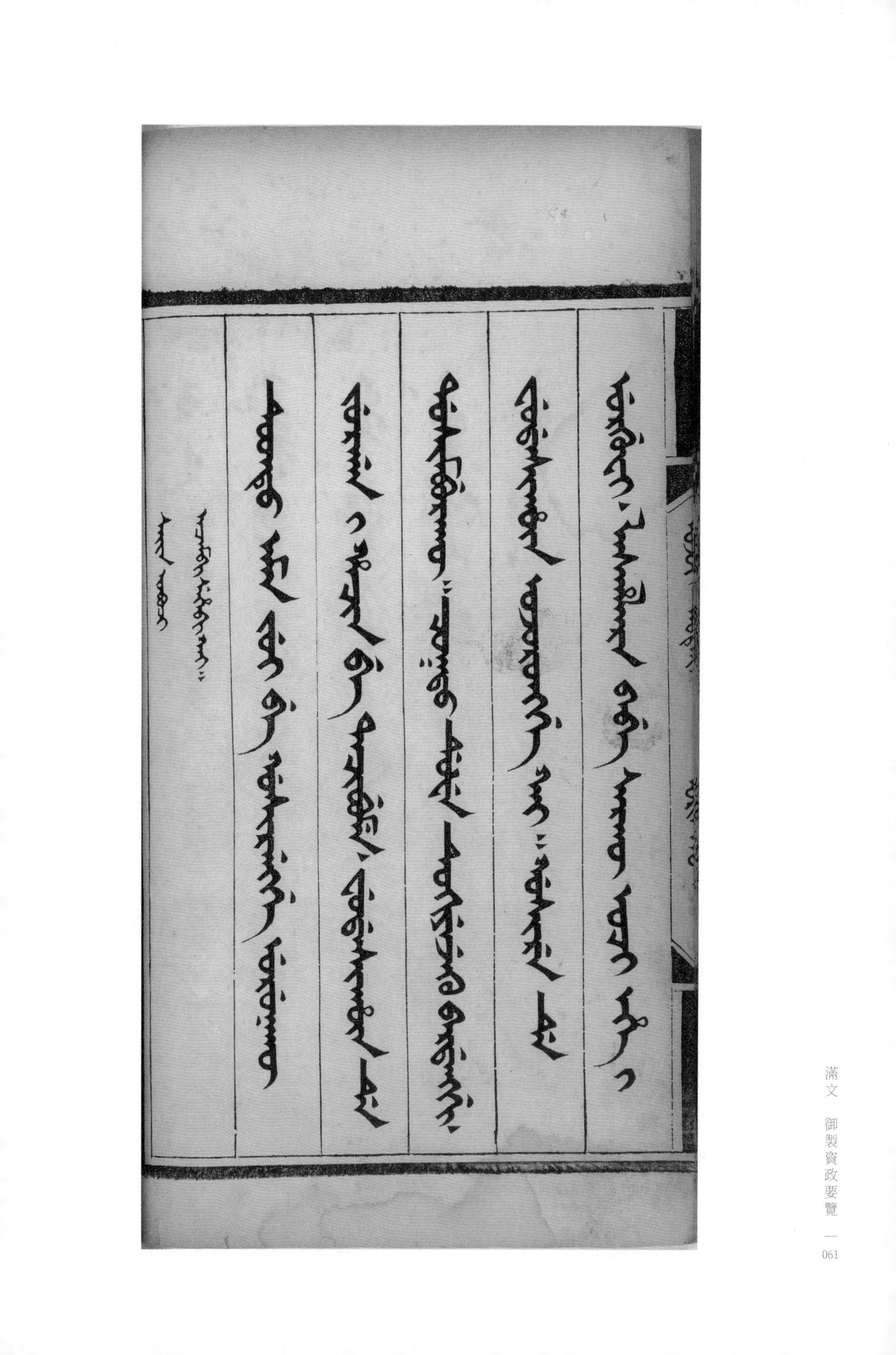

[illegible]

[illegible]

[illegible]

[illegible]

[illegible]

[illegible]

ᡥᡡᠸᠠᠩᡤᡳᠶᠠᡵᠠᡴᡡ ᠰᡝᠮᡝ᠉ ᡳᠨᡝᠩᡤᡳ ᠪᡳᡵᡝ ᠪᡝ ᡝᠨᡩᡠᡵᡳ

ᠪᡠᠰᡝ ᡳᠨ ᡥᡡᠸᠠᡵᡝ ᡤᡡᠩᡤᡳᠨ᠂ ᠪᡳ ᠪᡠᠮᡝ ᡳᠨ ᡝᠮᡠᠨ

ᠰᡠᠩᡤᡝ ᠪᡝ ᡤᡡᠪᡠᠪᡠᡥᡝ ᠮᡠᠰᡝᠪᡠᠩᡤᠠᡵᡳ ᠪᡠᡥᡝ ᠰᠣᡥᠣ

ᠮᡳᠩᡤᠠᠨ ᡳᠨᡳᠩᡤᡝ ᠰᡳᠨ ᡳᠨ ᠪᡝᠶᡝᠨ ᠮᡠᠰᡝᠪᡠᡥᡝ᠉

ᡨᡠᠰᡝᠩᡤᡝ ᠪᡝᡳᠯᡝ ᡥᡡᠸᠠᡵᡝ᠉ ᡳᠨᡝᠩᡤᡳᠨ ᠪᡳ ᠪᡳᠨ

ᡝ ᡳ ᠣ ᠨᡳᠶᠠᠯᠮᠠᠨ᠂ ᠮᡠᠰᡝᠨ ᠪᡝᠶᡝᠨ ᠪᡝ

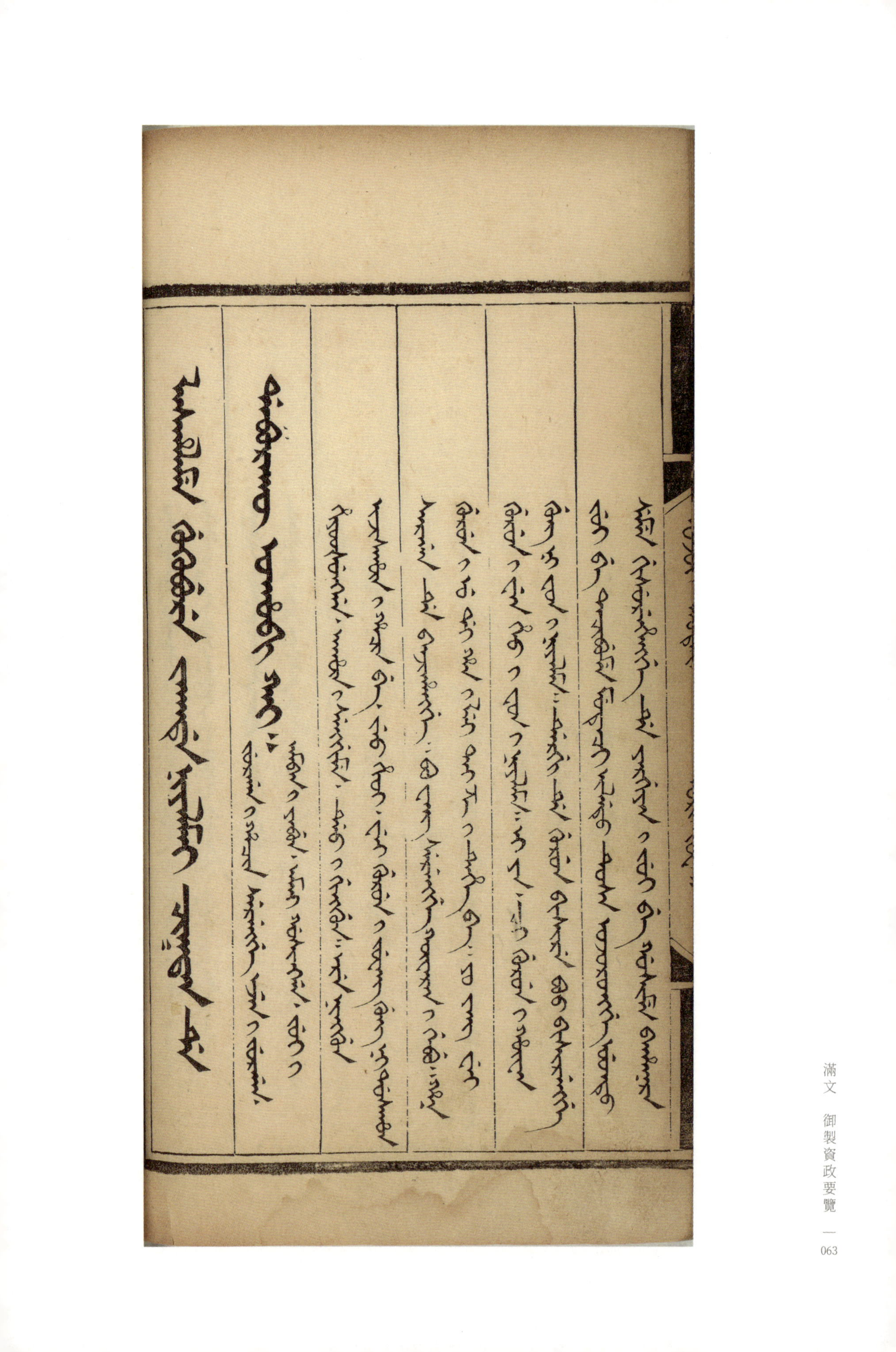

[illegible]

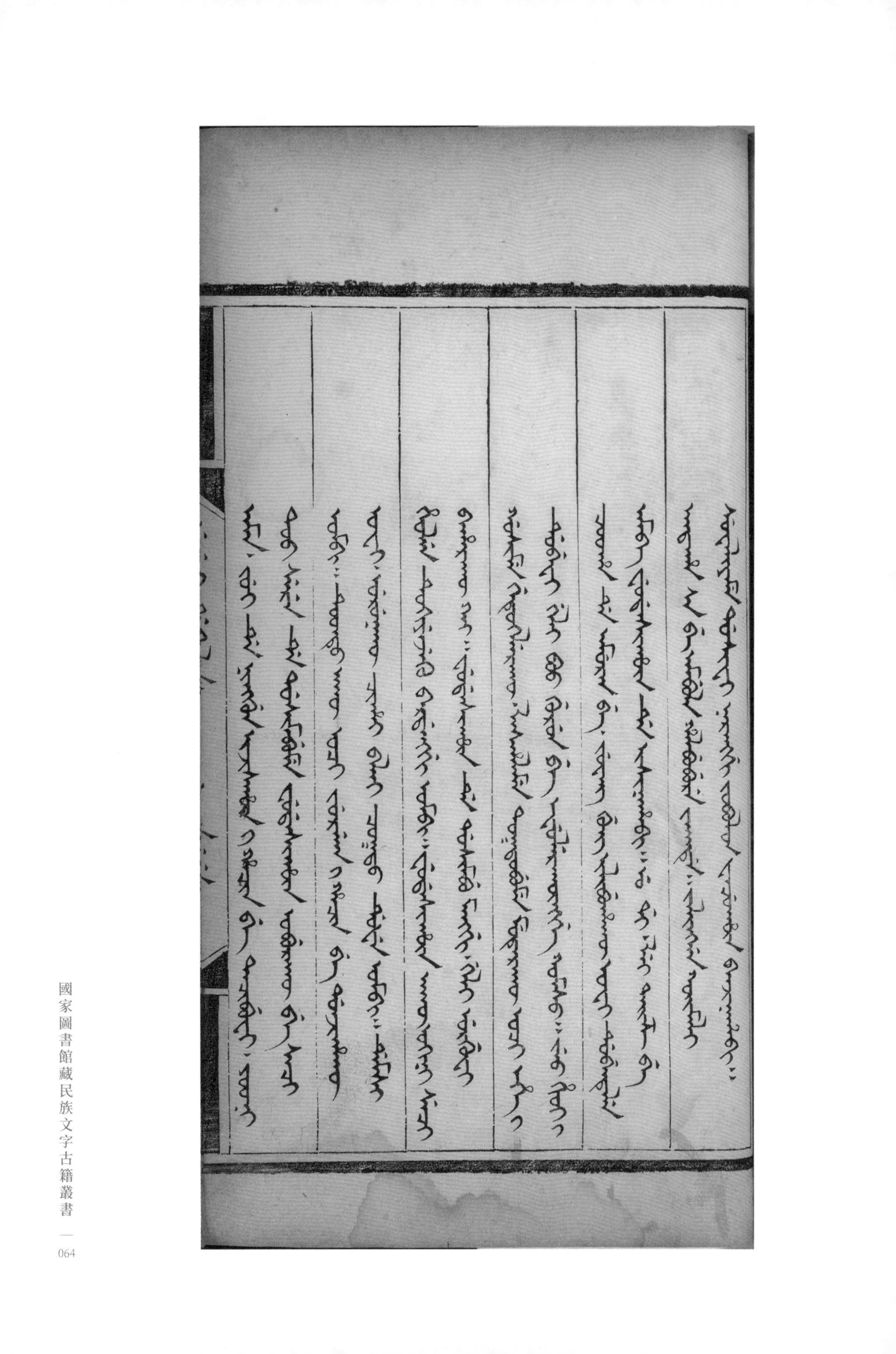

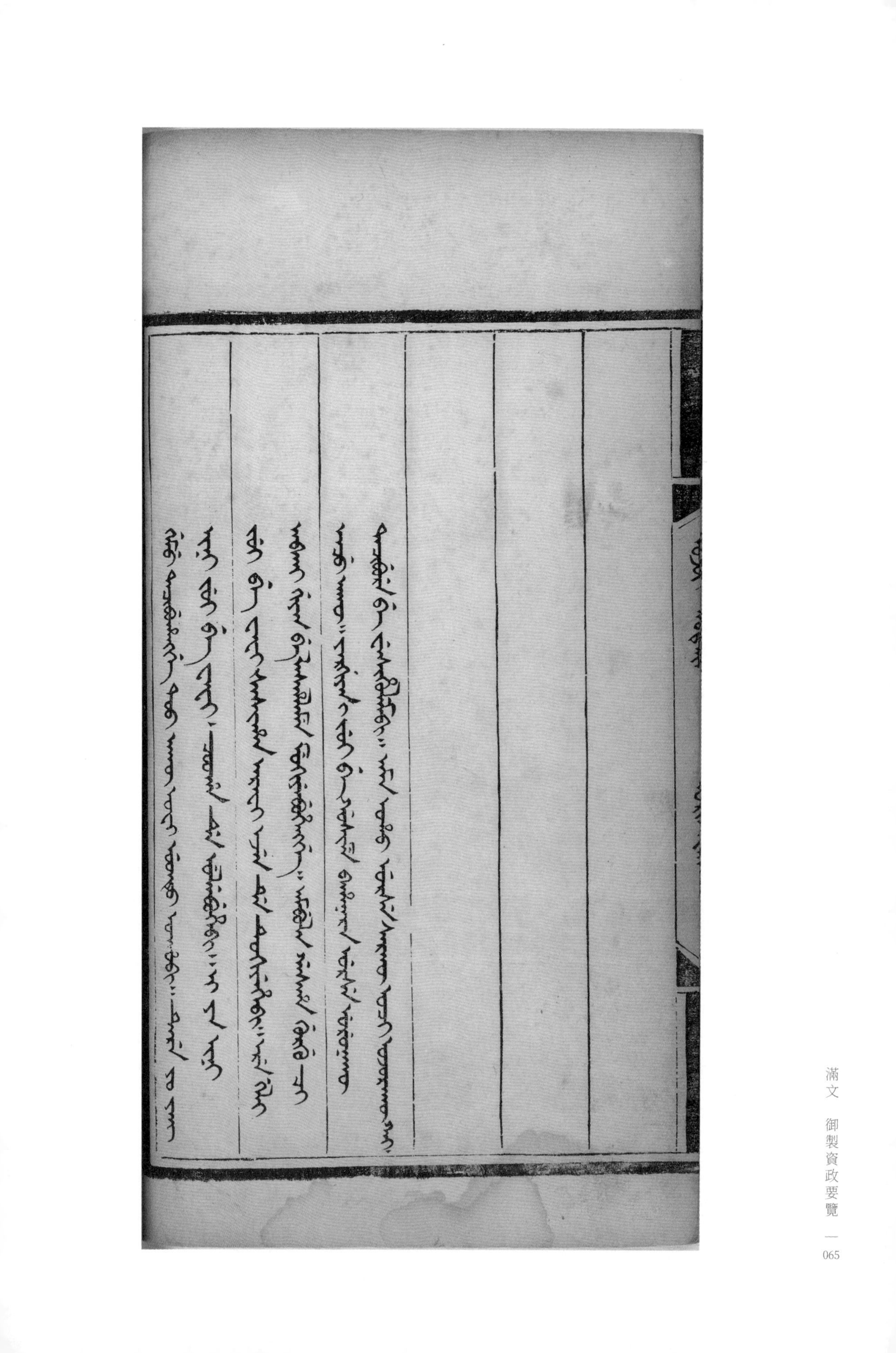

ᠵᠠᡳ ᡩᠣᡵᠣ ᡩᠠᠰᠠᠨ ᡨᠠᠴᡳᠪᡠᡵᡝ᠈

ᡩᠣᡵᠣ ᠰᠠᡳᠨ ᡩᡝ ᡨᡠᠸᠠᠮᡝ ᡤᡳᠰᡠᠨ ᠠᠮᠠᡤᠠ ᠠᠨᡳᠶᠠ ᡩᡝ᠈

ᠪᡝᠶᡝ ᡩᠠᠰᠠᠮᡝ ᡤᡠᠨᡳᠨ ᠰᠠᡳᠨ᠈ ᠠᠮᠠᠯᠠ

ᡩᠣᠰᡳᠮᡝ ᠰᠠᡳᠨ ᠰᡳᡵᠠᠮᡝ᠉ ᡩᡝ ᠪᡝ᠈ ᡤᡳᠰᡠᠨ ᡩᡝ

ᡩᠣᡵᠣᠨ ᠰᠠᡳᠨ ᡩᡝ ᠰᠠᠨᡳᠶᠠᠮᠪᡠᡵᡝ᠉ ᠰᡠᠸᠠᠮᠪᡳ ᠠᠮᠠᡳ᠈

ᡩᠣᠨᡳ ᡩᡝ ᠰᡠᠸᠠᠯᡳᠶᠠᠮᡝ ᠨᠣᠮᡥᠣ ᡩᡝ ᠰᡳᠨᡳᡴᡝᡳ᠉

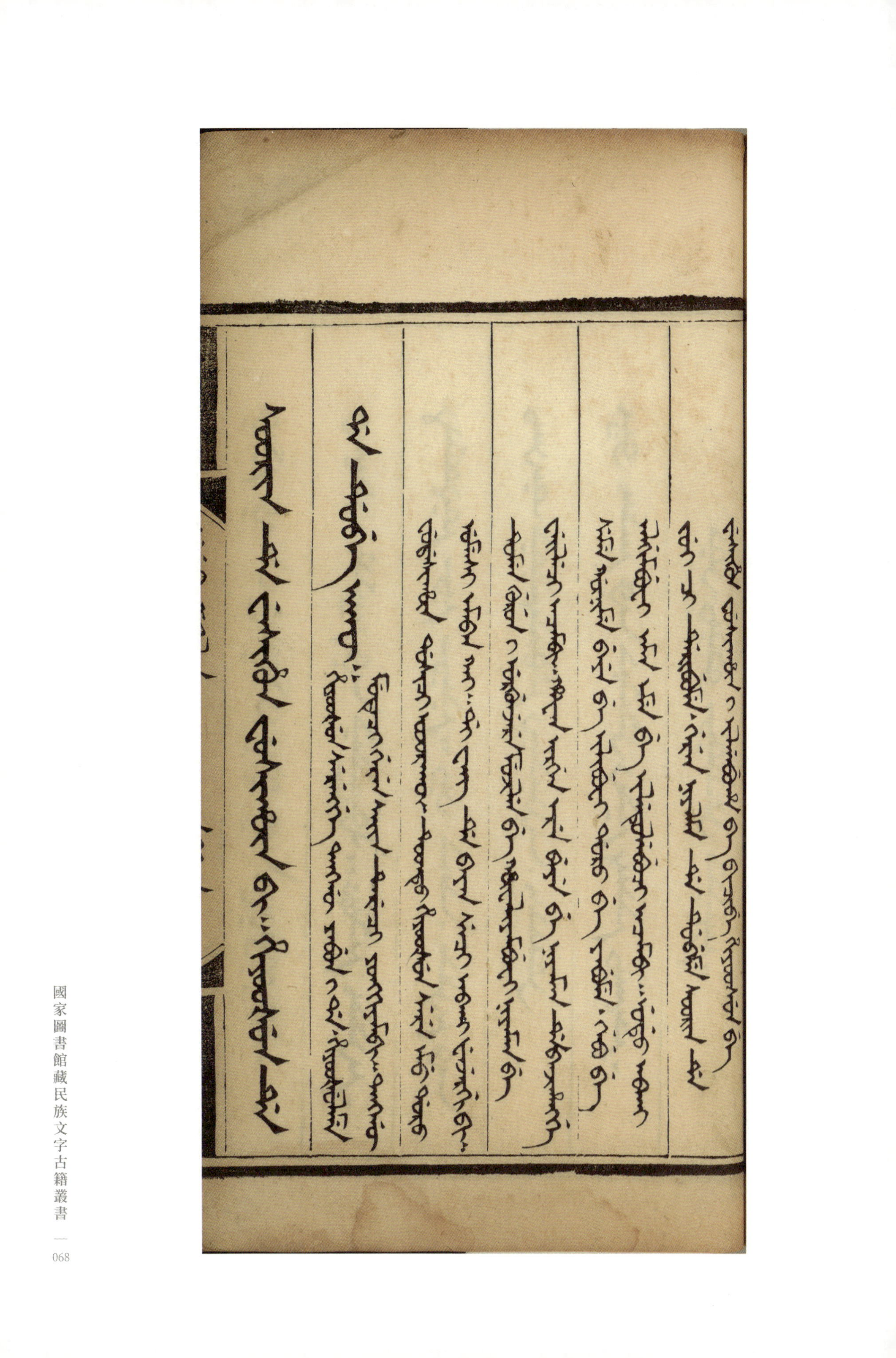

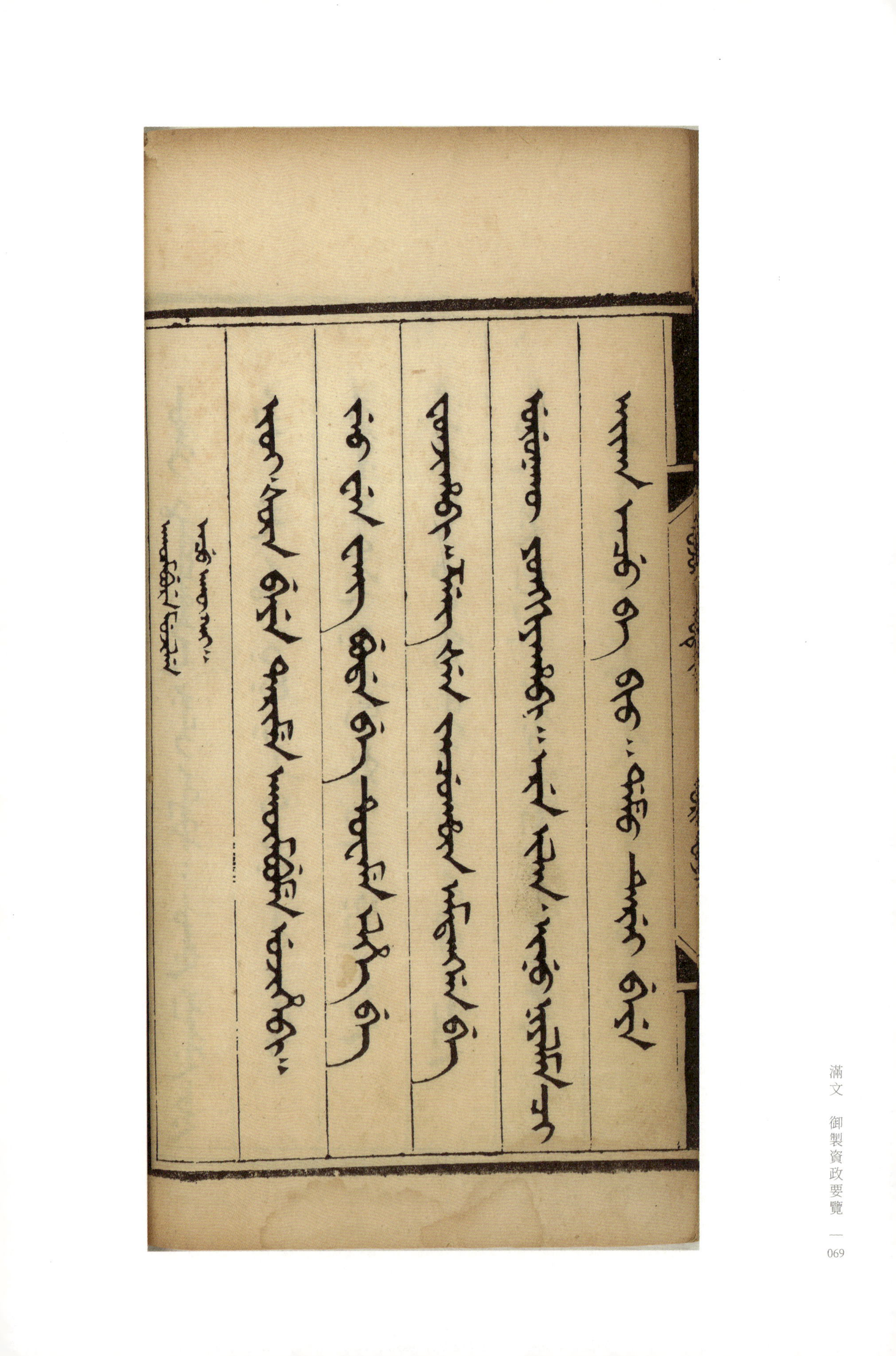

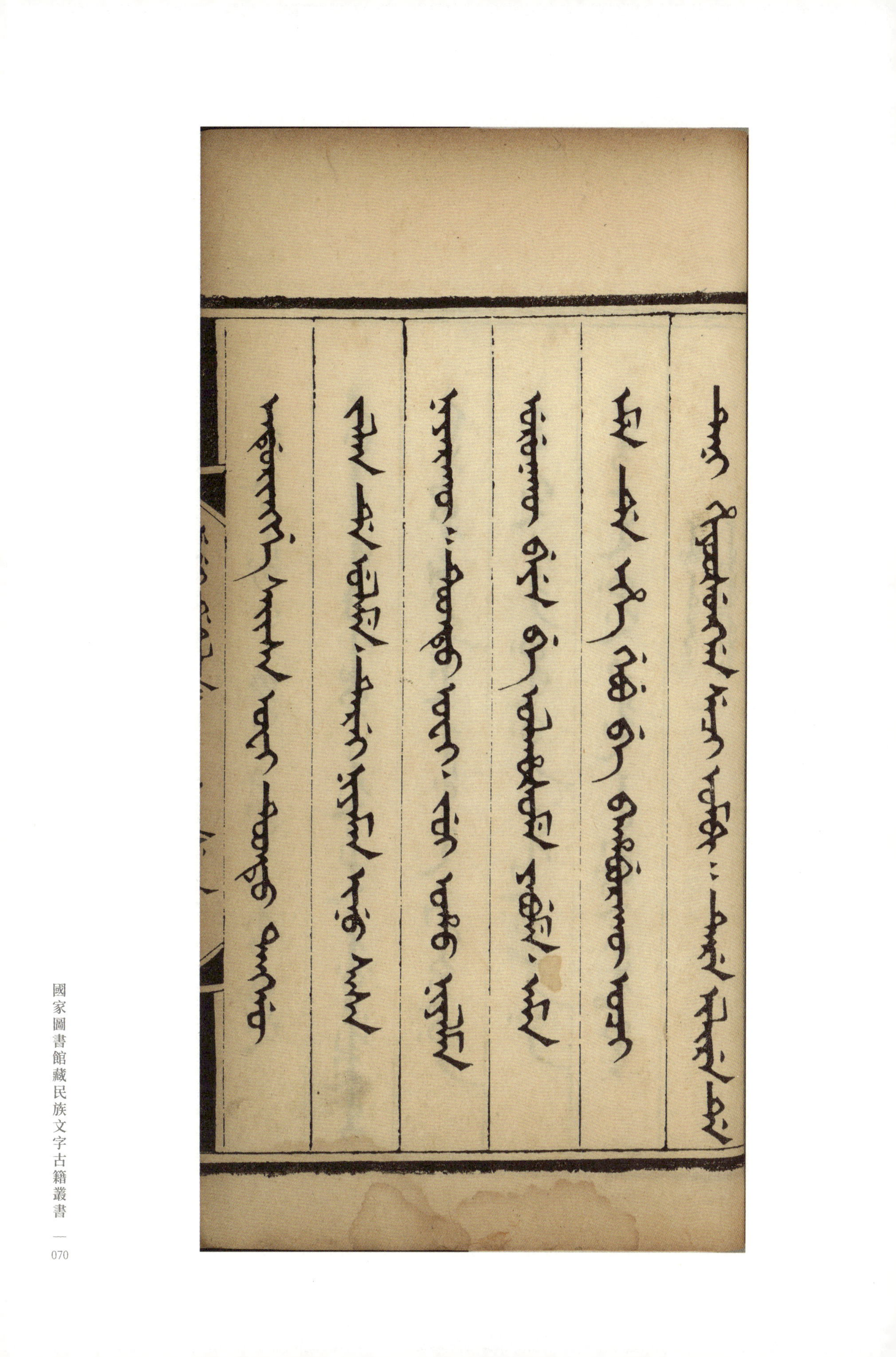

[illegible]

[illegible]

[illegible]

[illegible]

[illegible]

[illegible]

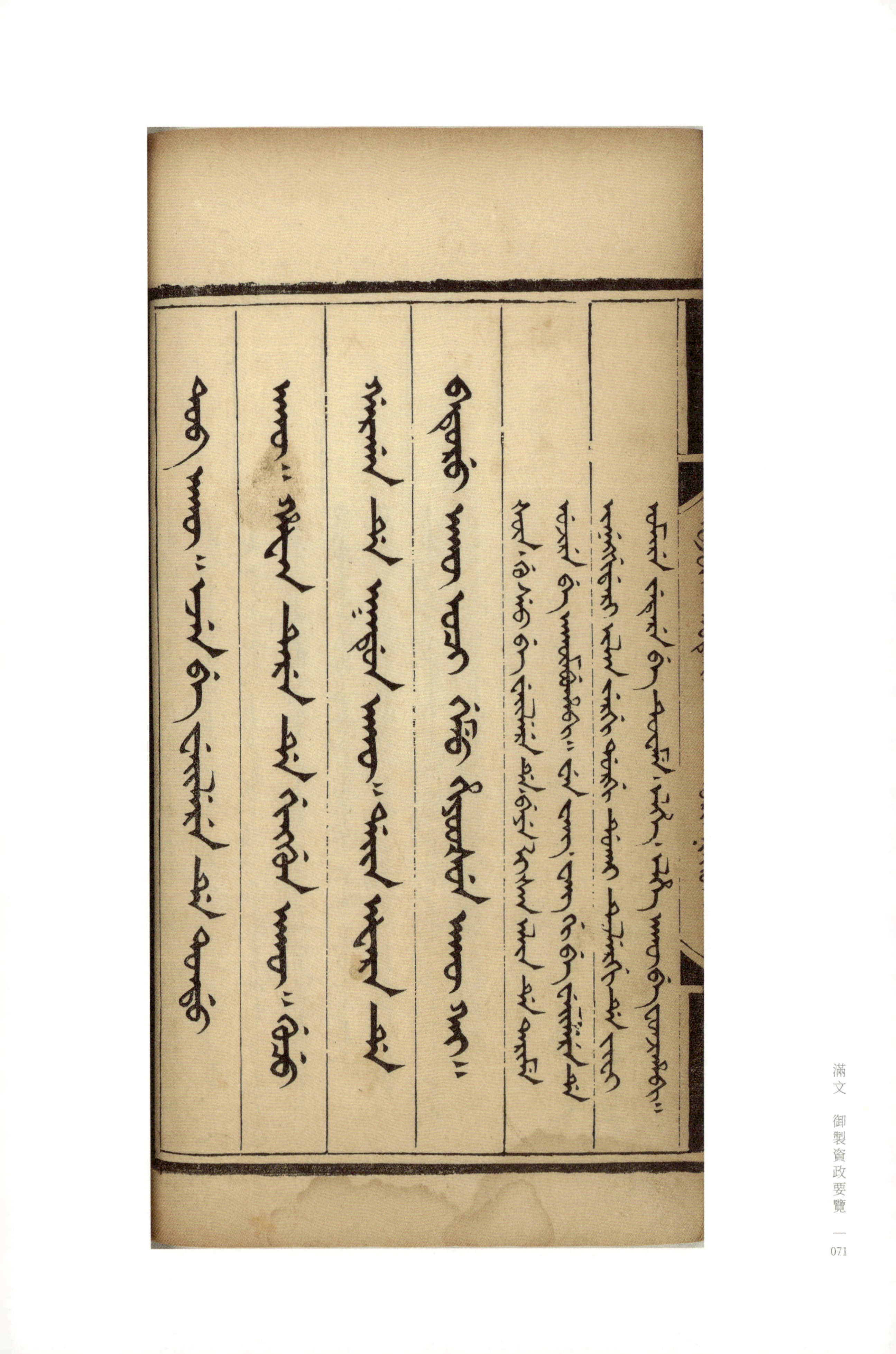

[illegible]

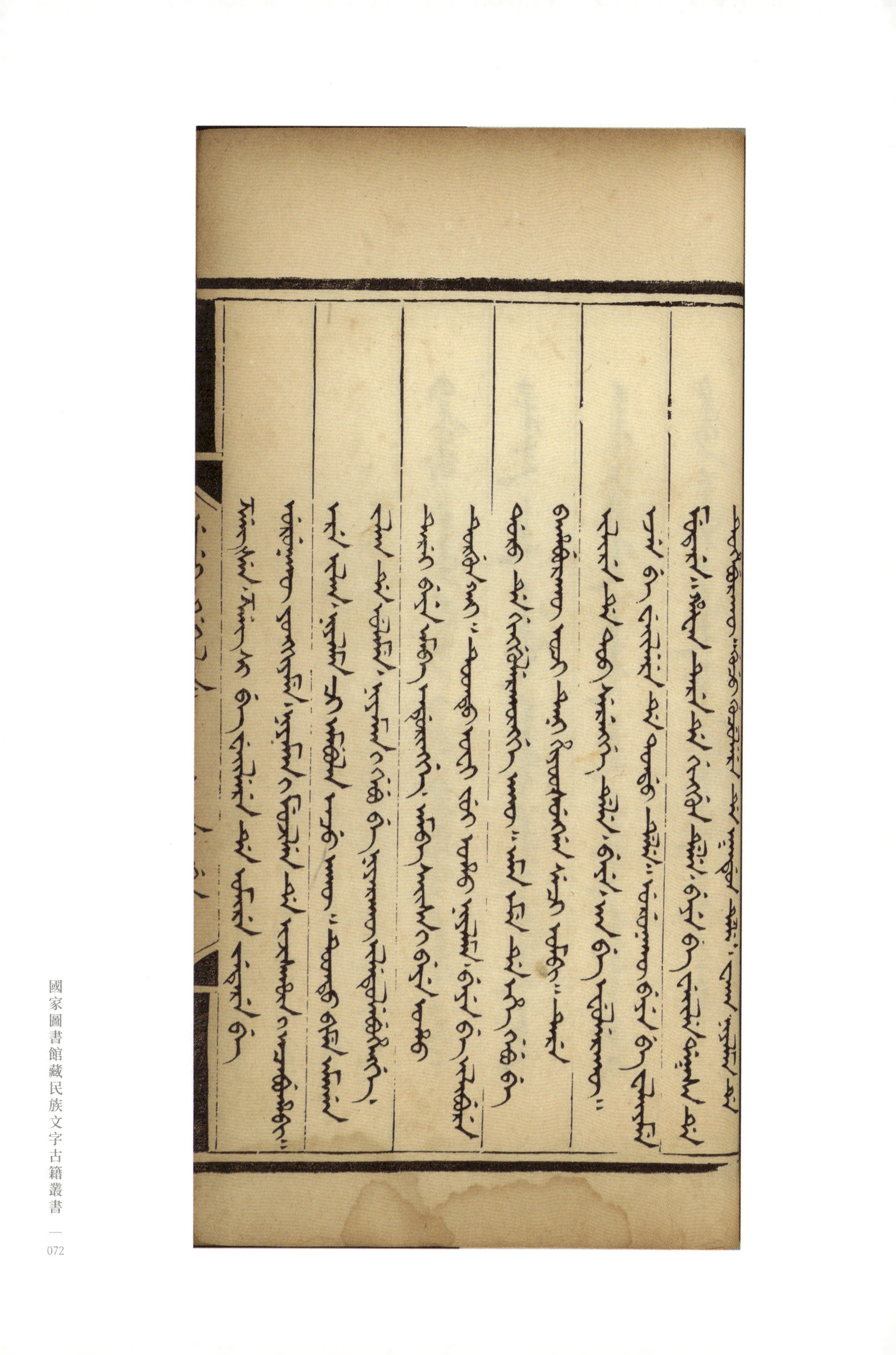

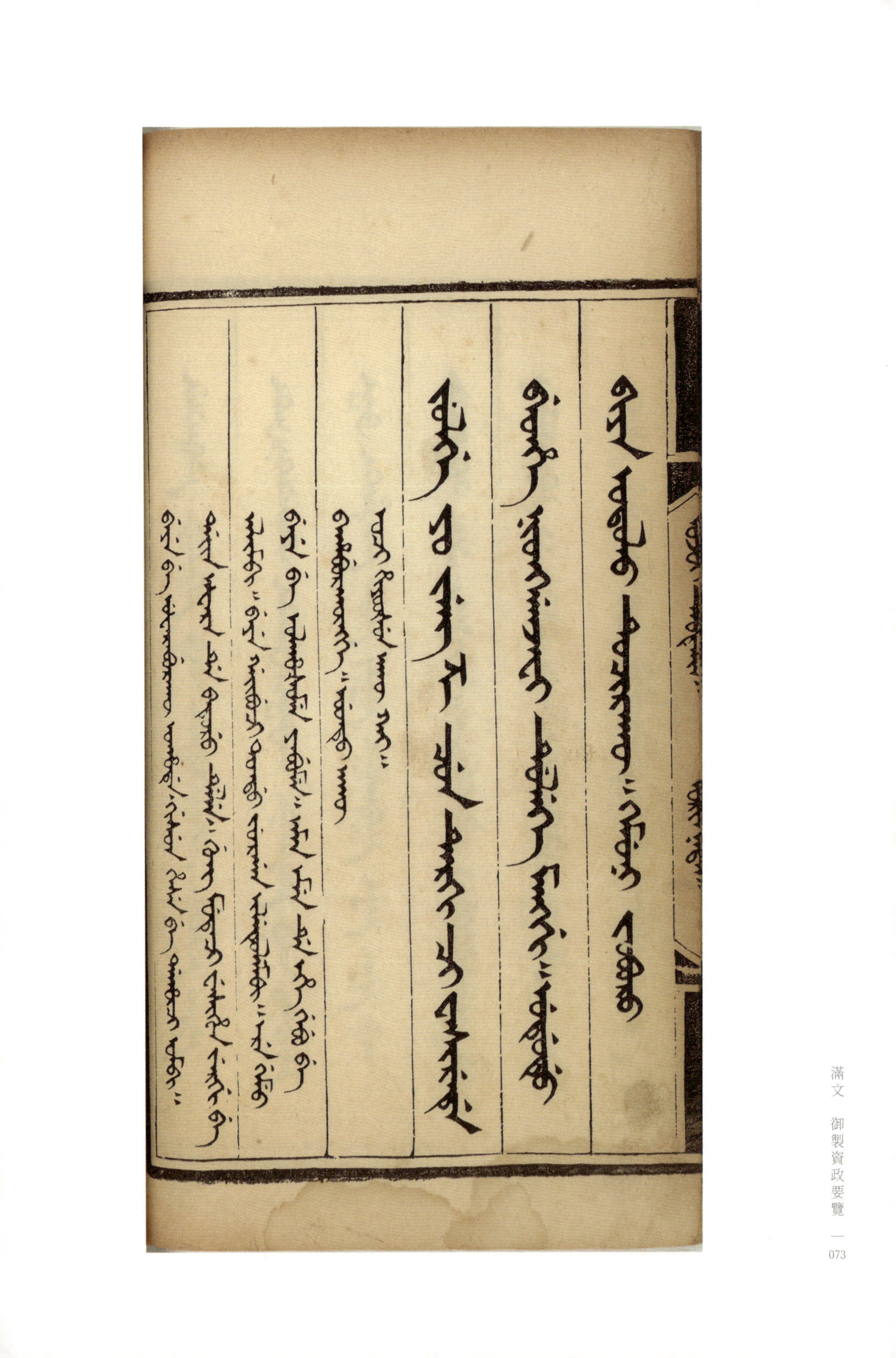

[illegible]

ᠮᡠᠰᡝ ᠪᡝ᠈ ᡤᡳᠩᡤᡠᠯᡝᡵᡝ ᠪᠣᡩᠣᠨ ᠠᠮᠪᠠ ᡴᠣᠪᠠᠯᡳ᠈ ᠠᠮᠪᠠ ᠪᡝ

ᠰᠣᠨᠵᠣᡥᠣᠩᡤᡝ ᡳ ᡨᡠᠸᠠᡴᡳ ᠪᡝ ᡨᡠᠸᠠᡴᡳᠶᠠᠮᠪᡳ᠈ ᡨᡠᠸᠠᡴᡳᠶᠠᠮᡝ

ᡤᡠᠸᠠᠯᡳᠶᠠᡴᡡ ᠪᡝ ᡩᡝᠮᡠᡵᡝᠮᡝ ᡨᠣᠸᠠᠯᠠᡴᡡ᠈ ᡨᡝᠰᡝ ᡨᡝᠨᡩᡝᠨᡝᠩᡤᡝ ᡠᡳᠯᡝ

ᠪᡳᡨᡥᡝ ᠮᡠᠰᡝᠮᡝ ᠰᡝᠮᡝ ᡩᠣᡵᡤᡳ ᠮᡠᠰᡝᡥᡝᠩᡤᡝ ᠰᡝᡵᡝ ᠮᡠᠰᡝ ᠪᡝ

ᠮᠣᠩᡤᠣᠰᡳᠣᡥᡝ ᡩᡝᡥᡳᠮᡝ ᡤᡠᠸᠠᠯᡳᠶᠠᠮᠪᡳ ᠵᡠᠨᡤᡳᠶᠠᠨ ᠪᡝ ᡤᡳᠰᡠᡵᡝᠮᡝ

ᠰᡠᡥᡝᡵᡝ ᡤᡳᠰᡠᠨ ᠪᡝ ᡨᡠᠸᠠᡴᡳᠶᠠᠮᠪᡳ᠈ ᡝᡵᡝ

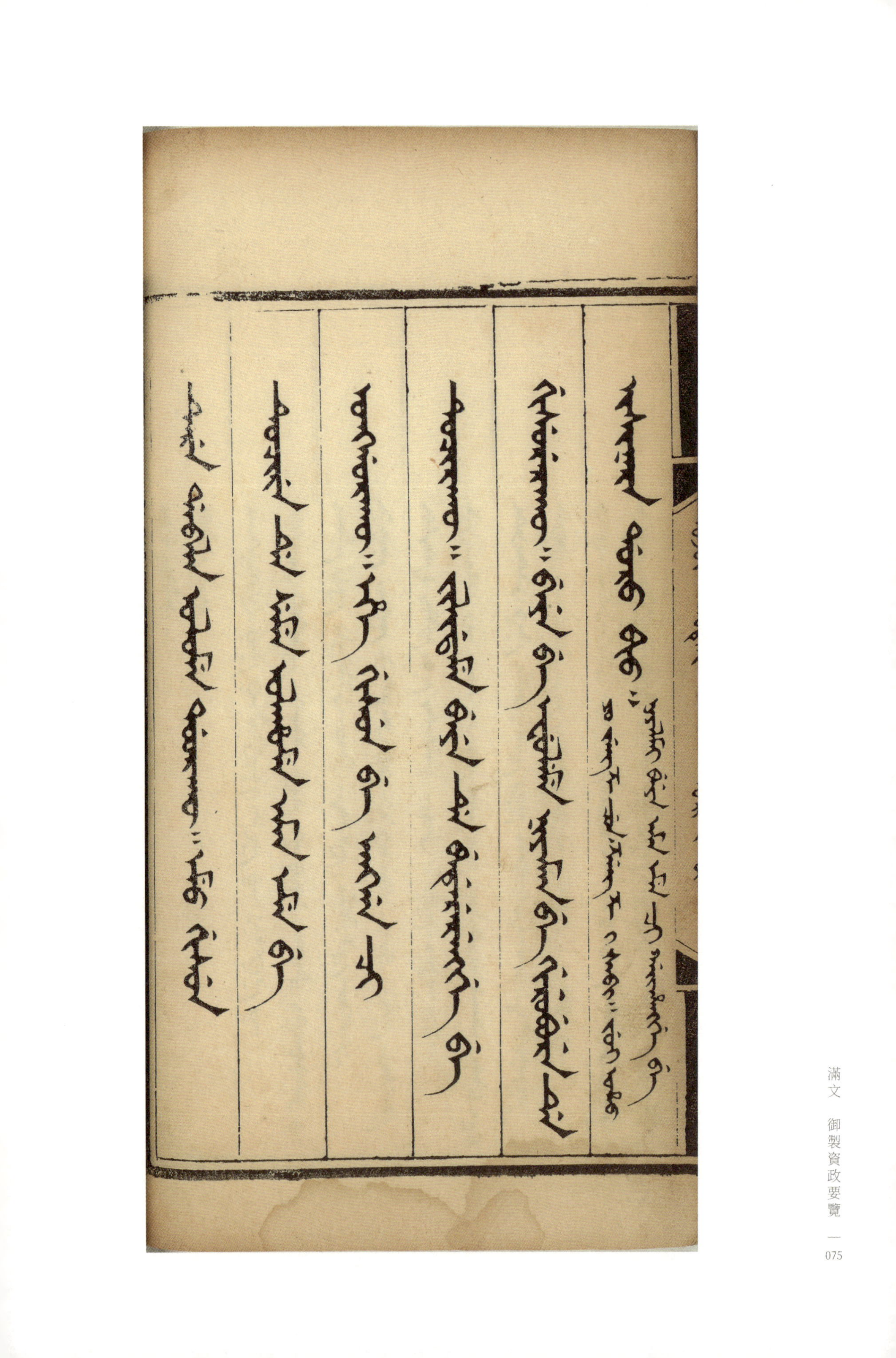

[illegible]

[illegible]

[illegible]

[illegible]

[illegible]

[illegible]

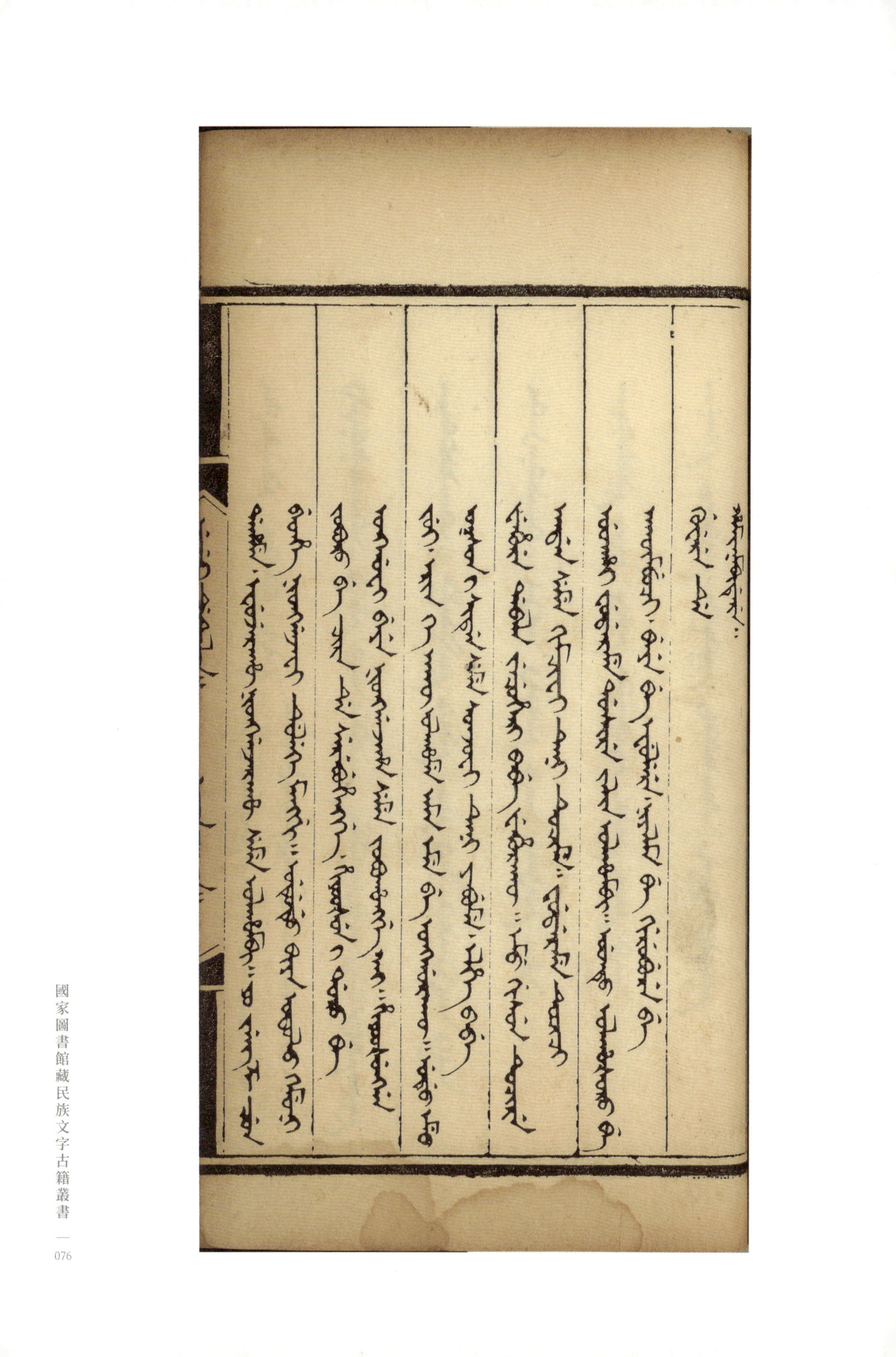

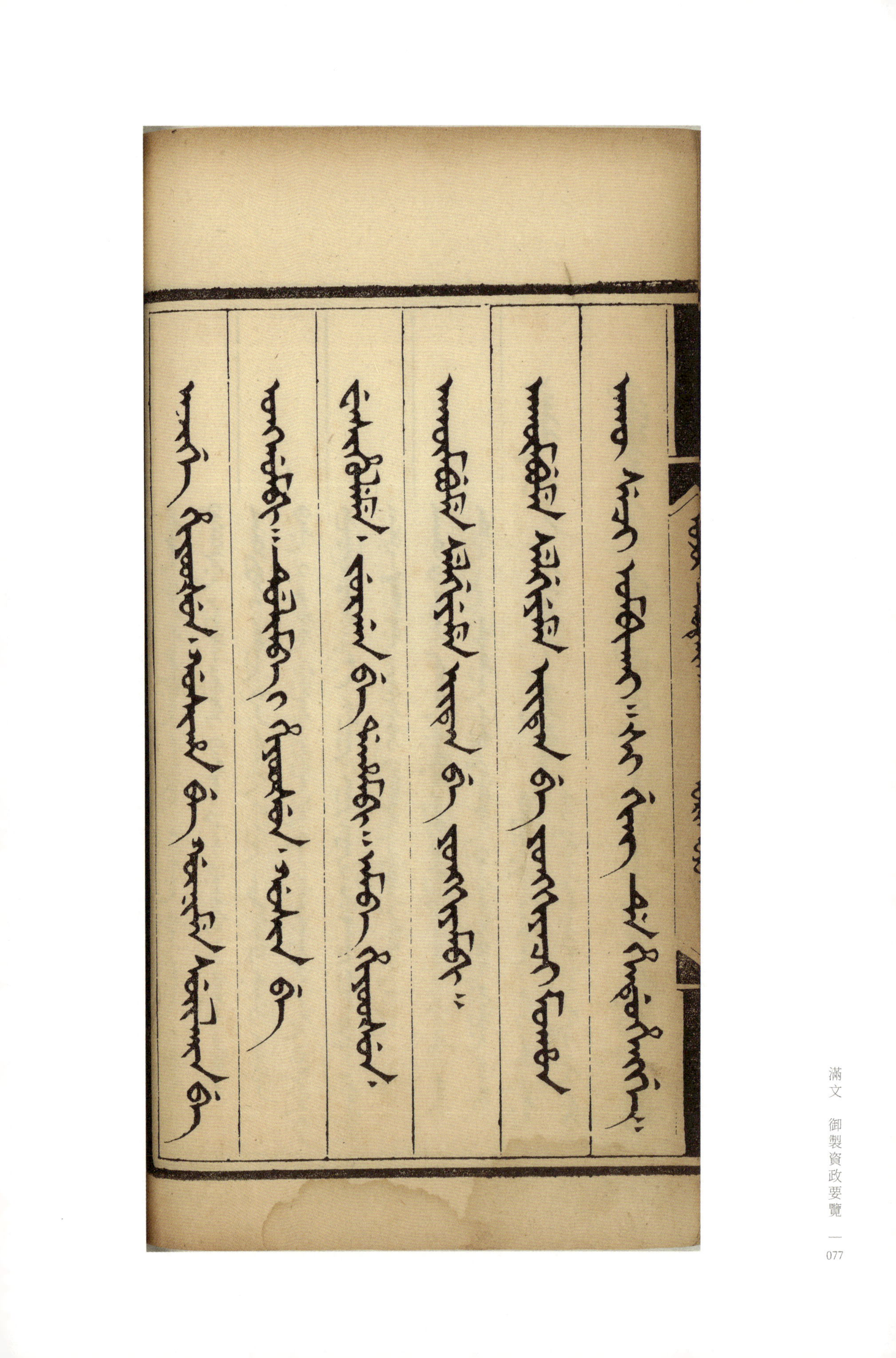

[illegible]

[illegible]

[illegible]

[illegible]

[illegible]

[illegible]

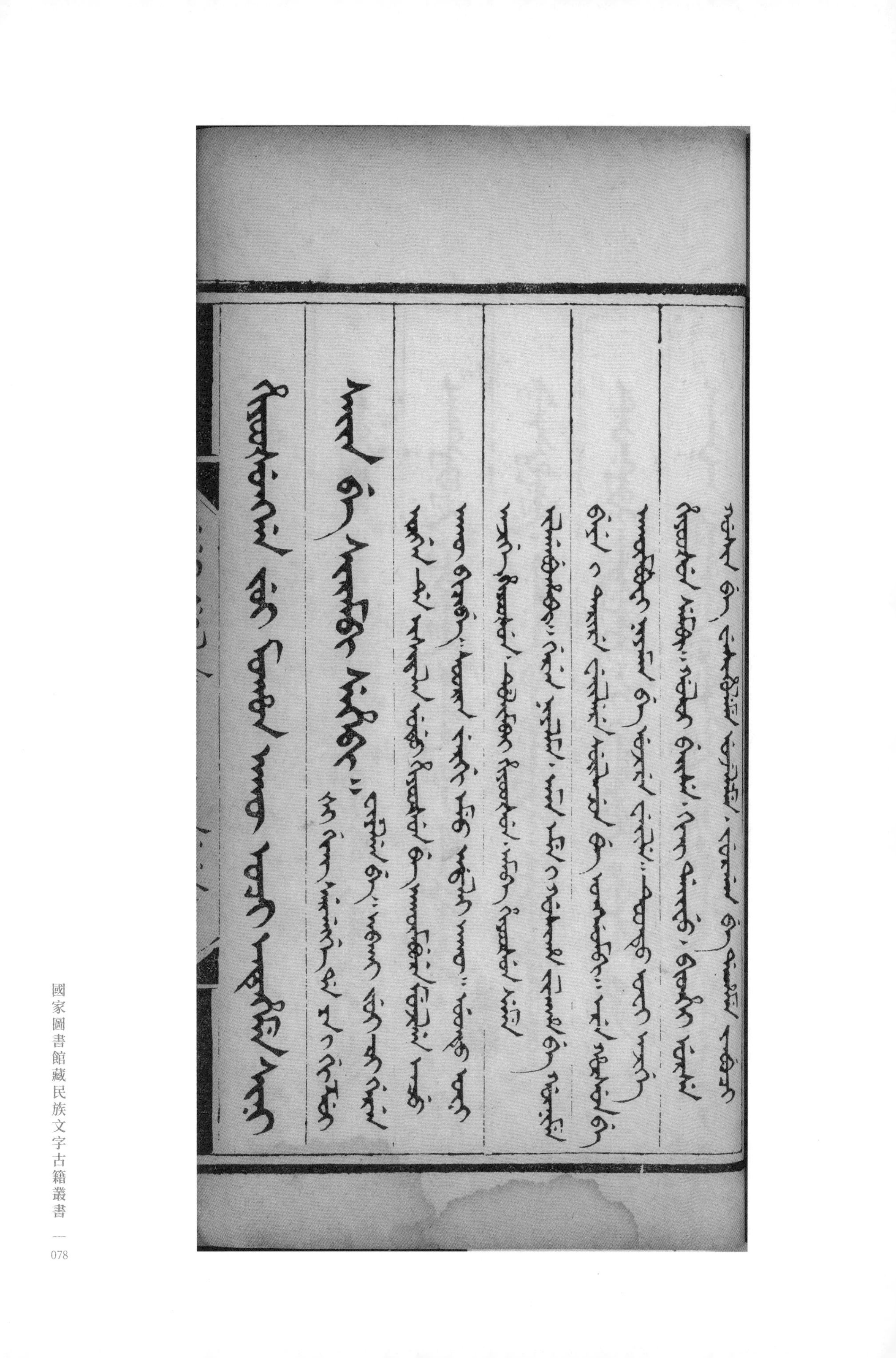

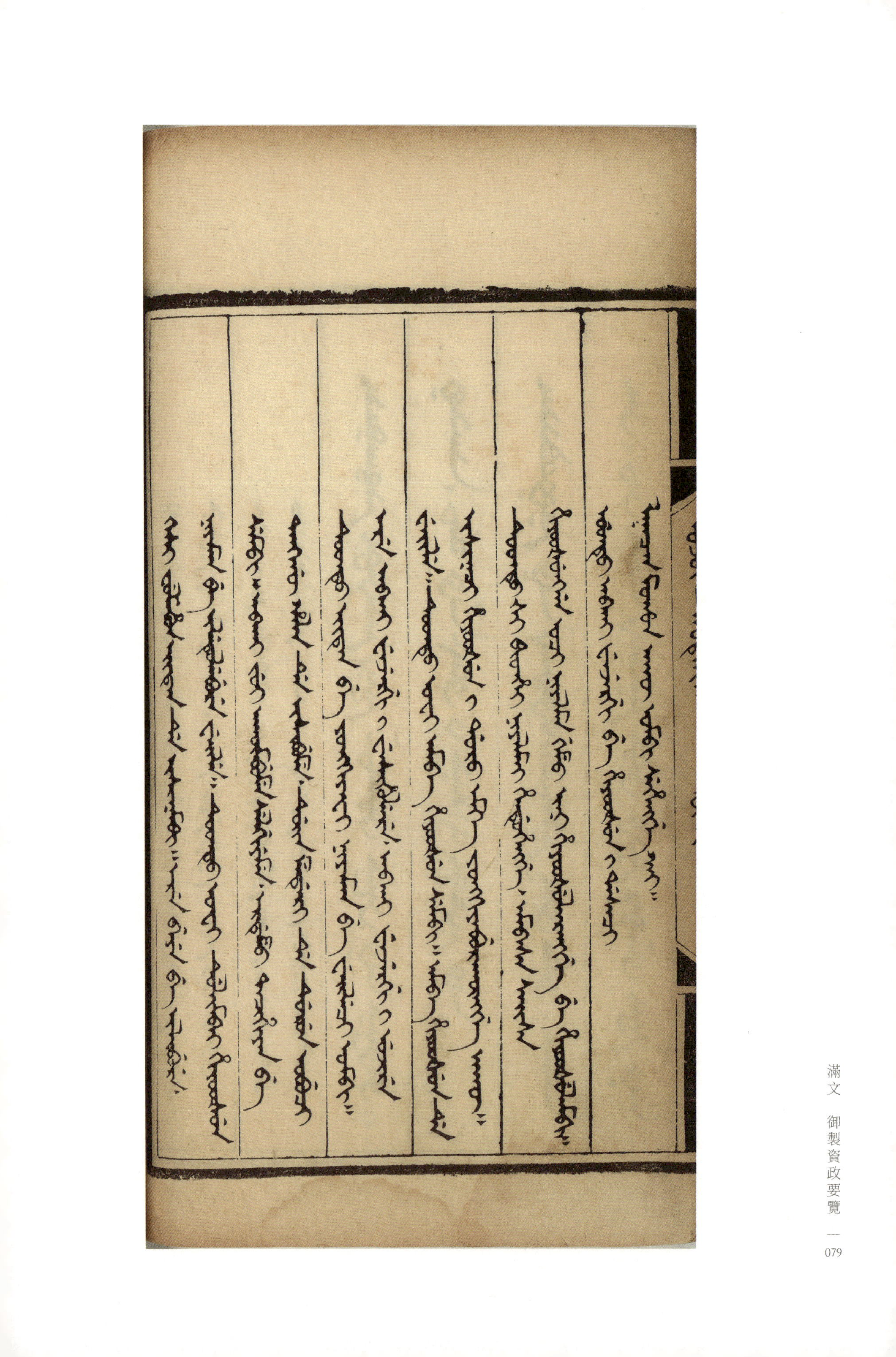

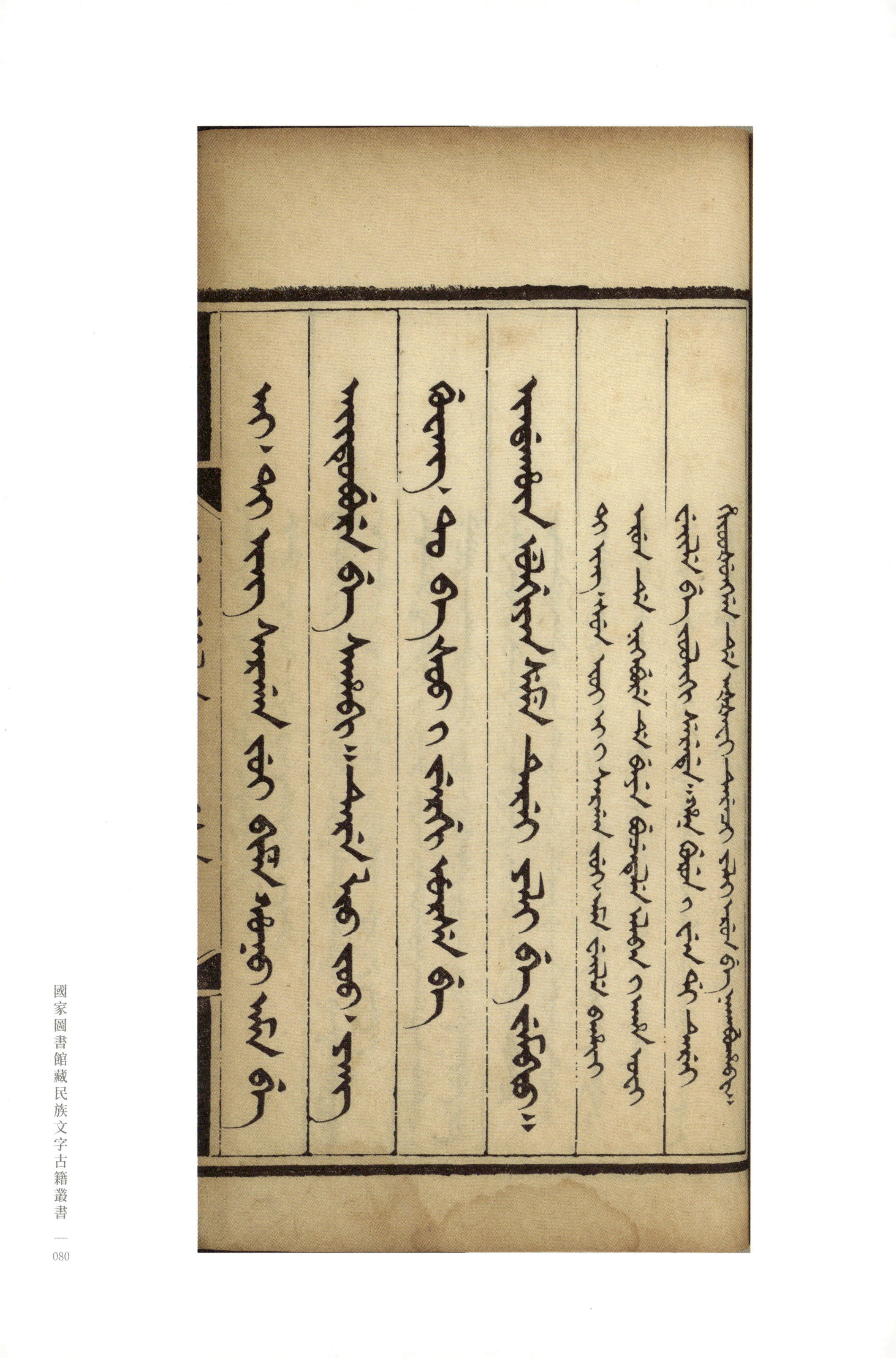

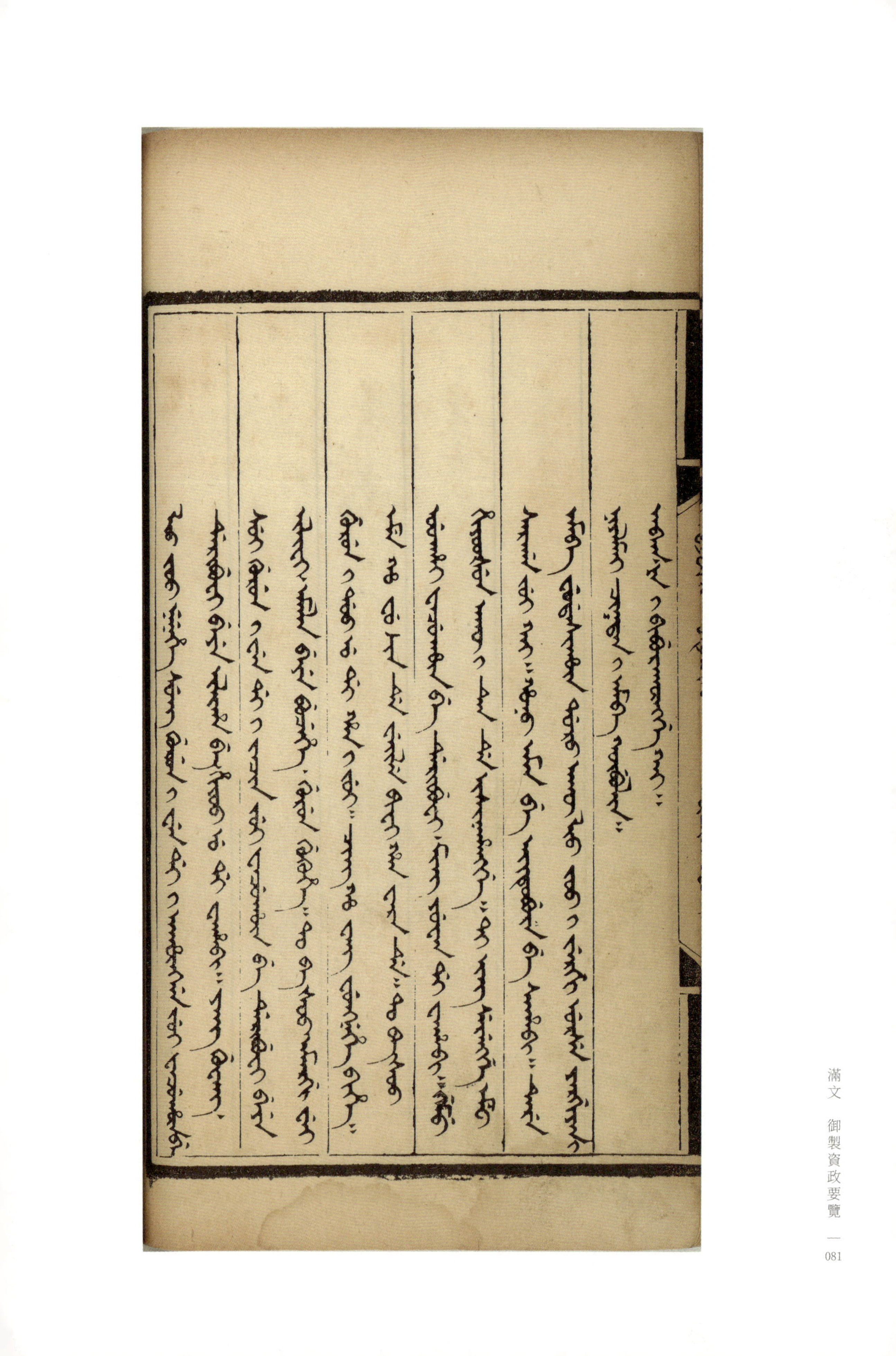

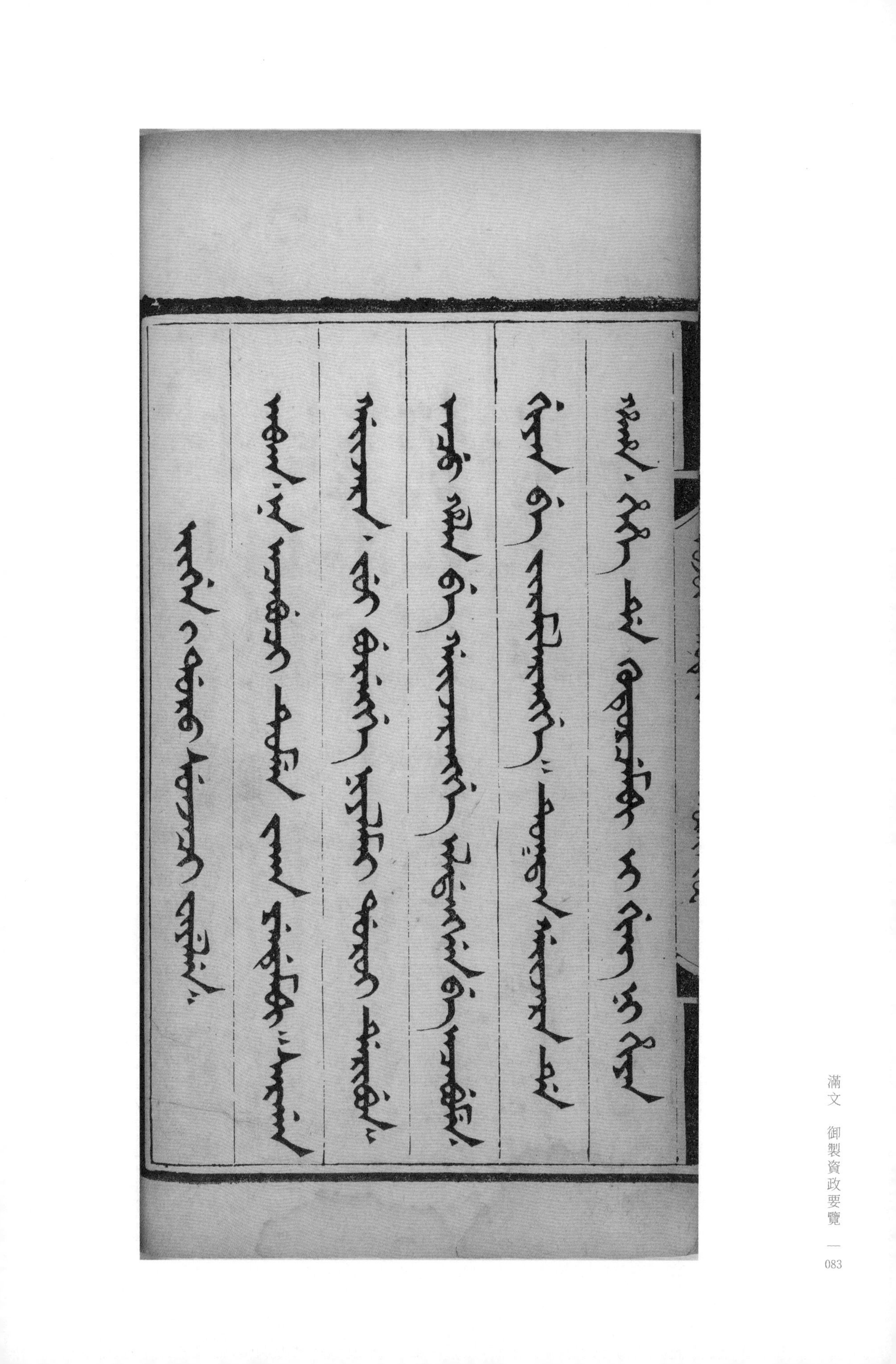

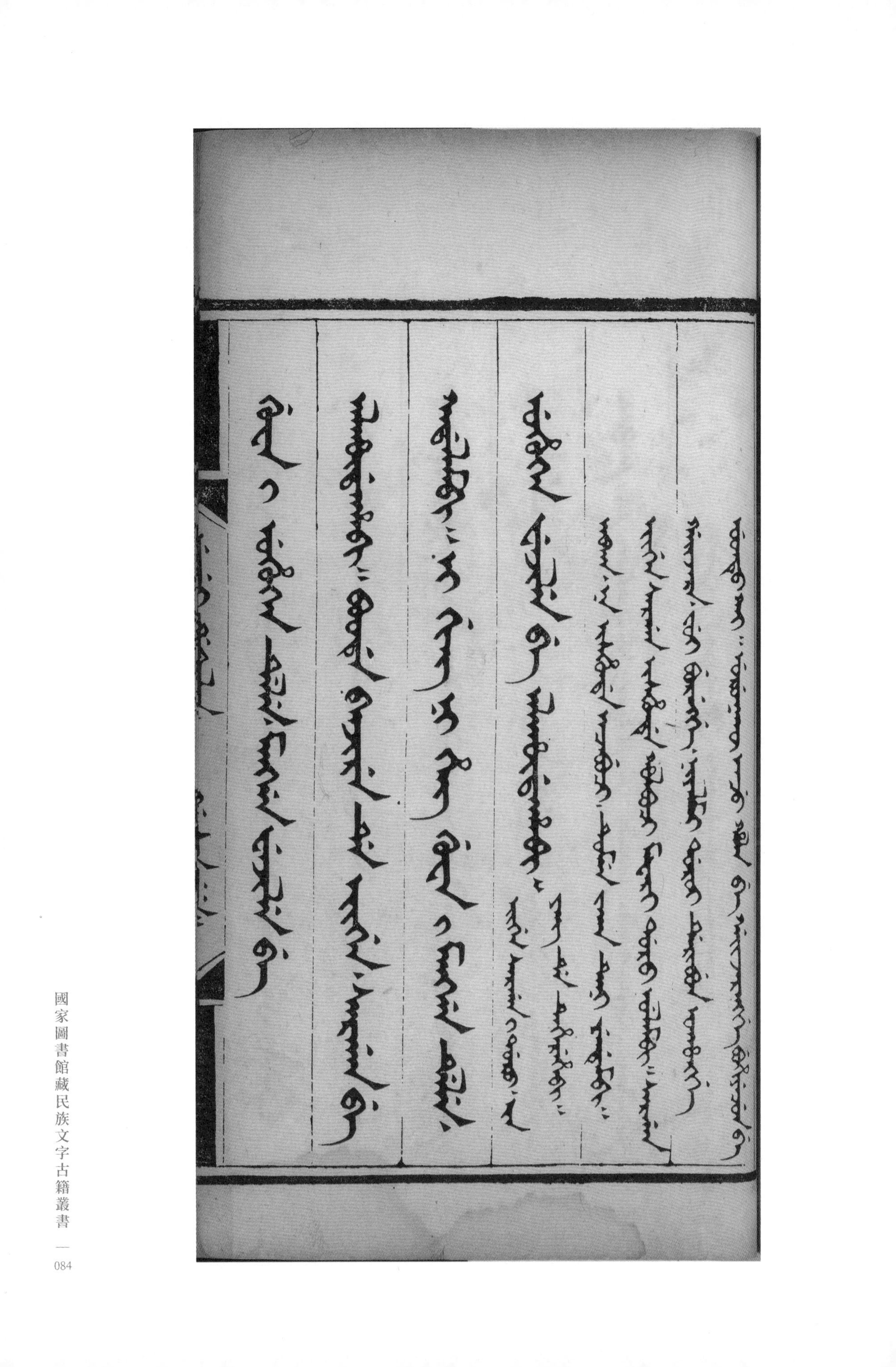

[illegible]

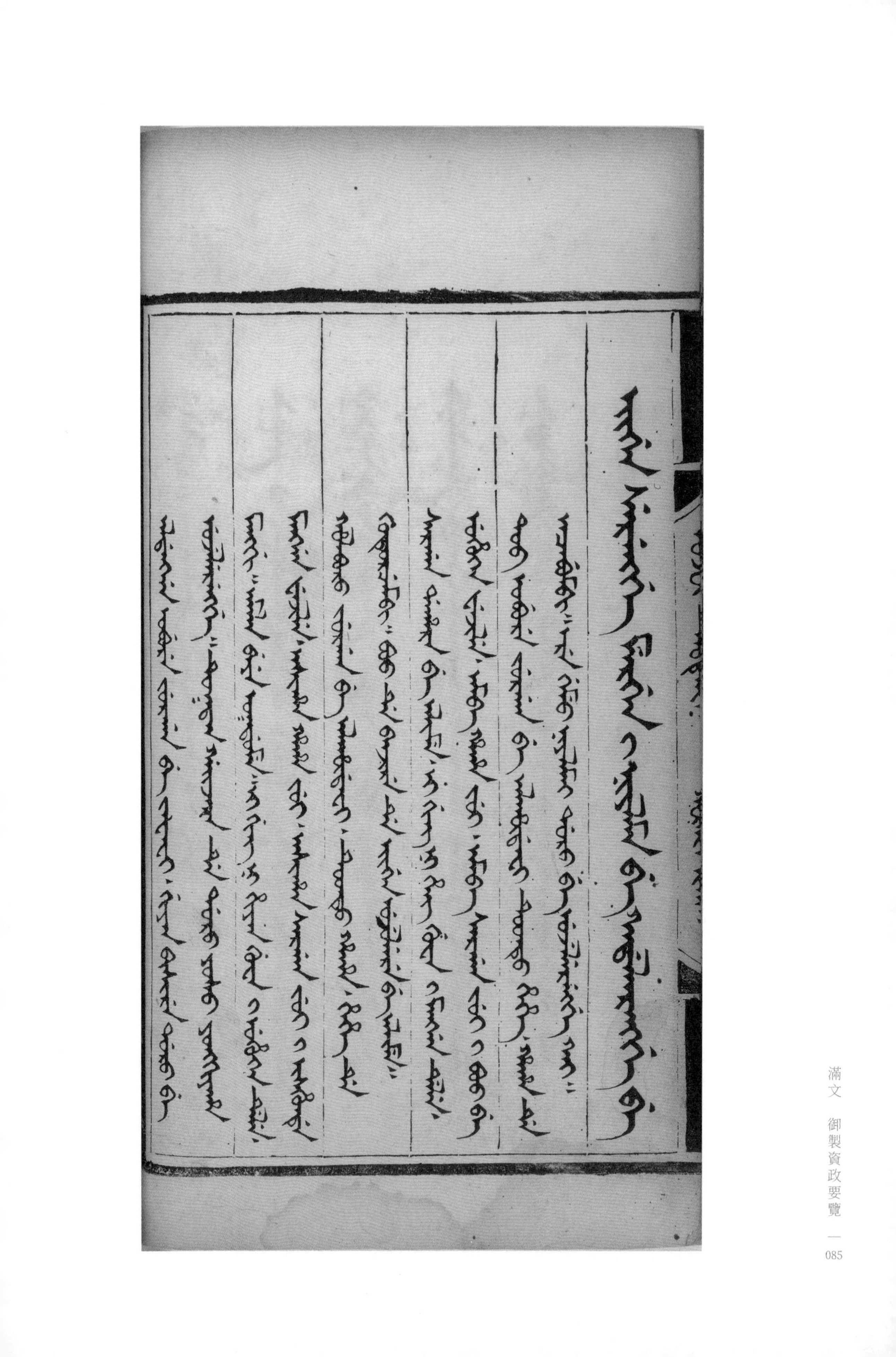

[illegible]

ᠰᡝᠪᡠᡵᡝ᠈ ᡤᡳᠰᡠᠨ ᠪᡝ ᠪᠠᡴᠴᡳᠯᠠᠮᡝ ᠰᡝᠮᡝ᠈ ᠪᡝᠶᡝ

ᡨᠠᠴᡳᠪᡠᡥᡝ᠈ ᠪᠣᡩᠣ᠈ ᡩᡝᠨ ᠪᡝ ᠪᠠᡥᠠᠪᡠᡵᡝ᠈ ᡳᠰᡳᠨᠠᠮᡝ

ᡨᠠᠴᡳᠨ ᠪᡝ ᠠᠯᡳᡥᠠ ᡤᡝᠩᡤᡳᠶᡝᠨ ᠣᠮᠪᡳ ᠪᠣᡩᠣᠮᠪᡳ

ᠪᠣᡳᡥᠣ ᠪᡝ ᠪᠠᡳᠴᠠᡵᡝ ᡳᠯᡝᡨᡠ᠈ ᡥᡡᠸᠠᡩᠠ ᡳᠯᡳ

ᠠᠯᡳ ᠨᡳ ᡤᡳᠩᡤᡠᠯᡝᠮᡝ ᠪᠣᠯᠣ ᠪᠣᠯᠣᡵᡳ ᡳᠰᡳᠨᠠᠮᠪᡳ

ᠪᠣᡳᡥᠣ᠈ ᡥᡡᠸᠠᠯᡳᠶᠠᠨ ᠪᠣᠯᠣ ᠪᡝᠶᡝᠪᡝ ᡝᠪᡝᠮᡝ ᡳᡵᡤᡝᠨ

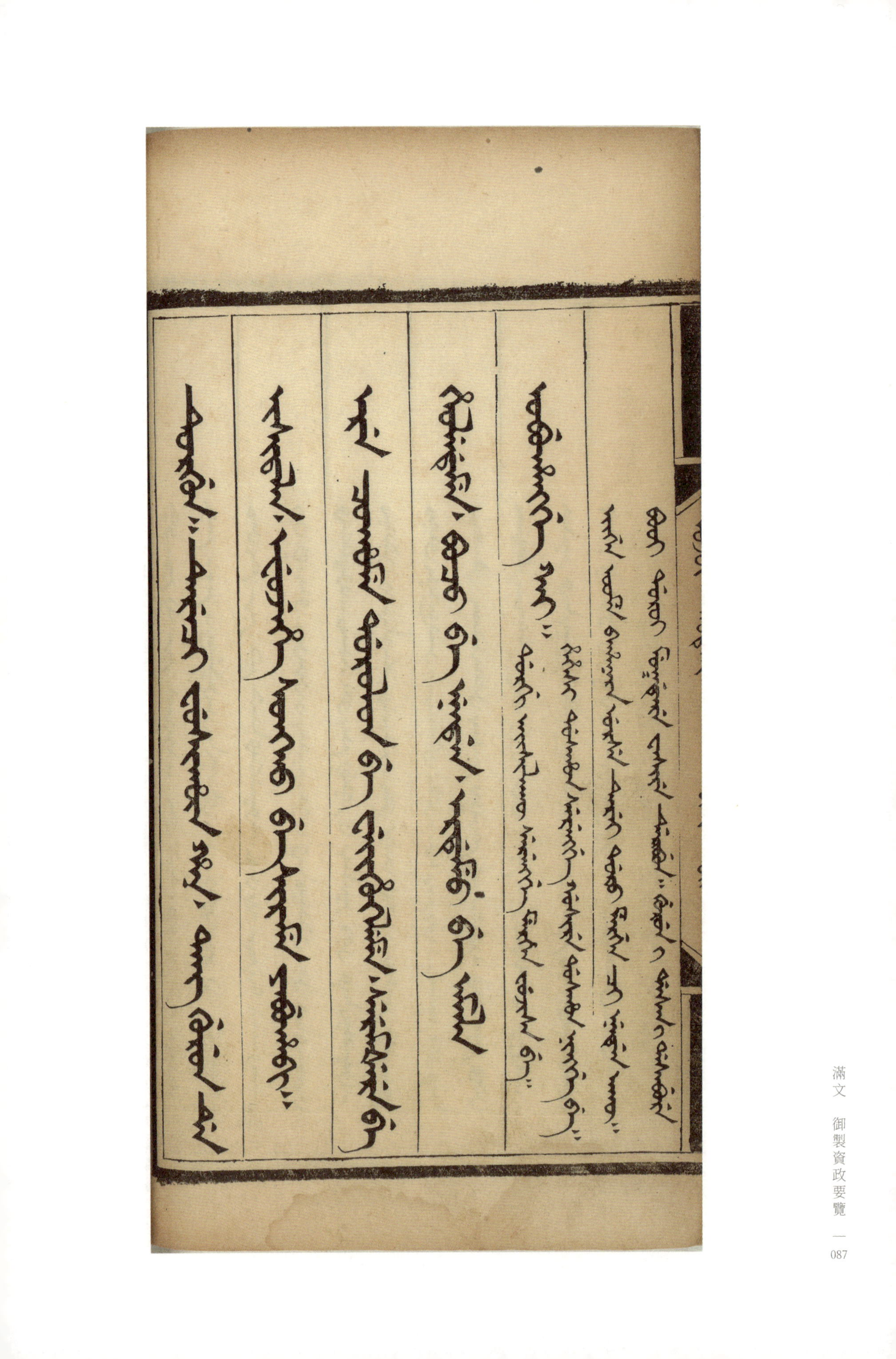

[illegible] : [illegible] [illegible] [illegible] : [illegible] [illegible]

[illegible] [illegible] [illegible] ᠪᡝ [illegible] [illegible] :

ᡝᡵᡝ [illegible] [illegible] ᠪᡝ [illegible] : [illegible] ᠪᡝ

[illegible] [illegible] ᠪᡝ [illegible] [illegible] ᠪᡝ [illegible]

[illegible] [illegible] :

[illegible]

[illegible]

[illegible]

ᡨᡠᠸᠠᠪᡠᡥᡳᠶᠠᠨ ᠠᠪᡴᠠᡳ ᠪᡝ ᠰᡳᠯᡤᡳᠶᠠᠨ᠈ ᠮᡠᠵᡳᠯᡝᠨ ᠪᡝ ᠠᠪᡴᠠᡳ ᠨᡳᡴᠠ

ᠰᡠᡵᡝ ᠪᡝ ᡳᠰᡳᠪᡠᠮᡝ ᡨᡝᠰᡝ ᠠᠯᡳ ᠮᡠᡴᡝᡵᡝᡥᡝᠩᡤᡝ᠉ ᡨᡠᠮᡝᠨ ᠪᠣᠣ

ᡨᡠᠮᡝᠨ ᠪᡝ ᡝᡵᡝᠴᡠᡴᡝ ᡝᠯᡥᡝ ᡤᡳᠰᡠᠨ᠈ ᡝᠨᡨᡝᡥᡝᠮᡝ ᡝᡵᡝᠴᡠᠨ ᡤᡝᠩᡤᡳᠶᡝᠨ᠉ ᡝᠨᡨᡝᡥᡝᠮᡝ

ᡝᡵᡝᠴᡠᡴᡝ᠈ ᡝᠨᡨᡝᡥᡝ ᡝᡵᡝᠴᡠᡴᡝᠩᡤᡝ᠈ ᠪᠣᠣ᠈ ᡤᡳᠰᡠᠨ ᡝᠯᡥᡝ ᡝᡵᡝᠴᡠᠨ ᡤᡝᠩᡤᡳᠶᡝᠨ᠉

ᡨᡠᠮᡝᠨ ᠰᡝᠮᡝ ᠮᡠᡵᡠ ᡝᡵᡝᠴᡠᠨ ᡳ ᡤᡳᠰᡠᠨ ᠪᡝ ᡨᡝᡵᡝ ᠪᠣᠣᡥᡳᠶᠠᠨ ᠪᠣᠣ

ᡩᠣᠣ ᡨᡠᠮᡝᡥᡝᠩᡤᡝ᠉ ᡨᡠᠮᡝᠨ ᠪᠣᠣ᠈ ᠮᡠ ᡝᡵᡝ ᡝᡵᡝ ᡳ ᡝᡵᡝᠴᡠᠨ ᡨᡝᡵᡝ ᠪᡝ

ᡤᡳᠰᡠᡵᡝᠨ᠈ ᡝᡵᡝ ᠪᡝ ᠪᠠᠨᠵᡳᠪᡠᡥᡝᠩᡤᡝ᠈ ᠰᡝᠮᡝ ᠪᠣᠣ ᡳᠯᡝᡥᡝ ᡳ ᡝᡵᡝᠴᡠᠨ ᡨᡝᡵᡝ ᠠᠯᡳ

ᠪᠠᠨᠵᡳᠪᡠᡥᠠ᠉ ᠠᠮᠠᠨ᠈ ᠰᡝᠮᡝ ᡝᡵᡝ ᡳᠯᡝᡥᡝ ᡳ ᡝᡵᡝᠴᡠᠨ ᡨᡝᡵᡝ ᠪᡝ ᡤᡳᠰᡠᡵᡝᡥᡝ᠉

ᠠᡵᡳ ᡝᡳ᠈ ᠰᡝᠮᡝ ᠠᠮᡝᠯᡝᡥᡝ ᡳ ᡝᡵᡝᠴᡠᠨ ᡨᡝᡵᡝ ᠪᡝ ᡤᡳᠰᡠᡵᡝᠨ᠈ ᡝᡵᡝ ᠪᡝ ᠪᠠᠨᠵᡳᠪᡠᡥᠠ᠉

ᠠᠮᡝ ᡝᡵᡝ ᠠᠯᡳ᠈ ᡨᡝᡵᡝ ᠠᠮᠠᠨ ᠪᠠᠨᠵᡳᠪᡠᡥᠠ᠉ ᠠᠮᡝ ᠰᡝᡵᡝ ᠠᠯᡳ᠈ ᡩᡝ ᠠᠮᠠᠨ ᠪᠠᠨᠵᡳᠪᡠᡥᠠ᠉

ᠪᠠᡳᡵᡝ ᠪᠠᡳᡵᡝ ᡳ ᠪᠠᡳᡨᠠᠰᠠᡵᠠᠩᡤᠠ ᠪᡝ ᠪᠠᡳᠪᡝ ᠰᡝᠮᡝ᠉ ᡤᡝᠮᡠ᠈ ᡥᡝᠨ ᡳ ᡨᡝᡵᡝ ᡨᡠᠸᠠᡥᠠ᠉

ᡩᠣᠣ᠈ ᠠᠯᡳ ᠵᡳ ᡨᡝᡵᡝ ᡨᡠᠸᠠᡥᠠ᠉ ᠰᡝ ᠪᡝ ᠨᡳᠶᠠᠯᠮᠠ᠈ ᠪᠣᠣ ᡩᡝ ᡨᡝᡵᡝ ᡨᡠᠸᠠᡥᠠ

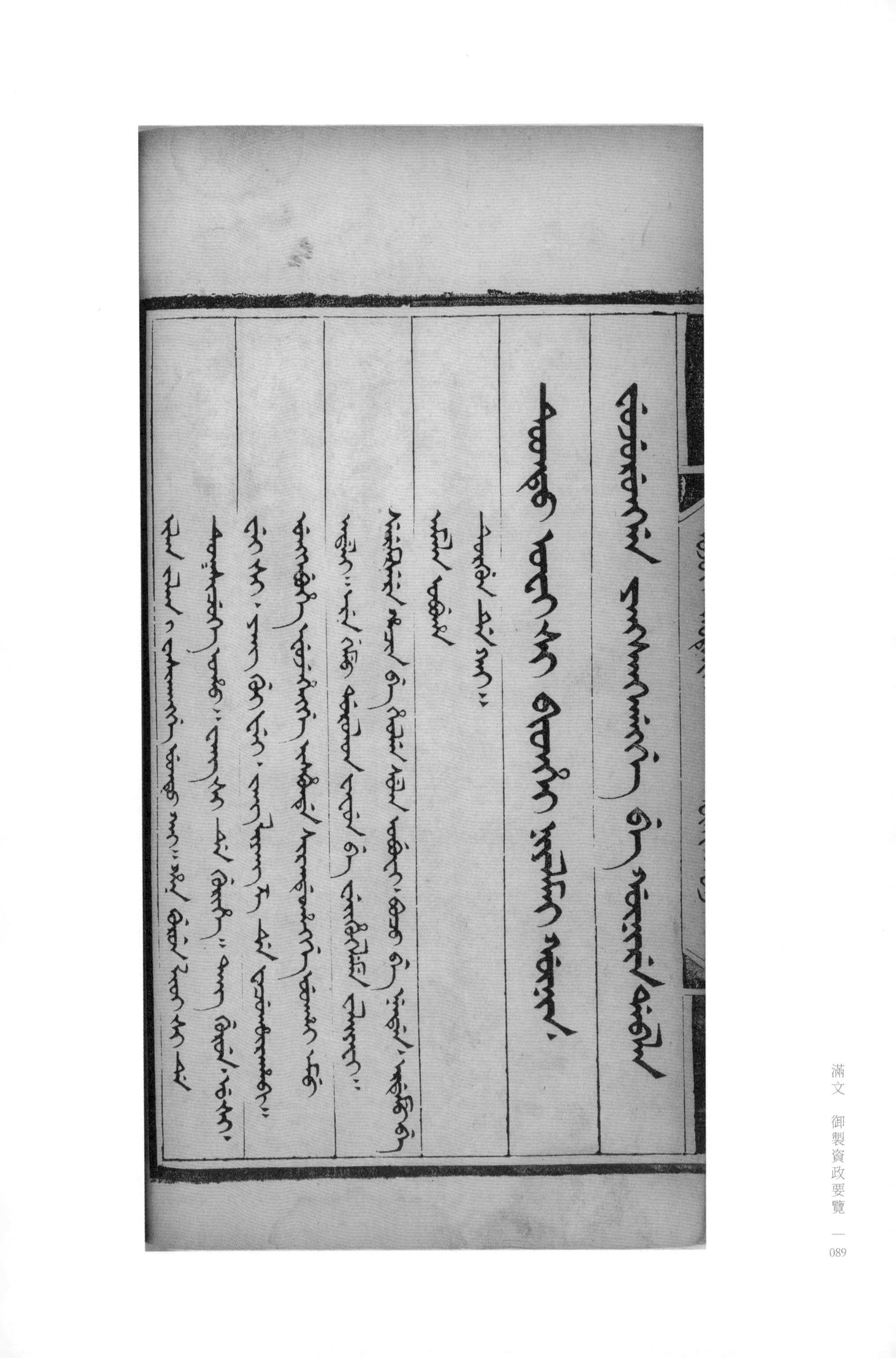

[illegible]

[illegible]

[illegible]

[illegible]

[illegible]

[illegible]

[illegible]

[illegible]

[illegible]

[illegible]

[illegible]

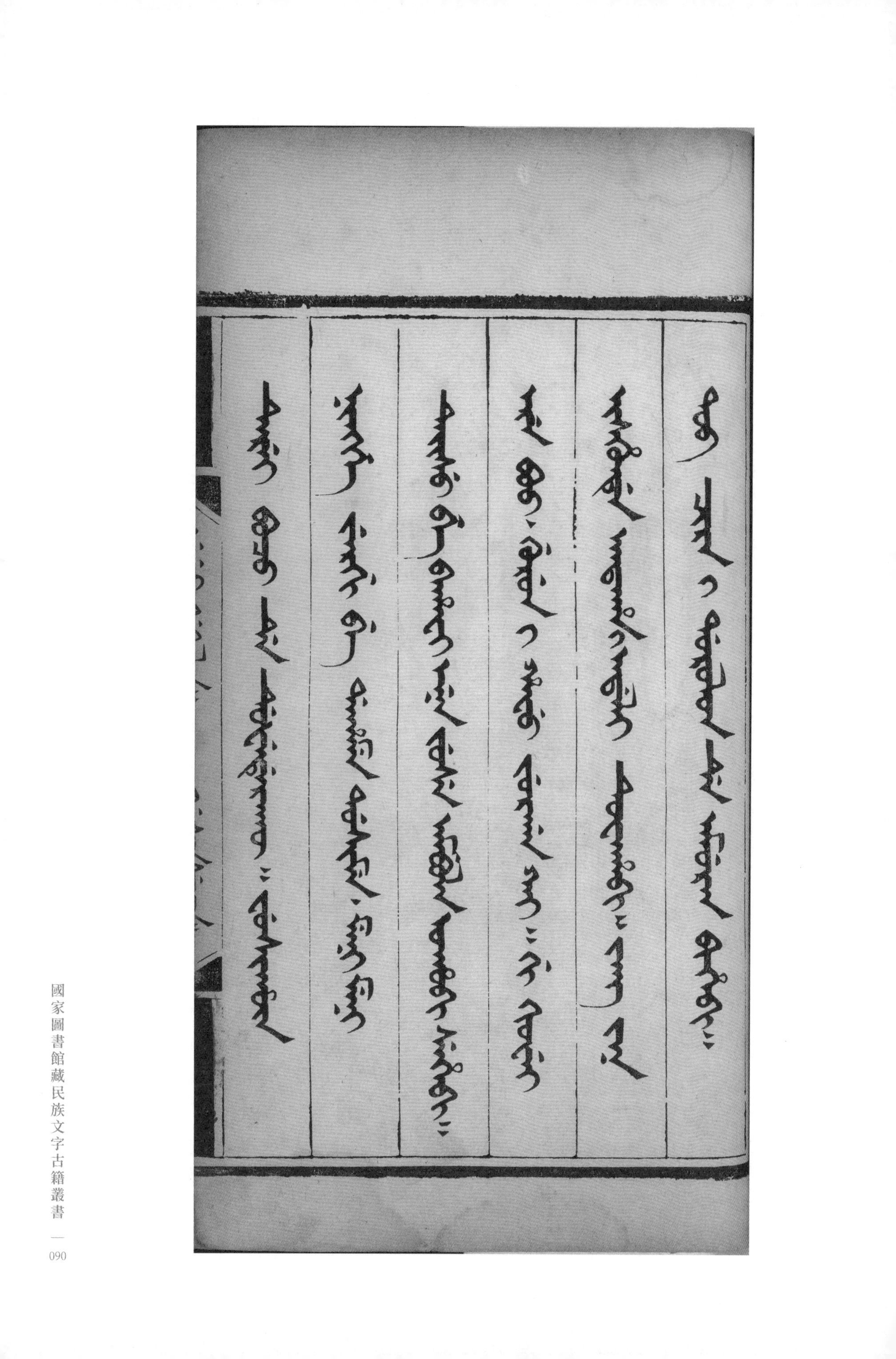

[illegible]

[illegible]

[illegible]

[illegible]

[illegible]

[illegible]

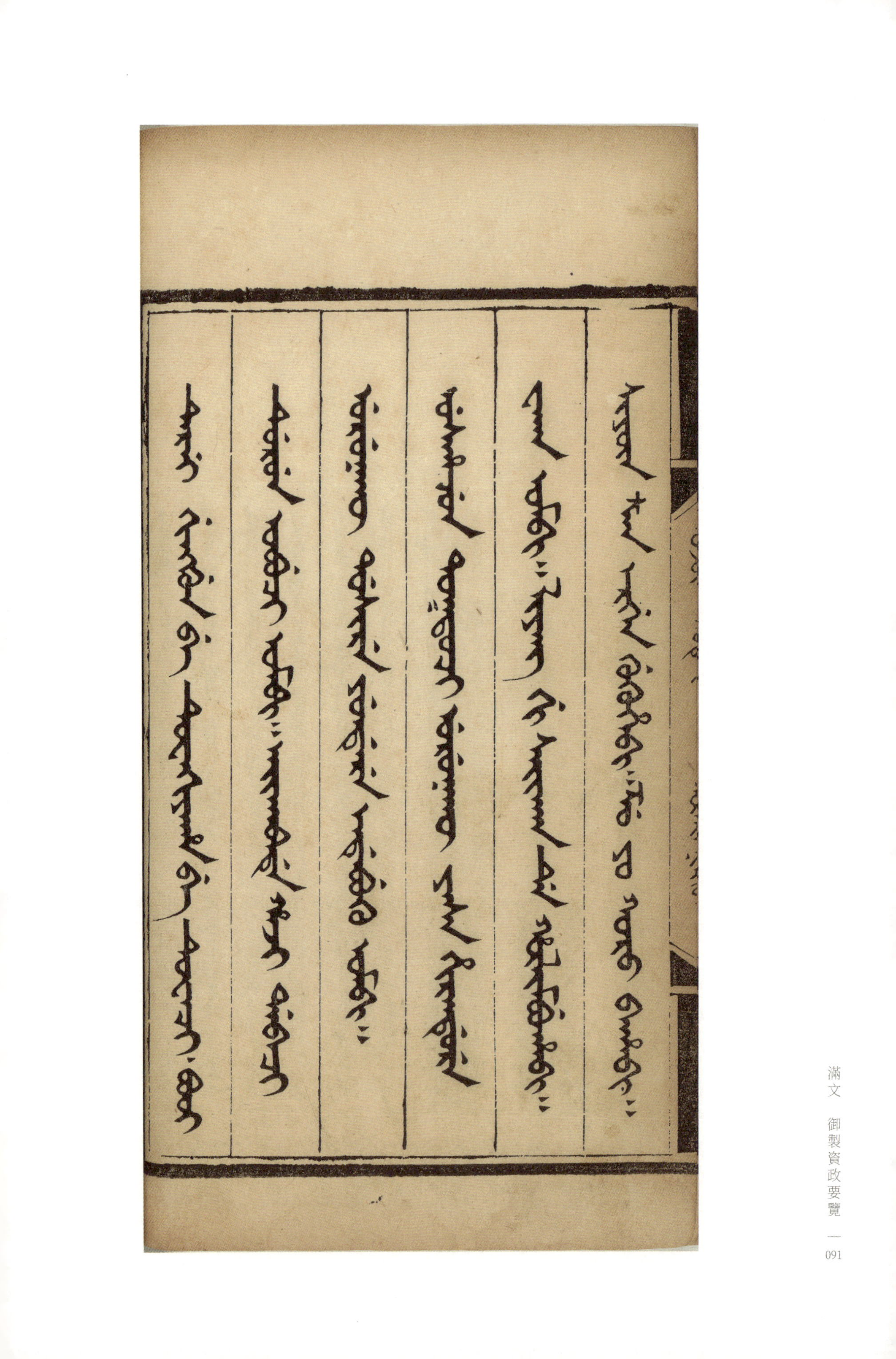

[illegible]

[illegible]

[illegible]

[illegible]

[illegible]

[illegible]

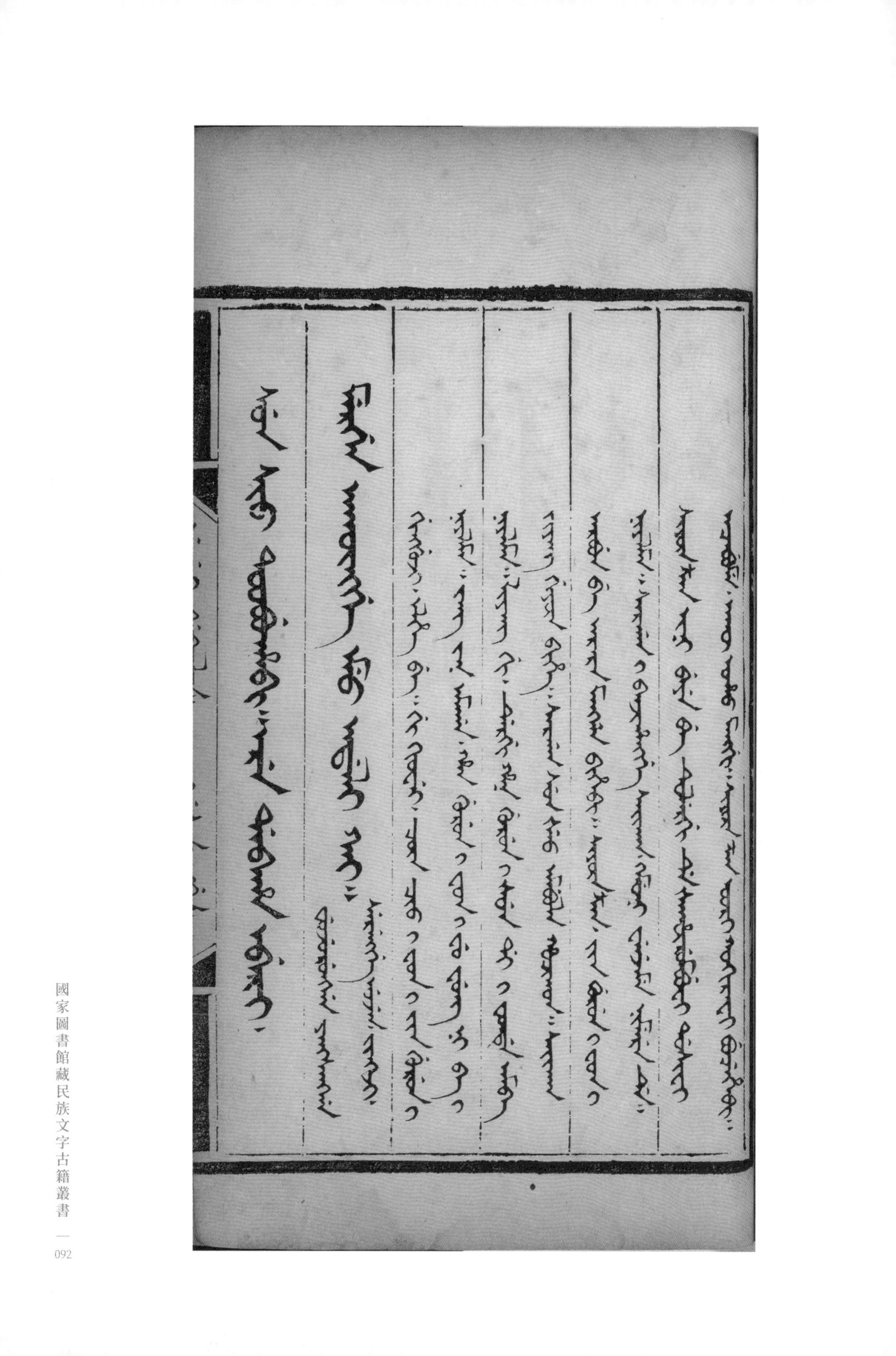

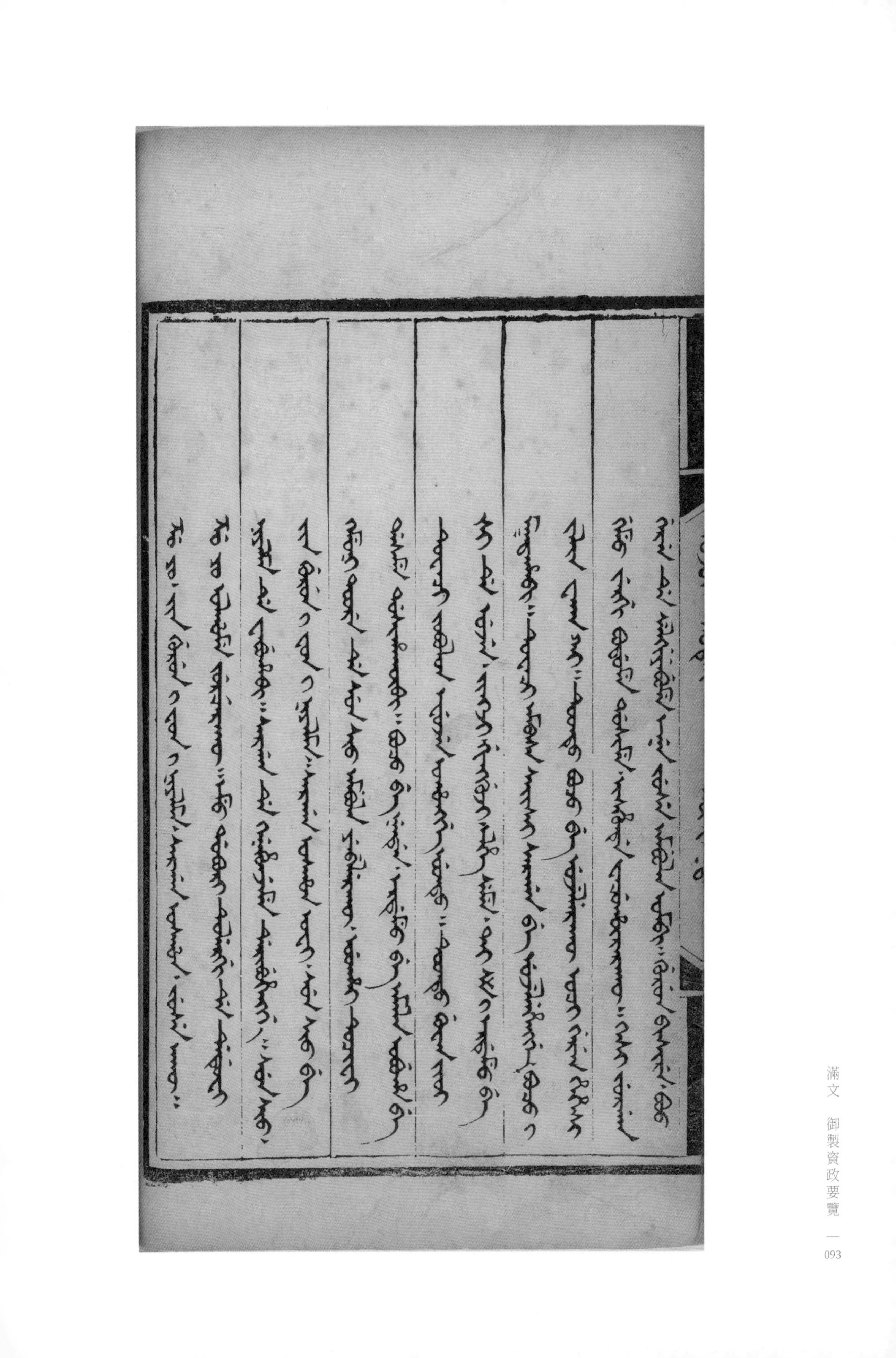

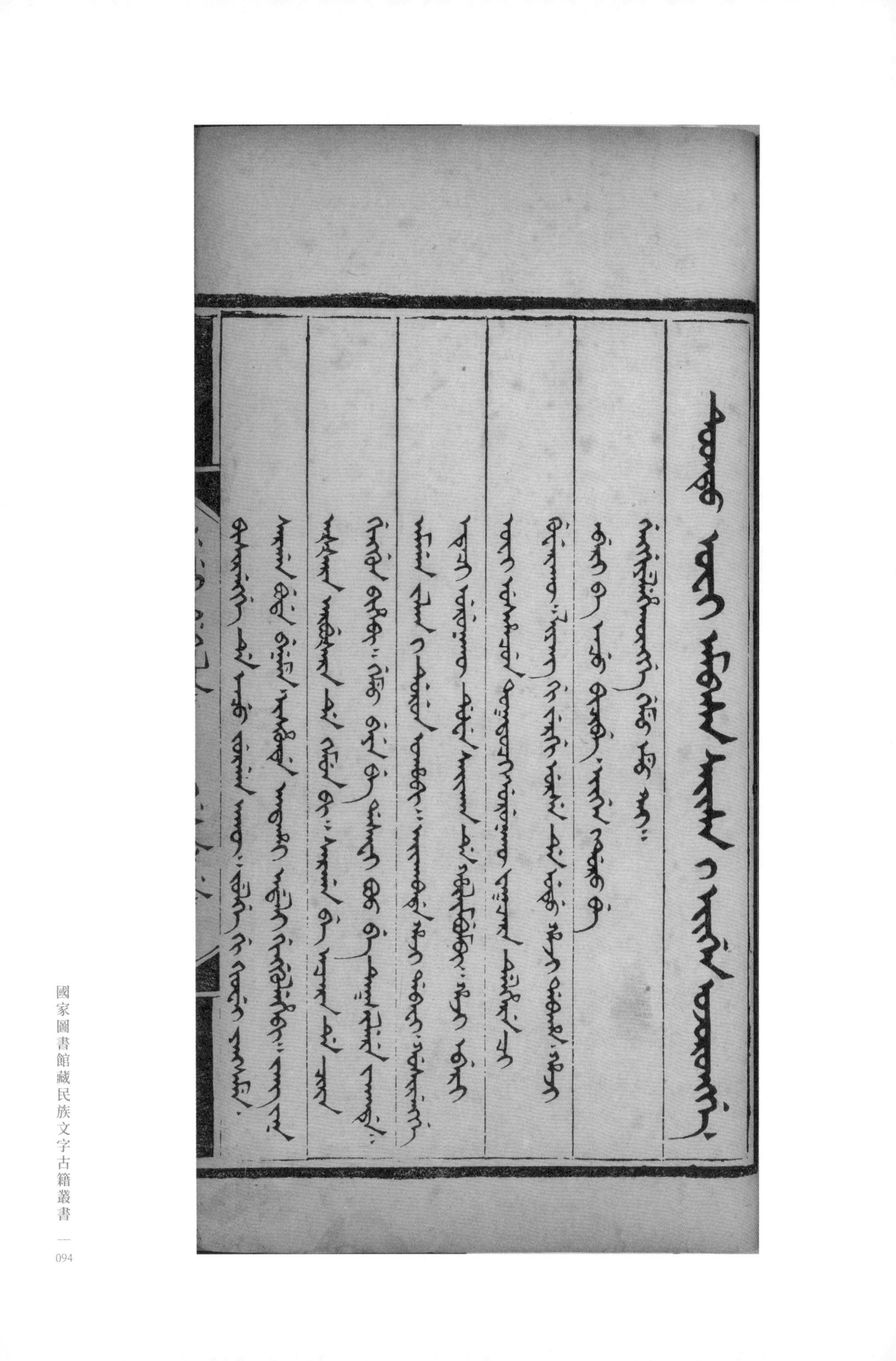

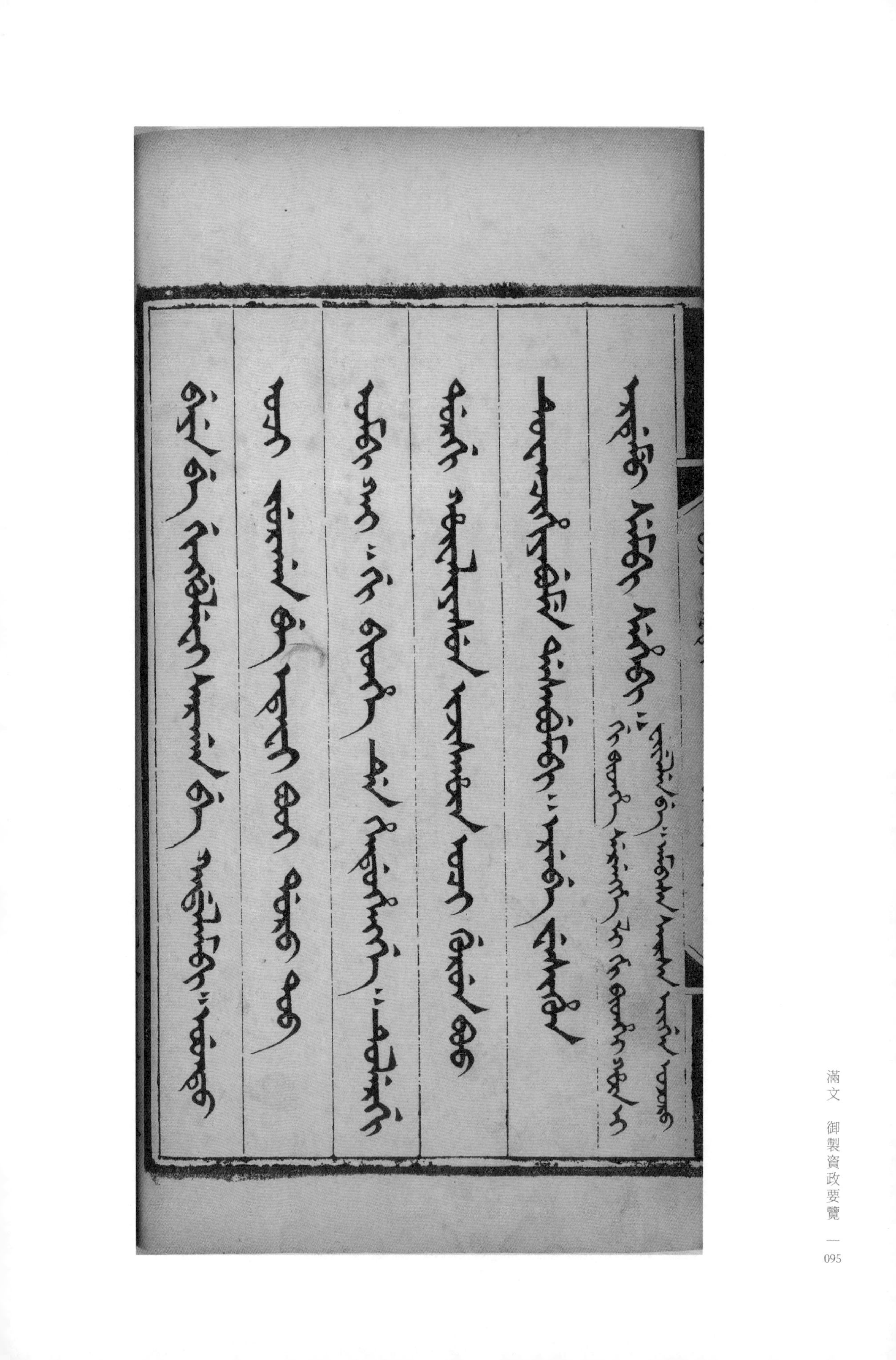

[illegible]

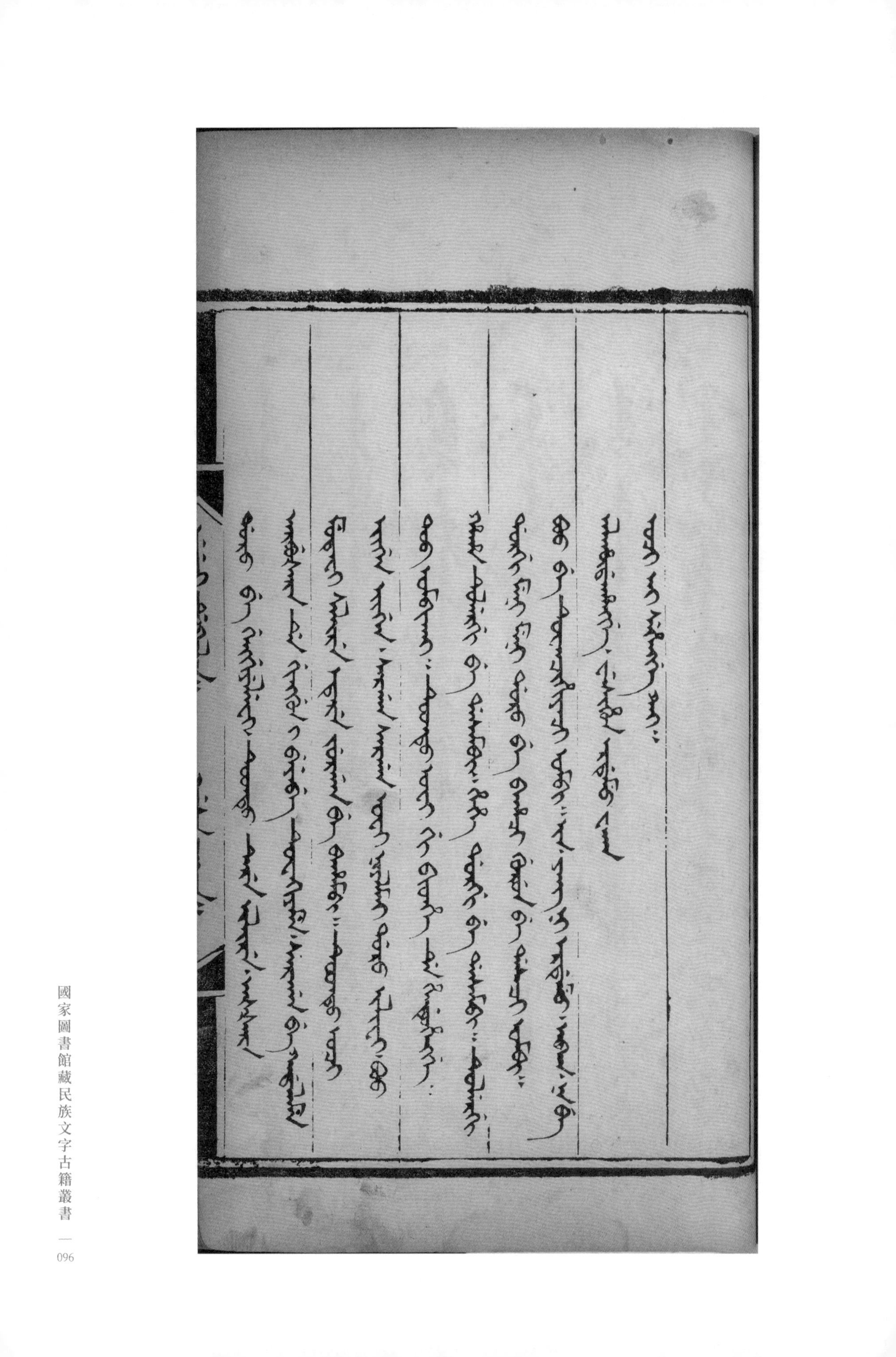

[illegible]

[illegible]

[illegible]

[illegible]

[illegible]

[illegible]

[illegible]

[illegible]

[illegible]

[illegible]

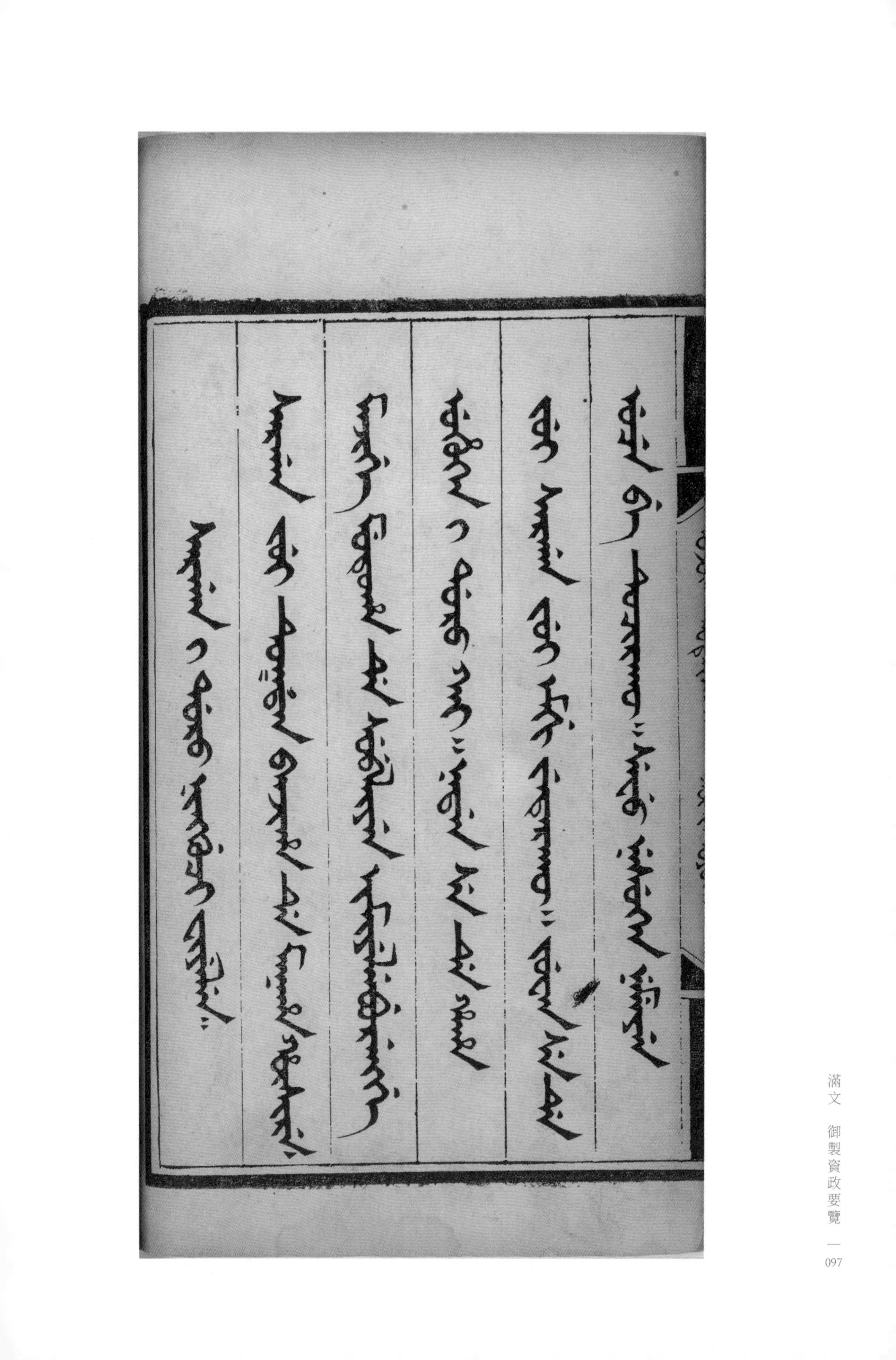

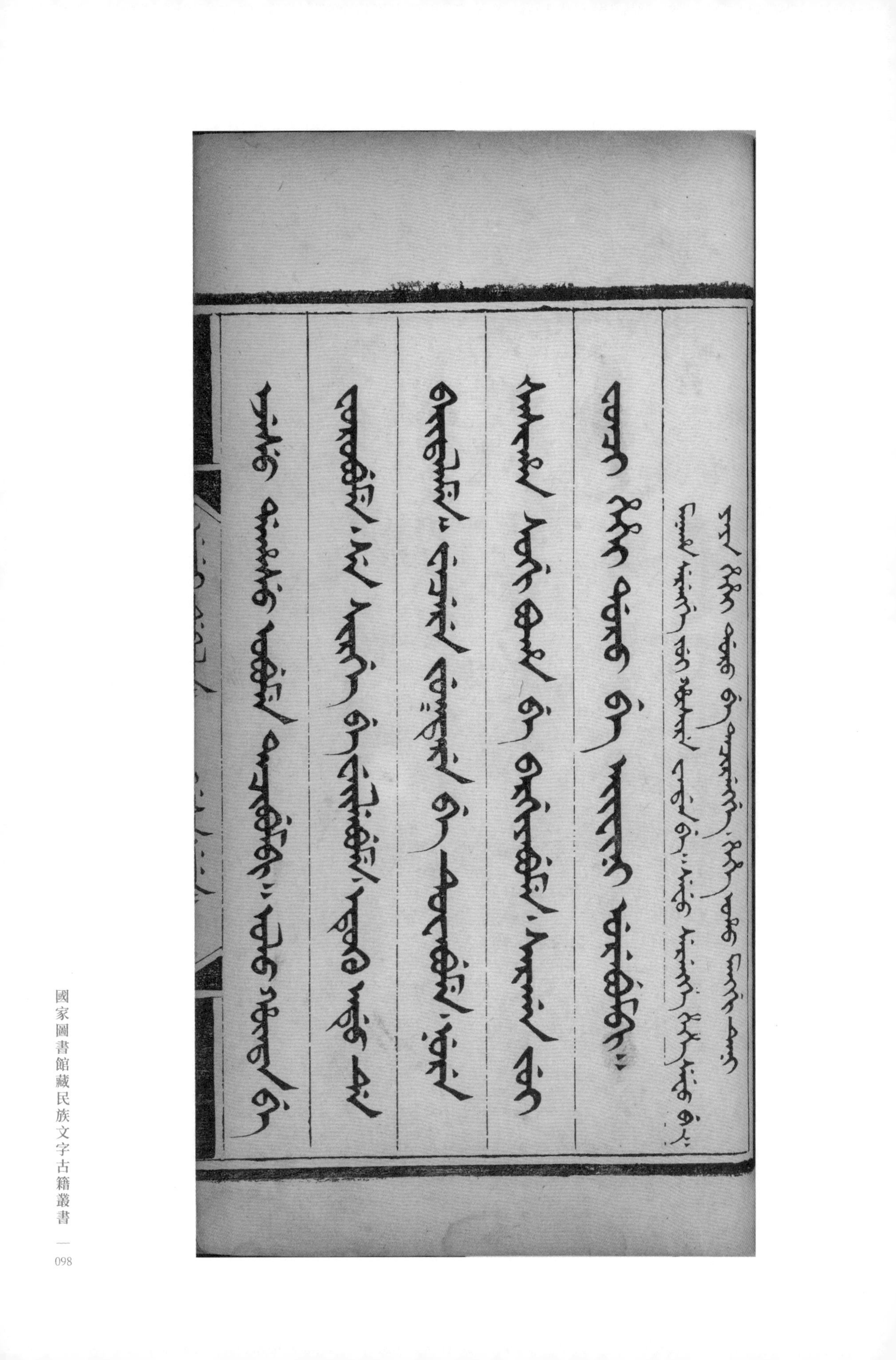

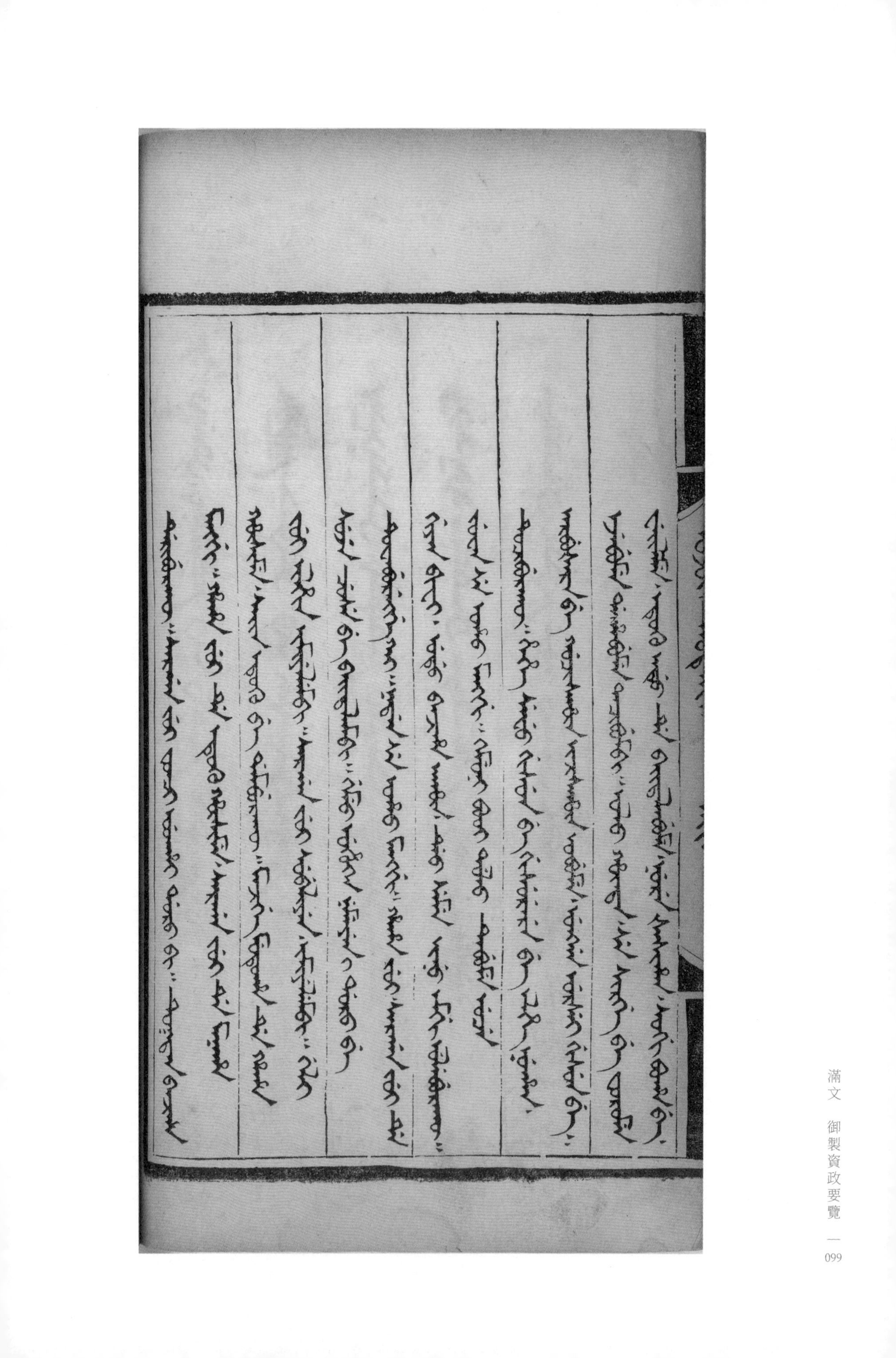

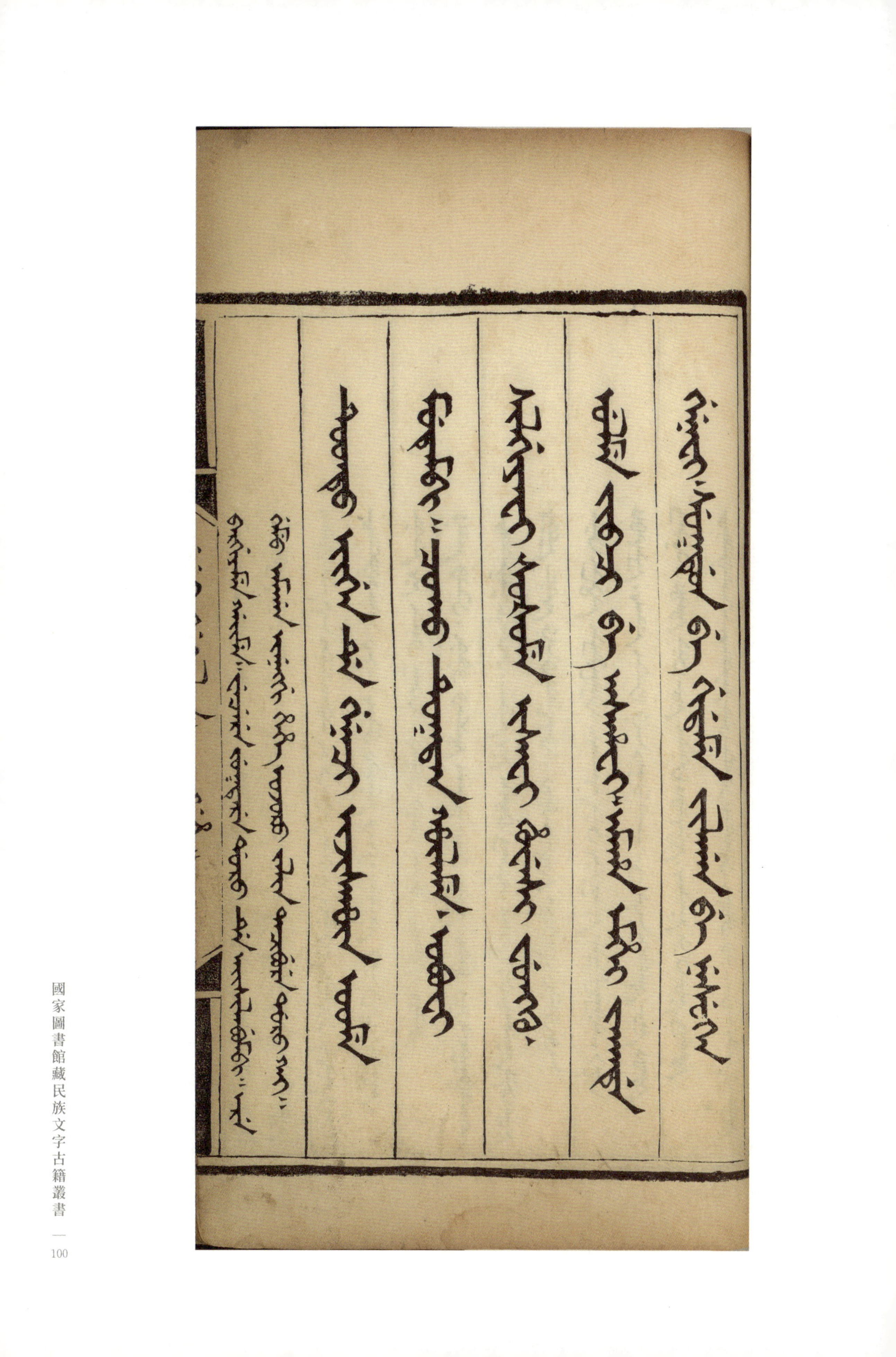

[illegible]

[illegible]

[illegible]

[illegible]

[illegible]

[illegible]

[illegible]

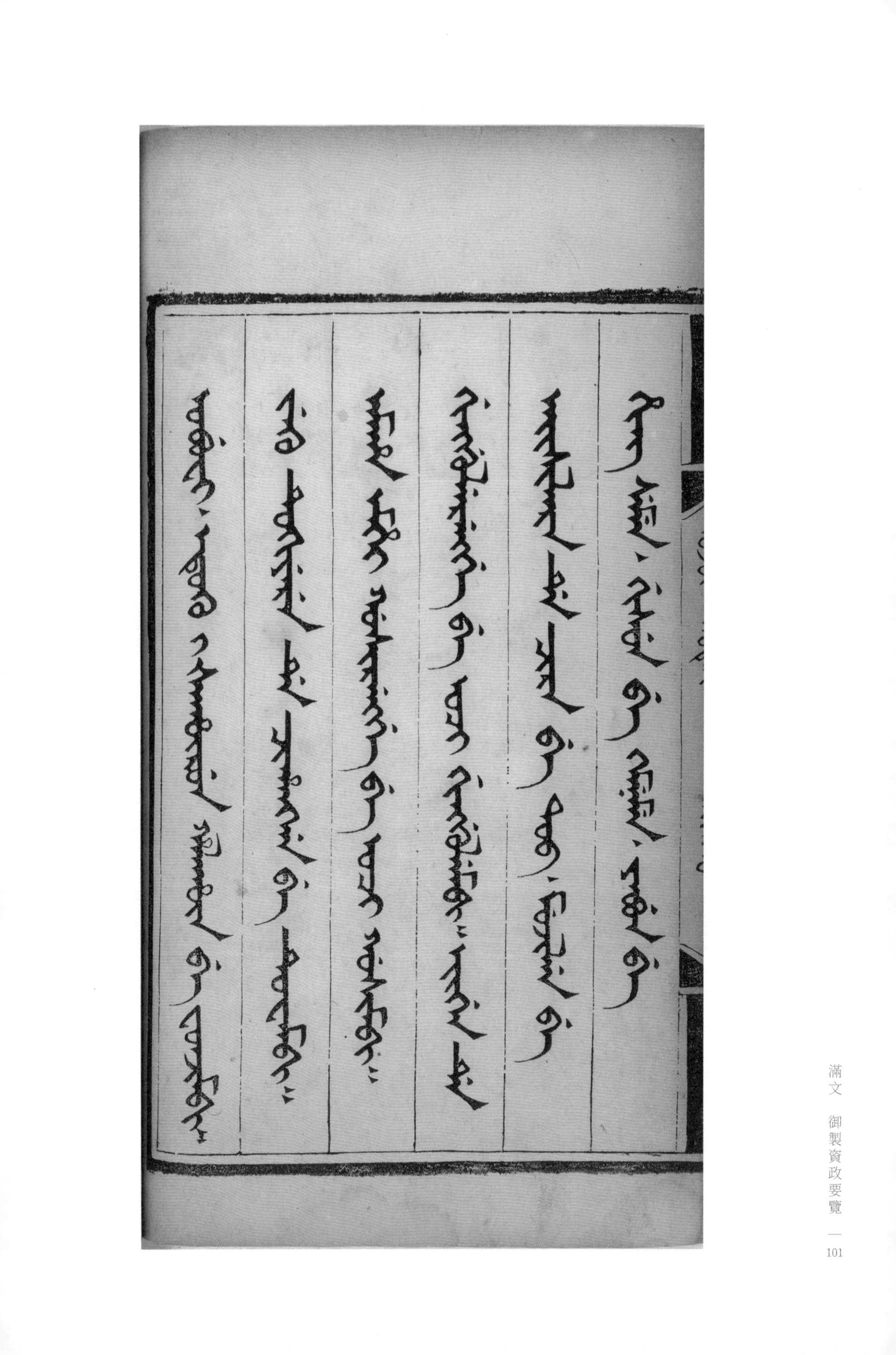

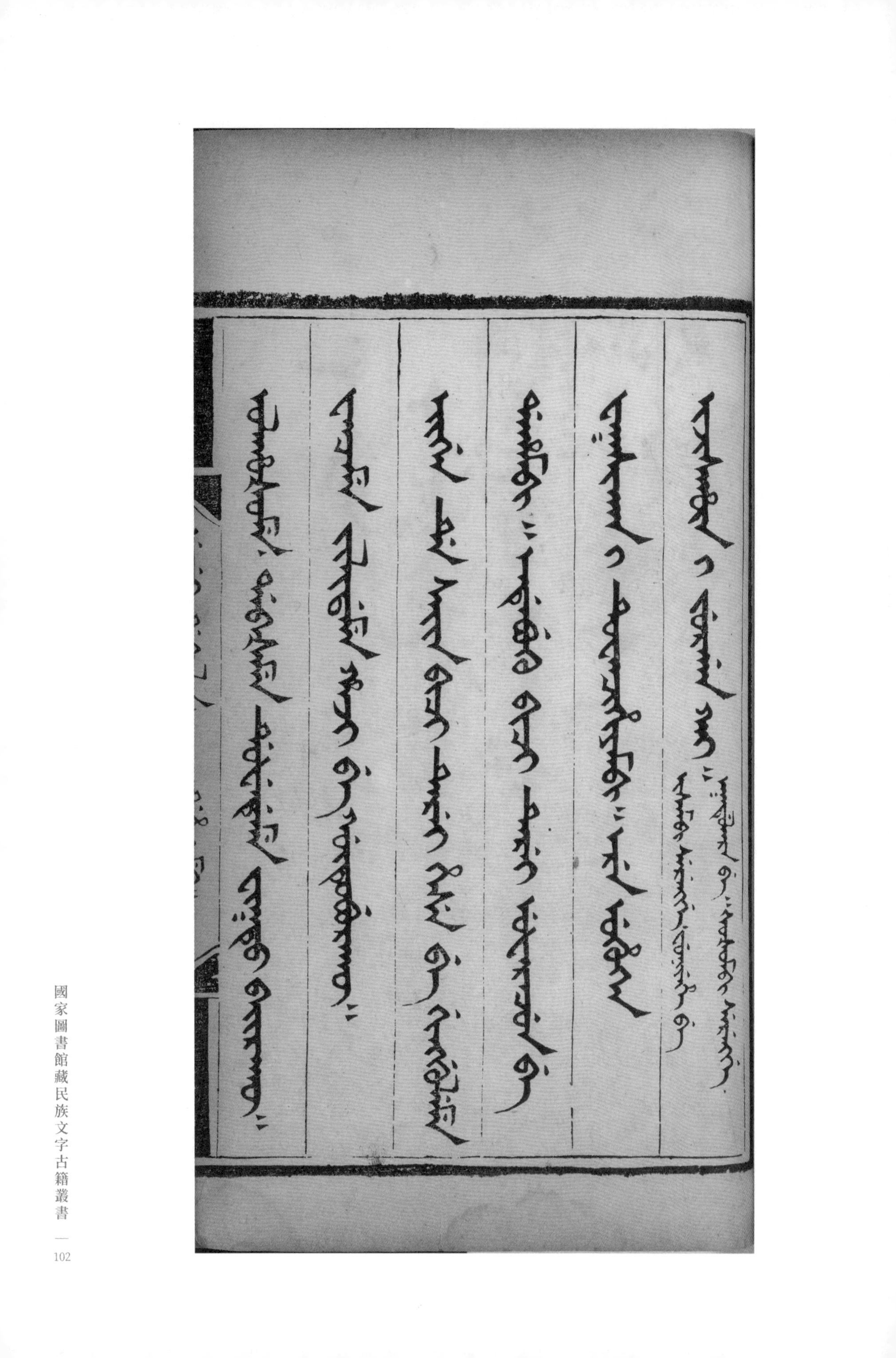

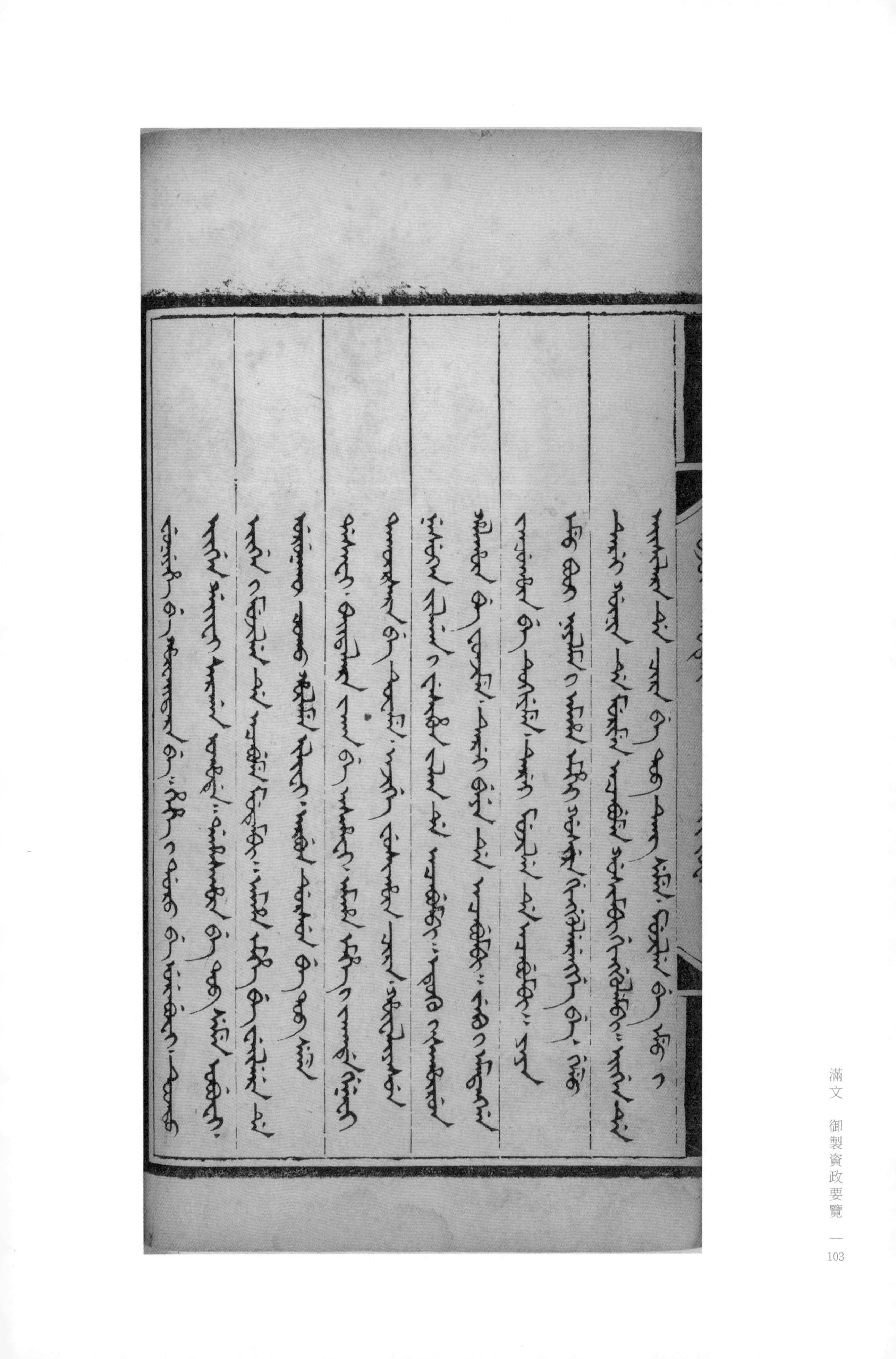

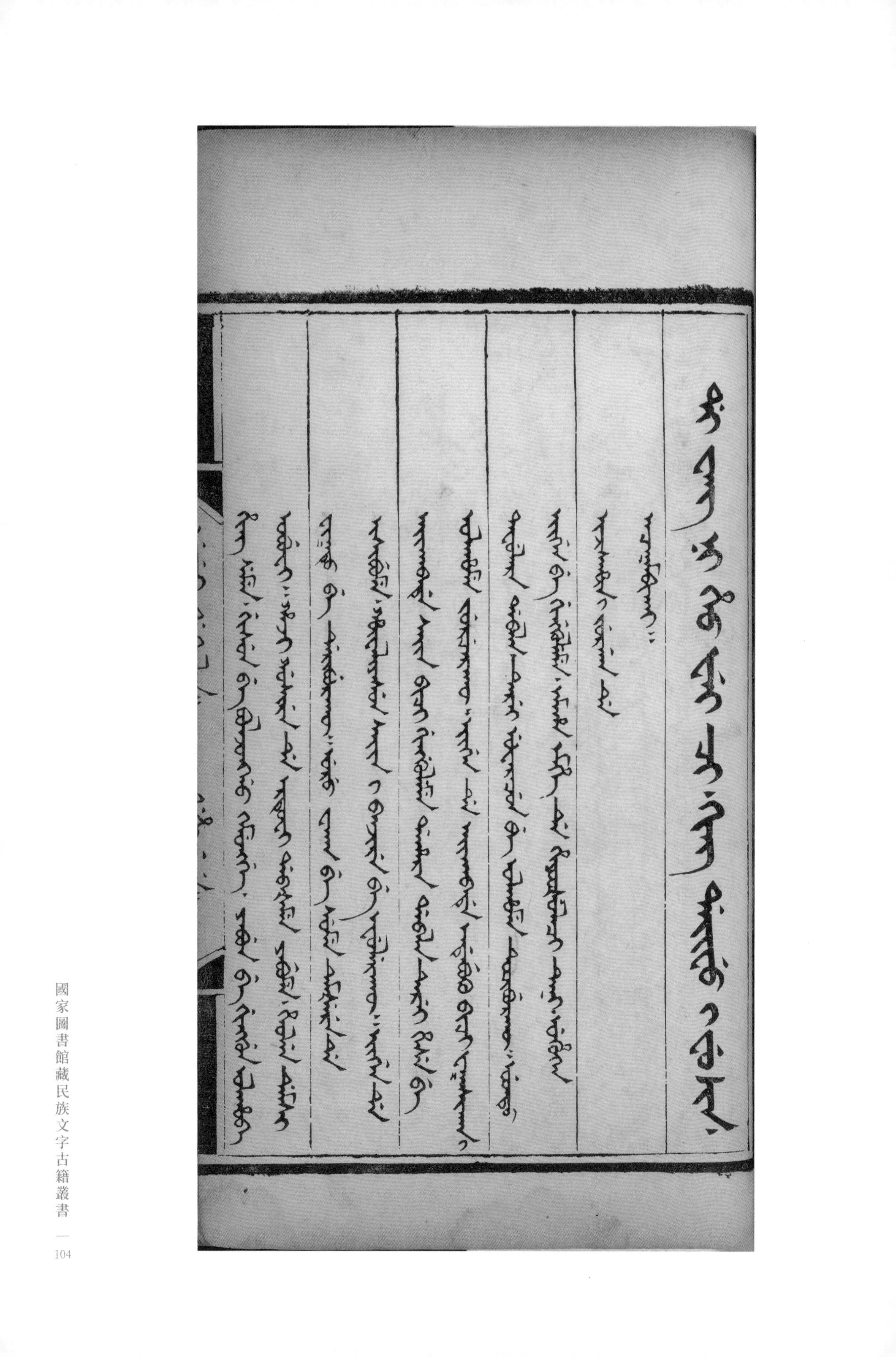

[illegible]

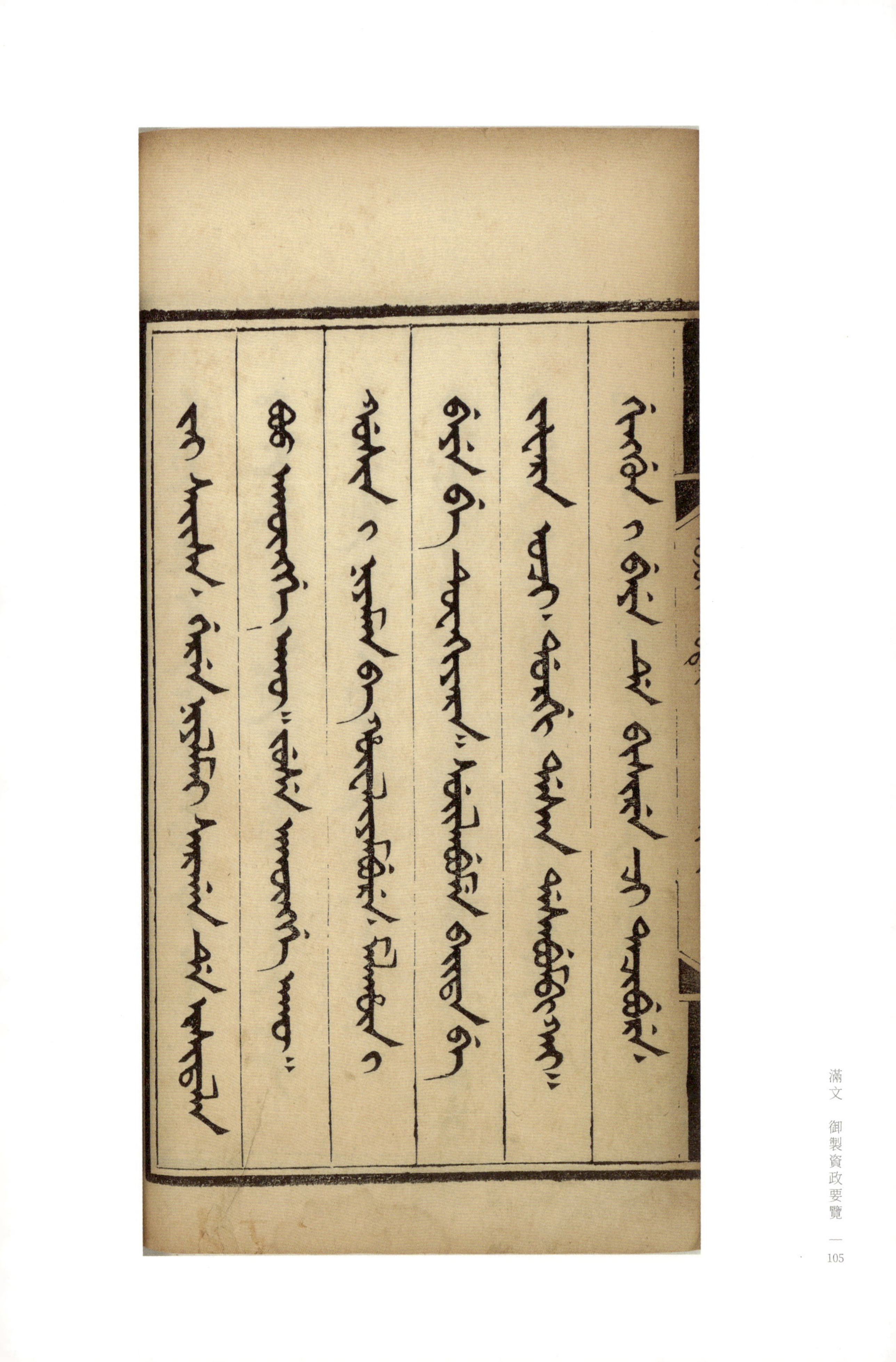

ᡝᠯᡝᠴᡠᠨ᠈ ᡤᡝᠮᡠᠨ ᡩᡝ ᠮᡝᠮᡝᡵᡝᡵᡝ ᡤᡝᠮᡠᠨ ᠪᡝᠶᡝ᠈

ᠮᡝᠨᡳ ᡩᡝ ᠮᡝᠶᡝᠨ ᠮᡝᠨ ᠮᡝᠨ ᡩᡝ

ᡩᠣᡵᡤᡳᠴᡳᠯᡝᡵᡝ ᡝᠮᡠ᠈ ᡩᡝᠮᡝᡵᡝ ᠮᡝᡳᠮᡝ ᠮᡝᡳᠮᡝ ᠮᡝᡳᠮᡝ᠈ ᠮᡝᠮᡝᠮᡝᡵᡝ

ᡩᡝᡵᡤᡳᠴᡳᠯᡝᡵᡝ ᠮᡝᠮᡝ ᡩᡝᡵᡤᡳᠴᡳᠯᡝᡵᡝ᠈ ᡝᠨ ᡤᡳᠶᠠᠨ ᠵᡝᠨ

ᡩᡝᡵᡤᡳᠰᡠᠨ᠈ ᠮᡝᡳᠮᡝ ᠨ ᠮᡝᠮᡝᠩᡤᡝ᠈ ᠰᡠᡤᡳᠶᠠᠨ᠈ ᡩᡝᡵᡤᡳᠶᡝ

ᠨᡳᠶᠠᠯᠮᠠ ᠵᡝ ᠮᡝᠨᡝ ᠮᡝᠩᡤᡝ᠈ ᡩᠣᡵᠣ ᡩᡝ ᡤᡝᠮᡠᠨᡝᡵᡝ

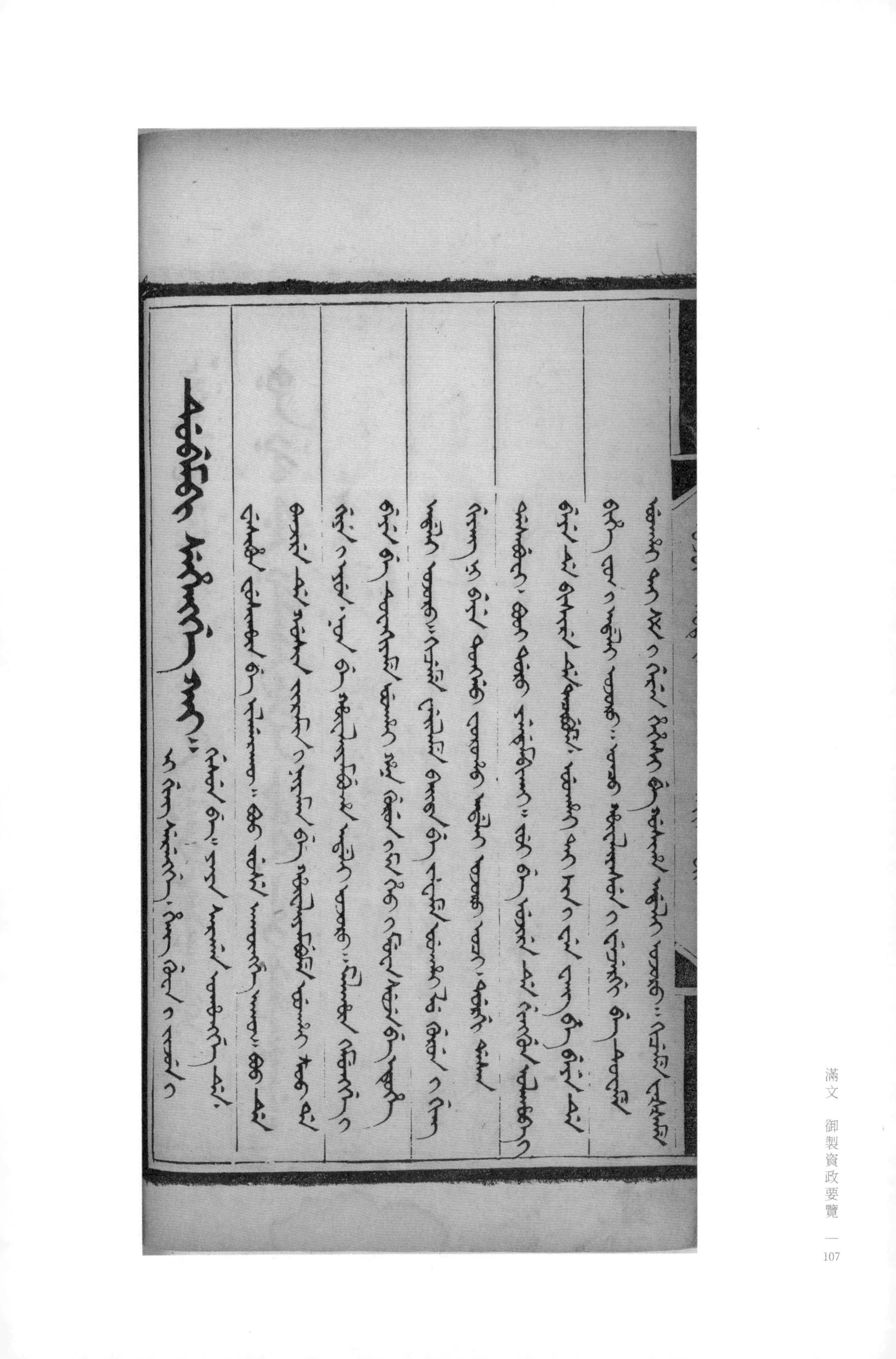

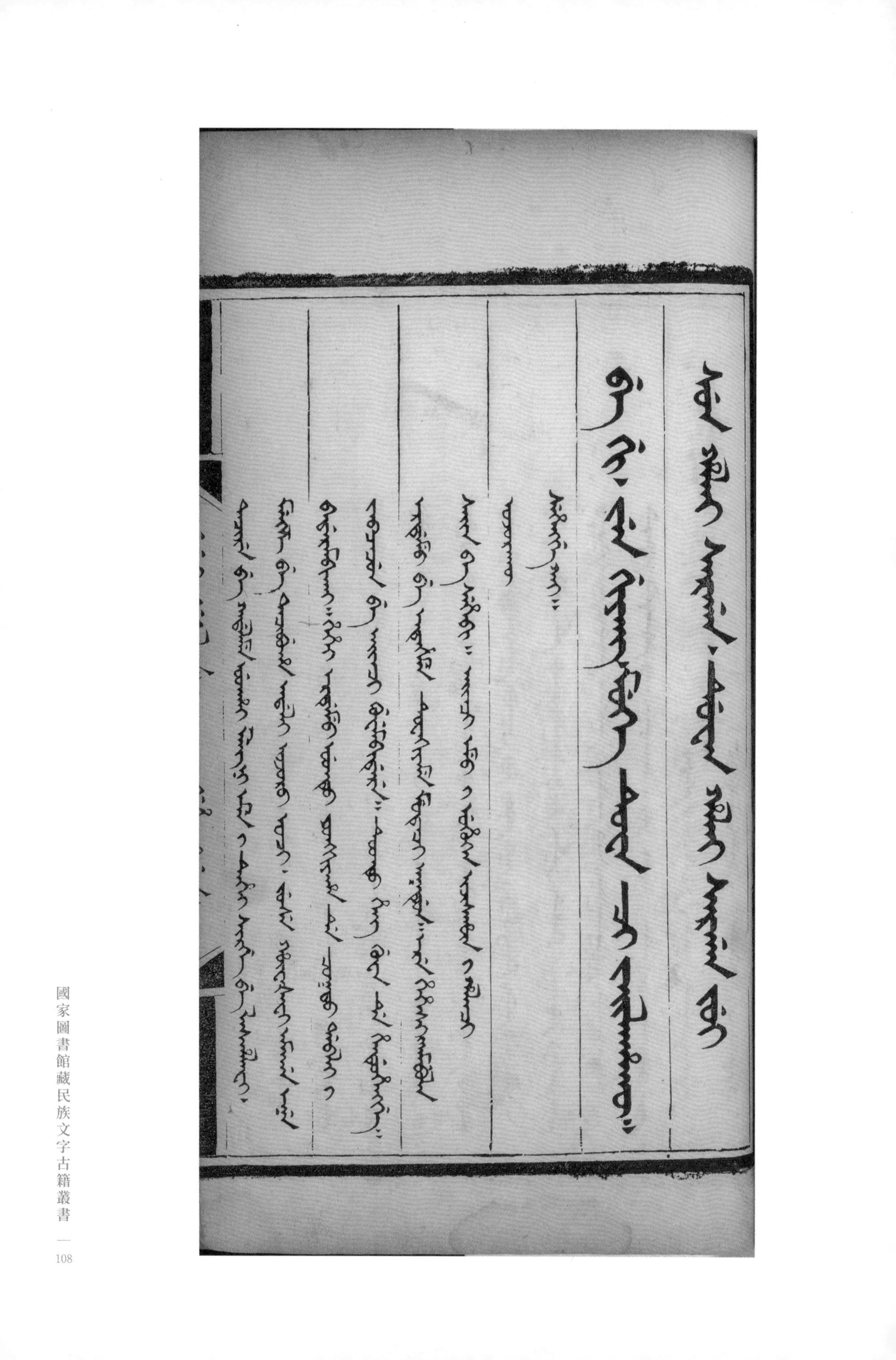

[illegible]

[illegible]

[illegible]

[illegible]

[illegible]

[illegible]

[illegible]

[illegible]

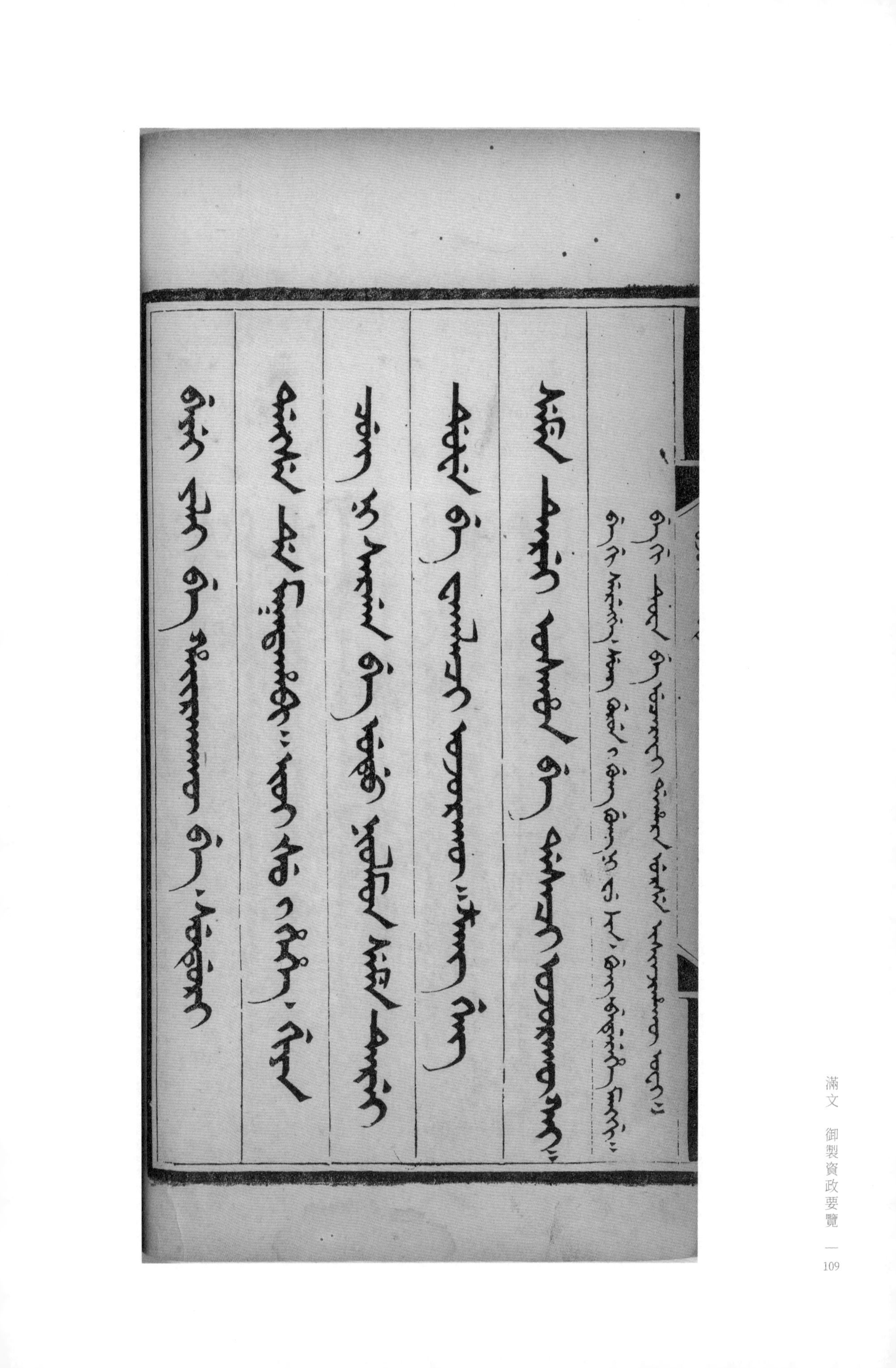

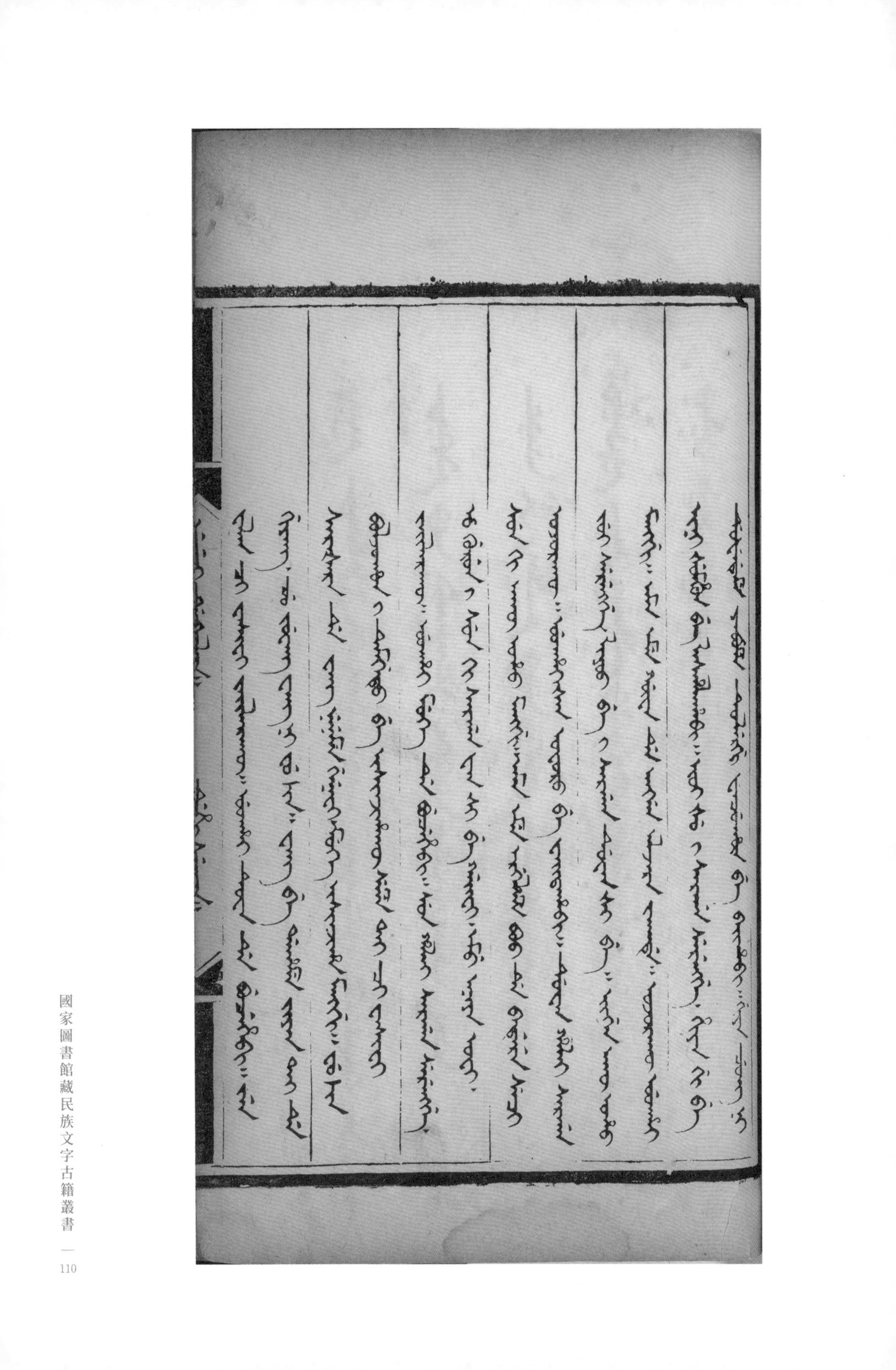

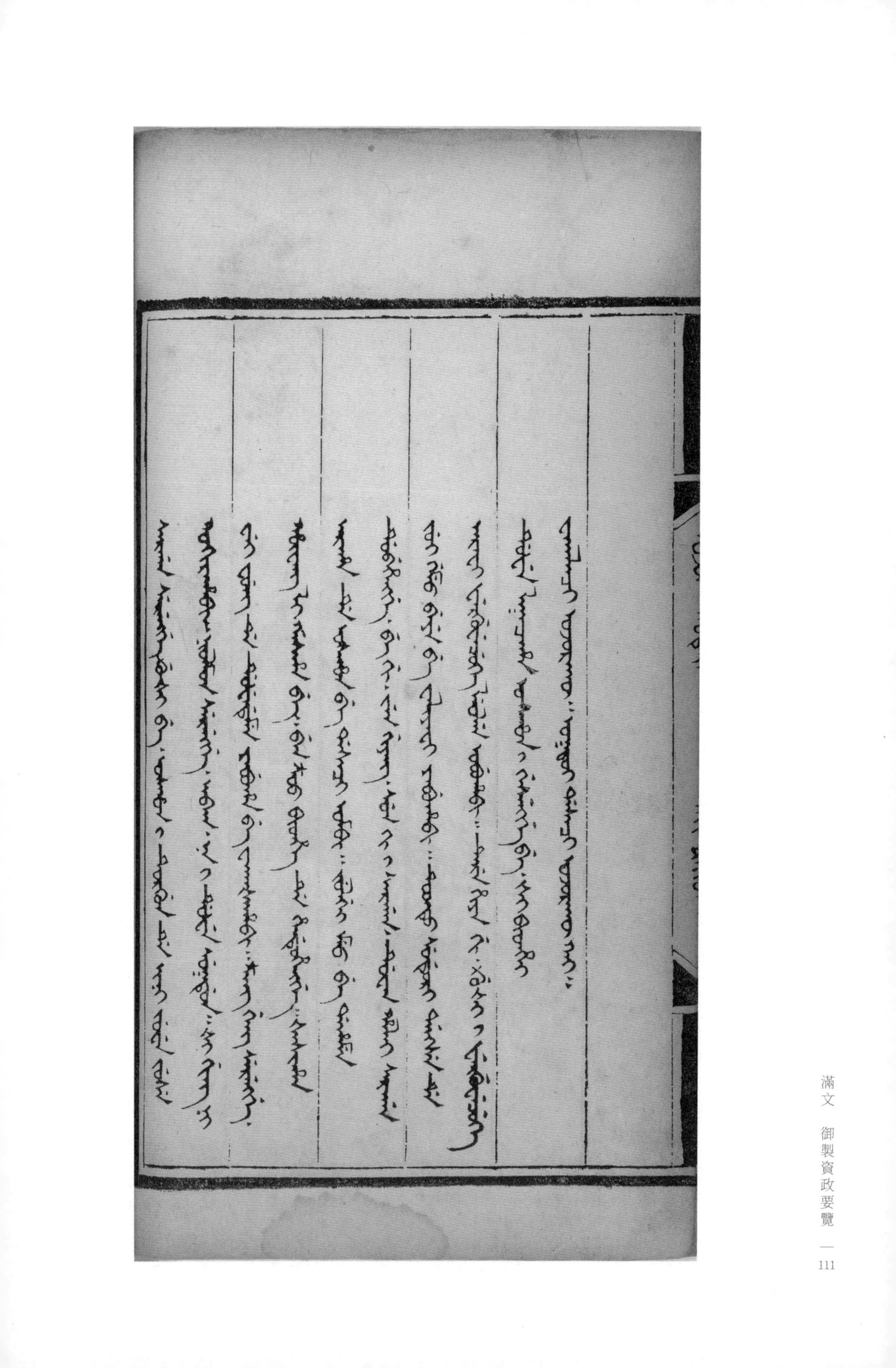

[illegible]

ᠨᡳᠶᠠᠯᠮᠠ ᡤᡝᠮᡠ ᠨᡝᠨᡝᡥᡝ ᡨᡠᠸᠠᠮᠪᡳ᠉

ᠨᡳᠶᠠᠯᠮᠠ ᡤᡝᠮᡠ ᡤᡝᠩᡤᡳᠶᡝᠨ ᠪᡝ ᡩᠠᠰᠠᠮᠪᡳ ᡝᠯᡩᡝᠮᠪᡠᡵᡝ ᡨᡠᠸᠠᠮᠪᡳ ᠰᡝᠮᡝ

ᡨᡠᠸᠠ ᠨᡳᠩᡤᡠᡵᡝ ᠪᠠᡳ᠈ ᠵᡠᠯᡤᡝᡳ᠈ ᠨᡳᠶᠠᠯᠮᠠ ᡝᠯᡩᡝᠮᠪᡠᡵᡝ ᡩᡝ

ᡨᡠᠸᠠᠮᡝ ᠨᡳᠶᠠᠯᠮᠠ ᡩᡝ ᠪᡝᡩᡝᡵᡝᠮᠪᡳ᠈ ᠨᡳᠶᠠᠯᠮᠠ᠈ ᡨᡠᠸᠠ ᡩᡝ

ᡨᡠᠸᠠᠮᠪᡳ ᡩᡝ ᡨᡠᠸᠠᠨᠴᡳᡥᡳᠶᠠᠮᡝ᠈ ᡤᡝᠮᡠ ᠰᡝᡵᡝ ᡨᡠᠸᠠᠨᠴᡳᡥᡳᠶᠠᠮᠪᡳ

ᠣᠪᡠᠮᠪᡳ᠉ ᡨᡝᡵᡝ ᠪᡝ ᡩᠠᠰᠠᠮᡝ ᡨᡠᠸᠠᠨᠴᡳᡥᡳᠶᠠᡵᠠ ᡩᡝ ᡨᡠᠸᠠᠨᠴᡳᡥᡳᠶᠠᠮᠪᡳ᠉

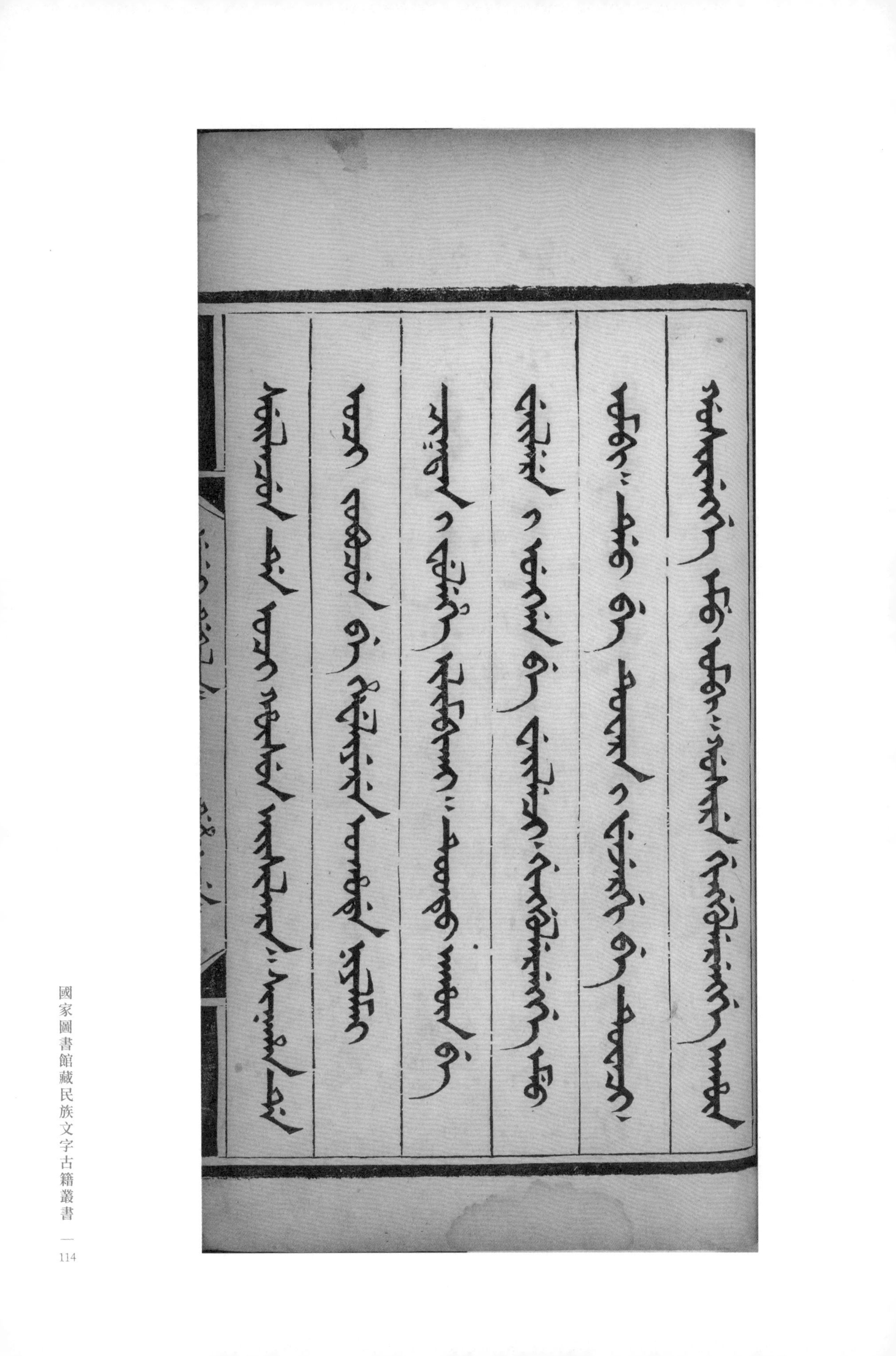

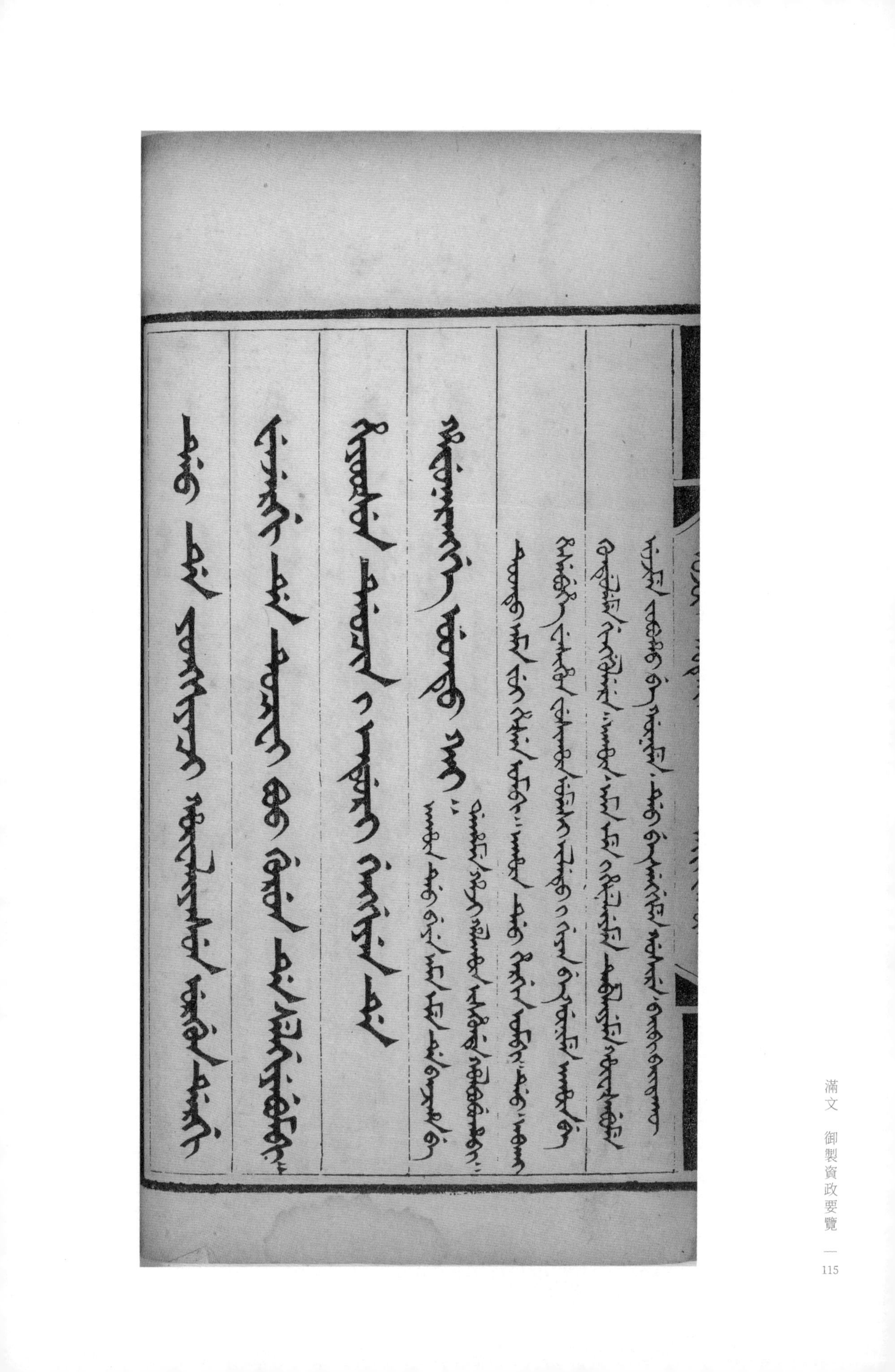

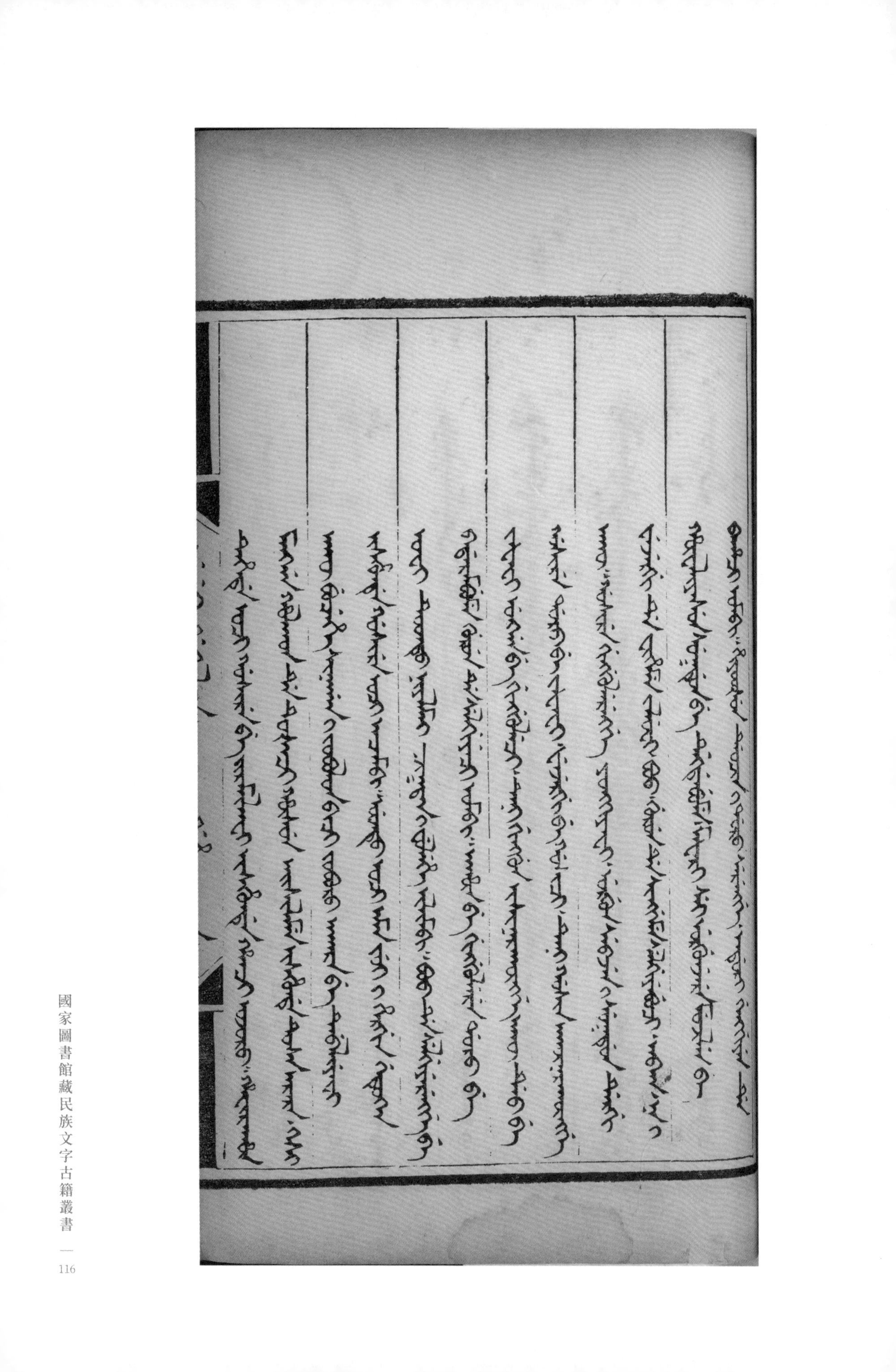

[illegible]

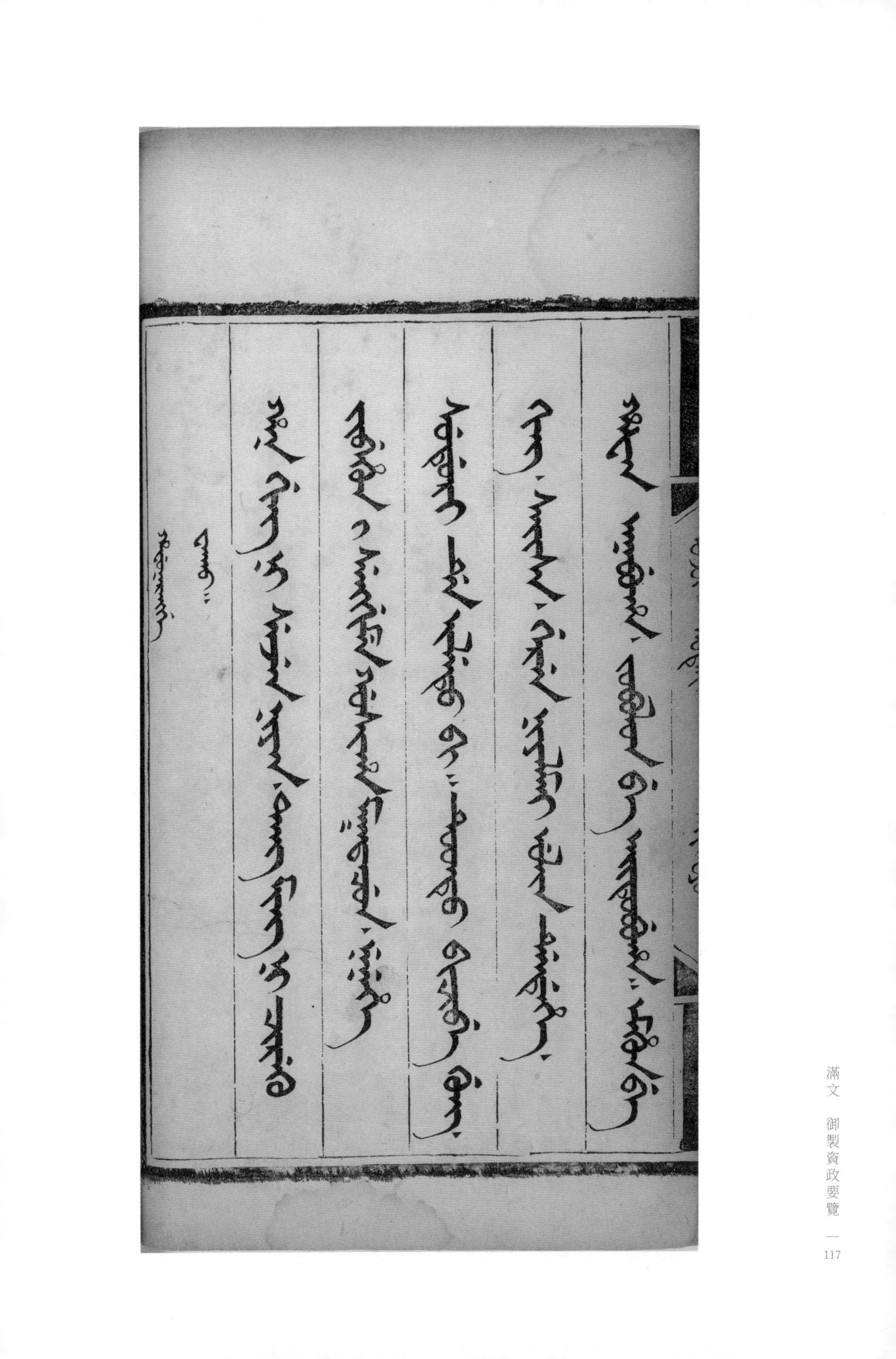

[illegible]

[illegible]

[illegible]

[illegible]

[illegible]

[illegible]

[illegible]

ᡨᠠᠴᡳᠨ ᡨᠣᡩᠣᠯᠣᡵᡳ ᡩᡝ ᡨᡝᠰᡠᠮᡝ ᠪᡝ ᠰᡳᠰᡥᠠᠯᠠᠮᡝ᠉ ᡨᡝᡵᡝᠴᡳᡴᡳ ᡩᡝ

ᠪᡝᠶᡝ ᠨᡳ ᠮᡠᠵᡳᠯᡝᠨ ᠪᠣᠣ ᡩᡝ ᠪᡝᠶᡝ ᠰᡳᠨᡩᠠᡵᠠᡴᡡ᠉

ᠪᡝᡩᡝᡵᡝᡥᡝ ᠪᡝᡩᡝᡵᡝᡥᡝ ᡨᡠᠪᠠ ᠰᡠᠰᡠ ᠪᡝ ᡩᡝ ᡨᡠᠸᠠᠮᡝ ᠪᡝᡩᡝᡵᡝᠮᠪᡳ

ᠪᡝᡩᡝᡵᡝᡥᡝ ᡨᡠᠪᠠ ᠰᡠᡵᡤᠠᠨ ᠰᡝ ᡩᡝ ᡨᡝ ᠪᡝᡩᡝᡵᡝᠮᠪᡳ

ᠪᡝᡩᡝᡵᡝᡥᡝ ᡨᡠᠸᠠᠨᡤᡤᡳᠶᠠ ᠪᡝᡩᡝᡵᡝᠮᡝ ᠪᡝᠰᡝ ᠪᡝᡩᡝᡵᡝᡥᡝ᠉ ᠰᡝ

ᡝᡵᡝ ᠪᡳ ᡤᡝᡩᡠᠮᡝᠩᡤᡝ᠉ ᡨᡝᡵᡝ ᡤᡝᠯᡝᡥᡝ᠉ ᡨᡝᡵᡝ

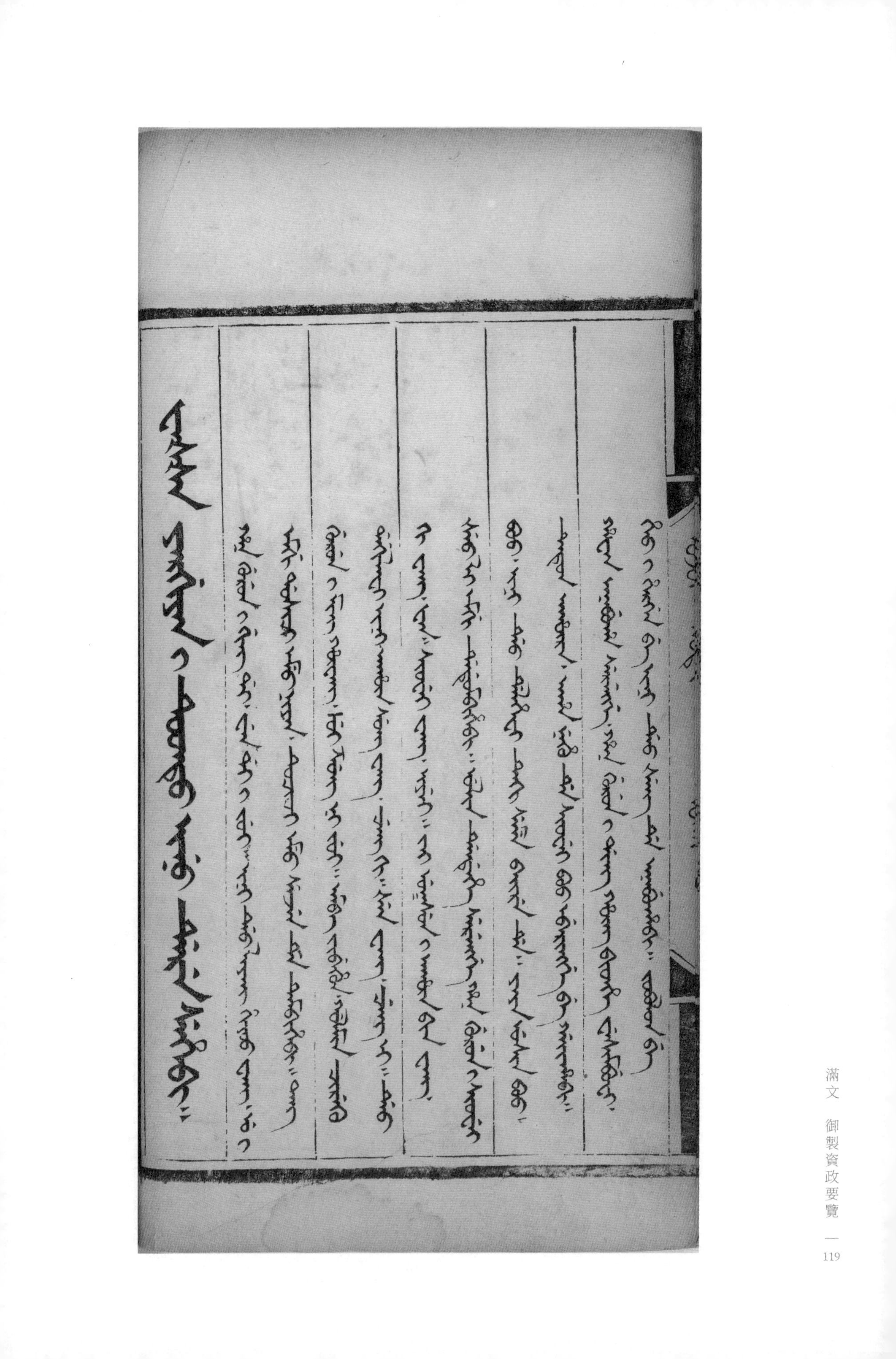

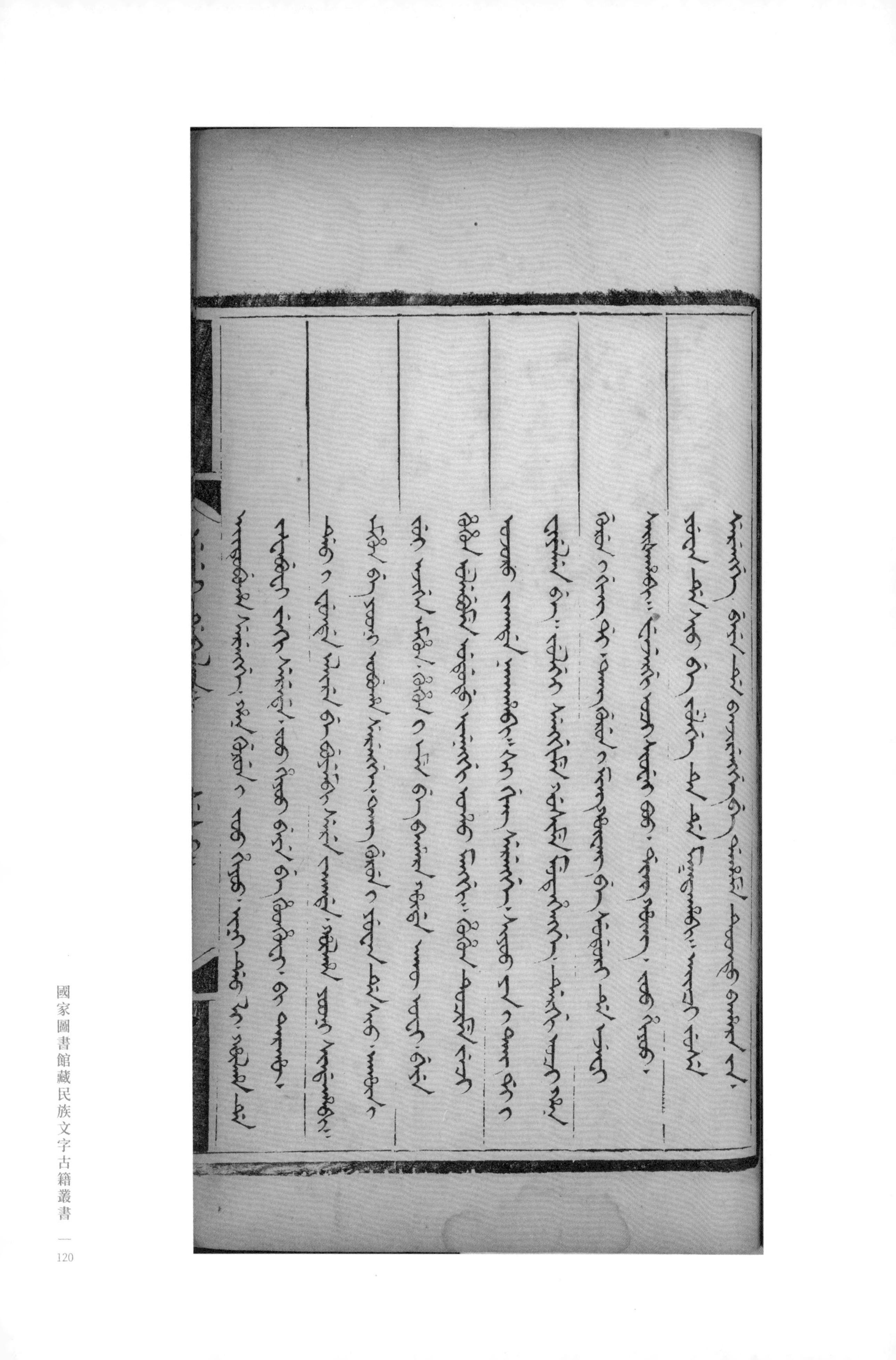

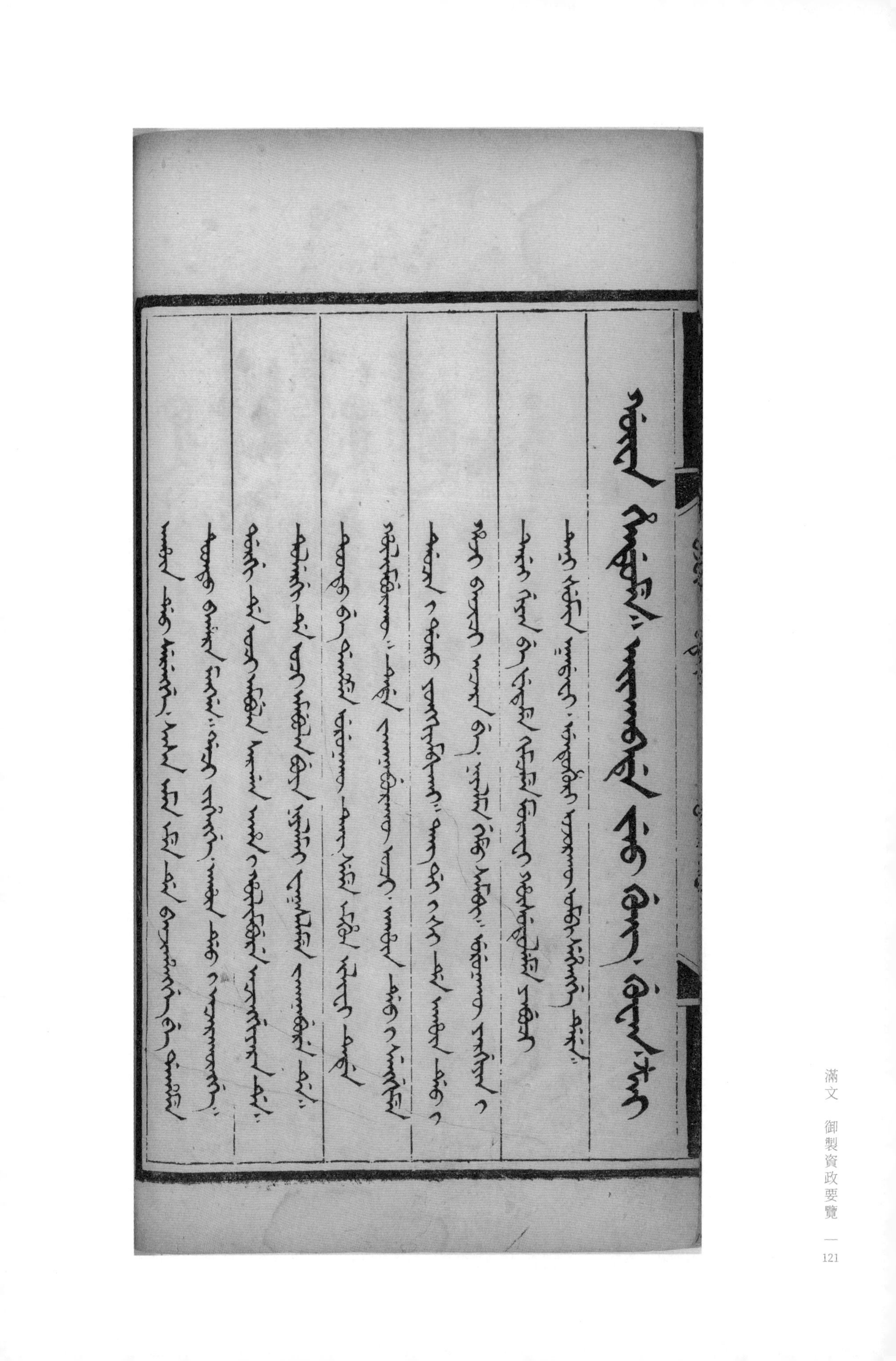

[illegible]

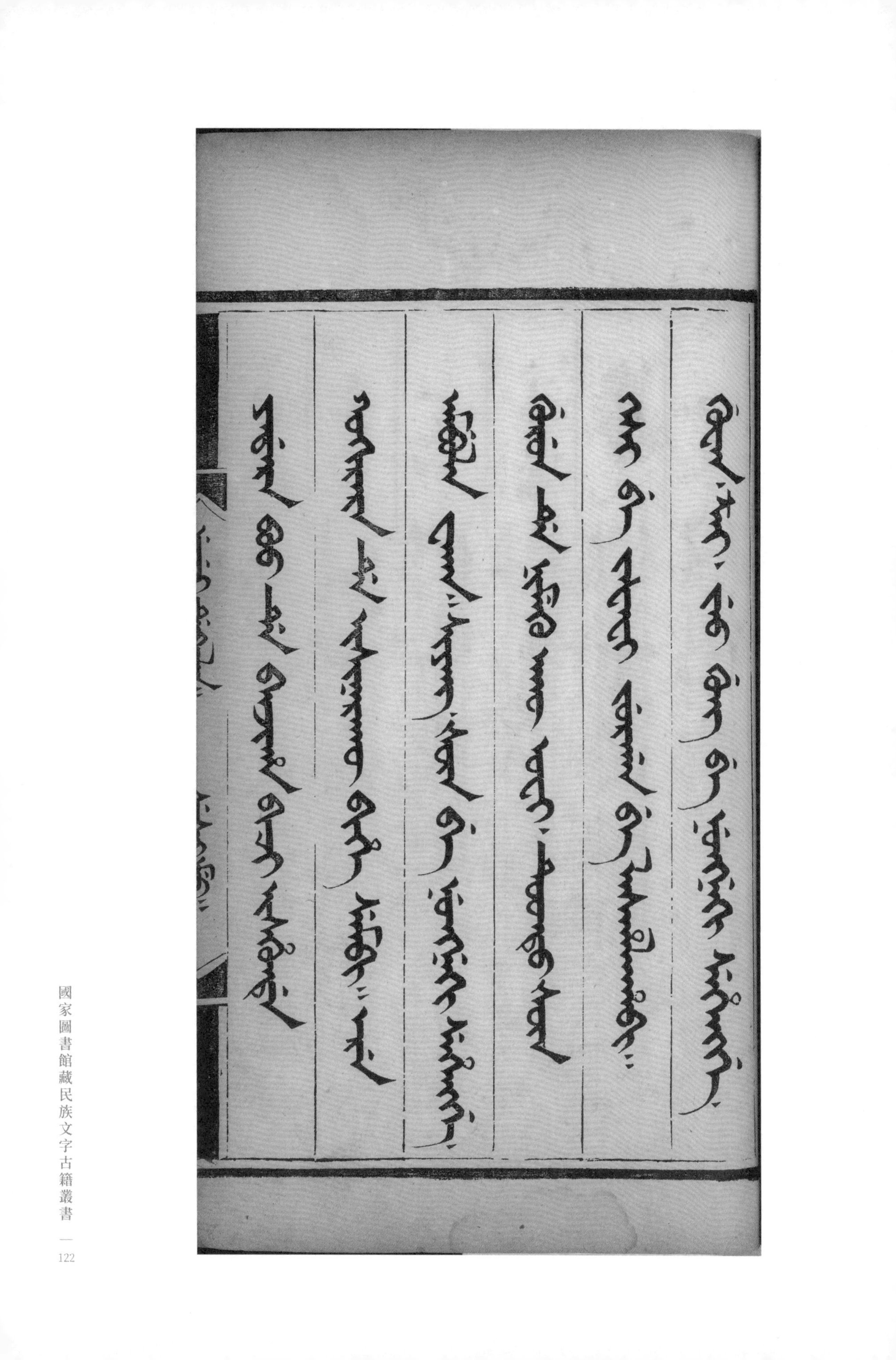

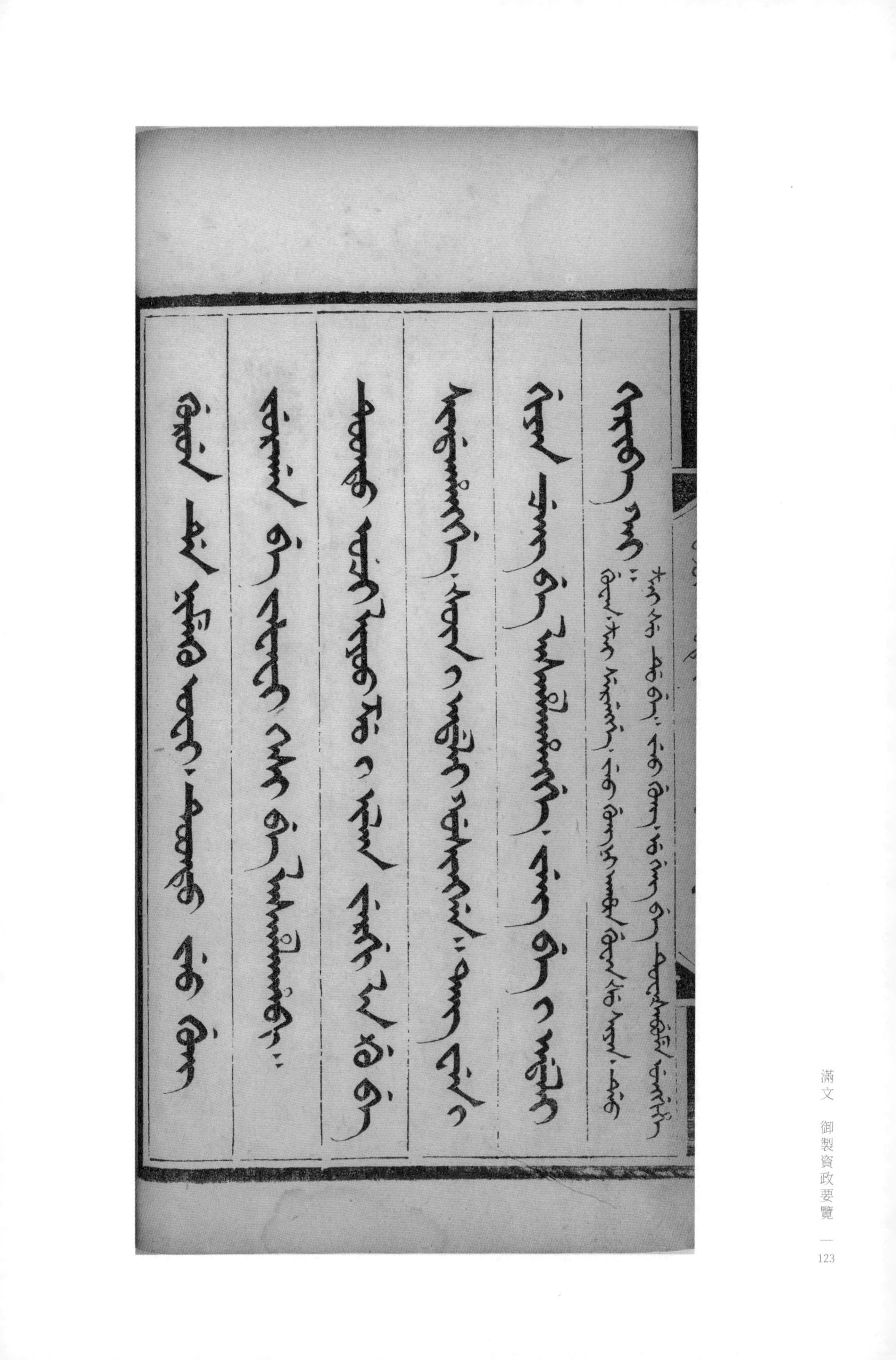

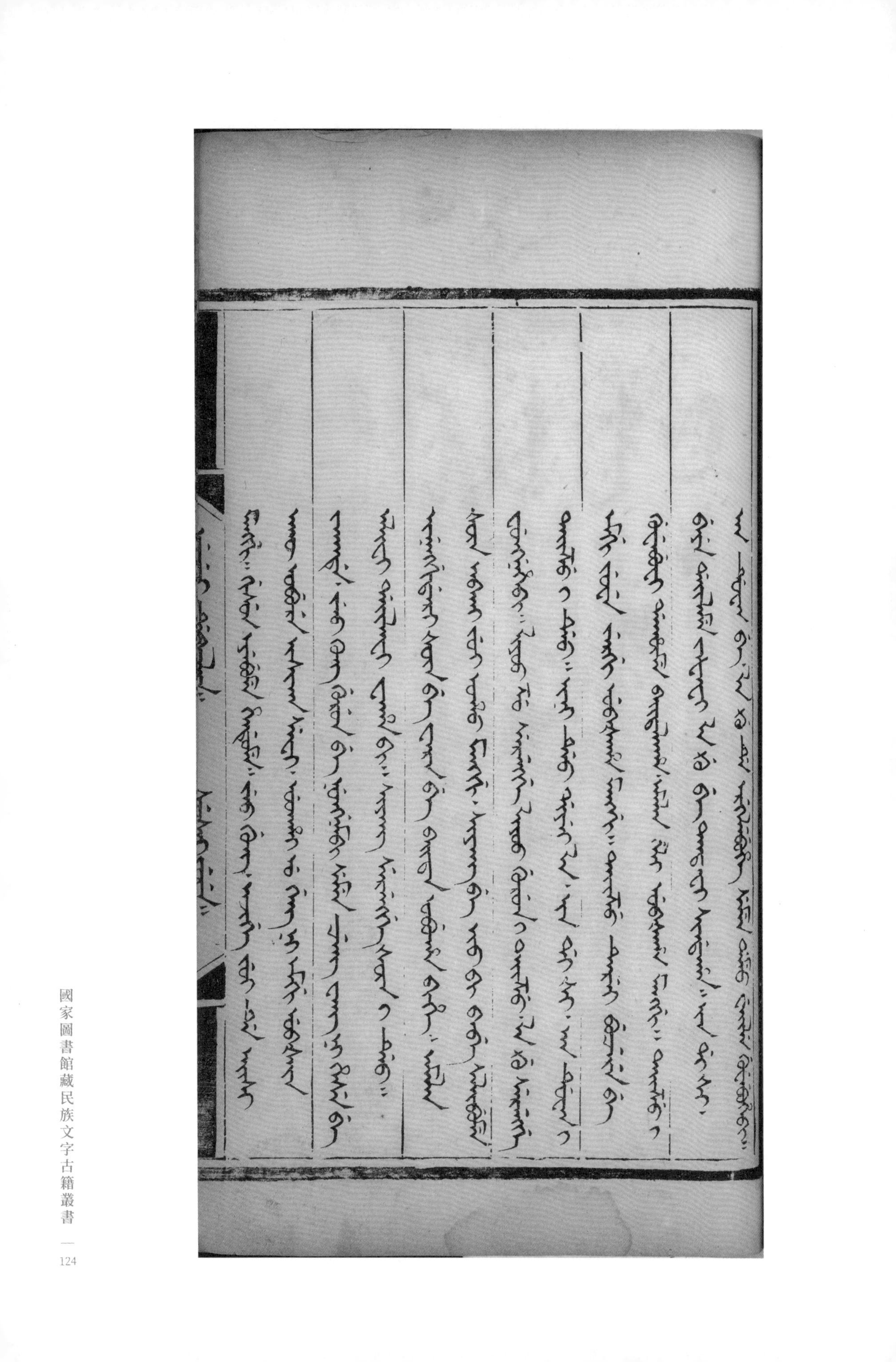

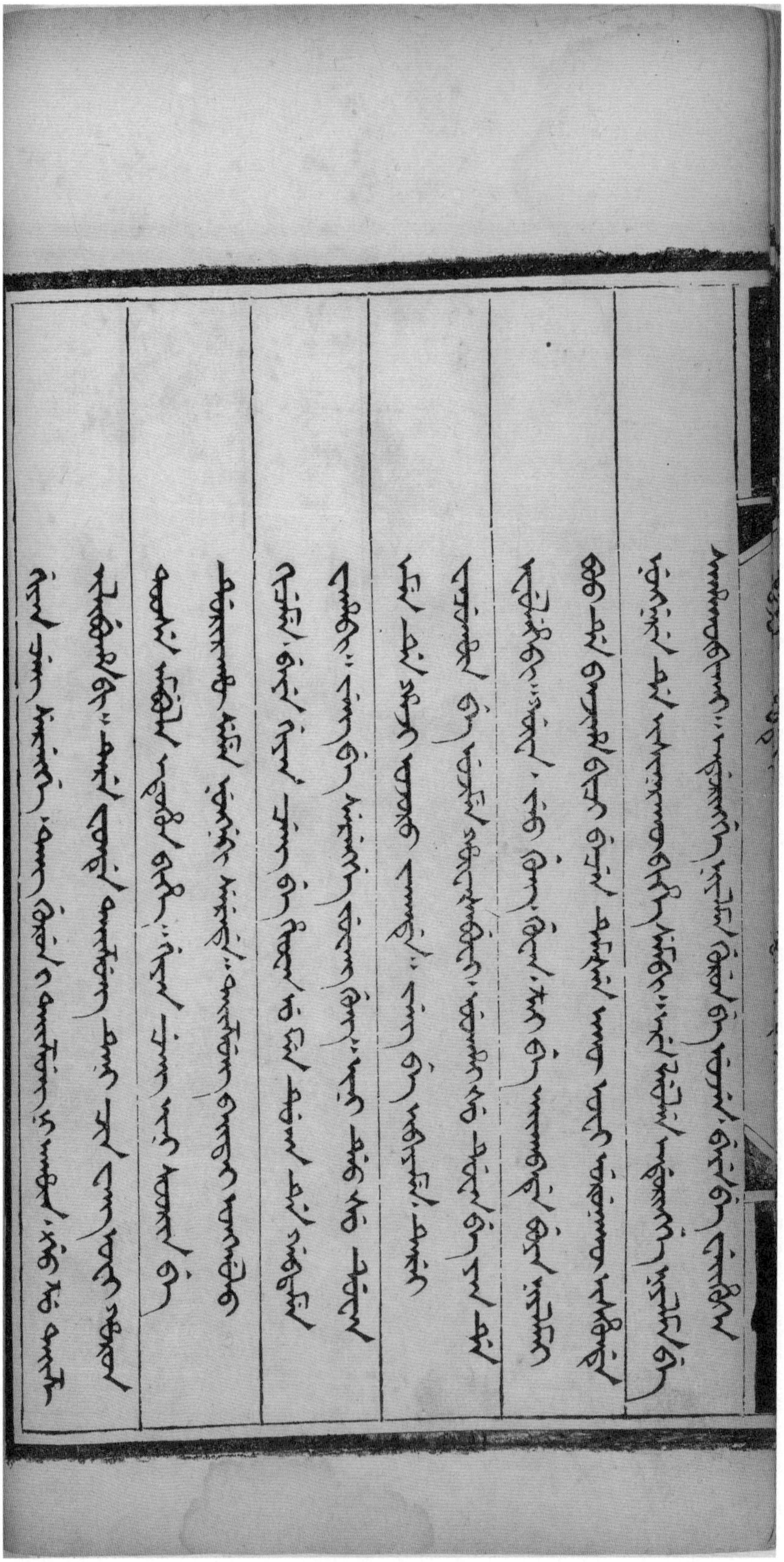

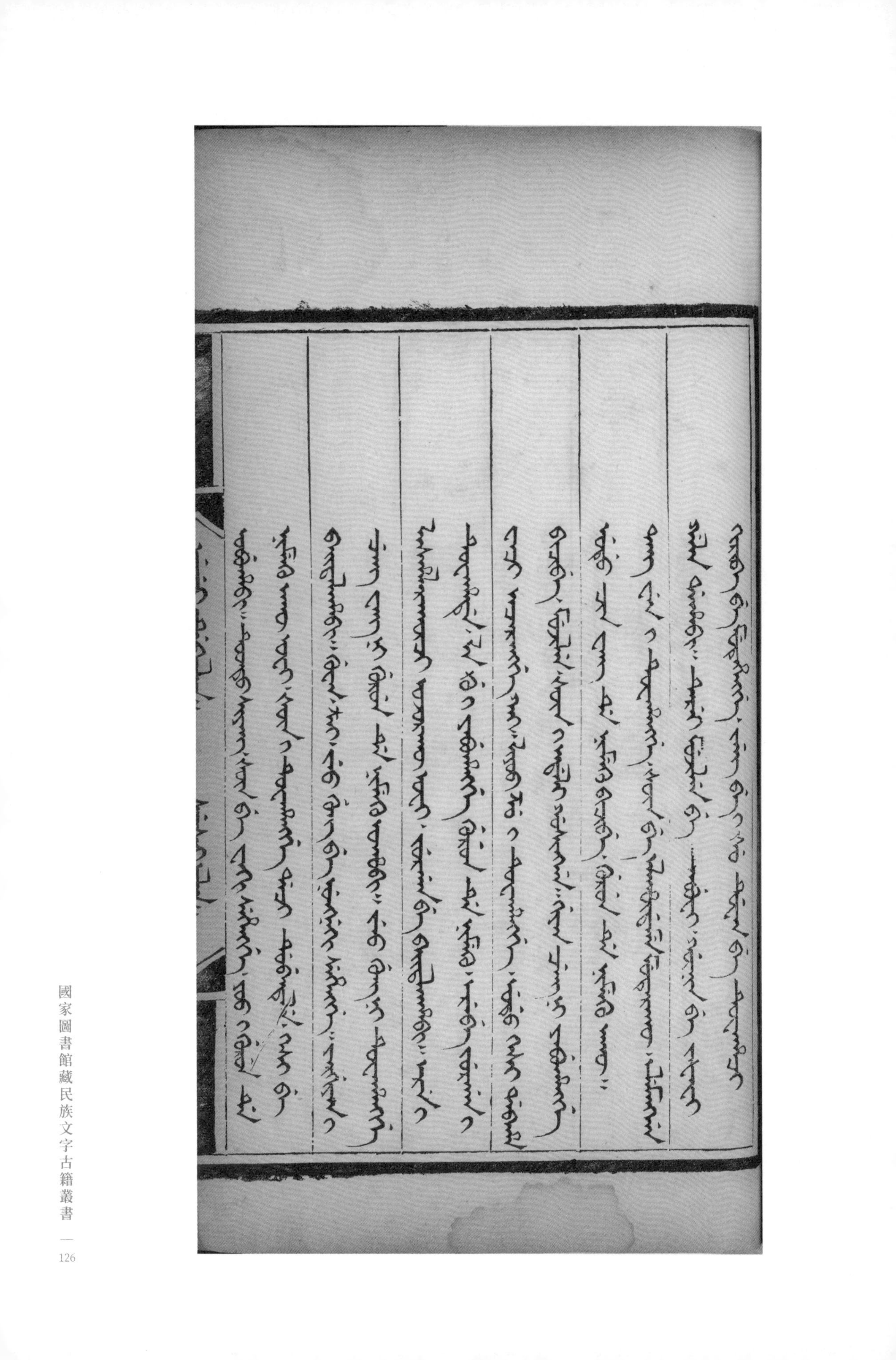

[illegible]

[illegible]

[illegible]

[illegible]

[illegible]

[illegible]

[illegible]

[illegible]

[illegible]

[illegible]

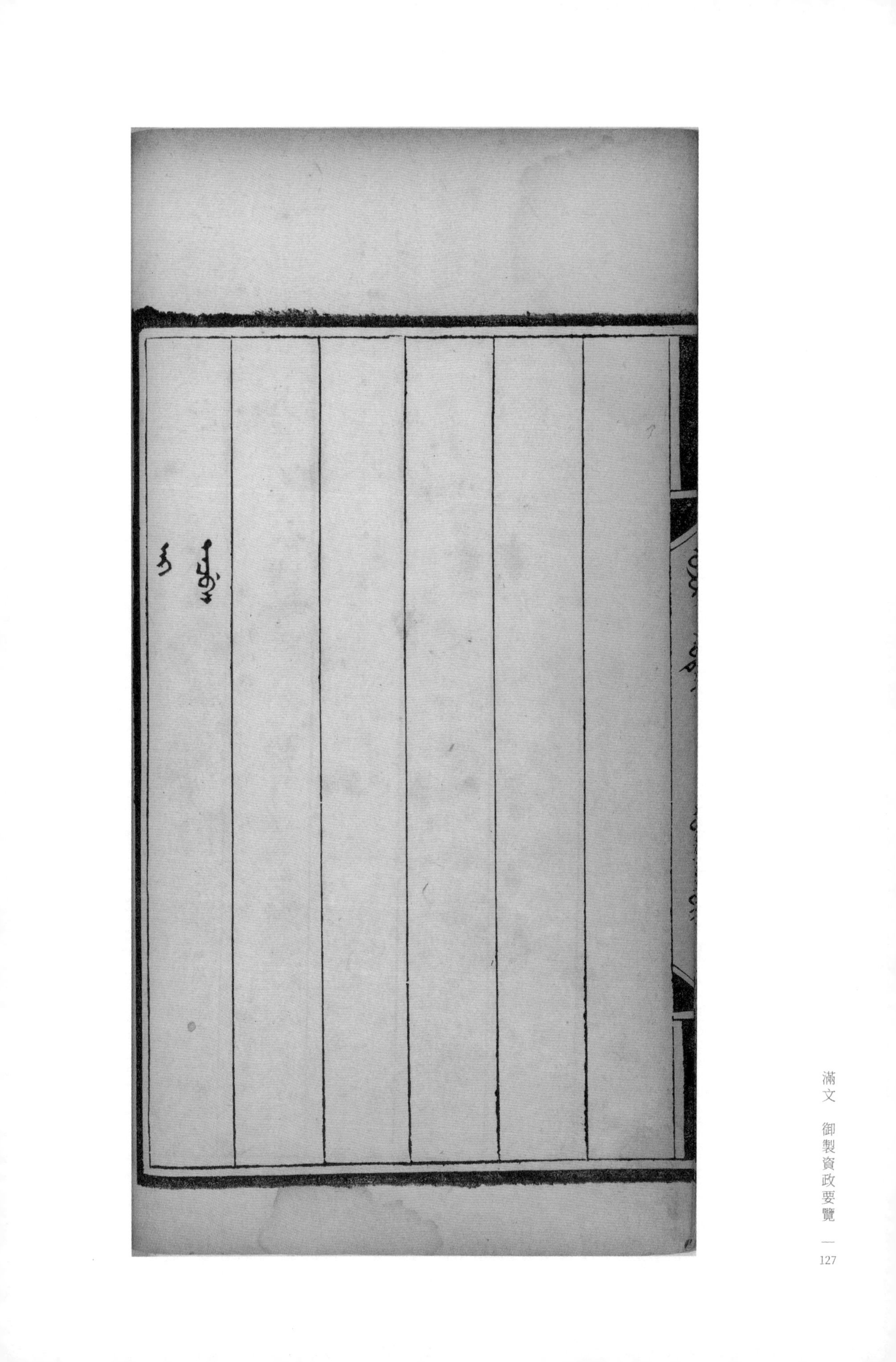

ᡠᠵᡠ ᡩᡝᠪᡨᡝᠯᡳᠨ

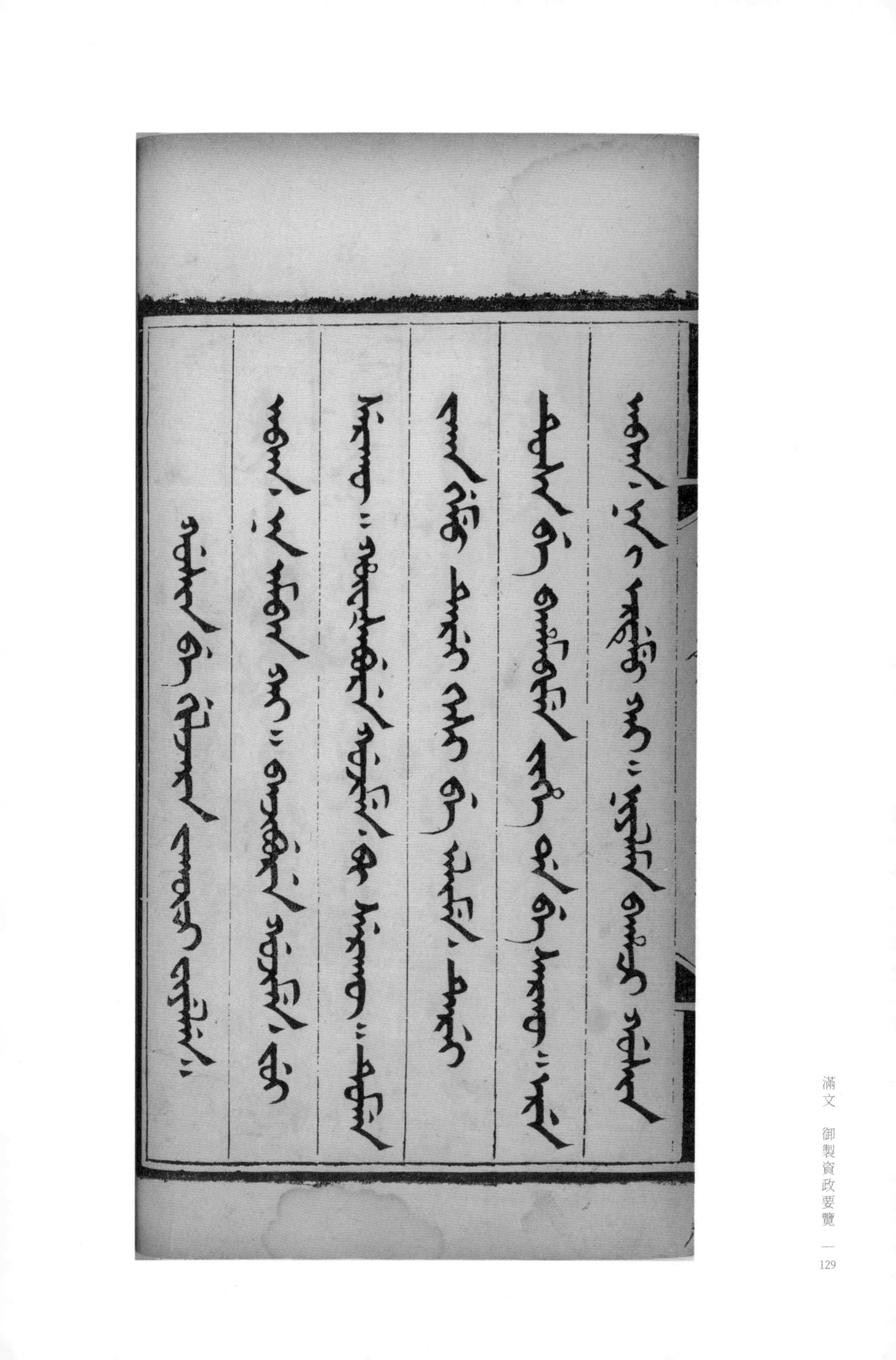

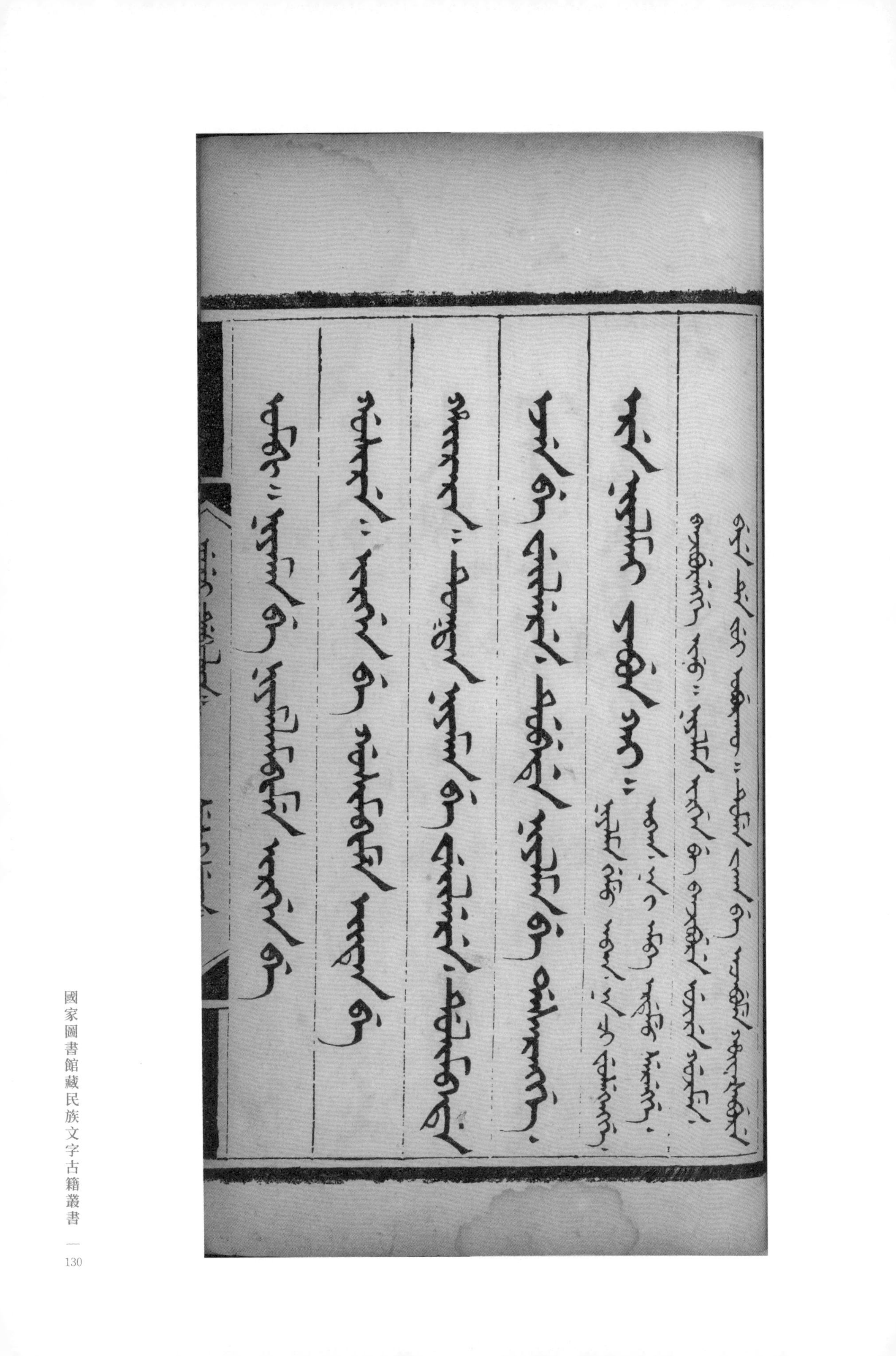

[illegible]

[illegible]

[illegible]

[illegible]

[illegible]

[illegible]

[illegible]

[illegible]

[illegible]

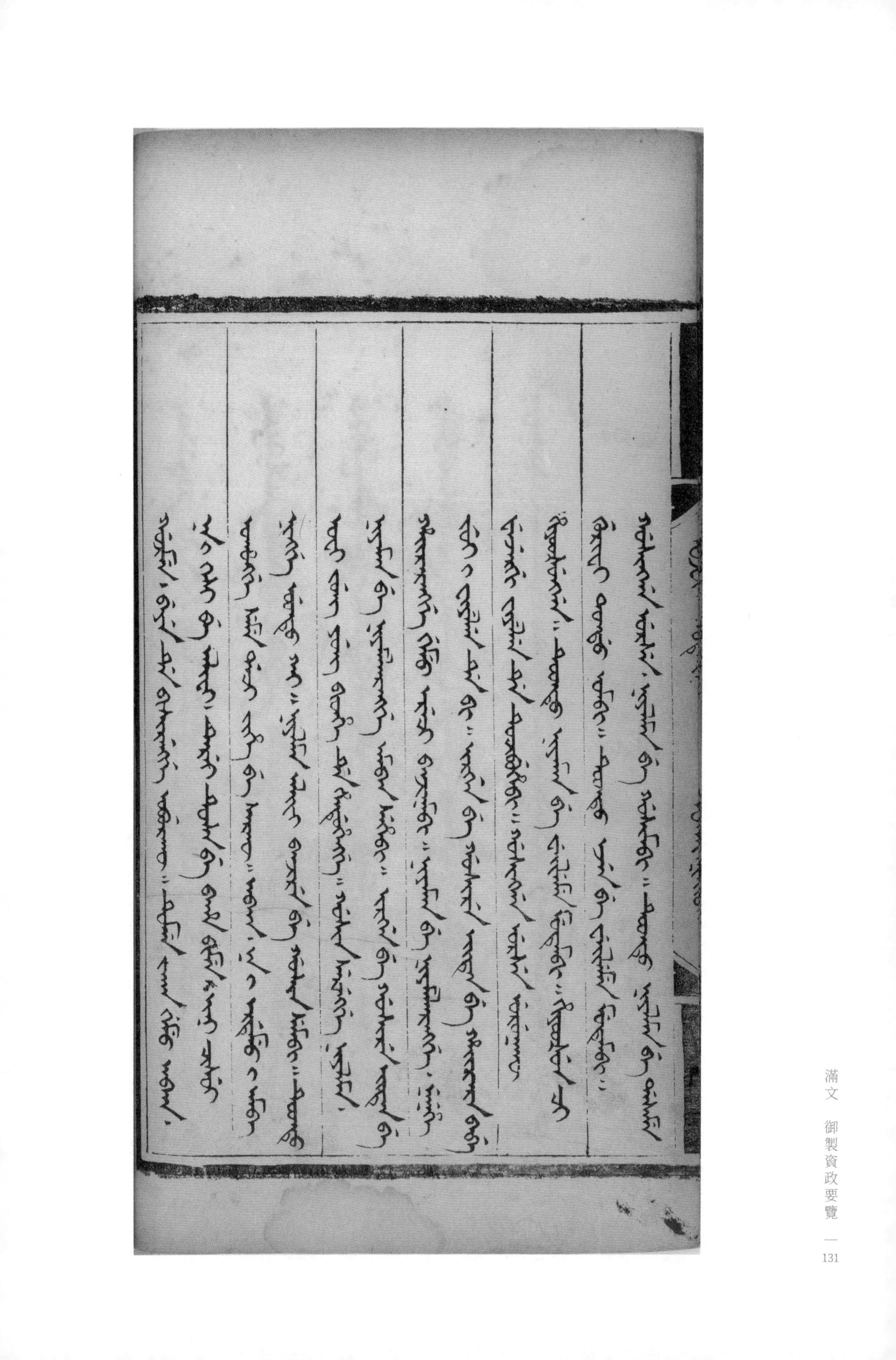

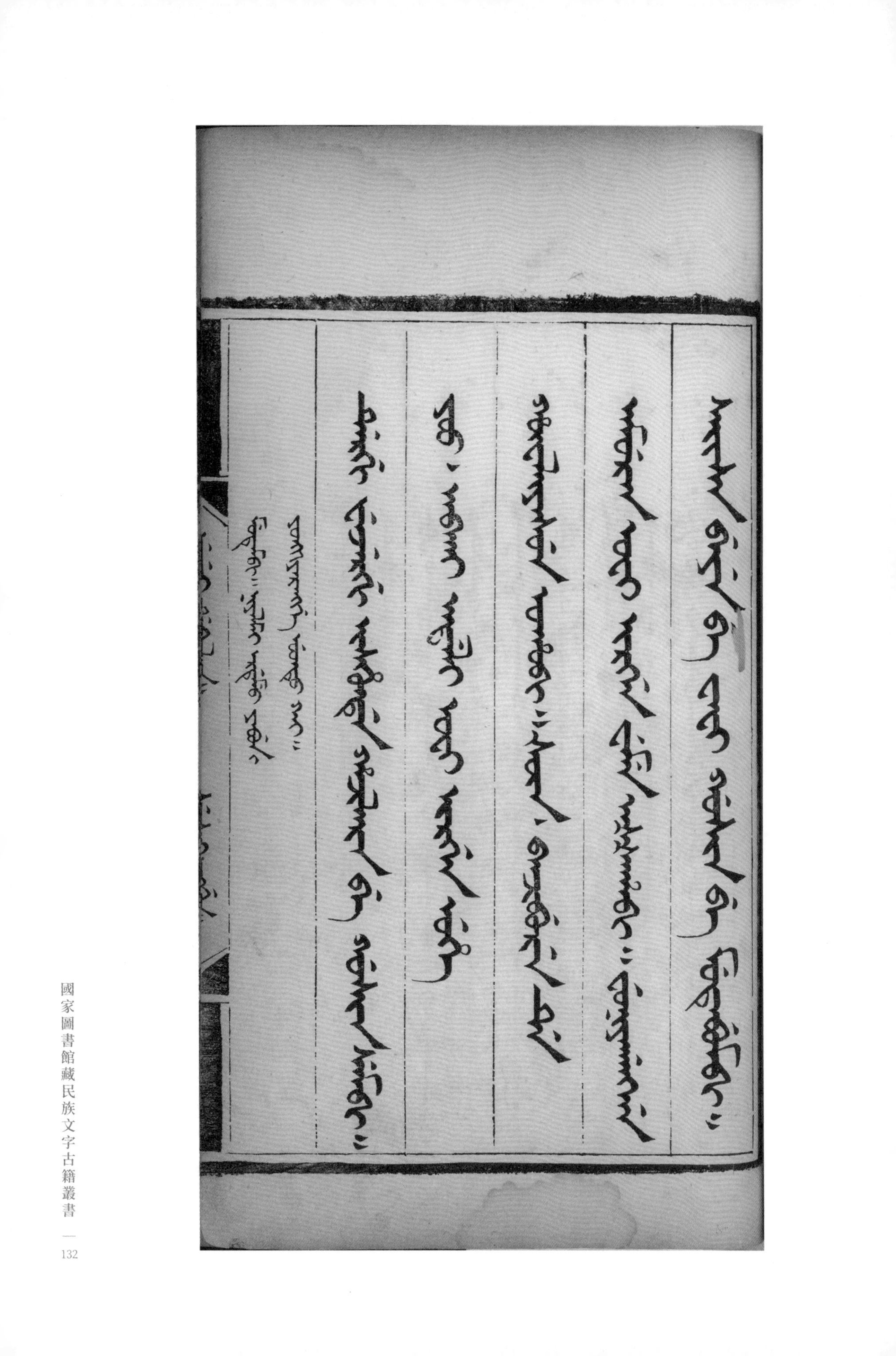

[illegible]

[illegible]

[illegible]

[illegible]

[illegible]

[illegible]

[illegible]

ᠪᠣᡩᠣᡵᠣ ᡩᠣᡵᠣ ᡤᡝᠮᡠ ᠰᡳᠨ ᡨᡠᠸᠠᠮᡝ ᠪᡝ ᠰᡝᠮᠪᡳ

ᡨᡝᠨ ᠪᡝ ᡥᡡᠸᠠᡧᠠᠪᡠᡥᠠᠩᡤᠠ᠉ ᠰᡝᡵᡝ ᡥᡝᡵᡝ

ᡤᡳᠰᡠᠨ ᠪᡝ ᡨᡠᠸᠠᠮᡝ ᠰᠠᠪᡠᡵᡝ ᠪᡝ ᠰᠠᠯᡤᠠᠪᡠᠮᠪᡳ᠉

ᠮᡠᠩᡤᠠ ᠵᡠᡵᡤᠠᠨ ᡥᡡᠸᠠᡧᠠᡥᠠ ᠪᡝ ᡤᡡᠨᡳᠨ ᡥᡡᠸᠠᡧᠠᡥᠠ ᠪᡝ

ᠰᠠᡳᠨ ᡤᡡᠨᡳᠨ᠉ ᡥᡡᠸᠠᡧᠠᠮᠪᡳ ᡨᡠᠮᡝᠨ ᡳᠨ ᠵᡠᠯᡤᡝ

ᠪᠣᠯᡤᠣ ᠮᡠᠵᡳᠯᡝᠨ ᡩᡝ ᠣᠪᡠᡴᡳ ᡥᡡᠸᠠᡧᠠᠮᠪᡳ᠉ ᠵᠠᠯᠠᠨ ᡳ

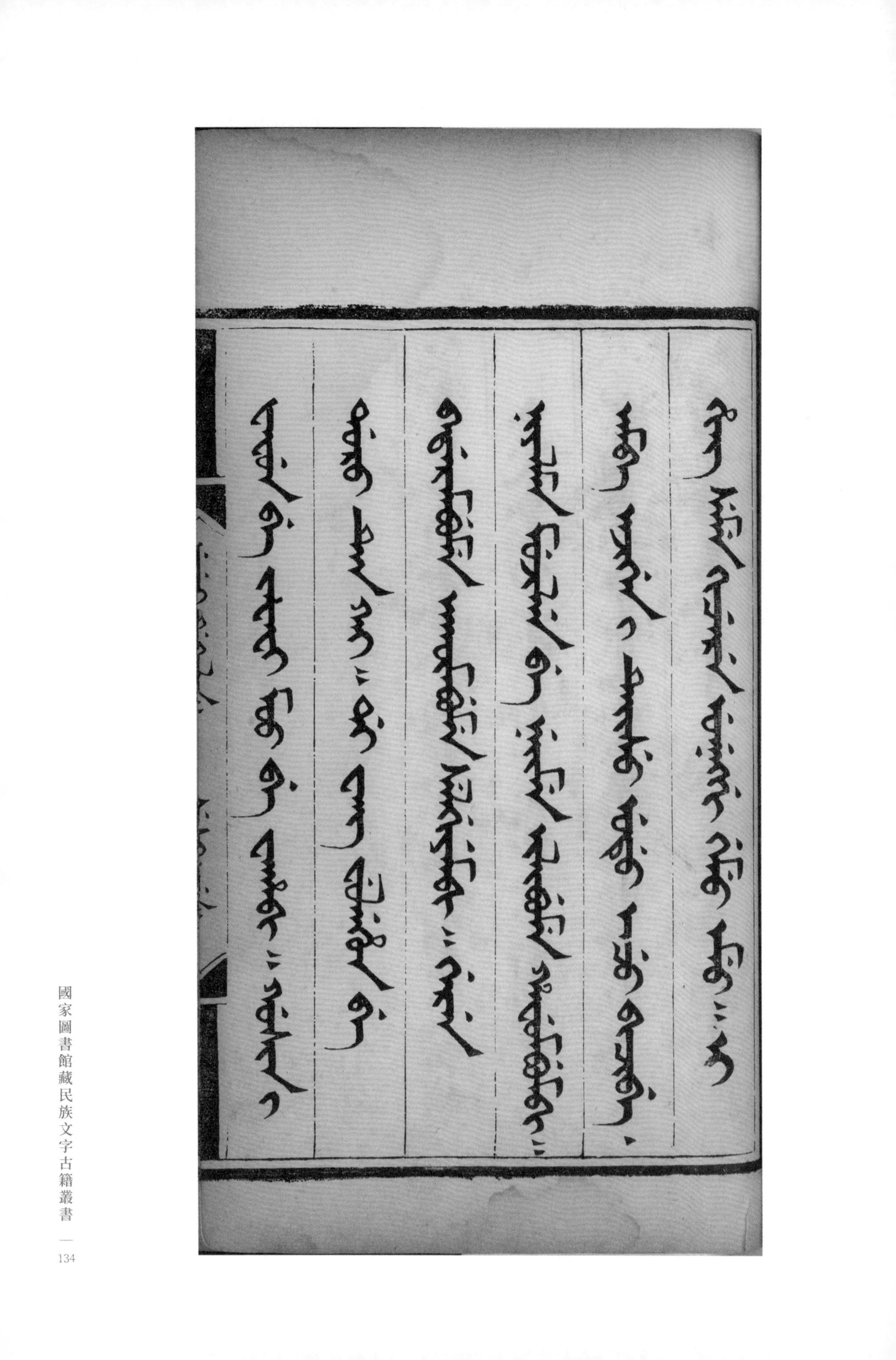

[illegible]

[illegible]

[illegible]

[illegible]

[illegible]

[illegible]

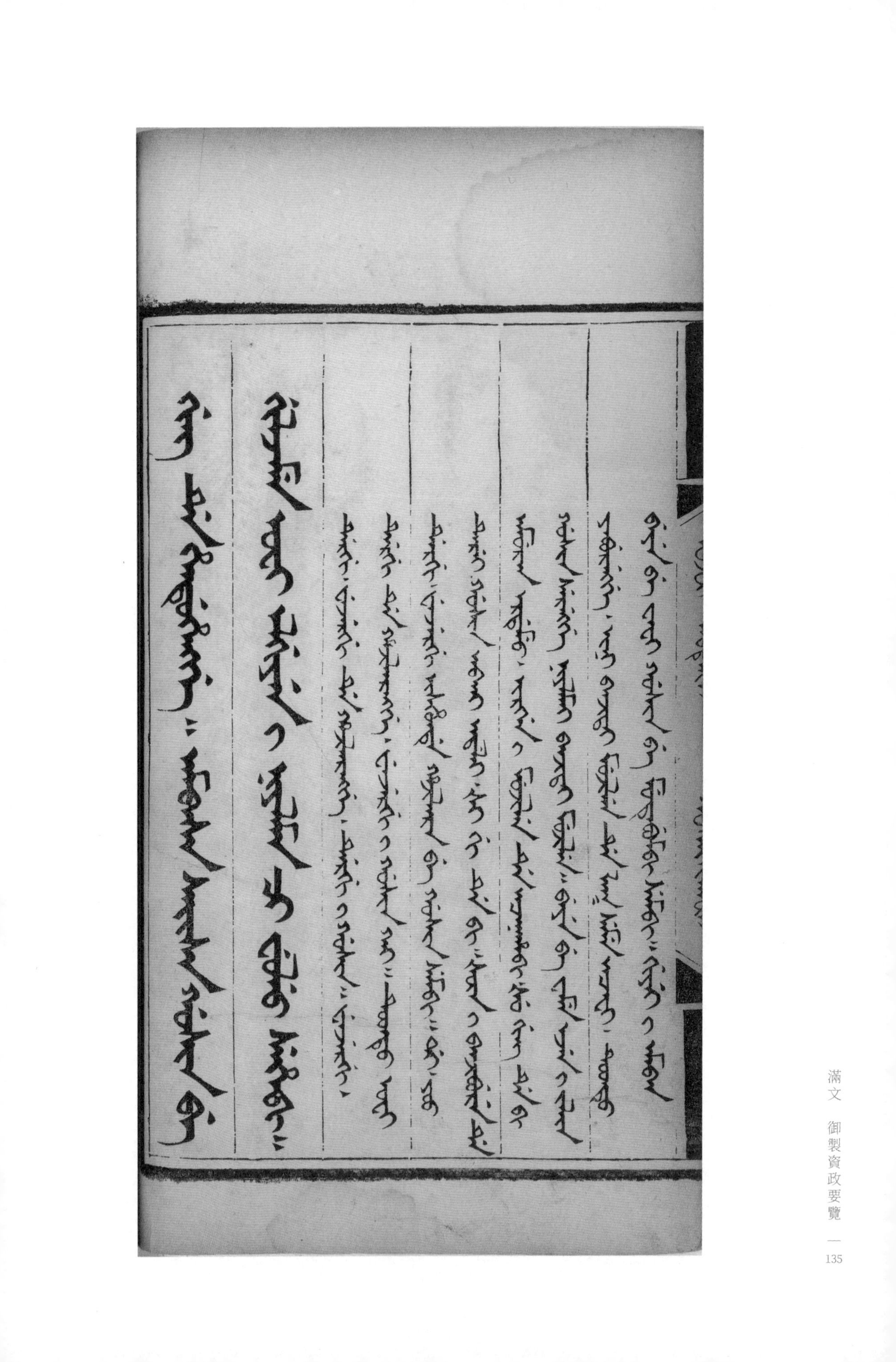

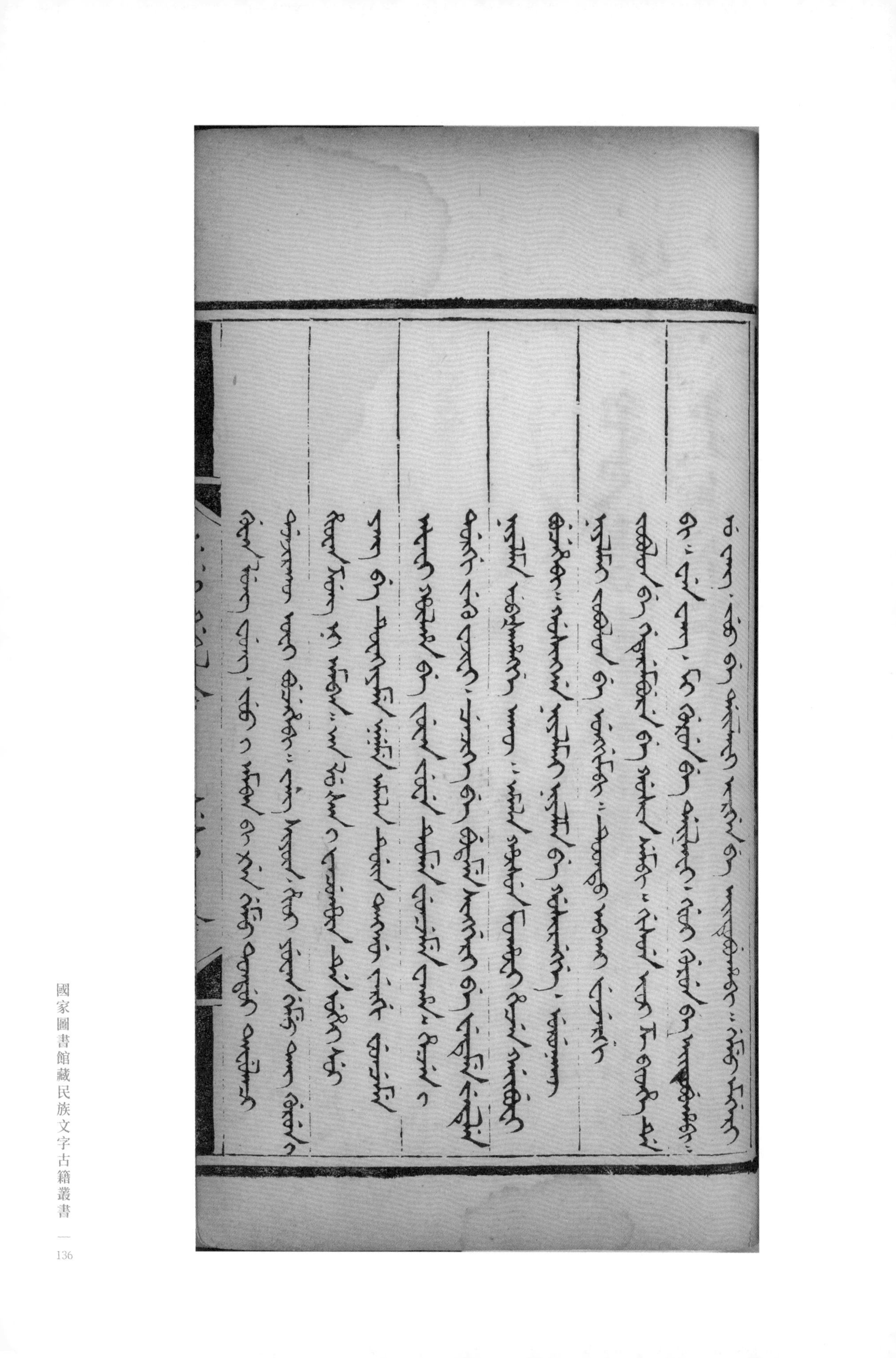

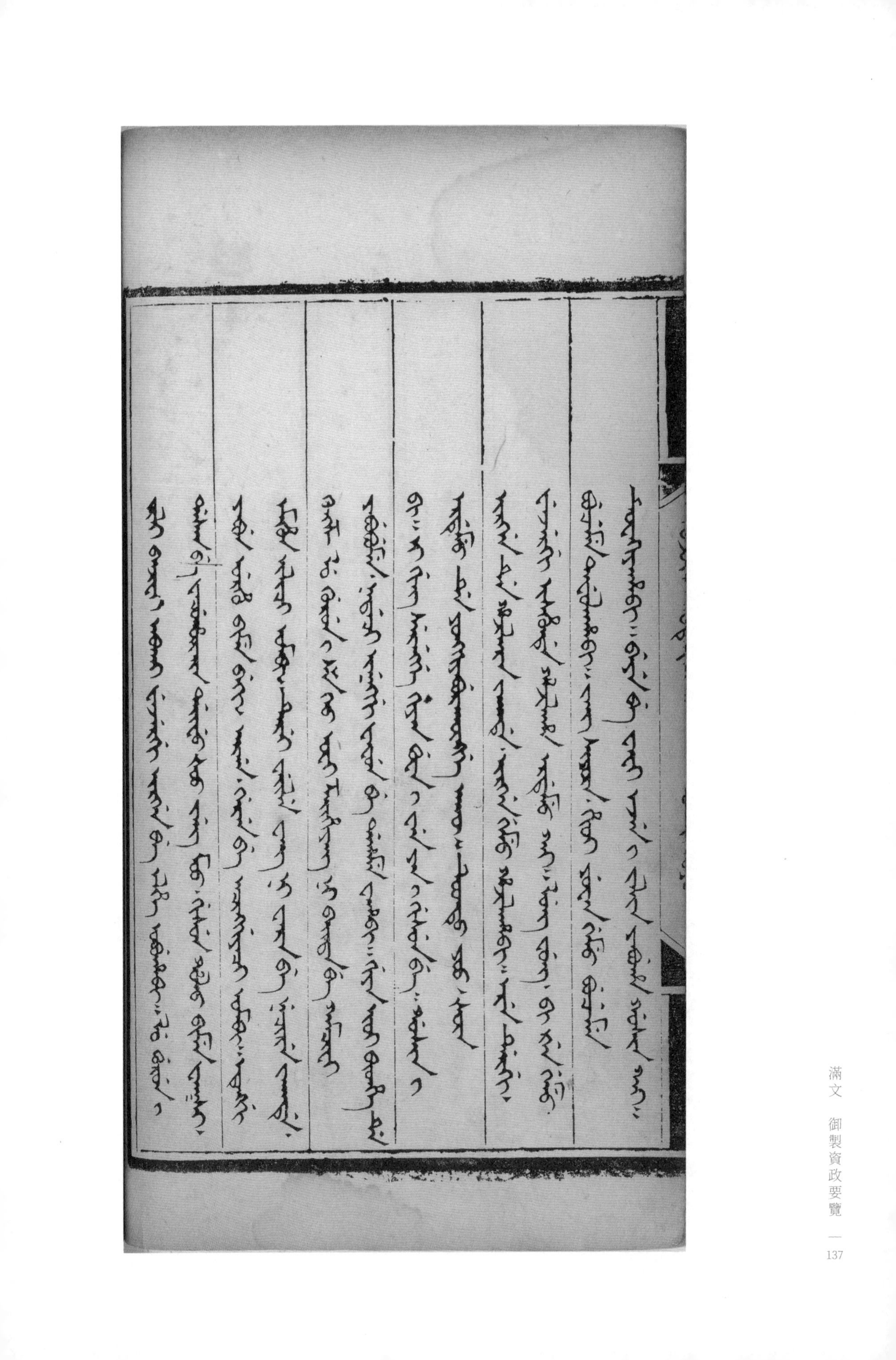

[illegible]

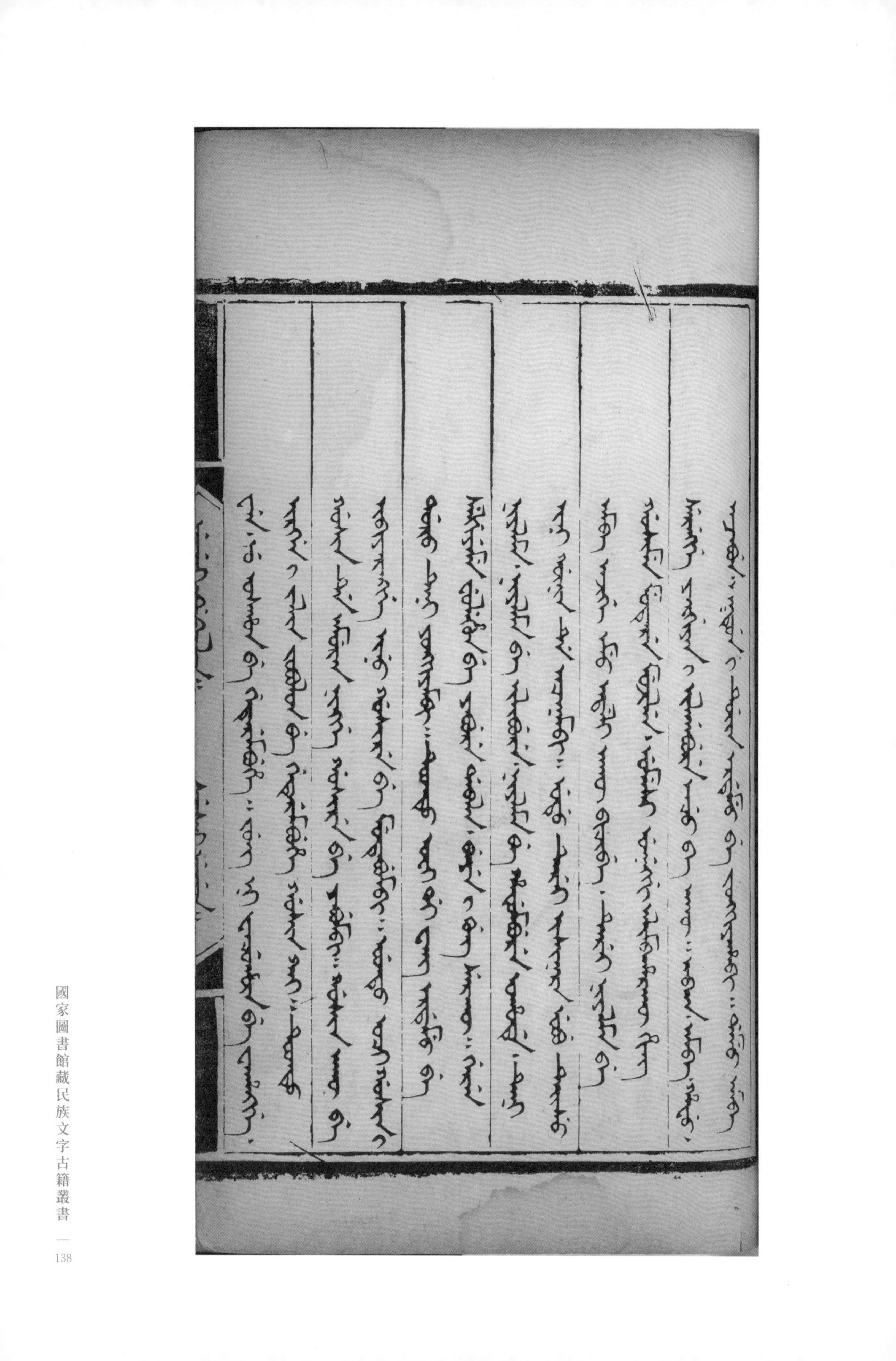

[illegible]

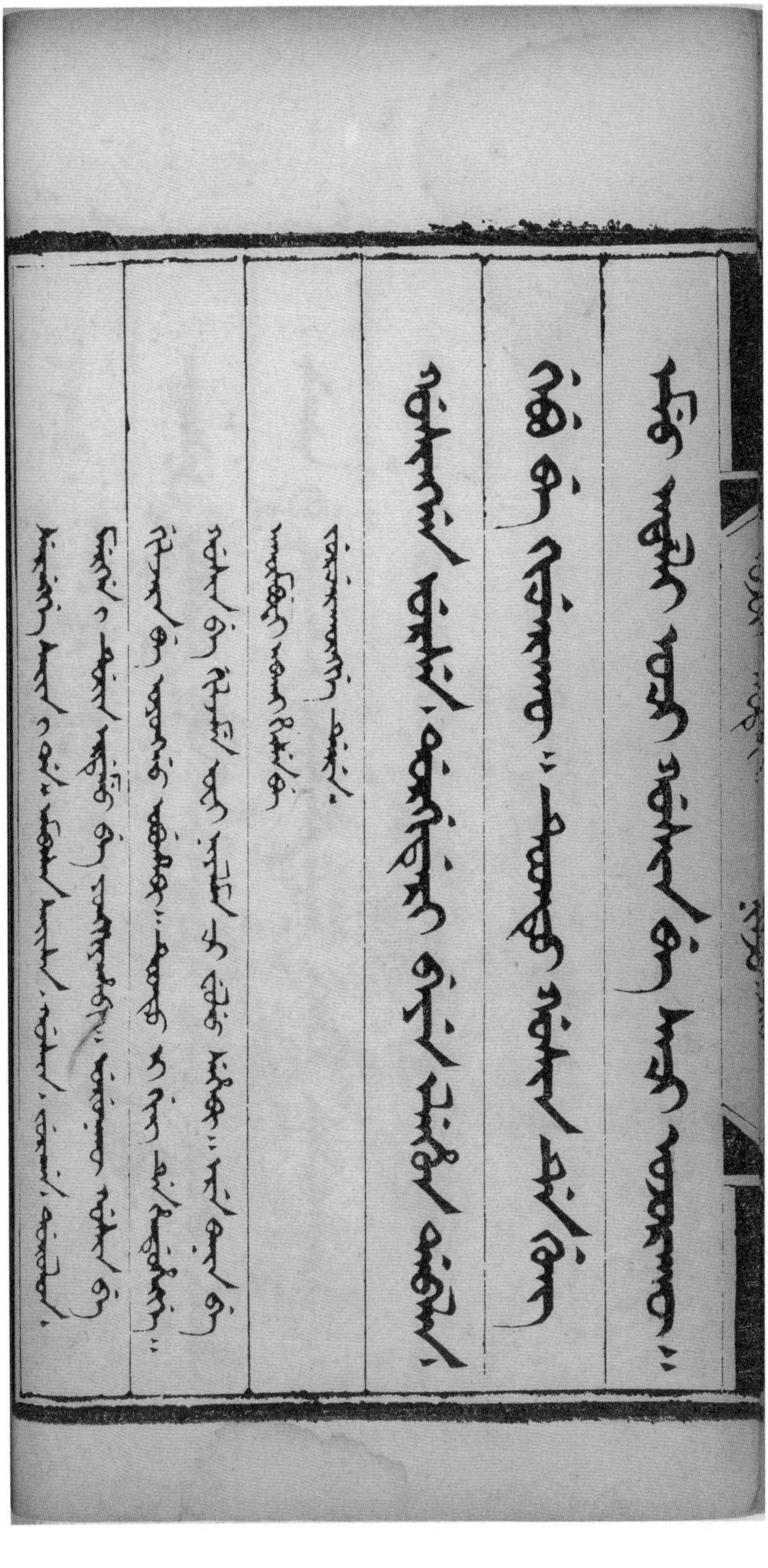

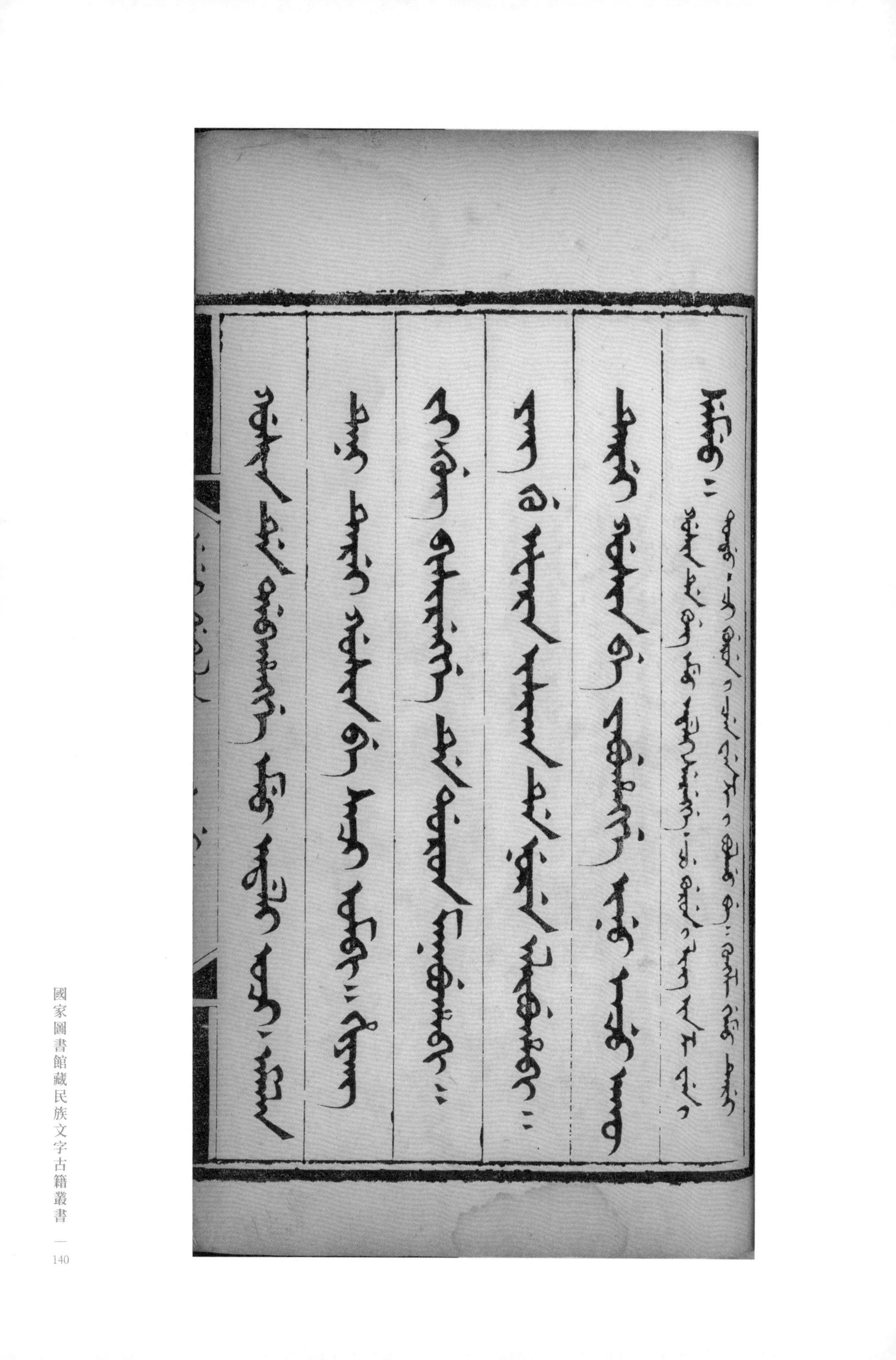

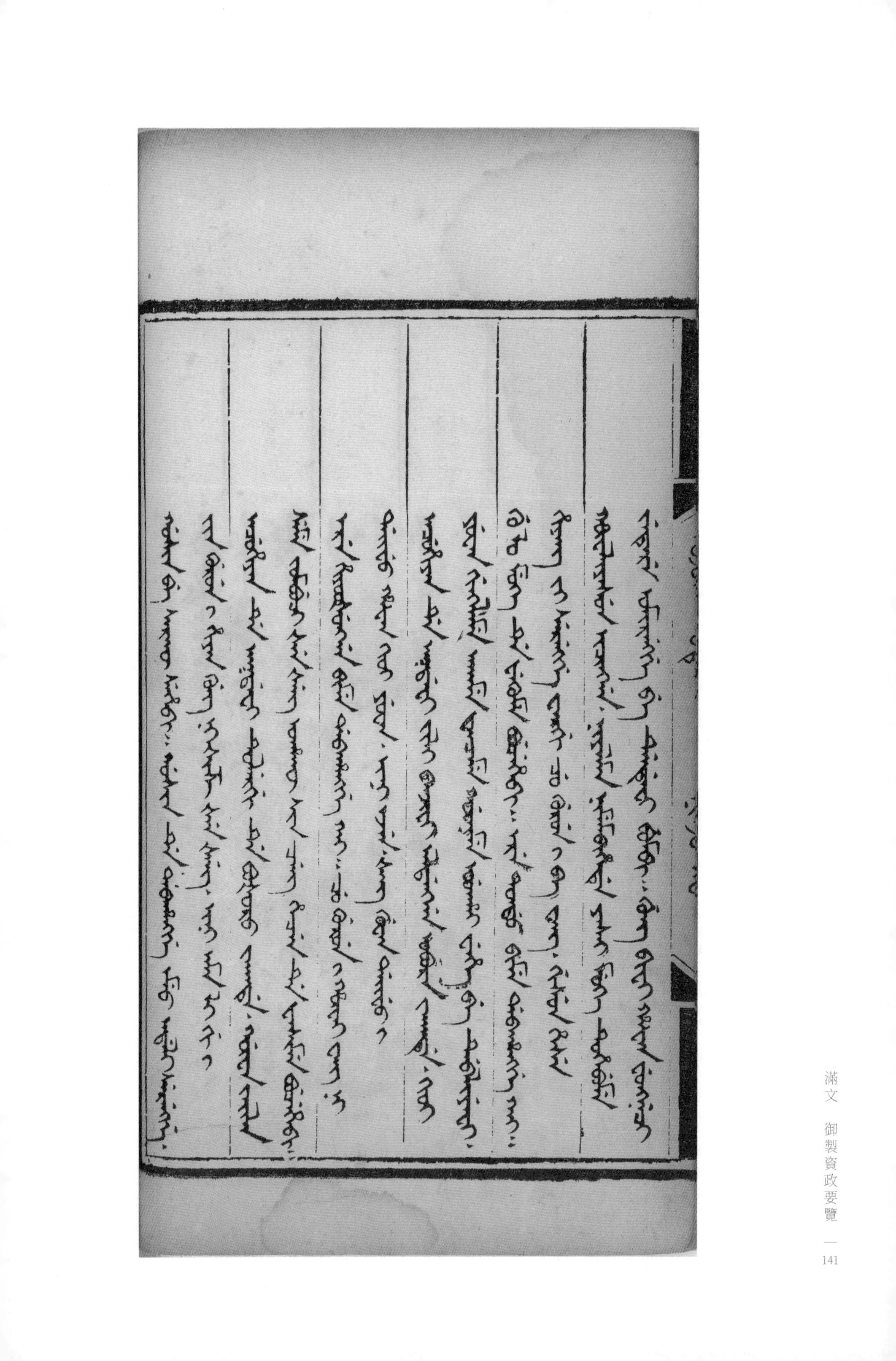

ᠮᡝᠶᡝᠨ ᡳ ᠵᠠᡴᠠ ᡩᡝ ᠪᠣᠣᡨᡝ ᡤᡳᠰᡠᠨ ᡤᡝᠮᡠ ᠣᠨᡤᠣ:: ᠰᡝᠮᡝ ᡥᡝᠰᡝ ᠮᡠᠰᡝᡳ
ᡤᡳᠰᡠᠨ ᡤᡝᠨᡝᡥᡝ ᠰᡳᠨᡩᡝᡵᡝ ᠰᡝᠮᡝᡥᡝᠪᡳ:: ᡨᡠᠮᡝᠨ ᠪᡝ· ᡨᡝᡵᡝ ᠪᡝᠶᡝ ᡳ ᡝᠶᡝᡵᡝ ᠪᡝ ᠰᡝ ᠵᡝᠨ ᡳ
ᡩᡝᠪᡳᠯᡝᡵᡝ ᡤᡝᠨᡝᡥᡝᠪᡳ· ᡨᡝᡵᡝ ᠪᡝᠶᡝ ᡳ ᠪᡝᠶᡝ ᡨᡠᠮᡝᠨ ᡨᡝ ᠪᡝᠶᡝ ᡳ ᡩᡝᠪᡳ ᠮᡝᠶᡝᠨ
ᠰᡝᠮᡝ ᠪᡝᠶᡝ· ᡥᡝᠰᡝ ᡩᡝᠪᡳᡥᡝᡵᡳ ᠮᡝᠨᡝᡵᡝ ᠪᡝᡳ· ᠪᡝᡳ ᡥᡝ ᠰᡝ ᠵᡝᠨ ᡨᡠᠮᡝᡵᡝᠮᡝ
ᠮᡠᡨᡝᡵᡝᠪᡝ ᠪᡝᠶᡝᡵᡝᠮᡝᡳ ᡨᡠᠮᡝᠨ ᠪᡝ ᡝᡵᡝᠪᡝ ᡤᡝᠮᡠ ᠮᡝᡳᡥᡝᡵᡝᠮᡝ:: ᠰᡝ ᠵᡝᠨ
ᠮᡝᡩᡝᡵᡳ ᡤᡝᠨᡝᡥᡝ ᠮᡝᠨᡝ ᠰᡳᠮᡝᠨᡝ ᠪᡝᠰᡝᠪᡠᡥᡝ ᠮᡝᠮᡝᡨᡝᠮᡝ ᡥᡝᠰᡝᠪᡠᡥᡝᠪᡳ
ᠰᡝᡵᡝᠰᡝ· ᠪᡝᠶᡝ ᡨᡠᠮᡝᠨ ᠮᡝᠪᡝᡵᡝ ᠮᡝᠮᡝᡥᡝᠨ ᠰᡝ ᠵᡝᠨ ᡩᡝ ᡤᡝᠮᡠᡥᡝᠪᡳ:: ᠮᡝᠨᡝ
ᡨᡠᠮᡝᠨ ᠪᡝ· ᠰᡝ ᠵᡝᠨ ᡩᡝ ᠮᡝᠪᡝᡵᡝᠮᡝ ᠪᡝᠶᡝᡵᡝ ᠰᡝᠮᡝᡥᡝ ᡤᡝᠮᡠ ᠰᡝᡵᡝ:: ᠰᡝᠮᡝᡥᡝ ᠵᡝᠨ
ᠪᡝᠶᡝᠪᡝ ᠮᡝᠮᡝᡥᡝᠨ ᠮᡝᠨᡝᡵᡝ ᡩᡝ ᡳᠰᡳᠮᡝᠨᡝ ᡝᠮᡝᠮᡝᡥᡝᠪᡳ:: ᠰᡝᠮᡝᡥᡝ
ᠪᡝᠶᡝᠮᡝᡥᡝ ᠪᡝᠰᡝᡵᡝ ᡩᡝ ᠮᡝᠮᡝᡥᡝᠪᡝᡵᡝ ᡤᡝᠮᡝᡵᡝ ᠮᡝᠮᡝ ᠪᡝᠶᡝ ᡩᡝ ᡤᡝᠮᡝᡥᡝᠪᡳ::
ᠮᡝᠮᡝᠪᡝᡵᡝ ᠮᡝᠪᡝ ᡩᡝ ᡤᡳᠰᡠᠨ ᡤᡝᠨᡝᡥᡝ ᠮᡝᠨᡝ ᡩᡝ ᠪᡝᡵᡝᠮᡝᠮᡝ ᡤᡝᠮᡠ ᠮᡝᠨ::
ᠰᡝ ᠵᡝᠨ ᡳ ᠪᠣᡩᠣᡥᠣ· ᠵᡝᠨ ᠰᡝ ᡳ ᠪᠣᠣ ᡩᠣᡵᡤᡳ ᡠᠯᡥᡳᠨ· ᡤᡳᠰᡠᠨ ᠵᡳᡥᡝ ᠮᡠᠰᡝᡳ

ᠪᡝᠶᡝᡳ ᡝᡵᡩᡝᠮᡠ ᡤᡳᠰᡠᠨ ᠪᡝ ᠶᠠᠪᡠᡵᡝ ᠠᡴᡡ ᠰᡠᡵᡝ᠈᠈ ᡤᡳᠰᡠᠨ ᡤᡳᠰᡠᡵᡝ ᠵᡳ

ᠵᠠᠯᡳᠨ᠈ ᠶᠠᠪᡠᠨ ᠶᠠᠪᡠᡵᡝ ᡩᡝ᠈ ᠶᠠᡵᡤᡳᠶᠠᠨ ᡤᡳᠰᡠᠨ ᠪᡝ ᡤᡡᠨᡳᠮᡝ ᡳᠰᡳᠪᡠᠮᡝ

ᠪᡝᠶᡝᡩᡝ ᡝᠮᡠ ᡝᡵᡳᠨ ᡝᡵᡳᠨ ᡤᡳᠰᡠᡵᡝ ᠪᡝ ᠠᠯᡳᡥᠠᠮᡝ᠈᠈ ᡩᡝᡵᡤᡳ ᡩᡝ

ᠪᡝᡩᡝᡵᡝ ᠪᡝ ᡤᡝᠮᡠ ᡳᠨᡳ ᡤᡳᠰᡠᠨ ᠪᡝ ᠠᡴᡡ ᡨᡠᠸᠠᡵᡝ᠈᠈ ᠠᡳᠨᡠ

ᠪᡝᠶᡝᠨᡳᠩᡤᡝ ᡳᠨᡳ ᠠᠯᡳᠮᠪᠠᡥᠠᡵᠠᡴᡡ᠈ ᡤᡳᠰᡠᠨ ᠪᡝ ᠪᡝᠶᡝᠮᡝ ᠪᡝ ᠠᡴᡡ᠈᠈

ᠮᡝᠩᡤᡠᠨ ᡨᡠᠸᡝᠴᡳ ᡠᡵᡤᡠᠨ᠈ ᠶᠠᠪᡠᠨ ᡤᡳᠰᡠᠨ ᠵᡝ ᠪᡝᠶᡝᡳ᠈᠈

ᡨᡠᠪᡳ ᡤᡳᠰᡠᠨ ᠪᡝ ᡤᠣᠯᠮᡳᠨ

ᠪᡠᡩᡠ ᡳᠨᡳ ᠠᠯᡳᠮᠪᠠᡥᠠᡵᠠᡴᡡ᠈᠈

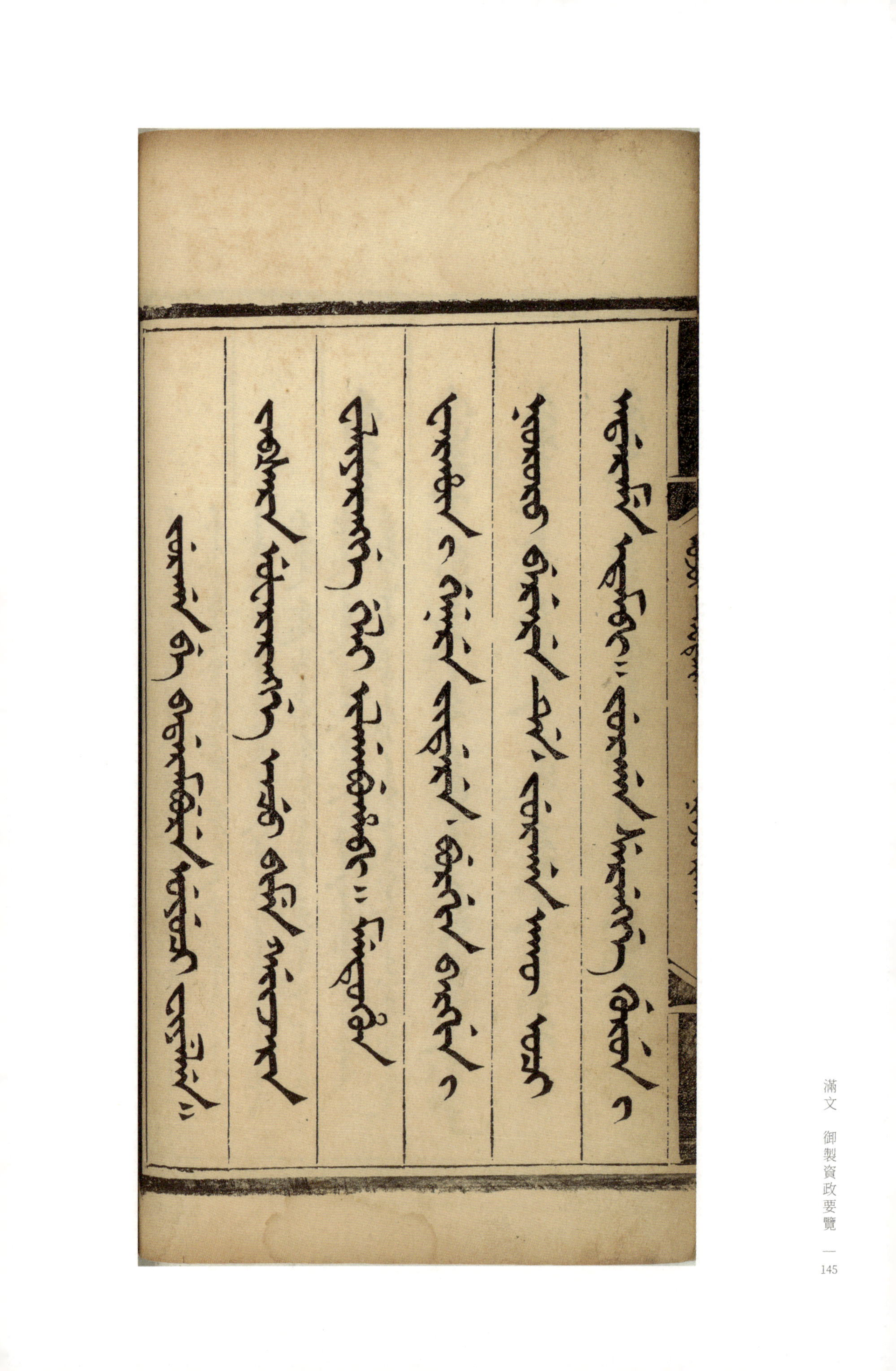

[illegible]

[illegible]

[illegible]

[illegible]

[illegible]

[illegible]

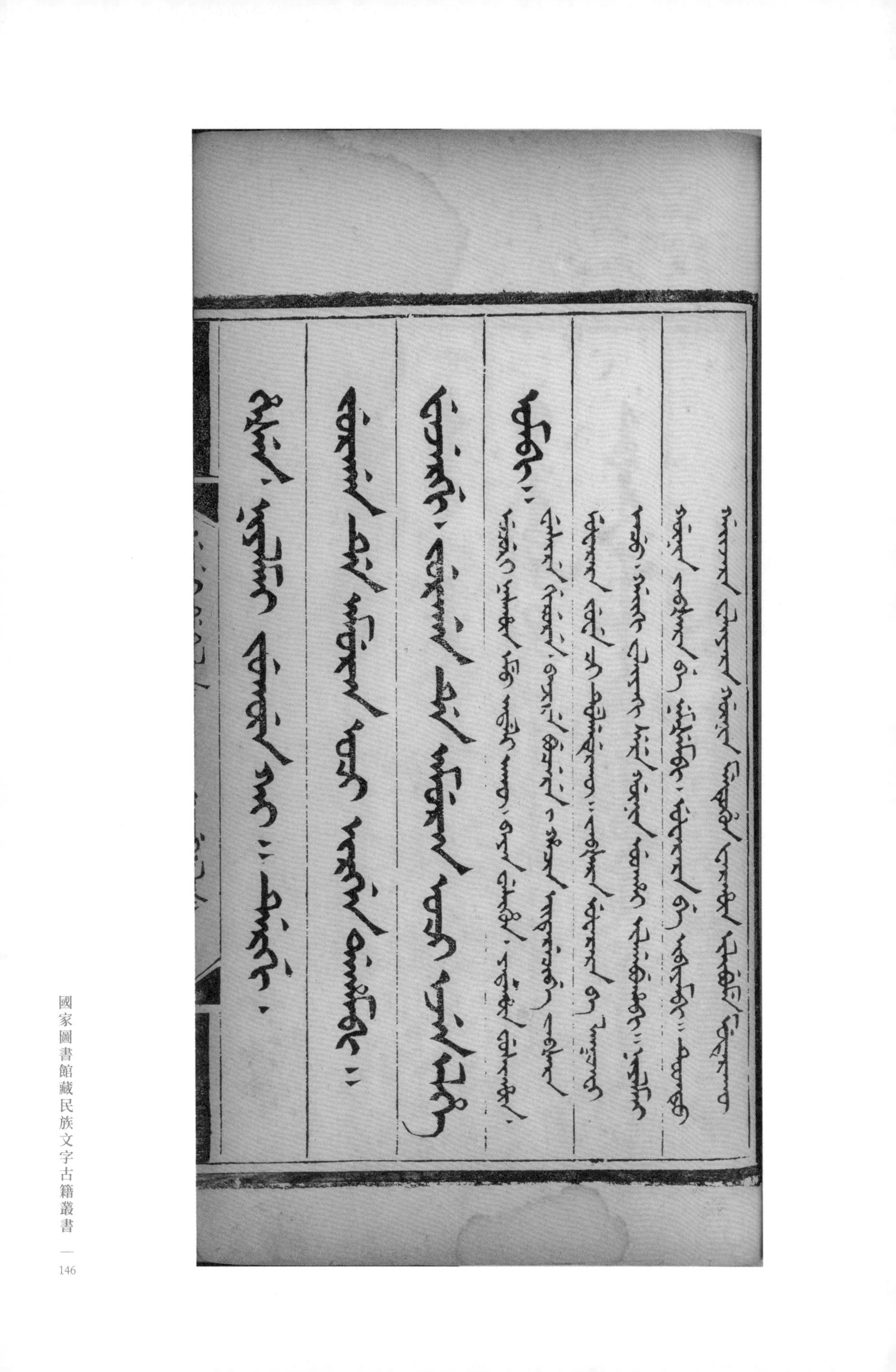

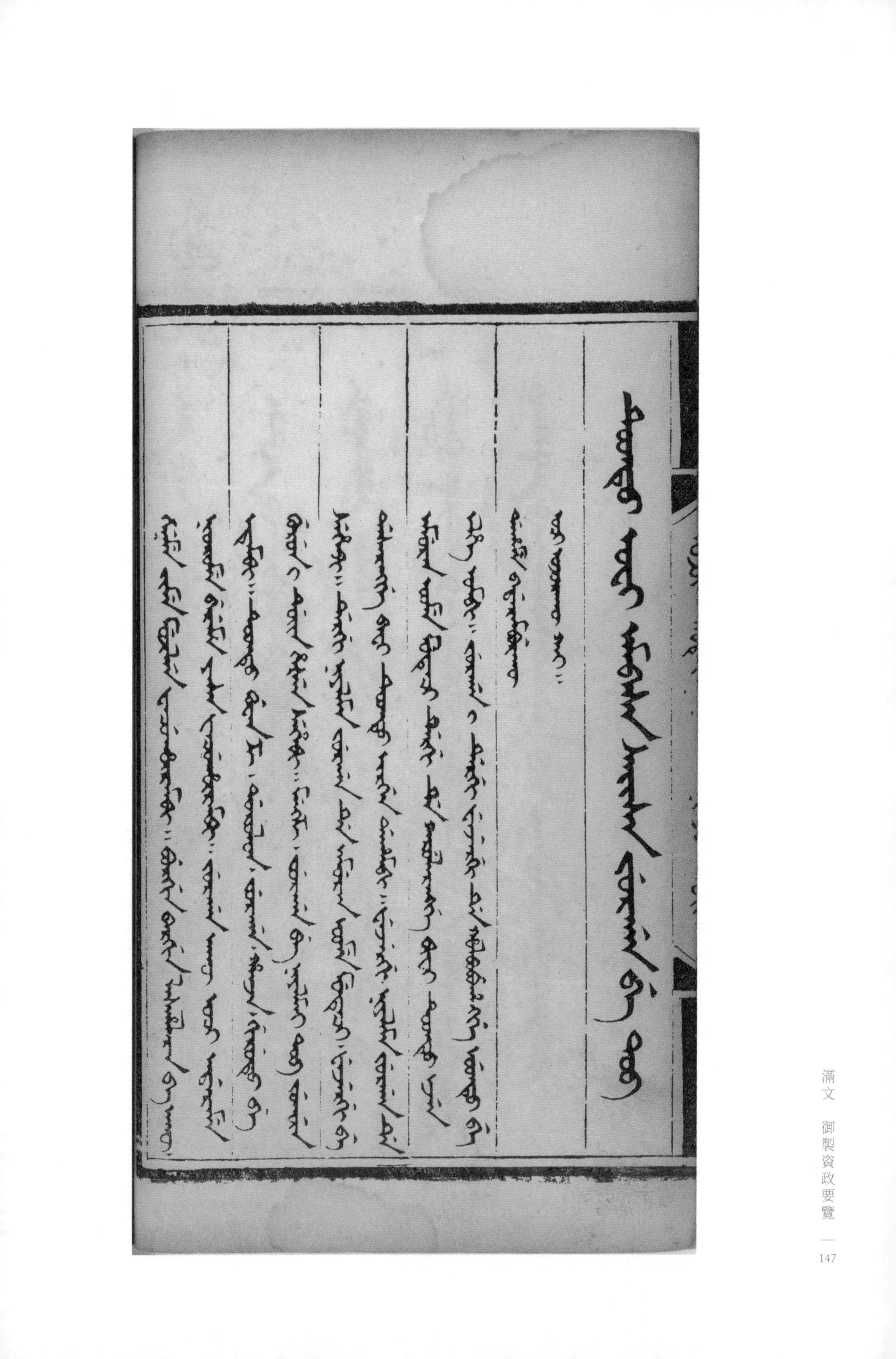

ᠪᠣᠯᡤᠣᠮᡳ ᡩᡝᡵᡤᡳ ᠠᠯᡳᡥᠠ ᡩᡝ ᠪᡠᡩᡠᡥᡠ᠉

ᠠᠯᡳᡥᠠ ᡩᡝ ᡩᡠᡵᡤᡳᠯᡝᠨ ᡩᡝ ᠠᡴᡡᡵᠣ ᡩᠣᠰᠣᡵᠣ᠉

ᡩᡝᠣ ᠠᡴᡡ ᡩᡝ ᡩᠣᡥᠣᡵᠣ ᡩᠣᡥᠣᠮᠣ᠉ ᡩᠣᡵᡤᡳᠰᡠ

ᠠᡥᡡᠨ ᠠᡴᡡ᠈ ᡩᠣᡵᡤᡳ ᠠᠨᡳᡥᠠ ᡩᠣᡵᡤᡳ ᠠᡴᡡ᠉

ᠠᠯᡳᡥᠠ ᡩᡝ ᡩᠣᠰᠣᡵᡤᡳᠨ ᠠᡴᡡ ᡩᡝᠣᡵᡤᡳ

ᠠᡳ ᡩᡝ ᡩᡠᡵᡤᡳᠯᡝᡵᡤᡳᠨ᠈ ᡩᠣᡵᡤᡳᠨ ᡩᡝ ᡩᡠᡵᡤᡳᠨ

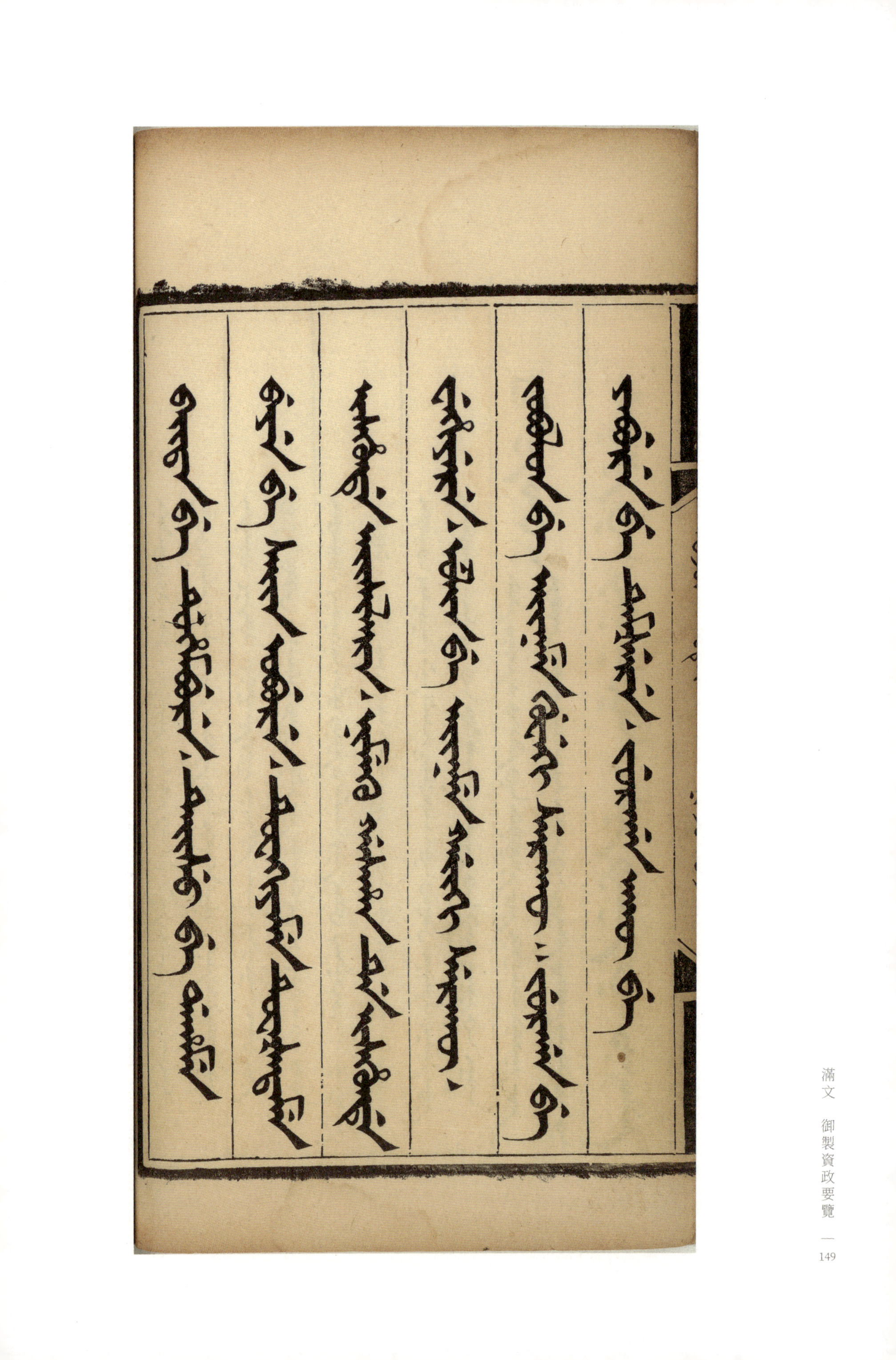

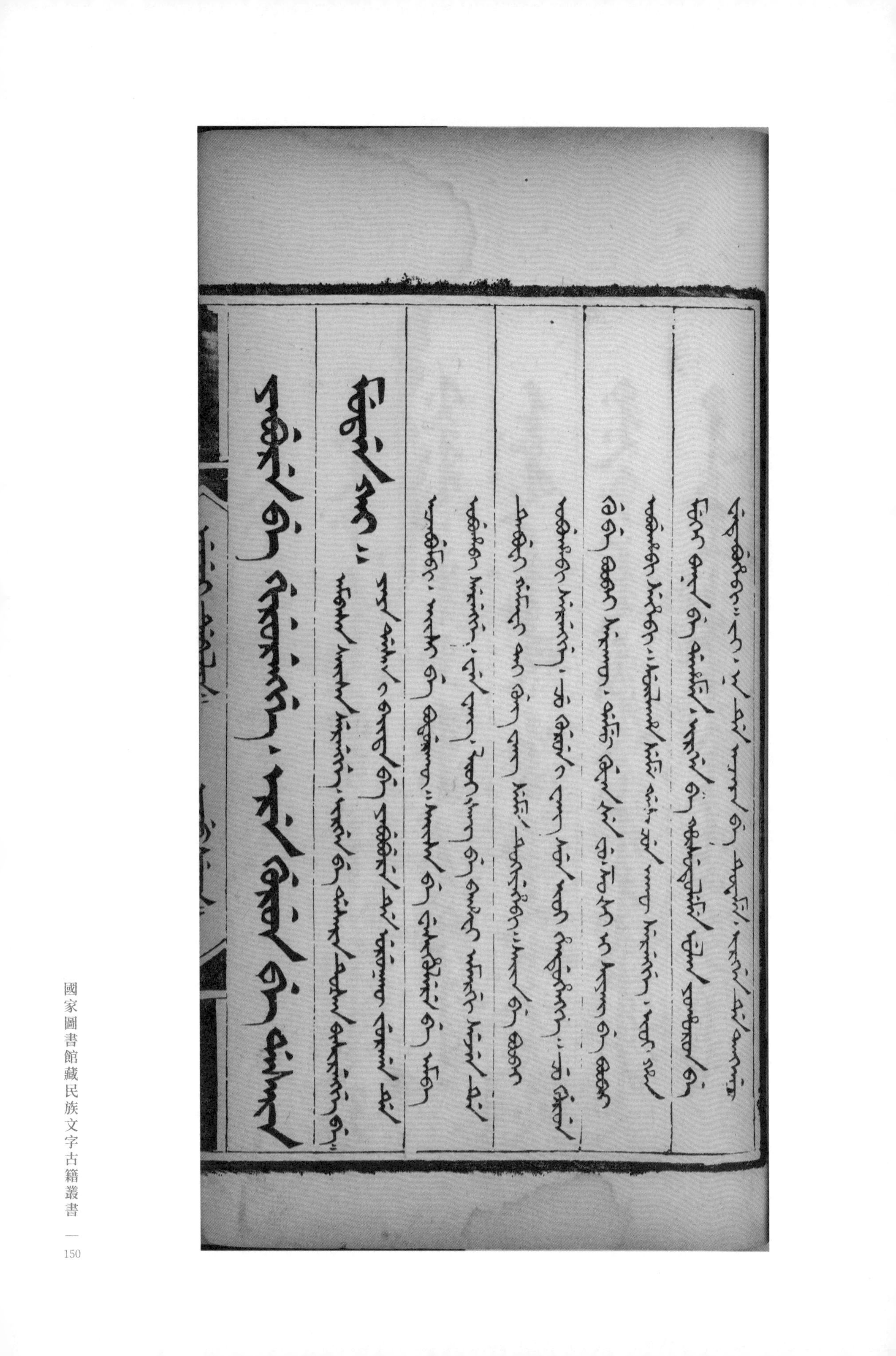

[illegible]

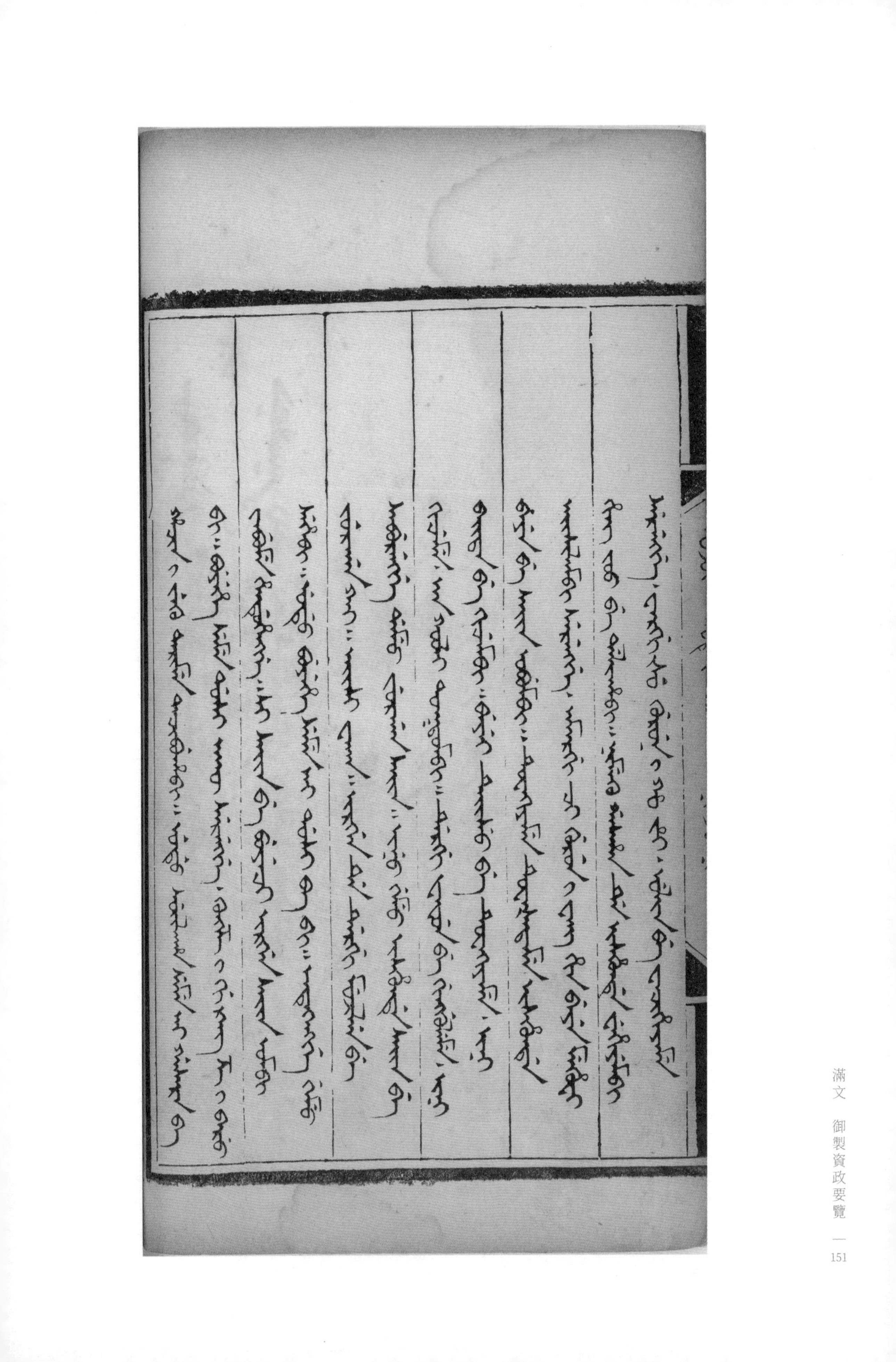

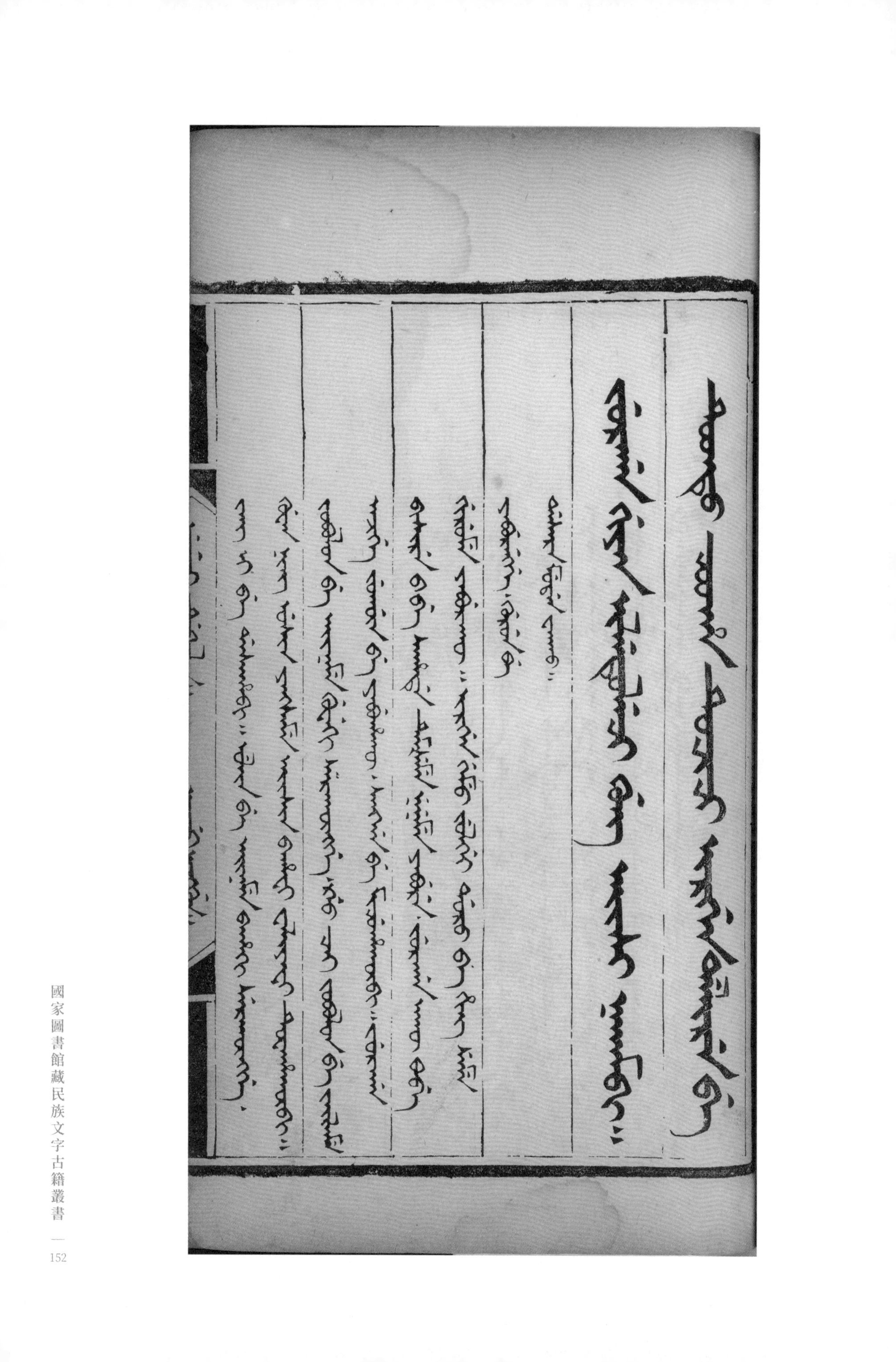

[illegible]

[illegible]

[illegible]

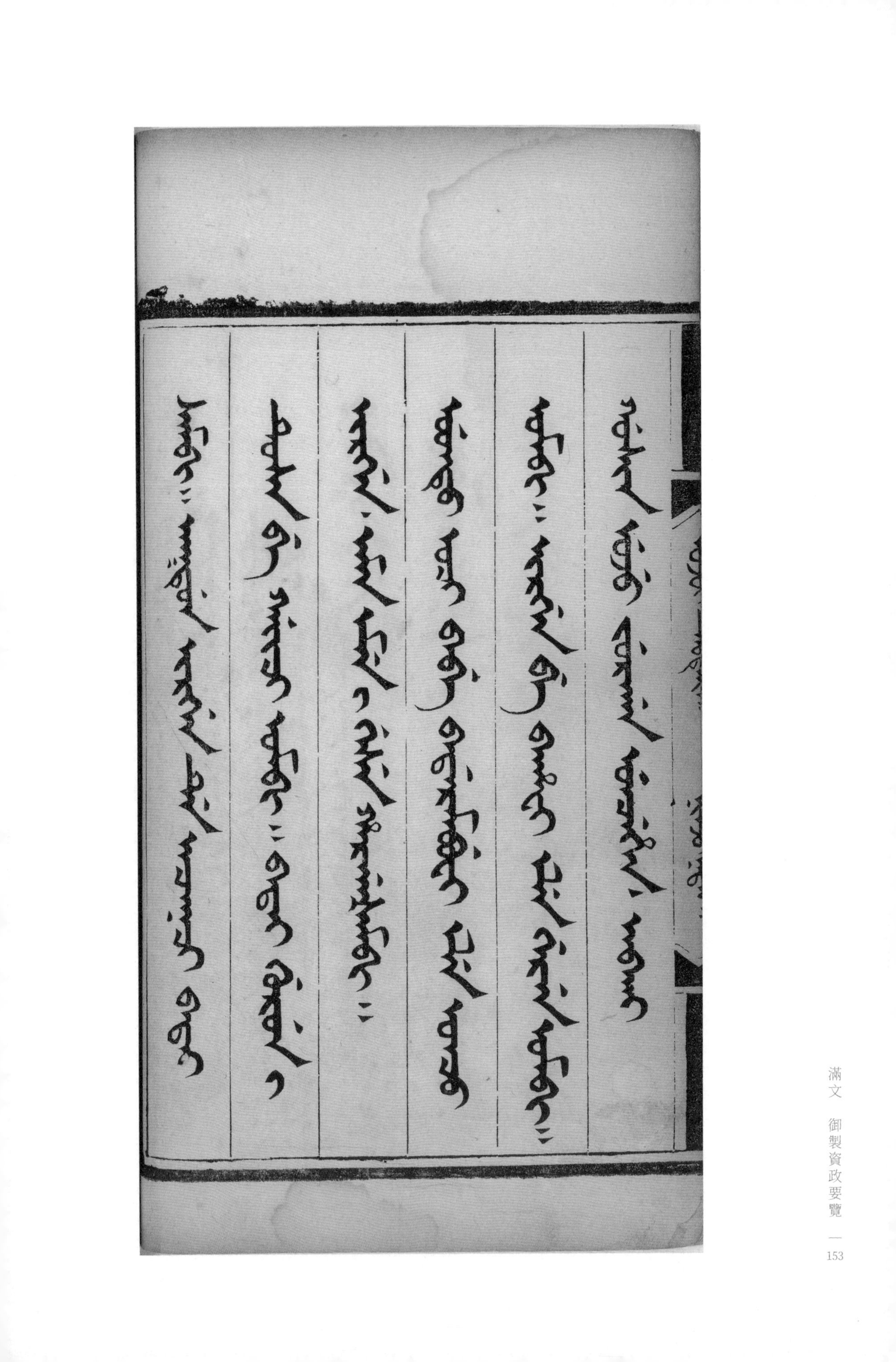

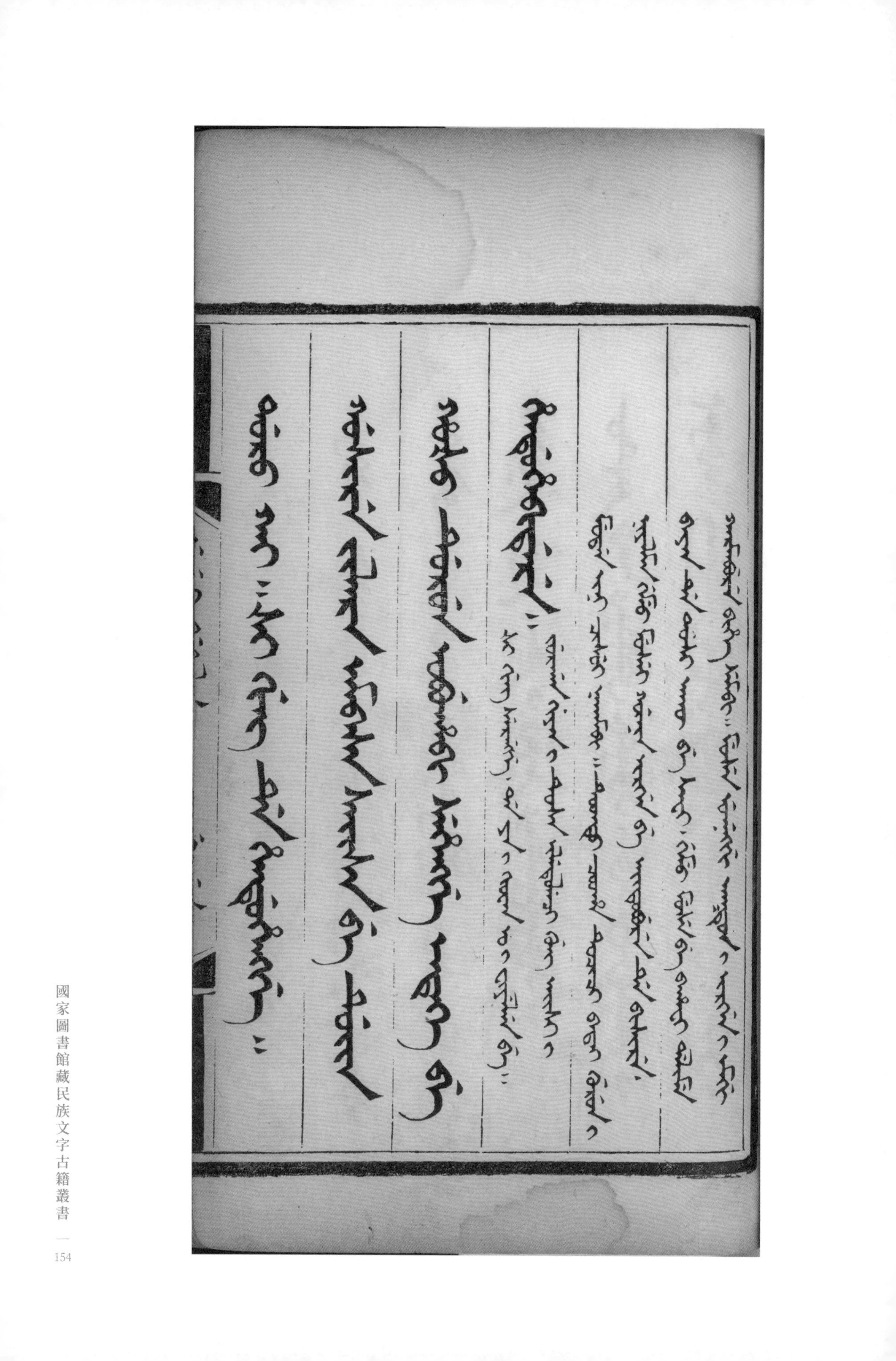

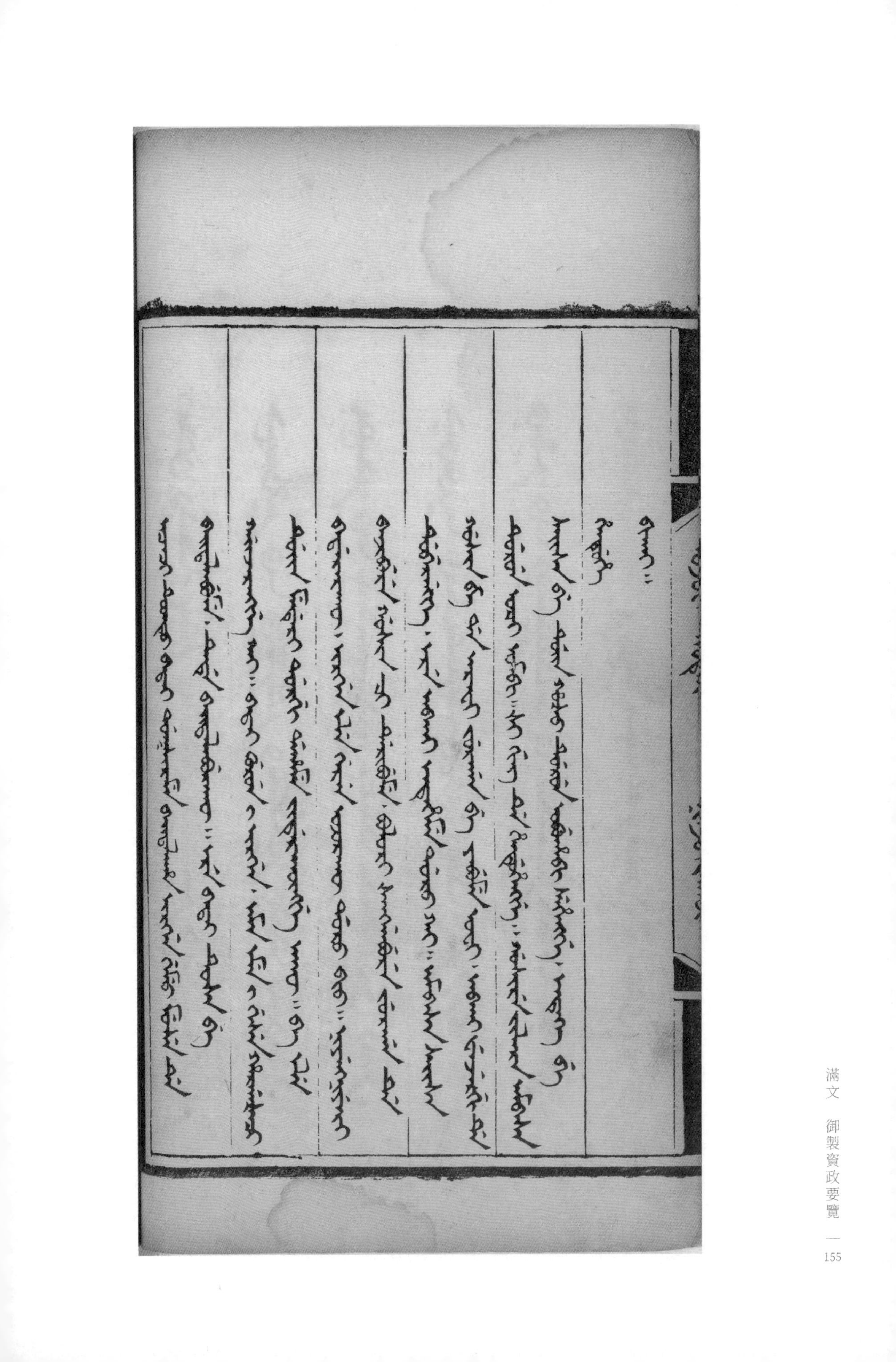

[illegible]

ᡴᠠ᠈ ᡤᠠ᠈ ᡥᡝᡵᡤᡝᠨ ᠪᡝ ᠰᡳᡵᡤᡝᠪᡠᡥᡝᠮᠪᡳ:: ᡤᠣ᠈ ᡴᠣ᠈

ᠪᠣᠴᠣ ᠪᡝ ᠪᠣᠯᡤᠣᠮᠪᡳ:: ᡥᠣᡧᠣᠨ ᠠᠨᠠ ᡴᠣ

ᠠᠨᡳᠶᠠᠩᡤᡳ ᠪᡝ ᠠᠯᡳᠮᠪᡳ:: ᠪᠣᠯᠣ ᠨᡳᠮᠠ ᡴᠣ

ᡨᡠᠸᠠᠨ ᠪᡝ ᡩᠣᠯᡤᠣᠮᠪᡳ:: ᠠᡳᠮᡝ ᠠᠮᠠ᠈ ᡴᠠ ᡴᠠᠨ᠈

ᠰᠠᠮᠠᠨ ᠪᡝ ᠪᡳᠯᡝᠪᡠᡥᡝ ᠪᠣᡵᠣᡥᡳ ᡨᡝᡵᡝ ᡥᠠᡳᡩᡳᠮᠪᡳ::

ᠮᠠᠮᠠ ᡨᠠᠮᠠ᠈ ᡥᠠᠨᠠ ᡥᠣᠯᠣ᠈ ᠰᡠᠯᡠᠰᡝ ᠪᡝ ᠰᠣᡥᠣᠯ

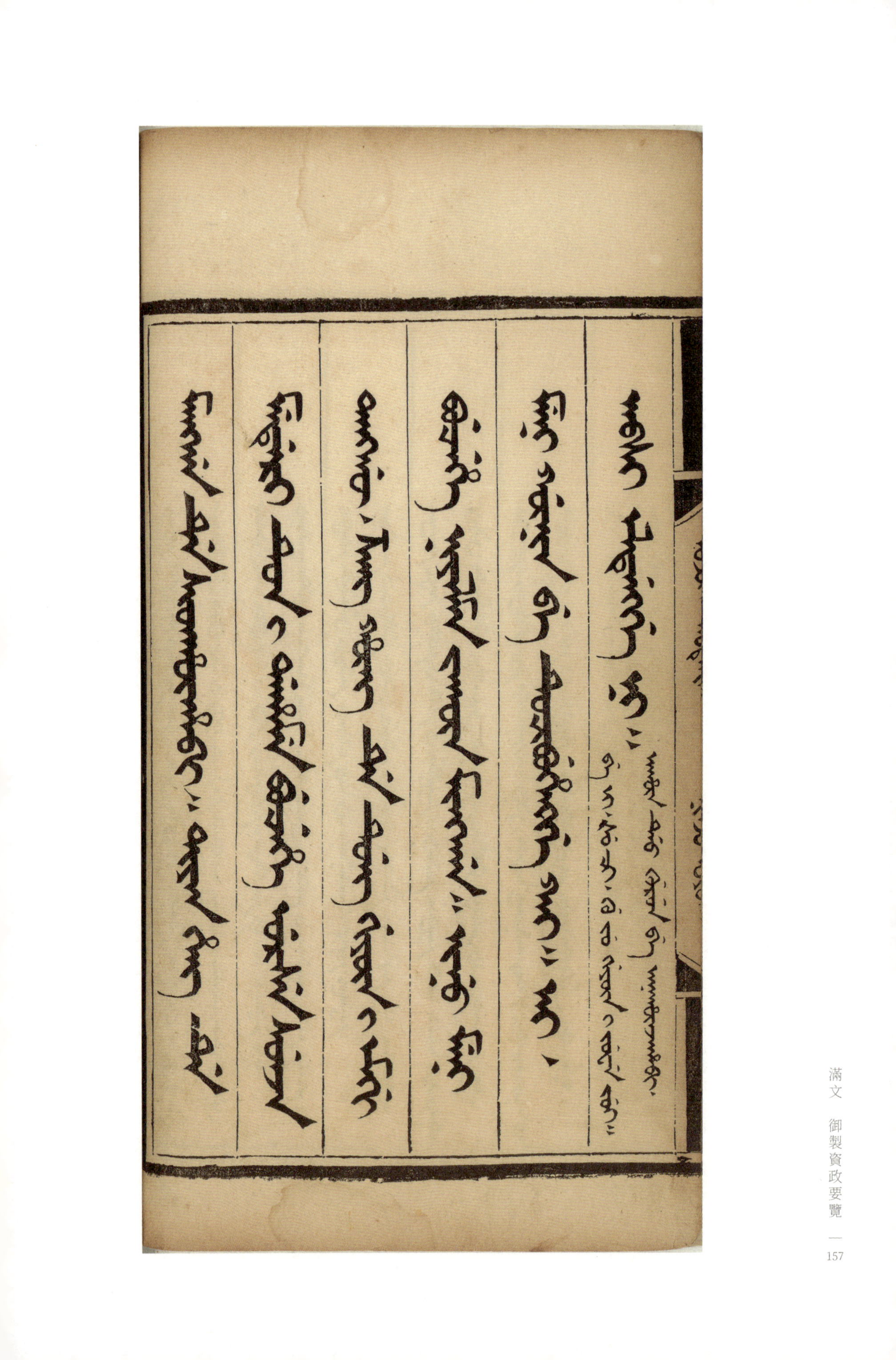

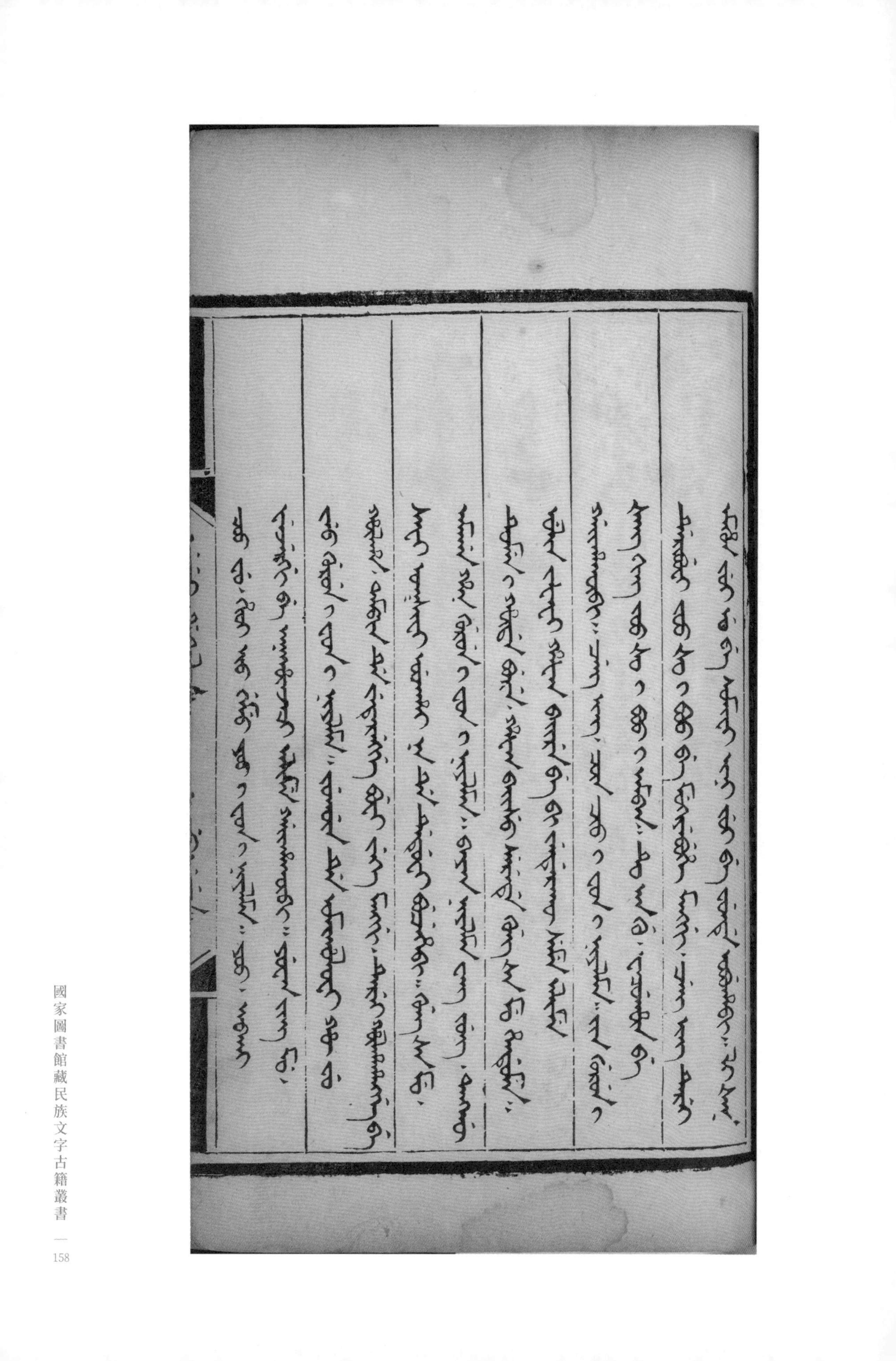

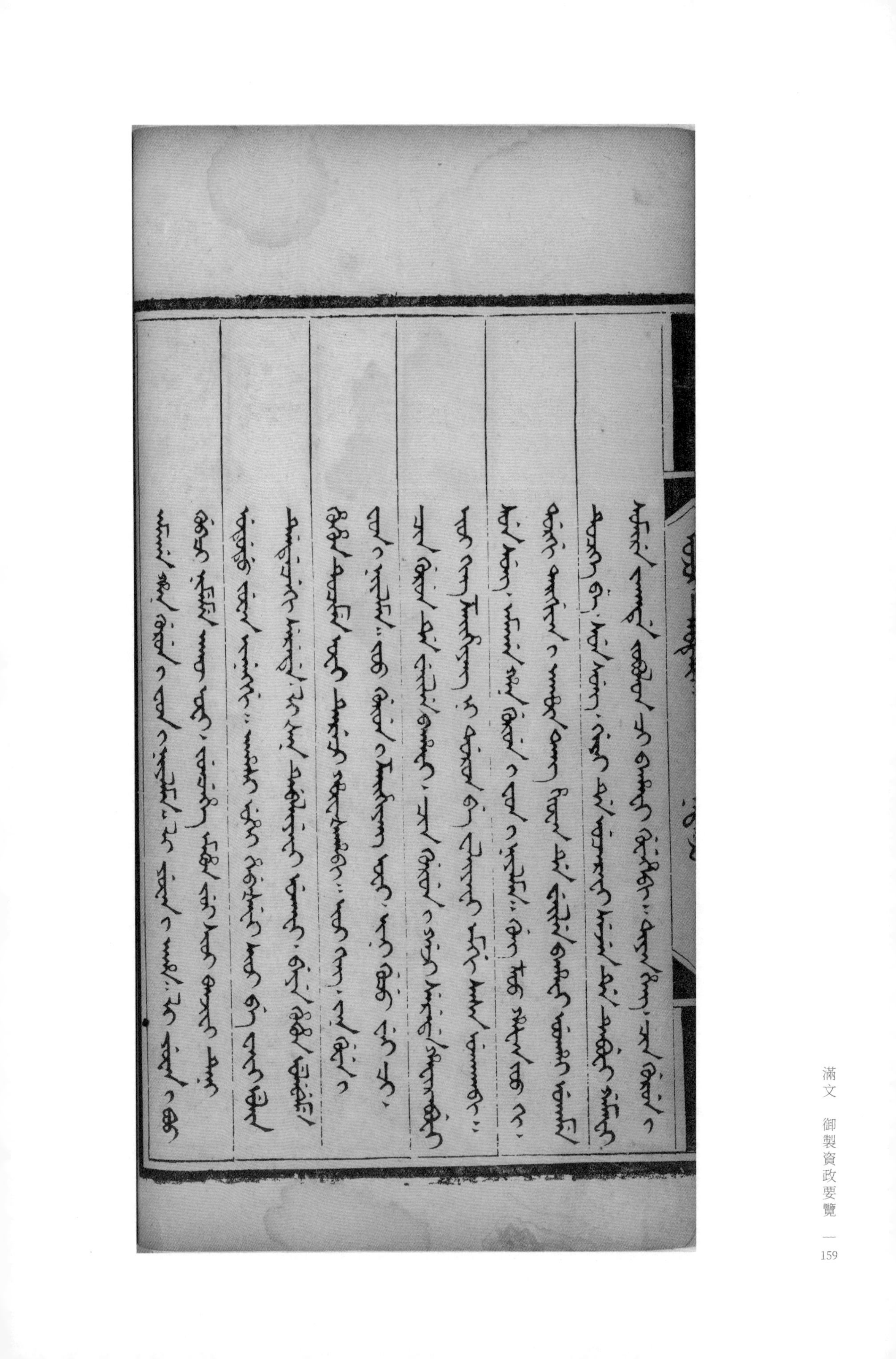

[illegible]

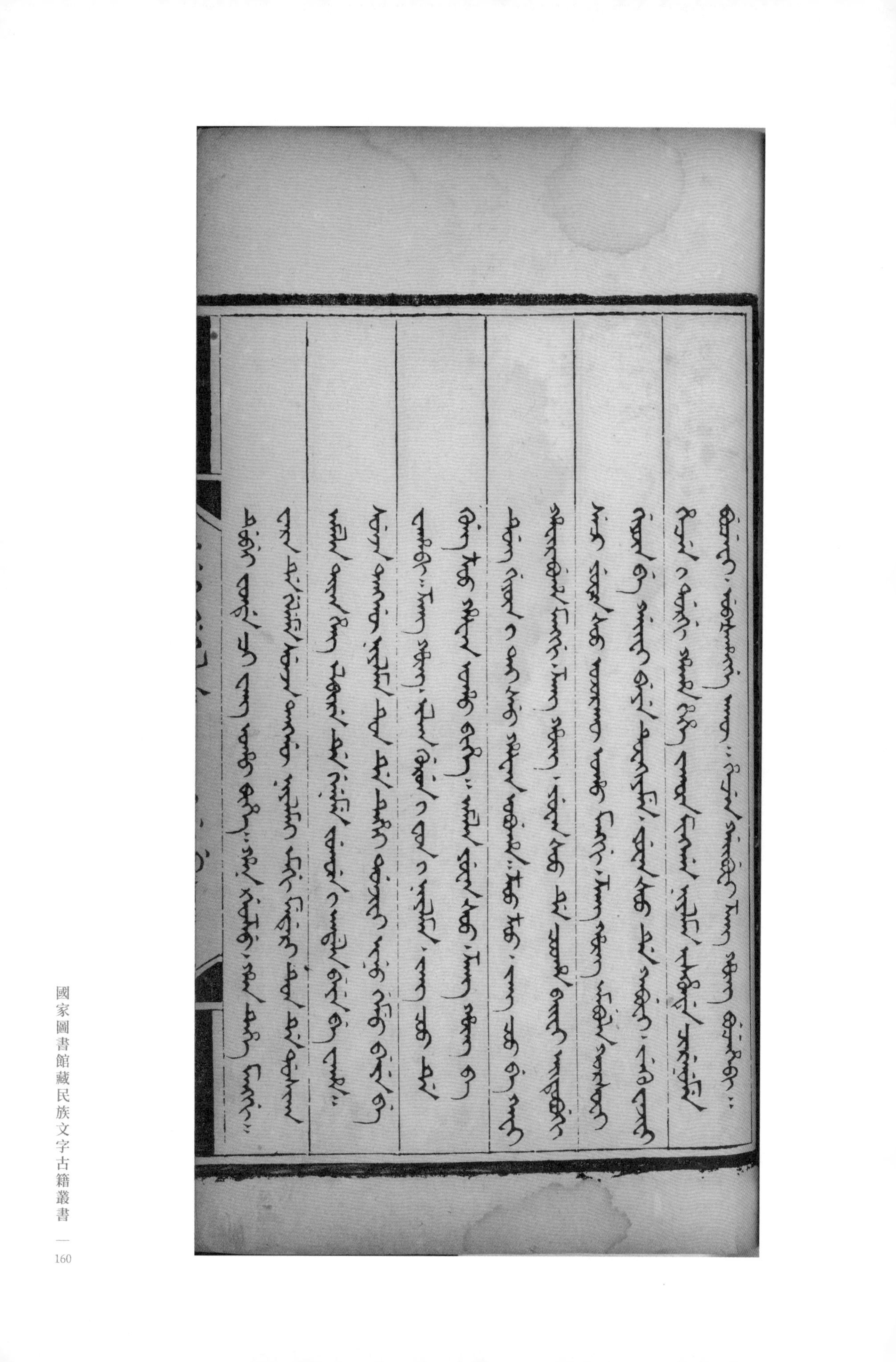

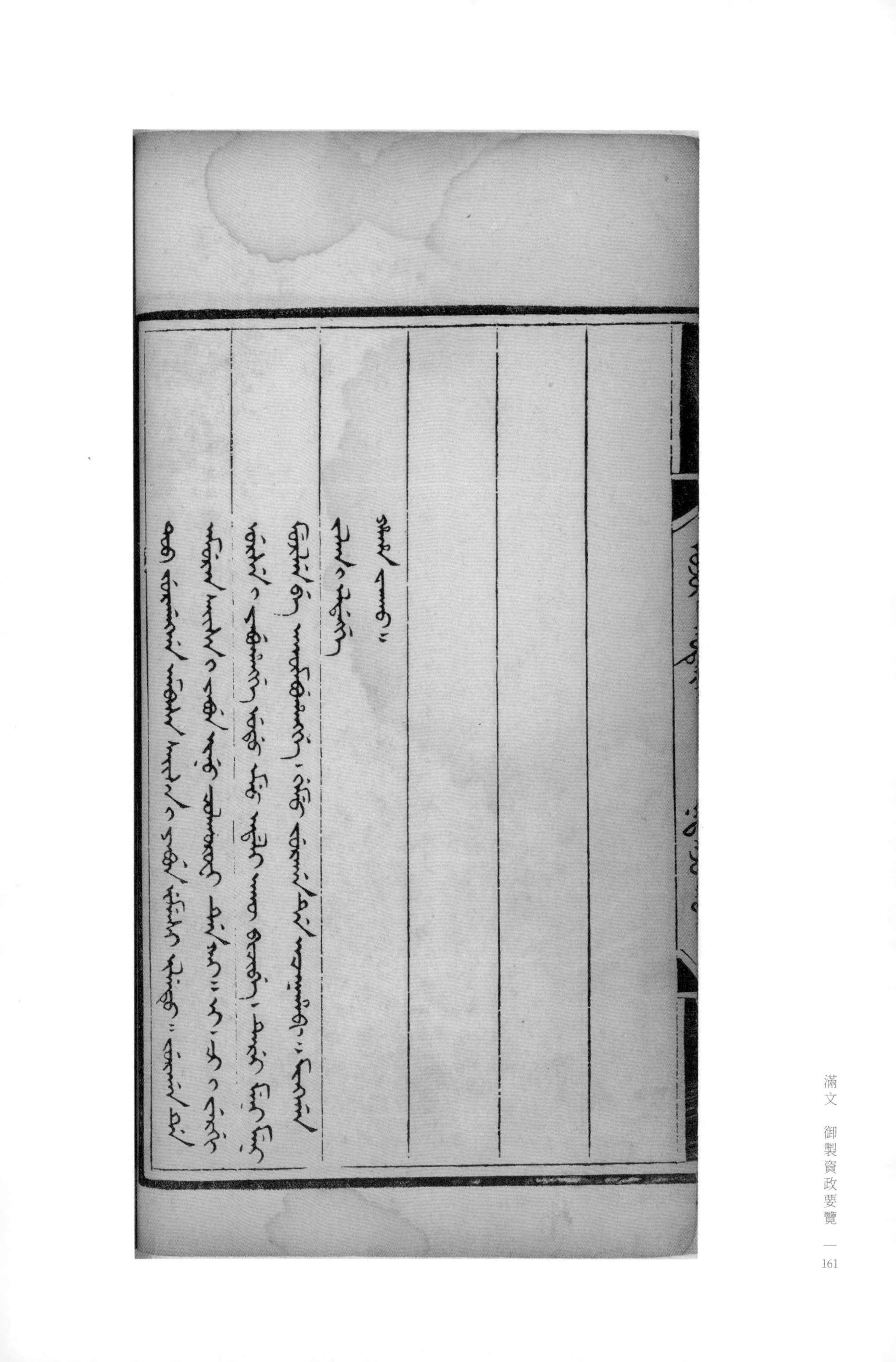

[illegible]

[illegible]

[illegible]

[illegible]

[illegible]

[illegible]

ᡩᠣᠯᠣᠨ ᡩᡝ ᠰᠠᠯᡳᡤᠠᠨ ᡨᠣᠮᠣᠨ ᠰᡳᠨᡤᡤᡳ ::

ᠪᡝᠶᡝ ᠶᠠᠨᡳᠩᡤᡝ ᡩᡝ ᠠᠨᠠᠨ ᠠᠨᠠᡳ ᠣ

ᡨᡠᠸᠠᠨ ᡩᡝ ᡨᠣᡴᠣᠰᠣᠨᡤᡤᡳ ᡨᡠᡵᡤᡠᠨ ᡨᠣᡵᠣᠨᡤᡤᡝ ᡨᡠᠸᠠᡴᡳ

ᡨᡠᡨᡠᠪᡠᠨ ᡨᠣᠰᠣ :: ᡨᡠᠸᠠᠨ ᡨᡠᡵᡤᡠᠨ

ᡨᡠᡨᡠᠪᡠᠨ ᡨᠣᠰᠣᠯᠣ :: ᡨᡠᠸᠠᠨ ᡨᡠᡵᡤᡠᠨ ᡩᡝ

ᠠᠨᡳᠶᠠᠨᡳᠨ ᡨᠣᡴᠣᠰᠣᠨ ᡨᠣᠪᠣᠰᠣ :: ᡨᠣᠪᠣ

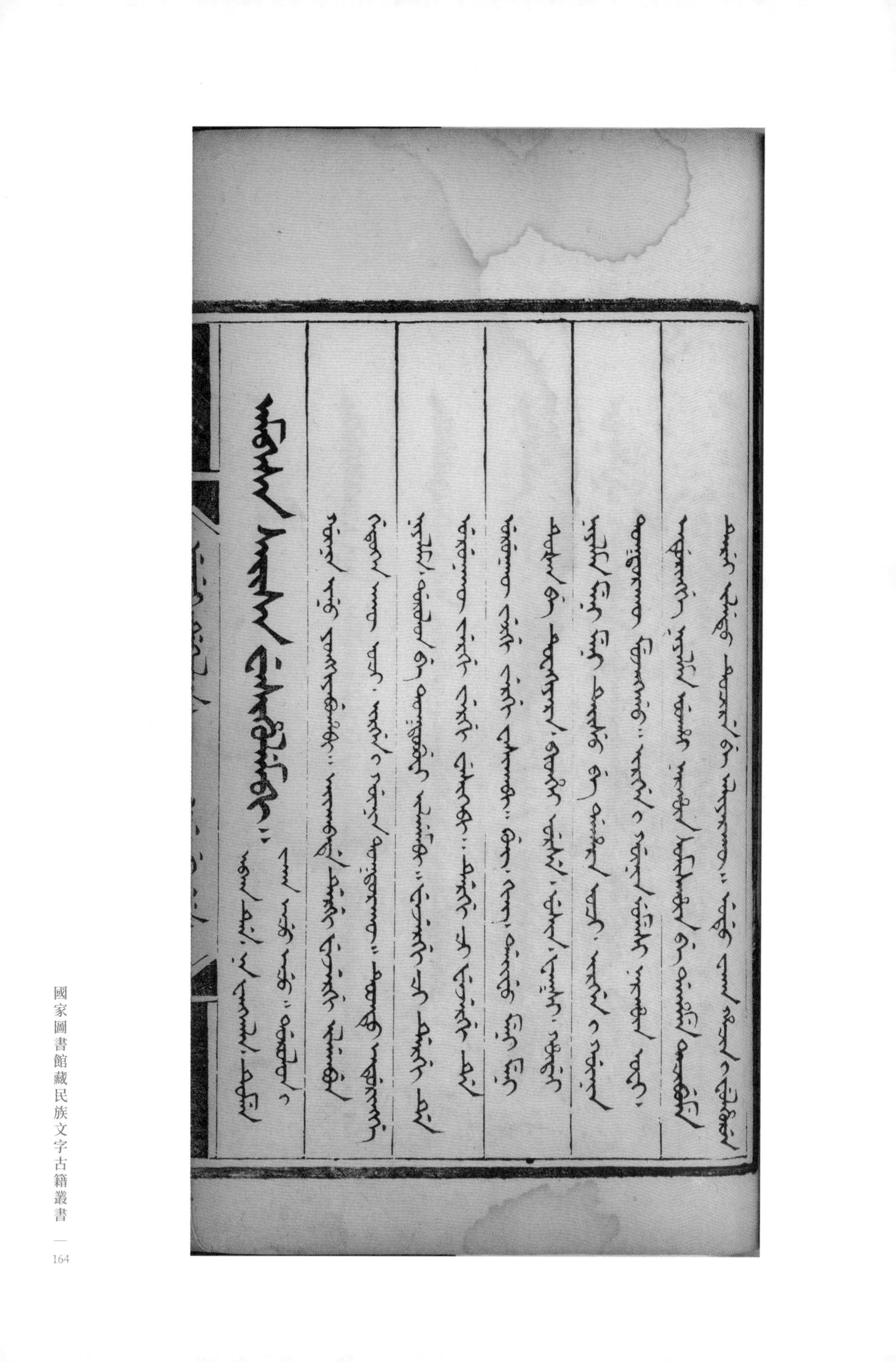

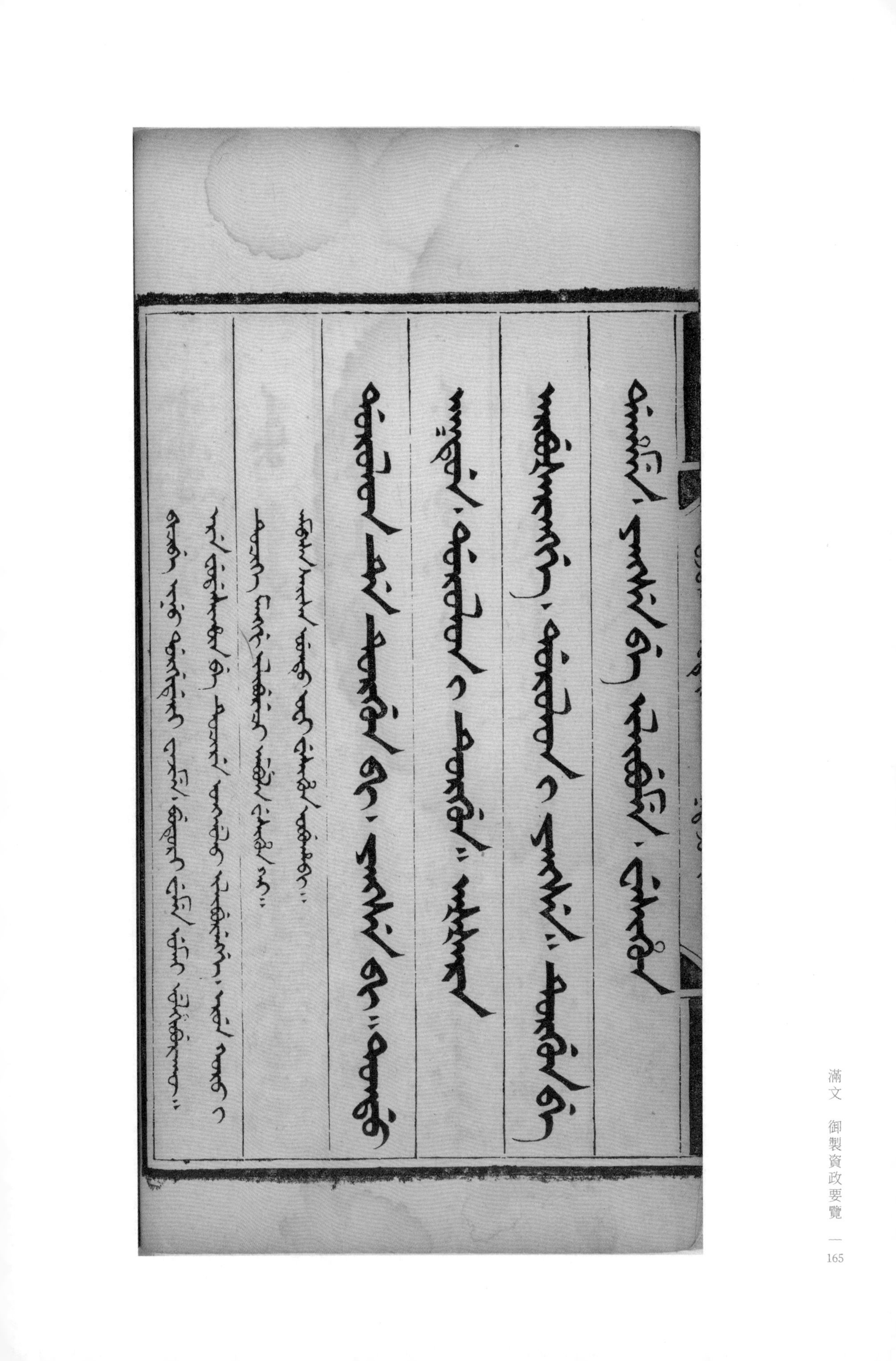

[illegible]

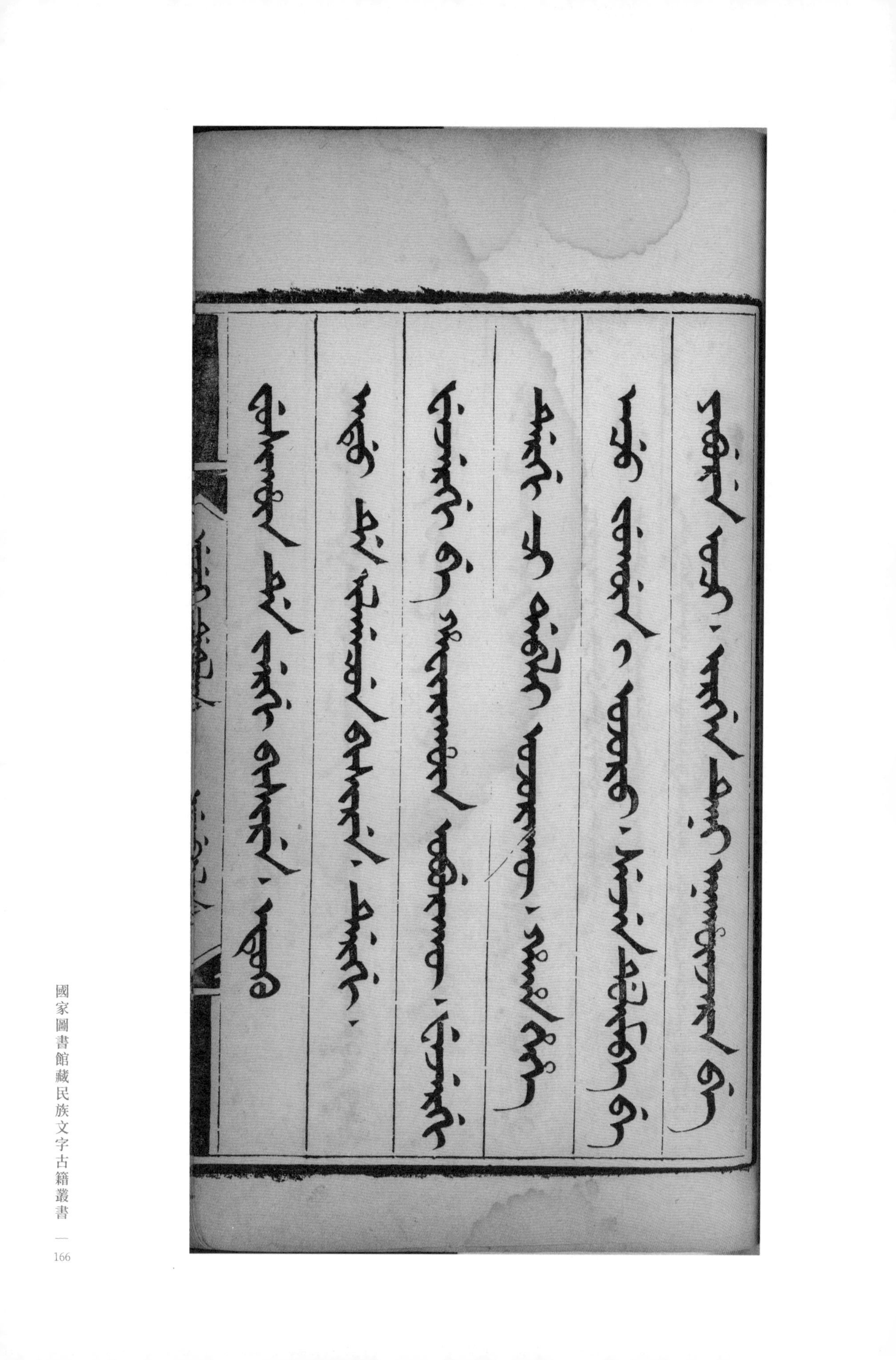

[illegible]

[illegible]

[illegible]

[illegible]

[illegible]

[illegible]

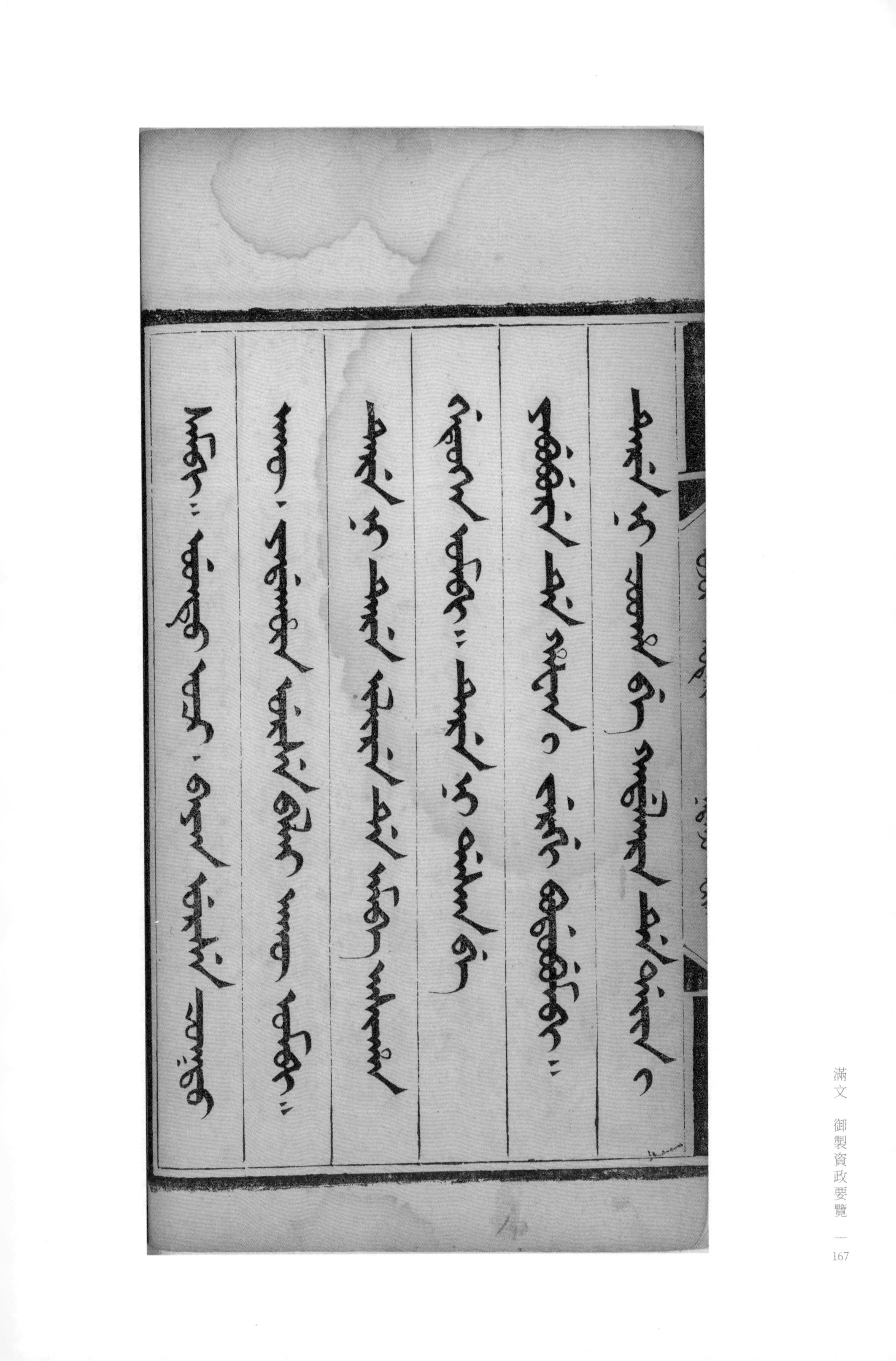

[illegible]

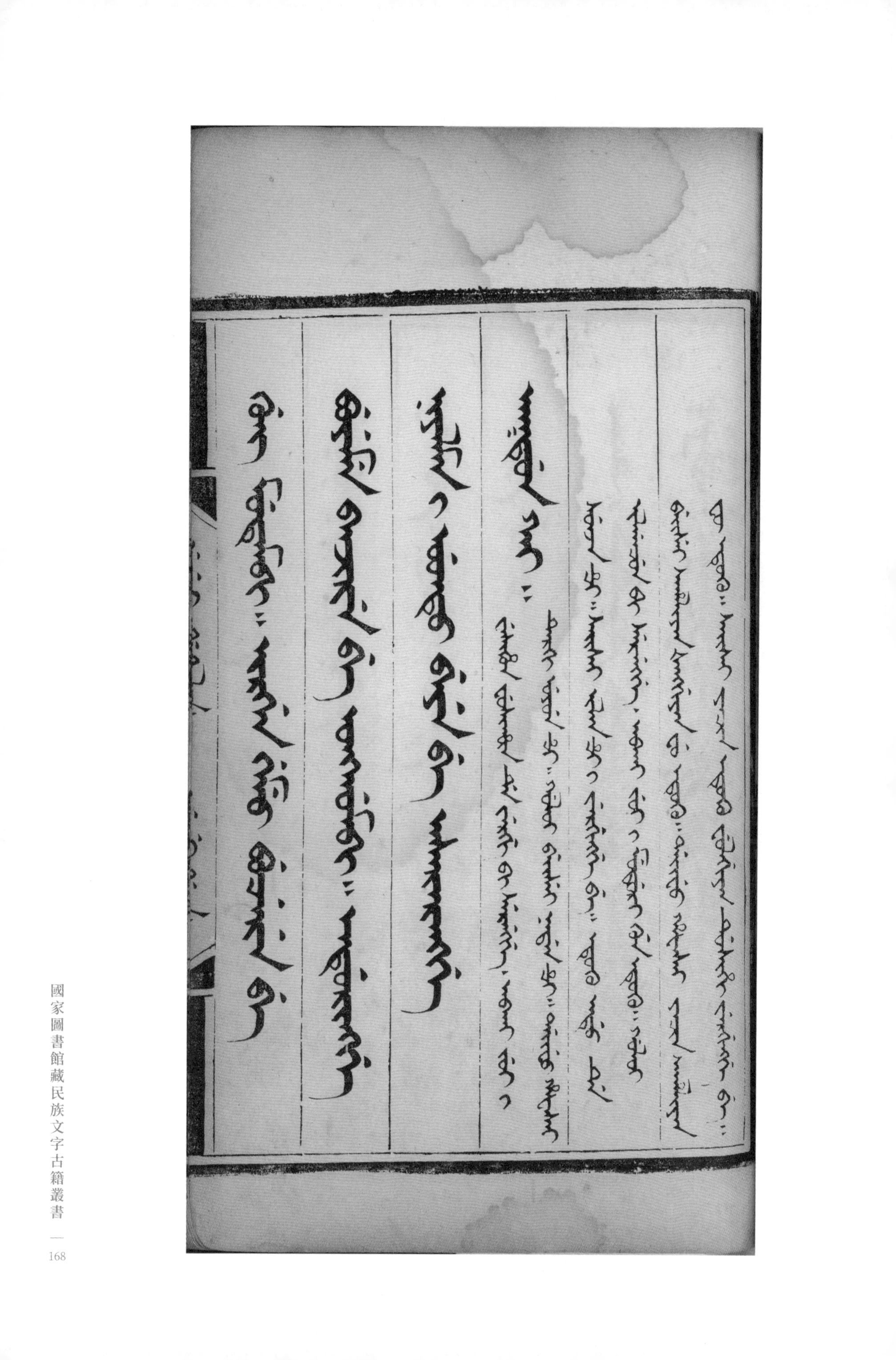

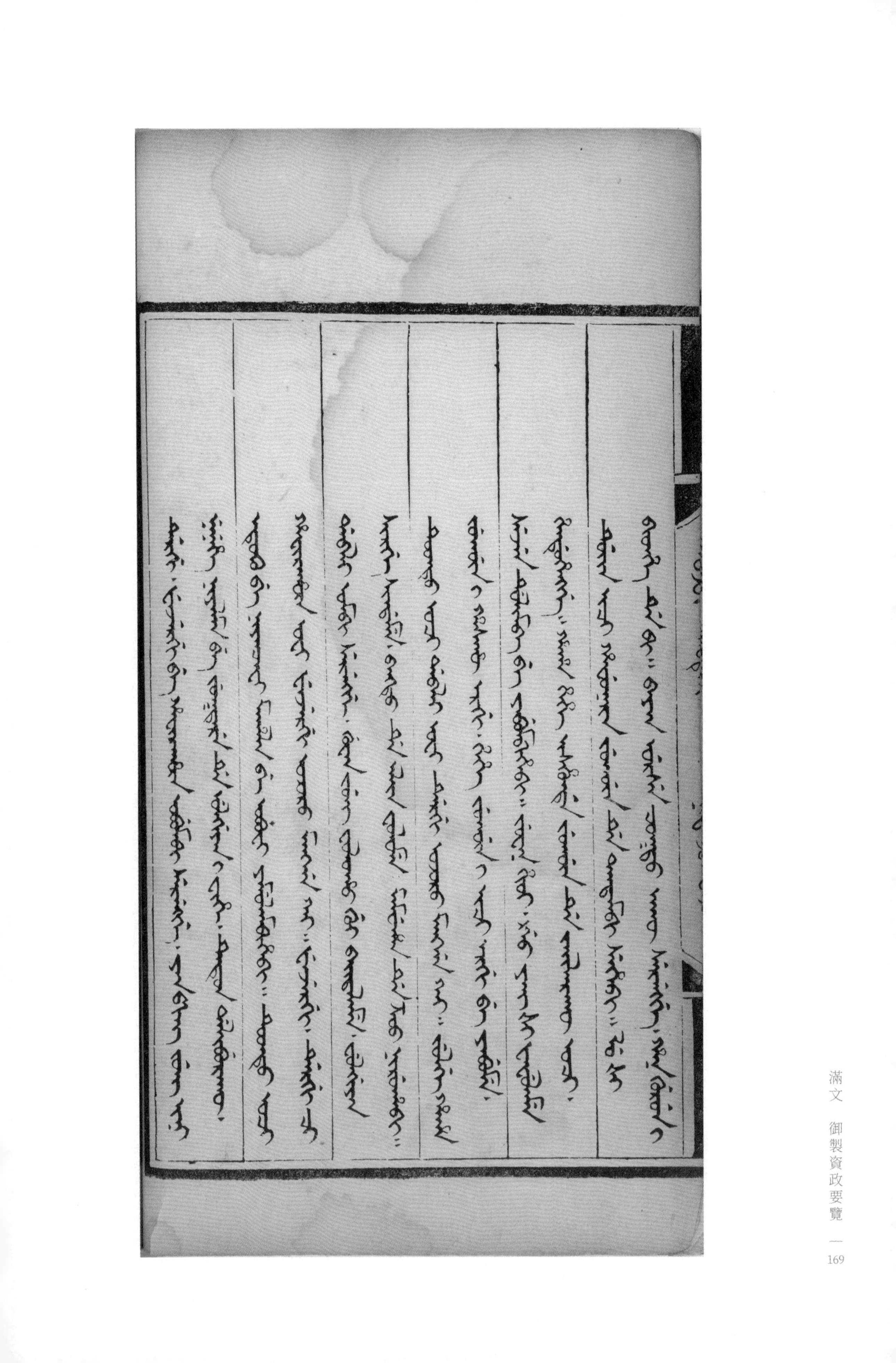

ᡨᠣᡴᠣᠪᡠᡥᡝ ᠠᠯᡳᡥᠠ᠈ ᡠᠮᡝᠰᡳ ᠣᠯᡥᠣᡥᠣᠩᡤᡝ ᡤᡳᠩᡤᡠ ᠠᠯᡳᡥᠠ ᠪᡝ ᠣᠮᡳᠯᠠᠨ ᠪᡳ
ᡨᡠᠸᠠᠪᡠᡥᡝ ᡥᡝᡵᡤᡝᠰᡳ᠈ ᡝᡵᡝ ᠵᡳᡥᡝ ᠪᡝ ᠣᠯᡥᠣᡥᠣᠩᡤᡝ ᠣᠯᡥᠣᠩᡤᡝ᠈ ᡤᡳᠰᡠᠨ ᠪᡝ
ᡨᡠᠸᠠᡴᡳᠶᠠᠮᡝ ᠰᠠᡳᠰᠠᡴᡳ ᡥᠠᠯᡳᠮᡝ ᡳᠯᡥᡳ ᡳᠯᡥᡳ ᠵᡠᠸᠠᡴᡳ ᠪᠠᡳᡨᠠᡴᡳ ᠪᡝ᠉ ᡤᡳᠰᡠᠨ ᡳ ᡤᡳᠩ
ᡩᠣ᠈ ᠪᡳ᠈ ᠠᠨ᠈ ᠶᠠᠨ᠈ ᠰᡳᠶᠠᠩ᠈ ᡤᡠᠸᠠᠩᡩᠣ᠈ ᡨᠣᡴᠣᠪᡠᡥᡝ ᠰᠠᡳᠰᠠ᠈ ᡨᠣᡴᠣᠪᡠᡥᡝ ᠰᠠᡳᠰᠠ᠈
ᡥᡝᡵᡤᡝᠰᡳ᠈ ᡤᡝᠮᡠ ᡥᡝᠴᡝᠨ ᠪᠠᡳᡨᠠ ᠰᡝᠮᡝ ᡨᡠᠸᠠᡴᡳ ᠪᡝ ᡤᠣᠰᡳᠨᡨᡠᠸᠠᡥᠠᠪᡳ᠈ ᡤᡝᠩ᠈
ᠮᡠᠰᡝᡳ ᡳ ᡤᡳᠰᡠᠨ ᡤᡳᠩᡤᡠᠯᡝ ᡥᠠᡥᠠᡳ ᡨᡠᠸᠠᡴᡳᠶᠠᠮᡝ ᠪᡝ᠉ ᠮᡠᡩᠠᠨ ᡳ ᡨᡠᠸᠠᡴᡳ ᠪᡝᠶᡝᠪᡝ
ᡥᡝᠰᡝ ᡤᡳᠩᡤᡠ ᠮᡠᠰᡝᡳ ᠰᡠᠨ᠈ ᡠᠮᡝᠰᡳ ᡤᡳᠰᡠᠨ ᡤᡳᠩᡤᡠᠯᡝ᠉ ᡤᡳᠩᡤᡠ ᡥᡝᠰᡝ ᠮᡠᠰᡝᡳ ᠰᡠᠨ᠈
ᡠᠮᡝᠰᡳ ᠣᠯᡥᠣᠪᡠ ᡤᡳᠶᠣᠣᠨ ᡠᠯᡥᡳᠮᡝ ᡥᡝᡵᡤᡝᠰᡳ᠈ ᠰᠠᠨ ᡩᡝ ᠪᠠᡳᡨᠠ ᡨᡠᠸᠠᡴᡳ ᡤᡳᠩᡤᡠᠯᡝᡥᡝᡴᡠ᠈
ᠮᡠᠰᡝᡳᠨᡳ ᡩᡝ ᡳ ᡤᡳᠰᡠᠨ ᡨᡠᠸᠠᡴᡳ ᡥᡝᡵᡤᡝᠰᡳᠯᡳᠨ ᠪᡳᠰᡳ ᠪᡝ ᡨᡠᠸᠠᡴᡳᠶᠠᠪᡠᡥᡝ᠉
ᡤᡝᠮᡠᠮᡝᡳ ᡤᡳᠰᡠᡵᡝ ᠪᡳᠰᡳ ᠰᡝᠮᡝ ᡥᡝᡵᡤᡝᠰᡳ᠈ ᡤᡳᠰᡠᠨ ᠮᡠᠰᡝᡳ ᡤᡳᠰᡠᠨ ᡤᡝᠮᡠᡥᡝᠩᡤᡝ
ᡠᠯᡥᡳᠶᡝ ᡤᡳᠰᡠᠨ ᡨᡠᠸᠠᡴᡳᠶᠠᠮᡝ ᠰᡝᡵᡝ ᡤᡳᠩᡤᡠᠯᡝ ᡤᡳᠰᡠᡵᡝ ᡳᠯᡳᠨ ᡤᡳᠰᡠᡵᡝᠨ ᠪᡳᡥᡝ᠉
ᠰᡝᠮᡝ ᡤᡳᠰᡠᠨ ᡳ ᠪᡠ ᠪᠠᡳᡨᠠᡴᡳᠶᠠᠮᡝ ᡨᡠᠸᠠᡴᡳ ᡨᡠᠸᠠᡴᡳ ᠪᡳᡥᡝ᠉ ᠮᡠᠰᡝ ᡤᡝᠮᡠ

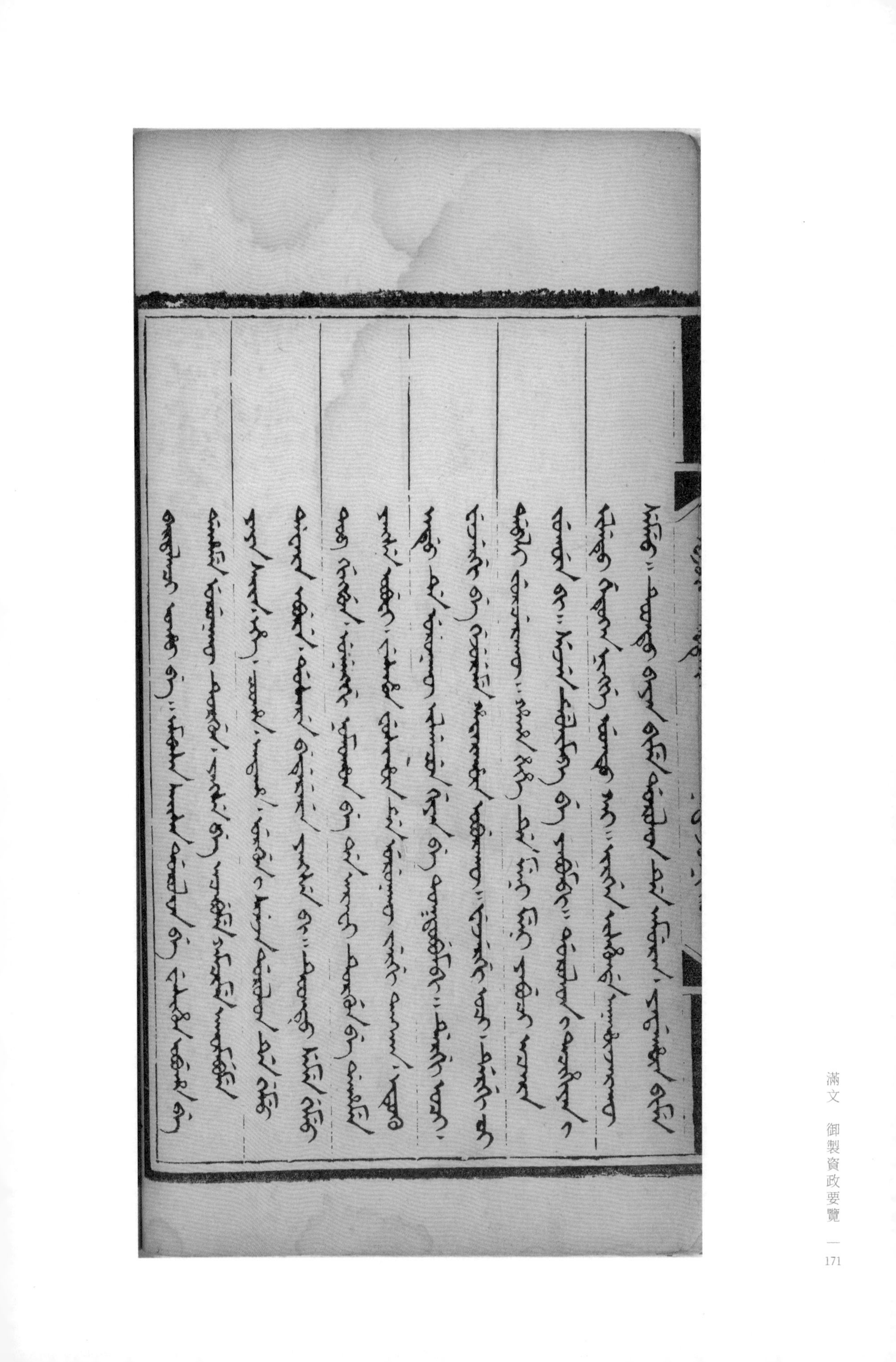

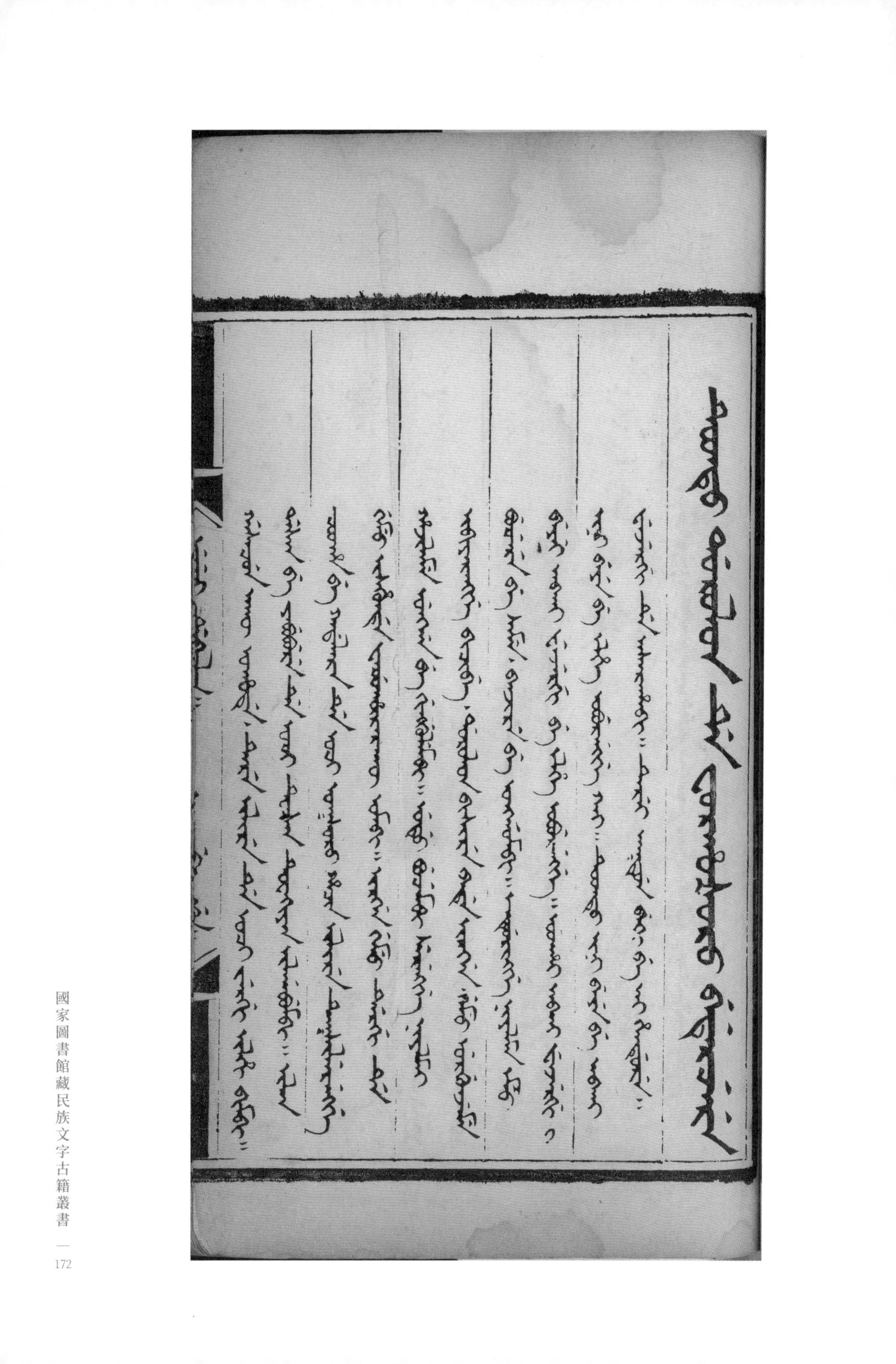

[illegible]

[illegible]

[illegible]

[illegible]

[illegible]

[illegible]

[illegible]

[illegible]

[illegible]

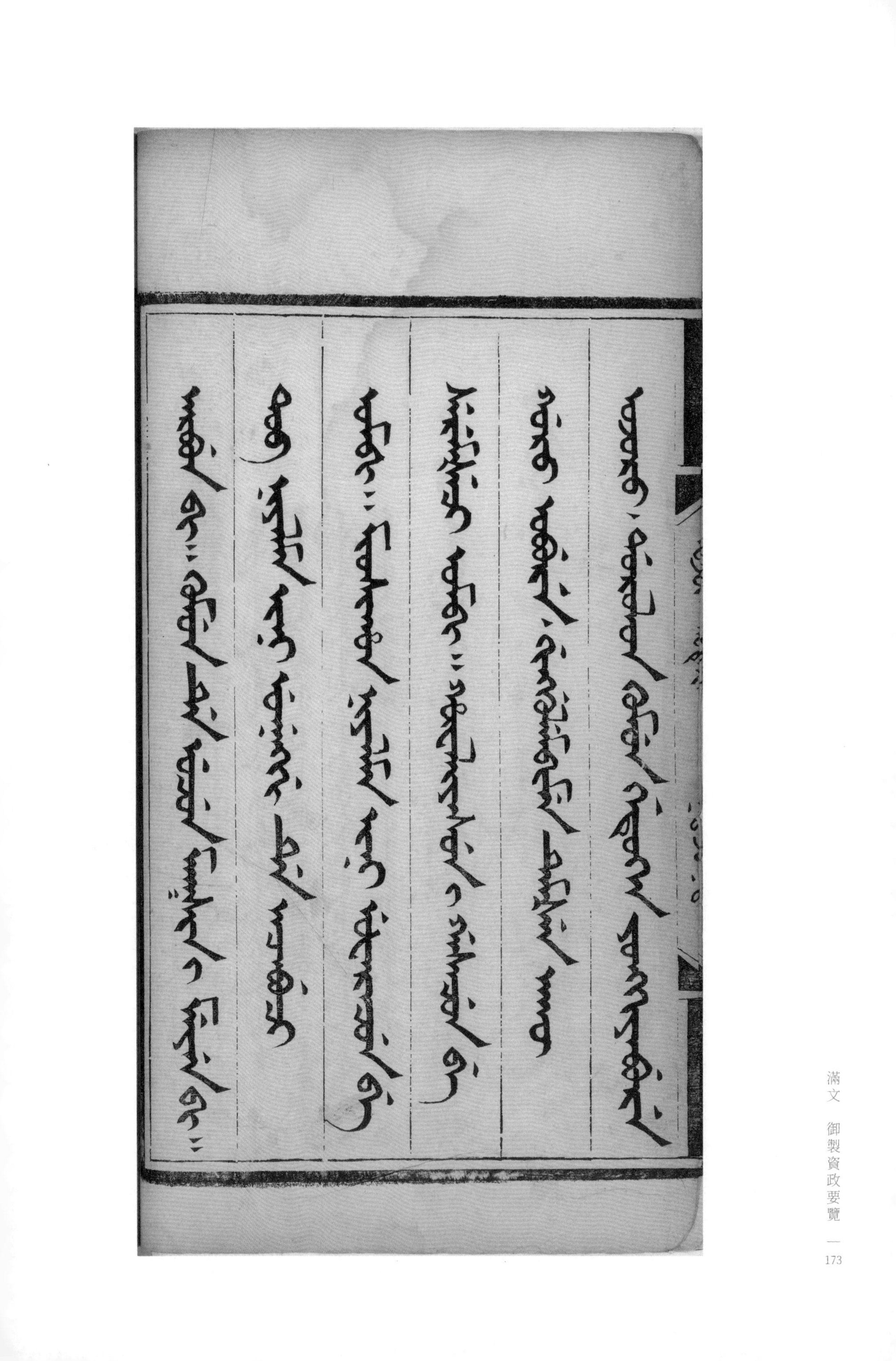

[illegible]

[illegible]

[illegible]

[illegible]

[illegible]

[illegible]

ᠪᠣᡨᡳ ᠈ ᠮᠣᡩᡝ ᠪᡳ ᠪᠣᠣᡨᠣᡴᠣ ᠮᠣᠣ ᠉ ᡨᡝᡵᡝ ᡤᡳᠰᡠᠨ ᠪᡝ

ᠮᡝᠨᡳ ᠮᡝᠨᡳ ᡤᡝᡵᡝᠨ ᠮᡝᠨᡳ ᠈ ᠰᠠᡳᠨ ᠪᡝ ᠉

ᠰᡝᠮᡝ ᠨᠠᠪᠣᡵᠣᠨ ᠰᡠᠪᠣᡴᠣ ᠮᠠᠨᠣ ᡨᡠᠸᠠᠪᠣ ᠉

[illegible]

[illegible]

[illegible]

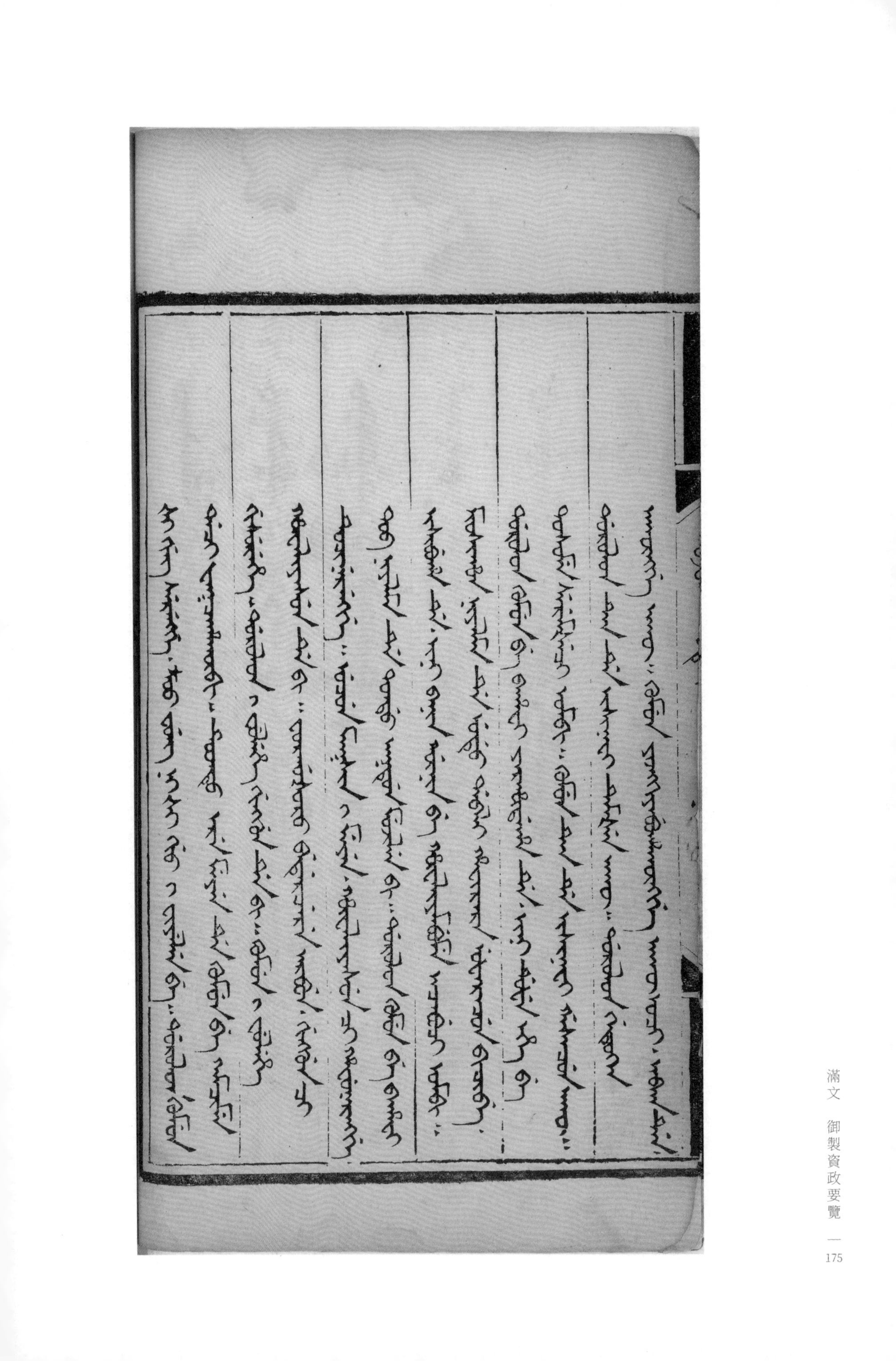

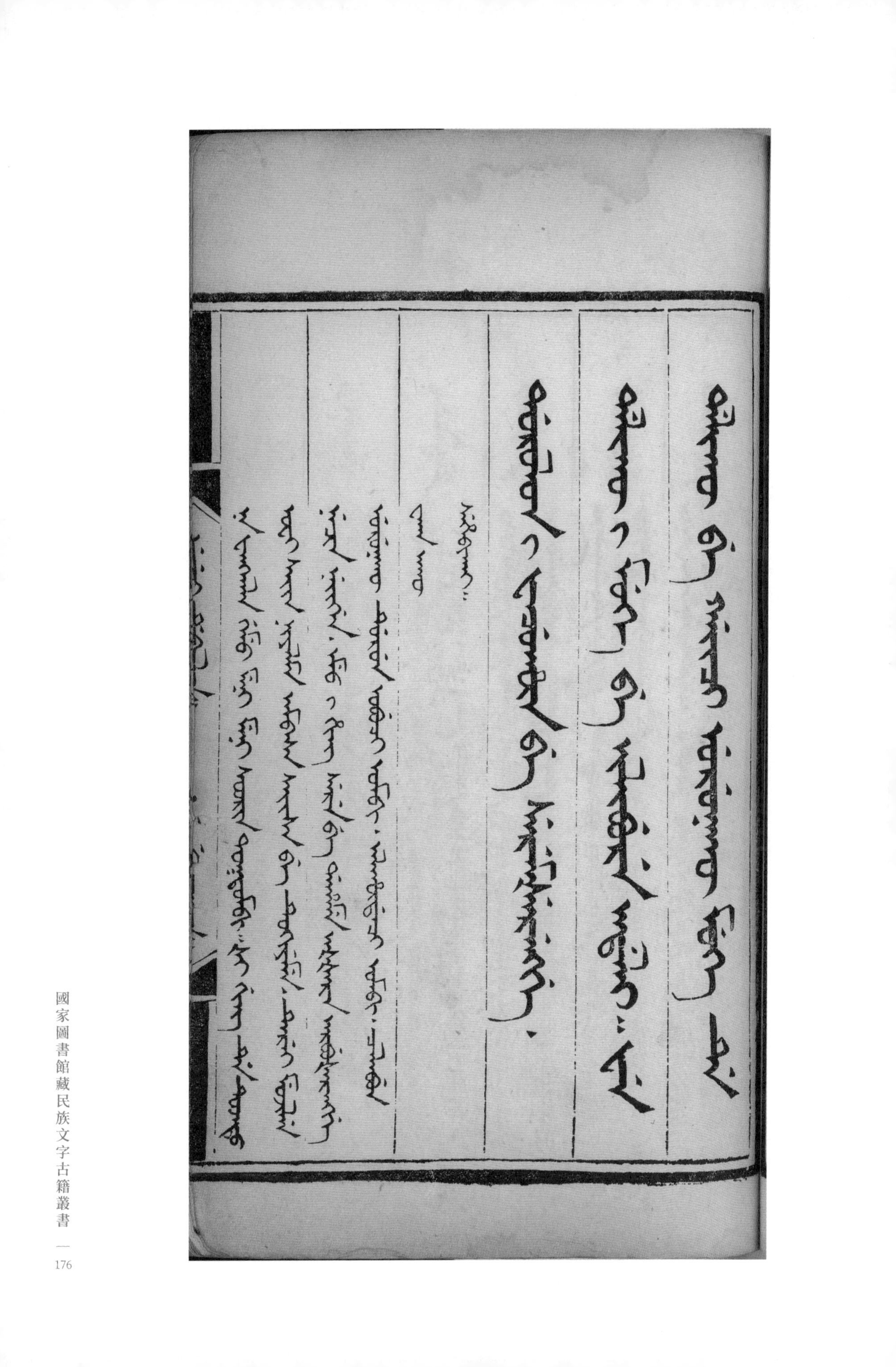

[illegible]

[illegible]

[illegible]

[illegible]

[illegible]

[illegible]

[illegible]

[illegible]

[illegible]

ᠪᠣᡩᠣᡵᠣ :: ᡤᡝᠨ ᡩᠣᠨᠵᡳᡵᡝ ᡩᡝ ᡩᠣᡵᡤᡳ ᠪᡝ ᡤᡳᠰᡠᡵᡝᠨ ᠪᡝᠰᡝᡴᡝ

ᡨᠠᠴᡳᡥᡳᠶᠠᠨ ᠪᠣᠯᡤᠣᡵᠣ ᠪᠣᡩᠣᡵᠣ :: ᠰᠠᡳᠨ ᠪᡠᡥᡳᠶᡝᠨ ᠪᡝ ᡝᠵᡝᠨ

ᠪᡠᡩᡝ ᡳ ᠰᡠᡵᡝᠩᡤᡝ ᠪᡝ ᠰᡠᡵᡝᠨ ᠪᡝ ᡩᠠᡥᠠᠮᡝ ᠰᡝᠮᡝ

ᠮᡠᠵᡳᠯᡝᠨ ᠪᠣᠯᡤᠣᡥᠣ ᠪᠣᡩᠣᡵᠣ :: ᡤᡝᠨᡤᡳᠶᡝᠨ ᠰᠠᡳᠨ ᡝᠵᡝᠨ

ᡩᠣᡵᠣᠩᡤᠣ :: ᡳᠨᡳ ᠪᡠᡩᡝᡳ ᡳ ᠰᡠᡵᡝᠩᡤᡝ ᠪᡝ ᡩᠠᡥᠠᠮᡝ ᠰᡝᠮᡝ ::

ᡤᡡᠨᡳᠨ ᠪᠣᠯᡤᠣᠮᡝ ᡩᡝ ᡨᠣᡩᠣᡵᡤᠣᠨ ᠪᡝ ᡩᡝ ᡝᠮᡠᡩᡝ ᡳᠵᡳᠰᡳᠨ ᠮᡠᡴᡝ

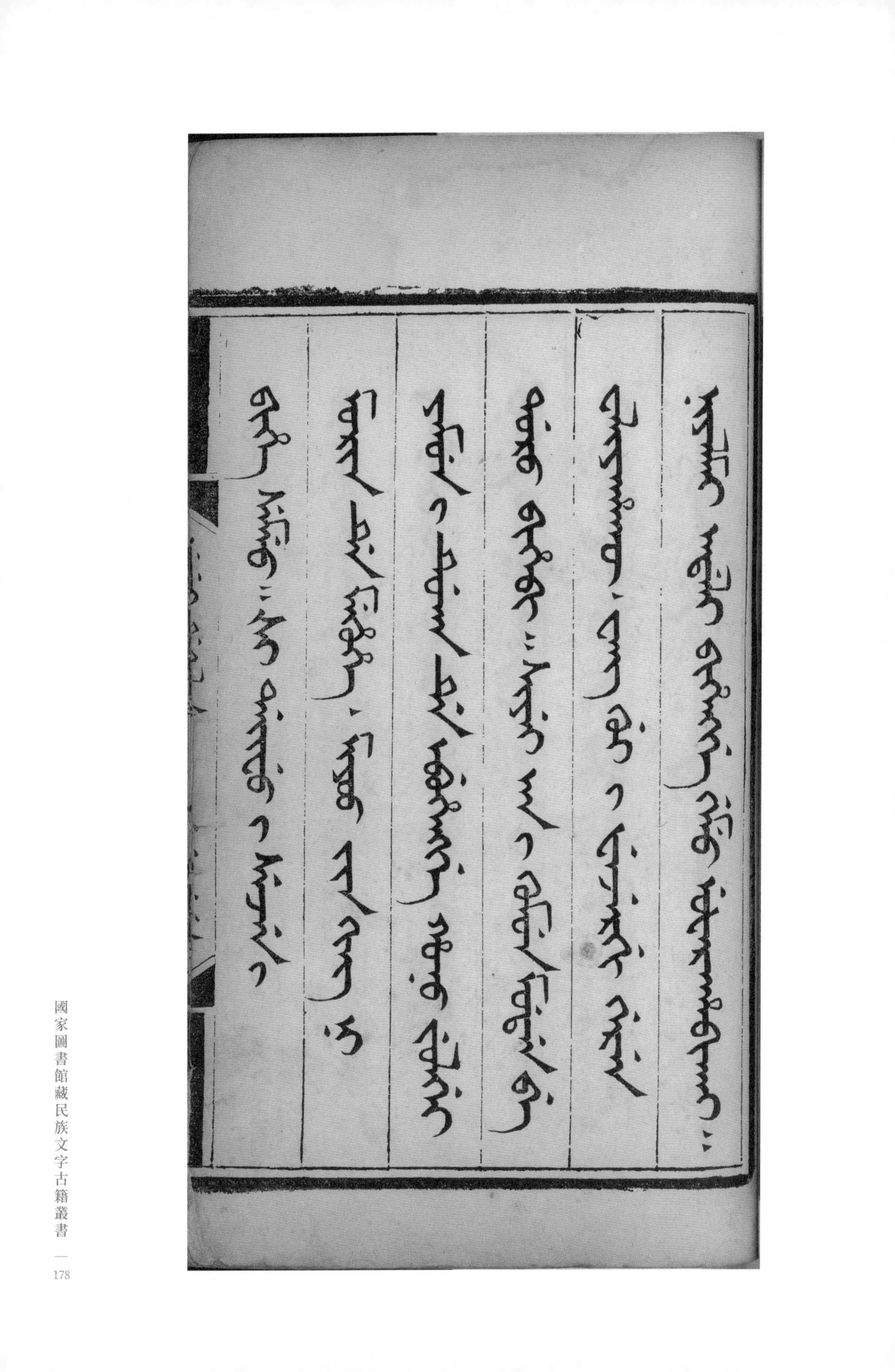

[illegible]

[illegible]

[illegible]

[illegible]

[illegible]

[illegible]

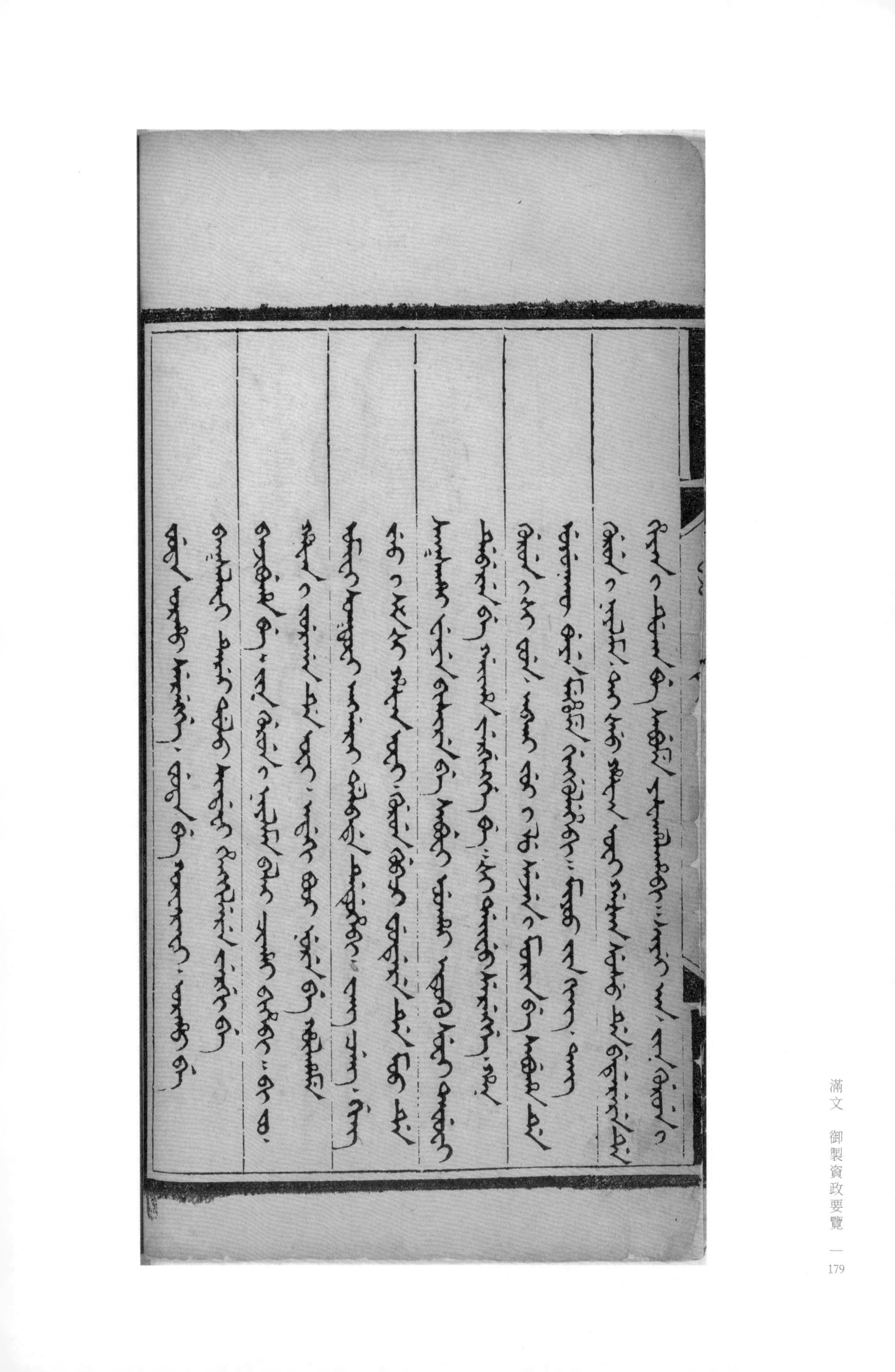

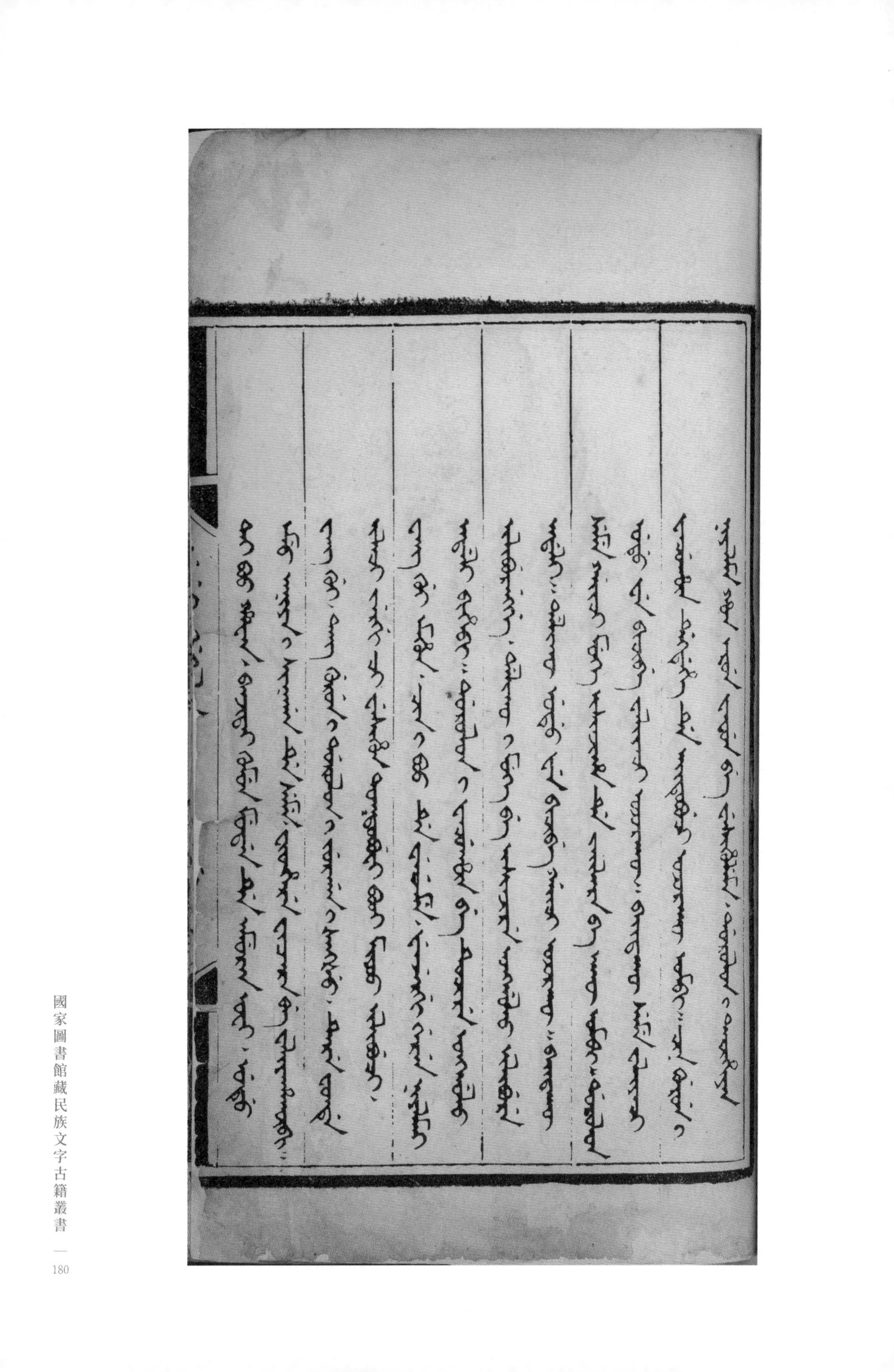

[illegible]

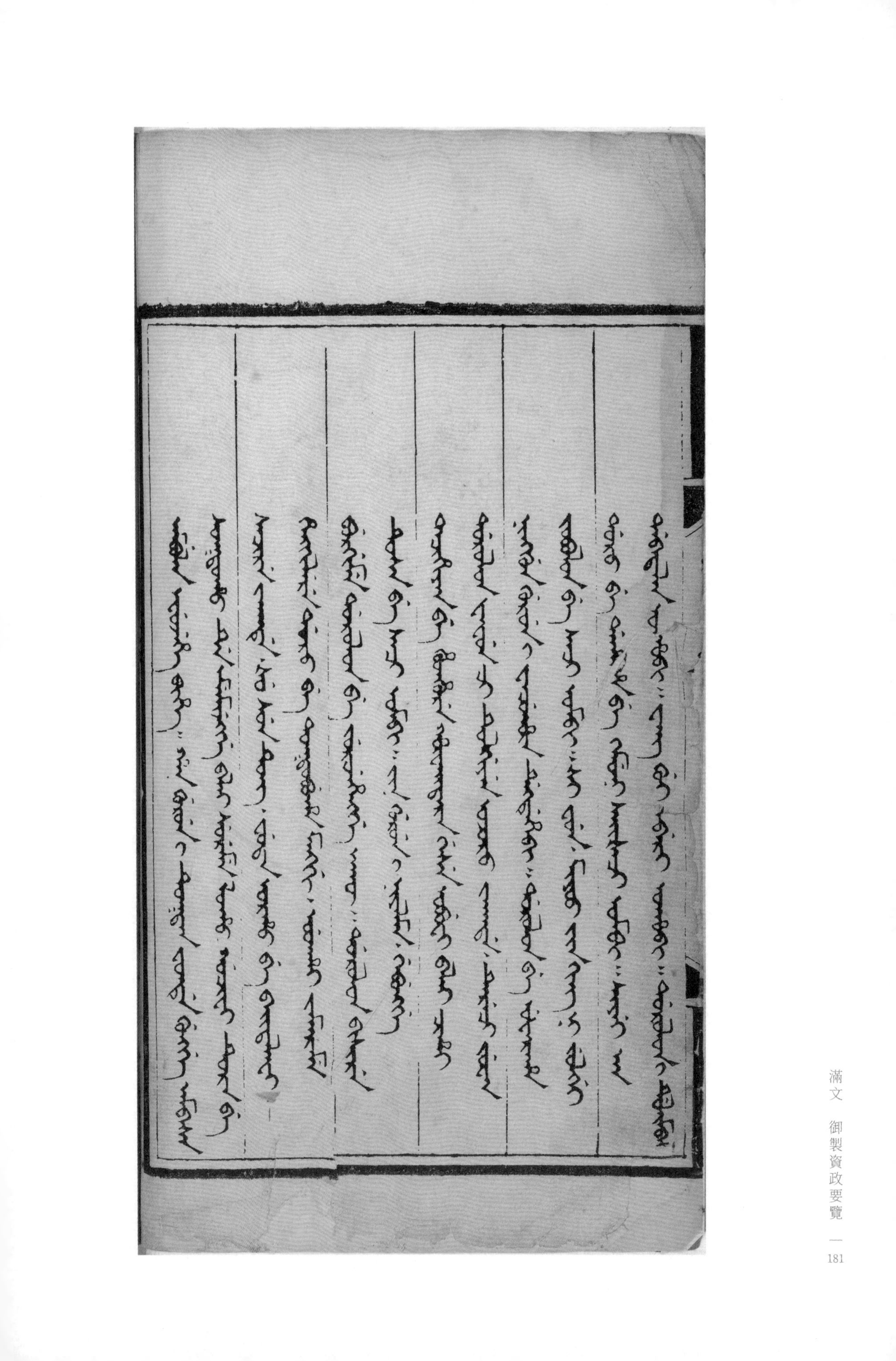

[illegible]

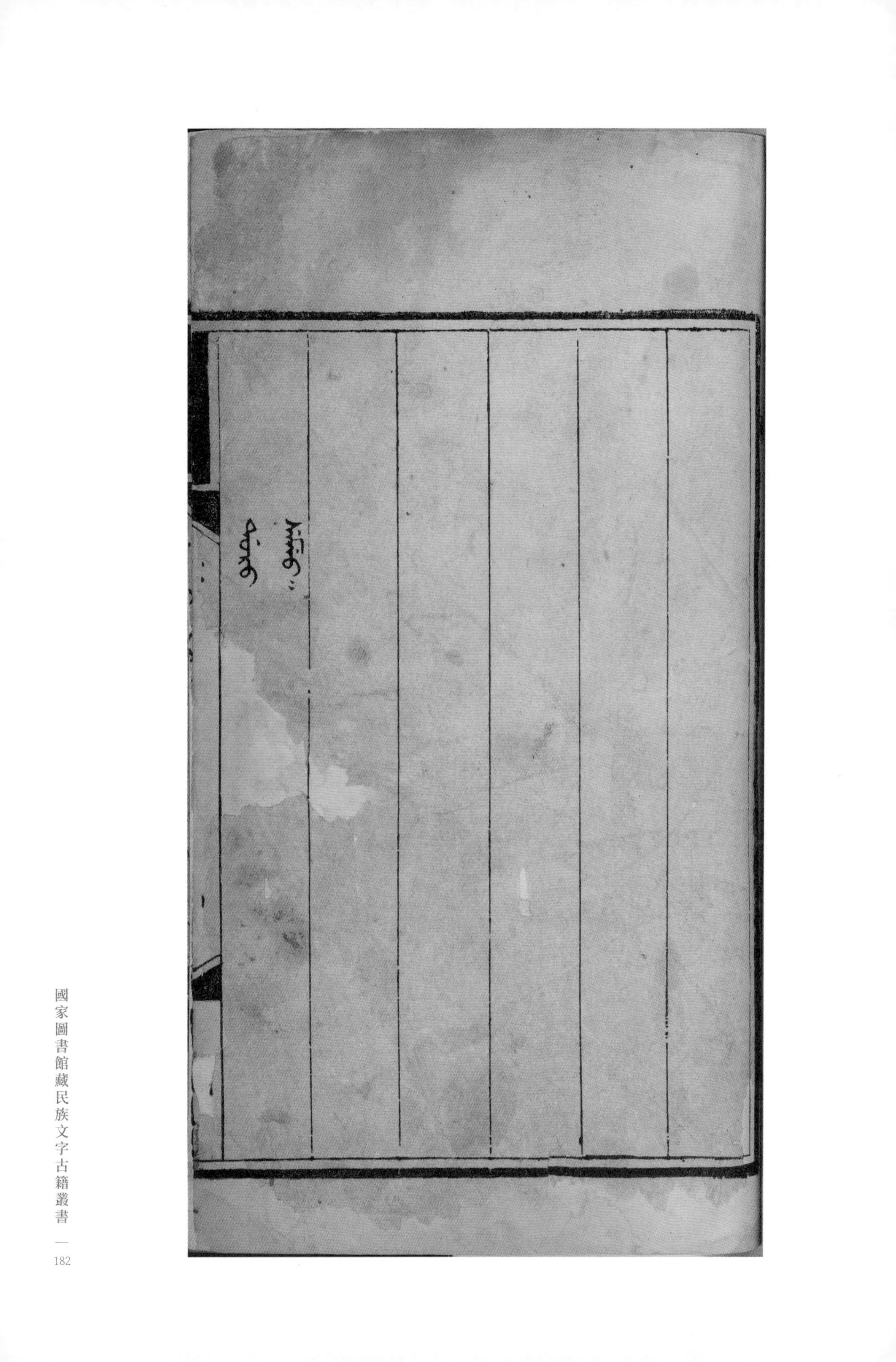

ᡩᡠᠪᡝ
ᡧᠠᠩᡤᠠᠪᡳ ::

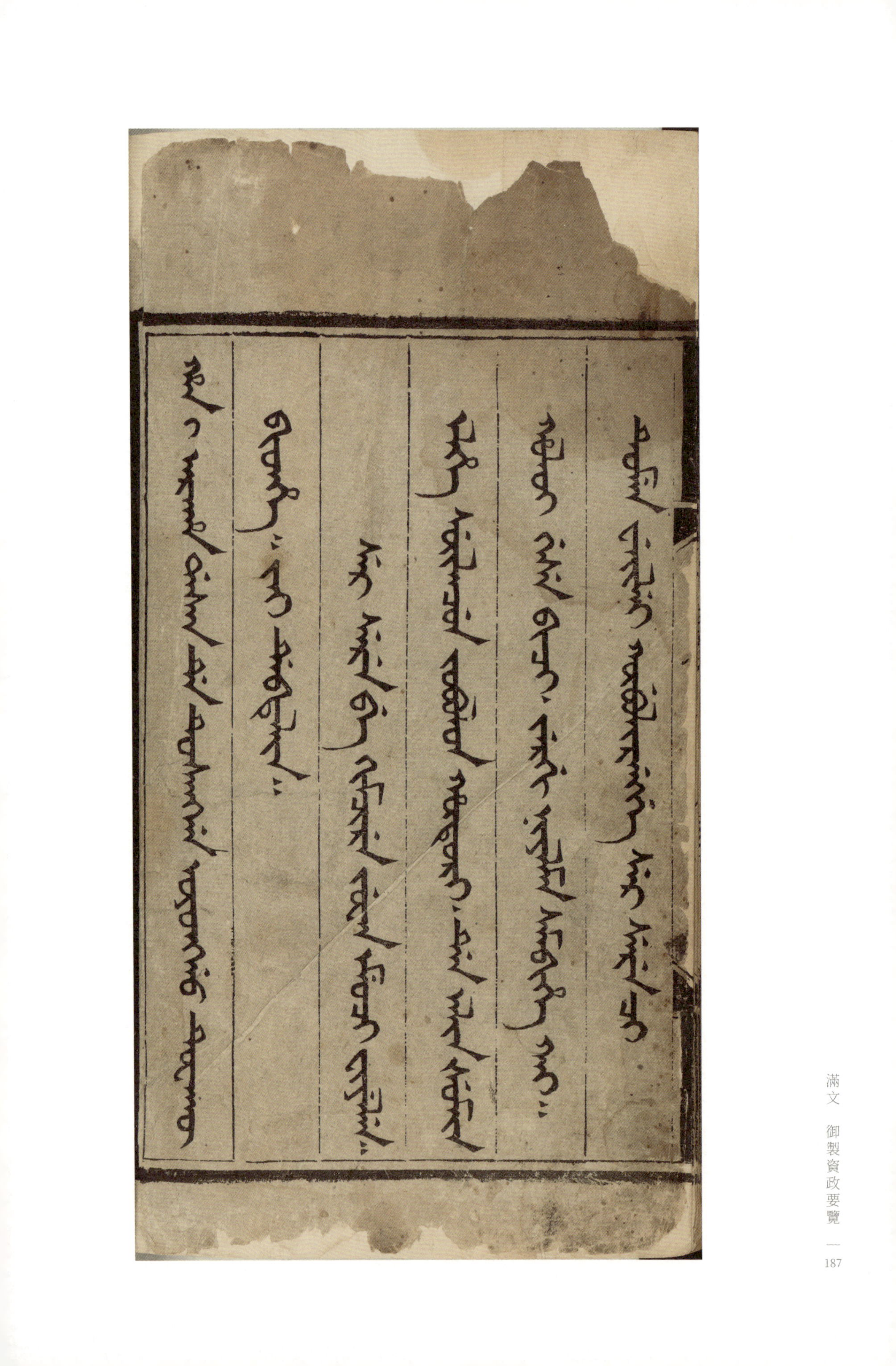

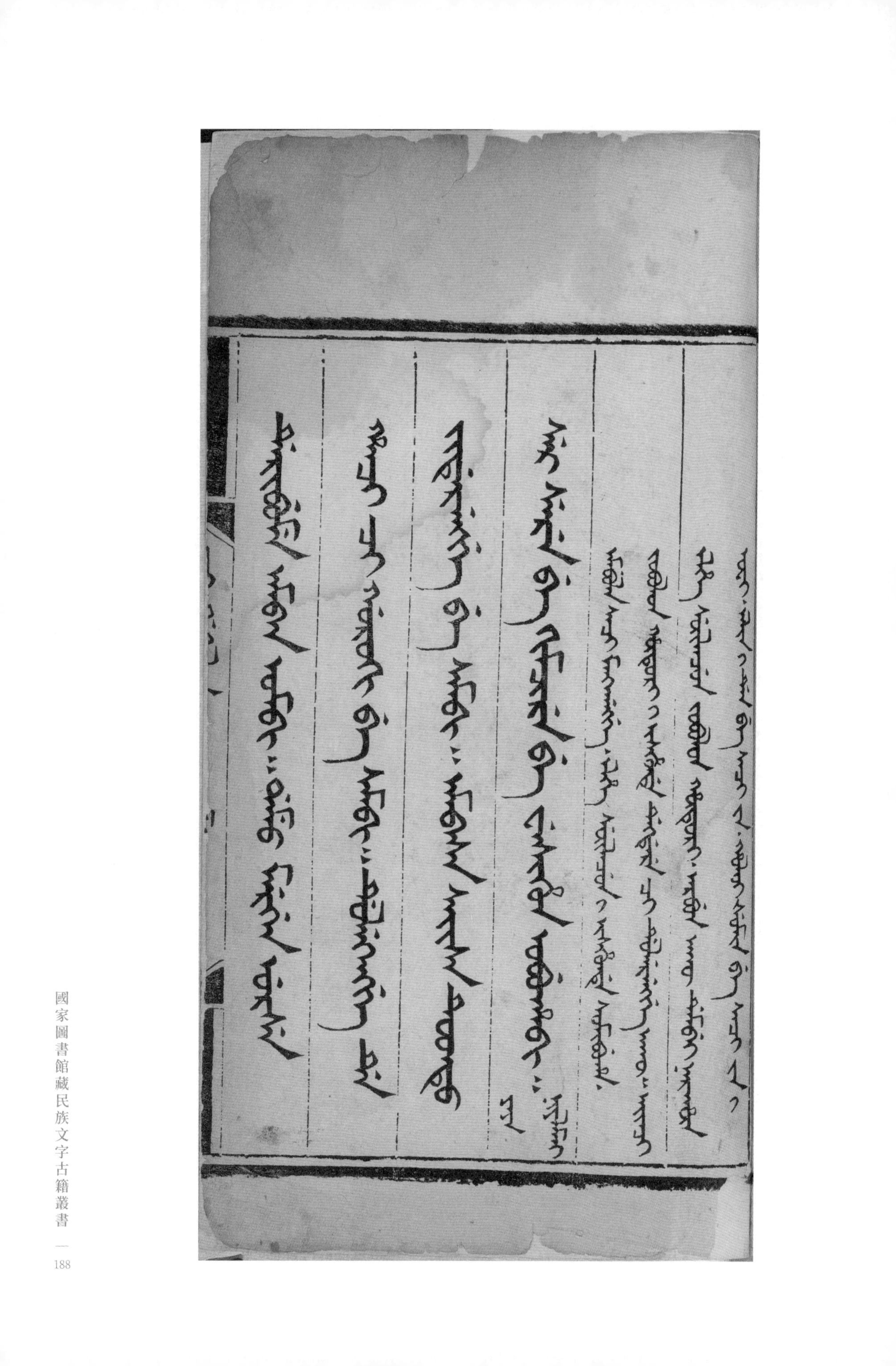

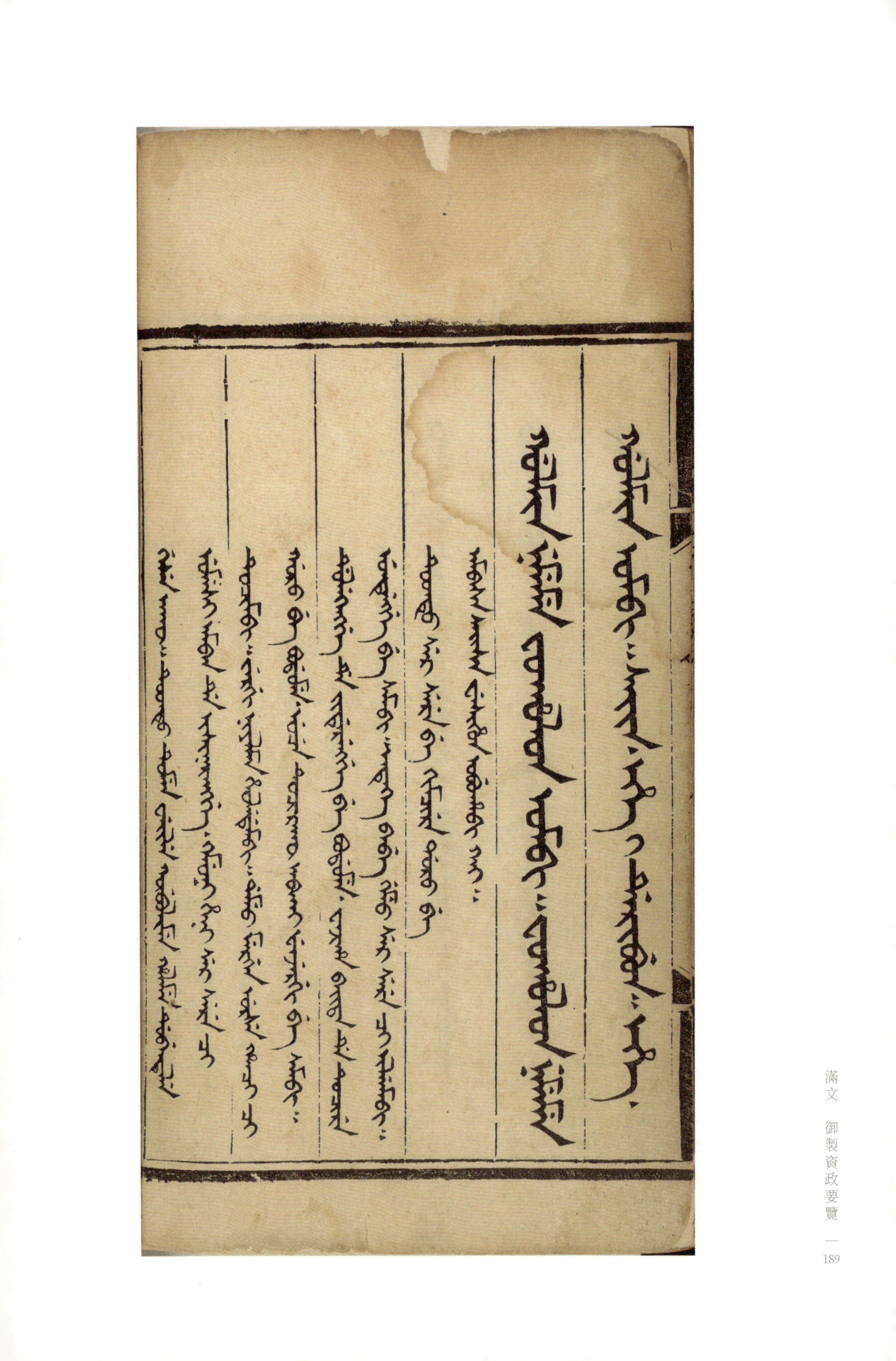

[illegible]

[illegible]

[illegible]

[illegible]

[illegible]

[illegible]

[illegible]

[illegible]

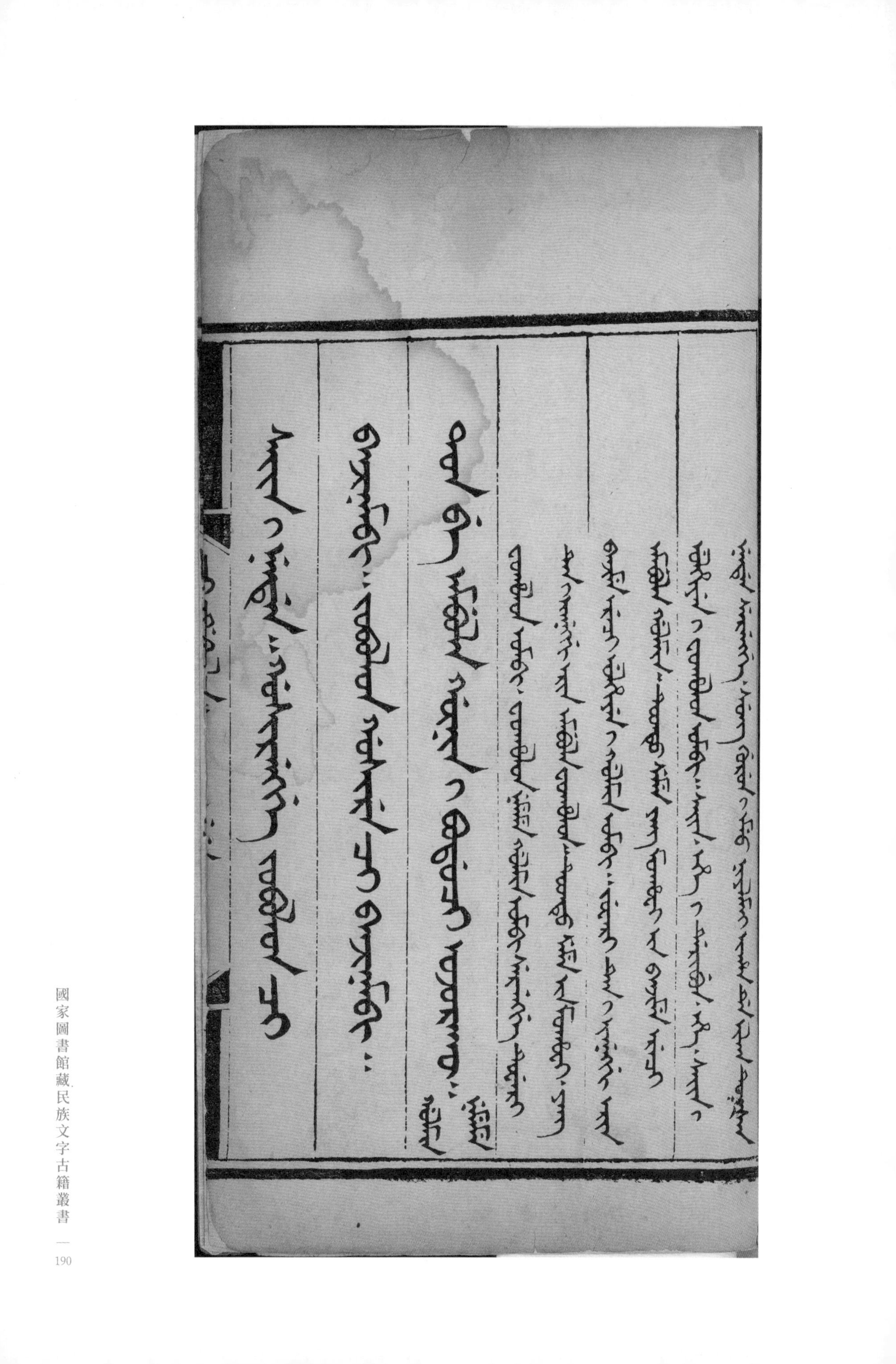

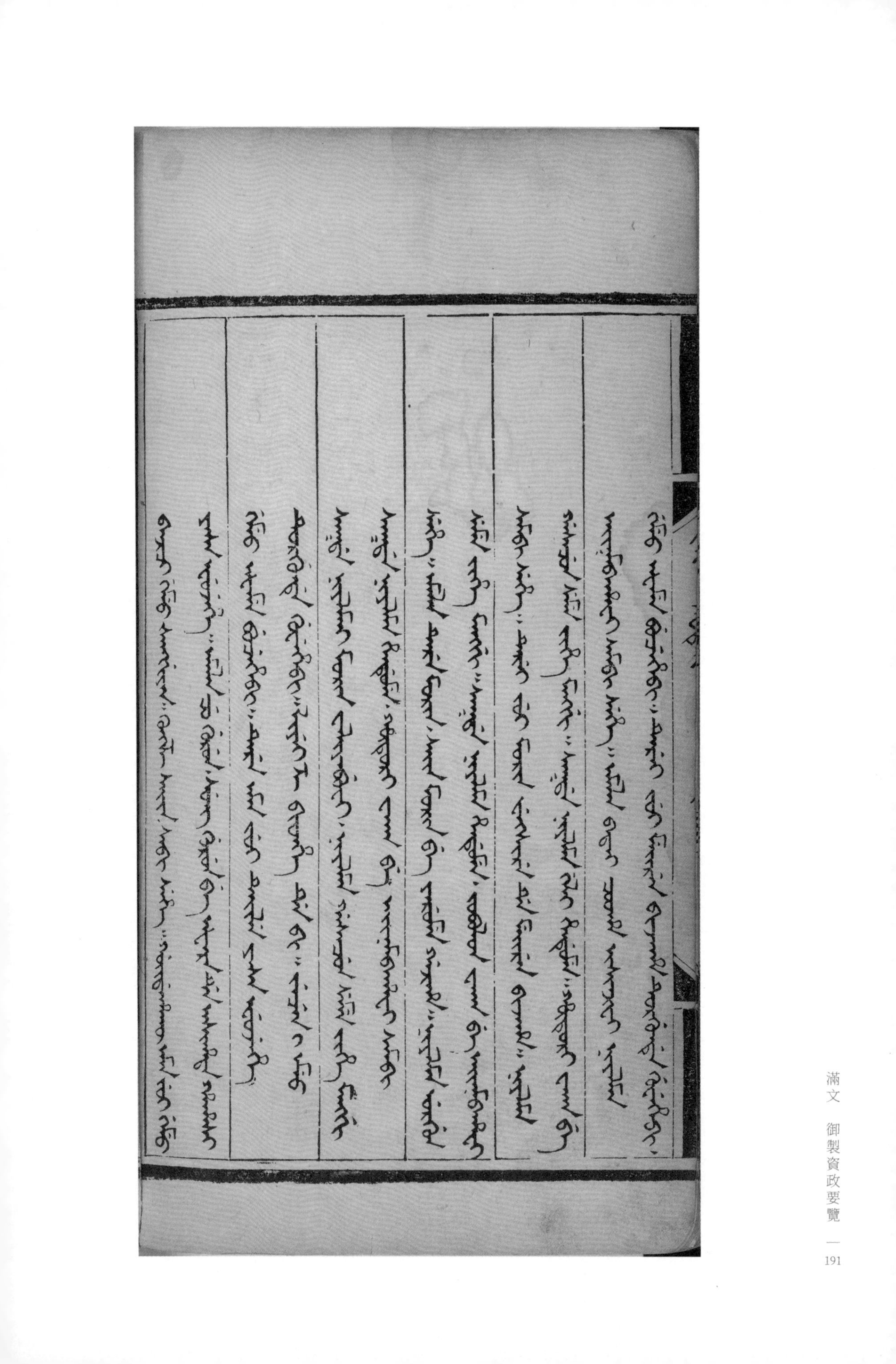

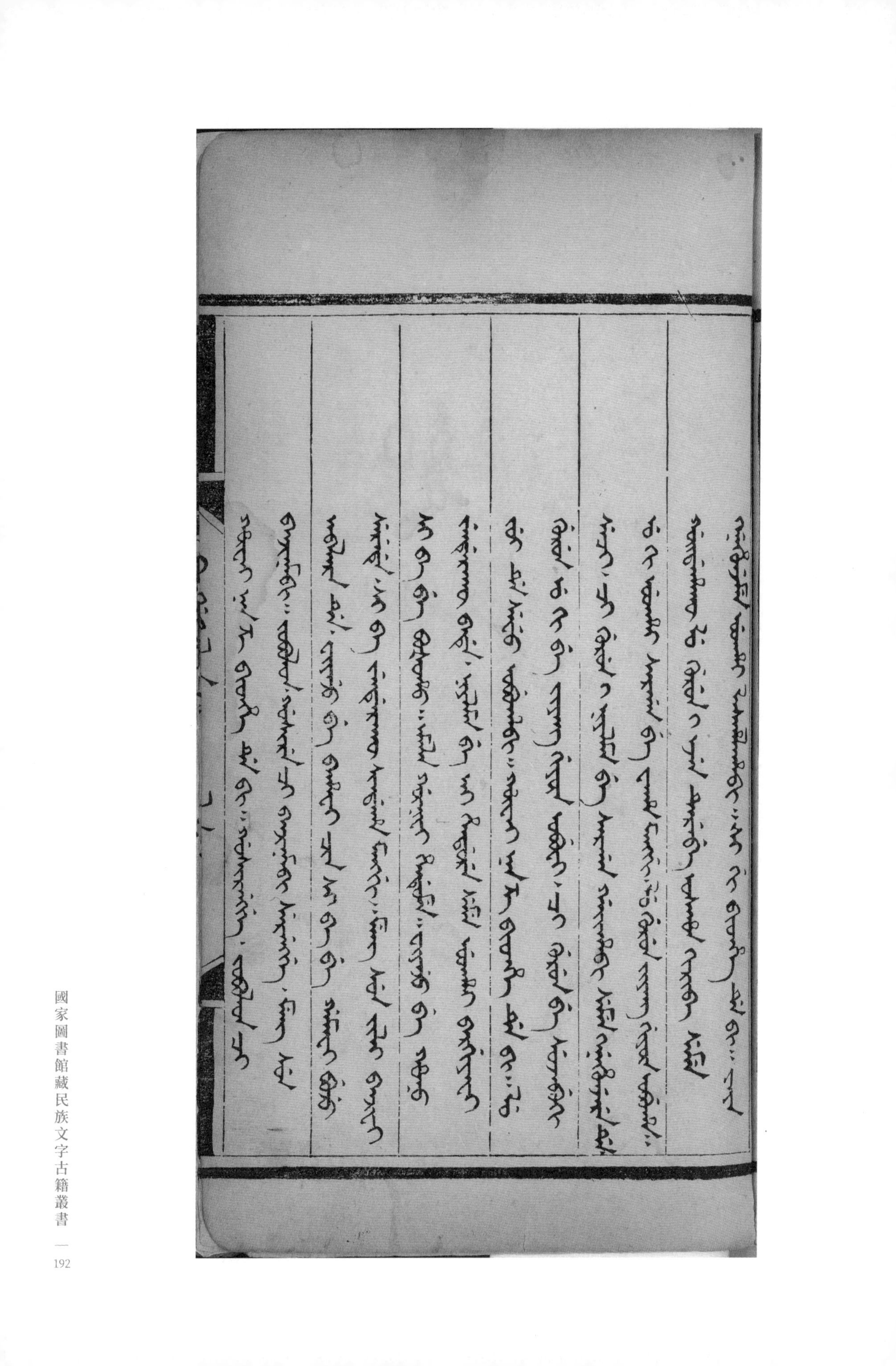

[illegible]

[illegible]

[illegible]

[illegible]

[illegible]

[illegible]

[illegible]

[illegible]

[illegible]

[illegible]

[illegible]

[illegible]

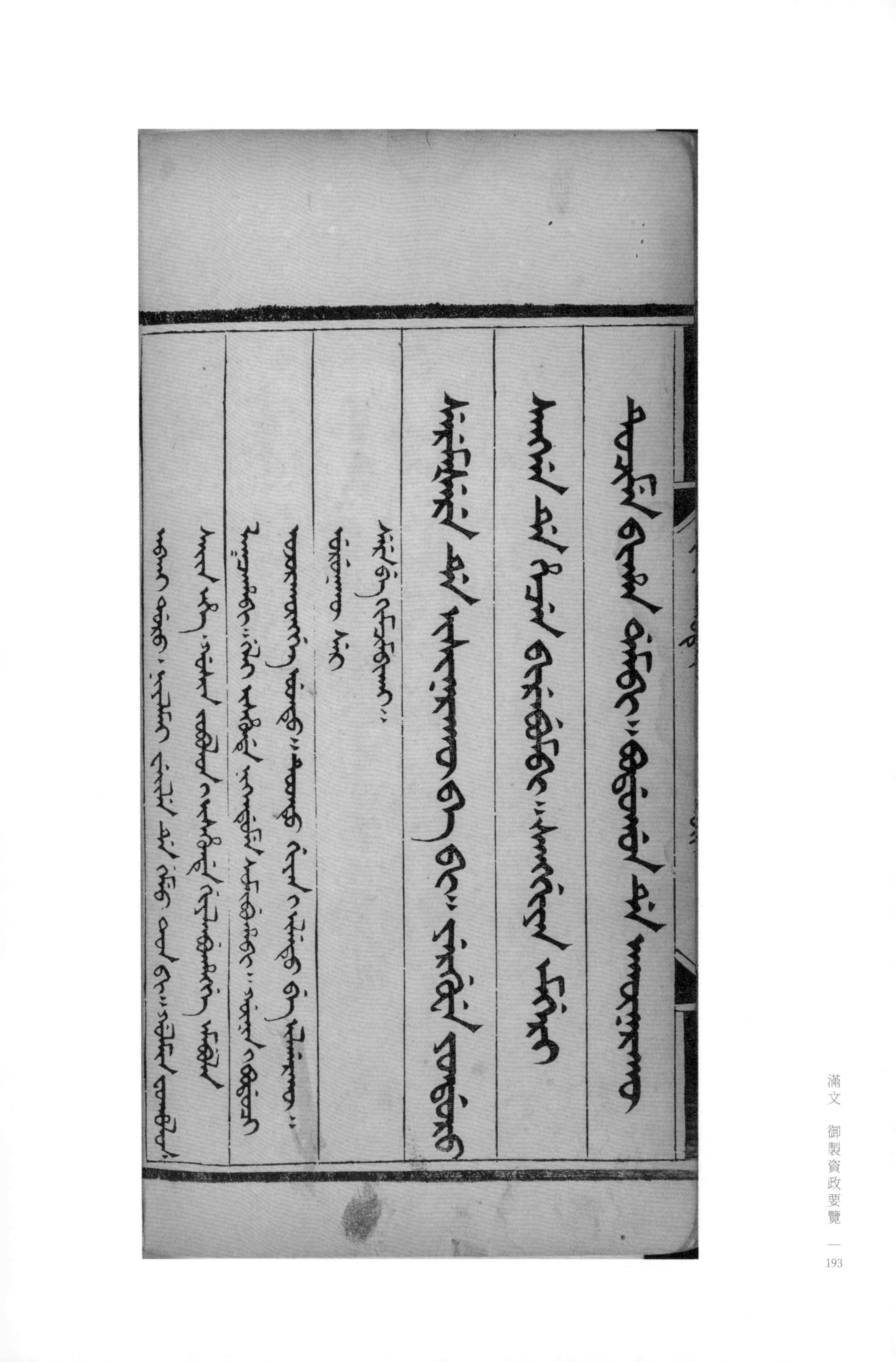

ᠪᡳ ᠪᡝᠶᡝ᠈ ᡳᠰᡳ ᠵᡳ ᠪᡠᡵᡝᠩᡤᡝ ᠰᡝᡵᡝ ᠰᡝᠮᡝ ᠪᡳᡥᡝ᠈

ᡨᡠᠸᠠᠨᠴᡳᡥᡳᠶᠠᠮᡝ ᡤᡳᠰᡠᡵᡝᠩᡤᡝ᠈ ᠵᡳᡩᡝ ᠪᡝ᠈ ᡳᠯᡳ ᠰᡝᡵᡝ ᠰᡝᠮᡝ ᠪᡳᡥᡝ᠈

ᠪᠣᡳᡥᠣᠨ ᠪᡝ ᡠᠰᠠᡵᠠᡴᡡ᠈ ᡳᠯᡳᡥᠠ ᡠᠵᡝ ᡤᡝᠮᡠᠩᡤᡝ

ᠪᡠᠰᡠᡴᡡ ᡳᠨᡝᠩᡤᡳ᠈ ᡝᠯᡝ ᠪᡝ ᡠᠵᡝ ᡩᠠᠰᠠᠮᡝ᠈ ᡝᠯᡝ

ᠮᡠᠰᡳᠮᡝ ᠴᡳᡥᠠᠩᡤᠠ ᠪᡝ ᠮᠣ ᡩᡝᠯᡝᡵᡳ᠈ ᠰᡝ ᠰᡝ

ᠪᡳᡨᡥᡝ ᡨᡝᠴᡳ ᠪᡠᠰᡝᡵᡝᠩᡤᡝ ᡝᠮᡝᡵᡳᡥᡝ᠈ ᡩᡝ ᠰᡝᡵᡝᠩᡤᡝ

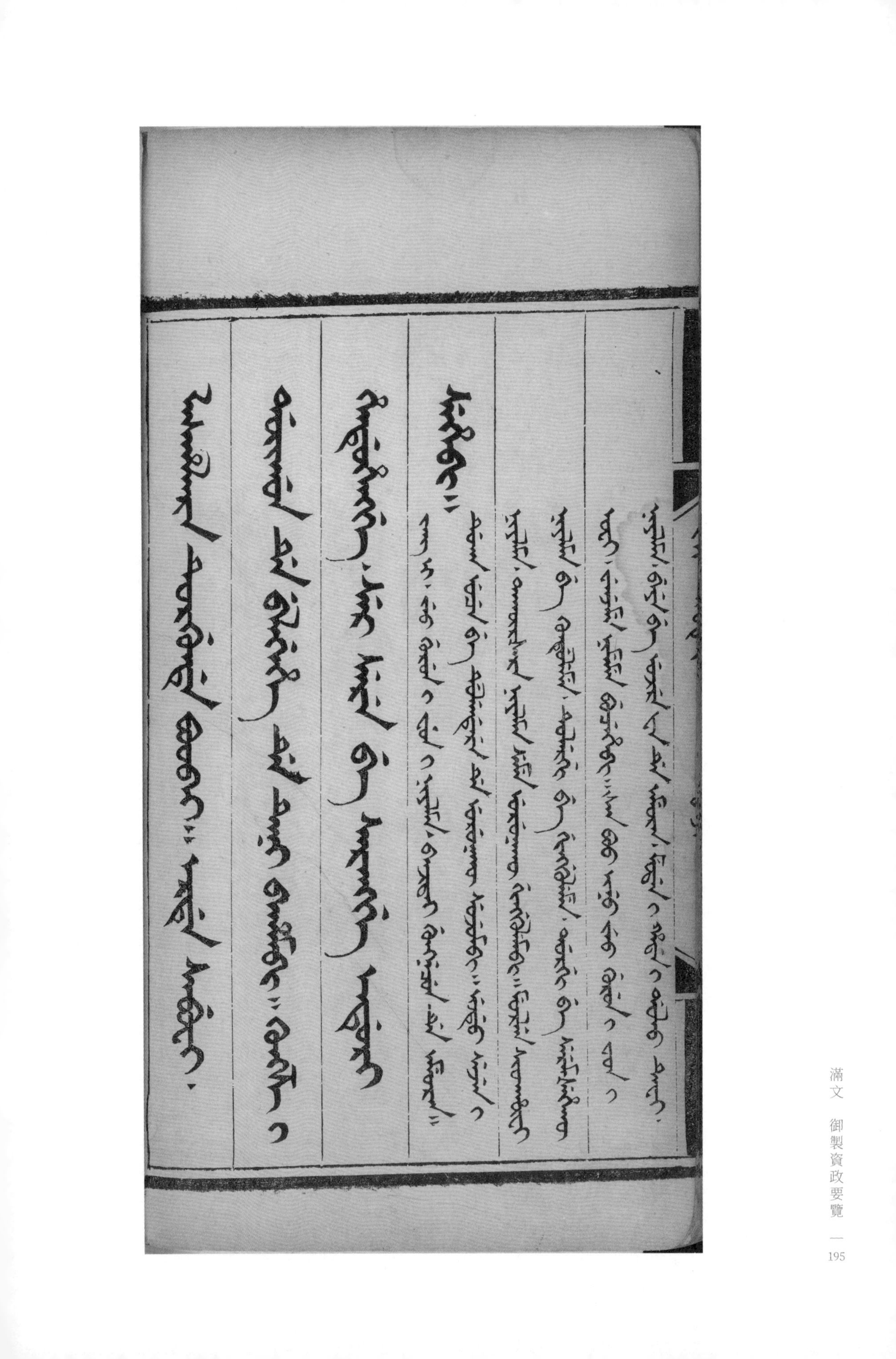

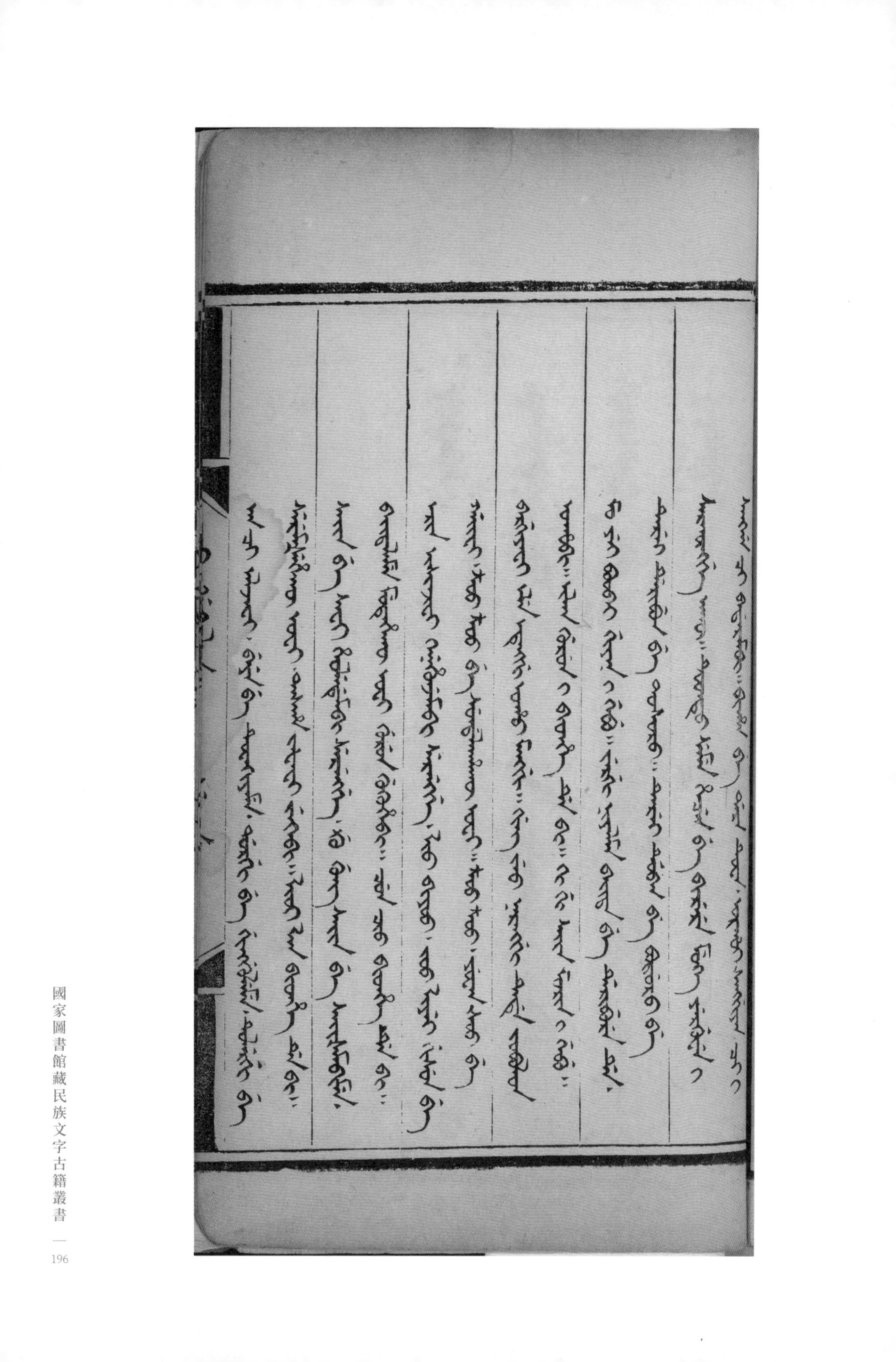

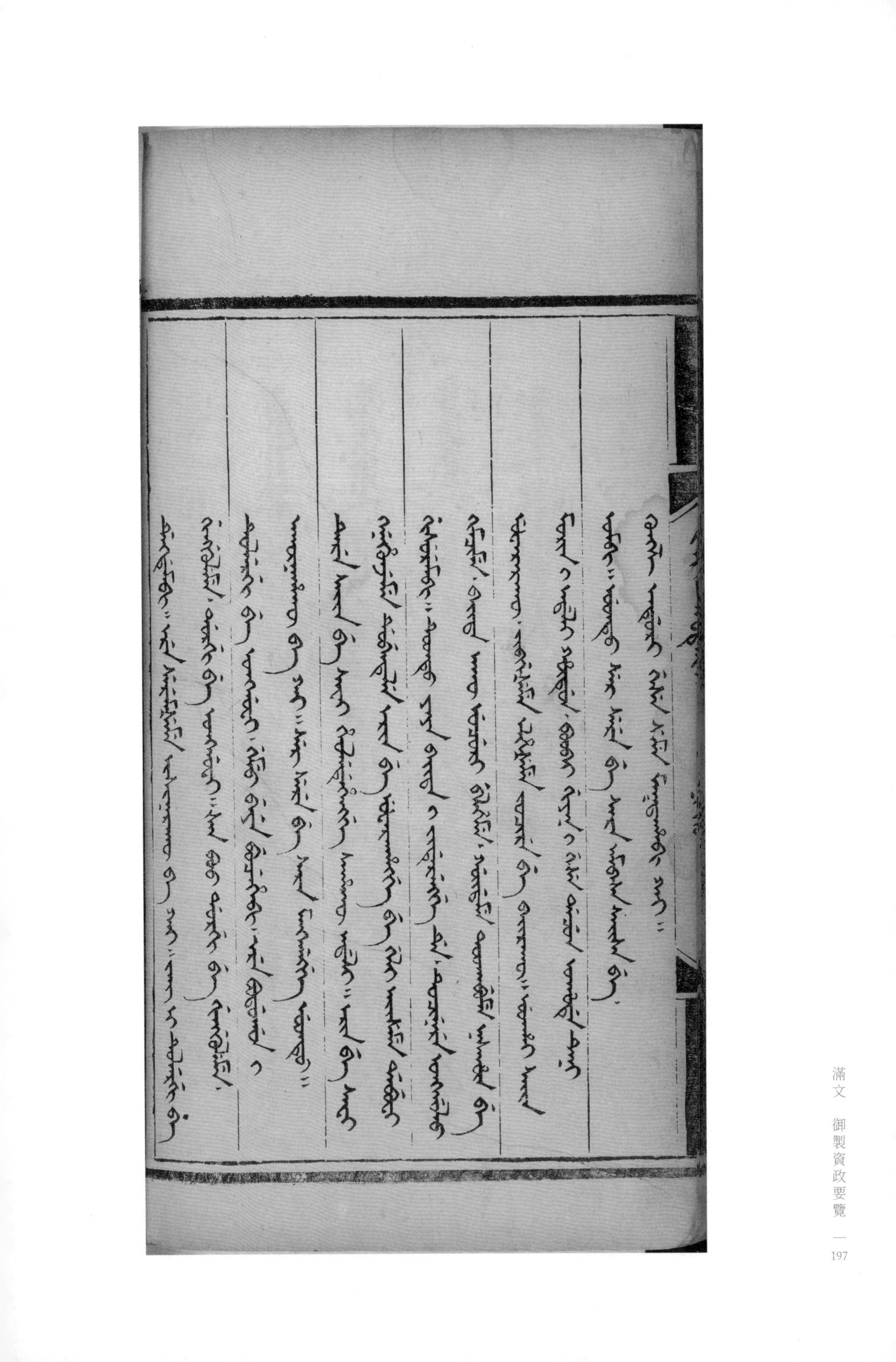

[illegible]

ᡶᡠᠯᡥᡠᠨ · ᠪᠠᡳᡨᠠᠯᠠᡵᡝ ᠪᡳᠮᡝ ᠪᡝ ᠪᡠᠴᡝᠮᡝ ᠪᡝ · ᠪᡝ

ᠪᡠᡥᡝ ᠠᡴᡡᠮᡝ ᠉ ᠪᡠᡵᡝᠩᡤᡝ ᡥᡡᠸᠠᠯᡳᠶᠠᠰᡠᠨ ᠪᠣᡳᡥᠣᠨ

ᡶᡠᡴᠵᡳᠨ ᠪᡝ ᠵᡳᡥᡝ ᠪᡠᡥᡝ ᠠᡴᡡᠮᡝ ᡥᡡᠸᠠᠯᡳᠶᠠᠰᡠᠨ ᠉ ᠮᡝᠨ

ᡶᡠᠯᡝ ᠪᡠ ᠠᠯᡳᡶᡳ ᠪᡝ ᠵᡳᡥᡝ ᠪᡠᡥᡝ

ᠰᡝᠮᡝ ᠪᡝ ᡥᡡᠸᠠᠯᡳᠶᠠᠰᡠᠨ ᠉ ᡳᠨᡝᠩᡤᡳ ᠪᡝ ᠠᡴᡡᠮᡝ ᠪᡝ ᠠᠨᡳᠶᠠ

ᠪᡳᠮᡝ ᠪᡠᡥᡝ ᡥᠣᡥᠣᠨ ᠉ ᠵᡝᠣ ᠨᡳᡴᠠᠰᠠ ᠉

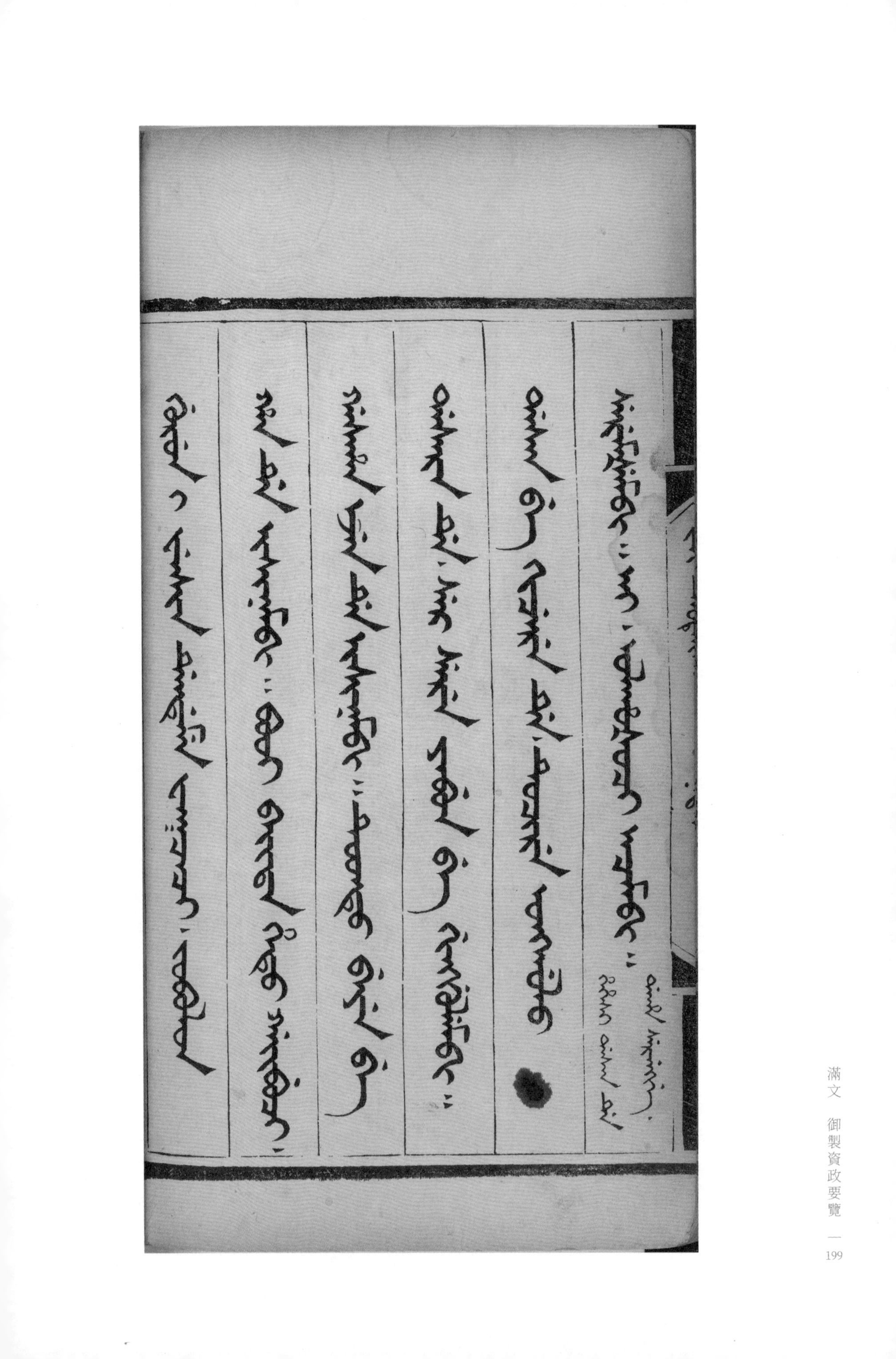

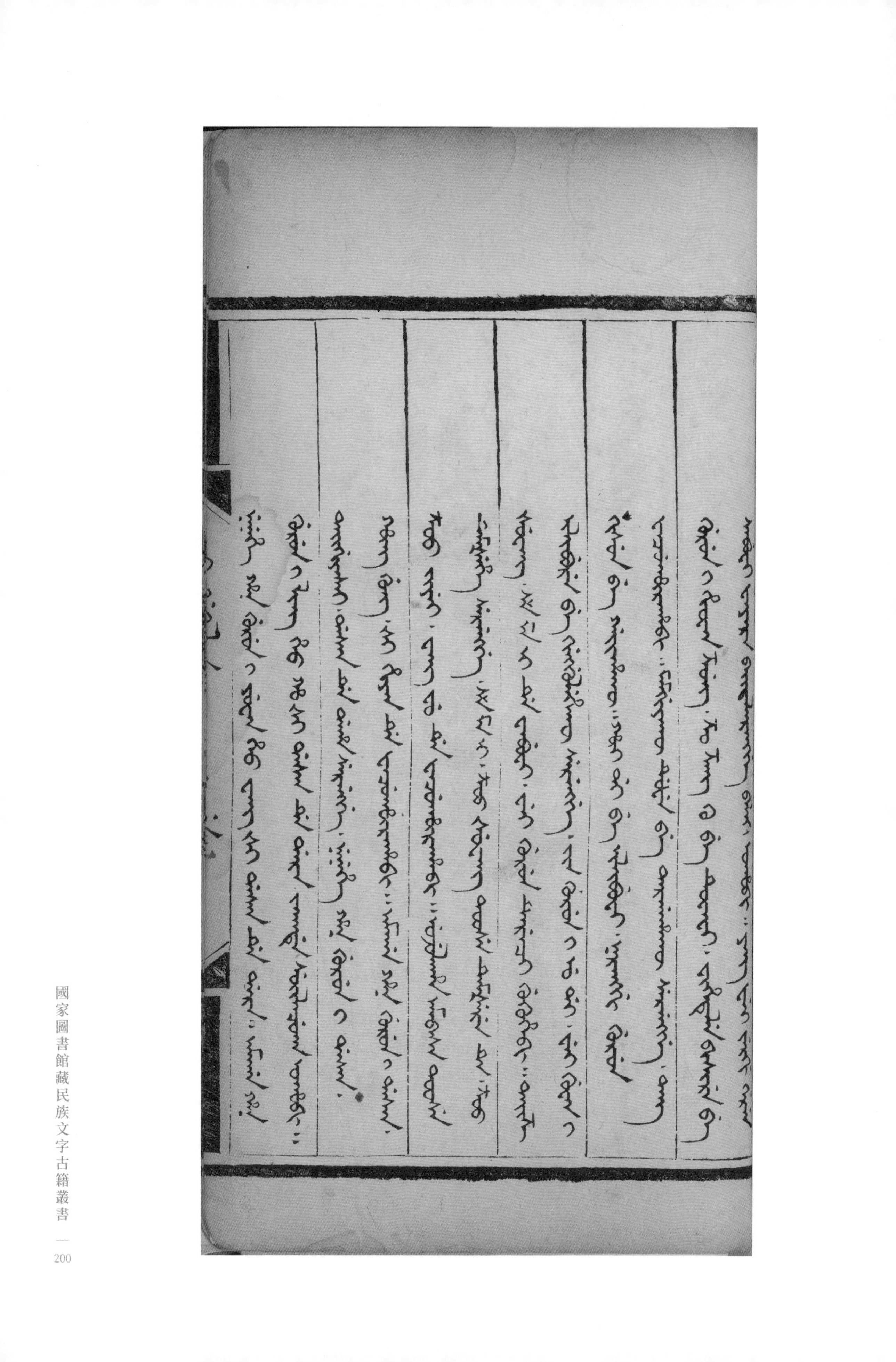

[illegible]

[illegible]

[illegible]

[illegible]

[illegible]

[illegible]

[illegible]

[illegible]

[illegible]

[illegible]

[illegible]

[illegible]

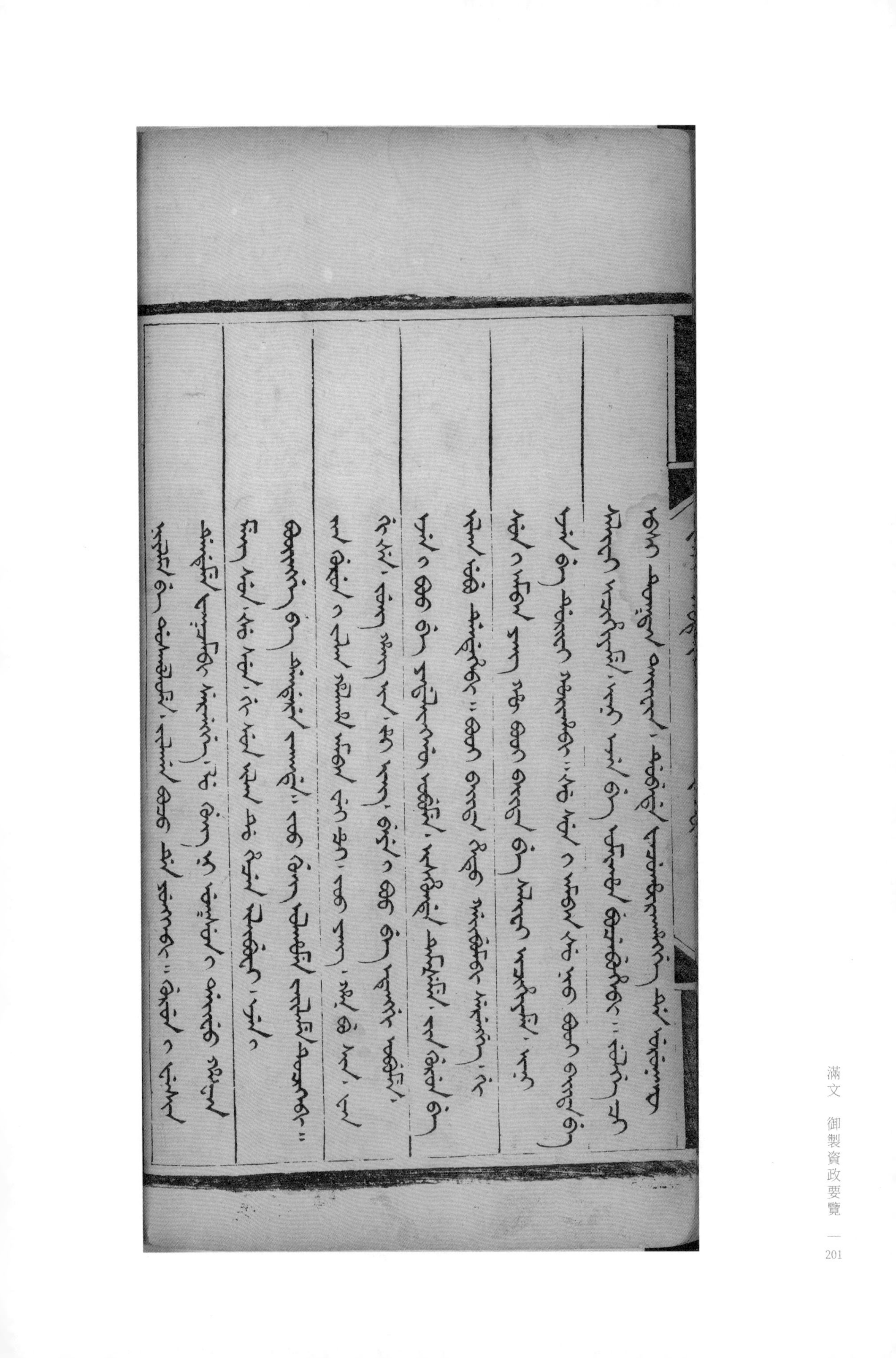

[illegible]
[illegible]
[illegible]
[illegible]
[illegible]
[illegible]
[illegible]
[illegible]
[illegible]
[illegible]
[illegible]

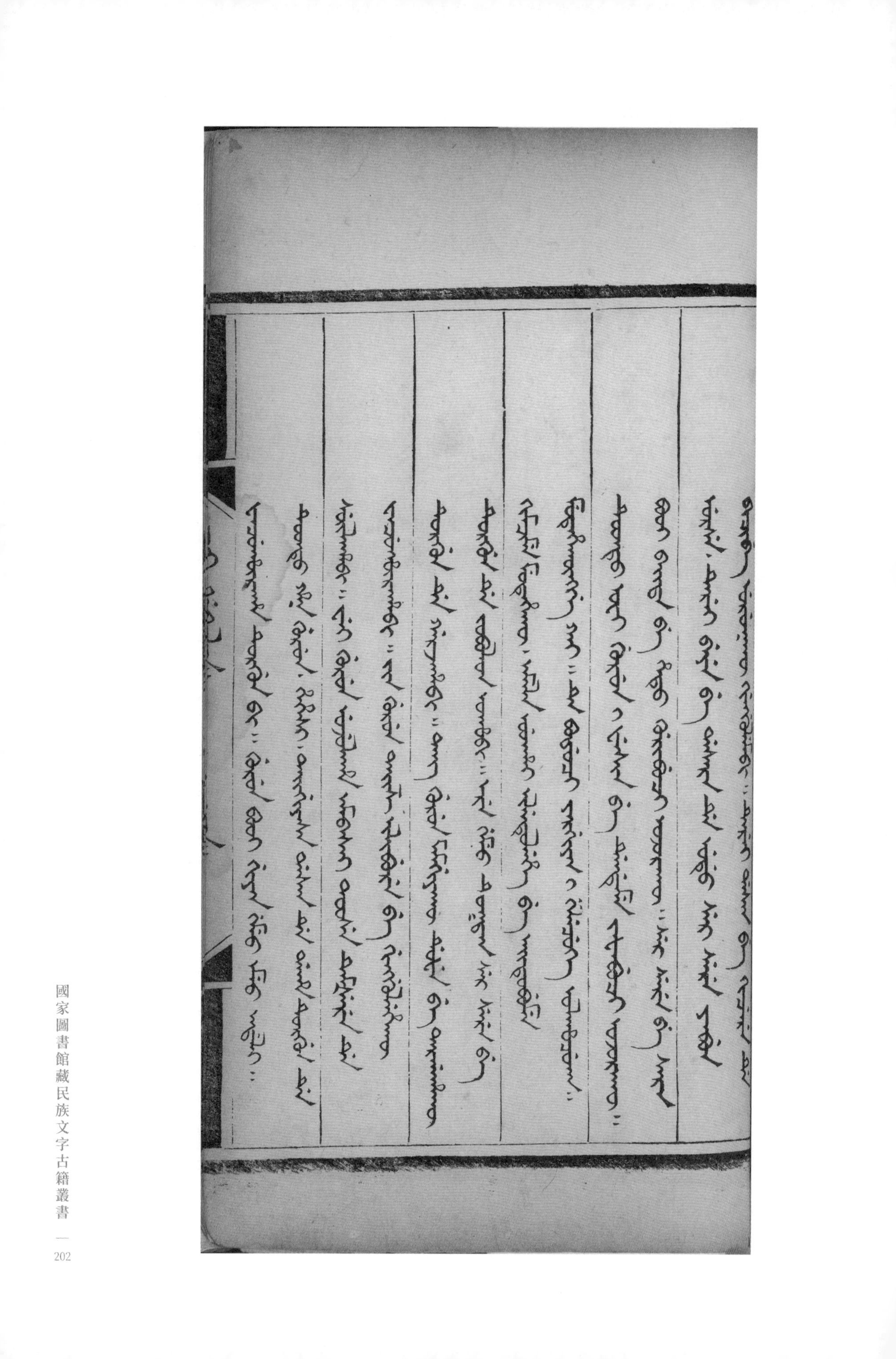

[illegible]

ᠪᠣᡩᠣᠰᡳ ᠮᡠᠸᠠᡩᡝᠪᠣ ᡳᠮᠠᠰᡠᡵᡝ ᡤᡠᠩᡤᡳᡨᡝᡵᡝᡤᠣ:: ᠰᠠᡳᠨᡳᠨ ᡳ ᡨᡠᠸᠠᠨ ᡨᡠᡵᡝᠨ ᠪᡝ

ᡤᡝᡵᡤᡝᠨ ᠪᠣᠣᡳᡤᠣ ᠪᡝ ᠪᠣᠯᡤᠣᠨ ᠪᡳ:: ᡤᡡᠩᡤᡠᠨ ᠪᠣᠪᠣ ᠪᡳᠰᡳᠨ ᡤᠣᠨᡳᠨ ᡨᡠᠸᠠᠨ

ᠮᡠᠪᡳᡨᠣᠮᡠᡳᠮᠠ

ᠪᠣᠯᡤᠣ::

ᠠᠮᠪᡠᡵᡝᠩᡤᡝ ᠪᡝ ᡨᡠᠸᠠᠨᠴᡳᡥᡳᠶᠠᡵᠠ ᡩᠣᡵᠣ ᡩᠣᡵᠣᠨ ᡩᠠᡵᡤᡳᡵᠠ᠉
ᠪᡝᠶᡝ ᡩᠠᠰᠠᡵᠠ ᡩᡝ ᠠᠮᠪᠠᠰᠠᠮᡝ ᠠᠮᠪᡠᠯᠠ ᡩᠣᡵᠣᠨ᠈
ᡝᠵᡝᠨ ᡳ ᡤᡠᠨᡳᠨ ᠰᡝᠪᡠᡩ᠉ ᠪᡝᠶᡝ ᡤᡳᠩᡤᡠᠯᡝᡵᡝ ᡩᡝ ᠠᠮᠪᠠᠰᠠᠮᡝ
ᠠᠮᠪᡠᠯᠠ ᠣᡥᠣᡩᠣ ᡝᠵᡝᠨ ᡳ ᠣᠩᡤᠣᠯᠣᡩ᠉ ᠪᡝᠶᡝ᠈
ᡨᡠᠸᠠ ᡩᡝ ᡩᠠᠰᠠᡥᠠᡴᡡ ᡝᠵᡝᠨ ᡳ ᡥᠠᠩᡤᠠ ᡩᡝ
ᠠᠰᡥᠠᡵᠠᡵᡠ᠉ ᡥᠠᡵᠠᠩᡤᠠ ᡳᡩᡠᡵᡳᠩᡤᡝ ᠠᠮᠪᡠᡵᡝᠩᡤᡝ ᠣᠮᠪᡳ᠉

ᡨᠣᠪᠣᡥᠣ ᠪᡳ ᠰᡳᠨᡳ ᡩᡝ ᡩᠣᠣᡩᡝᡵᡳᠩᡤᡝ ᠪᡳᠰᡳᠮᠪᡳ
ᠵᡳᡥᡝᠩ ᠪᡳ ᠰᡳᠨᡳ ᡩᡝ ᡩᠣᠣᡩᡝ᠈ ᡤᡳᠰᡠᡵᡝᠮᠪᡳ
ᠵᠣᡵᡤᠣᠨ ᠰᡳᠨᡳ ᡩᡝ ᡩᠣᠣᡩᡝ᠈ ᡤᡳᠰᡠᠨ
ᡩᡝ ᡨᡠᠸᠠᠮᡝ᠉ ᠪᡳᡥᡝ ᠰᡳᠨᡳ ᡩᡝ ᡩᠣᠣᡩᡝ᠈
ᠰᡝᠮᡝ ᡩᡝ ᡨᡠᠸᠠᠮᡝ᠉ ᡤᡝᠯᡝᠮᡝ ᠰᡳᠮᡝ ᠰᡝᠮᡝ
ᠰᡠᠸᡝ ᠰᡳᠮᡝ ᠰᡝᠮᡝ ᡩᡝ ᠪᠠᡳᠮᡝ᠉ ᠪᡳ ᠰᡳᠮᡝ

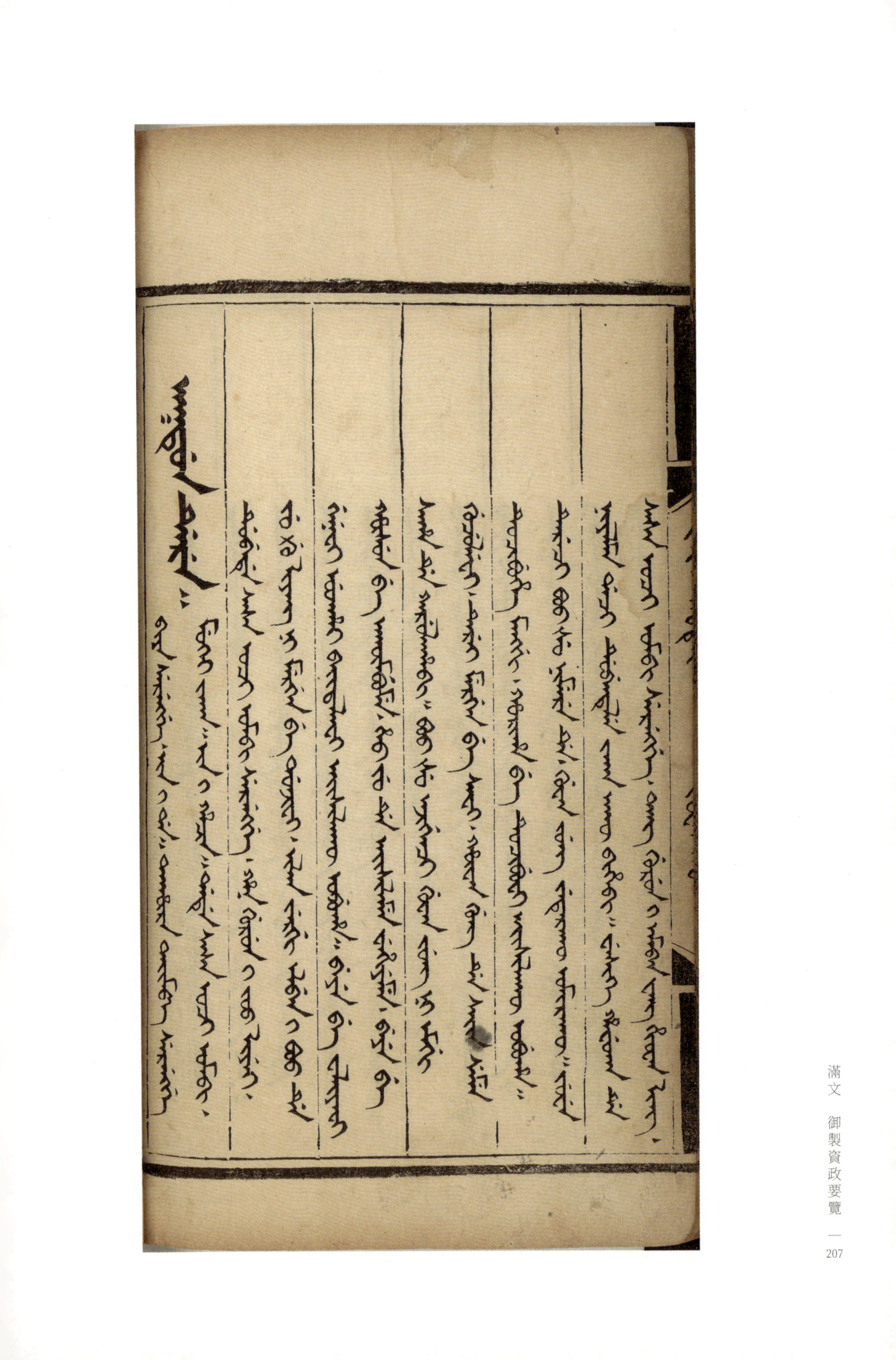

[illegible]

[illegible]

[illegible]

[illegible]

[illegible]

[illegible]

[illegible]

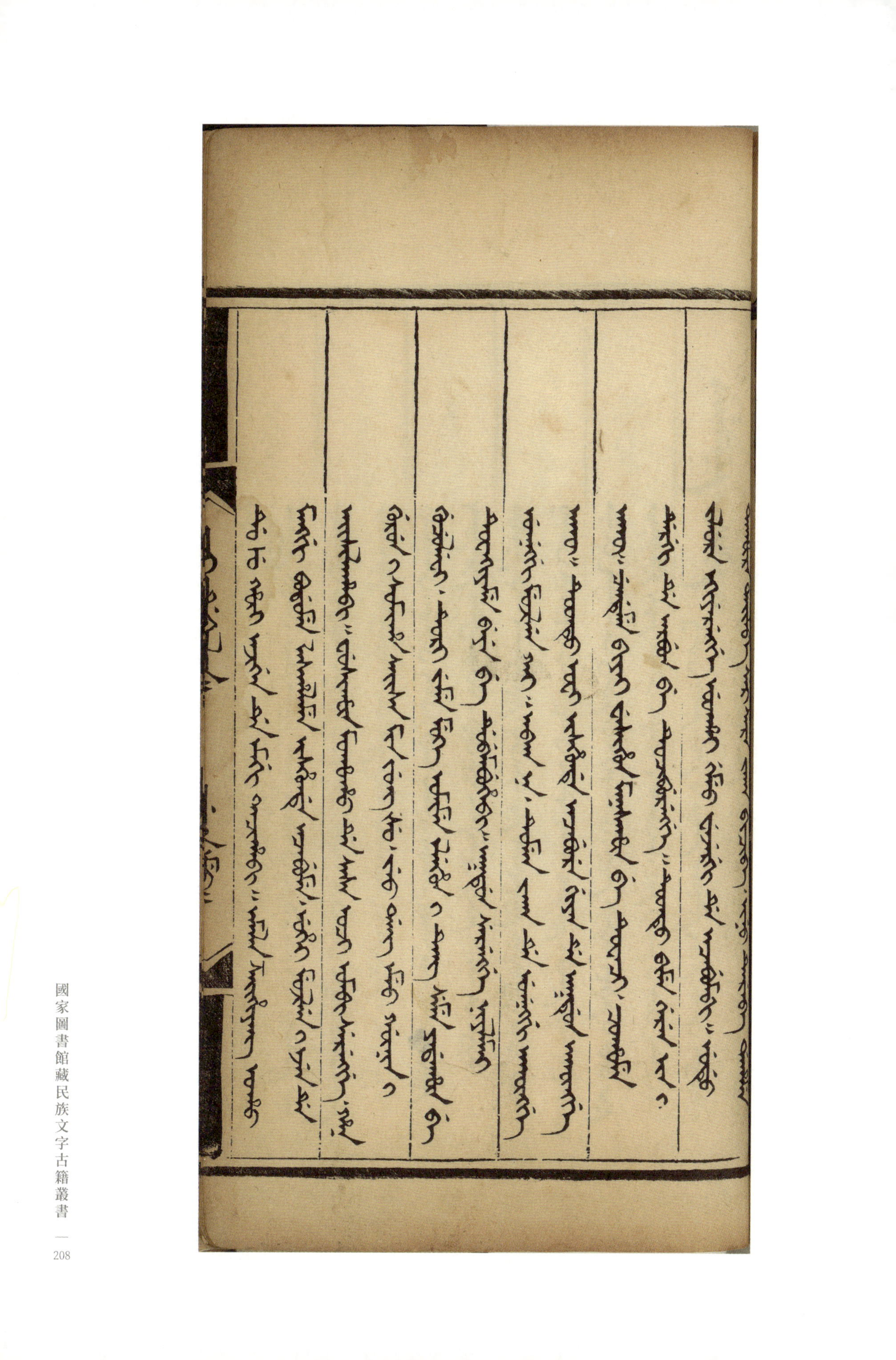

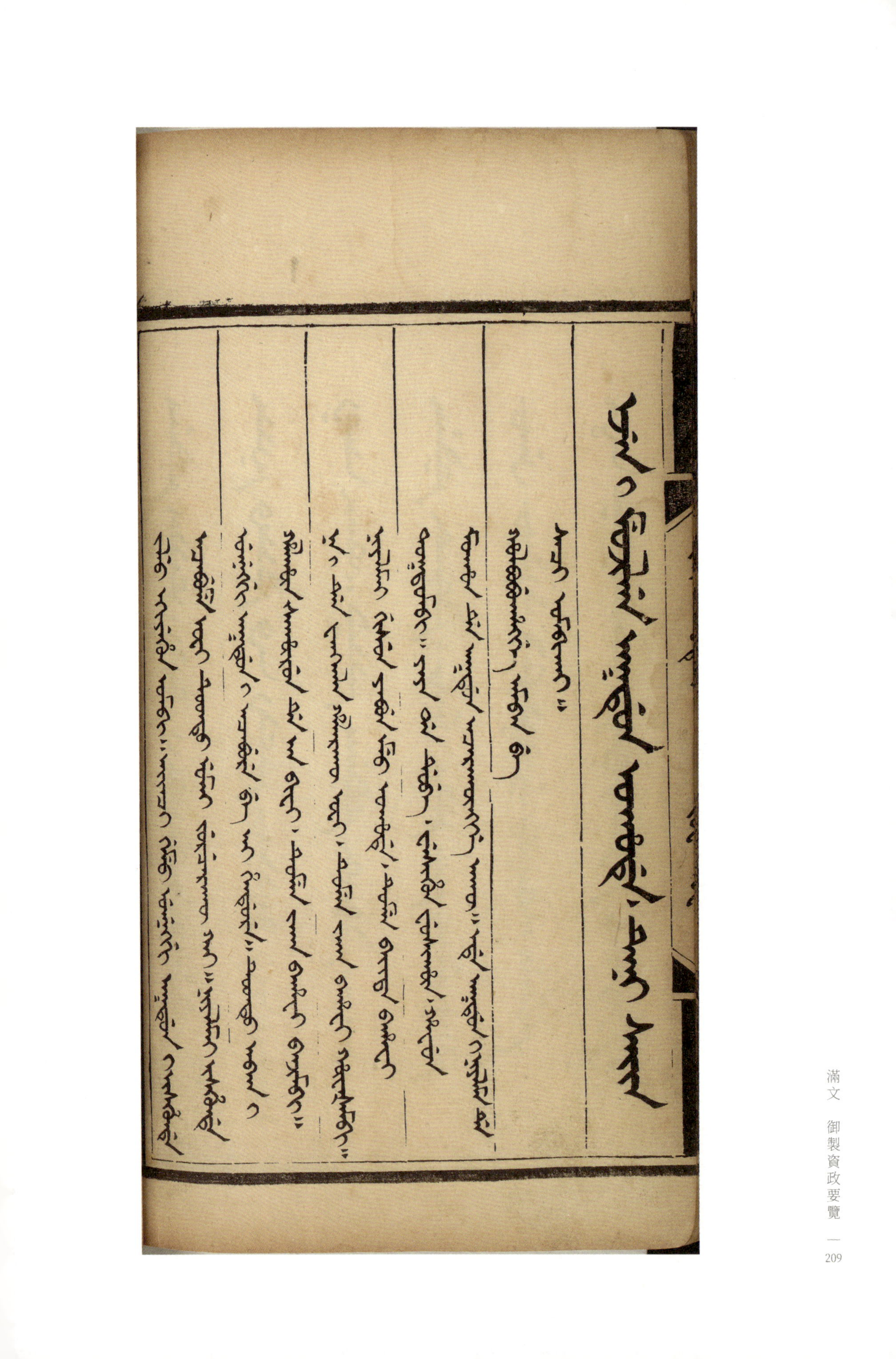

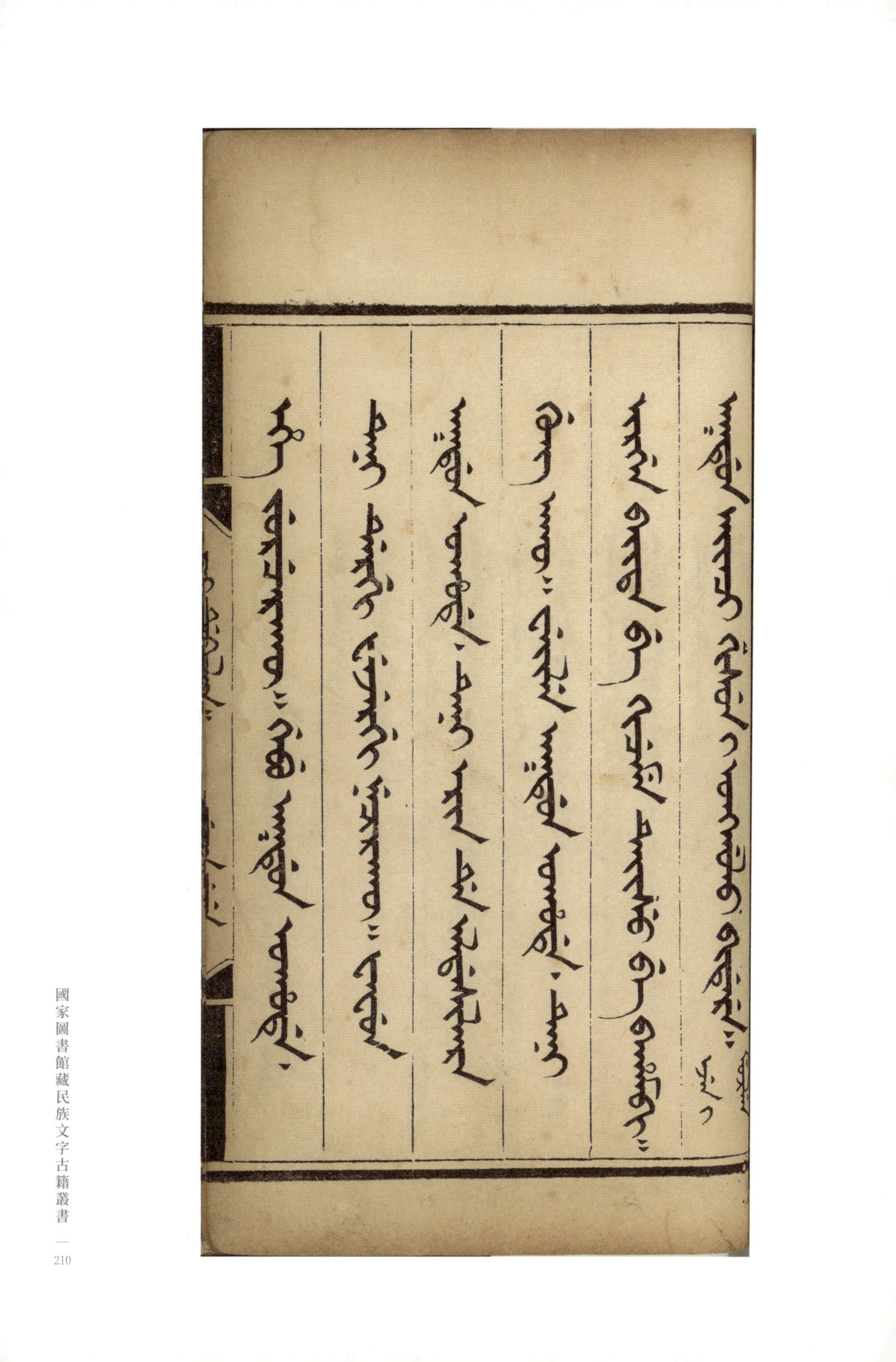

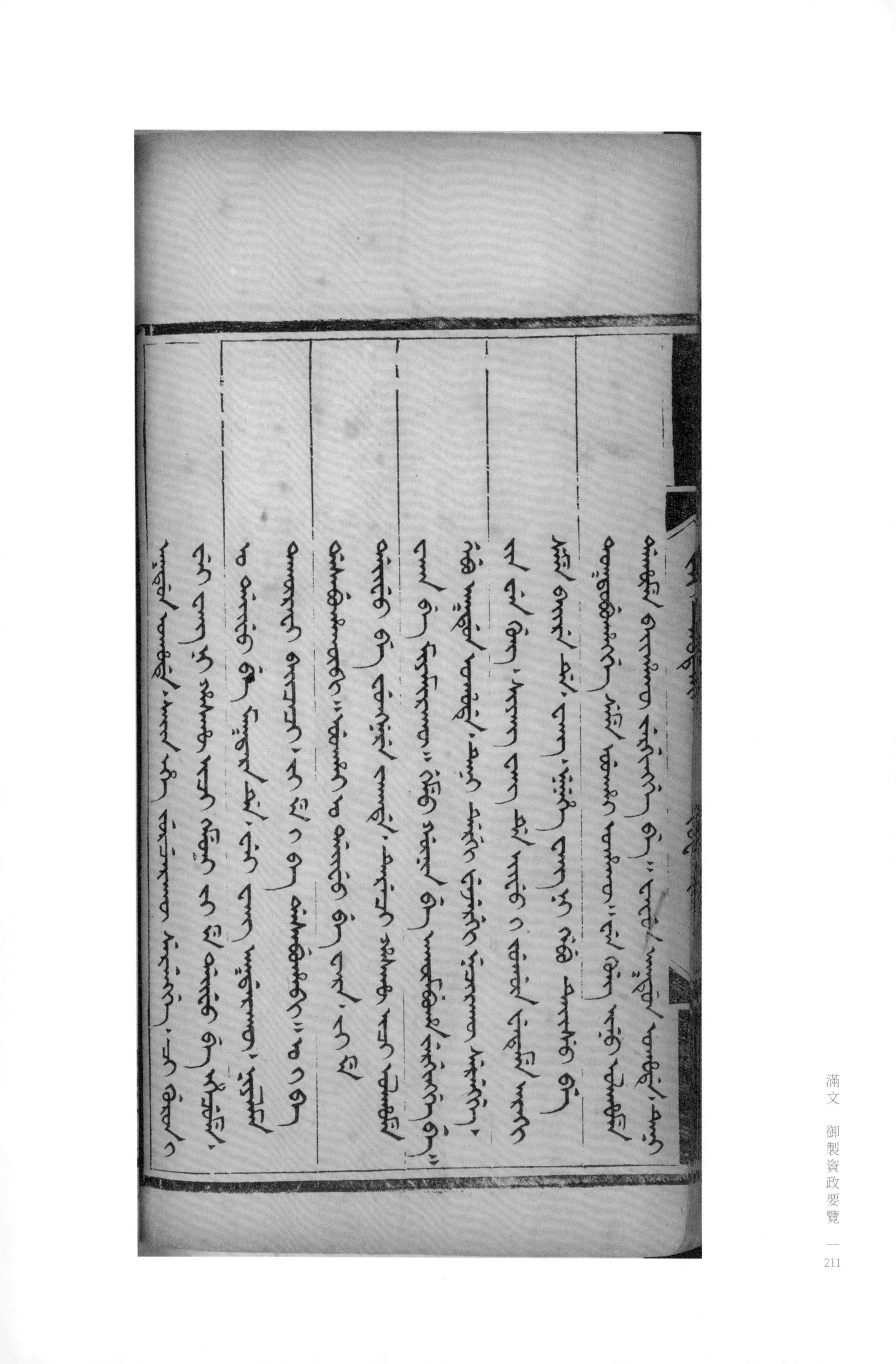

[illegible]

[illegible]

[illegible]

[illegible]

[illegible]

[illegible]

[illegible]

[illegible]

[illegible]

[illegible]

[illegible]

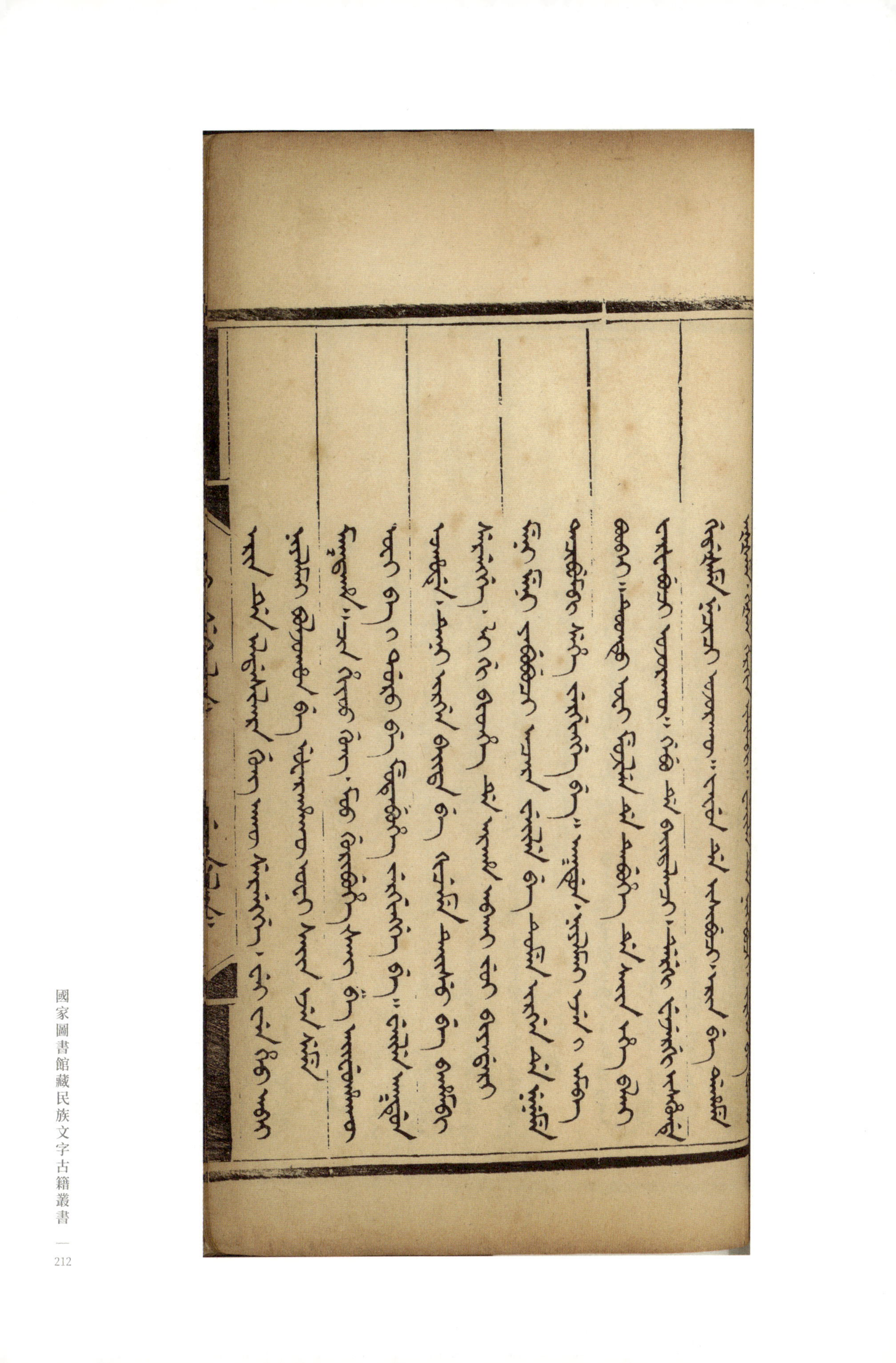

ᡝᡵᡩᡝᠮᡠ ᠪᡝ ᠮᡝᡵᡤᡝᠨ ᡳ ᡨᡠᡴᡳᠶᡝᡴᡝ ᡠᡵᡤᡠᠯᡝᠮᠪᡳ᠉ ᠰᡳ ᠰᡝᠮᠪᡳ ᡨᡠᠸᠠᡵᠠ ᠪᡝ ᠨᡳᠶᠠᠯᠮᠠ ᡨᡠᡴᡳᠶᡝᠮᡝ ᠮᡝᠩᡤᡝ ᠪᡝ

ᠮᡝᠩᡤᡝ ᡳ ᠰᡝᠮᠪᡳ ᠪᡝ

ᠰᡝᠮᠪᡳᡥᡝᠩᡤᡝ ᠰᠠᡳᠰᠠᠩᡤᠠ᠉

ᡝᡵᡩᡝᠮᡠ ᠰᠠᡳᠰᠠᠩᡤᠠ ᡨᡠᠸᠠᡵᠠ ᠨᡳᠶᠠᠯᠮᠠ ᡳ ᡤᡳᠰᡠᡵᡝᠨ ᠪᡝ

ᡤᡳᠰᡠᡵᡝᡵᡝ ᠮᡝᡵᡤᡝᠨ ᡳᠰᡳᠮᡝ ᠰᡝᠮᠪᡳ ᠣᡥᠣ᠉ ᠨᡳᠶᠠᠯᠮᠠ

ᡤᡳᠰᡠᡵᡝᡵᡝ ᠪᡝ ᡤᡝᠩᡤᡳᠶᡝᠨ ᠰᡝ ᡠᡥᡝᡵᡳᠯᡝᠨ ᠮᡝᠩᡤᡝ

ᡥᡡᠸᠠᠯᡳᠶᠠᠰᡠᠨ ᡩᠣᠣᡵᡤᡳ ᠪᡝᠶᡝ ᡳᠨᡳ ᠠᠯᡳᡥᠠᠪᡠᡥᡝᡩᡝ᠉ ᠵᡳ

[illegible] [illegible] [illegible] [illegible] [illegible] [illegible]

[illegible] ᡩᡝ [illegible]᠉ [illegible] [illegible]᠈ [illegible]᠈

[illegible] [illegible] ᠨᡳ [illegible] [illegible] [illegible]᠈ [illegible]᠈

[illegible] [illegible] ᡩᡝ [illegible]᠉ [illegible] [illegible]᠈

[illegible] ᠨᡳ [illegible] ᡩᡝ [illegible]᠉ [illegible]᠈ [illegible]

[illegible] ᡩᡝ [illegible]᠉ [illegible] ᠪᡝ [illegible]

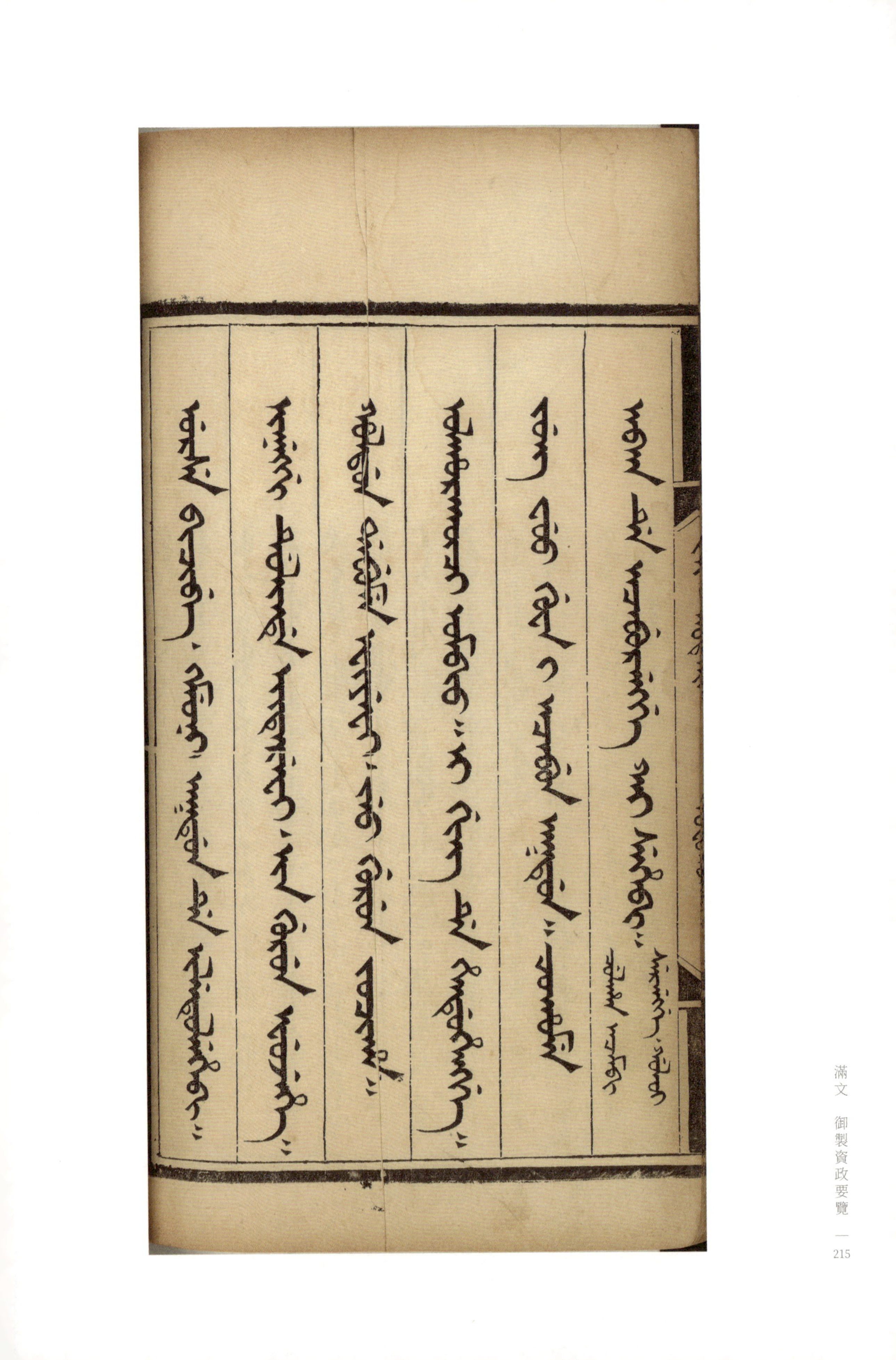

ᠪᡳᡨᡥᡝ ᠮᡝᠨᡳᠩᡤᡝ ᡨᡝᡵᡝᠴᡳᠩᡤᡝ ᠰᡳᠨᡩᡝᡥᡝᠩᡤᡝ ᠪᡝ ᠉ ᡨᡝ ᠰᡝᠮᡝᡥᡝᠩᡤᡝ ᠪᡝ᠈ ᡨᠣ
ᡨᡝᠴᡳᠩᡤᡝ ᠪᡝ ᠶᠠ ᡤᡝᡵᡝ ᡨᡠᠸᠠᡵᡝ ᠮᡝᠨᡳ ᡨᡝᡳ᠈ ᡨᡝᠴᡳᠩᡤᡝ ᠪᡝ᠈ ᠰᡝᠮᡝᡵᡝ
ᠪᡝᠨᡝ ᠪᡝ ᠰᡝᠮᡝᡥᡝᠩᡤᡝ ᡨᡝᡳ ᡳ ᠪᠣᡩᠣ ᠰᡳᠨᡳ ᡨᡝᠮᡝᡥᡝᠩᡤᡝ᠈ ᡨᡝᡵᡝ ᡨᠣᠮᡝ ᠮᡝᠨᡳᡵᡝ
ᠶᠣᡵᡝ ᠰᡳᠮᡝ ᠉ ᡨᡝᠮᡝᡴᡝᠨ ᠪᡝᡨᡝᠮᡝᡴᡝᠨ ᠪᡝᡨᡝᠮᡝᠣ ᠶᠣᡩᠣ ᡨᡝᠮᡝᡥᡝᠩᡤᡝ ᠉ ᡨᡝᡵᡝ ᡨᡝᠮᡝ
ᠰᡳᡩᡝᡵᡝ᠈ ᠮᡝᠩᡤᡝ ᠪᡝ ᠶᡝᠮᡝᡴᡝᠨ ᠮᡝᠮᡝᠮᡝᠣ ᠉ ᡨᡝᠮᡝᡵᡝ ᠣᠮᡝᠮᡝ ᠪᠣᠪᡝ
ᠮᡝᠮᡝᠨ ᡨᡝᠮᡝᡵᡝ ᠮᡝᠩᡤᡝ ᠮᡝᠪᡝᠪᡝᠨ ᠮᡝᡵᡝ ᠶᡝᠪᡝᠨ ᠪᡝᠮᡝᠪᡝᠮᡝᠨ ᠰᡳᡵᡝ ᡨᡝᠮᡝᡵᡝ᠈
ᠪᡝᡵᡝ ᠮᡝᠮᡝᡵᡝ ᠮᡝᠩᡤᡝ ᡨᡝᡵᡝ ᠮᡝᡵᡝ ᡨᡝᡵᡝ ᠮᡝᠰᡳᠮᡝᡵᡝᠨ᠈ ᠪᡝᠮᡝᡵᡝ ᡨᡝᠮᡝᡵᡝ ᡳ
ᠪᡝ ᠮᡝᠮᡝᠪᡝᠨ ᠉ ᡨᡝᠮᡝ ᠪᡝ᠈ ᡨᡝ ᠪᡝᠮᡝᡵᡝ ᡳ ᠮᡝᠪᡝᡵᡝ ᠉ ᡨᡝᡵᡝ ᠪᡝ᠈ ᡨᡝ ᠪᡝᠮᡝᡵᡝ ᡳ
ᠪᡝᠪᡝ ᠮᡝᠮᡝᡵᡝ ᡨᡝᡵᡝ᠈ ᡨᡝᠪᡝ ᡨᡝᡵᡝ ᠮᡝᠩᡤᡝ᠈ ᠮᡝᡵᡝ ᠮᡝᠪᡝ ᠰᡝᠪᡝᠪᡝᠨ ᡨᡝᠮᡝᡵᡝ ᠰᡝᠮᡝ᠈
ᡨᡝᠮᡝ ᡨᡝ ᠮᡝᠩᡤᡝ᠈ ᠰᡝᠪᡝᠪᡝᠪᡝ ᠪᡝ ᠪᡝᠮᡝᠪᡝᠨ ᠮᡝᠮᡝᠮᡝᠣ ᠉ ᠰᡳᠪᡝᡵᡝ
ᠮᡝᠮᡝᡵᡝ ᡨᡝᠮᡝᡵᡝ ᠰᡳᡵᡝ ᠉ ᡨᡝᡵᡝ ᠪᡝ᠈ ᡨᡝᠪᡝ ᡨᡝᡵᡝ ᡳ ᡨᡝᠪᡝᡵᡝ ᠪᡝ ᠪᡝᠮᡝᠪᡝᠮᡝᠨ ᠉

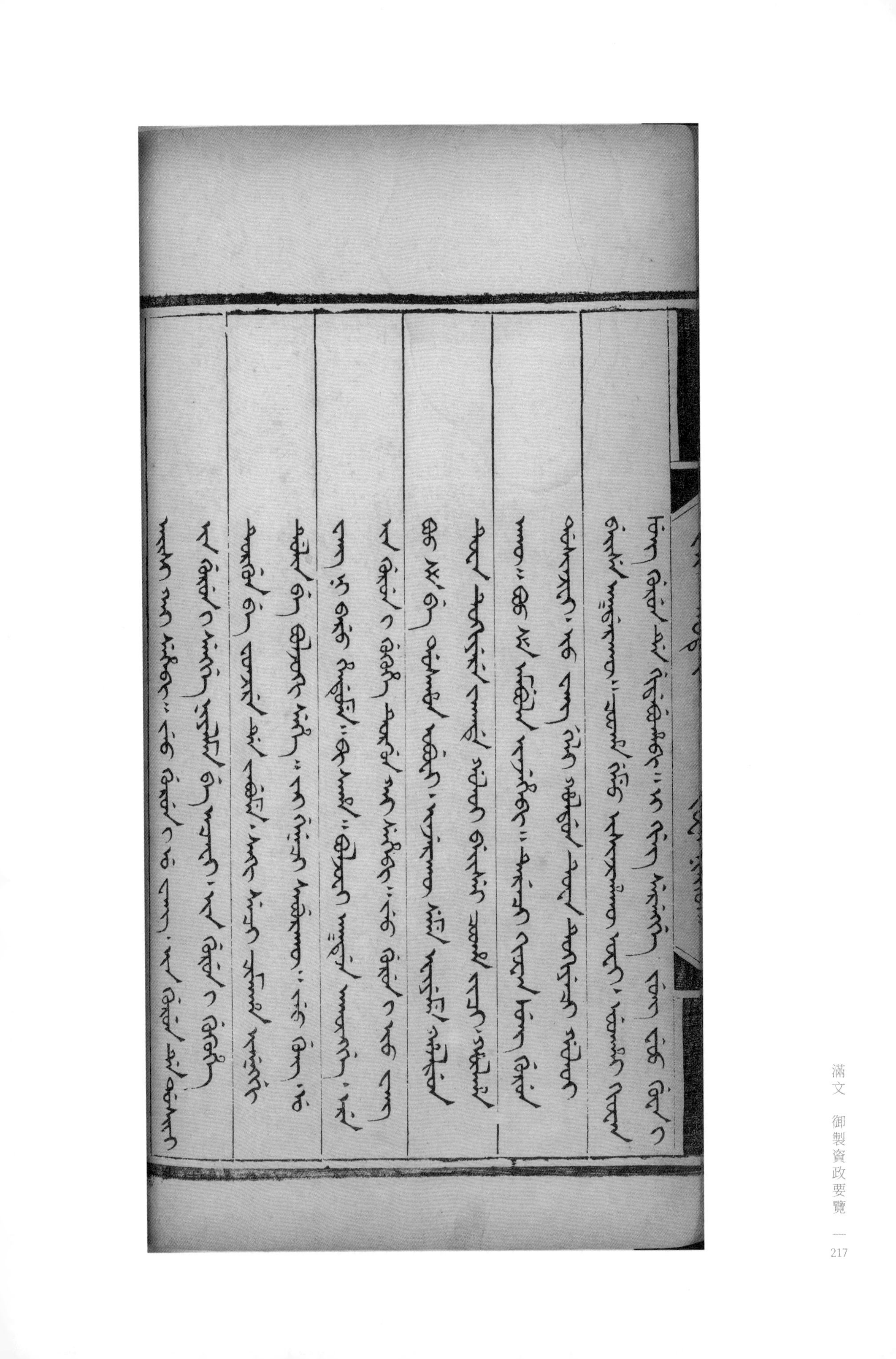

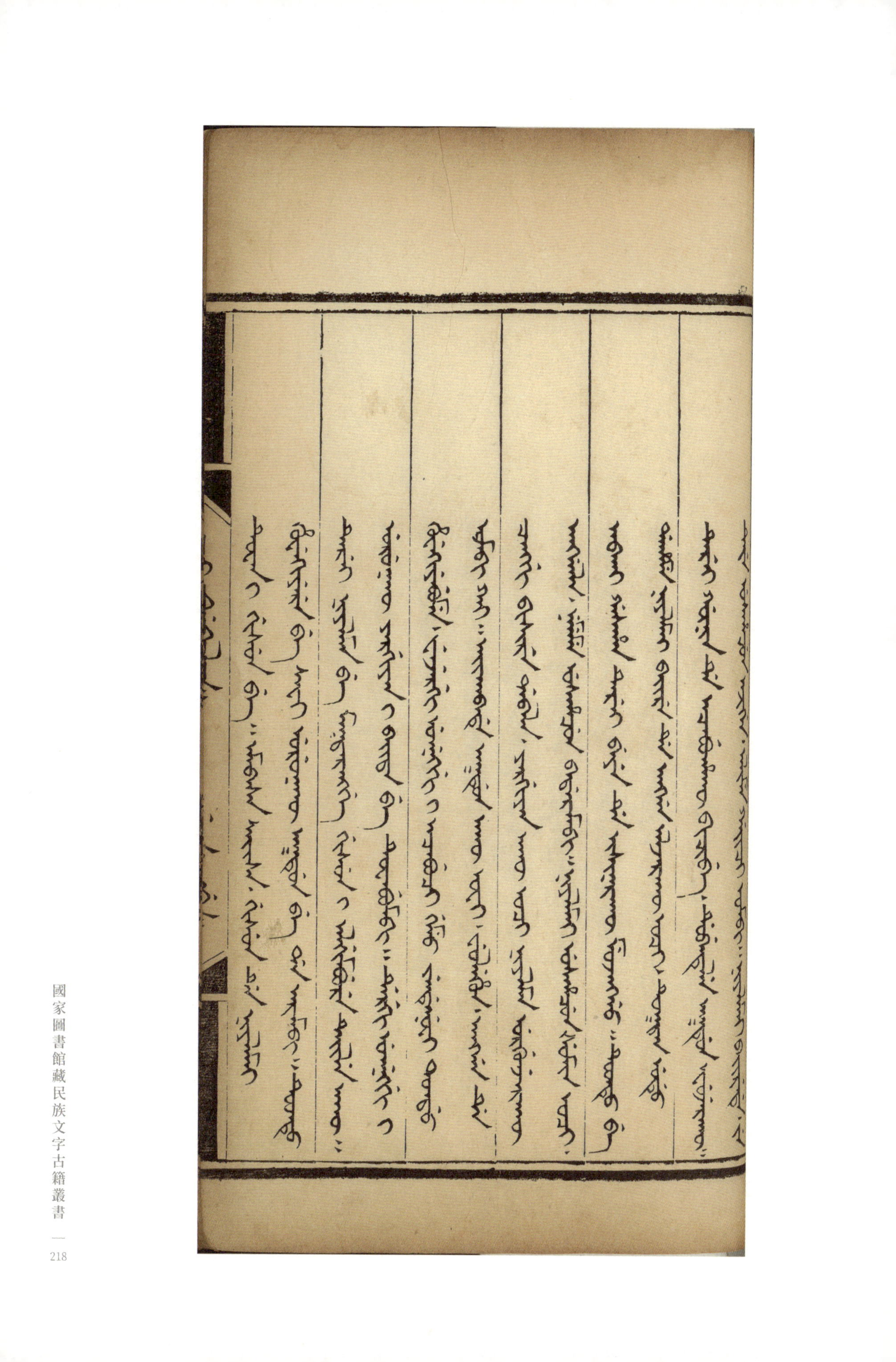

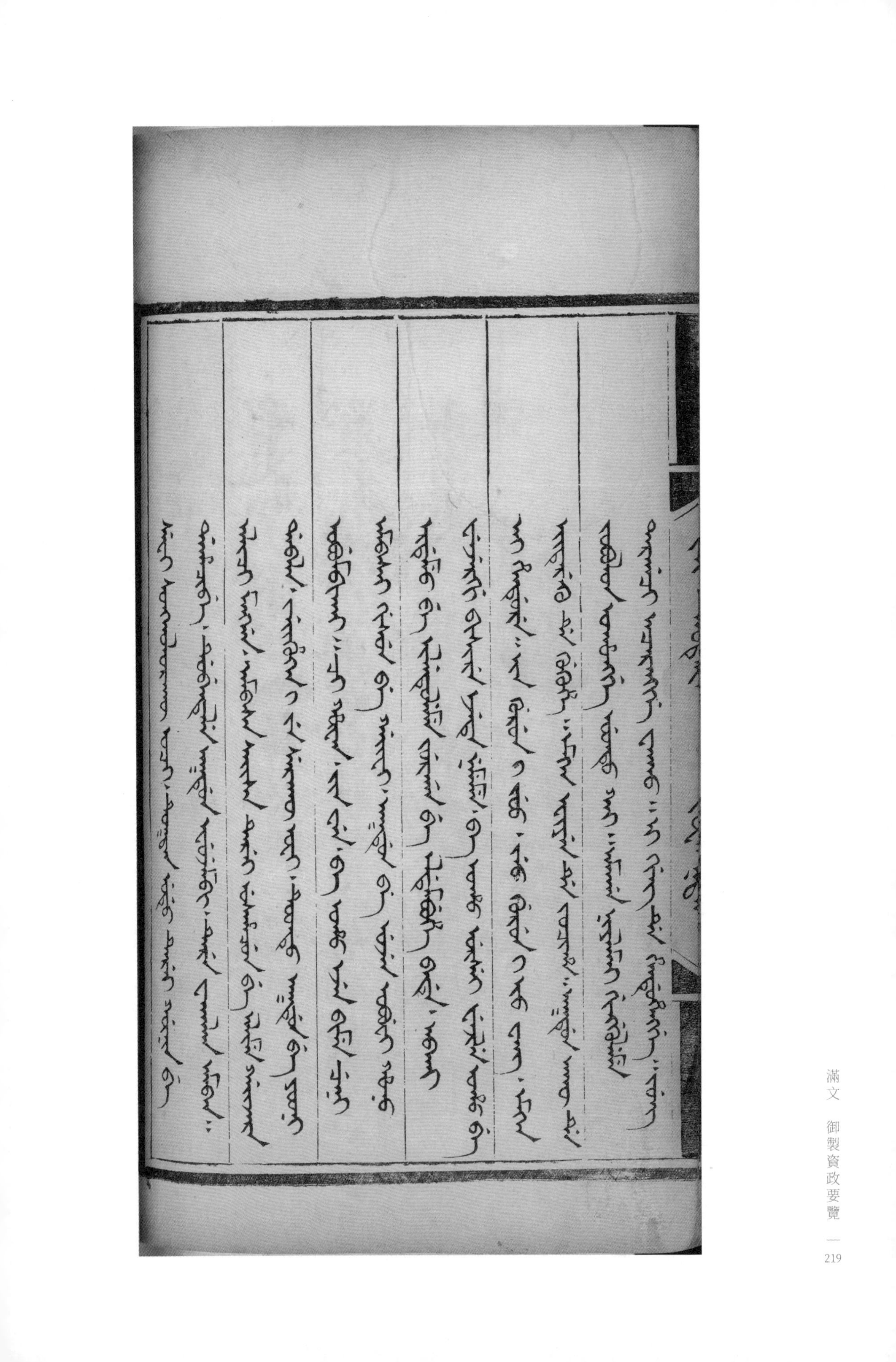

ᠰᡠᠸᡝᠨ ᡩᠣᠰᡳᠮᡝ᠈ ᠪᡠᡥᡝ ᠪᡝ ᠰᠠᡳᠰᠠ ᠰᡝᠮᡝ᠈ ᠰᡠᠸᡝᠨ ᡳ ᡝᠯᡤᡳᠶᡝᠮᡝ᠈ ᠰᡝᠮᡝ ᠪᠣᠣ ᠪᡝ ᠪᠠᡳᠴᠠᠮᡝ᠈ ᠰᡝᠮᡝ

ᠰᡠᠸᡝᠨ ᠪᡠᡥᡝᠪᡳ᠉ ᠪᠣᡥᠣᠮᡝ ᠰᡠᠸᡝᠨ ᠪᡝ᠈ ᠠᡴᡡᠮᠪᡠᡶᡳ ᠠᡳᠰᡳᠯᠠᠴᡳ ᠠᡳᠰᡳᠯᠠᠮᠪᡳ

ᠰᡝᠮᡝ ᠪᡠᡥᡝᠪᡳ᠉ ᠰᡝᠮᡝ ᠪᡠᡥᡝᠪᡳ᠉ ᡤᡳᠰᡠᠨ

ᠰᡝᠮᡝ ᠪᡠᡥᡝᠪᡳ᠉

ᠵᡳᠮᡝᠩᡤᡳᠨᡳᠩᡤᡝ ᠰᡠᡵᡝ ᠪᡠᡴᡨᠠᠨ ᠰᡝᠮᡝ ᡥᡝᠨᡩᡠᡥᡝ ᠪᡝ

ᠪᠣᡥᠣᠮᡝ ᠪᡠᡥᡝᠪᡳ᠉ ᠠᡳᠰᡳᠯᠠᠴᡳ ᠪᠣᡥᠣᡵᡳ ᠰᡝᠮᡝ ᠪᠣᡩᠣᡵᠣ

ᡤᡳᠰᡠᠨ ᠪᡝ ᡨᡠᠸᠠᠪᡠᠮᡝ᠉ ᡩᡝ ᠵᡝ᠈ ᠵᡳᡥᡝ ᠪᡝᠶᡝ ᠪᡝ

ᠰᡠᠸᡝᠨ ᠪᡝ ᡝᠯᡤᡳᠶᡝᠮᡝ᠉ ᠪᠣᡥᠣ ᠰᠠ ᠰᡝᠮᡝ᠈ ᠪᡠᡥᡝ ᠪᡝ

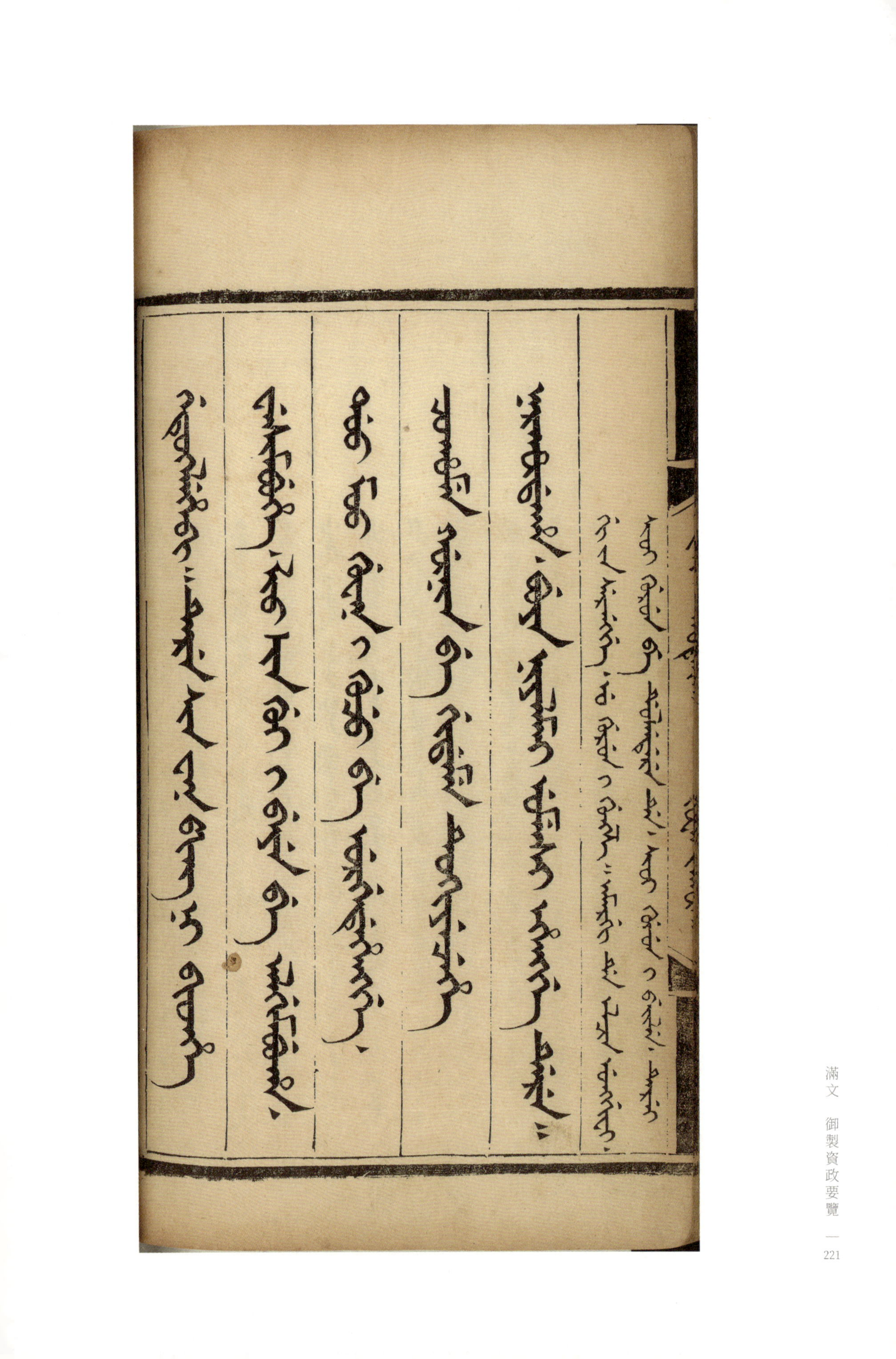

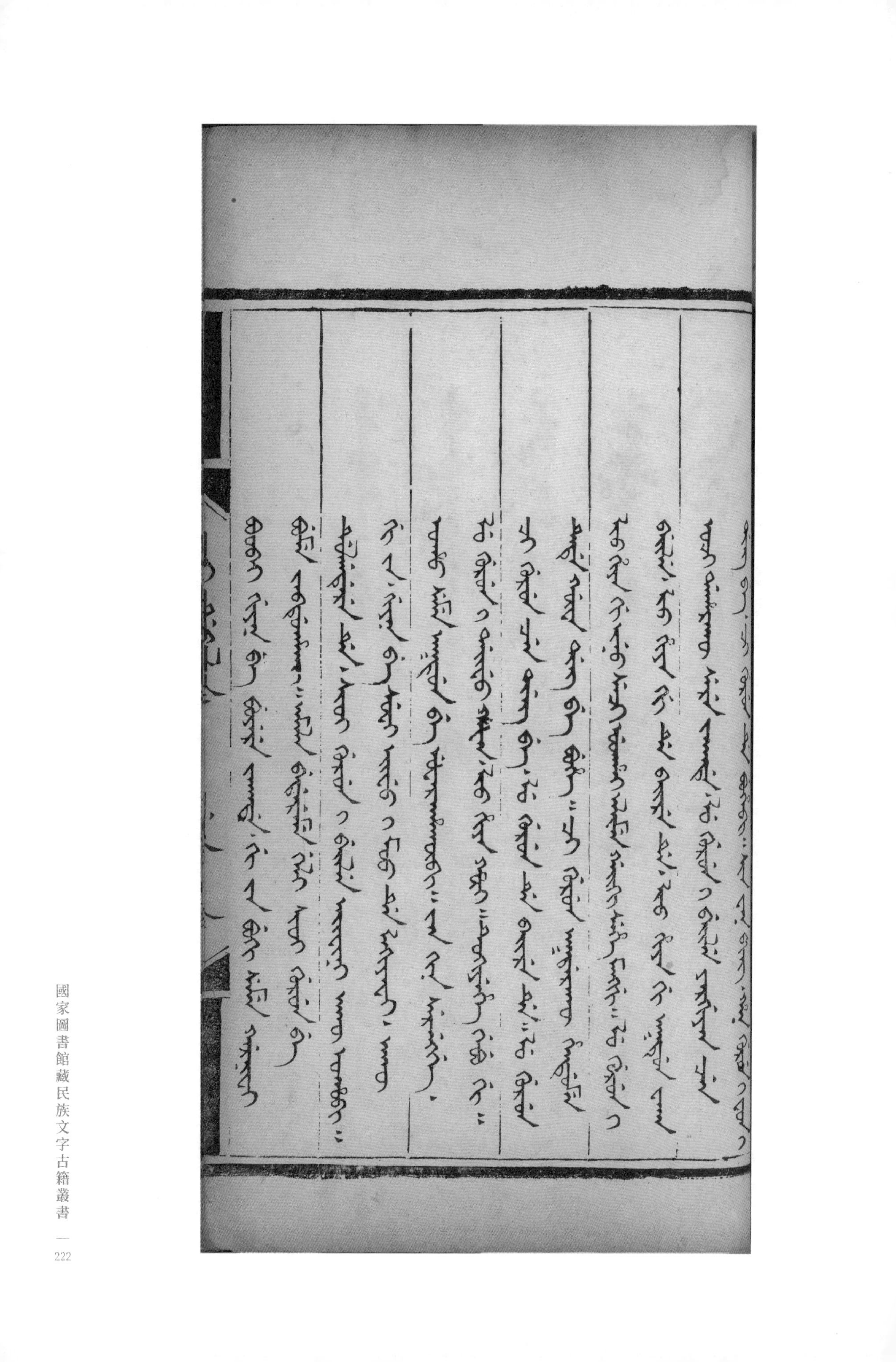

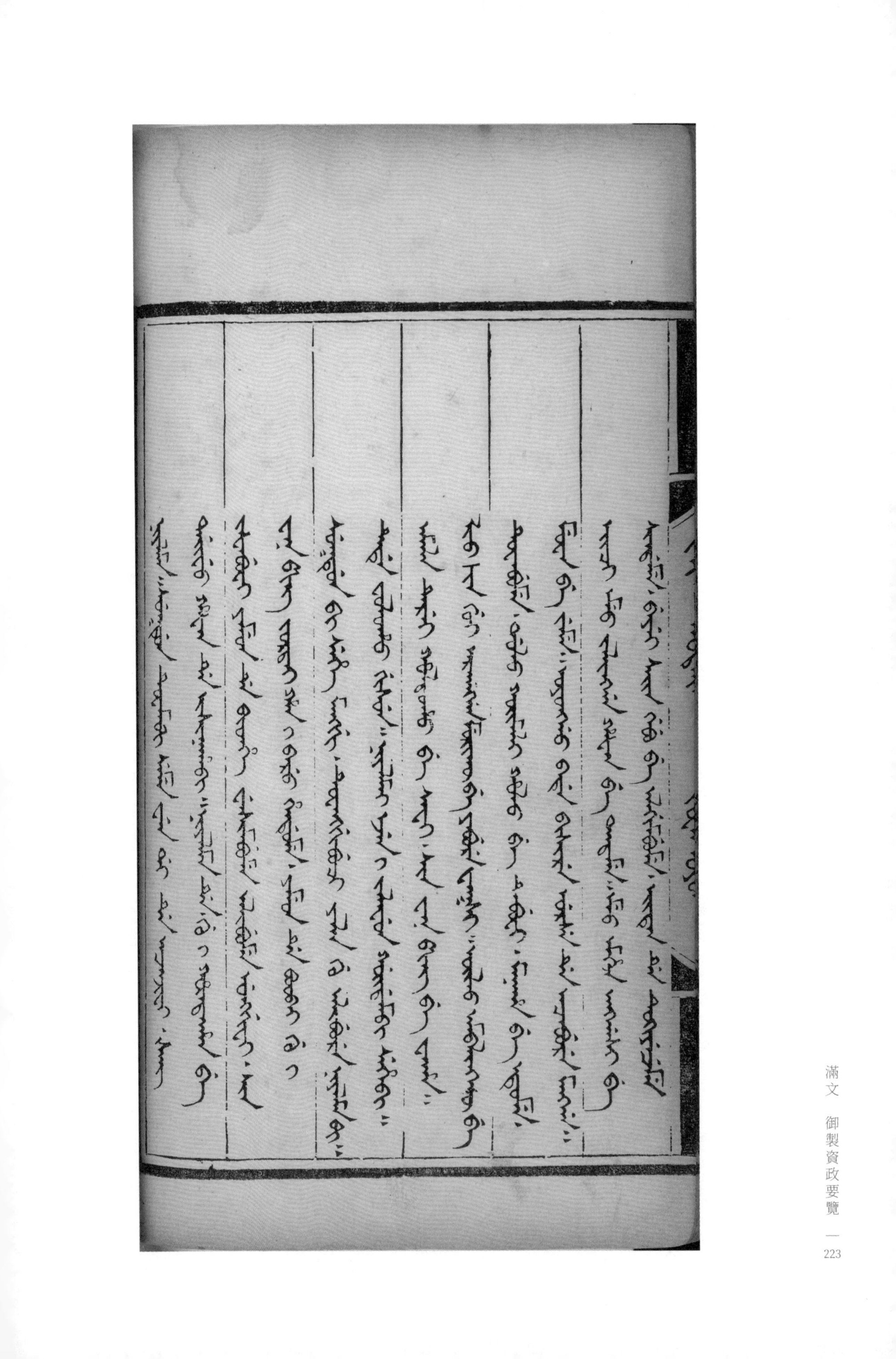

[illegible]

[illegible]

[illegible]

[illegible]

[illegible]

[illegible]

[illegible]

[illegible]

[illegible]

[illegible]

[illegible]

[illegible]

[illegible]

[illegible]

[illegible]

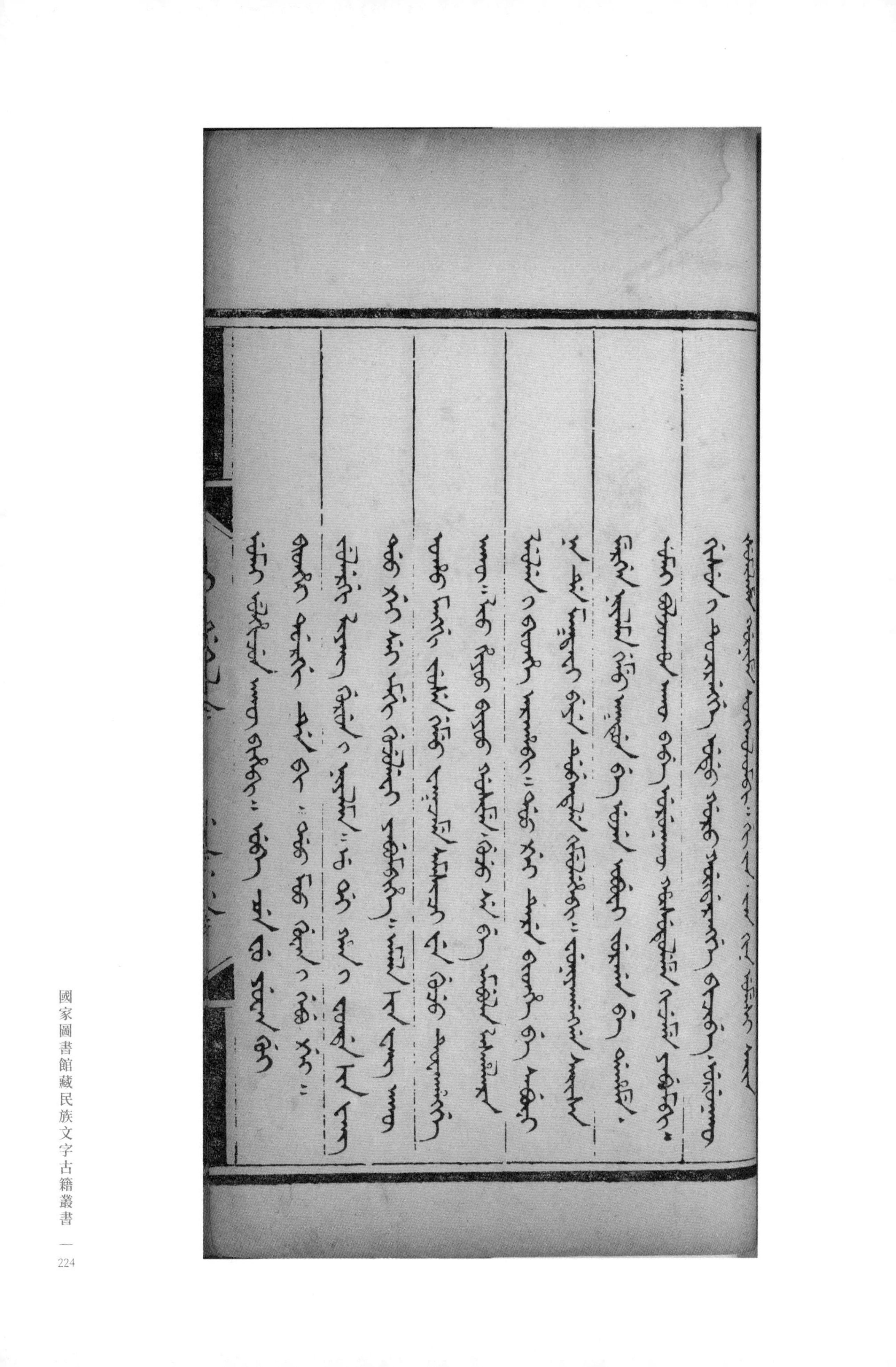

ᠪᠣᡳ ᡤᡳᠰᡠᠨ ᠪᠣᠨᡳ ᡤᡳᠰᡠᠨ ᡩᡝ ᠠᠨᠠᠮᡝ ᠠᡳ ᠪᡳ ::

ᠣᠮᠣᠯᠣ ᠨᡳᠶᠠᠯᠮᠠ ᠪᠣᠴᠣ ᡤᡳᠰᡠᠨ ᠠᠮᠪᠠᠯᡳᠩᡤᡡ ᠠᡳᠰᡳ ᠪᠣᠵᠣ ::

ᡠᡥᡝᠨ ᠪᡝ ᡥᠣᡥᠣᡵᠣ᠈ ᡨᡠᠸᠠᡴᡳᠶᠠᡵᡝ ᠠᠮᠪᡠ ᠪᡝ ᡤᡳᠩᡤᡠᠯᡝᠮᡝ᠈ ᠪᠣᠯᡤᠣᡧᠣᠪᡠ

ᡤᡳᠰᡠᠨ ᡳᠰᡳ :: ᠠᠮᠪᠠ ᡳ ᠮᡠ ᠪᠣᠣ ᠨᡳ ᠠᠨᡳᠶᠠ ᠠᠮᠪᡠᠯᠠ ᠪᠣᠣ ᡳᠰᡳ

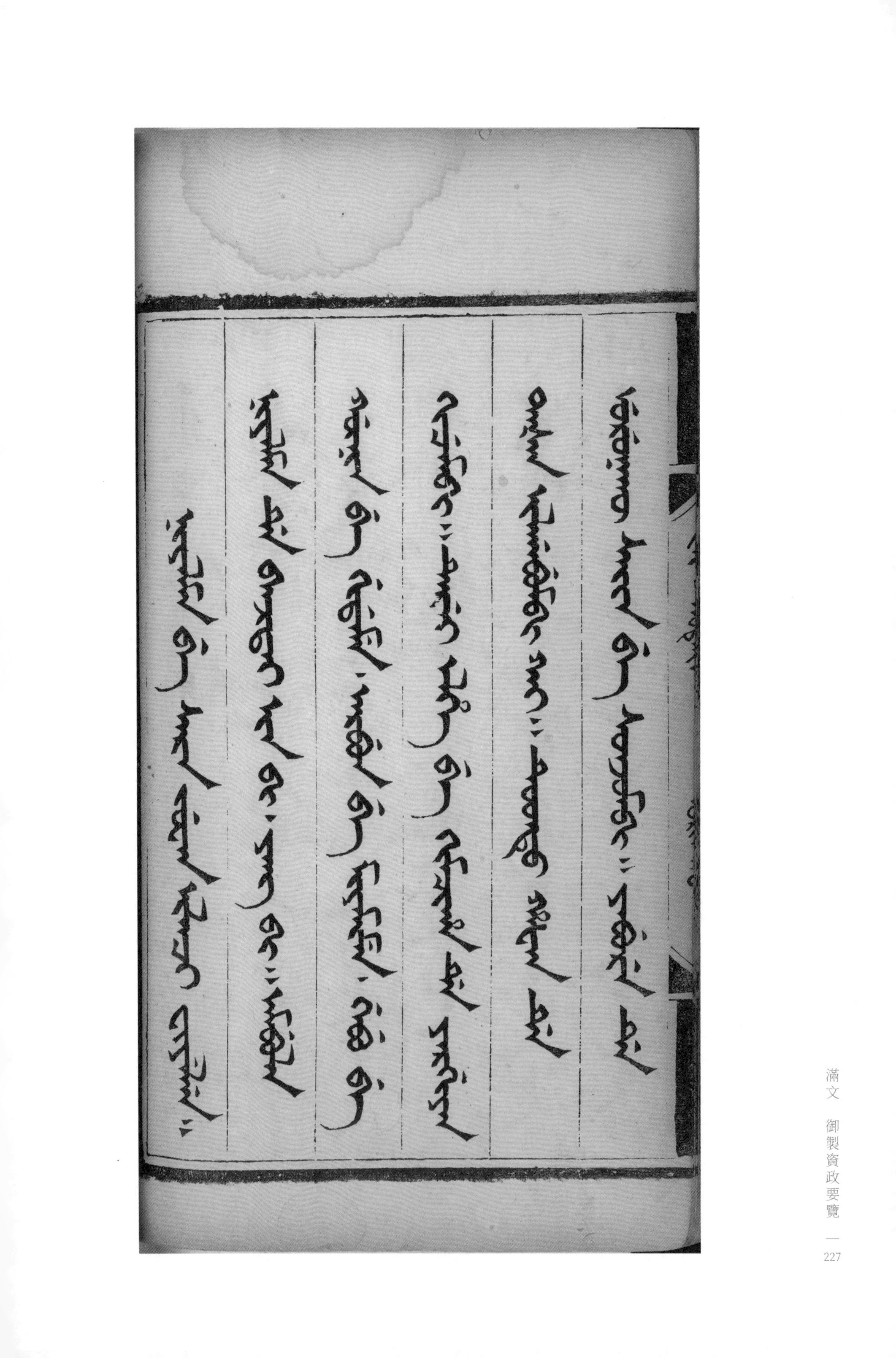

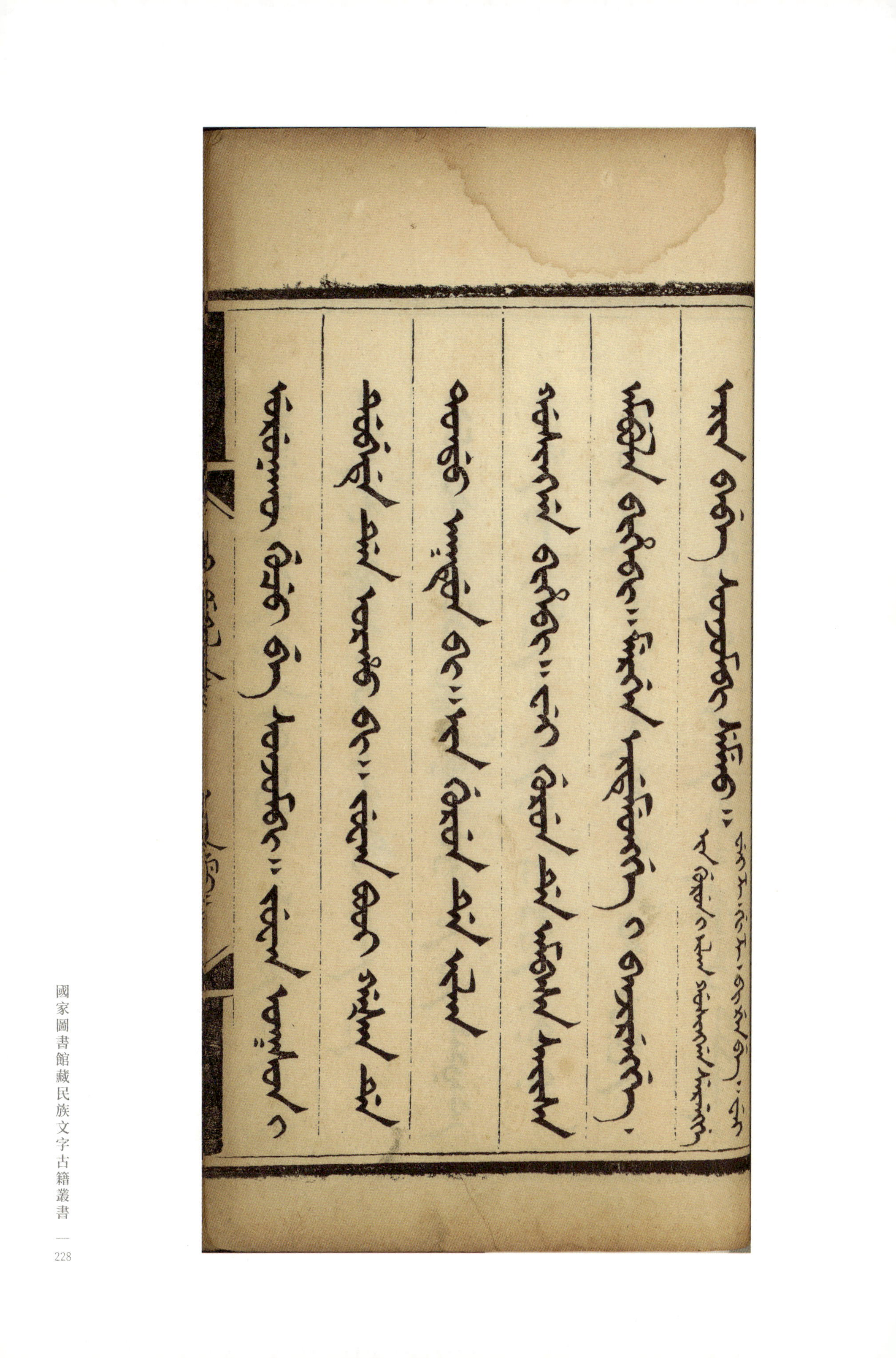

[illegible]

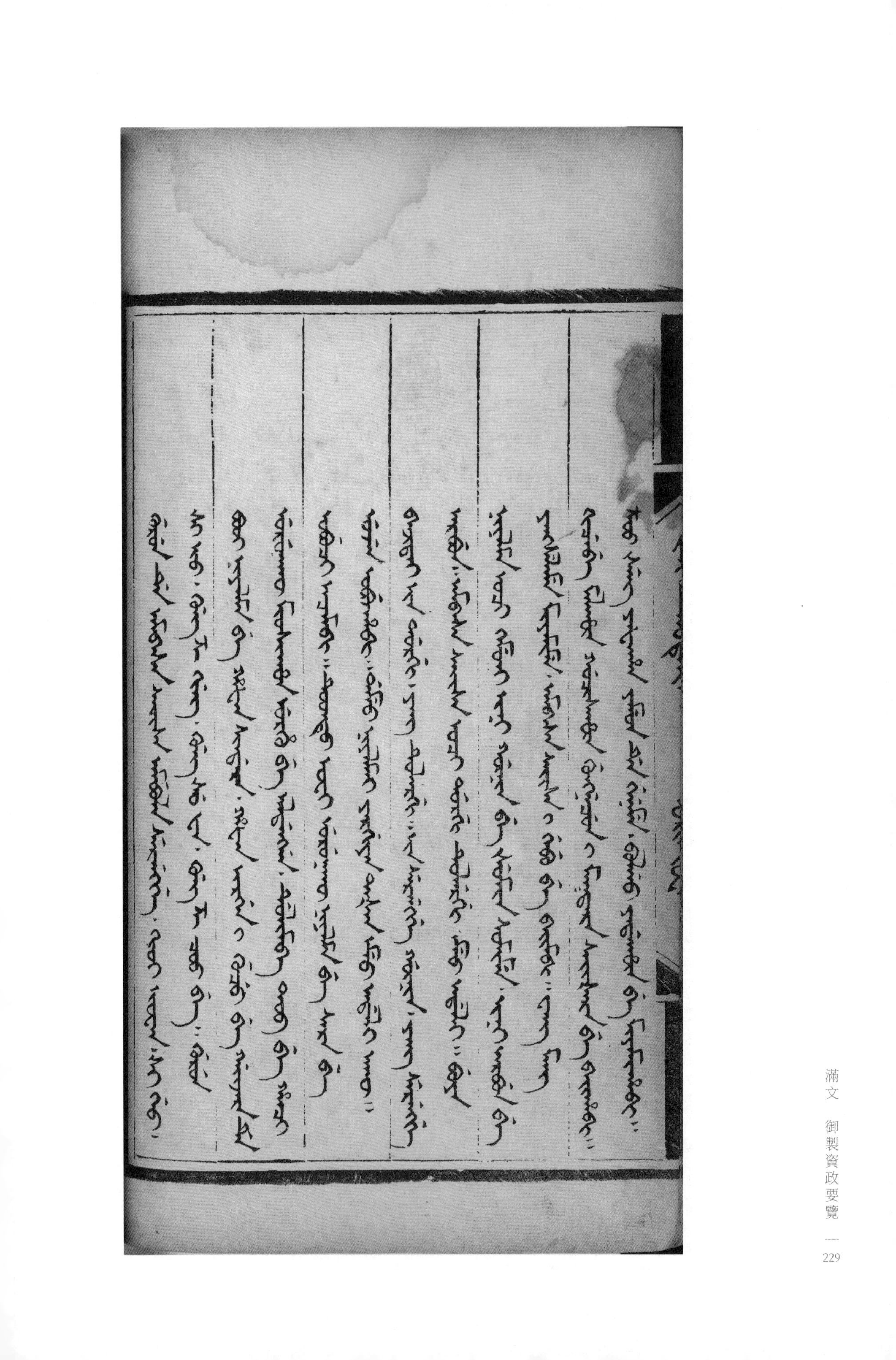

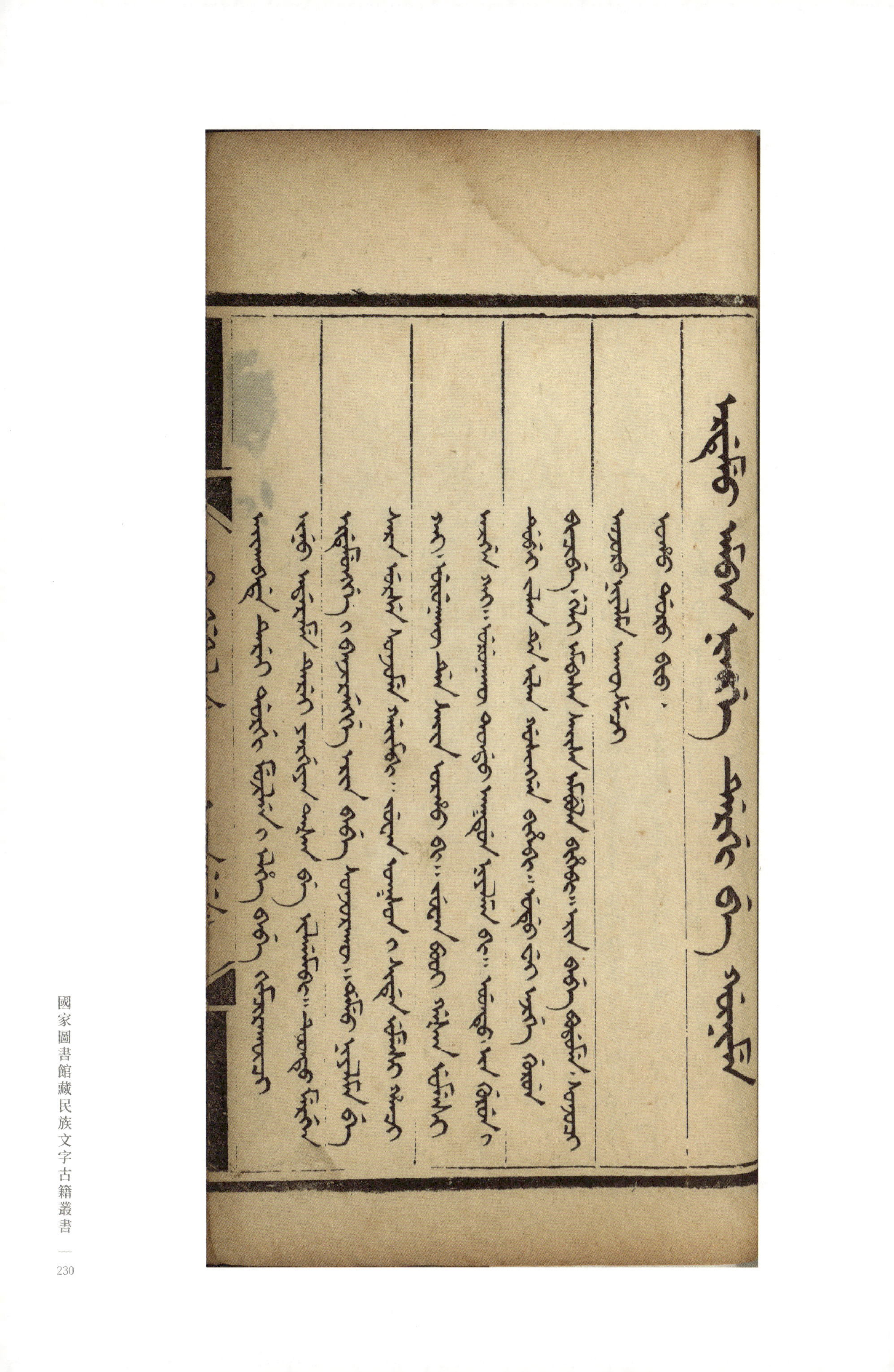

ᡤᡳᠩᡤᡠᠯᡝᠮᡝ ᠵᠠᠯᡳᠨ ᠪᠣᠯᠣᡥᠣ᠉ ᡝᠷᡝ ᠵᠠᠯᡳᠨ ᡝᠮᡝ ᠠᠮᠪᠠᠯᡳᠩᡤᠠ

ᡝᠯᡝ᠈ ᡤᡳᠰᡠᠨ ᠵᠠᠯᡳᠨ ᠣᠪᡠᡥᠠᠪᡳ ᡝᠯᡝ᠈ ᠣᠪᠣᠣᡥᠣ

ᡳᠴᡳ ᠰᡠᠩᡤᡳᠶᡝᠨ᠈ ᠰᡠᠴᡠᠩᡤᠠ ᡩᠠᠰᠠᠨ ᠠᠮᠪᠠᠯᡳᠩᡤᡡ ᡳᠰᡳᠪᡠᡥᡝ᠉

ᡝᠯᡥᡝᠩᡤᡝ ᠪᠣᠣᡳ ᠰᡝᡵᡝ ᡳᠴᡳ ᠪᠣᠯᠣᠨ᠈ ᠴᡳᠩᡤᡝ ᡝᠯᡥᡝ

ᠵᡳᡶᡠᠨ ᡳᠴᡳ ᡤᡳᠩᡤᡠᠯᡝᠮᡝ ᡤᡝᡵᡤᡠᠨ ᠣᠪᡠᡥᠠ ᡝ ᠮᡠᠵᡳᠯᡝᠨ᠈

ᠪᡝᠶᡝ ᠮᠠᠩᡤᠠ ᡨᠣᡴᡨᠣᠪᡠᡥᠠ᠉ ᠪᡝᠶᡝᡳ ᠰᠠᡳᠨ ᠰᡝᠮᠪᡳ

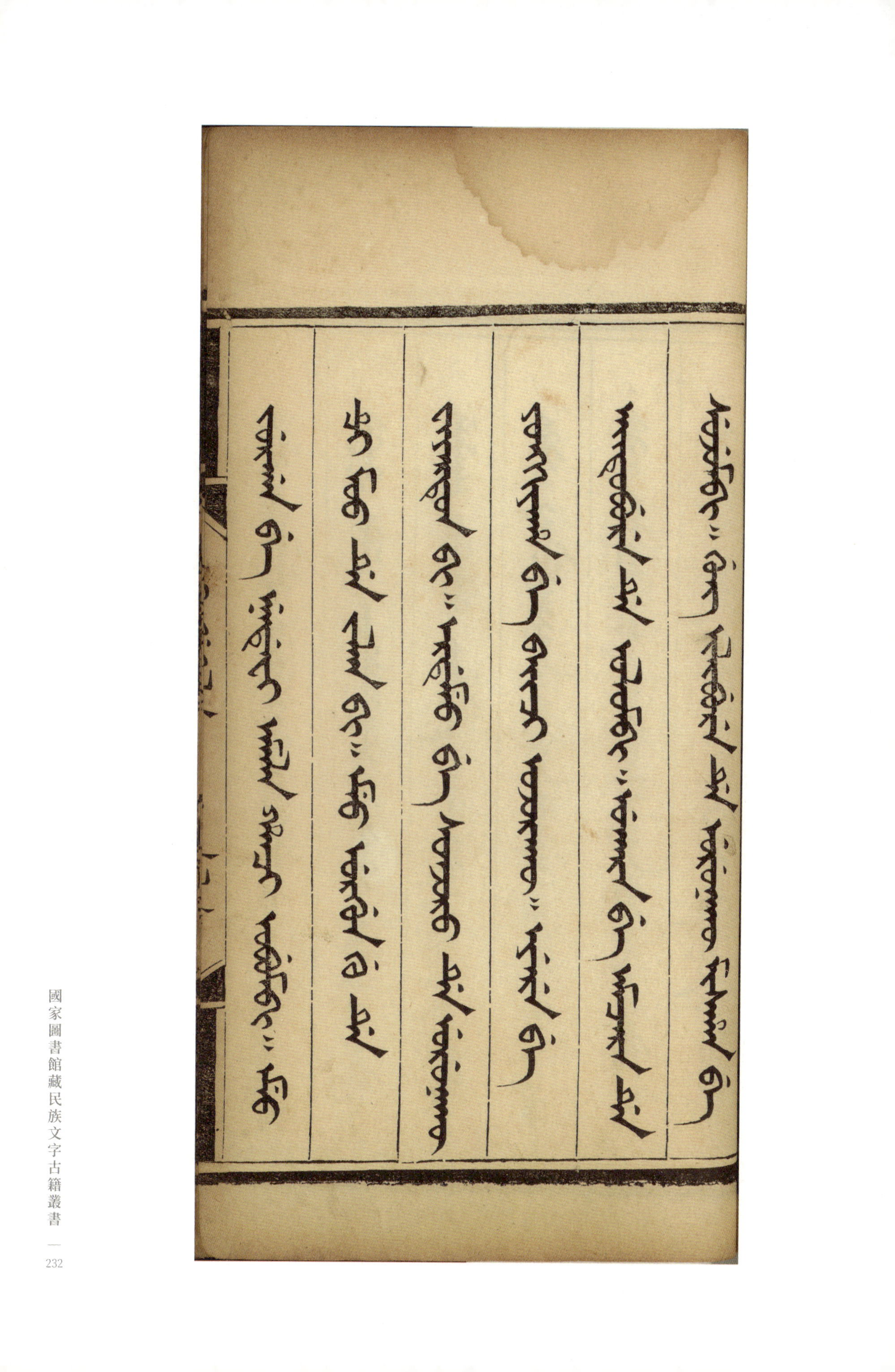

[illegible]

[illegible]

[illegible]

[illegible]

[illegible]

[illegible]

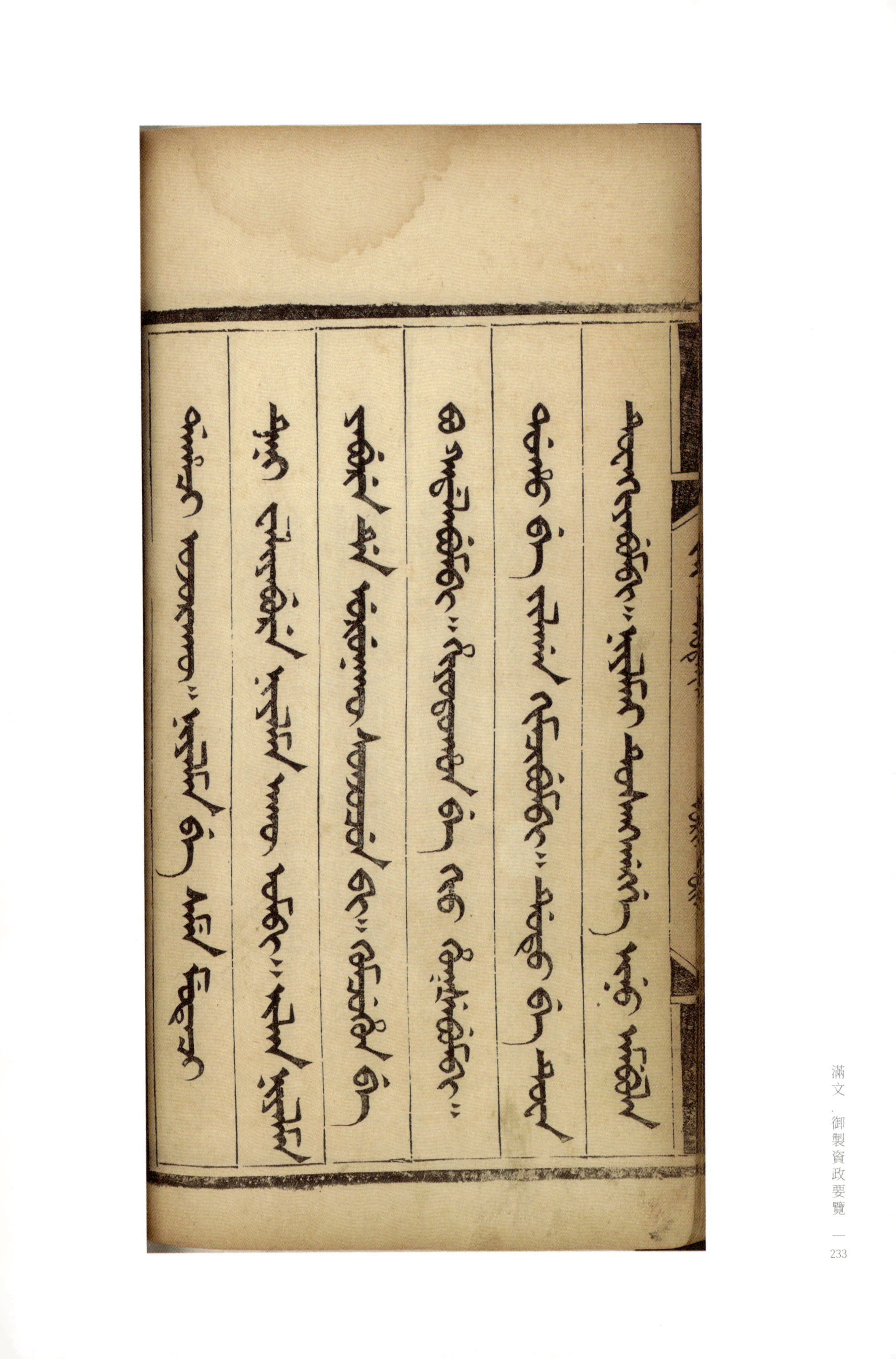

ᠮᠠᠩᡤᠠ ᡠᠵᡠ ::

ᠪᠠᡳᡨᠠ ᠪᡝ ᡴᠣᠣᠯᡳ ᠶᠠᠪᡠᠪᡠᡥᠠ᠈ ᠪᠠᡳᡨᠠ ᡨᡝᠨ ᡳ ᠪᠣᡩᠣᠨ ᠪᡝ

ᡩᠠᠰᠠᠨ ᡳ ᡠᠯᠠᡥᠠ ᠪᡠᡥᡝ᠈ ᠵᠠᡴᡡᠨ ᠮᡠᡴᡡᠨ ᡳ ᡳᠯᡳᠪᡠᡥᠠ ᡳᠴᡳ ᠪᠣᡵᠣᠰᠠᠪᡠᡥᠠ

ᠵᡝᠰᡝ ᠪᡝ ᠪᠠᡳᠴᠠᠮᡝ ᡤᡳᠰᡠᠨ ᠵᡝᠰᡝ ᠵᡝᠴᡝᠨ ᠪᡝ ᡨᡠᠸᠠᡴᠠᠪᡠᠮᡝ ᠪᡝ᠈ ᠠᠮᠠ

ᡩᠣᡵᠣ᠈ ᠠᠯᡳᠪᡠᡥᠠ ᠪᡝ ᡠᠯᡥᡳᠮᡝ ᠨᠠᡩᠠᠨ ᠵᡠᠸᠠᠨ ᠵᠠᠯᡠᠩᡤᠠ᠈ ᡥᡝᡵᡤᡝᠨ ᠶᠠᠰᠠ ᠮᡠᠰᡝᡳ

ᡩᠣᠯᠣ ᡴᠠᡵᠠᠮᡝ ᡩᠣᠣᠪᡠᡥᠠ᠈ ᠮᠠᠩᡤᠠ ᠣᡥᠣ᠈ ᡤᡝᠮᡠ ᠪᠠᠨᠵᡳᠮᡝ ᡨᡠᠸᠠᡴᠠᠪᡠᡥᠠ᠈ ᡤᡡᠨᡳᠨ

ᡩᠣᡵᠣ᠈ ᠶᠠᠪᡠᠮᠪᡳ᠈ ᠵᠠᡴᡡᠨ ᠵᡠᠯᡝᠰᡳ᠈ ᠴᠣᡥᠣᠮᡝ ᡳᠨᡝᠩᡤᡳ ᡨᡝᡵᡝ ᠵᡠᠸᡝ

ᠮᡠᠰᡝ ᠮᡠᡴᡡᠨ ᡳ ᡠᡵᡤᡠᠨ ᠵᡝᠯᡝᠮᡝ ᡳᠰᡳᠮᡝ ᠰᠠᡳᠨ ᠪᠠᡳᡨᠠ ᡥᠠᡳᠰᠠᠯᠠ

ᠮᠠᡥᠠᠯᠠ ᠪᡠᡥᡝ ᡥᡠᡳᡨᡝᠨ ᡨᡠᠸᠠᡴᡳᠶᠠᠮᡝ ᠵᡠᠸᡝ ᠮᡠᡨᡝᡵᡝ ᠪᡝ᠈ ᠰᡝᠮᡝ ᡤᡝᡵᡝᠨ

ᠮᡝᡵᡤᡝᠨ ᡩᠣᡵᠣ ᠶᠠᠪᡠᠮᡝ ᠵᠠᡳᠨᡳ ᠪᡝ ᠰᠠᠮᠠ ᡥᡡᠰᡠᠨ ᠪᡝ ᡤᡳᠰᡠᠨ ᠵᠠᠯᡳᠨ ᡩᡝ

ᡴᠠᡵᠠᠮᡝ ᠪᡝ ᠰᡝᡵᡝ ᡤᡳᠰᡠᠨ ᡳ ᡠᡩᡠ ᡨᡠᡵᡤᡠᠨ ᠪᡝ᠈ ᡩᡝ ᡳᠨᡝᠩᡤᡳ ᡳ

ᠪᡝᠶᡝ᠈ ᠵᡝᠴᡝᠨ ᠵᠠᡴᡡᠨ ᡳ ᡴᠠᡵᠠᠮᡝ ᠵᡳᡥᡝ᠈ ᠵᡝᠴᡝᠨ ᡩᡝ ᡠᡴᠰᡠᡵᠠ ᠪᡝ ᡨᡠᡵᡤᡠᠨ

ᠵᠠᡴᡡᠨ ᡤᡡᠰᠠ ᠪᡝ ᡳᠯᡳᠪᡠᡥᠠ ᡳᠨᡝᠩᡤᡳ ᠪᡝ ᠵᡳᡩᡝᡵᡝ ᠮᡠᡴᡡᠨ ᡳ ᡨᡠᡵᡤᡠᠨ ᡩᡝ

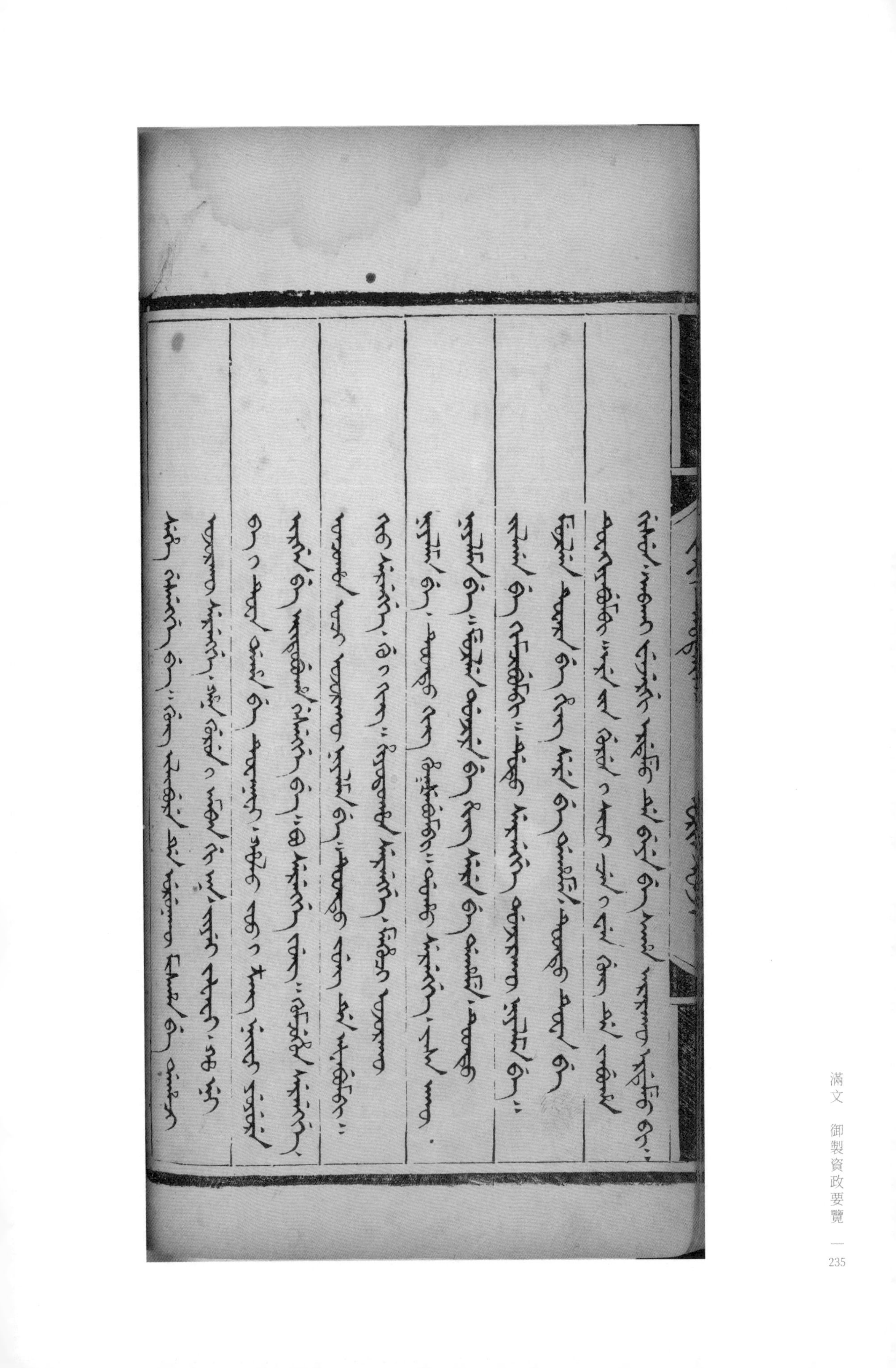

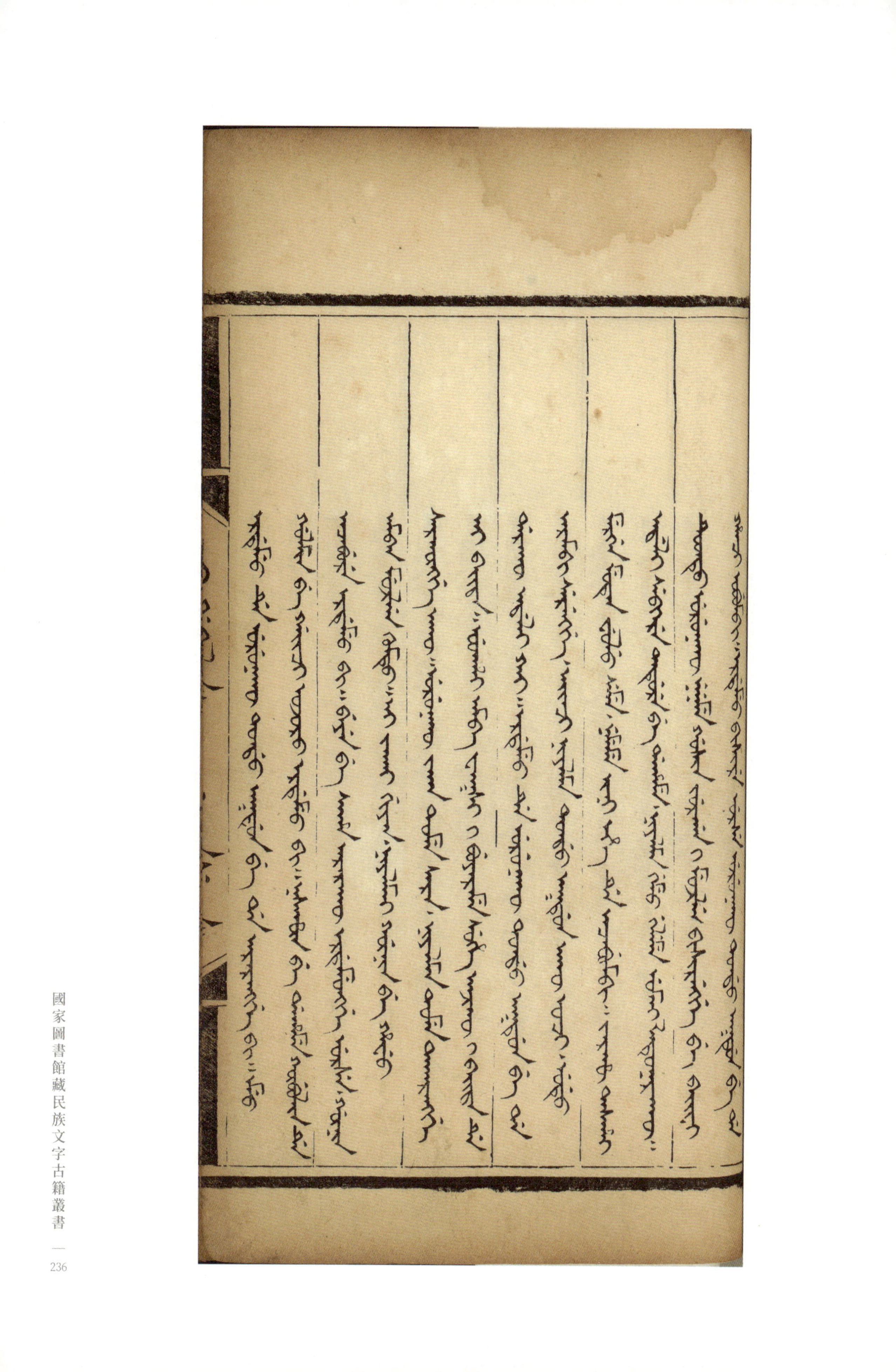

[illegible]

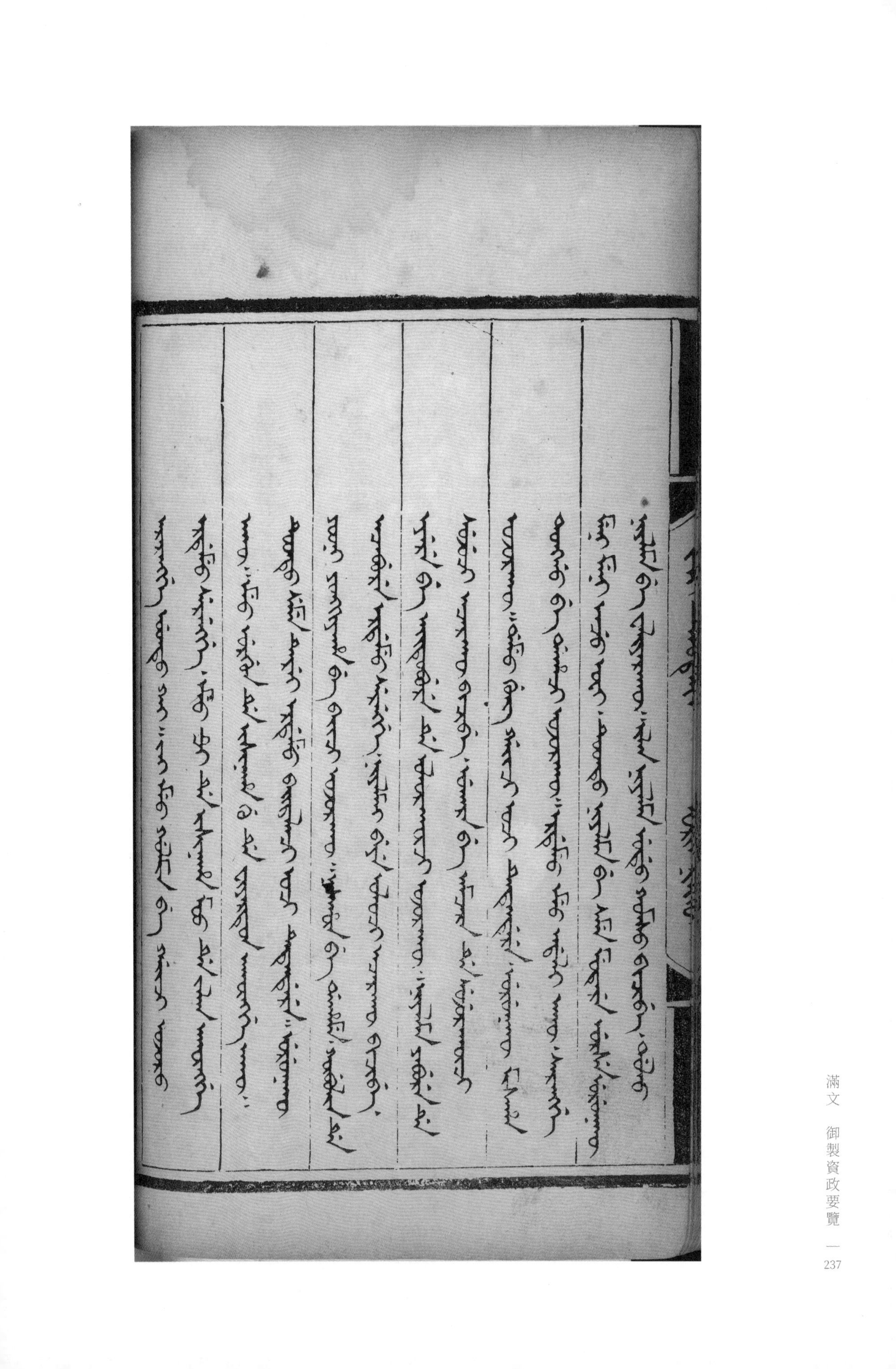

[illegible]

[illegible]

[illegible]

[illegible]

[illegible]

ᠨᡳᠩᡤᡠᠨ ᠪᠠᡳᡨᠠ ᠪᡝ ᡨᡠᠸᠠᡴᡳᠶᠠᡵᠠ ᡩᡝ ᠶᠠᠪᡠᡵᡝ ᡤᡠᡵᡠ

[illegible]

[illegible]

ᠰᠠᡳᠨ ᠪᡝ ᠠᠯᡳᠪᡠᡵᡝ᠈ ᠠᠯᡳᡥᠠ ᠪᠣᡩᠣᠨ ᠪᠣᡩᠣᠮᡝ

ᠠᠮᠪᠠᠰᠠᡳ ᡩᡝ ᡤᠣᠰᡳᠨ ᠪᡝ ᡨᡠᠸᠠᠪᡠᡥᠠᠩᡤᡝ᠈

ᡤᠣᠰᡳᠩᡤᠠ ᠪᠣᠴᠣ ᡨᡠᠸᠠᠪᡠᡥᠠᠩᡤᡝ᠈ ᡤᡝᠩᡤᡳᠶᡝᠨ ᡤᡳᠰᡠᠨ

ᠠᠨᡳᠶᠠ ᠠᠮᠪᠠ᠈ ᠰᡠᡩᠠᠨ ᠠᠰᡥᠠᠨ ᡥᠣᡵᠣᠨ ᠪᠠᠨᠵᡳᠮᠪᡳ᠉

ᠠᠮᠪᠠᠨ ᠪᠠᠨᠵᡳᠨ ᡳ ᡨᠣᠪ ᠪᡝ ᡨᠣᡩᠣ ᠪᠠᠨᠵᡳᠮᠪᡳ᠉

ᡤᡡᠨᡳᠨ ᠪᠠᡳ ᡩᡝ ᠶᠠᠪᡠᡥᠠ ᡥᡡᠰᡠᠨ ᠪᡝ ᠪᠣᡩᠣᠮᡝ

ᠨᡳᠩᡤᡠᠨ ᠪᡳ ᠰᡳ ᡨᠠᠴᡳᡥᡳᠶᠠᠩᡤᡝ᠉ ᡤᡠᠨᡳᠨ ᡨᠣᠪᠣ ᠣ

ᡤᡳᠩᡤᡠᠨ ᠪᡝ ᡨᡠᠸᠠᠮᠪᡠᡥᠠᠩᡤᡝ᠈ ᡨᡠᡵᡤᡠᠨ ᠨᡳ ᡤᡳᠩᡤᡳ

ᠪᠣᠣᠯᡳᠨᡤᡝ ᡨᡠᡵᡤᡠ ᠪᡳᡥᡝ ᡳᠰᡳ᠉ ᡤᡠᠨᡳᠨ ᡨᡝᠨ ᠣ ᠠᠮᠪᡠᡥᠠᡳ

ᡤᡳᠩᠨᡤᡝ᠉ ᡨᡠᠪᡠ ᡤᠠᠰᡥᠠᠨ ᠨᡳ ᠠᡴᡡᠮᡝ ᠰᠠᠩᡤᠠᠨ᠉ ᠪᠣᠵᡳ ᠪᡝ

ᠪᡝᡳᠯᡝ ᠣ ᠪᠣᠣᡨᡝᡳ ᠠᠮᠪᡠᡥᠠᠩᡤᡝ᠉ ᠪᡝ ᡨᡠᡵᡤᡠᠨ ᠨᡳ

ᠰᠠᠨᡳᠶᠠᠨ ᠠᠮᠪᠠᠰᠠ ᠪᡳᡥᡝ ᠣ ᠪᠣᡥᠣᠯᡥᠣᠪᡠᡥᡝ᠉ ᠠᠮᠪᡠᡥᡝ ᠪᡳ ᠣ ᠰᡝᡥᡝ᠉ ᡤᡳᠩᡤᡝ ᠨᡳ ᠪᠣᠵᡳ ᠣ

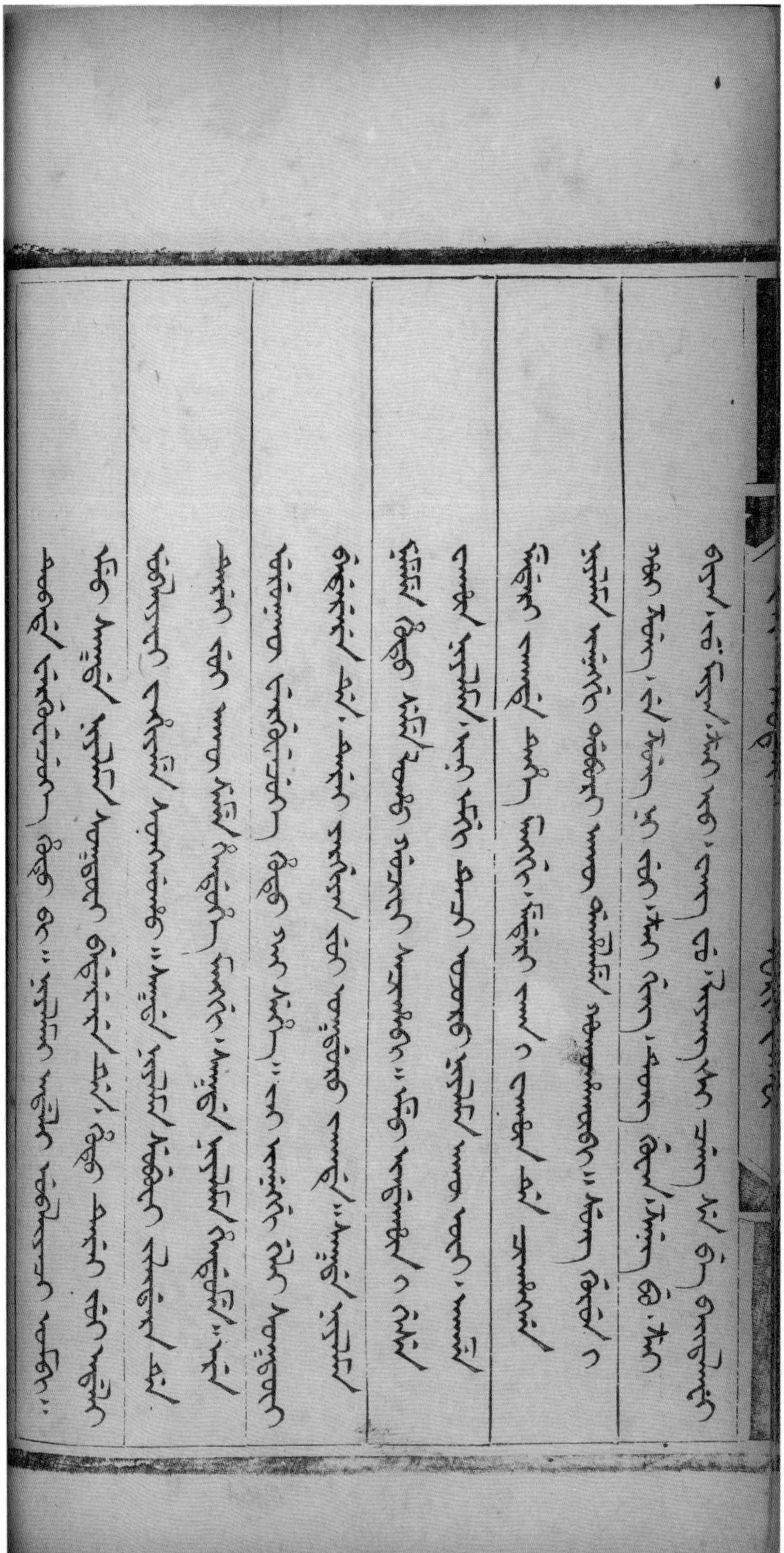

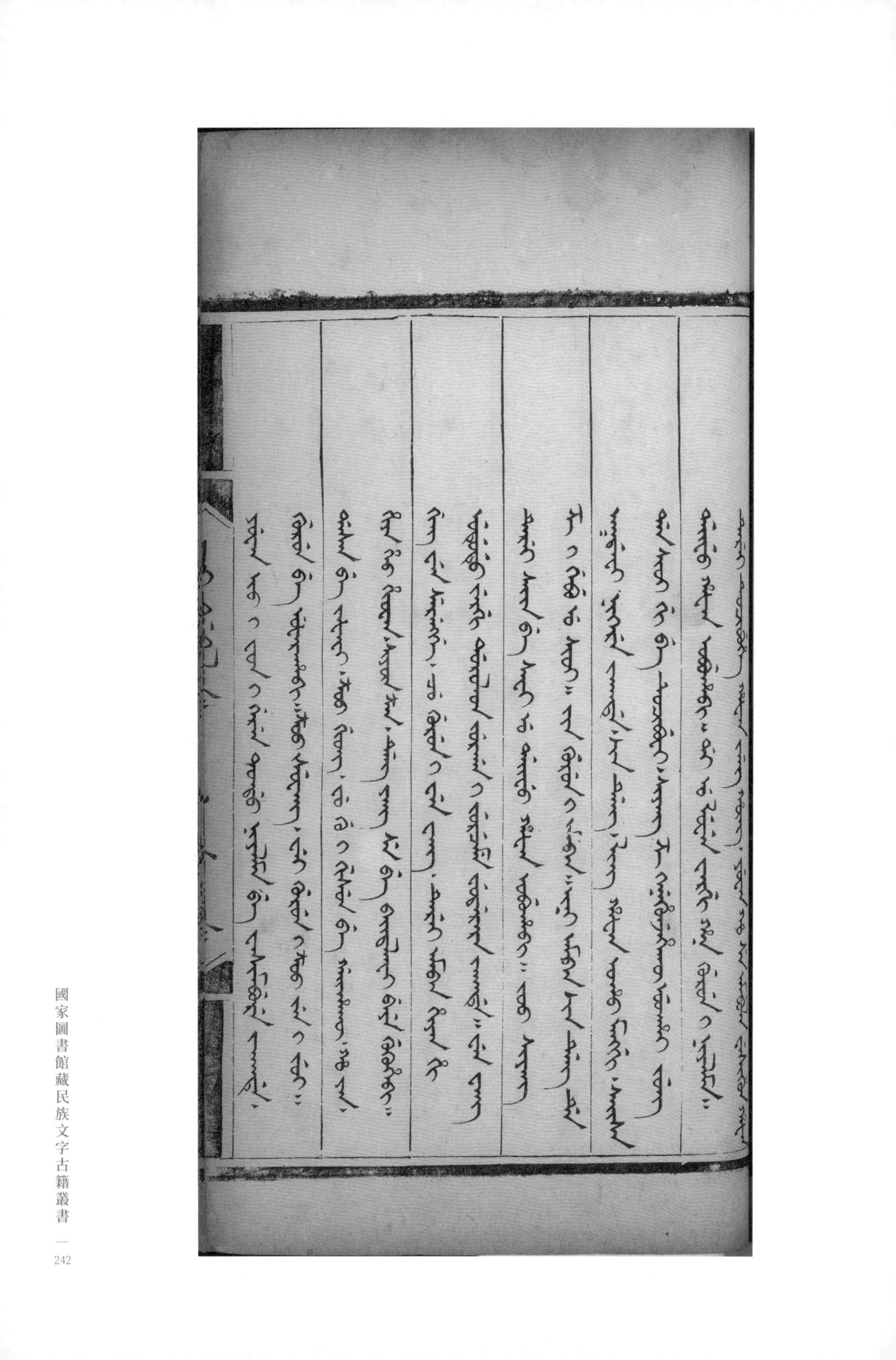

[illegible]

[illegible]

[illegible]

[illegible]

[illegible]

[illegible]

[illegible]

[illegible]

[illegible]

[illegible]

[illegible]

[illegible]

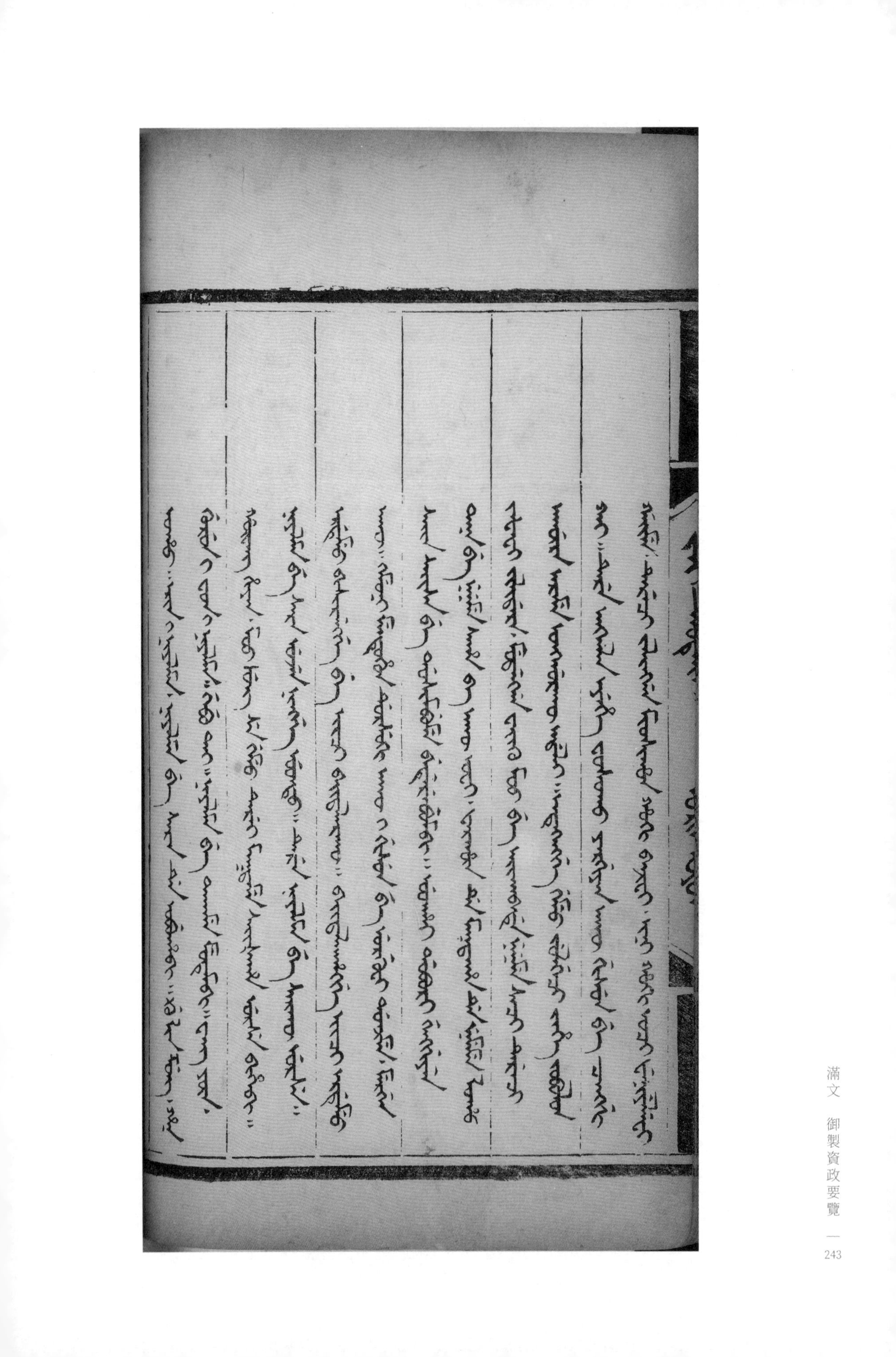

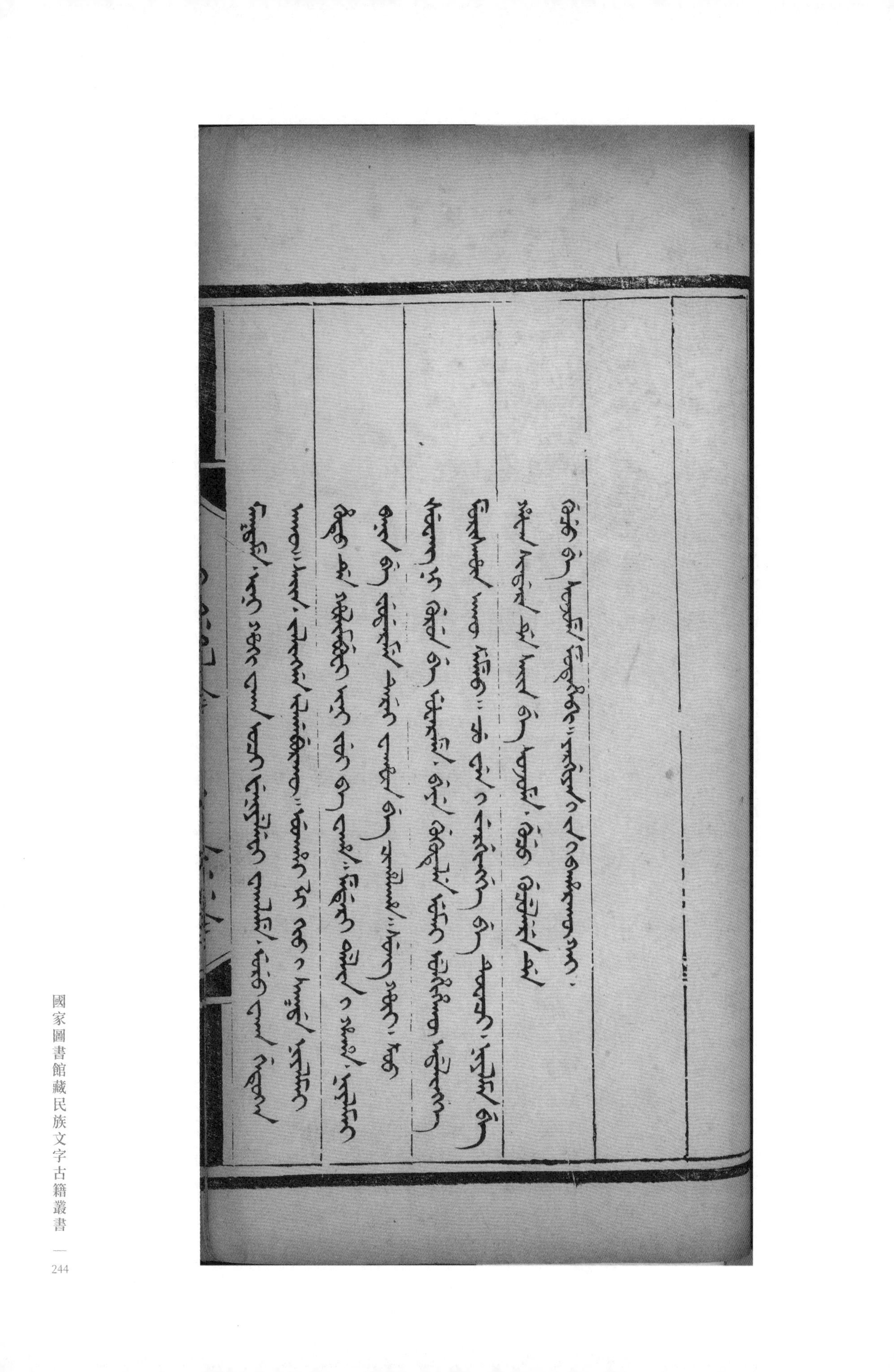

ᡝᠵᡝᠨ ᡳ ᡩᠣᠣ ᡩᡝ ᠪᡝᡶᡠᠪᡠᠮᡝ ᠠᠮᠪᠠᠨ ᠵᡝᡴᡝ ᡩᡝ

ᠰᠠᡳᠨ ᠪᠠᡥᠠᠨ ᠪᠠᡳᡨᠠᠯᠠᡵᠠ ᡩᡝ ᠠᠯᡳᠮᡝ ᠮᡠᡨᡝᠮᡝ᠉ ᠪᡠᡤᡝ

ᡤᠣᠰᡳᠩᡤᠠ ᠪᡝ ᠰᠠᡳᠰᠠᠮᡝ ᠰᡳᠮᡝ ᡨᡠᠸᠠᠮᡝ᠉ ᠰᠠᠮᠠ ᠰᡳᠮᡝ

ᠰᡳᠮᡝᠩᡤᡝ ᡤᠣᠰᡳᠩᡤᠠ ᠪᡝ ᠰᡳᠮᡝ ᡨᡠᠸᠠᠮᡝ᠉ ᡤᡳᠰᡠᠨ ᠰᡳᠮᡝᠩᡤᡝ

ᠪᠣᠣᡩᡝ ᠪᡝ ᠪᠣᠣᡩᠣᡥᠣᠩᡤᡝ ᠪᡝ ᠮᠣᠩᡤᠣᠰᠣᡥᠣᠩᡤᡝ ᡨᡠᠸᠠᠮᡝ᠉ ᡤᡝᠮᡠ

ᠪᡝᠰᡝᠯᡝ ᠪᡝ ᡩᡝᡩᡝᠯᡝᡨᡝᠯᡝ ᡩᡝᡩᡝᠮ ᠪᡝᠪᡝᡩᡝᠮ ᡩᡝᡩᡝᠰᡝᠯᡝ

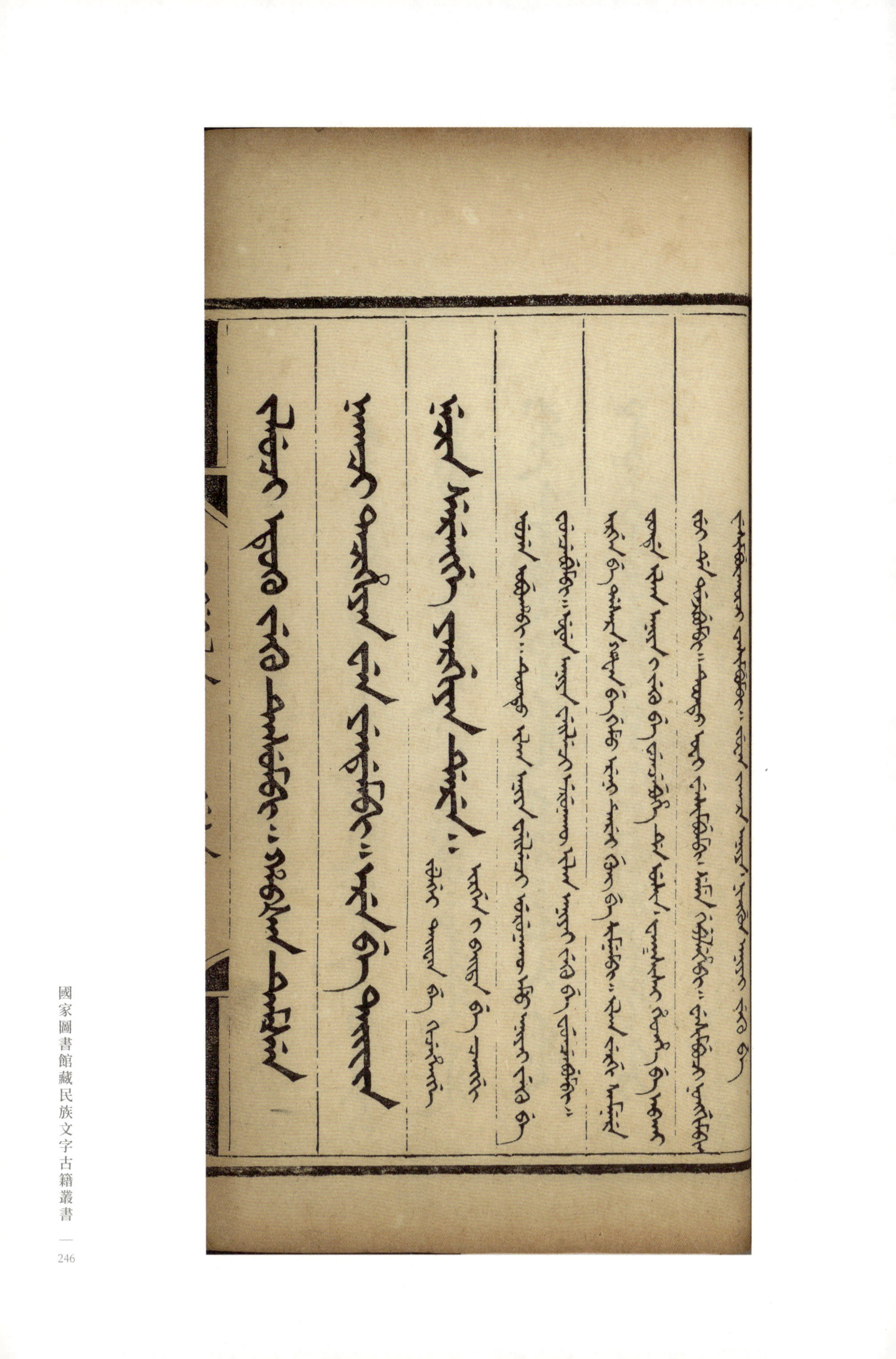

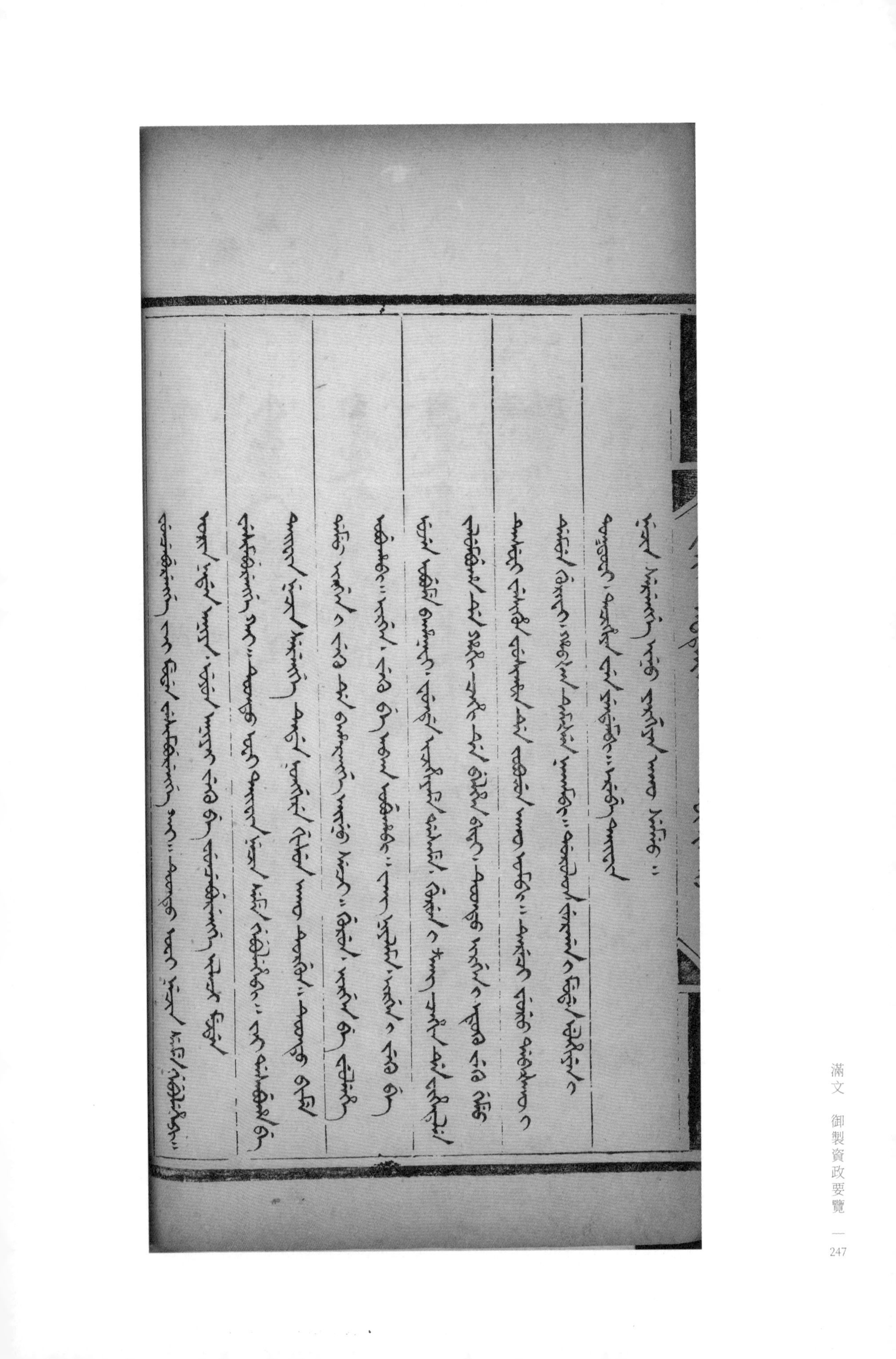

[illegible]
[illegible]
[illegible]
[illegible]
[illegible]
[illegible]
[illegible]
[illegible]
[illegible]
[illegible]
[illegible]
[illegible]
[illegible]

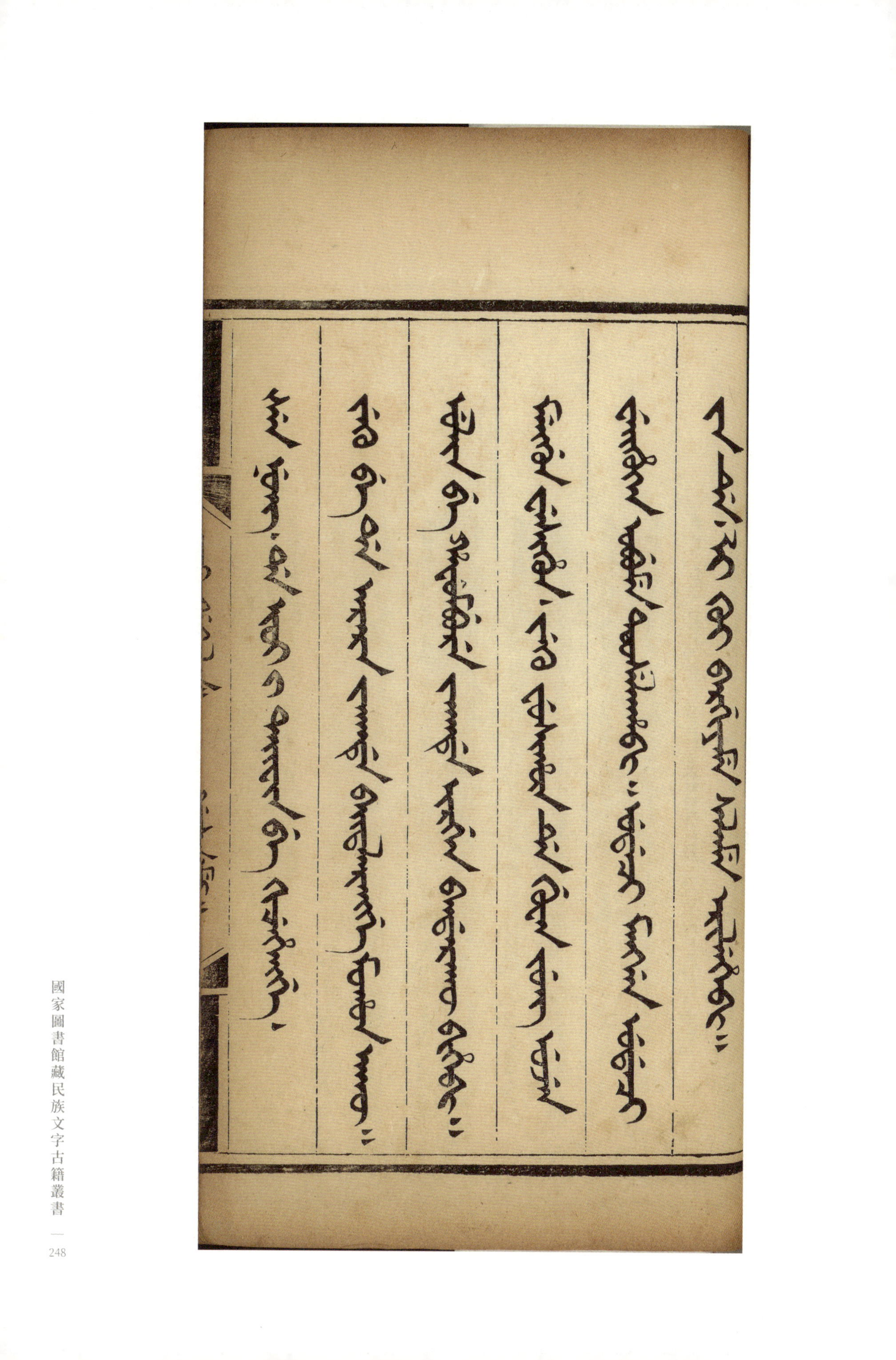

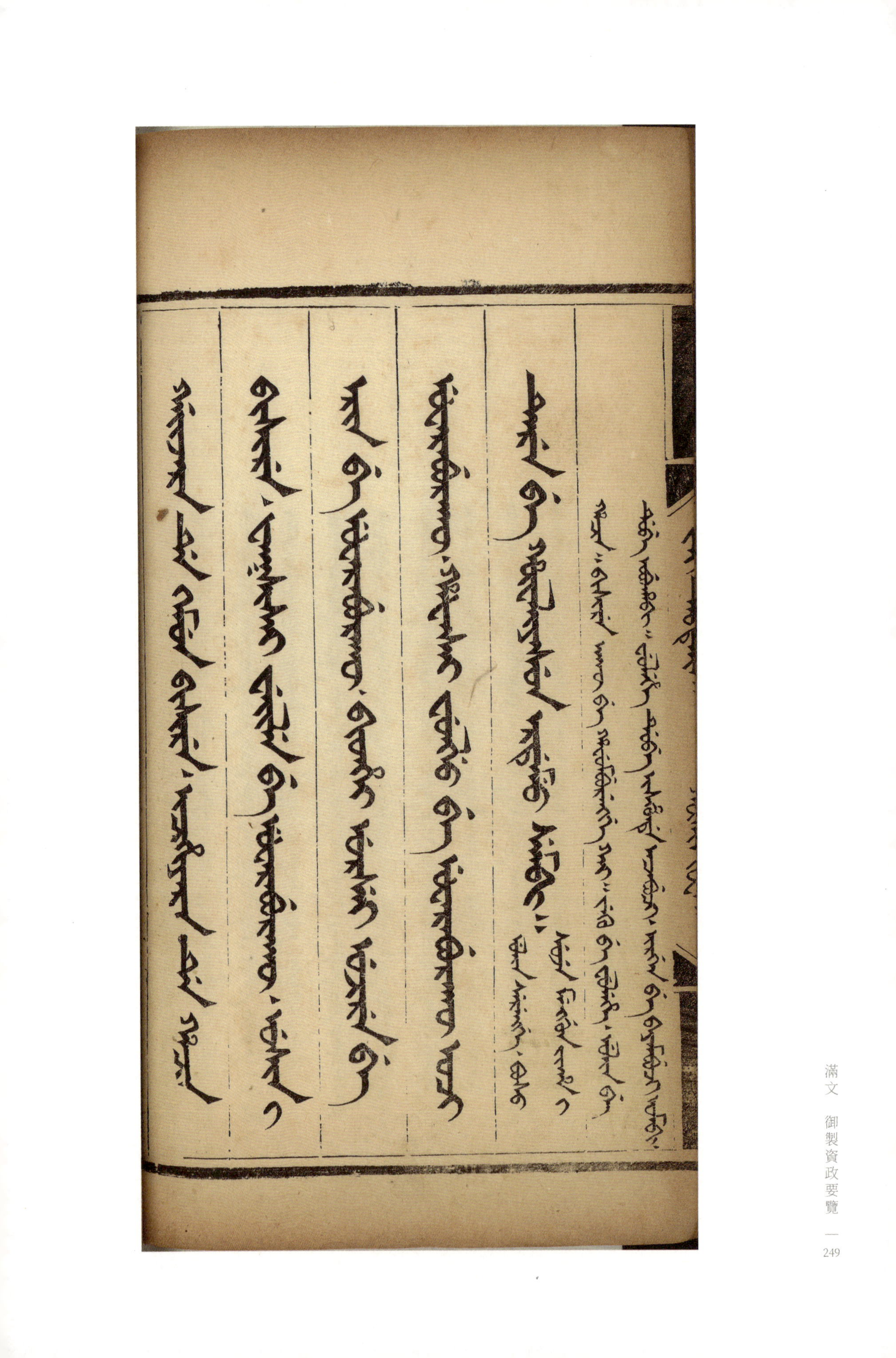

[illegible]

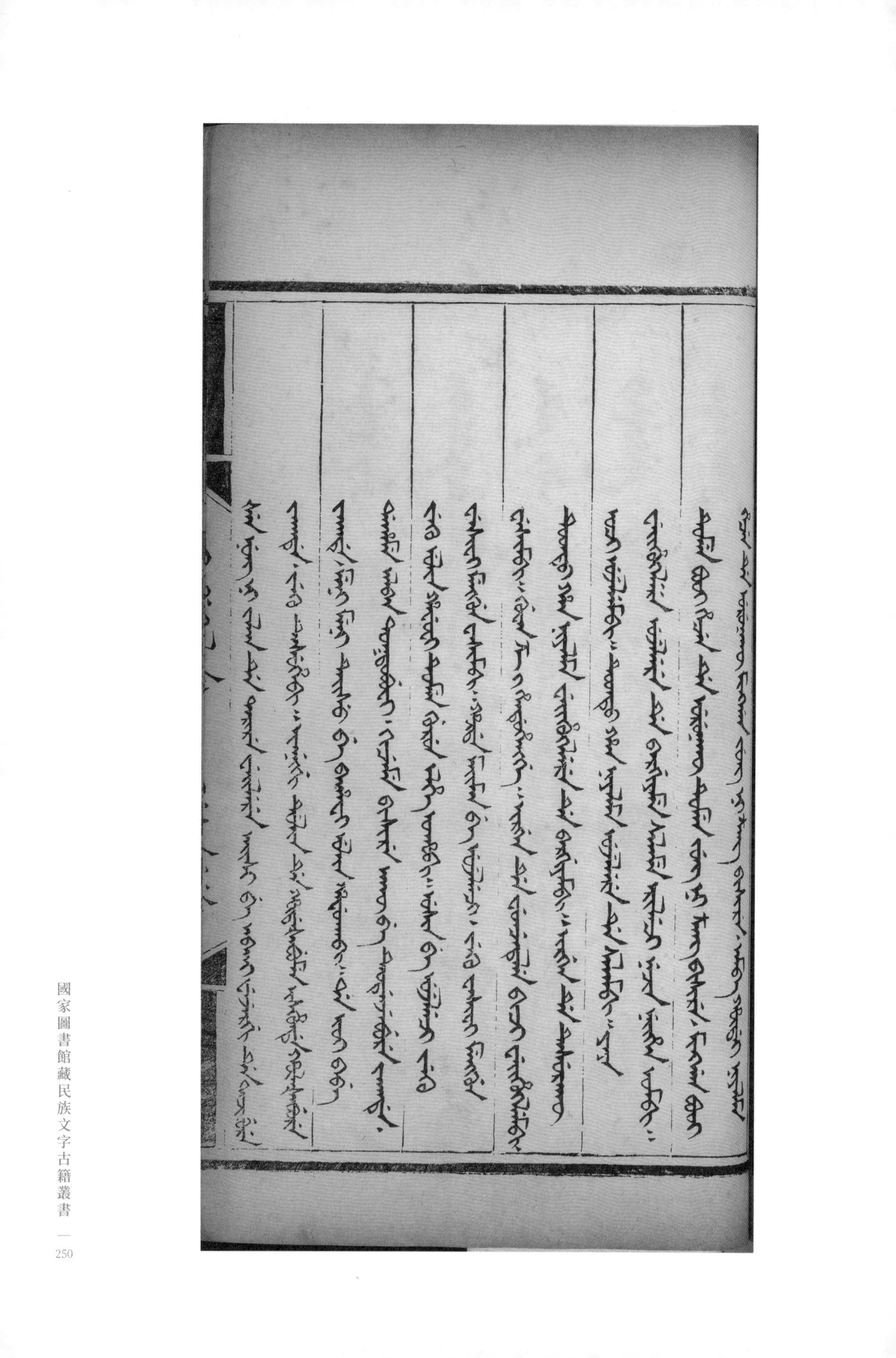

[illegible]

[illegible]

[illegible]

[illegible]

[illegible]

[illegible]

[illegible]

[illegible]

[illegible]

[illegible]

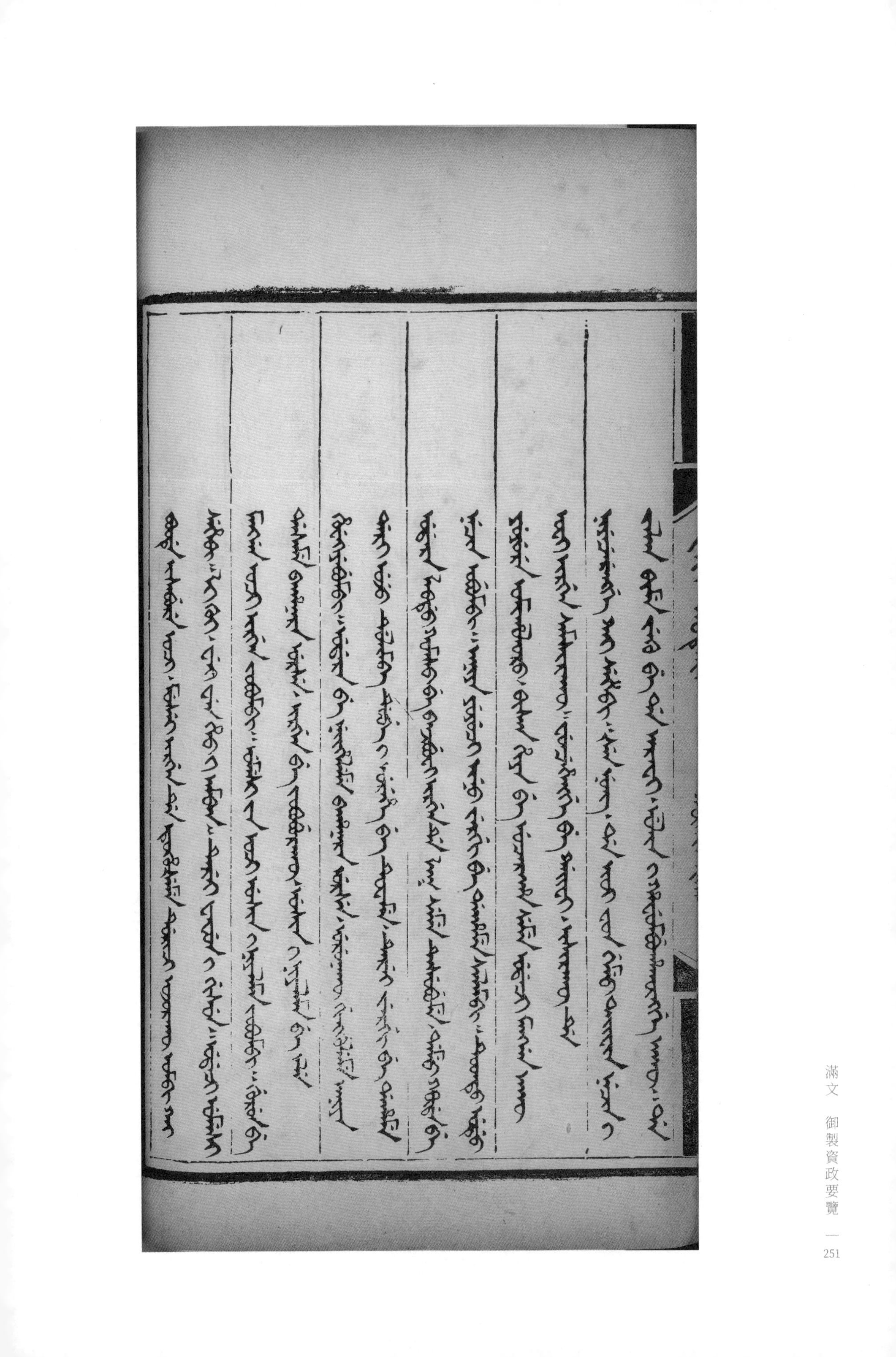

[illegible]

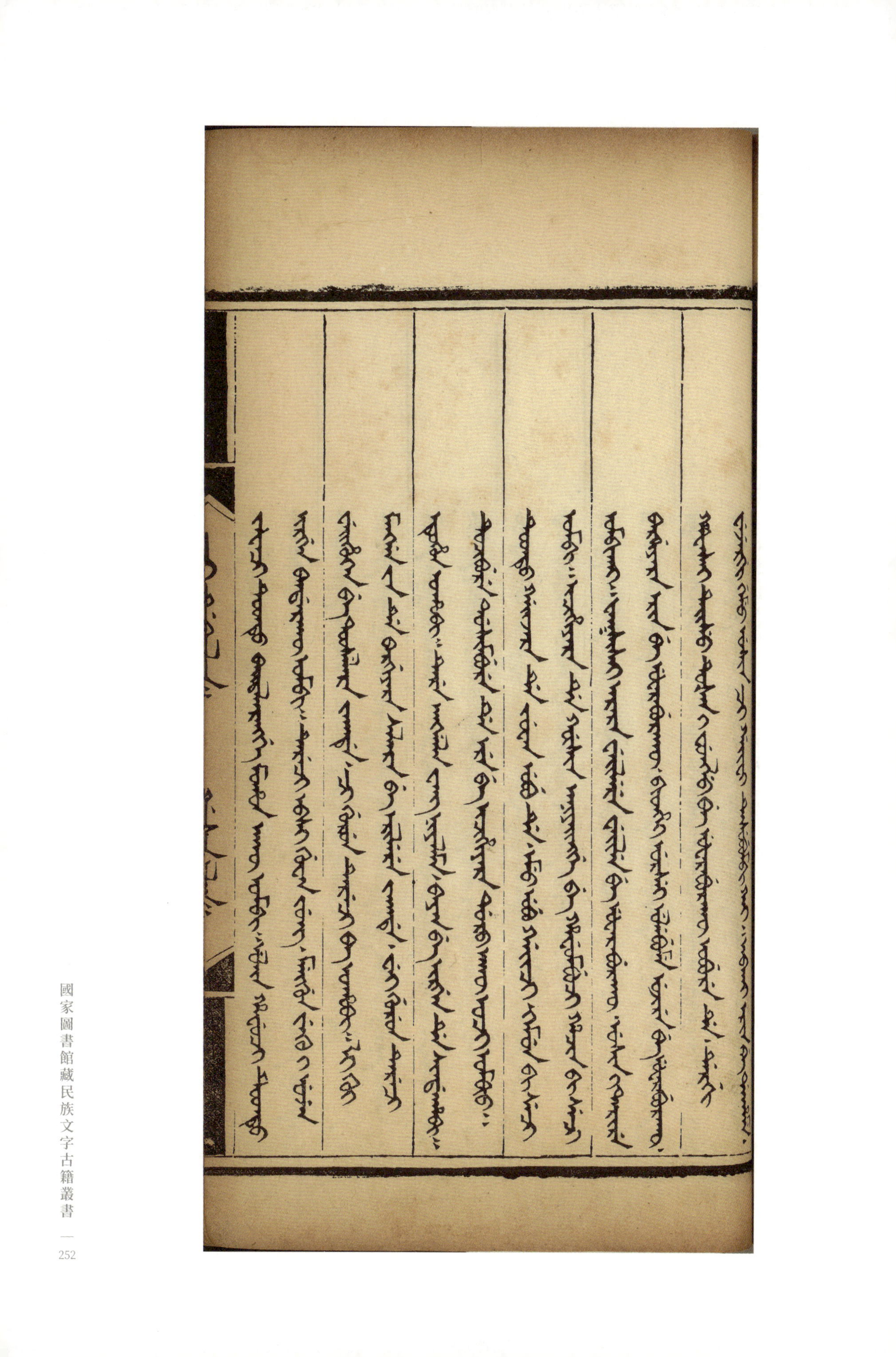

[illegible]

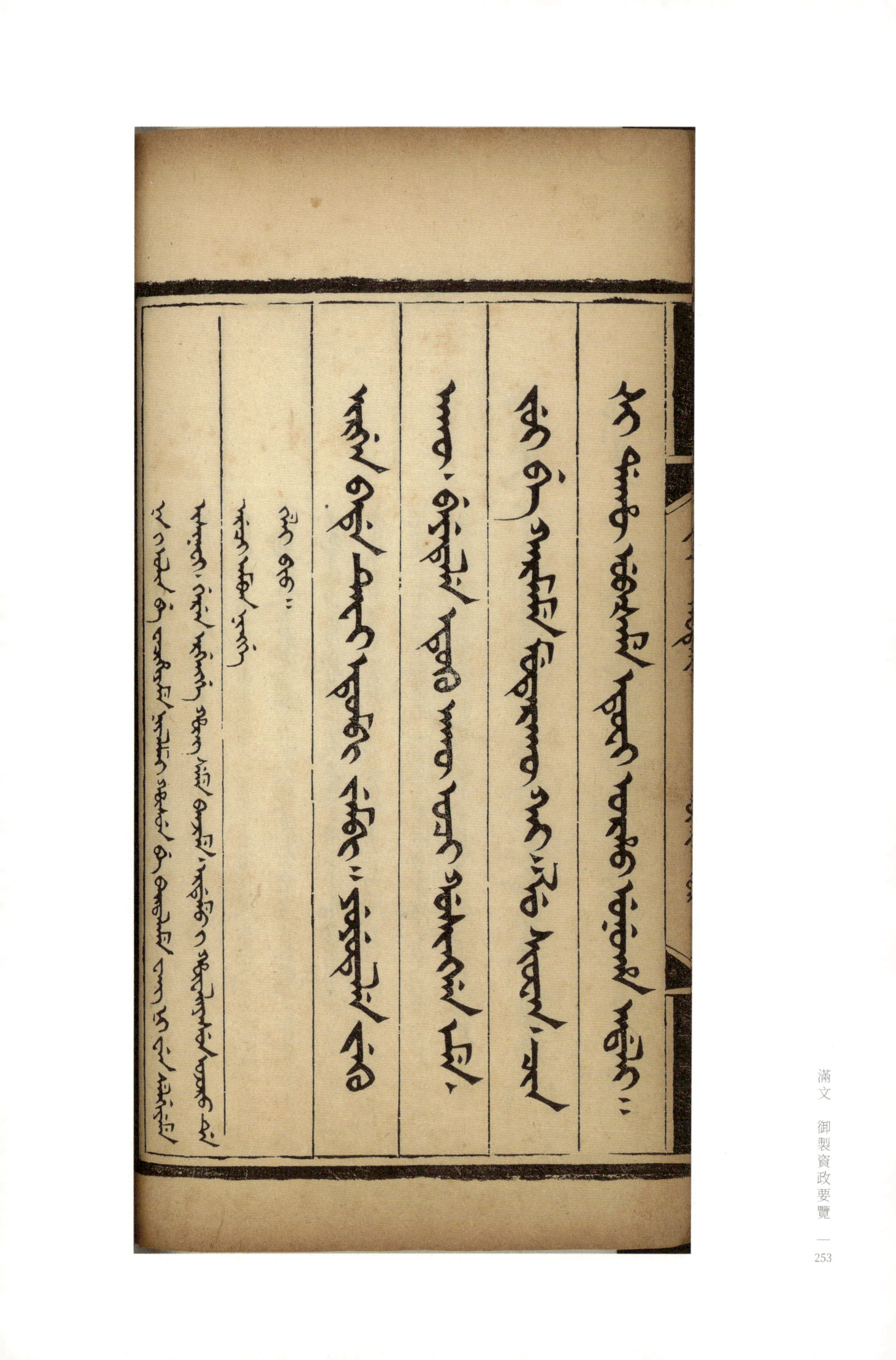

[illegible]

[illegible]

[illegible]

[illegible]

[illegible]

[illegible]

[illegible]

[illegible]

[illegible]

[illegible]

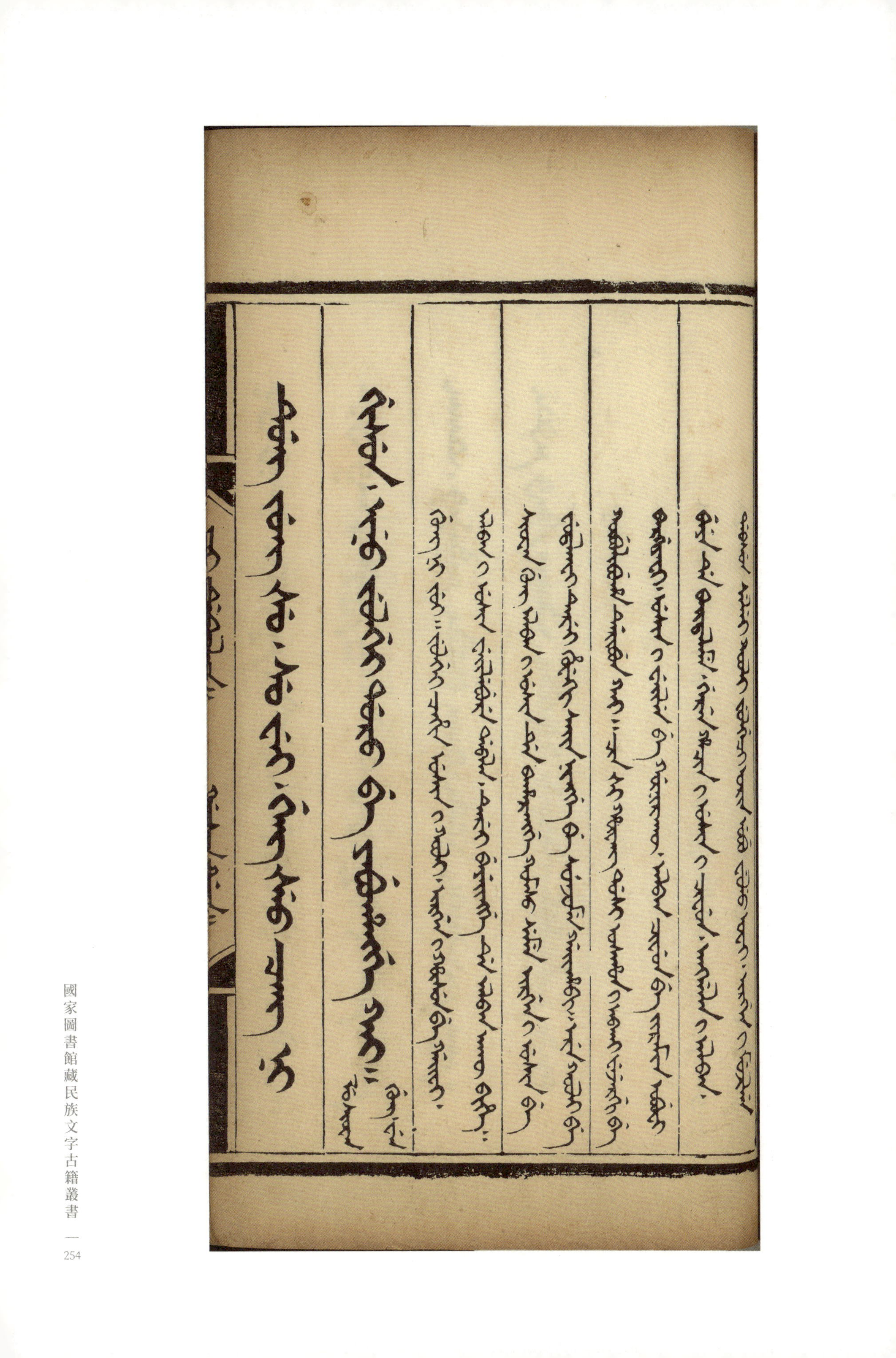

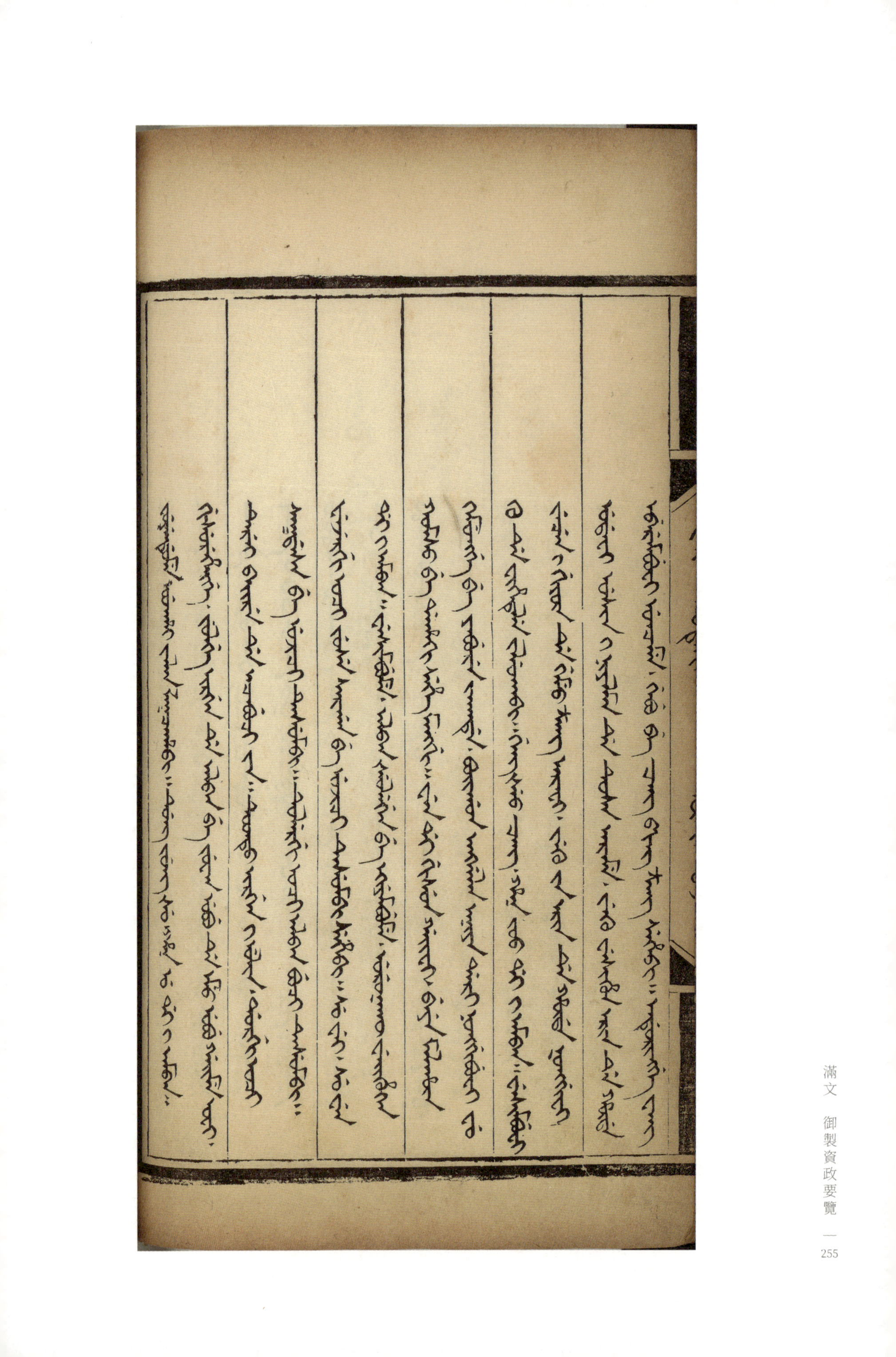

[illegible]

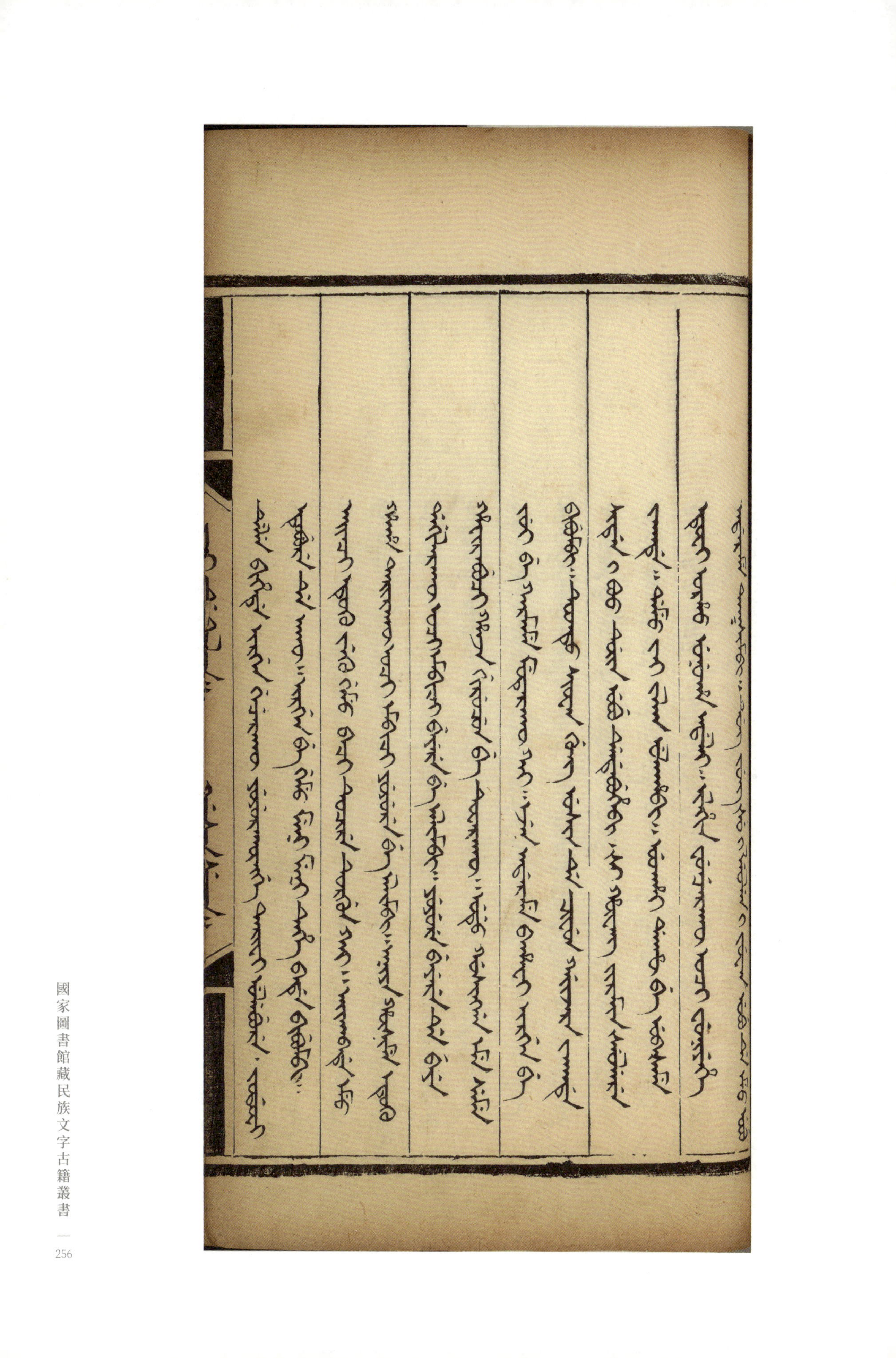

[illegible]

[illegible]

[illegible]

[illegible]

[illegible]

[illegible]

[illegible]

[illegible]

[illegible]

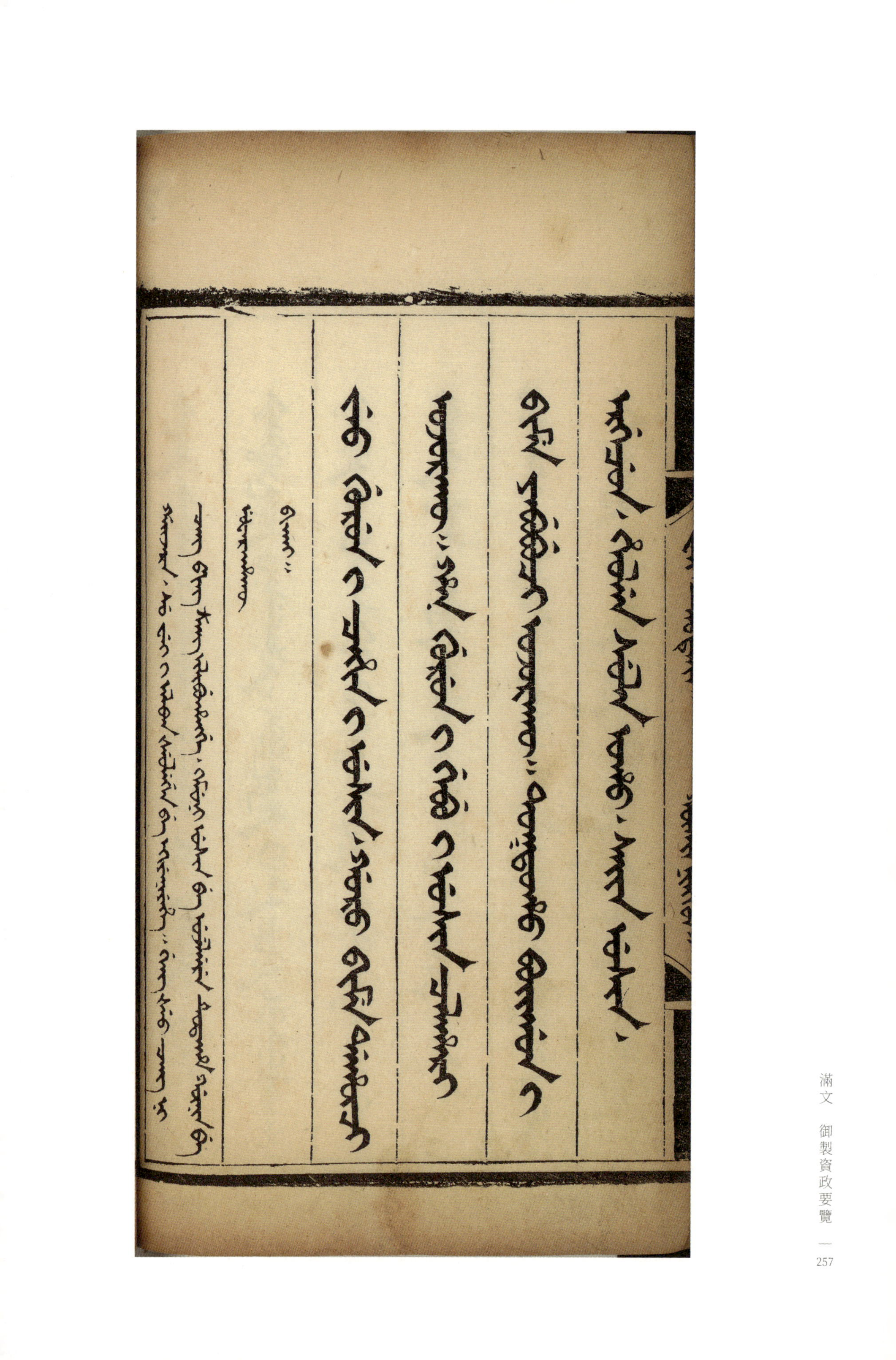

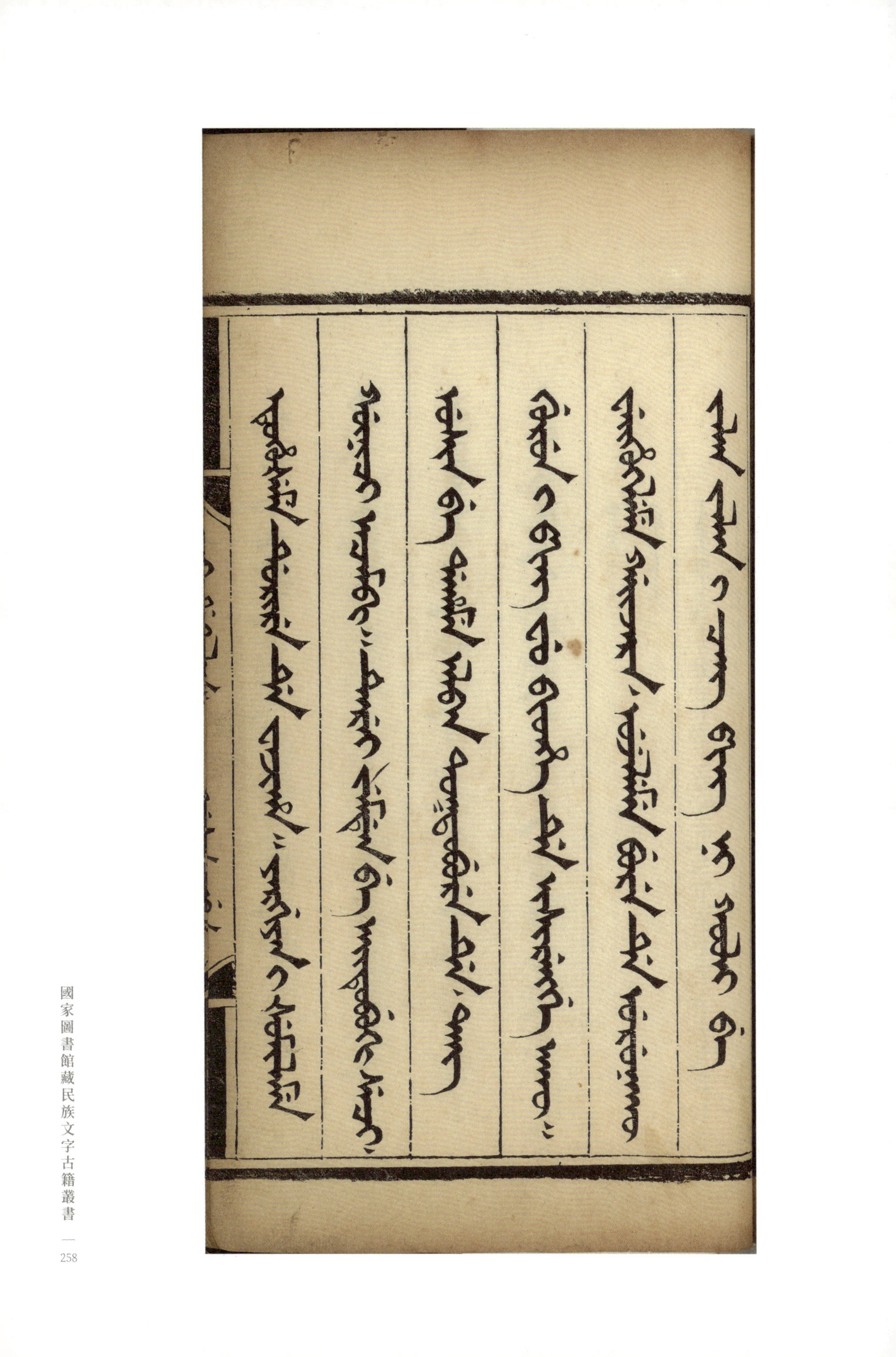

[illegible]

[illegible]

[illegible]

[illegible]

[illegible]

ᠵᠠᠯᠠᠨ ᠵᠠᠯᠠᠨ ᡳ [illegible]

ᠪᠣᡩᠣᡥᠣᠨ ᠈ ᠣᡶᡳ ᠰᠠᠪᡠ ᡩᠣᡵᠣᠨᡳ ᡨᡠᠸᠠᠮᡝ ᠪᡝ

ᡨᡠᠸᠠᡴᡳᠶᠠᠮᡝ ᡥᡡᠸᠠᠯᡳᠶᠠᠰᡠᠨ ᠪᠣᠣ ᡩᡝ ᠪᠣᡳ ᡳ ᡝᠨᡳ ᠪᡝ

ᡩᠣᠰᠣᠯᠣᠪᡠᡥᠠ ᠰᠠᡵᠠ ᡳ ᠰᠠᠯᡤᠠᠪᡠᡥᠠ ᡨᡠᠸᠠᡩᡝ ᡝᠨᡳᠶᡝ ᡳ

ᠪᡝᡳᡨᡝᠨᡳ ᠠᠮᠠᡳ ᡩᠣᡵᠣᠯᠣᠨ ᡨᠣᠪᡳᠮᡝ ᠰᠠᠮᠠ ᡩᠣᠣᡩᡝ ᡝᠴᡝ ᠈

ᠠᠮᠠ ᡨᡝᡵᡝᠪᡝ ᡳ ᠪᠣᡵᡥᡠᠨᡝ ᡳᠨᡳ ᠪᡝ ᠪᠣᡥᠣᡩᡝᠨᡳ ᠪᡝ

ᡳᠰᡳᠪᡠᠮᡝ ᠪᠣᡳᠨᡳ ᡝᠪᡠ ᡝᠯᡥᡝᡴᡝ ᠈ ᡳᠯᡝᠰᡝᠮᠪᡳ ᠪᡝ

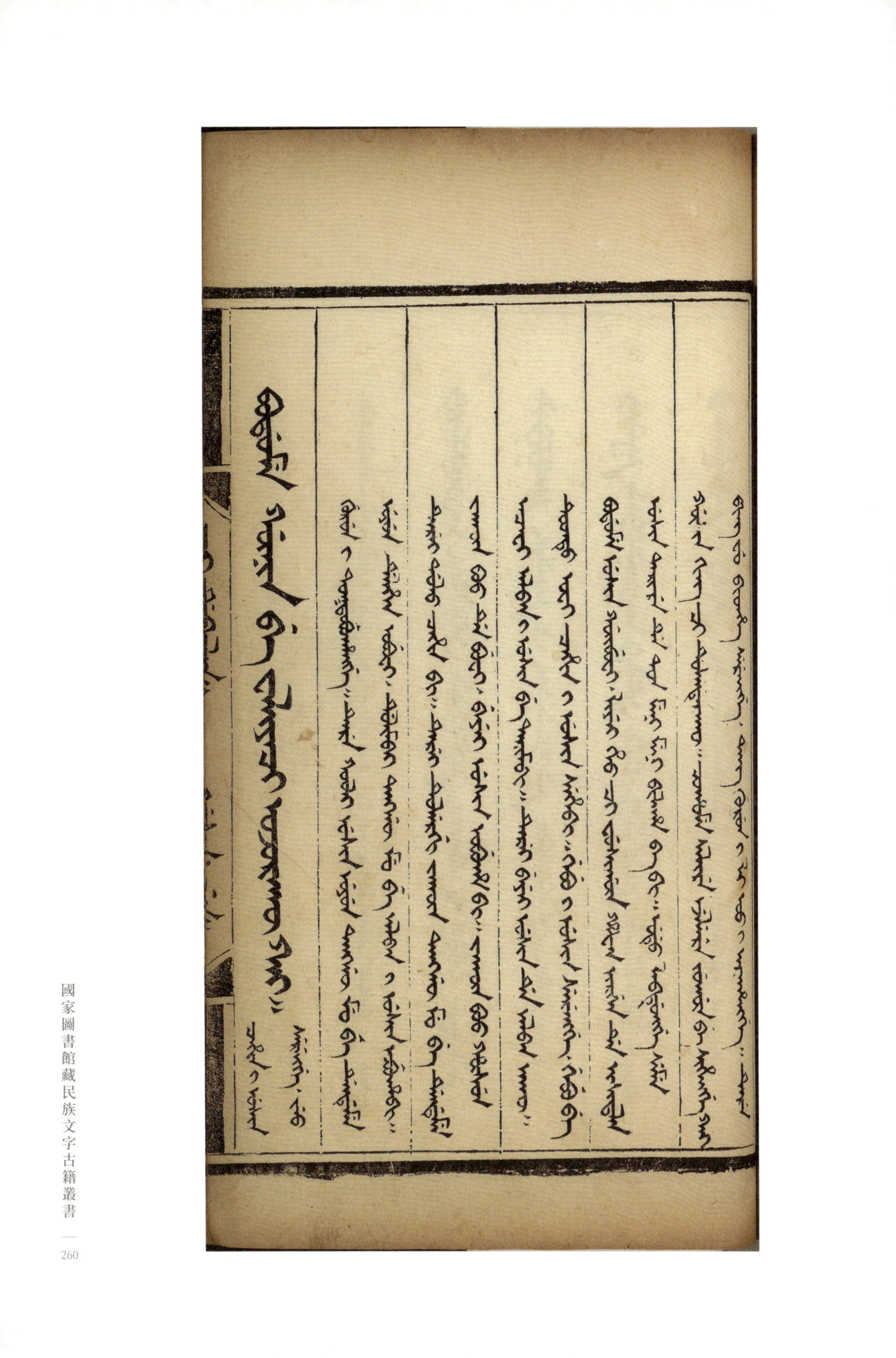

[illegible]

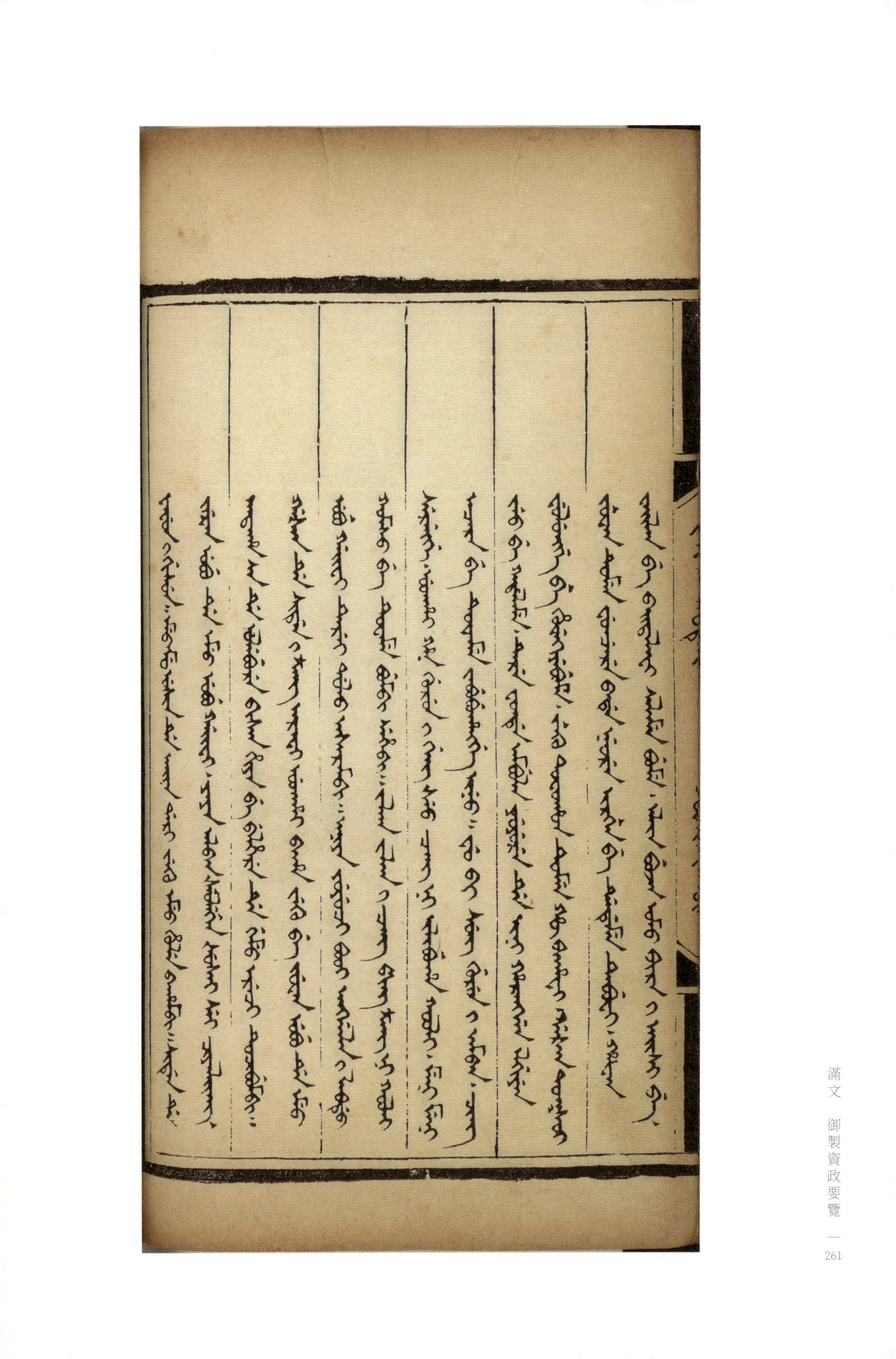

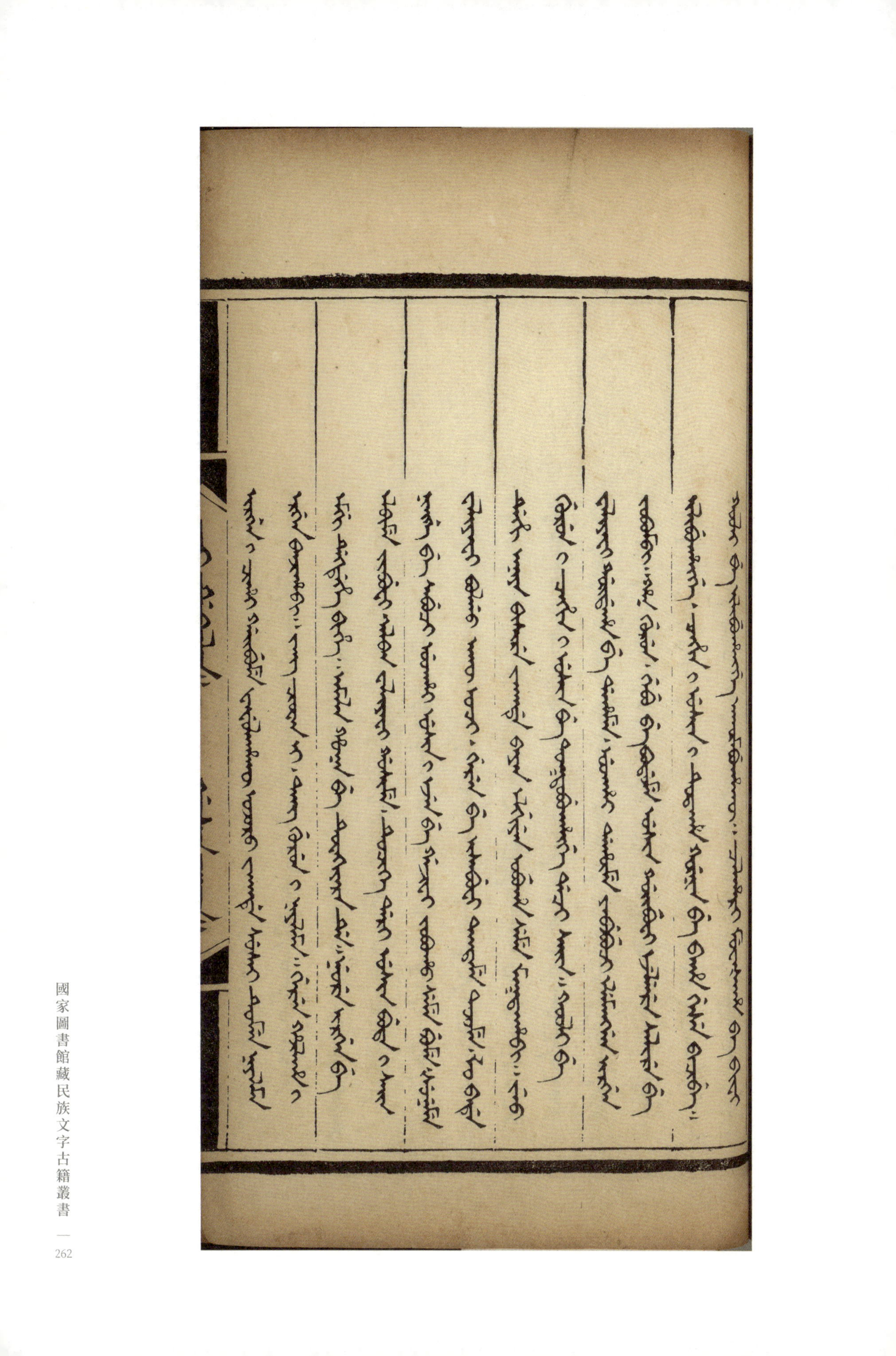

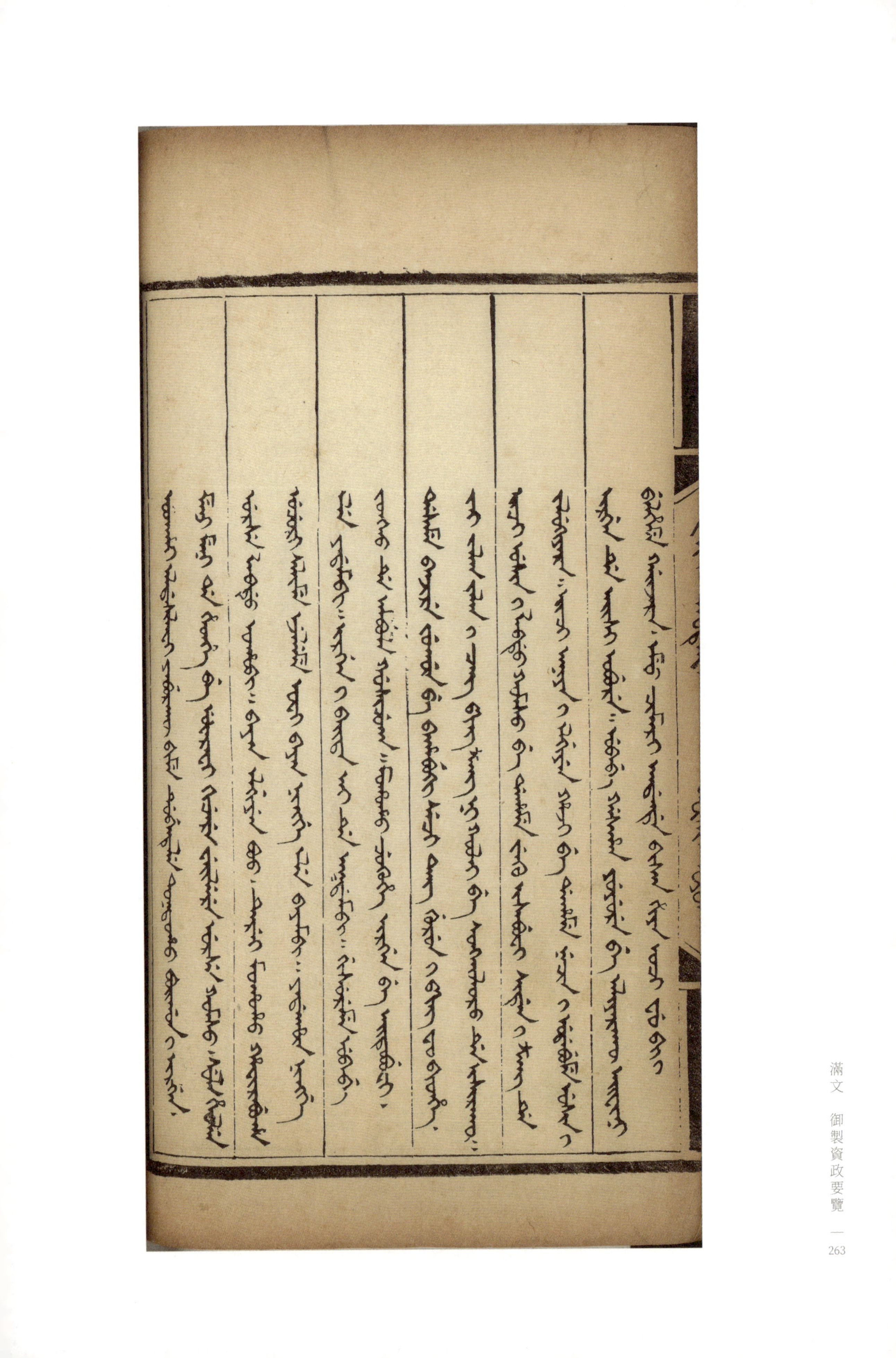

[illegible]

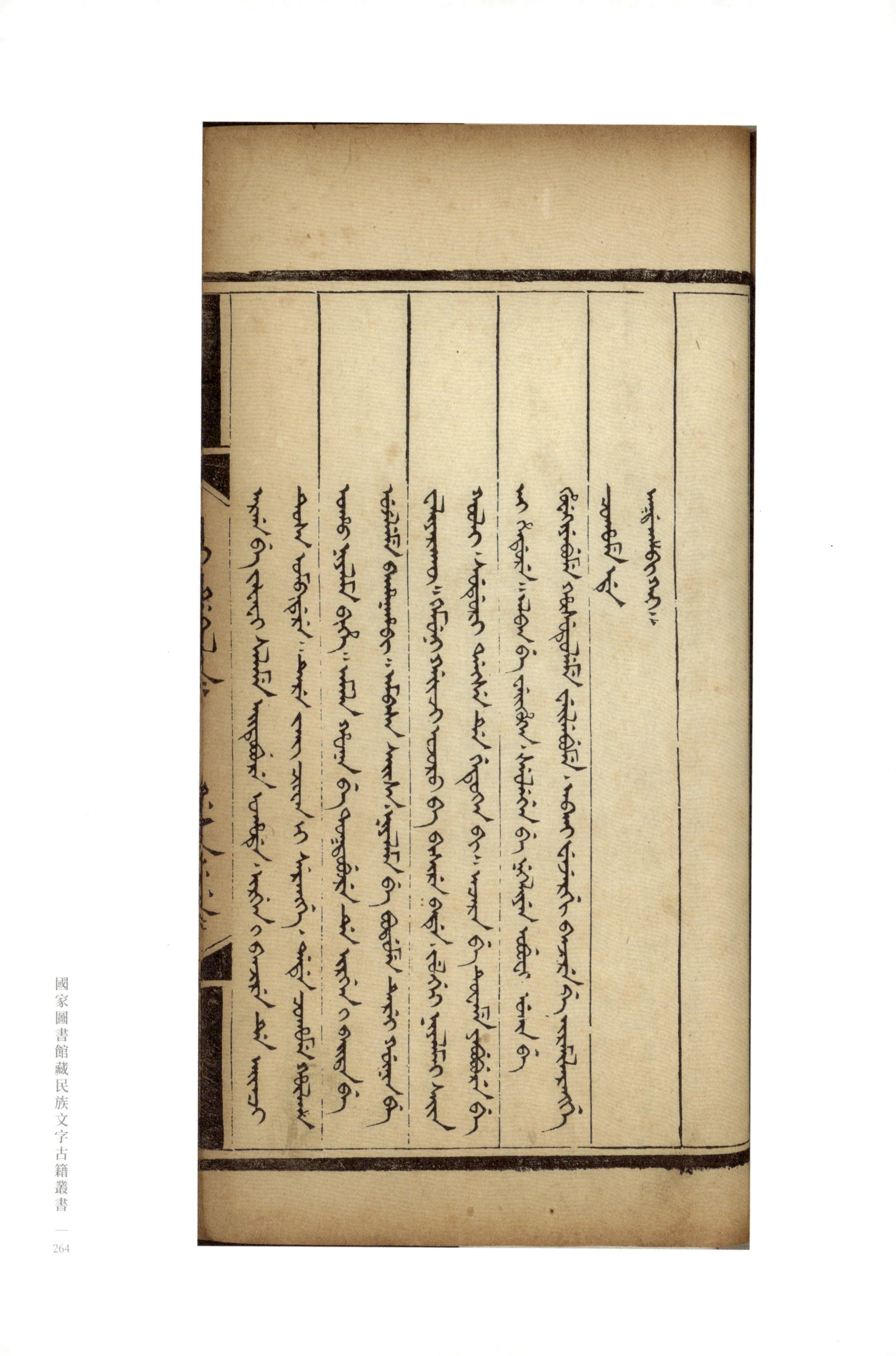

[illegible]

[illegible]

[illegible]

[illegible]

[illegible]

[illegible]

[illegible]

[illegible]

[illegible]

[illegible]

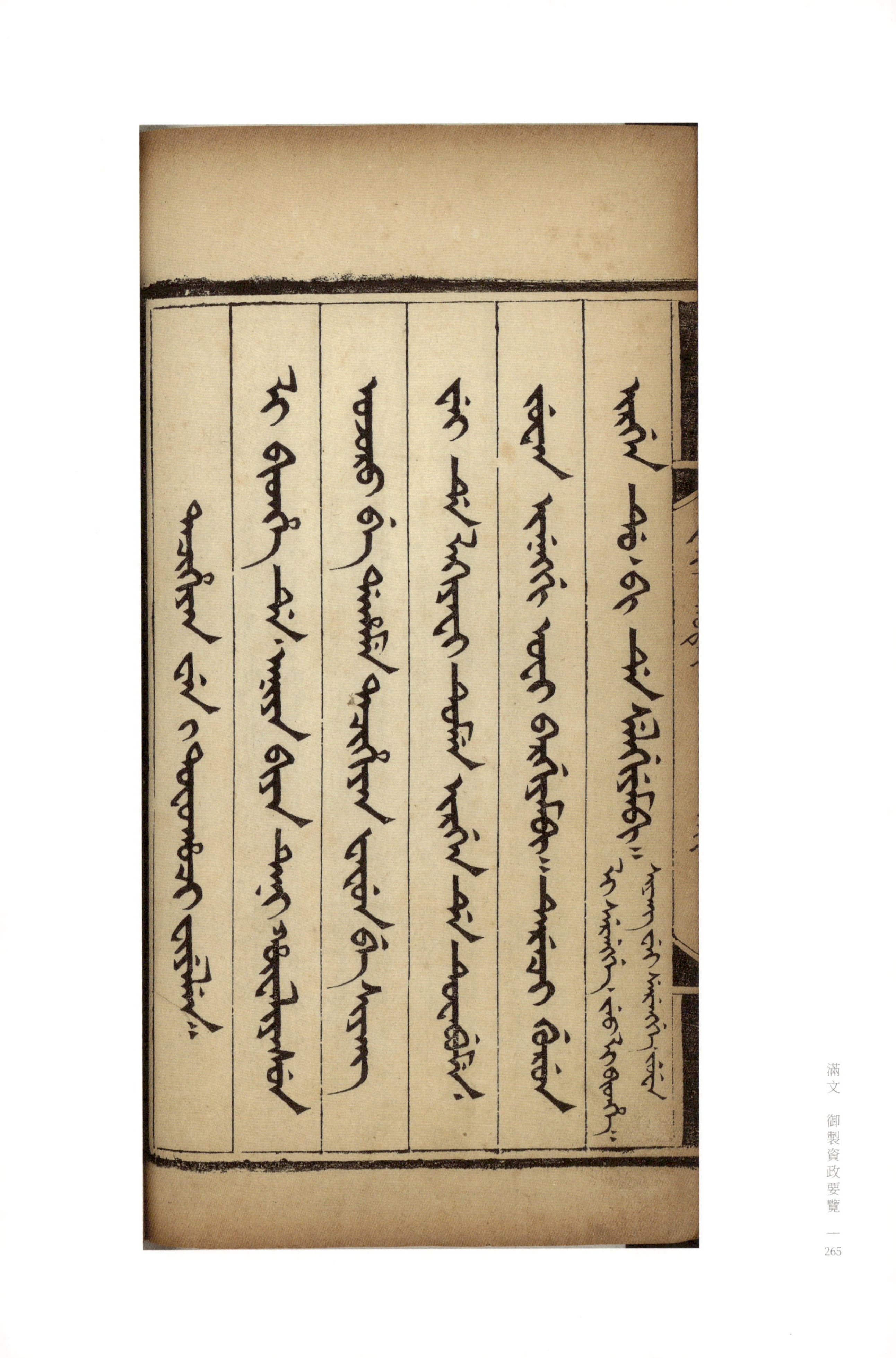

[illegible] [illegible] [illegible] [illegible]᠉

[illegible] [illegible] [illegible] [illegible] [illegible] [illegible]

[illegible] [illegible] [illegible] [illegible] [illegible] [illegible]

[illegible] [illegible] [illegible] [illegible] [illegible] [illegible] [illegible]

[illegible] [illegible] [illegible] [illegible]᠉ [illegible] [illegible]

[illegible] [illegible]᠈ ᠪᡝ ᡩᡝ ᠠᡳᠰᡳᠯᠠᠮᠪᡳ᠉ [illegible]

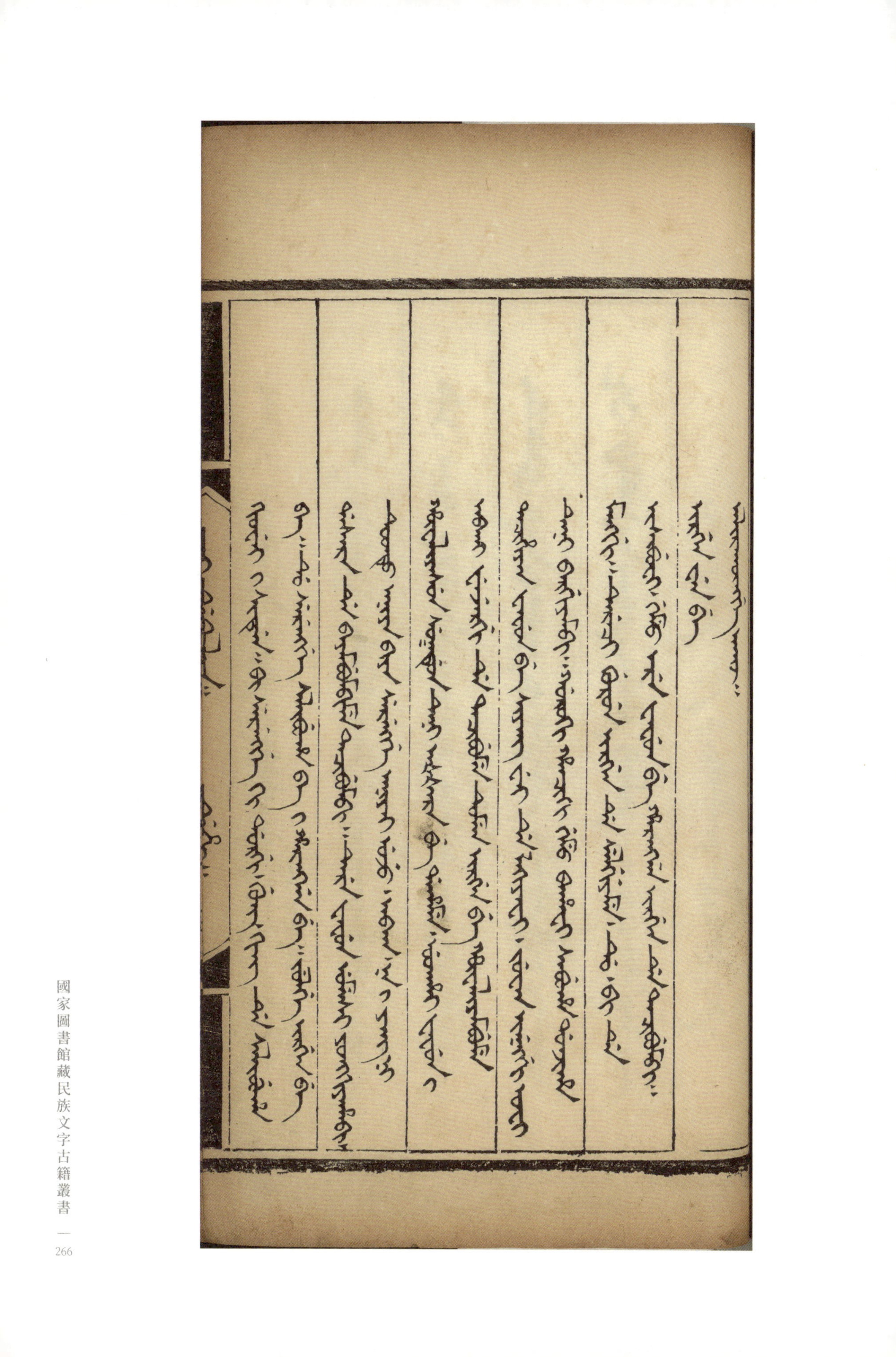

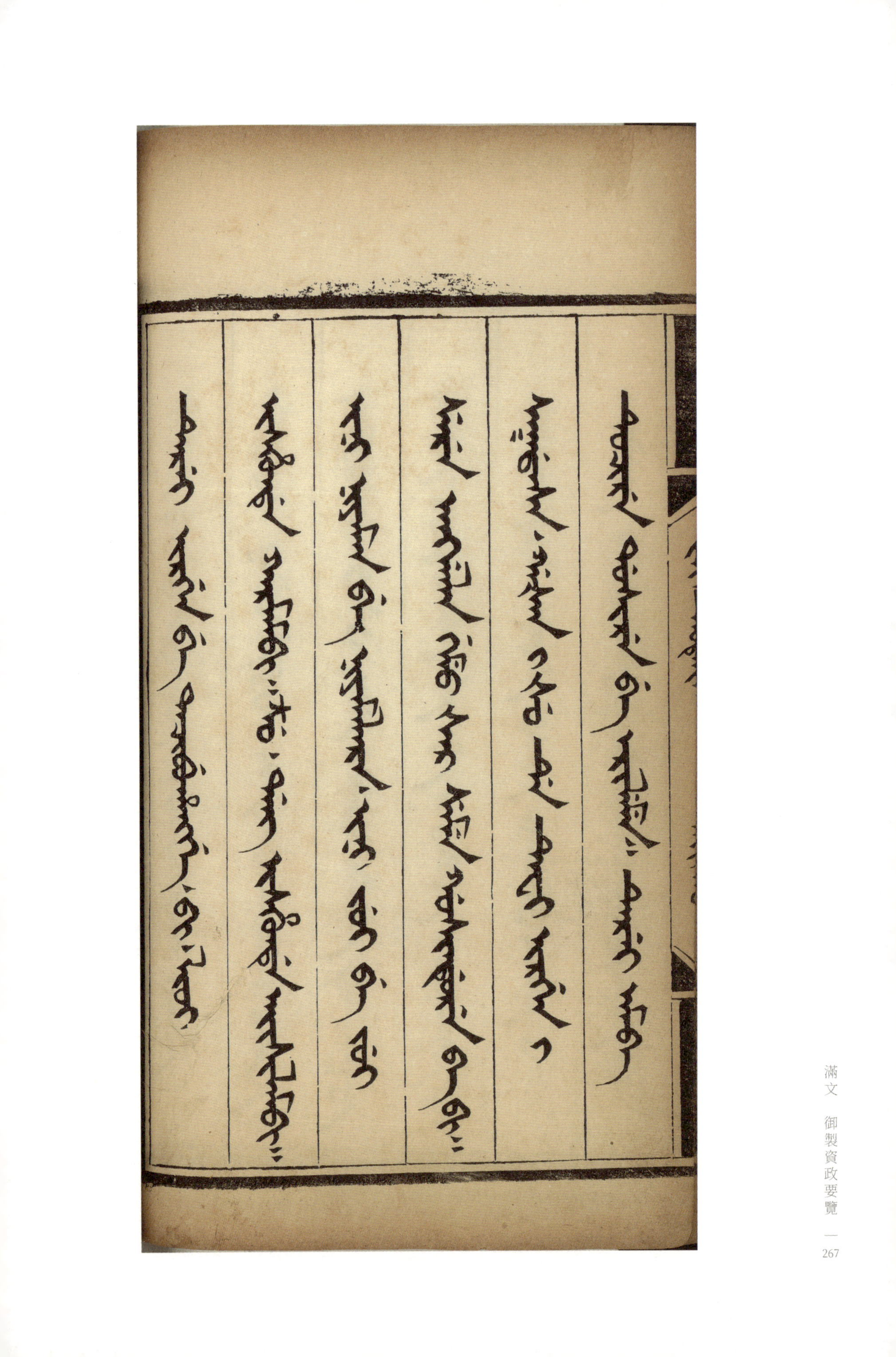

[illegible]

ᠠᠮᠪᠠ ᡩᡝ ᠪᠣᠯᡤᠣᡵᡳ᠄ ᠣᠪᡠᠮᡝ ᠪᡠᠯᡝᡴᡠᡧᡝᠮᡝ ᡩᡝ

ᠠᠨᡳᠶᠠᠪᡠᡥᠠᡤᡝ᠄ ᠰᡝᡵᡝ ᠪᠣᠮᡝ ᠠᠨᡳᠶᠠᠪᡠᡥᠠ ᠠᠨᡳᠶᠠ ᡳ

ᡠᠮᡝ ᡠᠰᡝ ᠪᡠᠯᡝᡴᡠᠰᡝ ᠠᠨᡳ ᡳ ᠪᡠᠯᡝᡴᡠ ᡳ ᡝᠰᡝᡴᡠᠯᡝ ᡩᡝ

ᡥᡝᡵᡤᡝᠮᡝᡨᡝ᠄ ᠪᡠᠴᠠ ᠠᠰᡳᡥᠠ ᠵᠠᡵᠠ ᡩᡝ ᡝᠰᡝᡴᡠᡩᡝ

ᠪᠠᠰᡝᡴᡠᡩᡝ ᡥᠣᠯᠣᡥᡠᠨᡳᠯᡳᡥᡝᡤᡝ᠄ ᠠᠨᡳᠶᠠ ᠪᠣᠮᡝ ᡳ ᠠᠨᡳᠶᠠ ᡳ

ᠵᠠᠯᡳᠨ ᡩᡝ ᡤᡳᠰᡠᡵᡝᠮᡝᡴᡠᡥᡝ᠈ ᠮᡠᠰᡝ ᠪᠣᠴᠣ ᡳ ᠰᡳᠮᡝ

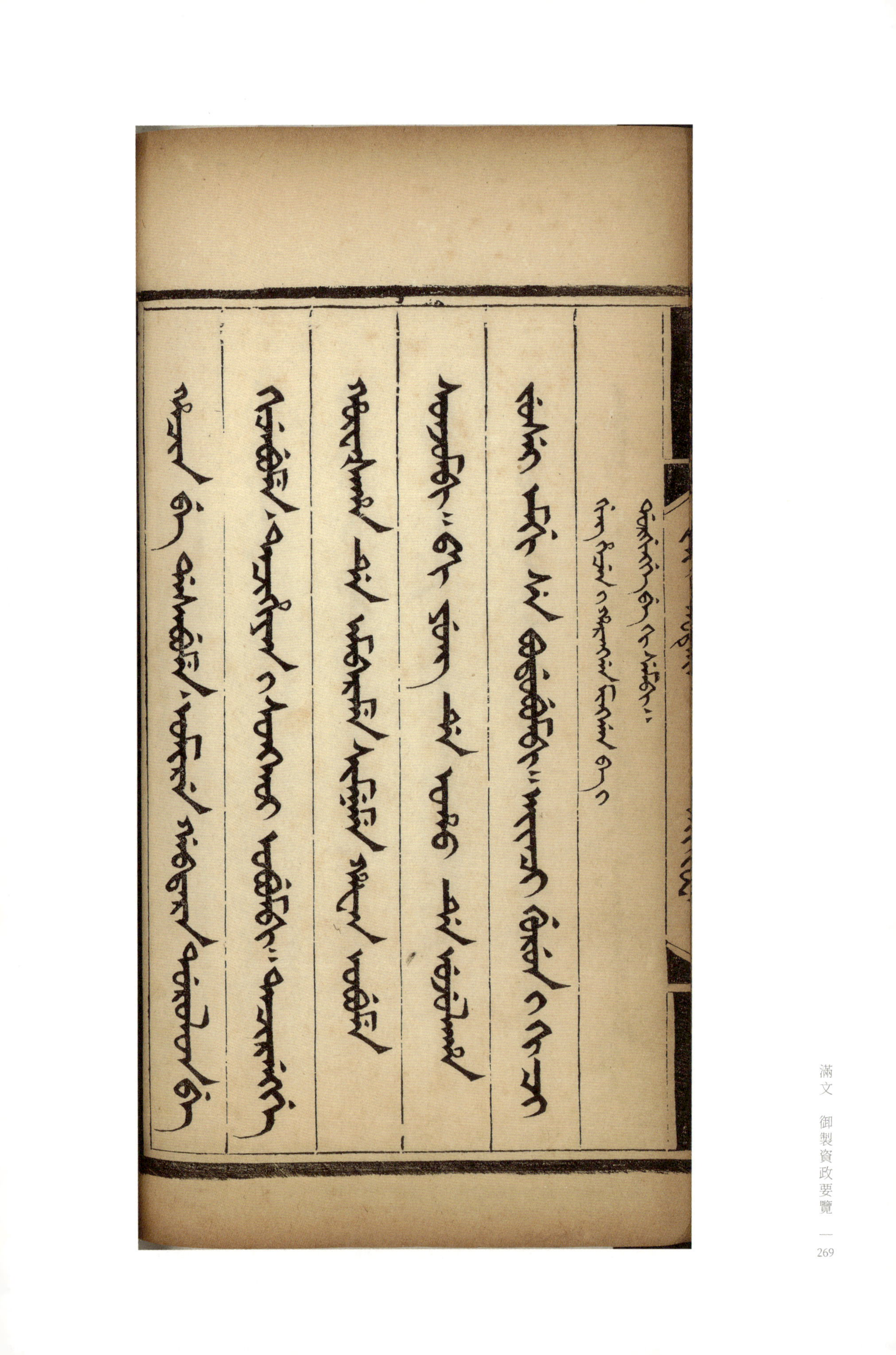

[illegible]

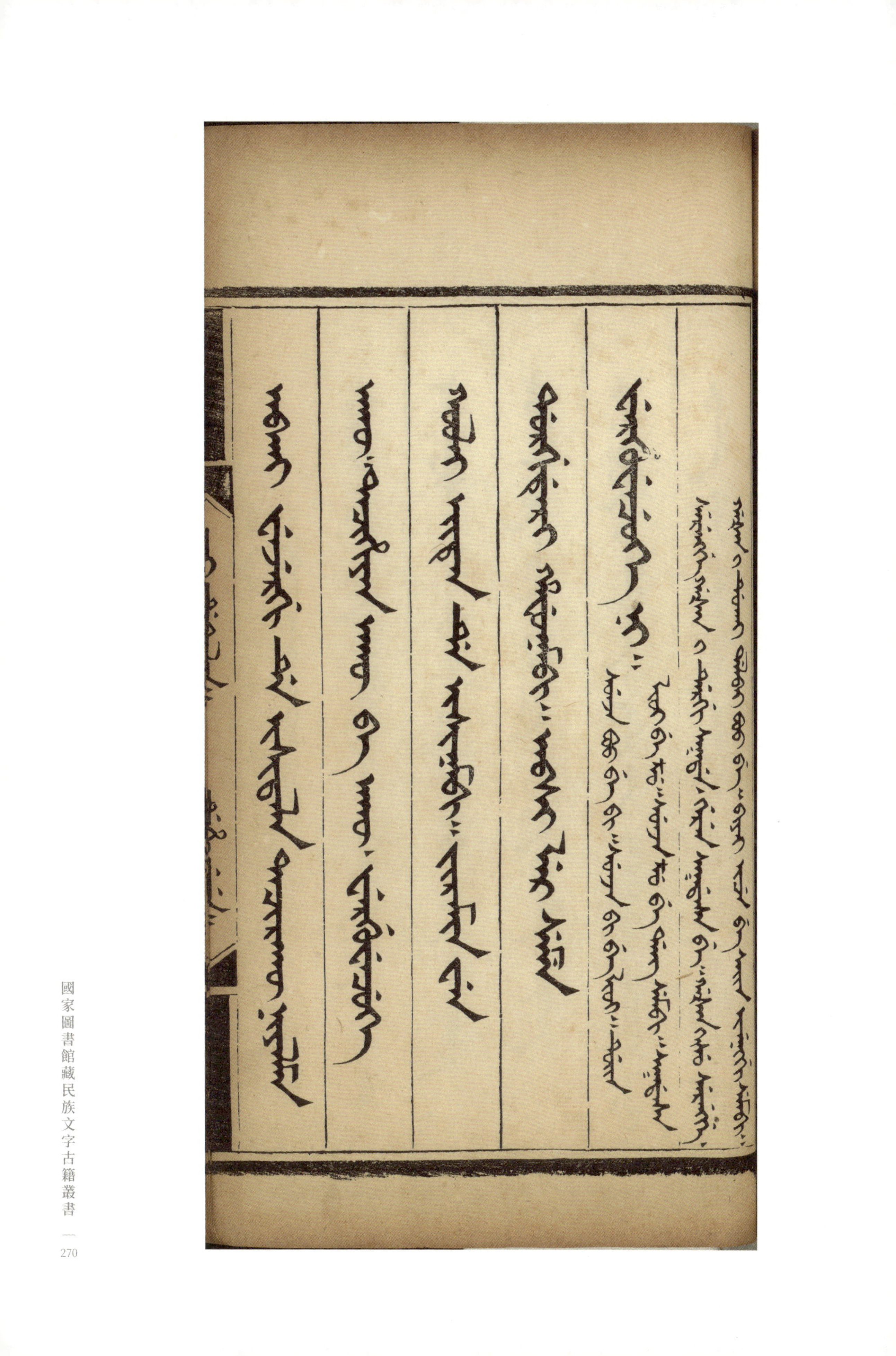

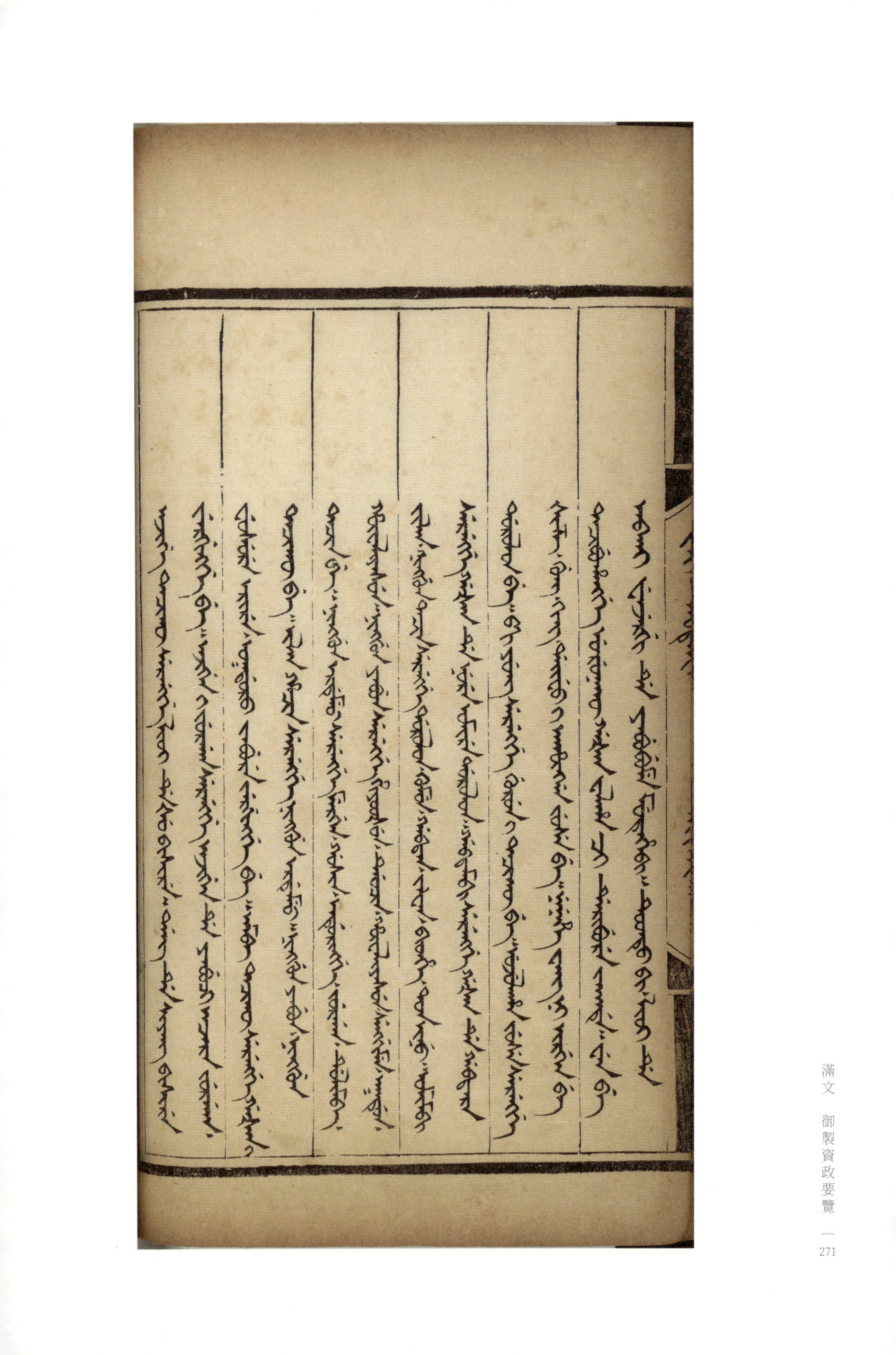

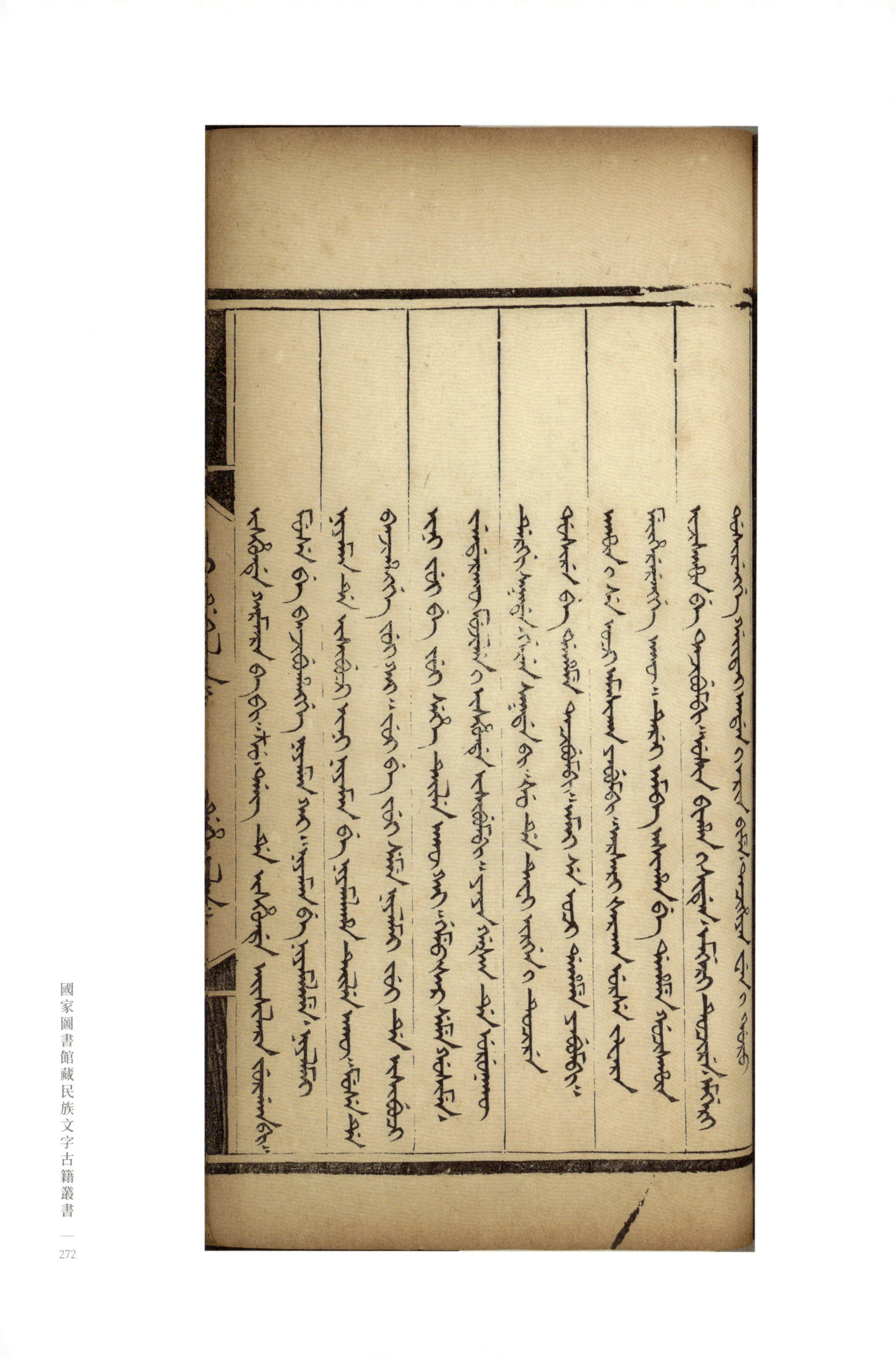

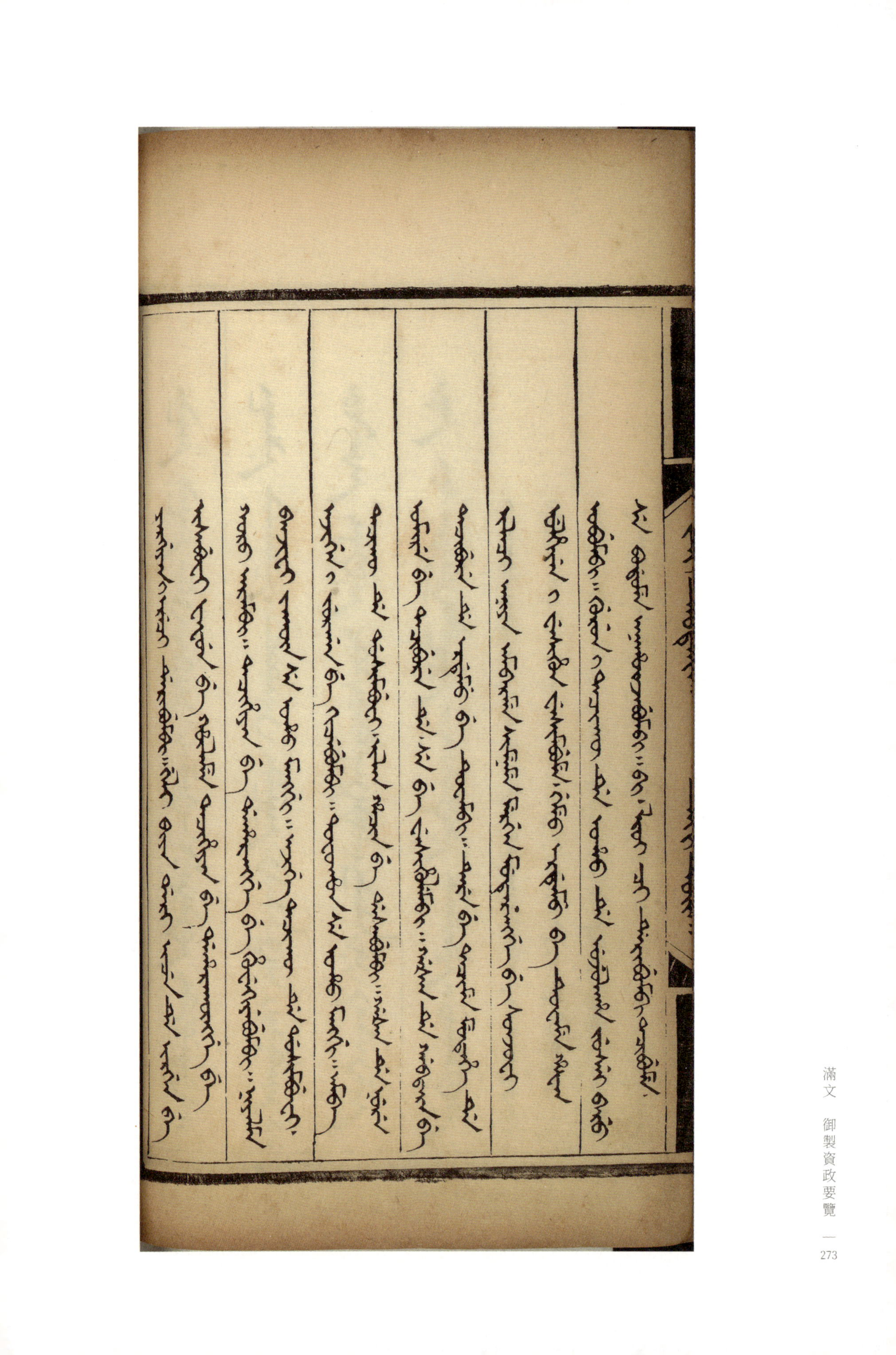

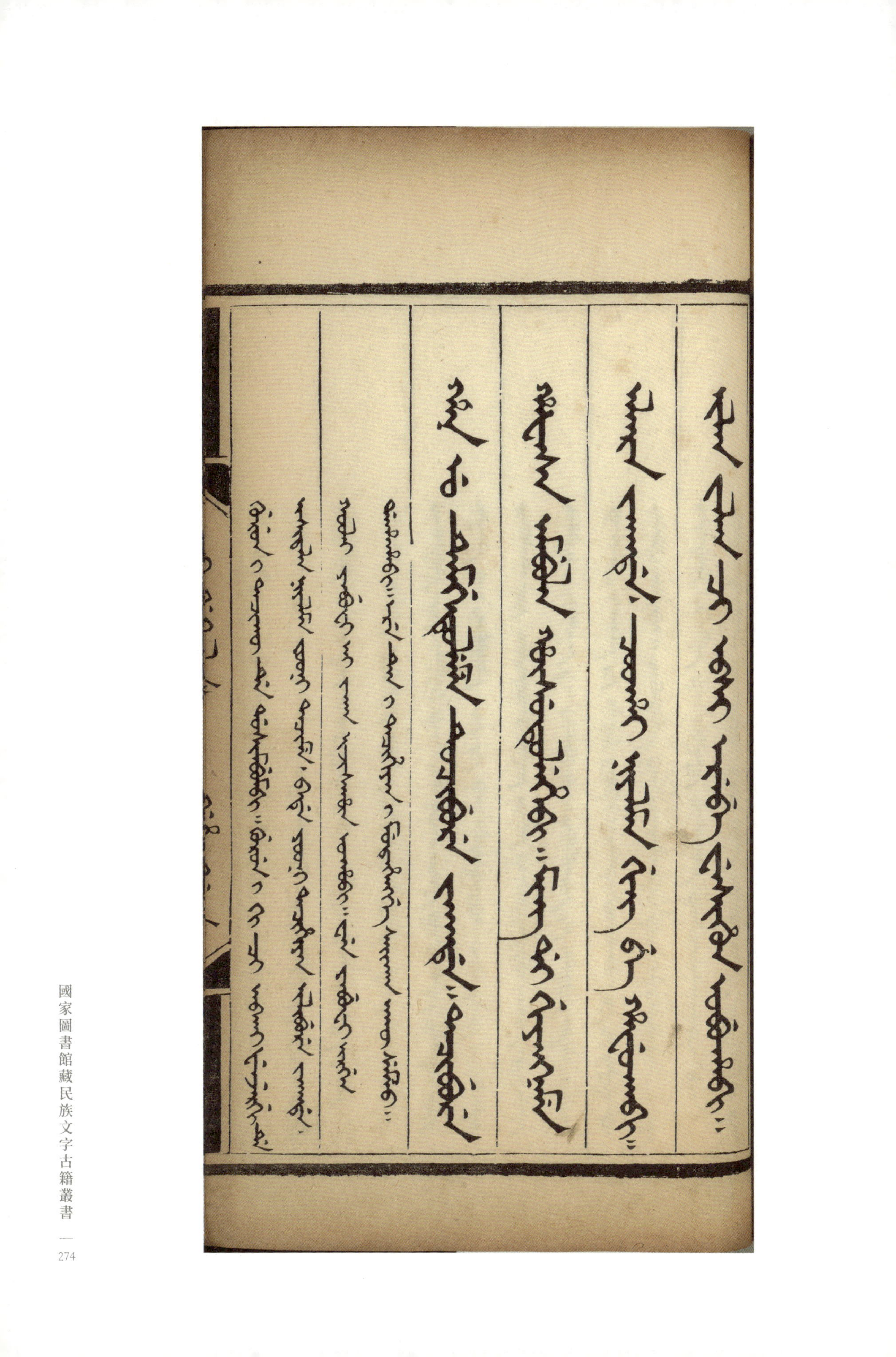

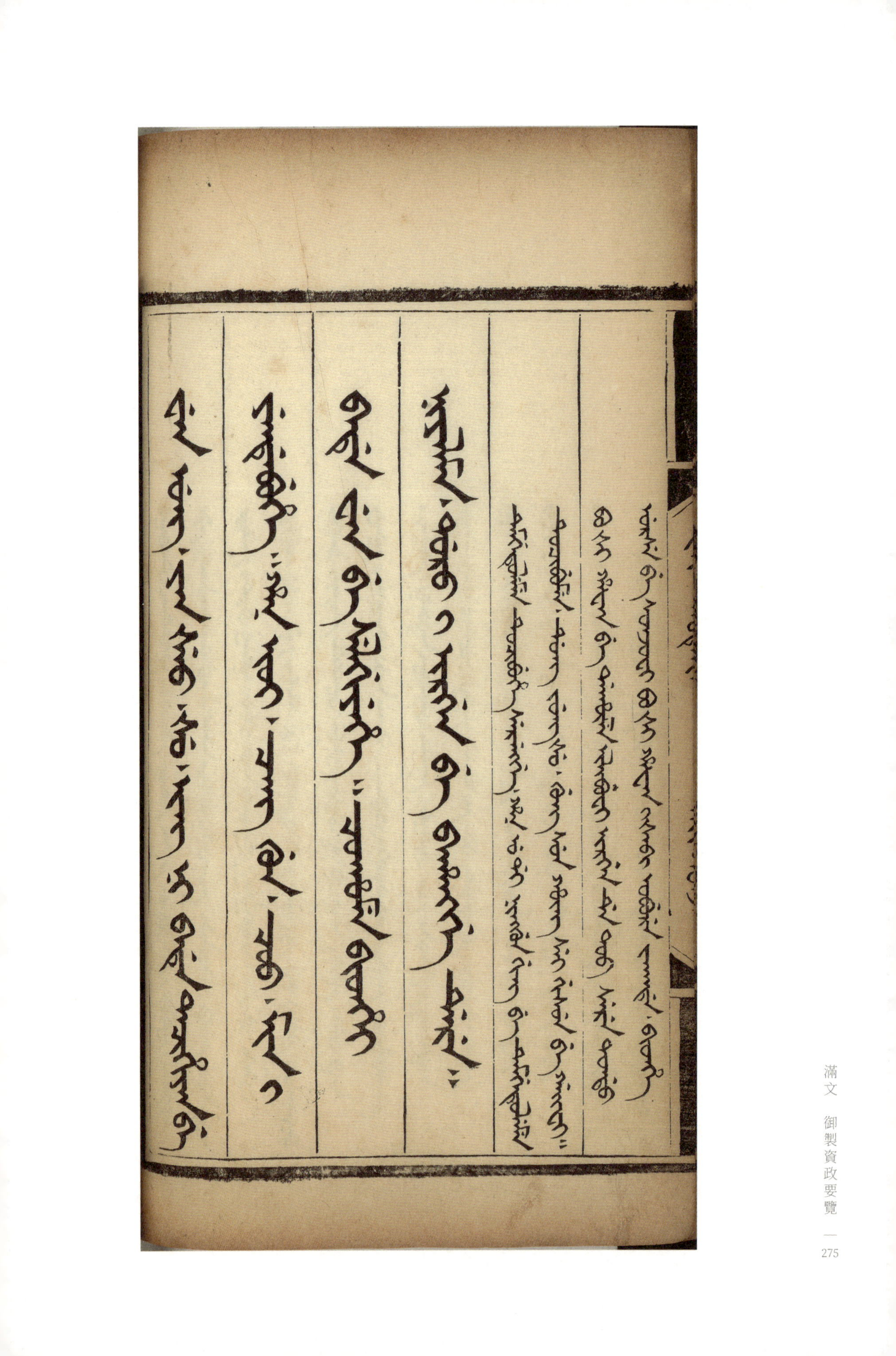

[illegible]

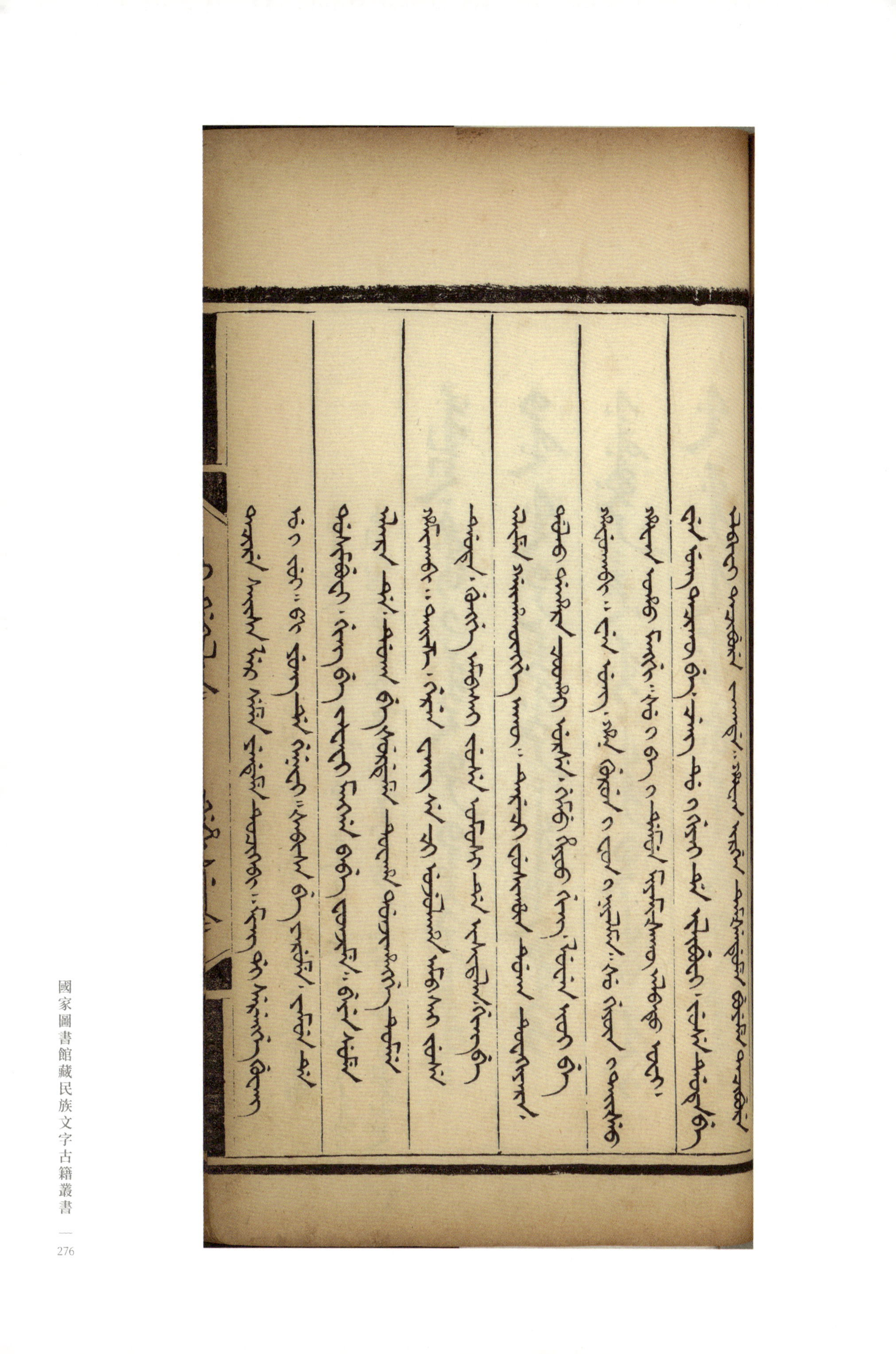

[illegible]

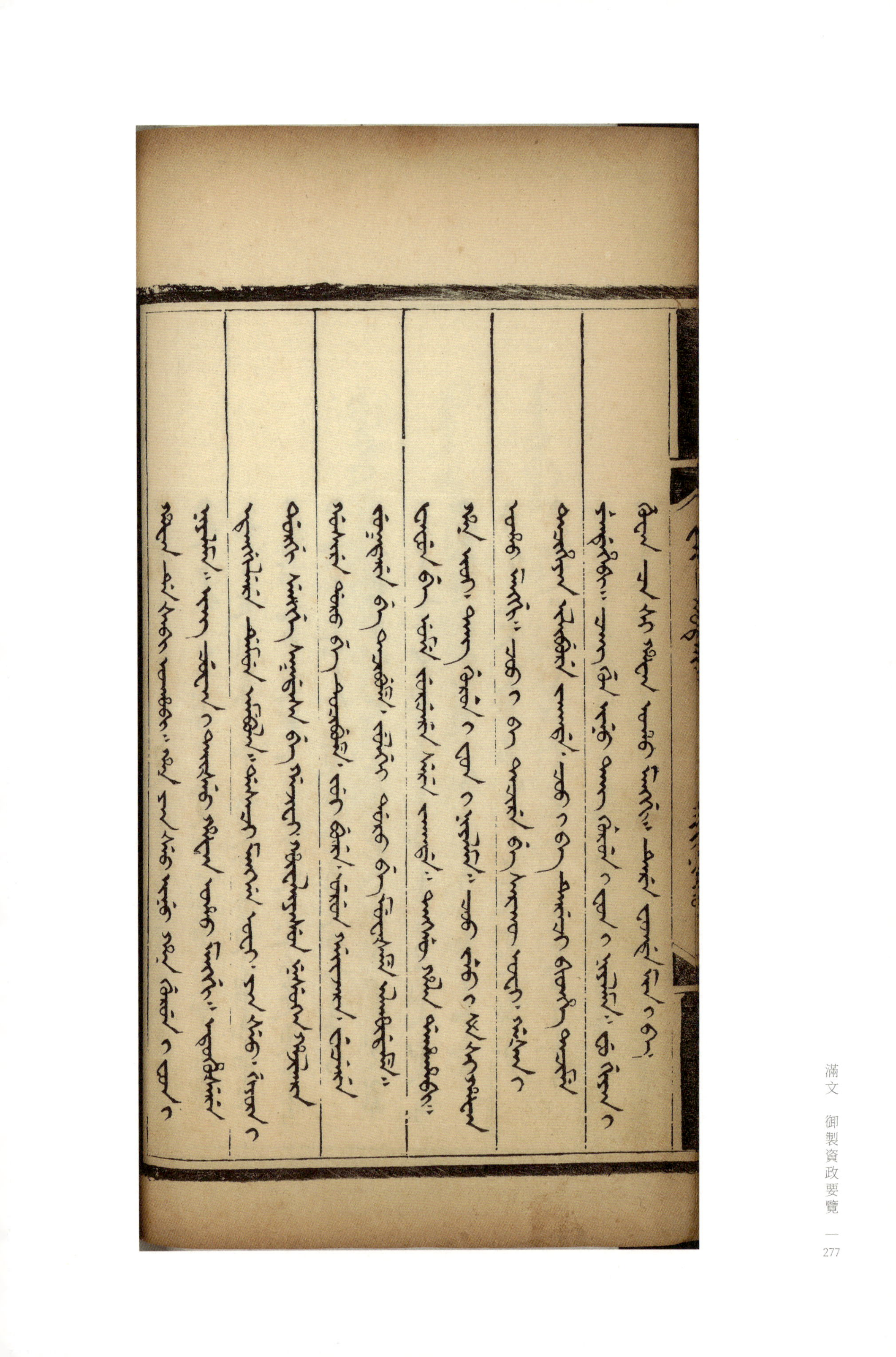

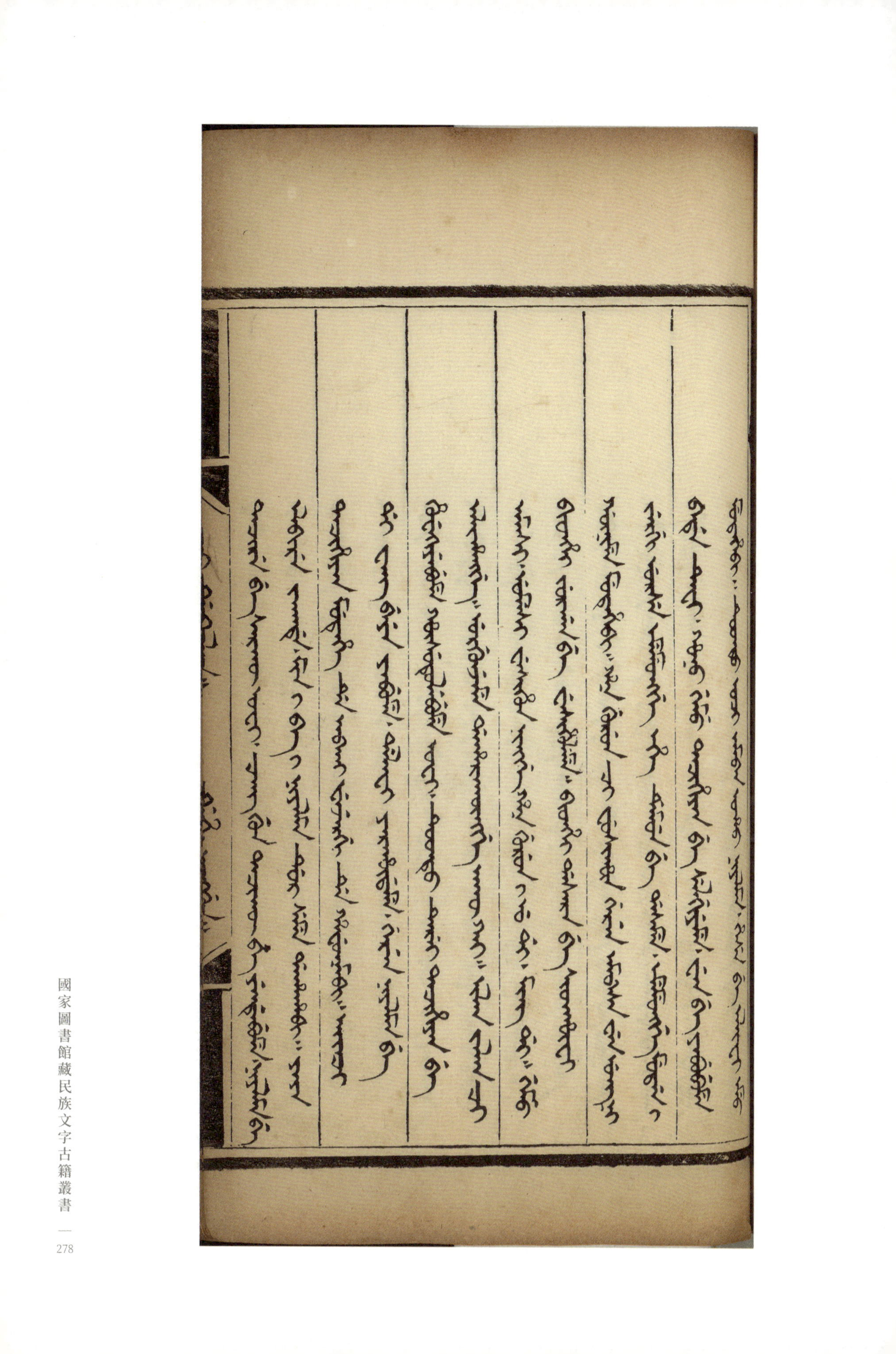

[illegible]

[illegible]

[illegible]

[illegible]

[illegible]

[illegible]

[illegible]

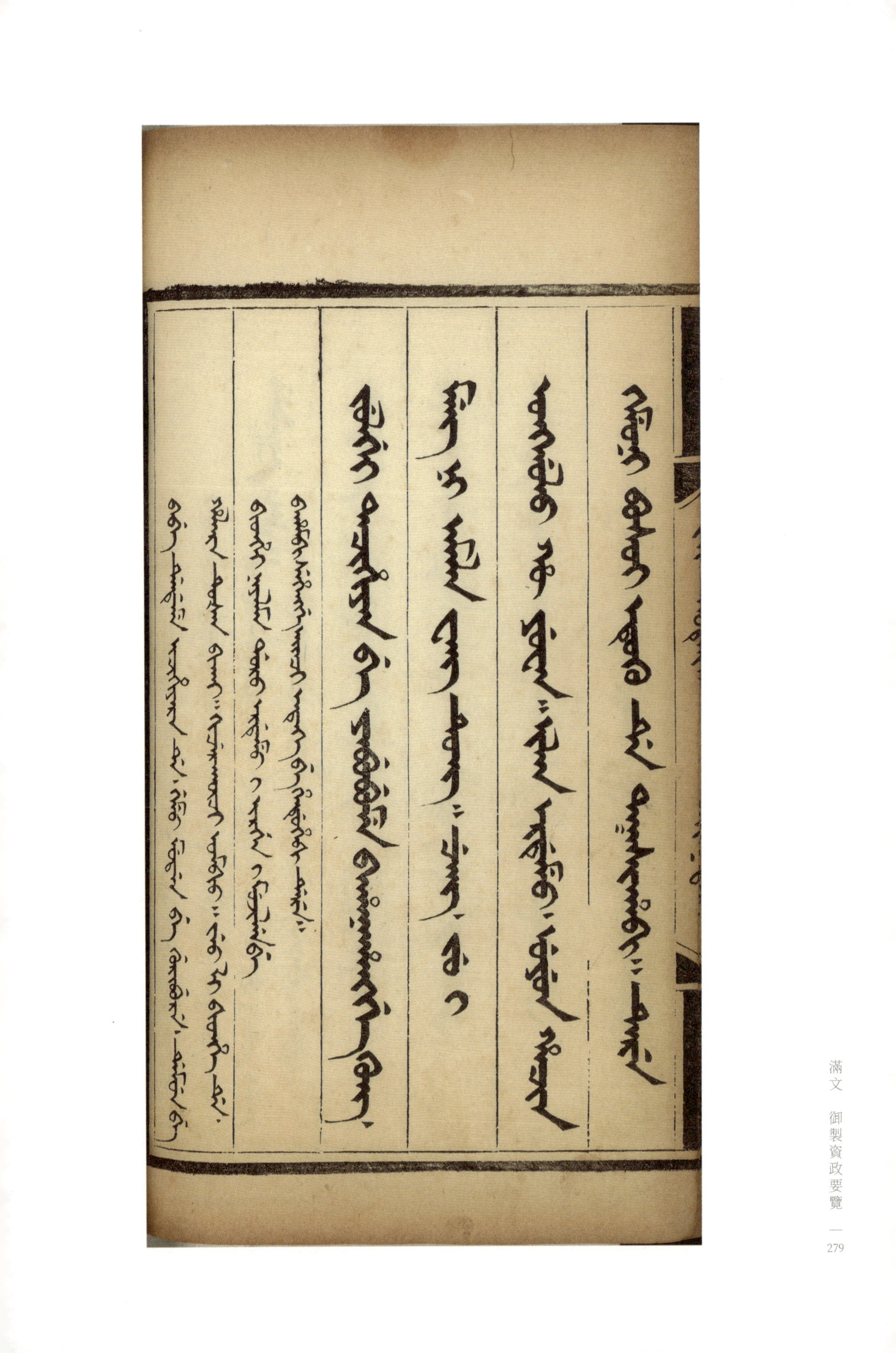

[illegible]

[illegible]

[illegible]

[illegible]

[illegible]

[illegible]

[illegible]

[illegible]

[illegible]

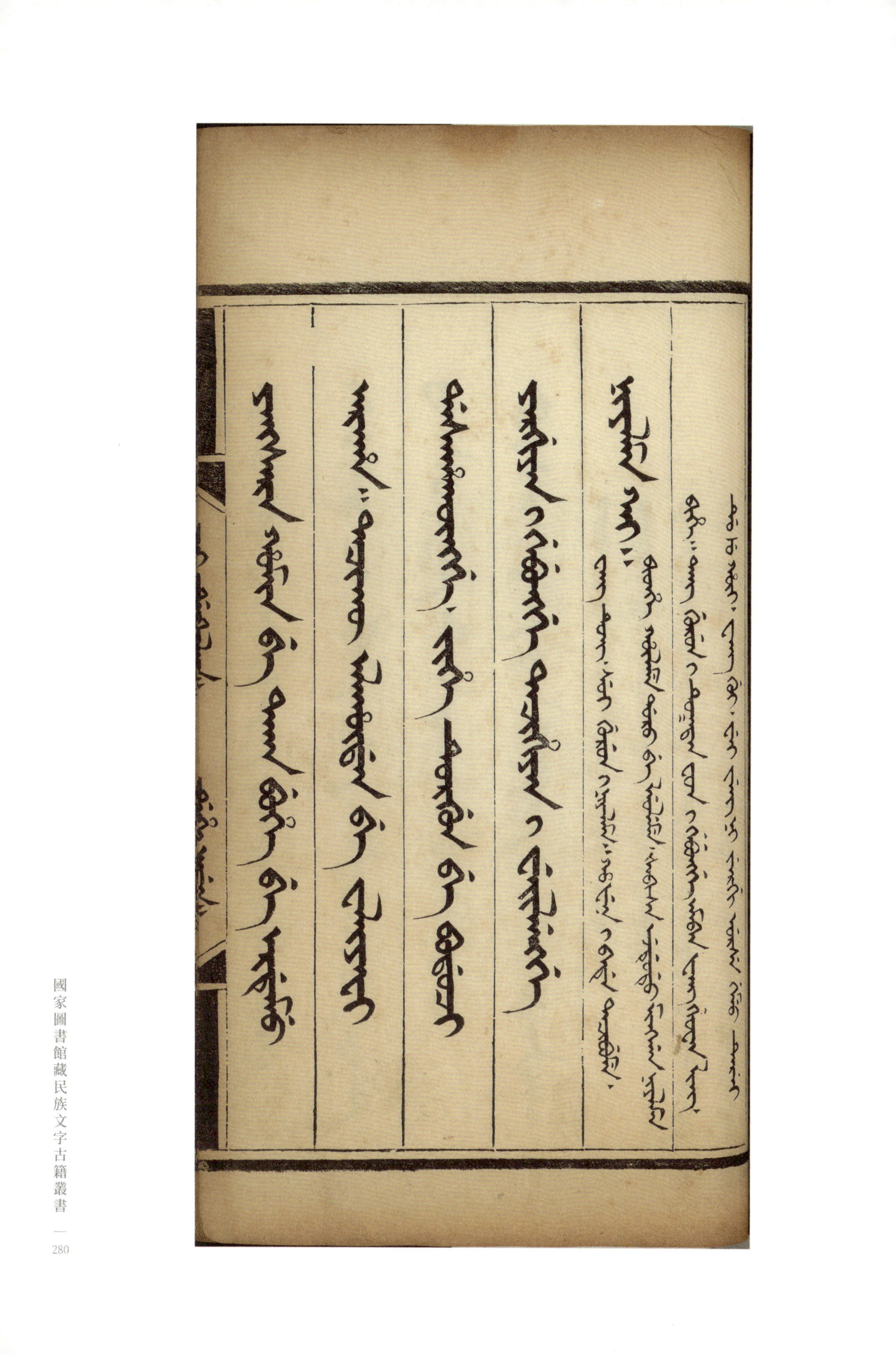

ᠵᠠᡳ ᠪᠠᠨᡳᠨ ᡳ ᠰᠠᡳᠨ ᠠᡴᡡ ᠪᡝᠶᡝ ᠪᡝ ᡥᡡᠸᠠᡧᠠᠪᡠᡵᡝ ᡩᡝ ᠣᠮᠪᡳ ᡤᡝᠨᡝᠴᡳ ᠪᡝ
ᠮᡝᠩᡤᡝ᠉ ᠠᠮᠪᠠᠰᠠ ᠮᡝᠨᡝ ᠪᡝ ᠮᡝᠩᡤᡝ ᠪᡝ ᠪᡝᡳᡨᡝ ᡳᠨᡝᠩᡤᡳ ᠠᠮᠪᠠᠰᠠ ᠮᡝᠨᡳᠩᡤᡝ
ᠮᡝᠩᡤᡝ ᠪᠠᠨᡳᠨ ᡳ ᠪᡝᡳᡨᡝ ᠮᡝᠩᡤᡝ᠉ ᠠᠮᠪᠠᠰᠠ ᡳᠨᡝᠩᡤᡳ ᠮᡝᠩᡤᡝᠮᡝ ᠮᡝᠨᡳᠩᡤᡝ
ᠮᡝᠨᡳᠩᡤᡝ ᠮᡝᠩᡤᡝ ᠪᡝ ᠮᡝᠩᡤᡝᠮᡝ ᠪᡝᡳᡨᡝ ᠮᡝᠩᡤᡝᠪᡠᡵᡝ᠉ ᠮᡝᠩᡤᡝ ᠮᡝᠩᡤᡝ ᡳᠨᡝᠩᡤᡳ ᠪᡝ
ᠮᡝᠩᡤᡝᠮᡝᠪᡠᡵᡝ᠉ ᠠᠮᠪᠠ ᠪᡝ ᠮᡝᠩᡤᡝ ᠮᡝᠩᡤᡝᠮᡝ ᠮᡝᠩᡤᡝ᠉ ᠪᡝ ᠮᡝᠩᡤᡝᠮᡝ
ᠮᡝᠨᡳᠩᡤᡝ ᡳ ᠮᡝᠨᡝ᠈ ᠮᡝᠩᡤᡝ ᠪᡝ ᠮᡝᠩᡤᡝᠮᡝ ᠪᡝ ᠮᡝᠩᡤᡝᠮᡝ ᠮᡝᠩᡤᡝ ᡳ ᠮᡝᠩᡤᡝ ᠪᡝ
ᠪᡝ ᠮᡝᠩᡤᡝ ᡳ ᠮᡝᠩᡤᡝᠮᡝ ᠮᡝᠩᡤᡝ᠈ ᠮᡝᠩᡤᡝ ᠪᡝ ᠮᡝᠩᡤᡝᠮᡝ ᠪᡝ ᠮᡝᠩᡤᡝ ᠪᡝ᠉

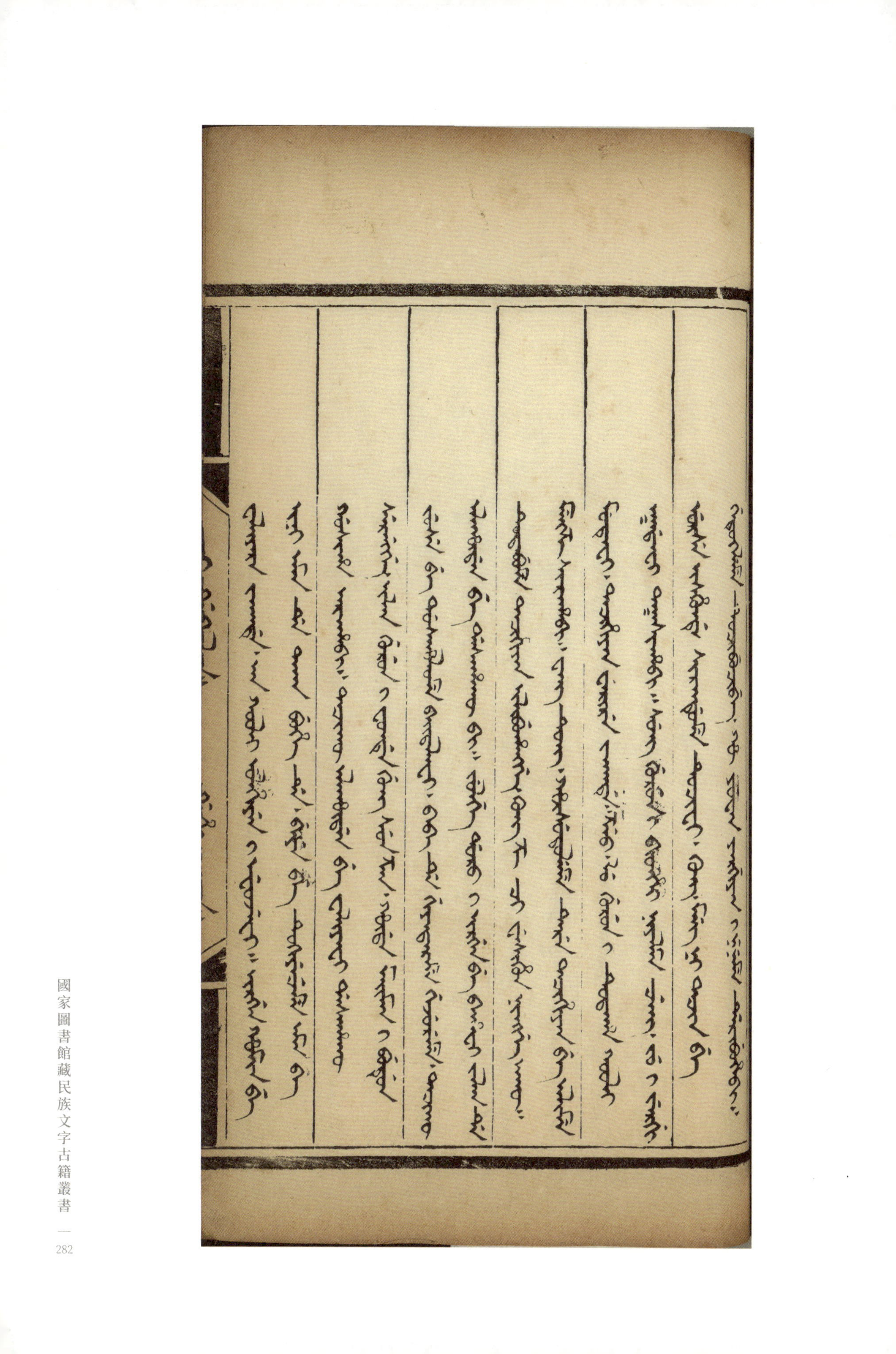

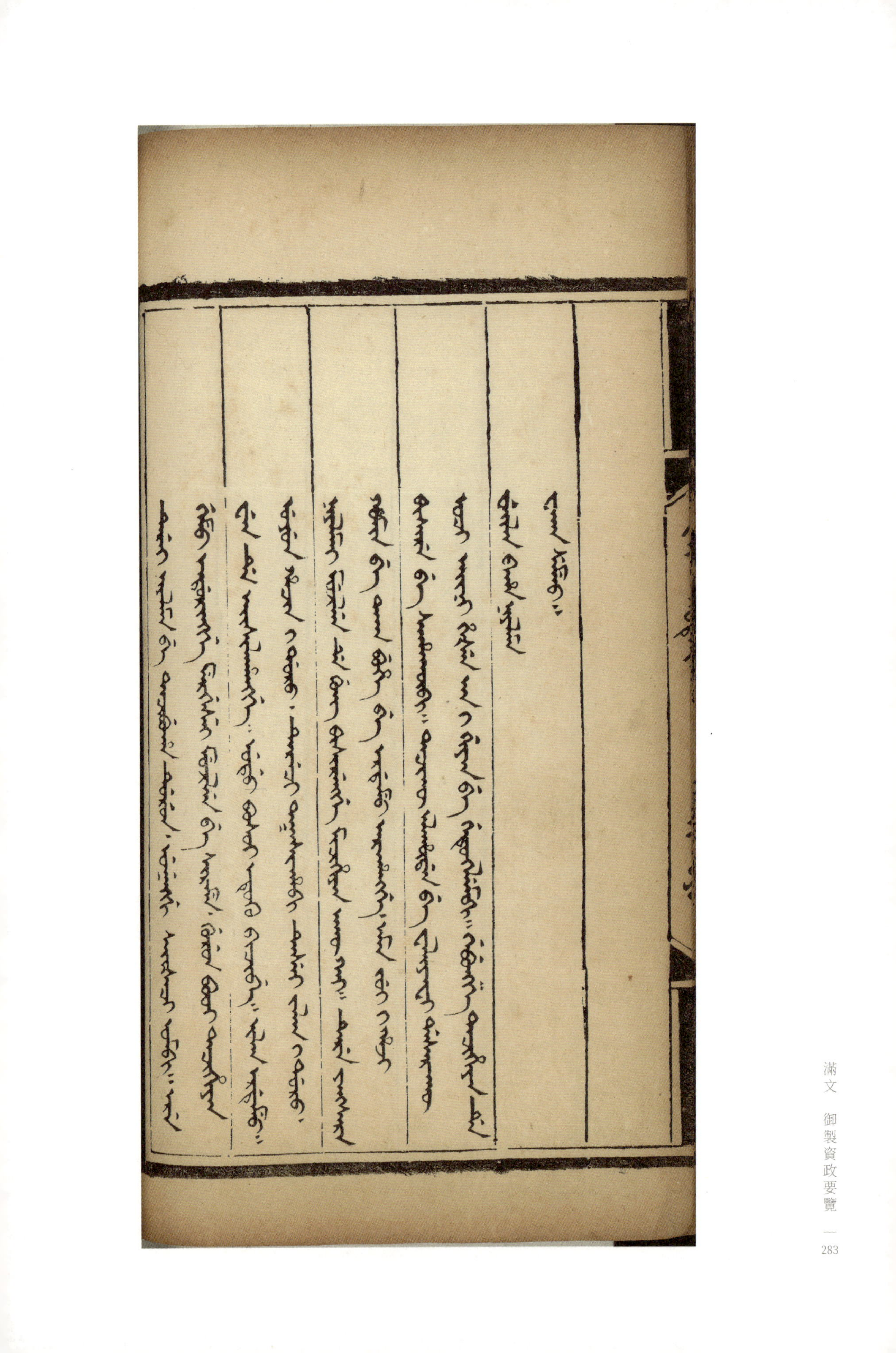

[illegible]

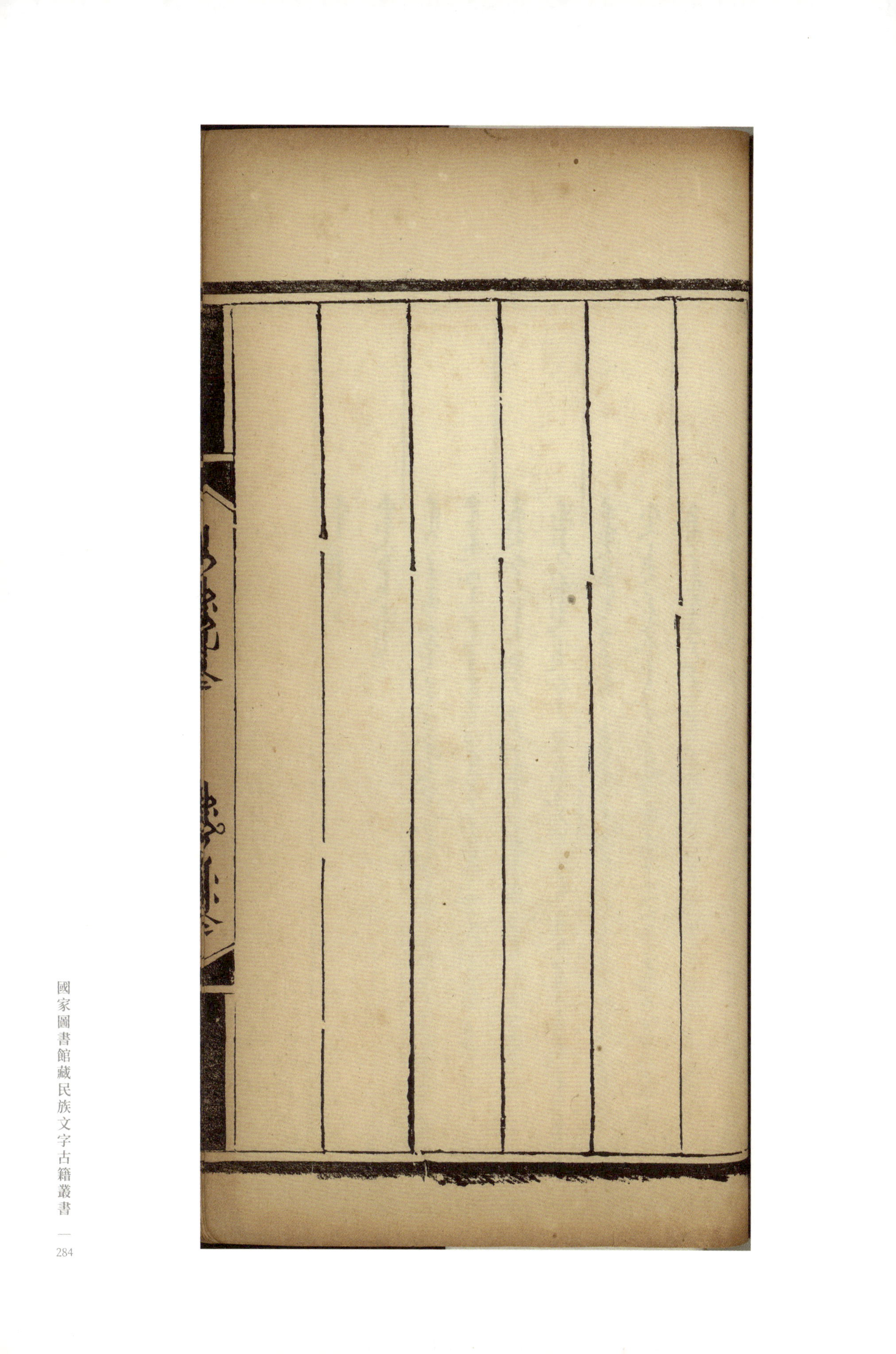

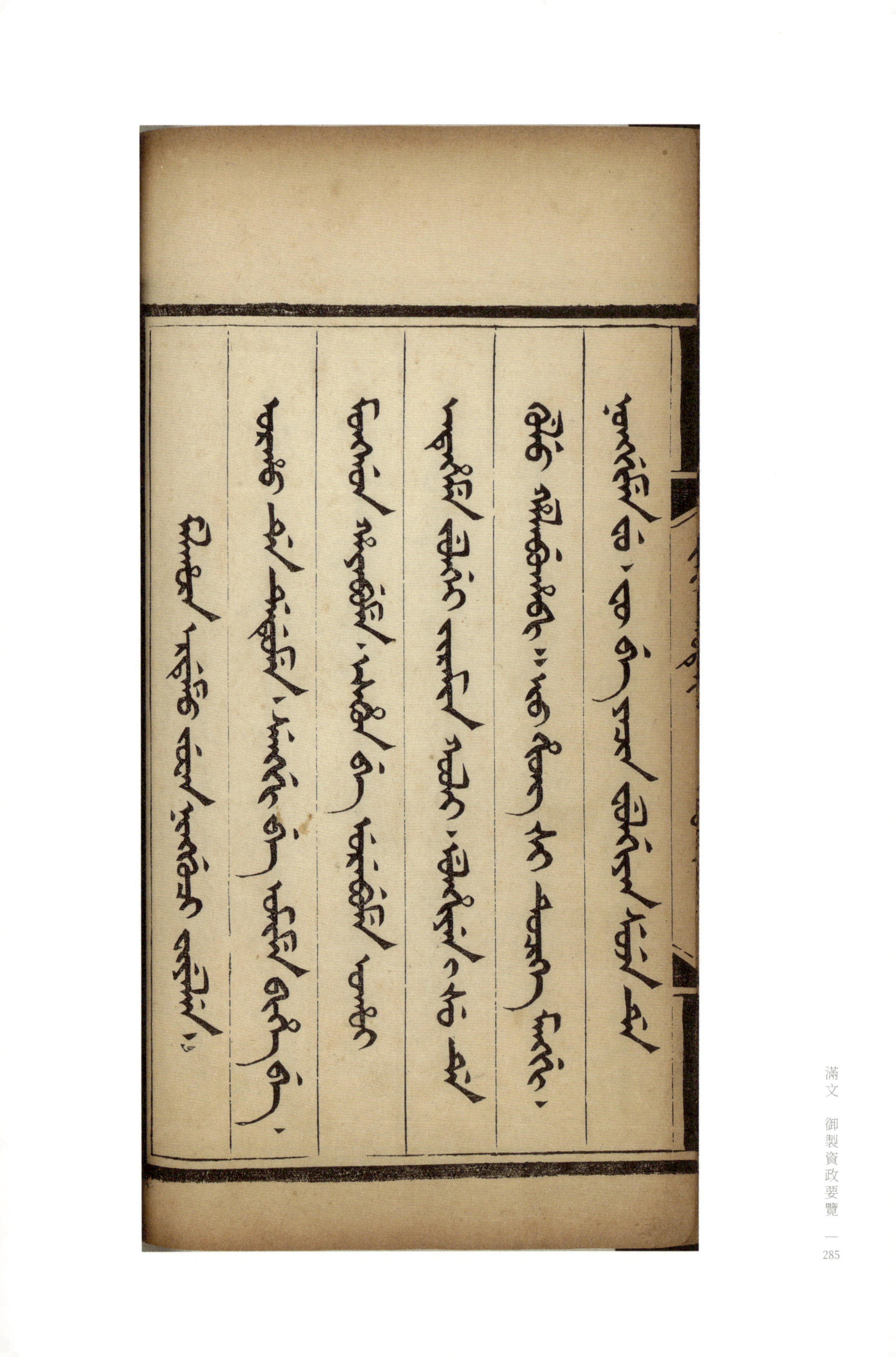

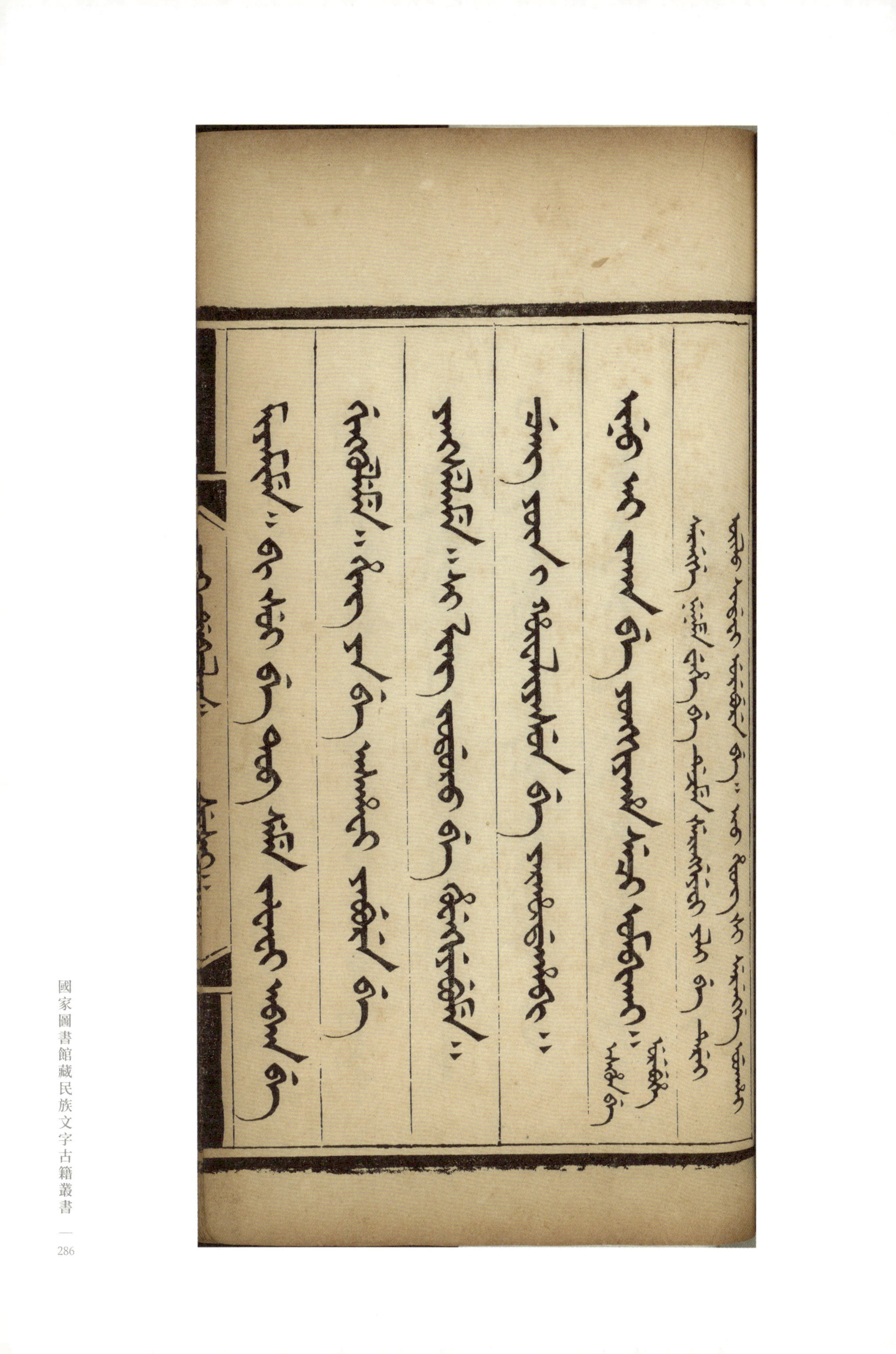

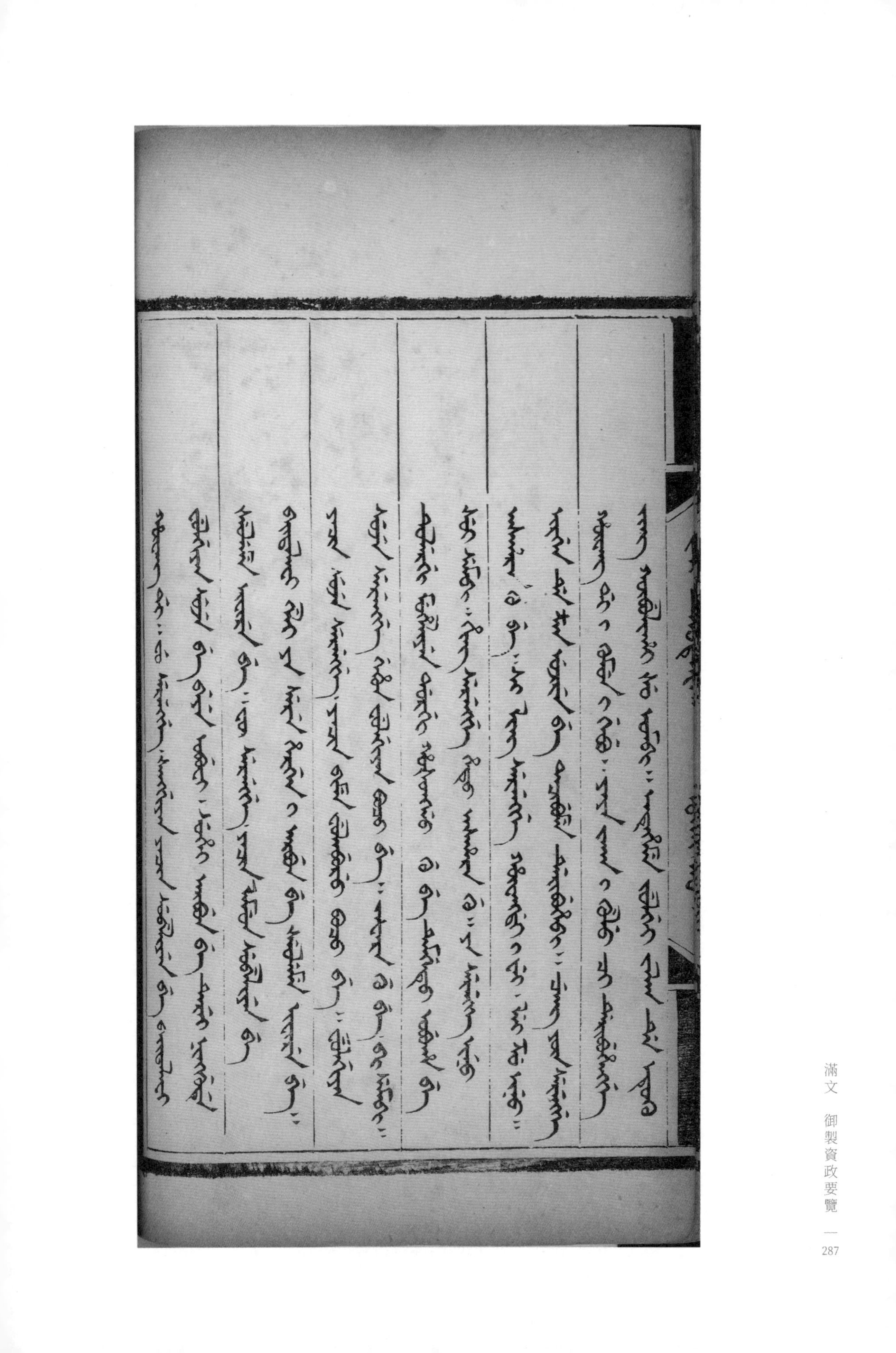

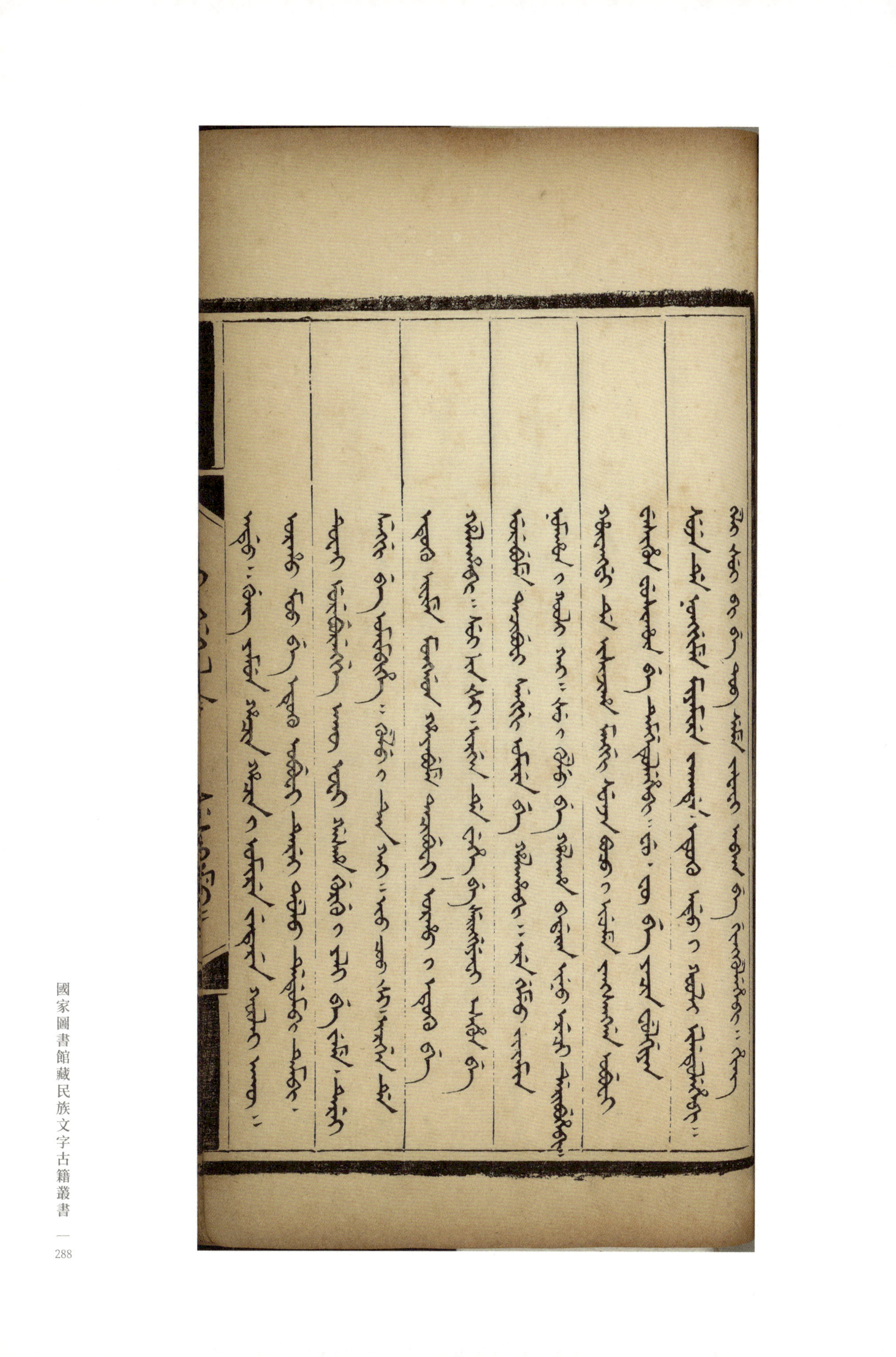

[illegible]

ᡨᠣᠨᡩᠣ · ᡤᡳᠩ ᠪᡳᡨᡥᡝ ᡳ ᠪᡝᡳᠯᡝᡵᡝᠩᡤᡝ :: ᡨᡝᠰᡠᡵᡝᠩᡤᡝ

ᡤᡝᠨ ᡨᡠᠮᡝᠨ ᡳ ᠰᡝᠮᡝ :: ᠪᡳᡨᡥᡝ ᡳ ᠮᡠᠯᡝᠨ :: ᠰᡝᠮᡝ ᡳ

ᠰᡠᠸᠠᠨ ᠵᡝᡵᡤᡳᠯᡝᠩᡤᡝ ᠰᡝᠮᡝ ᠪᡳᡨᡥᡝ :: ᠮᡝᠩᡤᡠ ᠪᡳᡨᡥᡝ

ᡤᡳᠰᡠᡵᡝᠨ ᠪᡠ ᠪᠠᠨ ᠨᡝ ᡝᠨᡝᡥᡝᠩᡤᡝ ᠵᡝᠨ ᠵᡝᠪᡠᡵᡝᠩᡤᡝ ::

ᠨᡝᡴᡝᠯᡝᡥᡝ :: ᡨᡠᠮᡝᠨ ᠪᡝᡳᠯᡝ ᠨᡝ ᡳ ᠪᠠᠨ ᡨᡠᡴᡳᠶᡝᠮᡝ ᠪᠠᠨ ᠪᡳᠰᡳᡵᡝ ::

ᡝᡵᡝ ᡳ ᠪᡝᡳᠯᡝᡥᡝᠩᡤᡝ ᠪᡝ ᡝᠨᡝᡥᡝᡳᠨ ᠪᠠᠨᡳᡥᠠ ᡨᡝᠰᡠᡵᡝᠨ ᠪᠠᠨ ᡳ ᠪᡳᡨᡥᡝ

ᠪᡝᡳᠯᡝᡵᡝᠩᡤᡝ ᠪᠠᠨᡳᡥᠠ :: ᡝᡵᡝ ᠪᠠᠨᡳᡥᠠ ᡝᠨᡝᡥᡝ ᡨᡠᡴᡳᠶᡝᠮᠪᡳ :: ᠪᠠᠨ

ᡝᠮᡝ ᠪᡝ ᠪᠠᠨᡳᡥᠠ ᠪᡝᡳ ᠪᡝ ᠨᡝᡴᡝᠯᡝᡥᡝ :: ᠪᡝ ᠪᡳᡨᡥᡝ ᡨᡠᠮᡝᠨ ᠪᡝ

ᡤᡳᠯᡨᡠᡴᠠ ᡩᡝ ᠠᠰᡠᡵᡝ ᡨᡠᠴᡳᠪᡠᡥᡝ ᠪᠣᠣᠪᡠᠯᡝᠮᠪᡳ᠉ ᠣᡶᡳᠣᠯᡳᠪᡠ

ᠪᠣᡳᠯᠣᡴᠣ᠈ ᠮᡠᠵᡳᠯᡝᠨ ᡩᡝ ᡨᡝᡥᡝ ᡥᡝᡵᡤᡝᠨᡳᠶᡝᡴᡝ

ᠪᠠᡵᠠᠮᠪᡠ᠉ ᡳᠯᡳᠴᡳ ᡤᡝᠮᡠᠨᡳᠪᡝ ᡳᠴᡳᡴᡝ ᠪᡝᡳᡤᡝᡵᡝᠮᠪᡳ

ᠪᠣᠣᠪᠣᠣᡵᡤᡝᠨᡳ ᡨᡝᡵᡝ ᡠᠯᡝᠨᡩᡝ ᡨᠣᠮᠣᡴᠣ ᡥᠣᠨᡳ ᡥᠣᠨᡳ

ᠪᡝᡳᡩᡝᠨᡩᡝ ᠠᡩᠠᠯᡳ᠉ ᡨᡝᡥᡝ᠈ ᡥᡝᠰᡝᠪᡠᡵᡝ᠉ ᠪᡝᡳᡤᡝᠨ

ᠶᠠᠪᡠᠨᡳ ᡩᡝ ᡤᡳᠰᡠᠨ᠈ ᡨᠣᠣᠪᠣ ᠮᡝᡴᡝ ᡩᡝ ᡨᡝᡵᡝ᠉

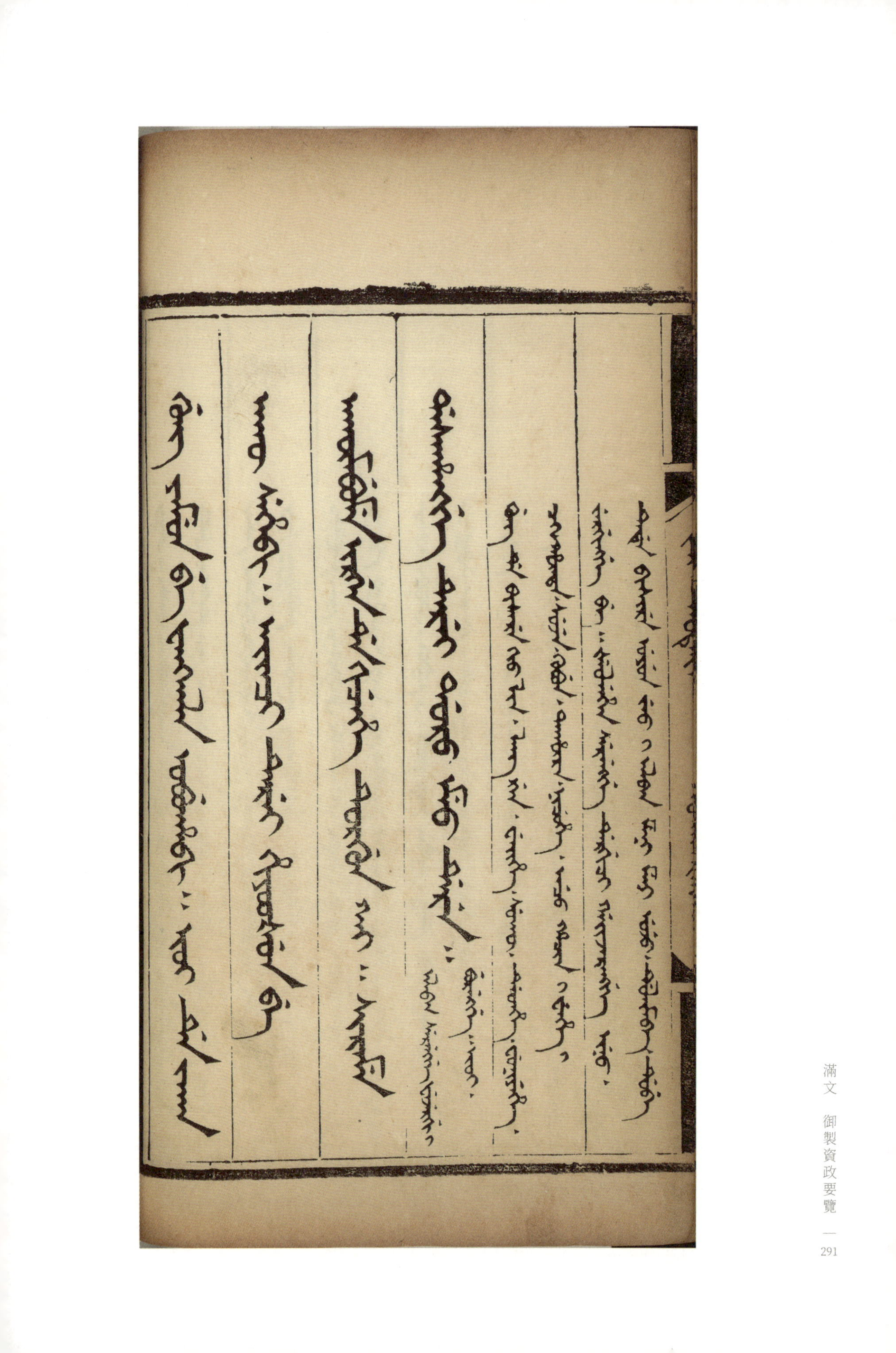

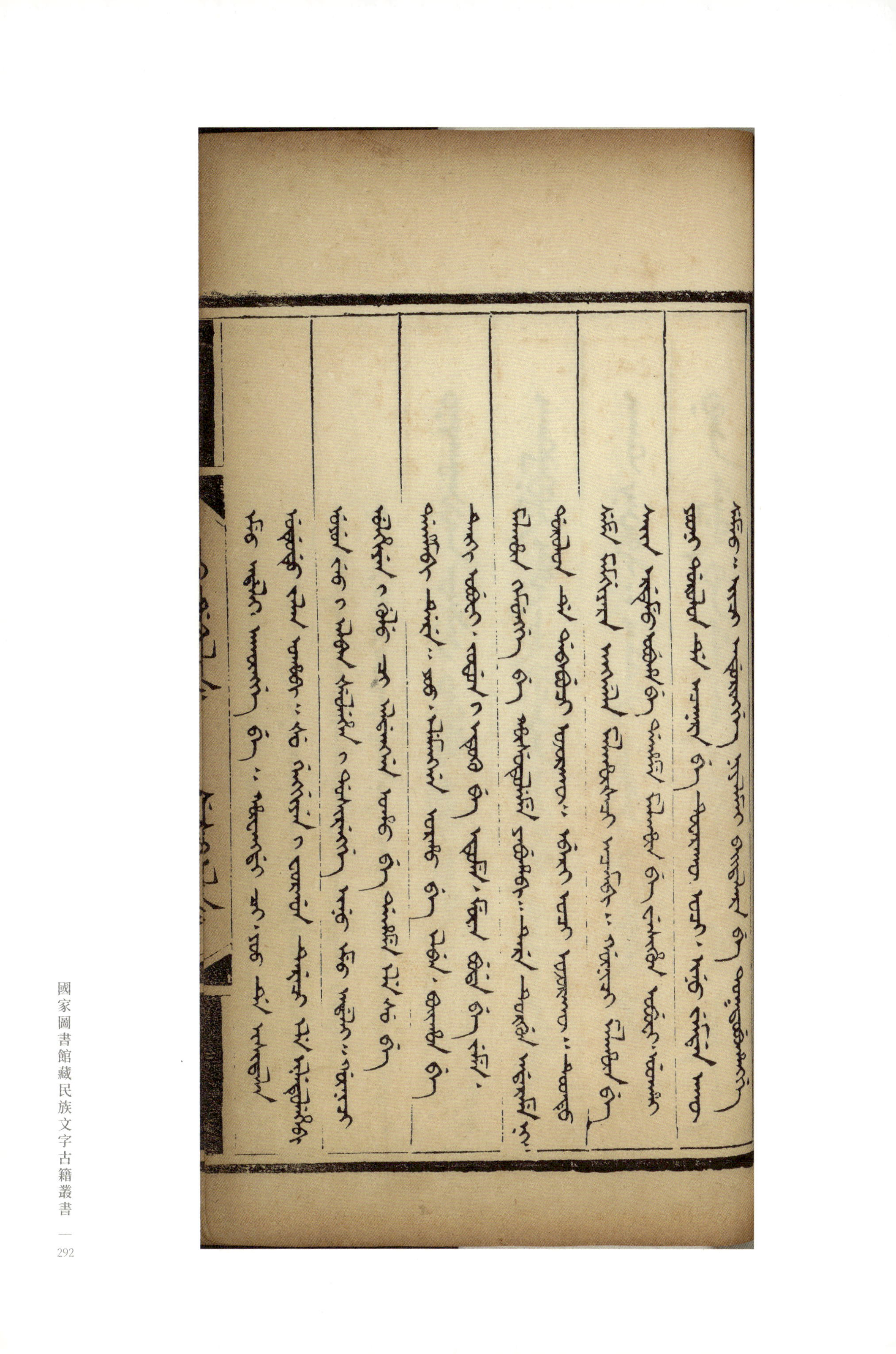

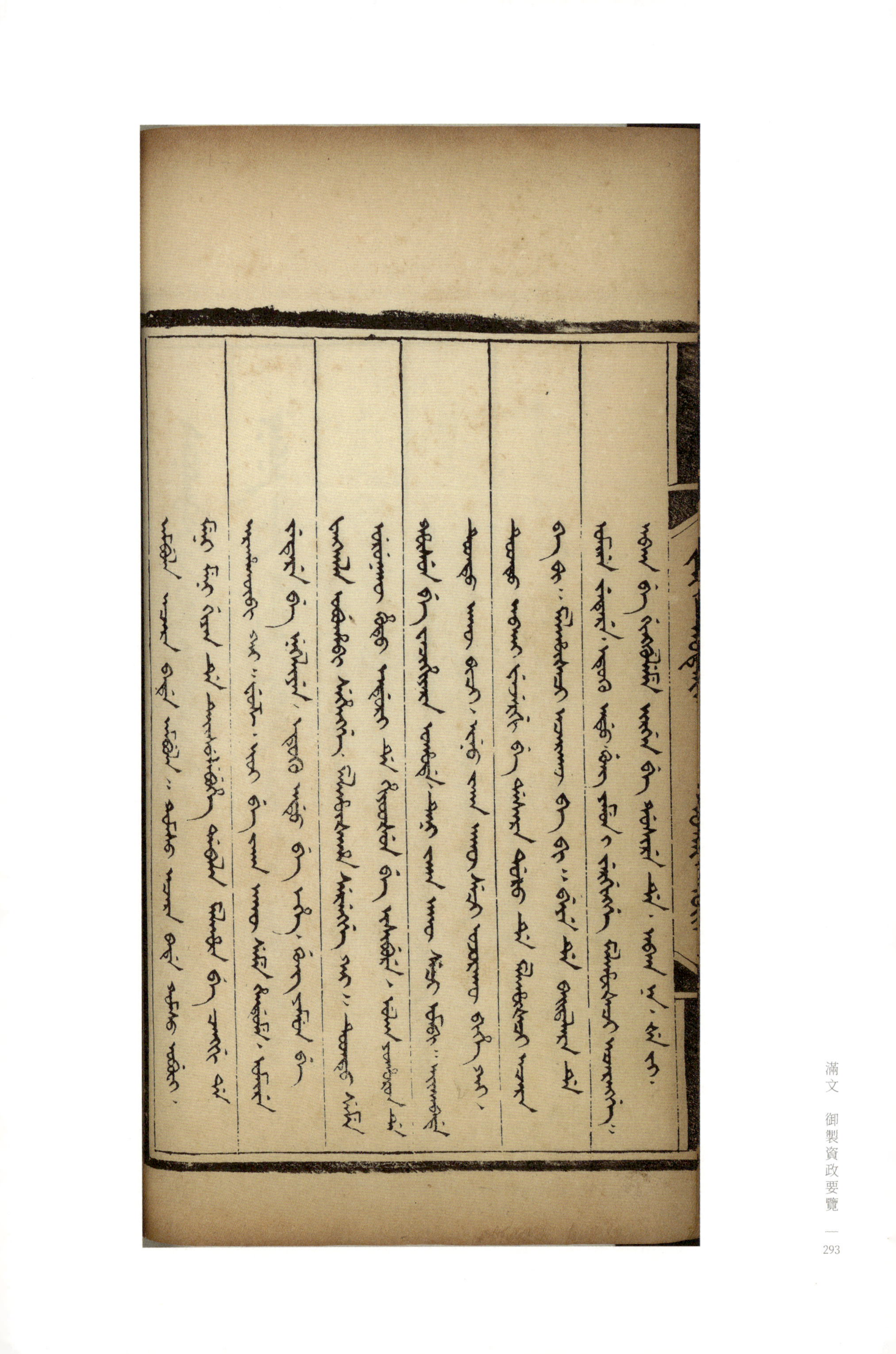

[illegible]

[illegible]

[illegible]

[illegible]

[illegible]

[illegible]

[illegible]

[illegible]

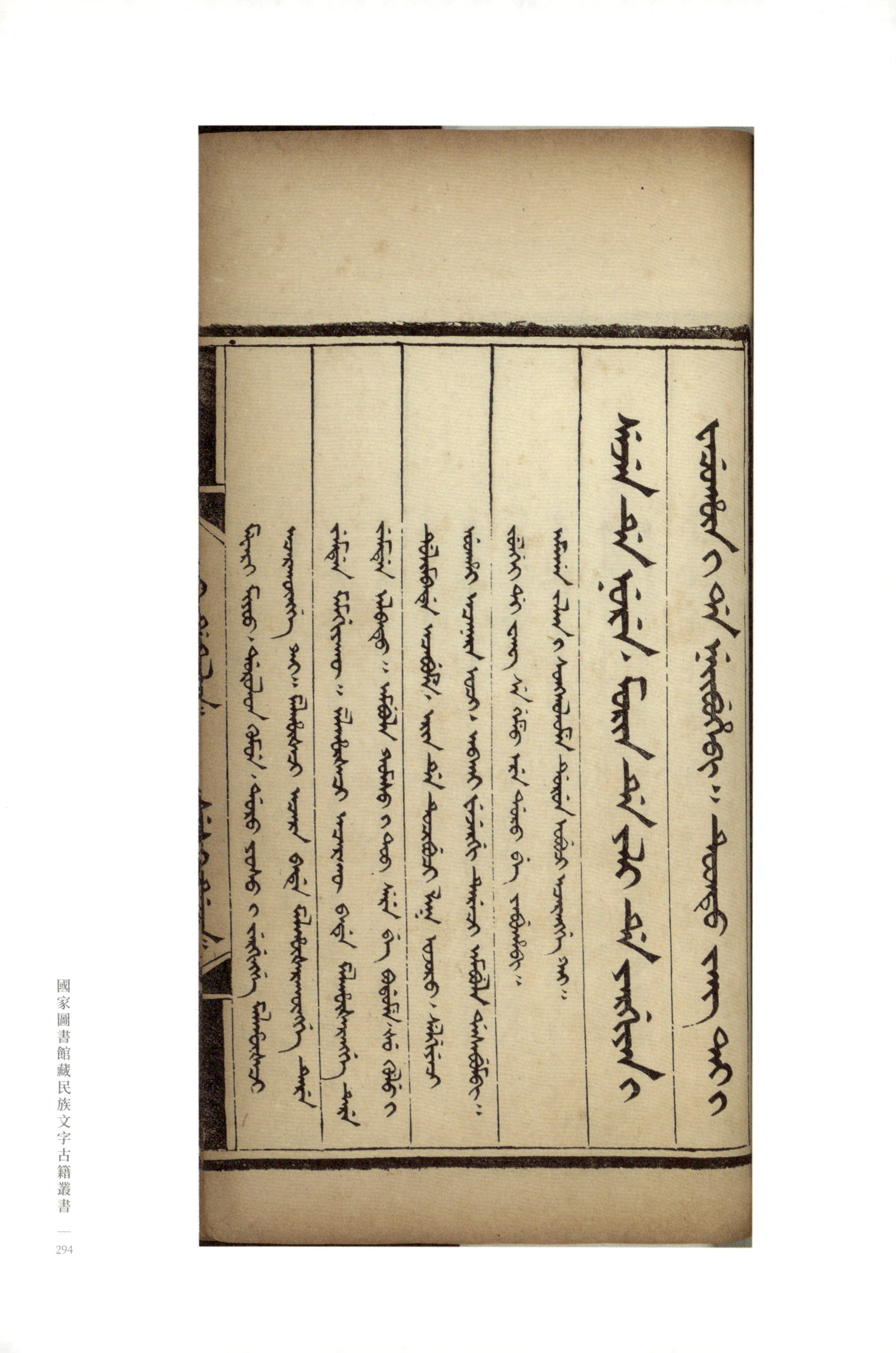

ᠨᡳᠶᠠᠯᠮᠠ ᡩᡝ ᠪᡝ ᠪᡝᡳᠯᡝᡥᡝ ᠠᠮᠪᠠᠰᠠ᠉ ᠪᡝ ᡳᠰᠠ ᠰᡝ

ᠨᡳᠶᠠᠯᠮᠠᡳ ᡩᡝ ᠪᡝ ᠪᡝᡳᠯᡝᡥᡝ ᠠᡴᡡᠨᡝᡥᡝ ᠪᡝ᠉ ᠪᠣᠯᡤᠣᠮᠪᡳᠮᡝ ᡩᡝ

ᡨᡠᠸᠠᠴᡳ ᠪᡝ ᠠᠮᠠᡤᠠᠯᠠᠮᠪᡳ᠈ ᠪᡝᡳᠯᡝᡥᡝ ᡩᡝ ᠠᠮᠪᠠ ᠰᡠᠯᡝᡥᡝ

ᡨᡝᠨ᠈ ᡤᠣᡳᠮᠪᡳᠮᡝ ᠪᡝᡳᠯᡝᡥᡝᠩᡤᡝ ᠪᡝᠨ ᡩᠣᡵᠣᠨ ᠰᡳᠮᡝᠩᡤᡝ ᠪᡳᠨ᠈

ᡨᡝᠨᡳ ᡩᡝ ᡩᡝ ᠠᡴᡡᠮᠪᡝ ᠰᡝᠮᡝ᠉ ᠰᡝᠮᡝ ᡨᡝᠨᡳ ᡤᡝ

ᡥᡡᠸᠠᡩᠠ ᠪᡳᠨ ᠪᡝᠶᡝᠨᡳᡴᡠᠨ᠈ ᠪᡝᡳᠯᡝᠮᡝ ᡩᡝᡵᡳᡴᡳ ᡩᠣᡵᠣ᠈

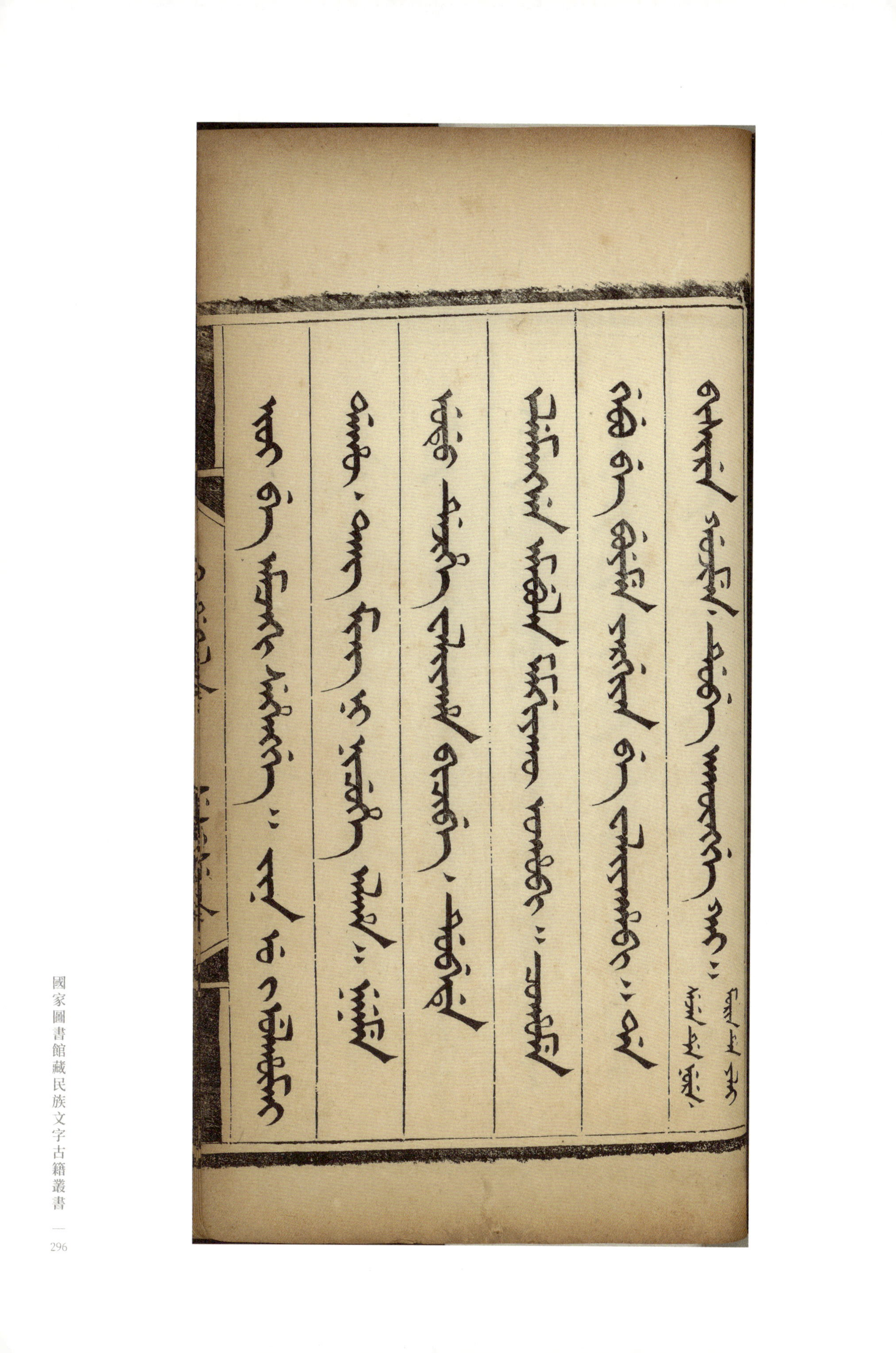

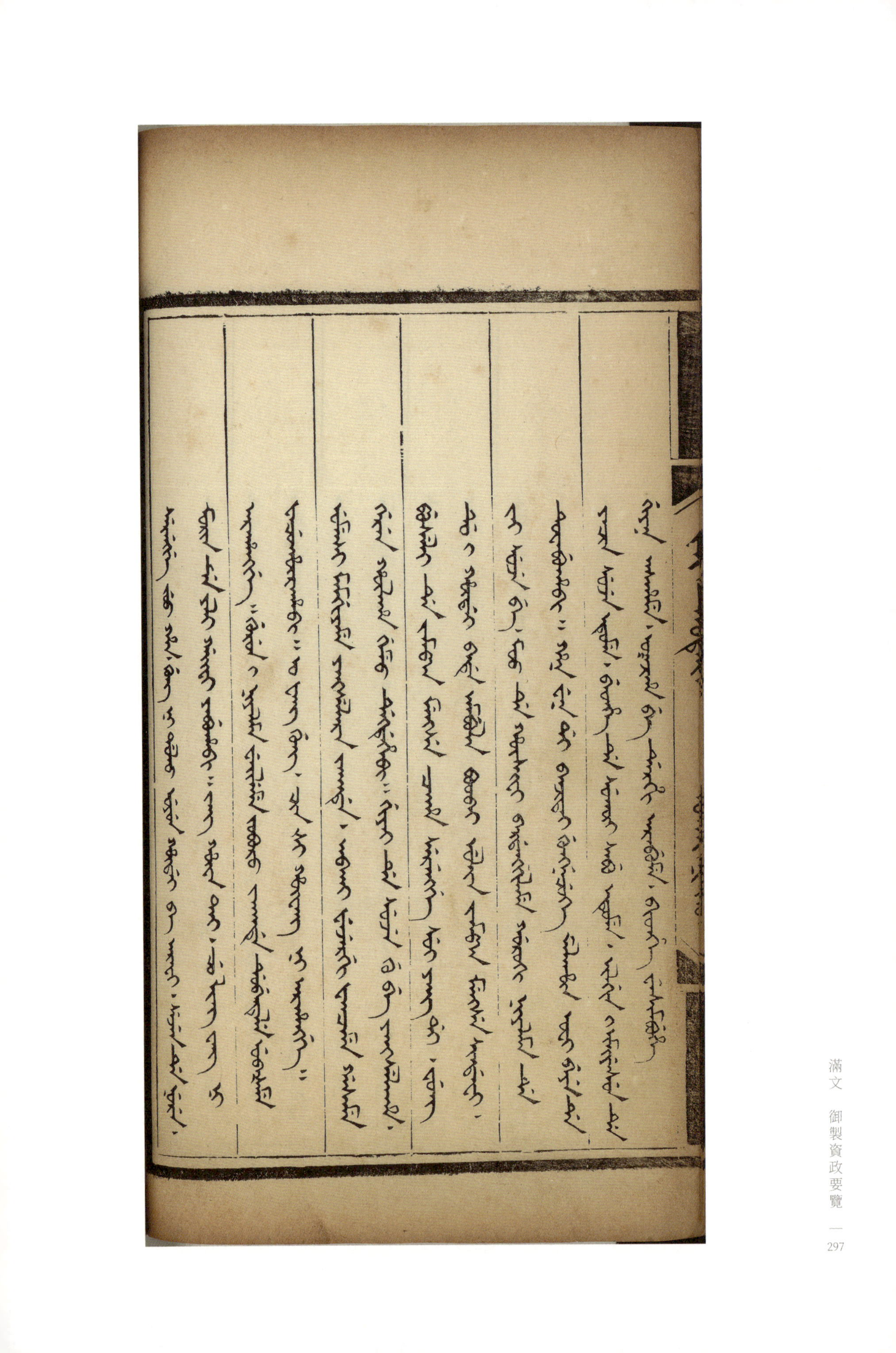

[illegible]

滿文 御製資政要覽 一

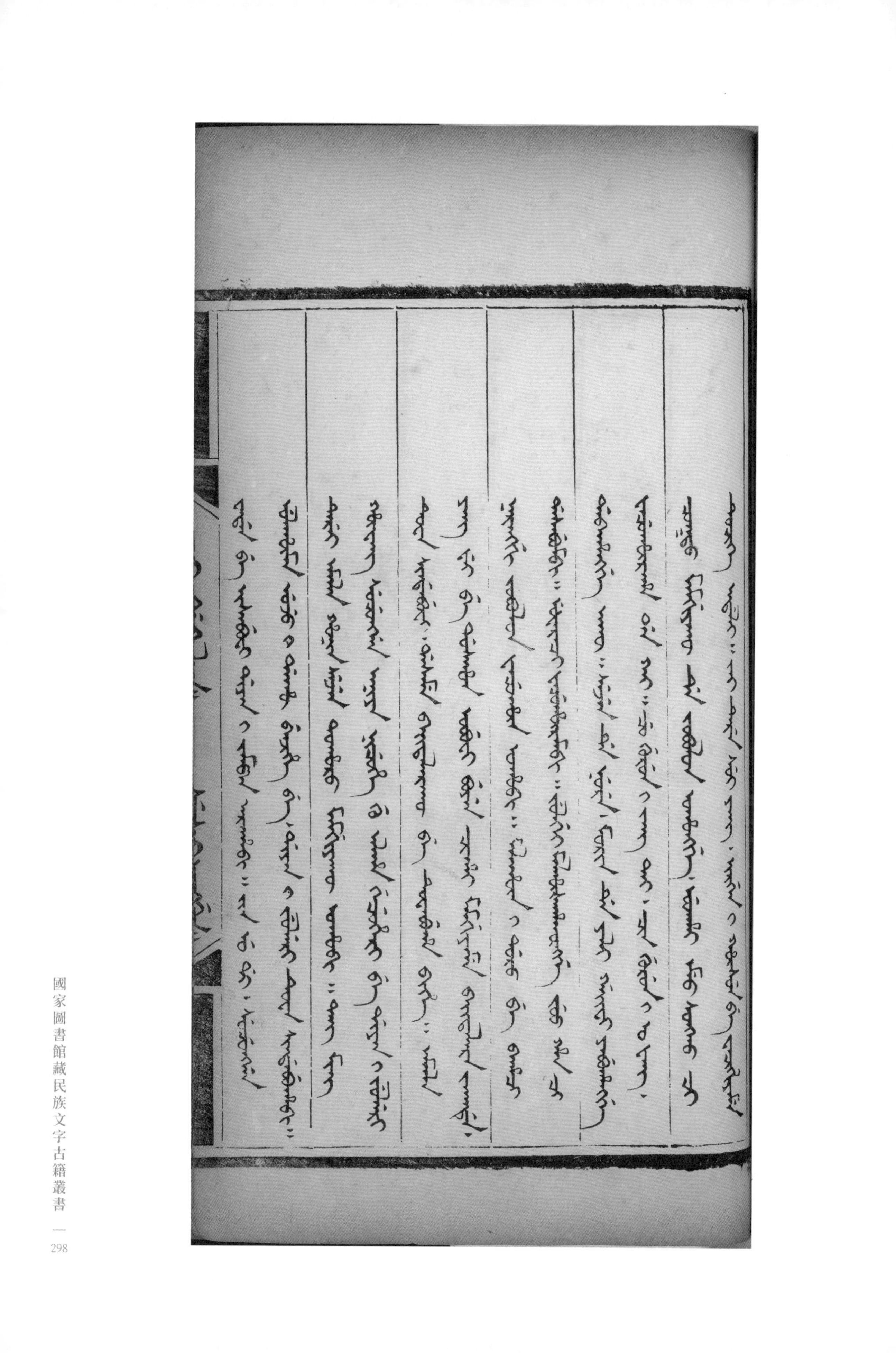

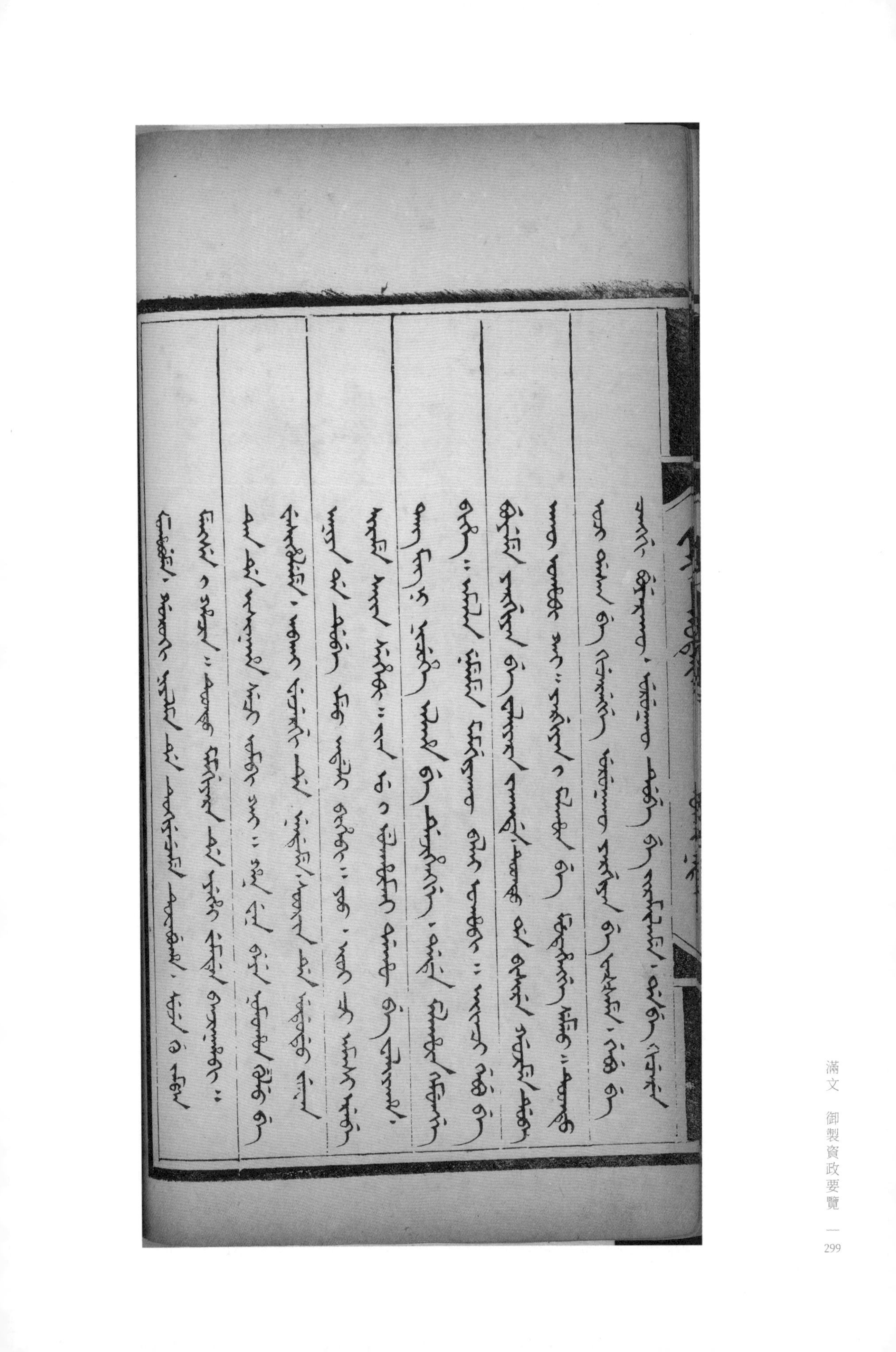

[illegible]
[illegible]
[illegible]
[illegible]
[illegible]
[illegible]
[illegible]
[illegible]
[illegible]
[illegible]
[illegible]
[illegible]

ᠪᡳᠮᡝ ᠠᡴᡡ ᡳ ᠪᡠᡥᡝᡴᡠ ᡨᡠᠸᠠᠪᡠᡵᡝ ᠪᡝ ᠠᡳᠨᠠᠮᡝ ᡳᠯᡳᠪᡠᡵᡝᡠ᠉

ᡤᡳᠰᡠᠨ ᠠᡴᡡ ᡨᡠᠸᠠᠮᡝ ᠪᡳ᠉
ᠰᡳᠮᡝᠨ ᡳᠨᡳ ᡨᡠᠸᠠᠪᡠᡶᡳ ᠵᡳᡥᡝᡴᡡ

ᡨᡠᡳᡴᡳ ᠠᠮᠪᠠᠯᡳᠩᡤᡡ ᡨᡠᠸᠠ ᡨᡠᠸᠠ ᡨᡠᠸᠠᠮᡝ ᡨᡠᠸᠠᠮᠪᡳ ᠪᡝ

ᡨᡠᡩᡝ᠈ ᠪᠠᡳᡵᡝ ᡨᡠᠸᠠ ᡤᡝᠮᡠ ᡤᡝᠩᡤᡳᠶᡝᠨ ᡩᠣᠰᡳᠨᡠᡵᡝ ᠠᠮᠪᠠᠯᡳᠩᡤᡡ᠉

ᠪᡝᠶᡝ ᡤᡝᠯᡝᡥᡠᡩᡝ᠈ ᠪᡝᡳᡳᠨ᠈ ᡳ ᠨᡳᠩᡤᡠᡵᡝ ᡩᡝ ᠪᠠᡥᠠᠮᠪᡳ ᡤᡡᠨᡳᠨ ᡨᡠᠸᠠᠮᡝ᠈

ᠮᡝᠩᡤᡝ ᠪᡝ ᡳᠩᡤᡝᠰᡠᠩᡤᡝ ᡳ ᡨᡠᠸᠠᠮᡝ ᠪᡝ ᡩᠣᡵᡤᡳ ᡤᡝᠩᡤᡳᠶᡝᠨ ᠪᡝ ᠪᠠᡳᠮᡝ

ᡨᠣᠨᡩᠣ ᡩᠠᠰᠠᠨ ᡩᡝ ᠪᠣᠪᠣᡥᡡᠨᡤᡤᡝ᠉ ᡤᡳᠩᡤᡠᠯᡝᠮᡝ ᠠᠨᡳᠶᠠᠩᡤᠠ

ᡨᡠᠸᠠᠨᡳ ᠪᠠᡳᡨᠠ ᡩᡝ ᡨᡠᠸᠠᠮᡝ᠉ ᡩᠣᡵᠣᠩᡤᠣ

ᠪᠠᡳ ᡩᡝ ᡩᠠᠰᠠᠨᡳ ᡩᡝ ᡨᡠᠸᠠᠮᡝ ᡝᠯᡩᡝᠮᠪᡠᡥᡝᠩᡤᡝ᠉ ᠪᠣᡥᠣᠯᡝ ᠪᠠᡳᡨᠠ ᠪᡳ᠈

ᠠᠮᠪᠠ ᡩᡝ ᡤᡠᠸᡝᠯᡳᠶᡝᡴᡠ ᠰᠠᠪᡠᡥᠠᡴᡡ᠉ ᡨᡠᠸᡳ ᡩᠠᡥᠠᠮᡝ ᡩᡝᠪᡨᡝᠯᡳᠨᡝᡥᡝ᠉

ᠪᡠᠪᡠᡥᡝ ᡤᡳᠩᡤᡠᠯᡝ ᠪᡠᡵᡝᠩᡤᡝ᠉ ᡤᡳᠩᡤᡠᠯᡝ ᠮᡝᠨᡳᠩᡤᡝ

ᡶᡝᠵᡝᡵᡤᡳ ᠪᡝᡳᠰᡝᡳᡵᡳᠩᡤᡝ᠉ ᡩᡝᡵᡝ ᡳ ᠪᡝᡳᡵᡝ ᠪᡠᡵᡝ ᡩᡝ

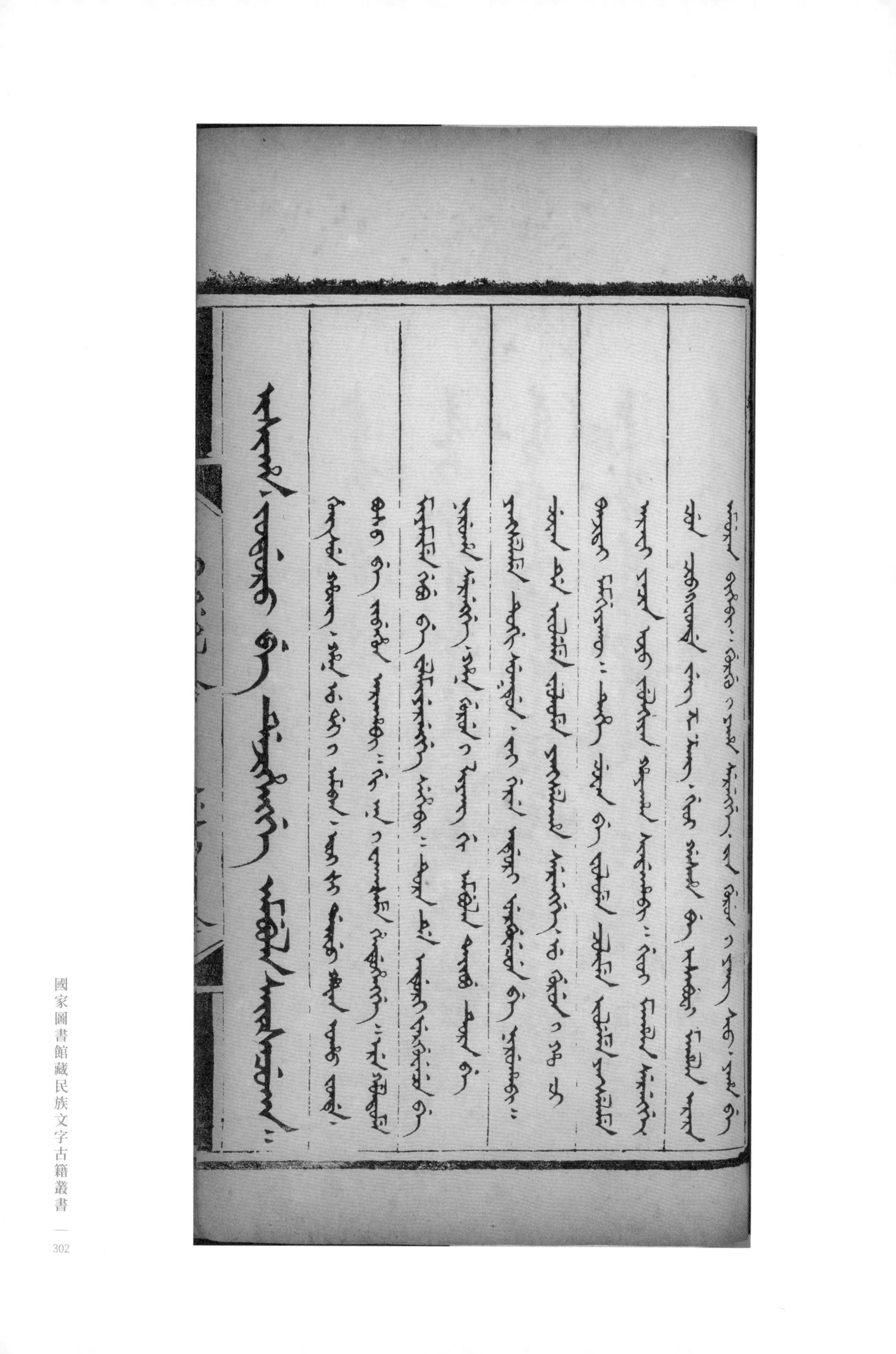

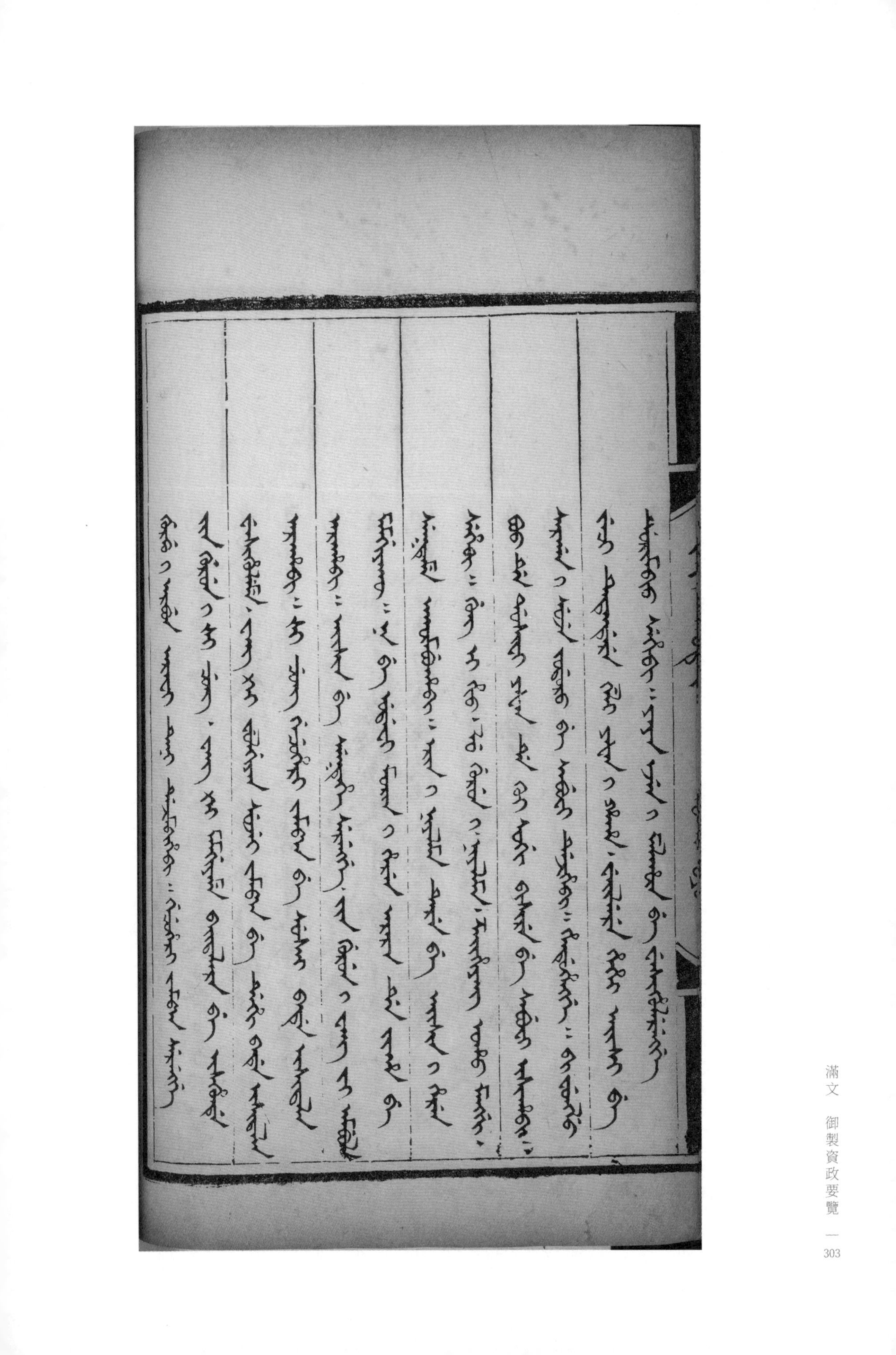

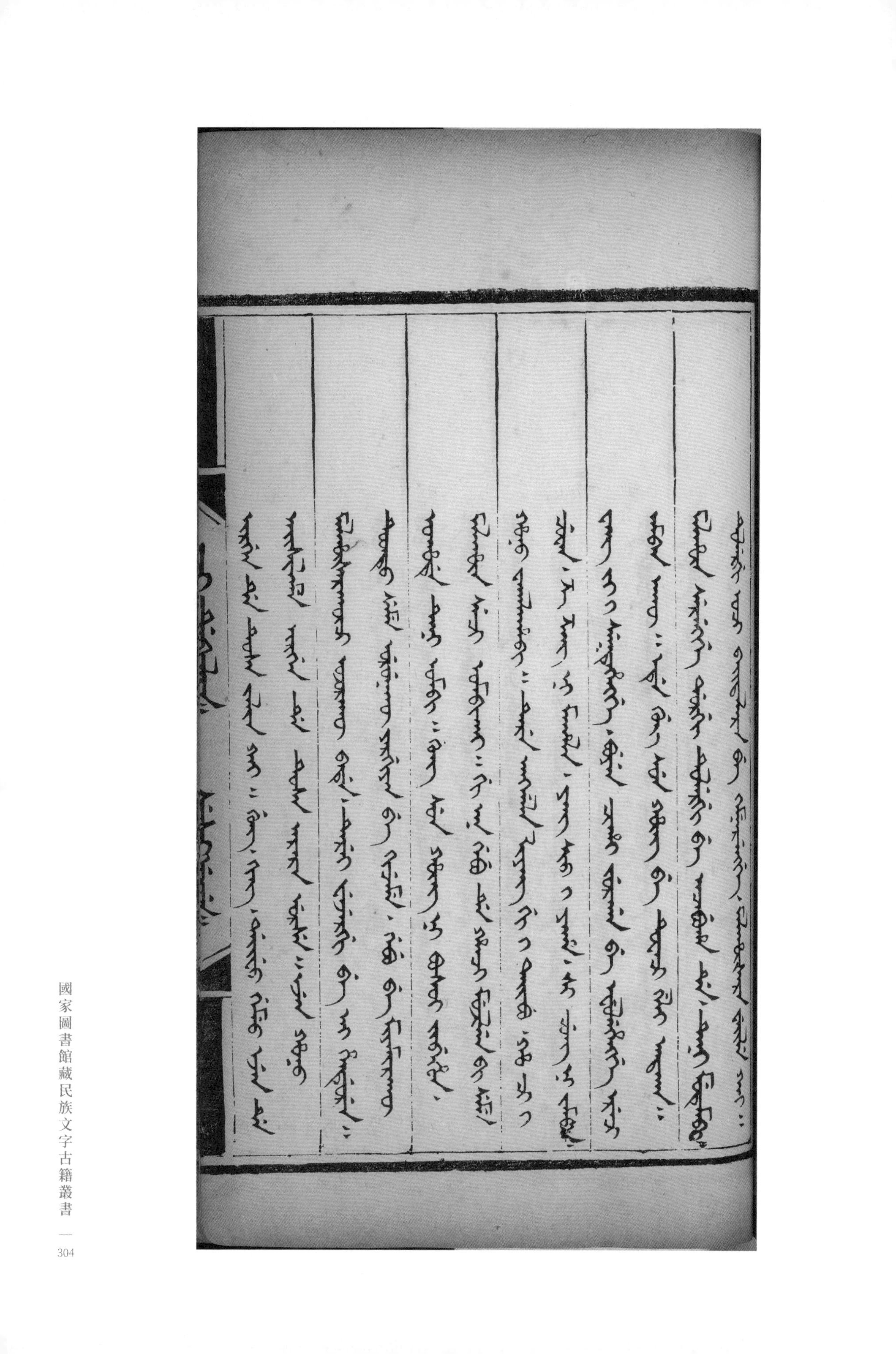

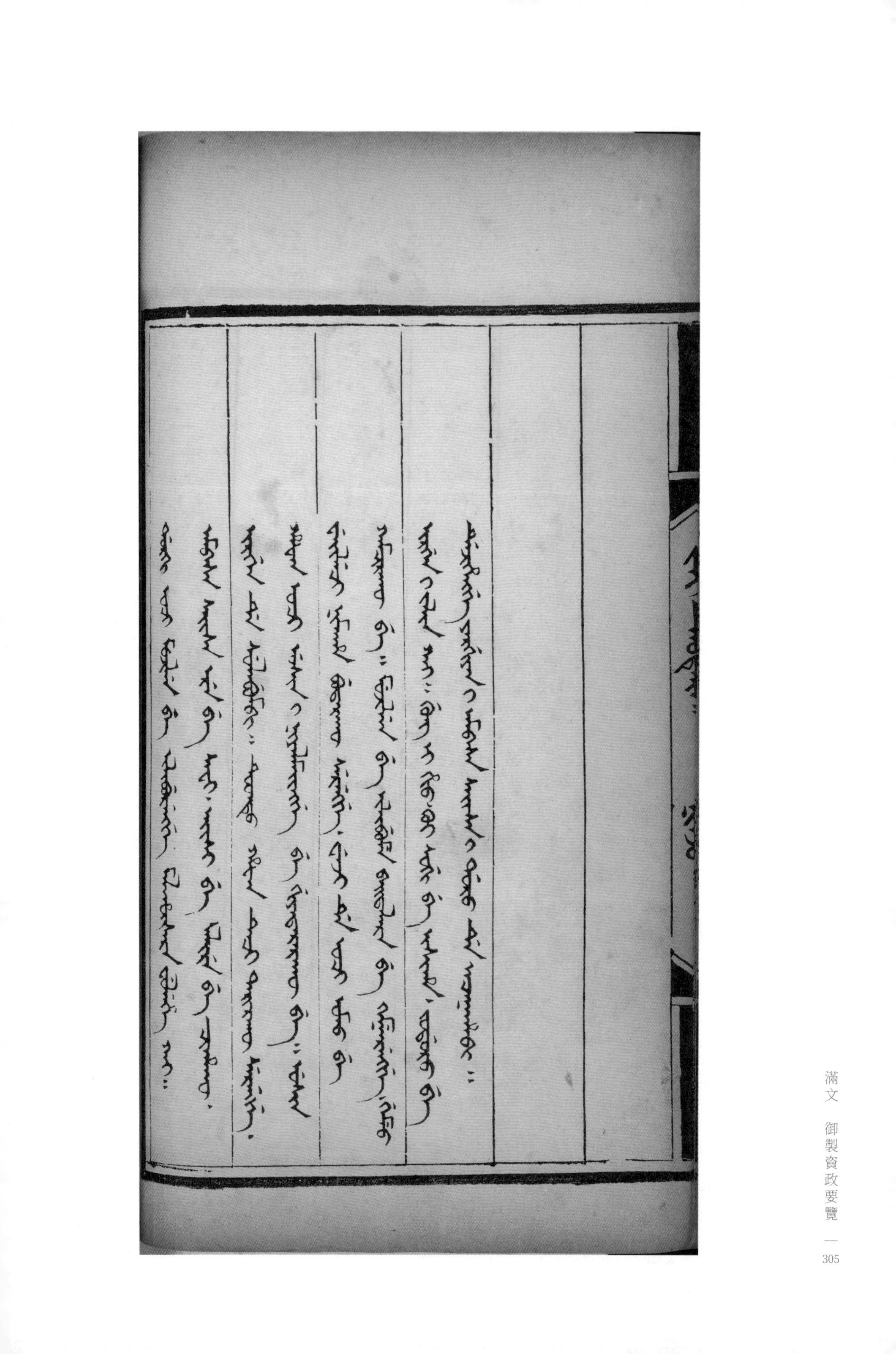

[illegible]

[illegible]

[illegible]

[illegible]

[illegible]

[illegible]

[illegible]

[illegible]

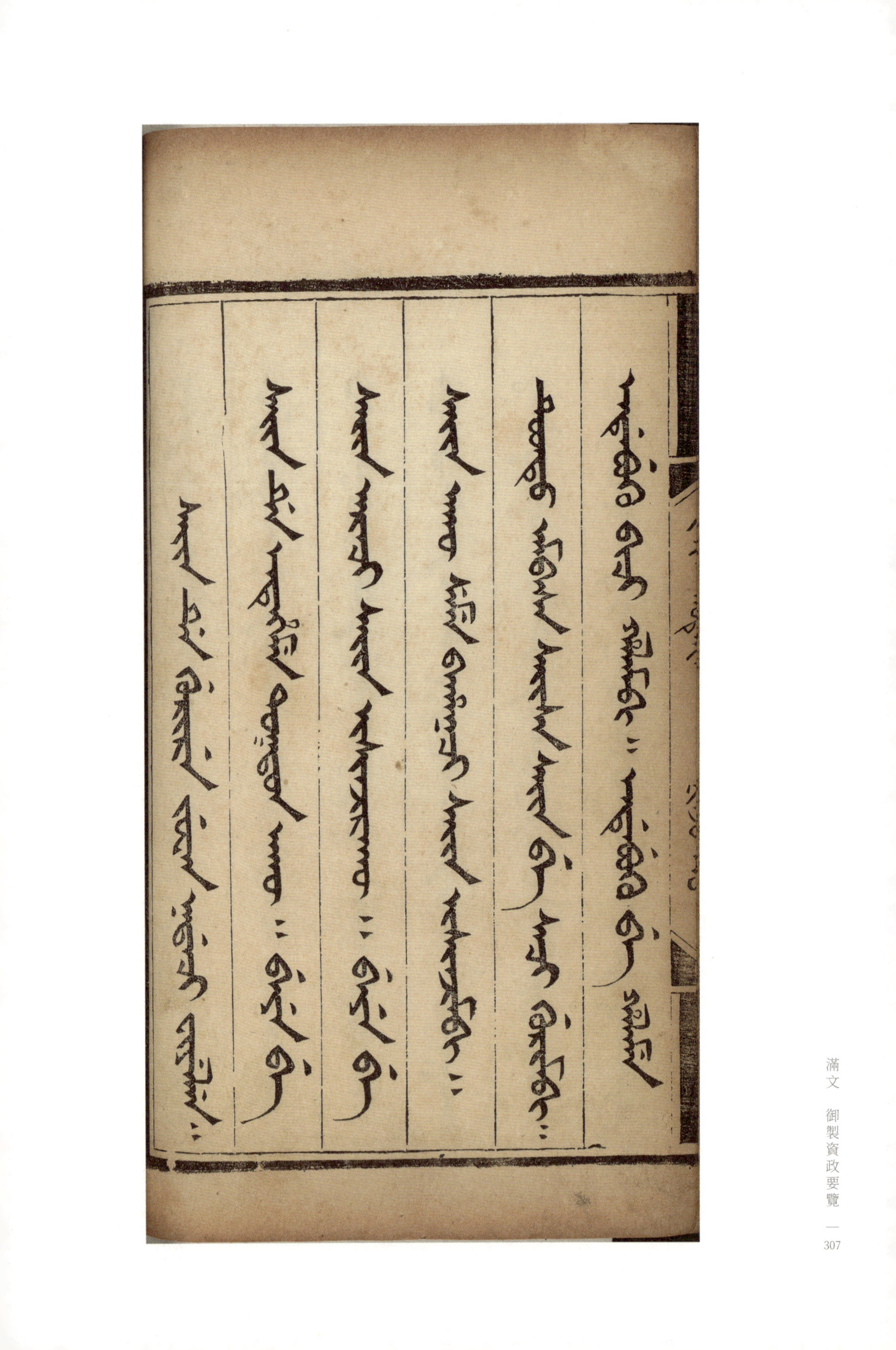

[illegible]

[illegible]

[illegible]

[illegible]

[illegible]

[illegible]

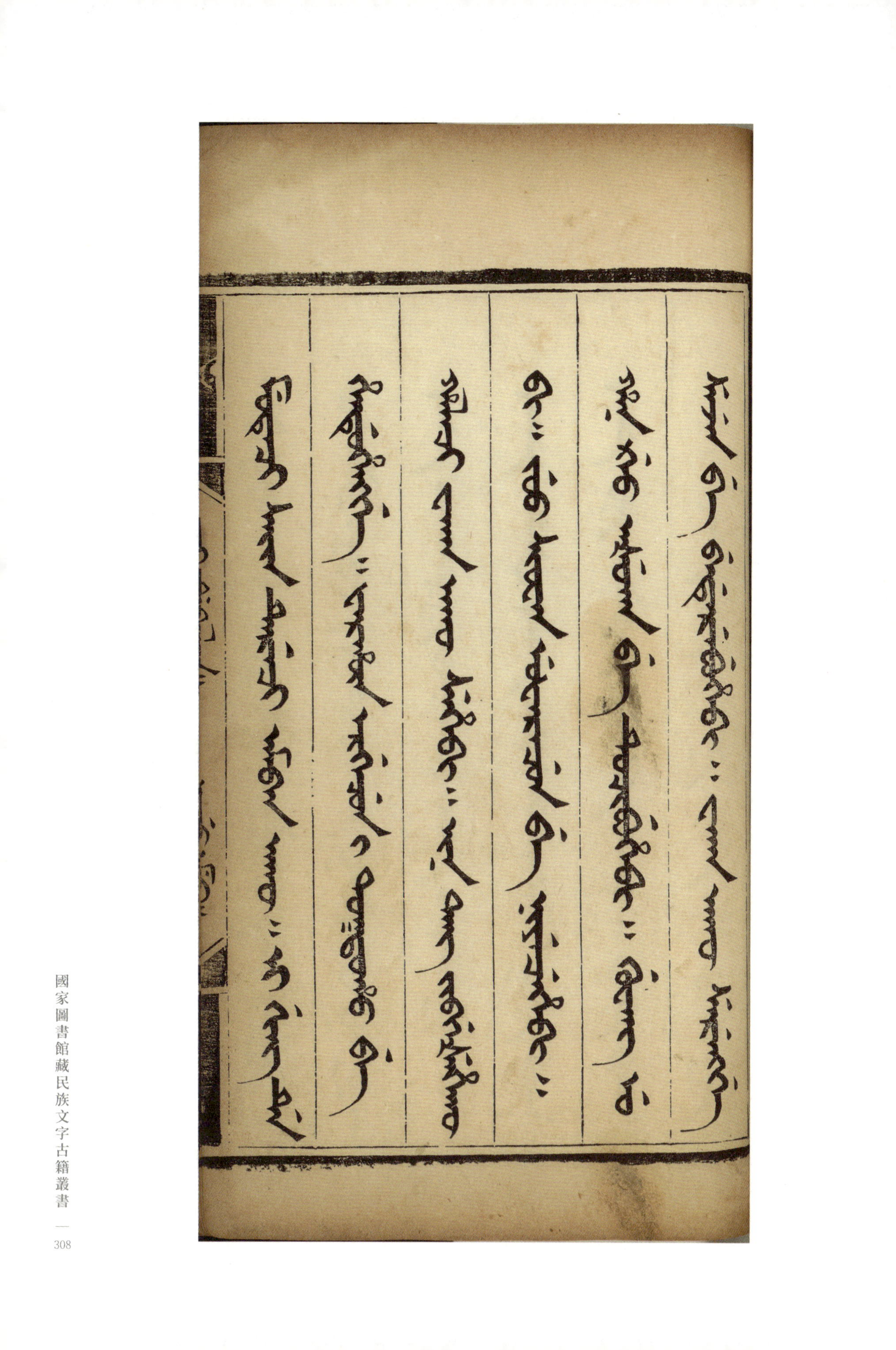

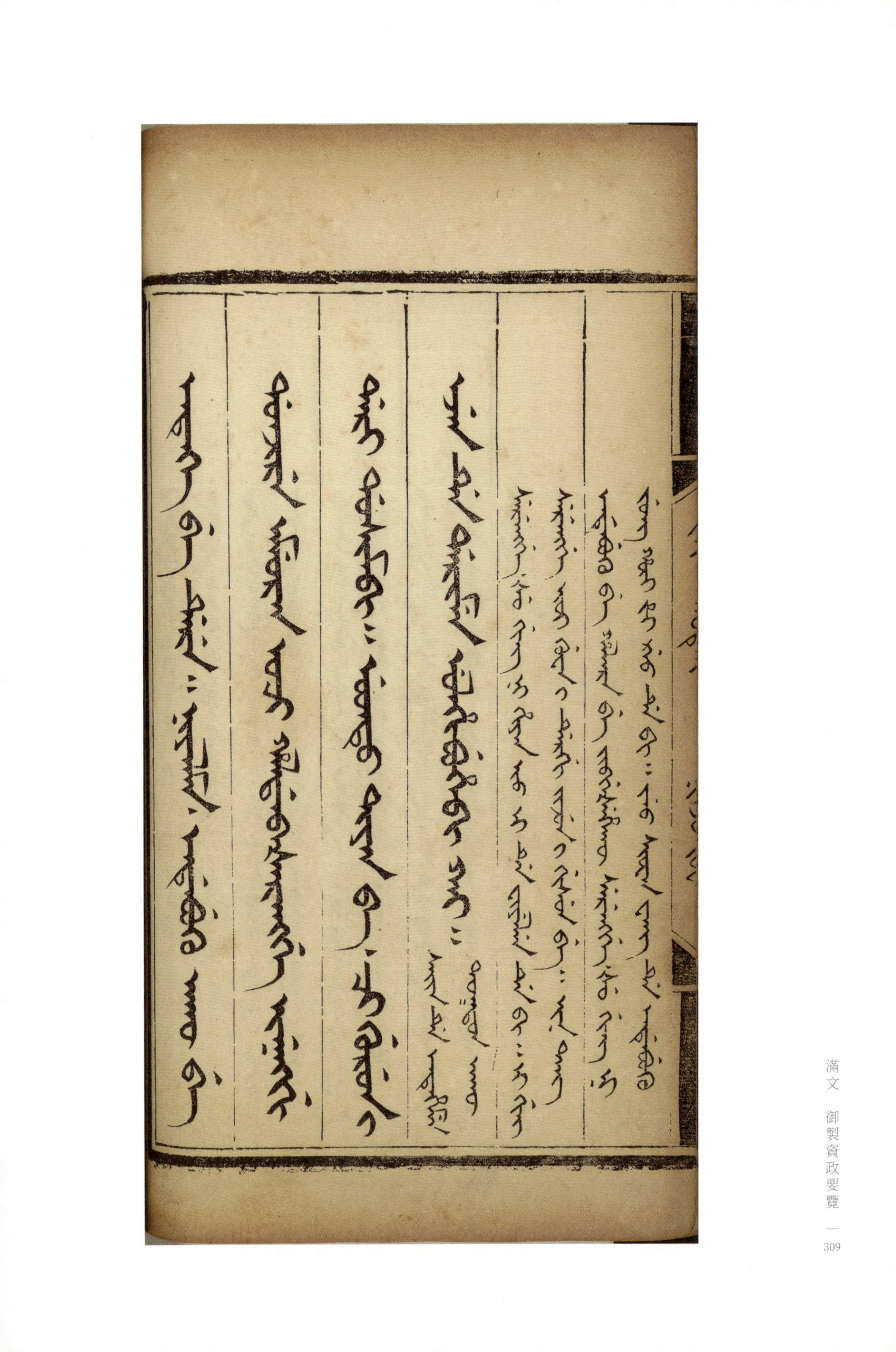

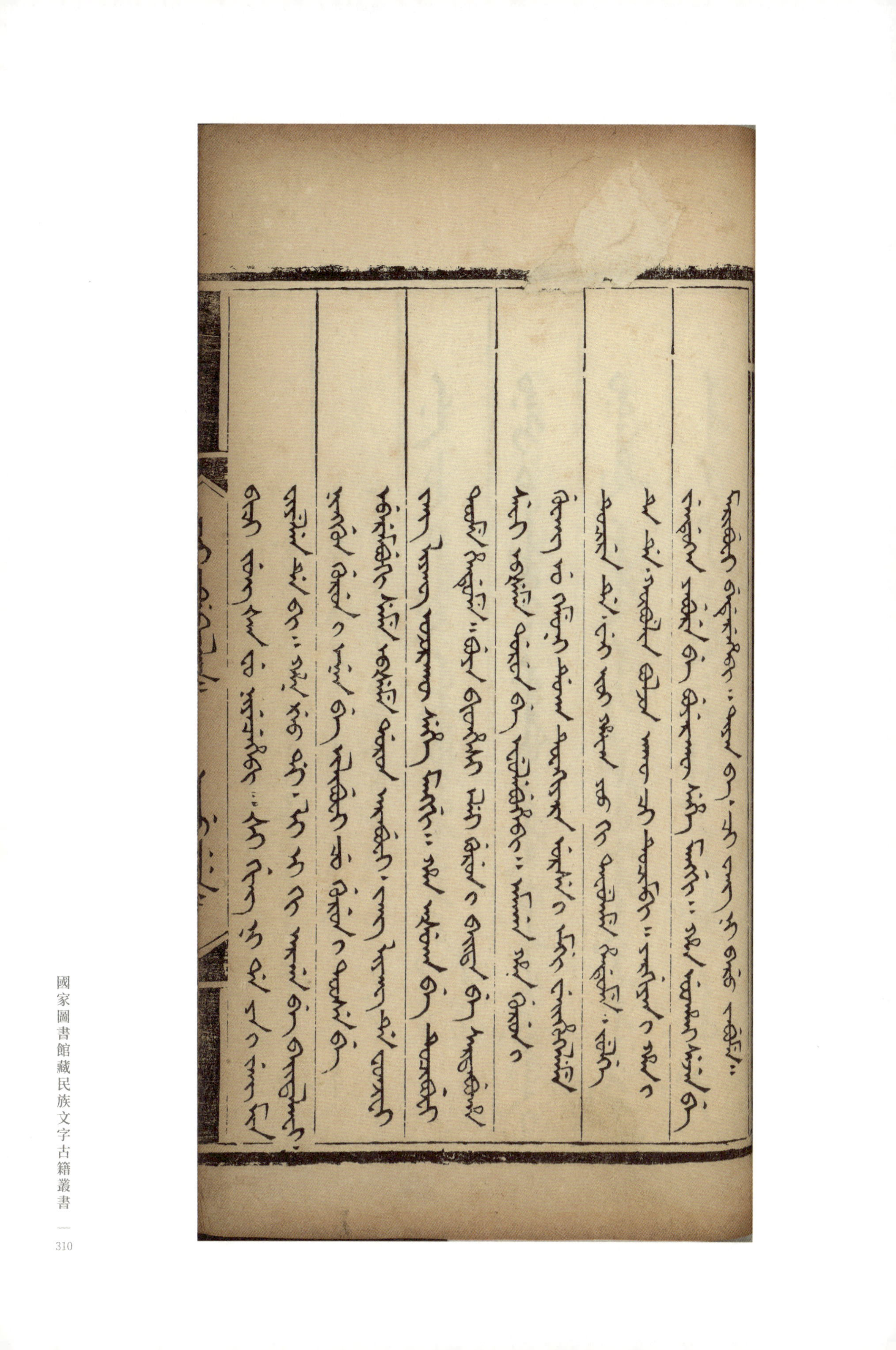

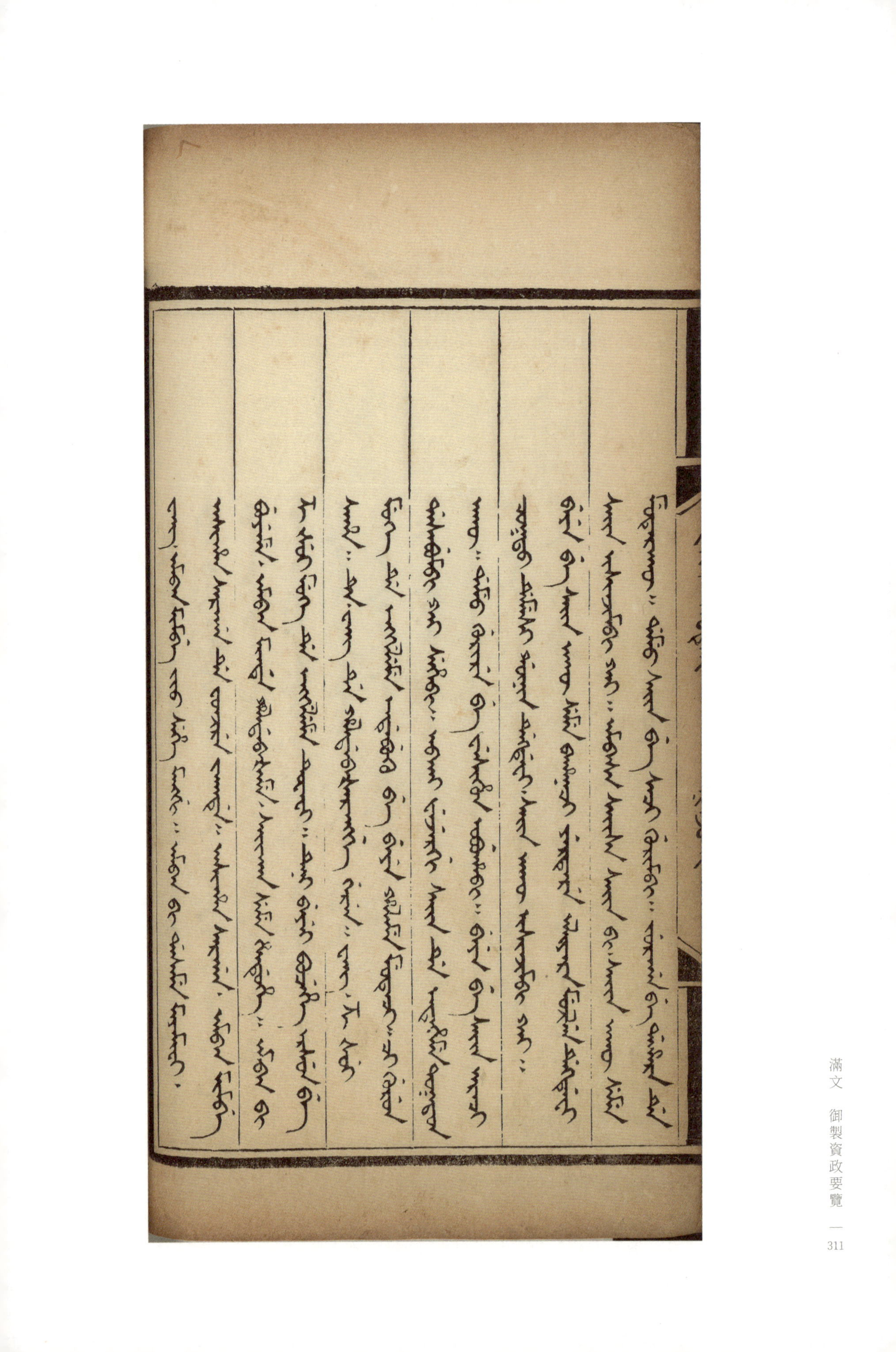

[illegible]
[illegible]
[illegible]
[illegible]
[illegible]
[illegible]
[illegible]
[illegible]
[illegible]
[illegible]
[illegible]
[illegible]

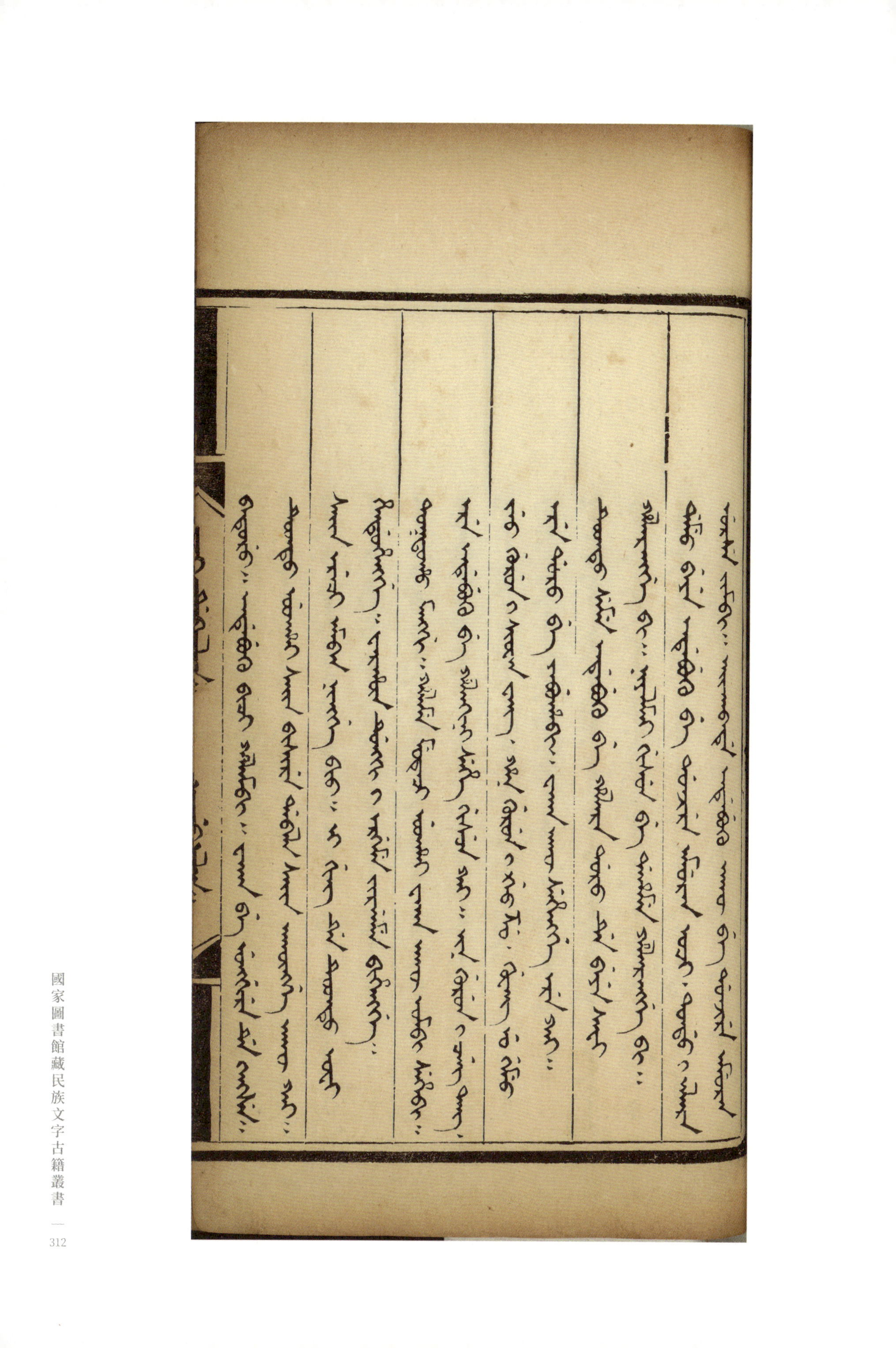

[illegible]

[illegible]

[illegible]

[illegible]

[illegible]

[illegible]

[illegible]

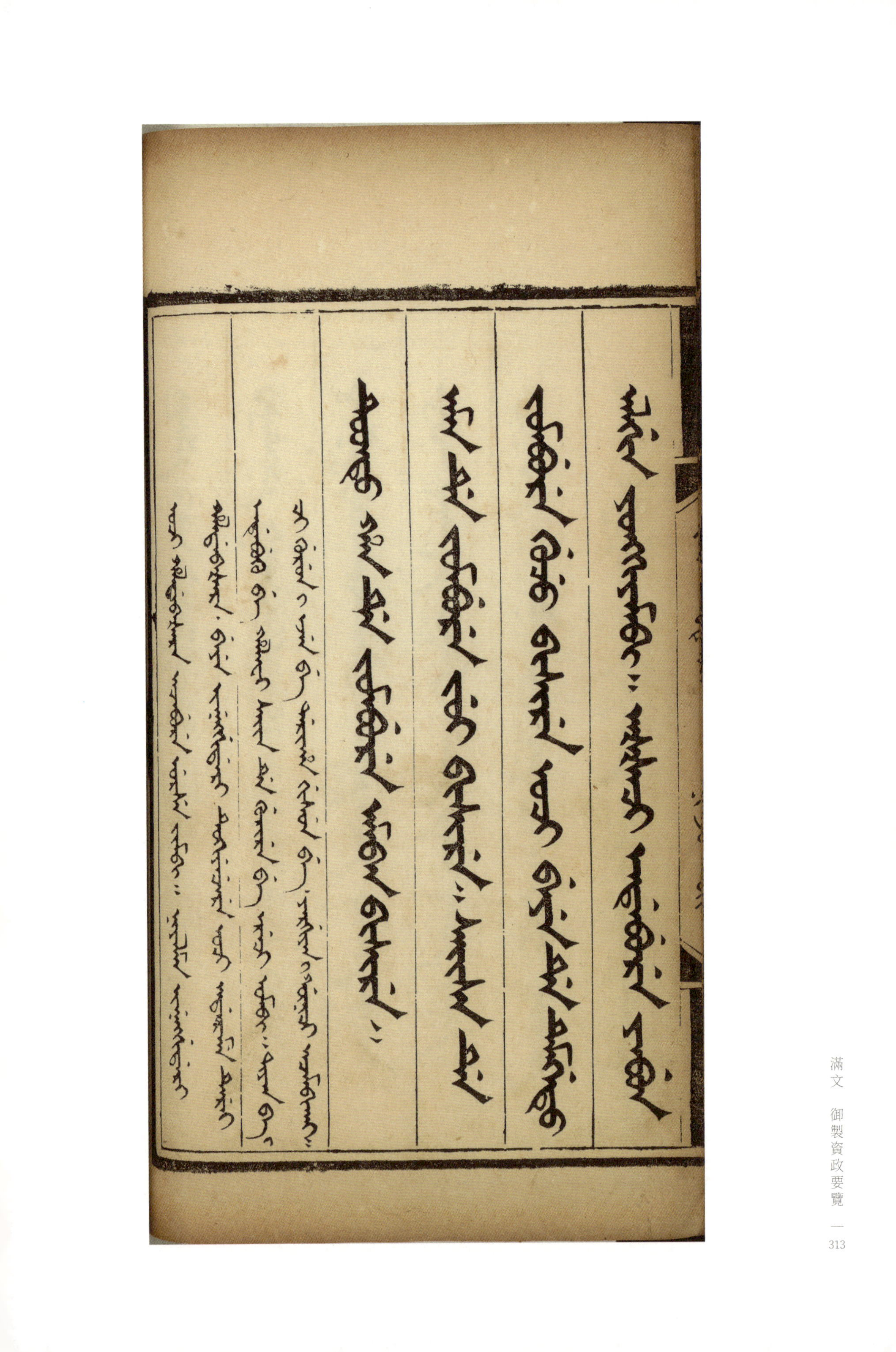

[illegible]

[illegible]

[illegible]

[illegible]

[illegible]

[illegible]

[illegible]

[illegible]

[illegible]

[illegible]

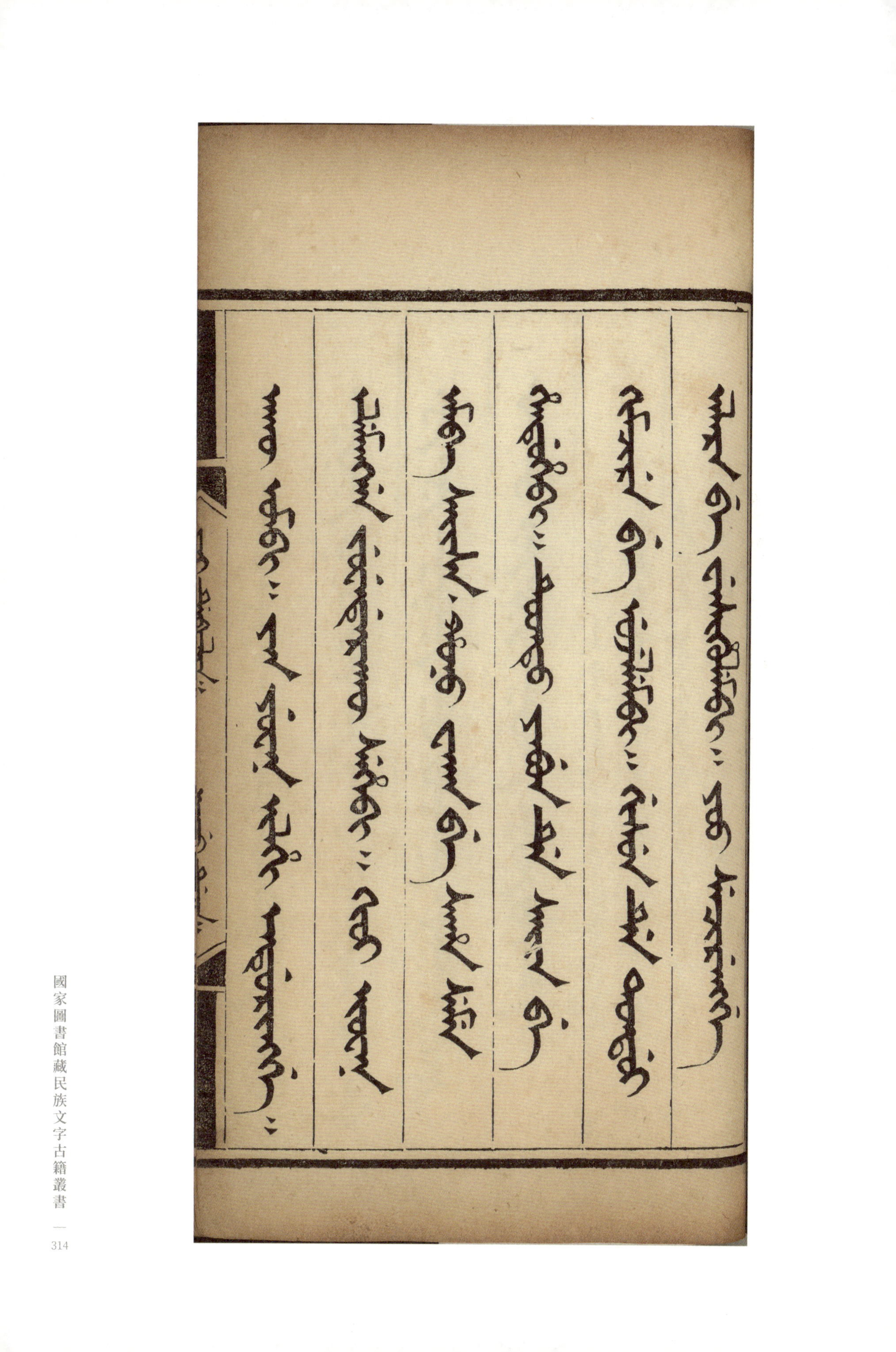

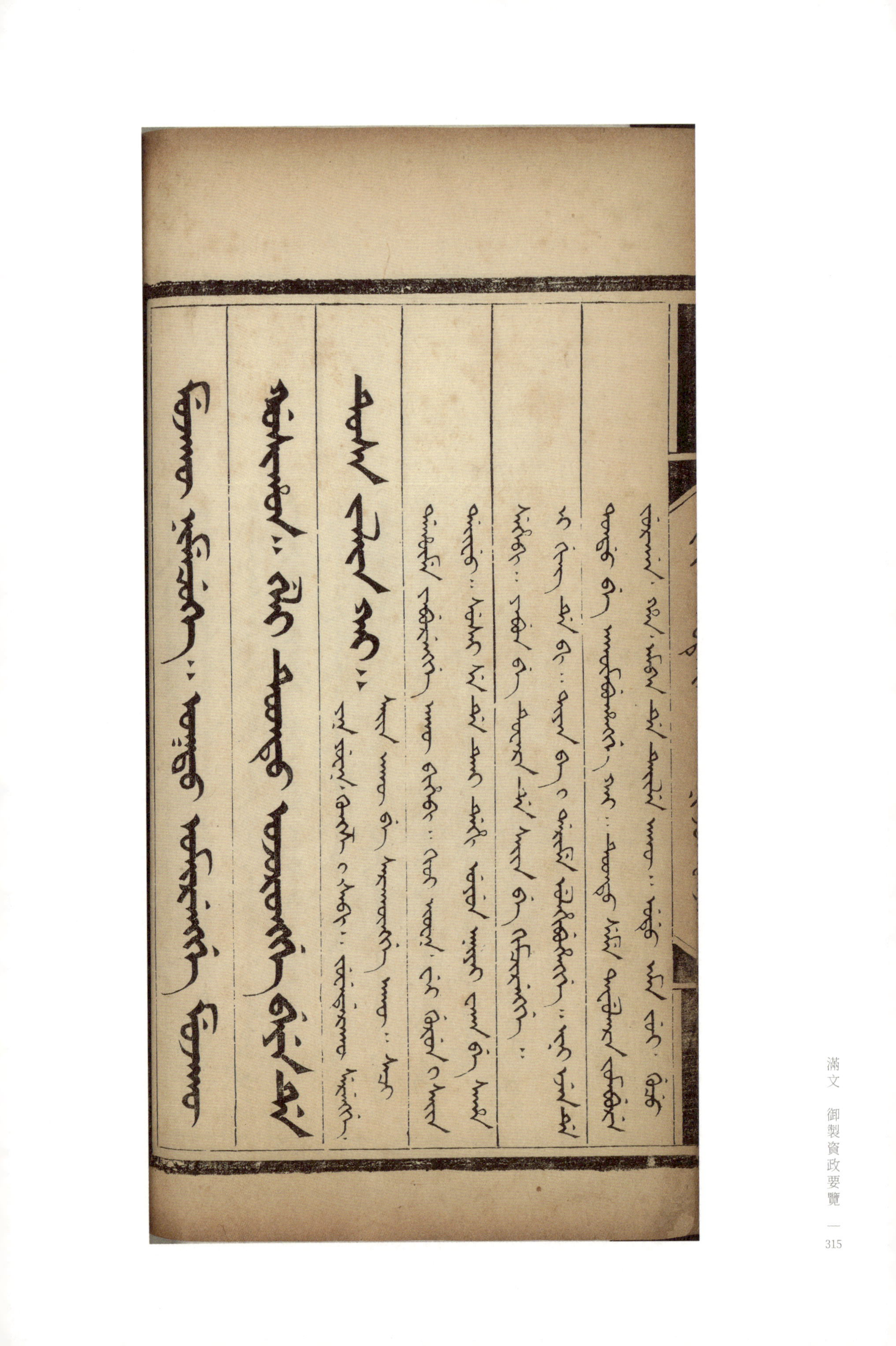

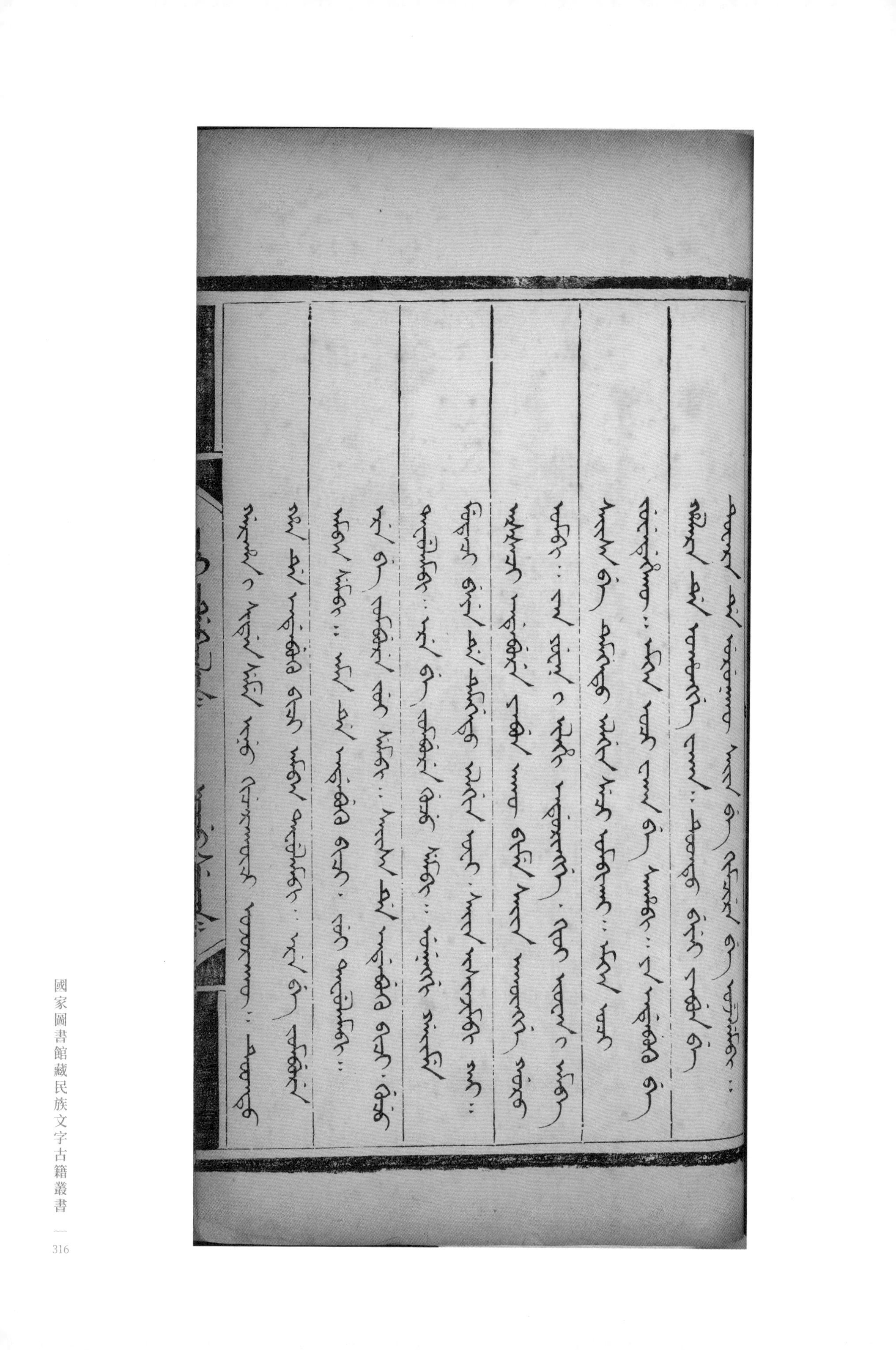

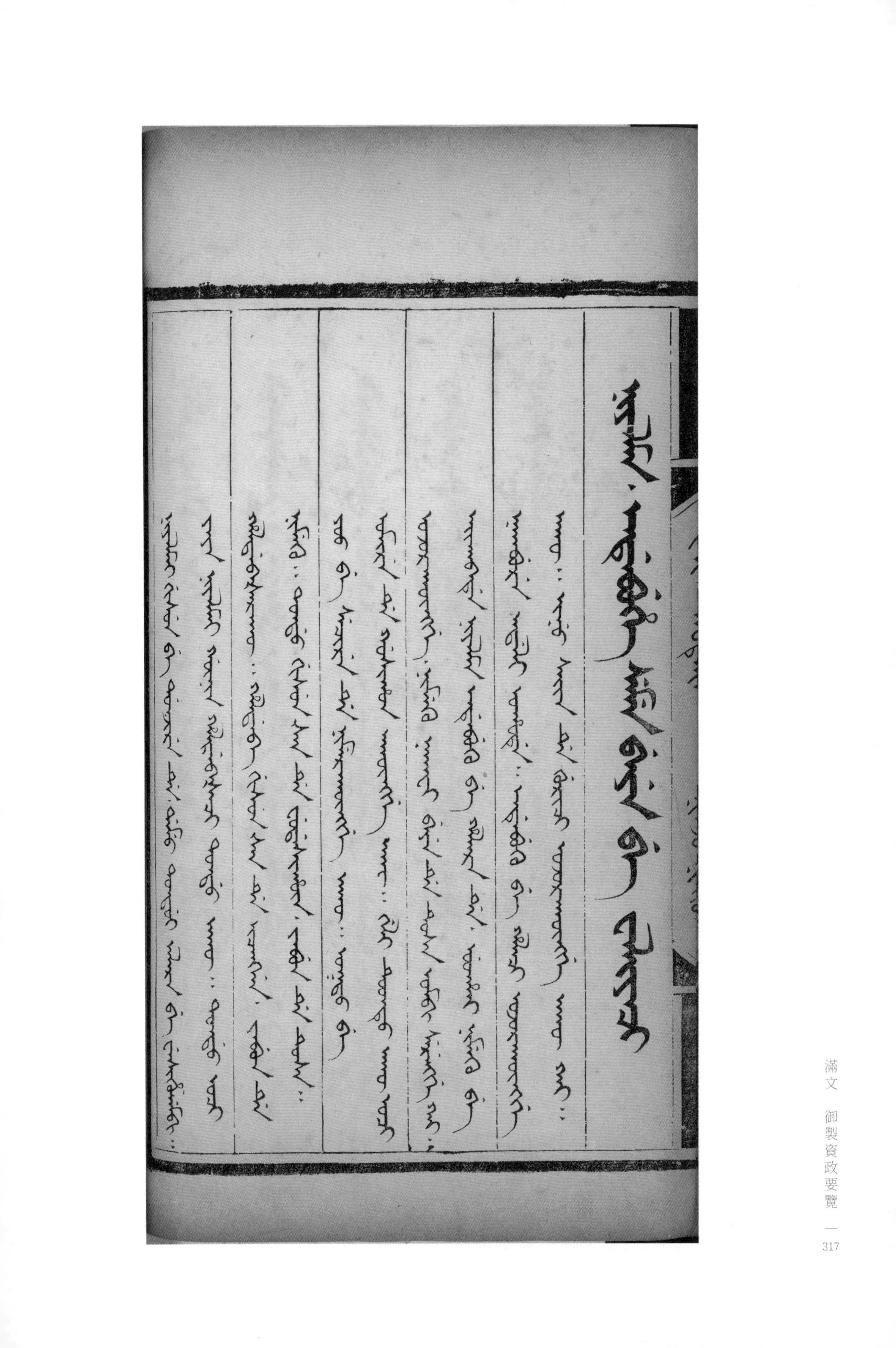

ᠨᡳᠶᠠᠯᠮᠠ᠈ [illegible] ᠪᡝ ᡨᠠᡴᠠᡵᠠ

[illegible]

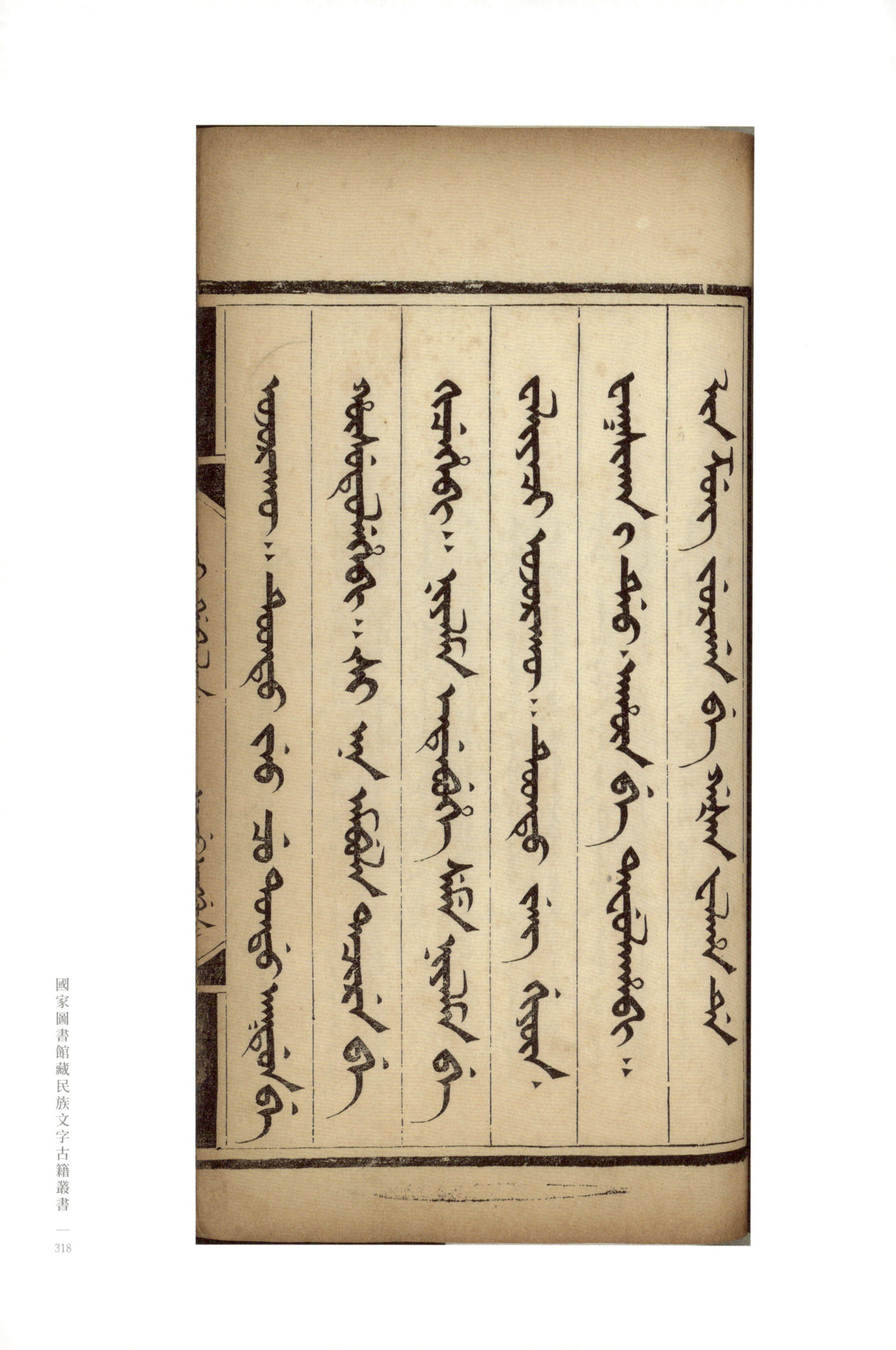

[illegible]

[illegible]

[illegible]

[illegible]

[illegible]

[illegible]

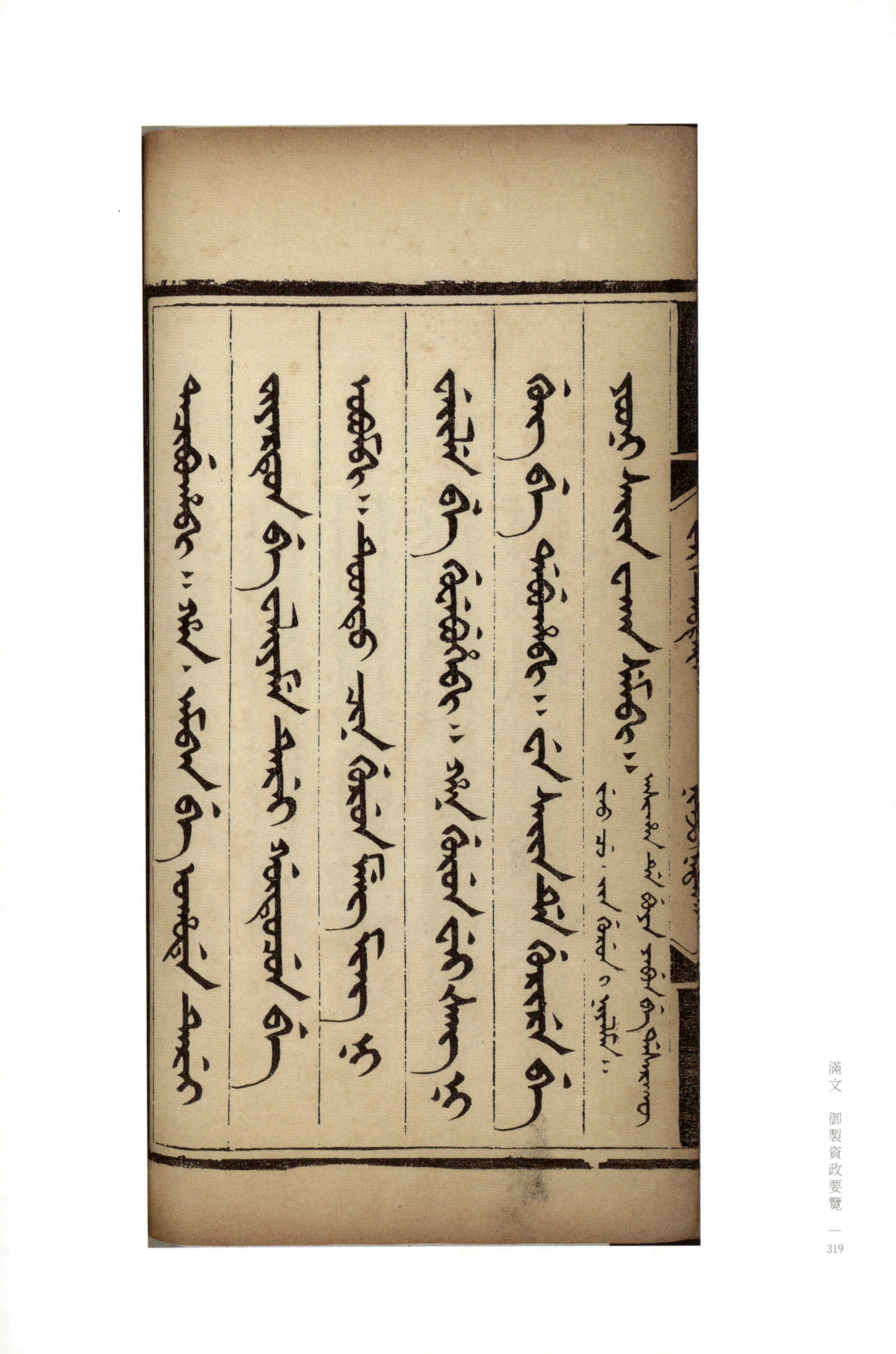

[illegible]

[illegible]

[illegible]

[illegible]

[illegible]

[illegible]

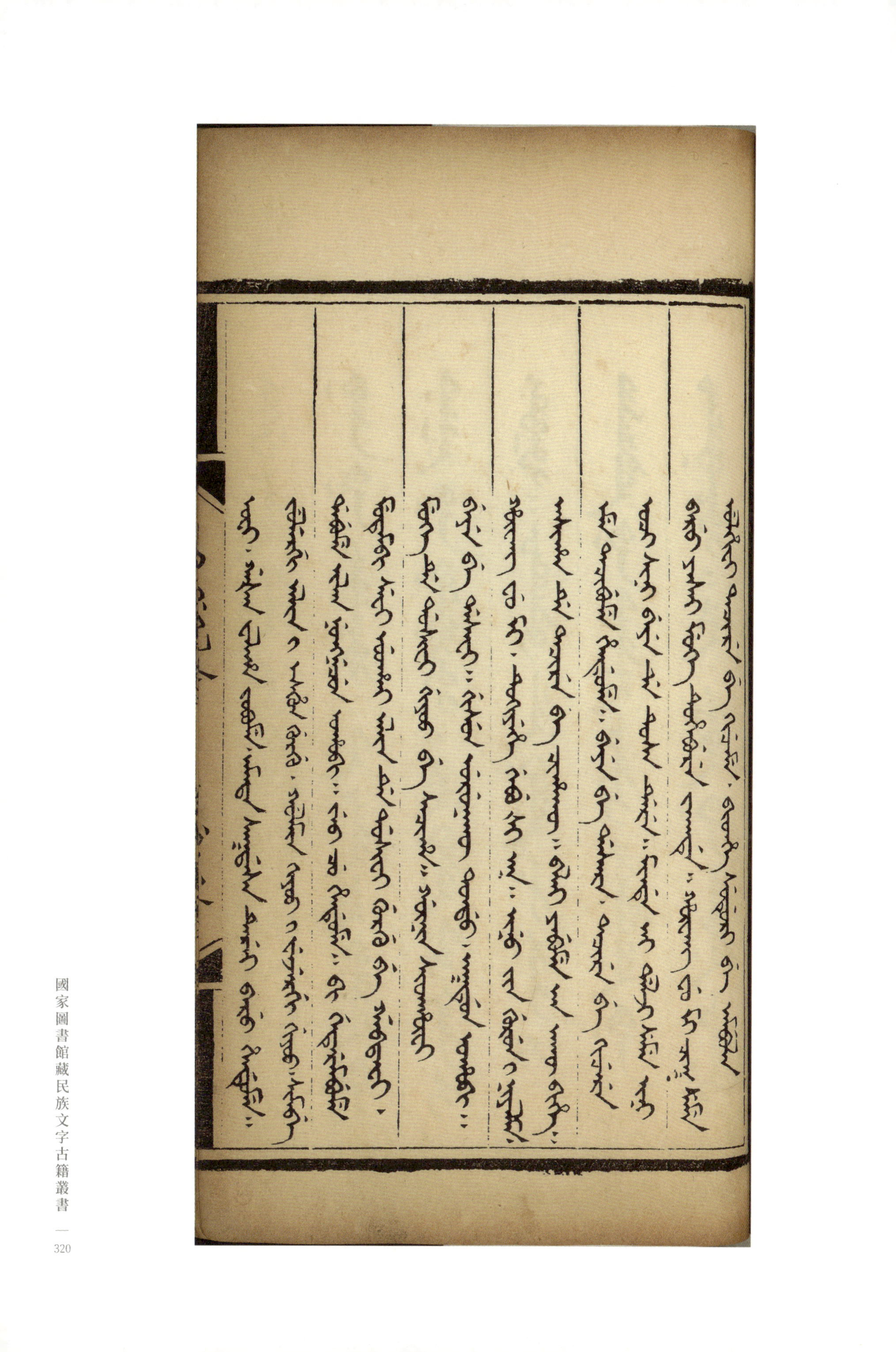

[illegible]
[illegible]
[illegible]
[illegible]
[illegible]
[illegible]
[illegible]
[illegible]
[illegible]
[illegible]

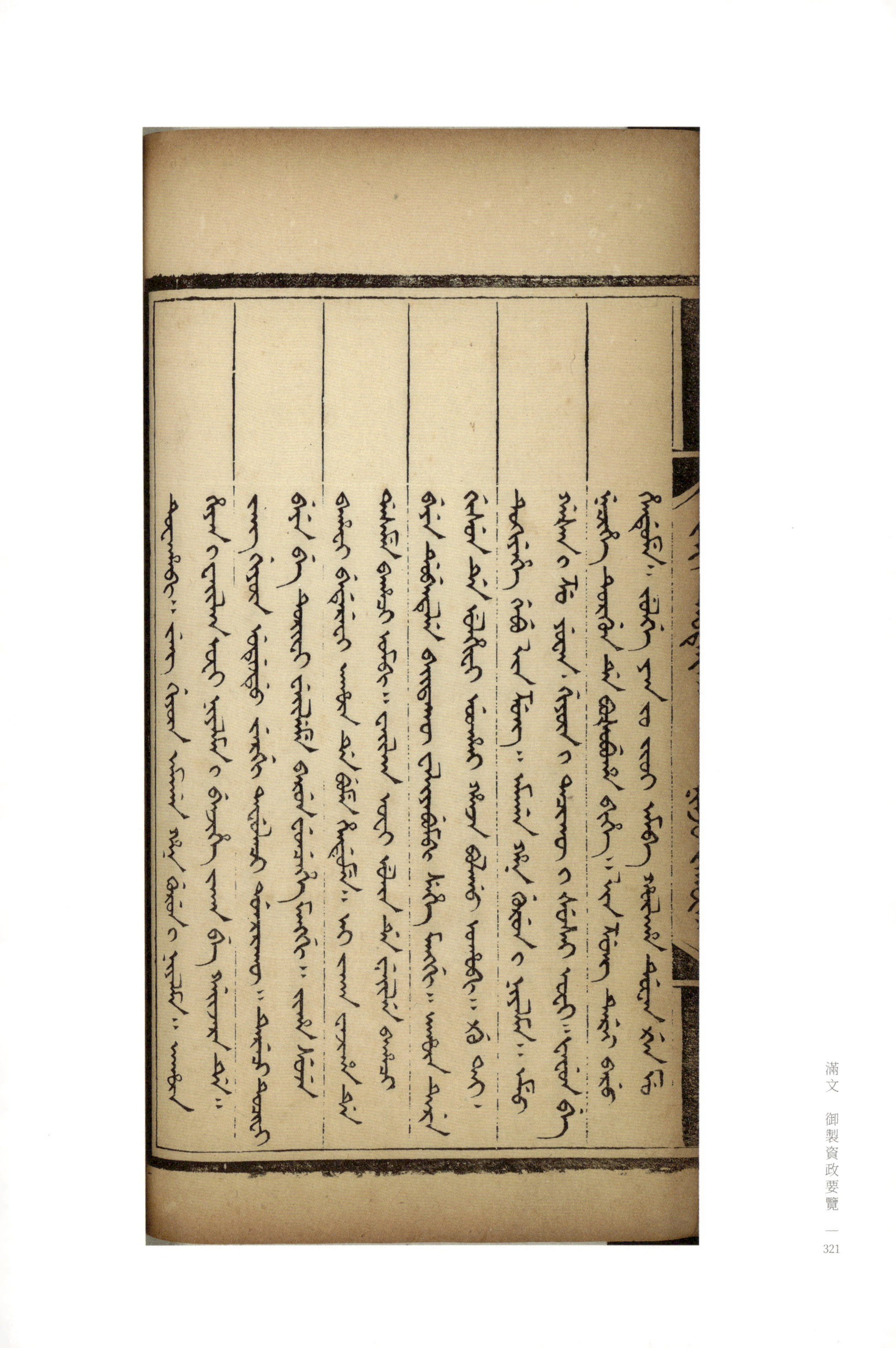

ᠨᡳᠶᠠᠯᠮᠠ ᡩᡝ ᠪᡳᠴᡳ᠉ ᠰᡳᠯᡥᡳᠨ ᡩᡝ ᠪᡠᠶᡝᠨ ᡳ ᠪᠣᠣ ᠰᡝᠮᡝ᠈

ᡤᡝᡵᡝᠨ ᠪᡠᠶᡝᠨ ᡳ ᠪᡠᠶᡝᠨᠵᡝᡵᡝ ᠰᡳᠨᡩᡝᠯᡝ ᠪᡠᠶᡝᠮᠪᡳ᠉ ᠪᡝᠶᡝ ᠪᡝ ᡩᠠᠰᠠᡵᠠ

ᡠᠯᠠᡥᠠ ᡥᡝᠰᡝ᠈ ᡨᡝ ᠪᡠ ᠪᡳᠮᡝ ᡤᡝ ᠰᡳᠯᡤᡳᠮᠪᡳ᠉ ᡥᡝᠰᡝ ᡨᡝ ᠪᡠᠶᡝᠨ ᠪᡝ

ᡨᡝᡵᡝ ᠰᡳᠨᡩᡝ ᠰᡳᠨᠵᡳ᠉ ᡨᠣ ᡨᡝᠮᡝ ᠰᡠᠸᡝ ᠰᡳᠨᡩᡝ ᠪᡝᠶᡝ ᠪᡝ ᠰᡳᠨᡩᡝᠮᠪᡳ᠉

ᠪᡠᠶᡝᠨᠵᡝᡵᡝ ᡨᡝᡵᡝᡤᡝ ᠪᡠᠶᡝᠨᡩᡝ ᠰᡳᠨᡩᡝ᠉ ᡤᡝ ᠪᡠᠶᡝ ᠪᡠᠶᡝᠨ

ᠪᡠᠶᡝᠨᡳ ᠪᡝ ᠪᡠᠶᡝᠨᠵᡝᡵᡝ ᠪᡠᠶᡝᠮᡝ᠉ ᠰᡳᠨᡩᡝ ᡤᡝᠮᡠ ᡨᡝᡵᡝ ᠪᡠᠶᡝᠨ ᠪᡝ

ᠪᡠᠶᡝᠨᡩᡝ ᡨᡝ ᠪᡠᠶᡝ ᠪᡠᠶᡝᠨ ᡨᡝᡵᡝ ᠪᡝ ᡨᡝᡵᡝᡤᡝ ᠰᡳᠨᡩᡝ᠈ ᡨᡝᡵᡝ ᡳ

ᠰᡳᠨᠵᡳᡥᡝ ᠪᡠᠶᡝᠨᡩᡝ ᠰᡝᡵᡝ᠈ ᠪᡠᠶᡝᠨ ᡨᡝᡵᡝᡤᡝ ᠰᡝᠮᡝ ᡨᡝ ᠪᡝ

ᠪᡠᠶᡝᠨᡩᡝ᠉ ᡨᡝᡵᡝ ᠰᡝᠮᡝ᠈ ᠰᡳᠨ ᡨᡝ ᠪᡠᠶᡝ ᡳ ᠪᡠᠶᡝᠨ᠉ ᡨᡝᡵᡝᡤᡝ ᡨᡝ ᠰᡳᠨᡩᡝ

ᠪᡠᠶᡝᠨᡩᡝ ᠪᡝᠶᡝ᠉ ᡨᡝᡵᡝ ᠪᡠᠶᡝ ᡨᡝᡵᡝ ᠪᡠᠶᡝᠨᡩᡝᡵᡝ᠉ ᡨᡝᡵᡝ ᠰᡳᠨᡩᡝ ᡨᡝᡵᡝ

ᡨᡝᡵᡝ ᠪᡝ ᠪᡠᠶᡝᠨᡩᡝᡵᡝ ᠪᡠᠶᡝᠮᡝ ᠪᡠᠶᡝ ᠰᡳᠨᡩᡝᠮᡝ᠉ ᠰᡳᠨᡩᡝ ᡨᡝᡵᡝᡤᡝ

ᠪᡠᠶᡝᠮᡝᡵᡝ ᡨᡝᡵᡝᡤᡝ ᠪᡠᠶᡝᠨ ᡳ ᠰᡳᠨᡩᡝᠮᠪᡝ ᡳ ᡨᡝᡵᡝᡤᡝᠮᠪᡳ᠉

ᡨᡠᠮᡝᠨ ᡝᡵᡤᡝᠮᠪᡠᡵᡝ ᡩᠣᡵᠣ ᡩᠣᠰᡳ ᠶᠠᠪᡠᡵᡝ᠈ ᠪᡝᠶᡝ ᠮᡝᠨᡳ ᡝᠯᡥᡝ ᠪᠠᡥᠠᠮᠪᡳ

ᡤᡳᠰᡠᠨ ᡩᠠᠯᠠ ᡩᠠᠰᠠᠨ ᡳ ᠮᡠᠵᡳᠯᡝᠨ ᠣᠮᠪᡳ᠈ ᠶᠠᠪᡠᡥᠠ ᡩᡝ ᠪᡳᠴᡳ

ᠪᡳᠴᡳ ᠪᡳ᠉ ᠪᡳᠴᡳ ᠪᡝᡳ ᡨᠠᡴᡡᡵᠠᡵᠠ ᠰᡝᠮᠪᡳ᠉ ᠪᡳᠴᡳ ᠪᡝ ᡨᠠᡴᡡᡵᠠᡵᠠ

ᠠᠴᠠᡥᠠ ᠪᡳᠴᡳ ᠪᠣᡥᠣᠨ ᠰᡝᠮᠪᡳ᠉ ᠠᠴᠠᡥᠠ ᠪᡳᠴᡳ ᠪᠠᡳᡨᠠᡴᡡ ᡨᡠᠸᠠᠮᠪᡳ ᠪᡝ

ᡨᡠᠸᠠᠮᡝ ᡨᠣᡴᠰᠣ ᡨᡝᡵᡝ᠉ ᠪᡳᠴᡳ ᡨᡠᠸᠠᠮᡝ ᠪᡝ ᠪᡝᠶᡝᡳ ᠶᠠᠪᡠᡵᡝ

ᡳᠯᡳᡥᠠᠩᡤᡝ ᠪᡳᠴᡳ ᠪᡝ ᠵᠠᡶᠠᡵᠠᡴᡡ ᡩᠣᡵᠣ᠉ ᠣᠶᠣᠩᡤᠣ ᡨᡠᠸᠠᠮᡝ ᠪᡝ

ᡤᡳᠰᡠᠨ ᠪᡳᡥᡝ ᡳᠯᡳᡥᠠᠩᡤᡝ ᠣᠶᠣᠩᡤᠣ ᠪᡝ ᠵᠠᠯᠠᡶᡳᠩᡤᠠ ᡩᠣᡵᠣ᠉

ᠵᡠᠸᡝ ᡩᠣᠣ ᠶᠠᠪᡠ ᡳ ᠪᡝ ᠪᡳᠴᡳ ᠪᡝ ᠵᠠᠯᠠᡶᡳᠩᡤᠠ ᠠᡴᡡ ᡤᡝᡵᡝᠨ᠉

ᡠᡥᡝ ᠮᡠᠵᡳᠯᡝᠨ ᡳ ᠶᠠᠪᡠᡵᡝ ᠪᡝ ᠣᠶᠣᠩᡤᠣ ᠪᡝ ᠵᠠᠯᠠᡶᡳᠩᡤᠠ ᠠᡴᡡ ᡤᡝᡵᡝᠨ᠉

ᠣᠶᠣᠩᡤᠣ ᡨᡠᠸᠠᠮᡝ ᠣᠶᠣᠩᡤᠣ ᠪᡝ ᠵᠠᠯᠠᠨ ᡩᠣᡵᠣ᠉ ᡨᡠᠸᠠᠮᡝ ᡳᠯᡳᡥᠠᠩᡤᡝ

ᠶᠣᠣ᠈ ᠪᡝᠶᡝ ᠪᡝ ᠵᠠᠯᠠᠨ ᡳ ᠵᠠᠯᠠᠨ ᡩᡝ ᡥᡳᠯᡳ ᡳ ᡤᡝᡵᡝᠨ

ᠪᡳᠨ ᠪᡝ ᠵᠠᡶᠠᡧᠠᡥᠠ᠉ ᠶᠣᠣ ᠠᠮᠪᠠ ᡳ ᠵᠠᠯᠠᠨ ᠪᡝ ᠵᠠᠯᠠᡶᡳᠩᡤᠠ

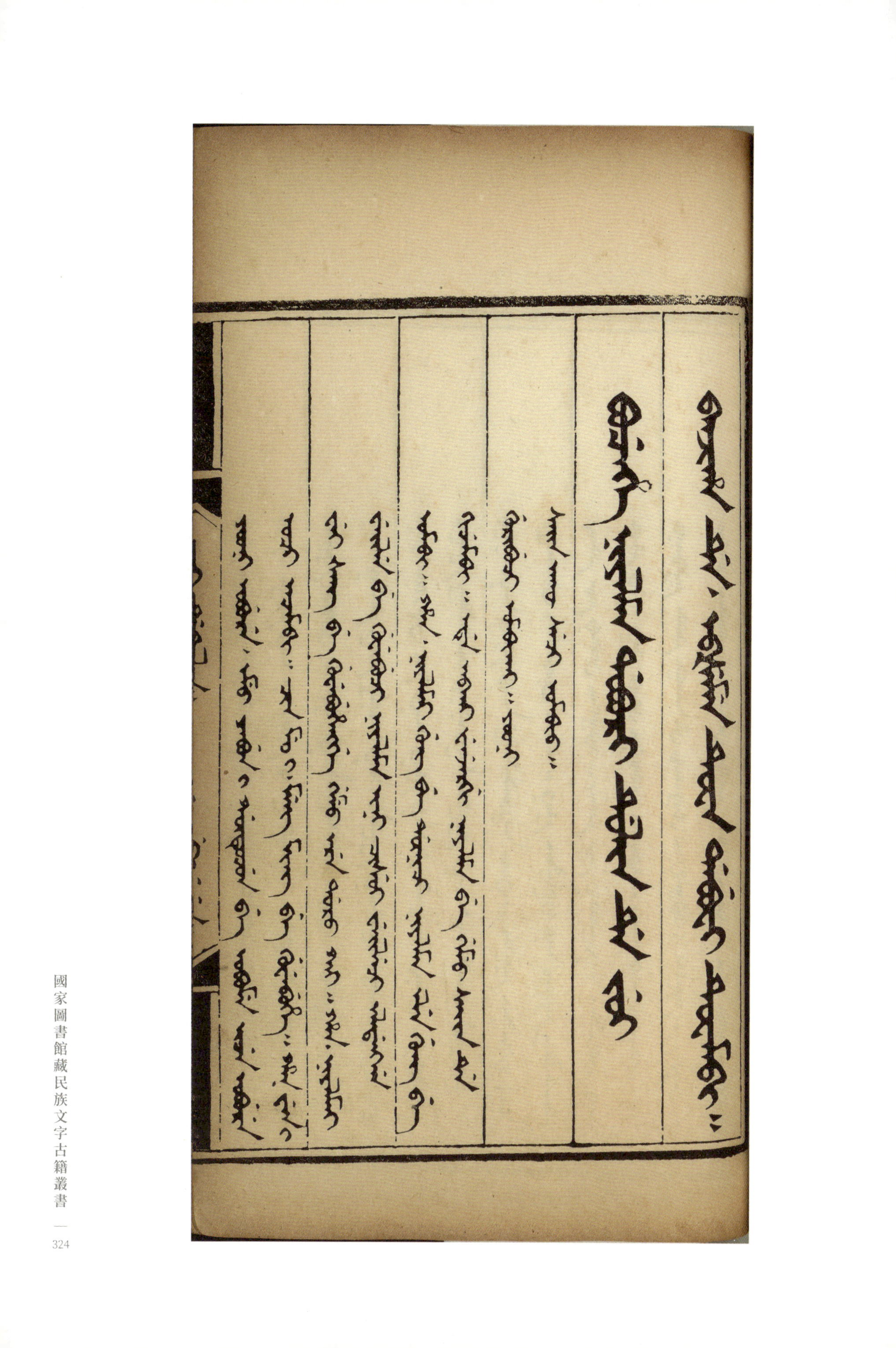

[illegible]

[illegible]

[illegible]

[illegible]

[illegible]

[illegible]

[illegible]

[illegible]

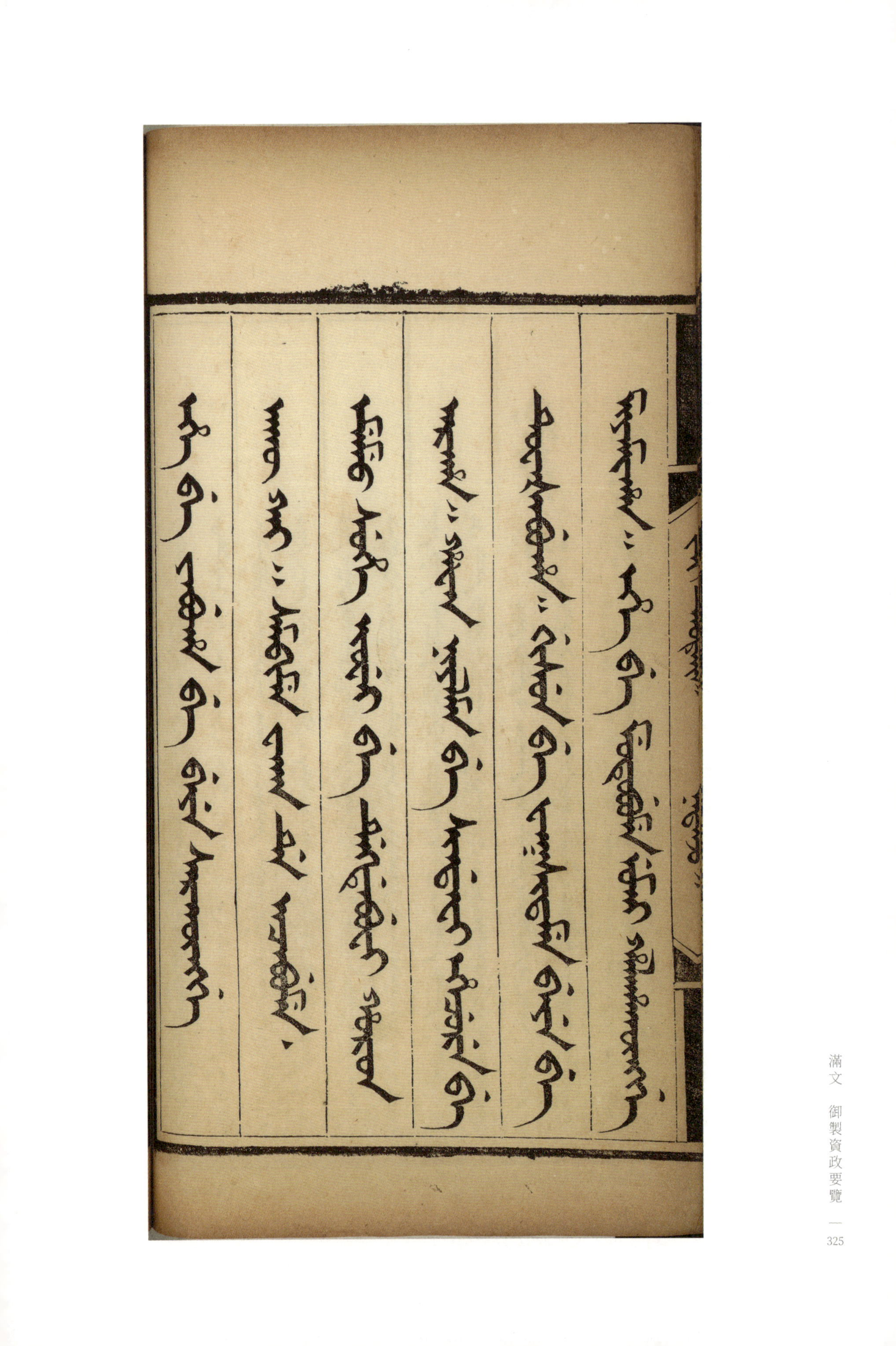

[illegible]

[illegible]

[illegible]

[illegible]

[illegible]

[illegible]

ᠰᡠᠨᠵᠠᠴᡳ ᡩᡝᠪᡨᡝᠯᡳᠨ ᠰᡝ ᠪᡳᡨᡥᡝ ᡳ ᡤᡳᠰᡠᠨ ᠪᡝ

ᠪᡝᡳᡩᡝᠮᡝ ᠪᡳ᠉

ᡤᡝᠮᡠ ᡤᡝᠮᡠᠨ ᡳ ᡨᠣᡴᡨᠣᠪᡠᡥᠠ ᠪᡝ ᠴᠣᡥᠣᠮᡝ᠈ ᠪᡝ ᡩᠠᡳ ᡳ ᡝᠮᡠ ᠪᠣᠯᡤᠣ

ᠪᠣᠯᡤᠣ ᡥᠠᡶᠠᠨ ᠪᡝ ᡥᠠᡶᡠᠮᠪᡠᡵᡝ ᠪᠣᠯᡤᠣ ᡝᡵᡝᠮᡠ ᡝᠯᡳᠮᠪᠠᡵᠠᡴᡡ

ᠮᡝ ᡥᠠᡵᠠ ᠪᠣᡩᠣᠨ ᠵᠠᡴᠠᠨᠵᡳᡥᠠᠩᡤᡝ ᠪᡝᠶᡝᠪᡝ ᠮᡠᡨᡝᠮᠪᡳ᠉ ᠪᡝ ᡳᠴᡝᠩᡤᡝ ᡤᡳᠰᡠᡵᡝᠩᡤᡝ᠉

ᠮᡝ ᠪᡝᠶᡝ ᡤᡳᠰᡠᠨ ᠰᡠᠵᠠᠮᡝ ᡤᡳᠰᡠᠨ᠈ ᠪᠠᡳᡨᠠ ᠪᡝ ᡨᡠᠸᠠᠮᡝ

ᡤᡠᠩᡤᡝᠨ᠉ ᡥᠣᡨᠣ ᡥᠠᡳ ᠪᡝ᠈ ᠨᡳᠶᠠᠯᠮᠠ ᠪᡝ ᠠᡵᠰᡠᠯᠠᠮᡝ ᡨᡝᡨᡝᠰᡳ ᡤᠣᡵᡤᡳᠨ᠉

ᠮᡝ ᠨᡝᠨᡝ ᠪᠠᡳᠴᠠᡵᠠ ᡥᠣ ᡝᠮᡠ ᠪᡝᠶᡝᠰᡝ᠉ ᡥᡝ ᠰᠠᡳᠨ ᡝᠯᡨᡝᠮᡝ ᡥᠠᡵᡤᠠᠰᡳ᠉

ᠮᡝ ᡤᡝᠨ ᡤᡝᠨ ᠪᠠᡳᡨᠠ᠈ ᠪᠠᡳᡨᠠᠯᠠᡵᠠ ᡤᡳᠰᡠᠨ ᡳᠴᡝ ᠮᡝ

ᠮᡠᠰᡝ ᡳᠴᡝᠩᡤᡝ᠈ ᡨᡝᡨᡝᠨ ᡝᠮᡠ ᠪᡠᠴᡝᡥᡝᠴᡳ ᠰᡝᡵᡝᠩᡤᡝ ᡳᠰᡳᠮᠪᡳ᠉

ᠪᠣᠯᡤᠣ ᡳ ᠨᡳᠶᠠᠯᠮᠠ ᠪᡝ ᠰᡳᡵᡳ᠉ ᡥᠠᠨ ᠪᡝ ᡳᠨᡝᠩᡤᡳᡩᠠᡵᡳ ᡨᡠᡤᡳᡵᡝ

ᠪᡝᡥᡝᠮᡠᡥᡝᠮᡝ ᡳᠴᡝᠮᠪᡳ᠉ ᡝᠮᡠ ᠪᡝᠶᡝ ᡳ ᠮᡝ ᡥᠠᡵᠠ ᡝᠨᡩᡠᡵᡳᠩᡤᡝ ᡩᠣᡵᠣᠩᡤᡝ

ᡝᠮᡠᠨ ᡥᠠᡵᡤᠠᠰᠠᠨ ᡥᠣᠰᡳ᠉ ᠪᡝᠶᡝ ᠪᡝ ᡨᡠᠸᠠᠮᡝ ᠮᡠᡨᡝᠮᠪᡳ ᡤᡡᠨᡳᠨ ᠪᡝ

ᡤᡳᠰᡠᠨ ᠰᡝᡵᡝ ᡝᠩᡤᡝ ᠪᡳ᠈ ᡤᡳᠰᡠᡵᡝᡴᡠ ᡤᡳᠰᡠᠨ ᡝᠯᡝᠮᠪᡳ ᠮᡝ

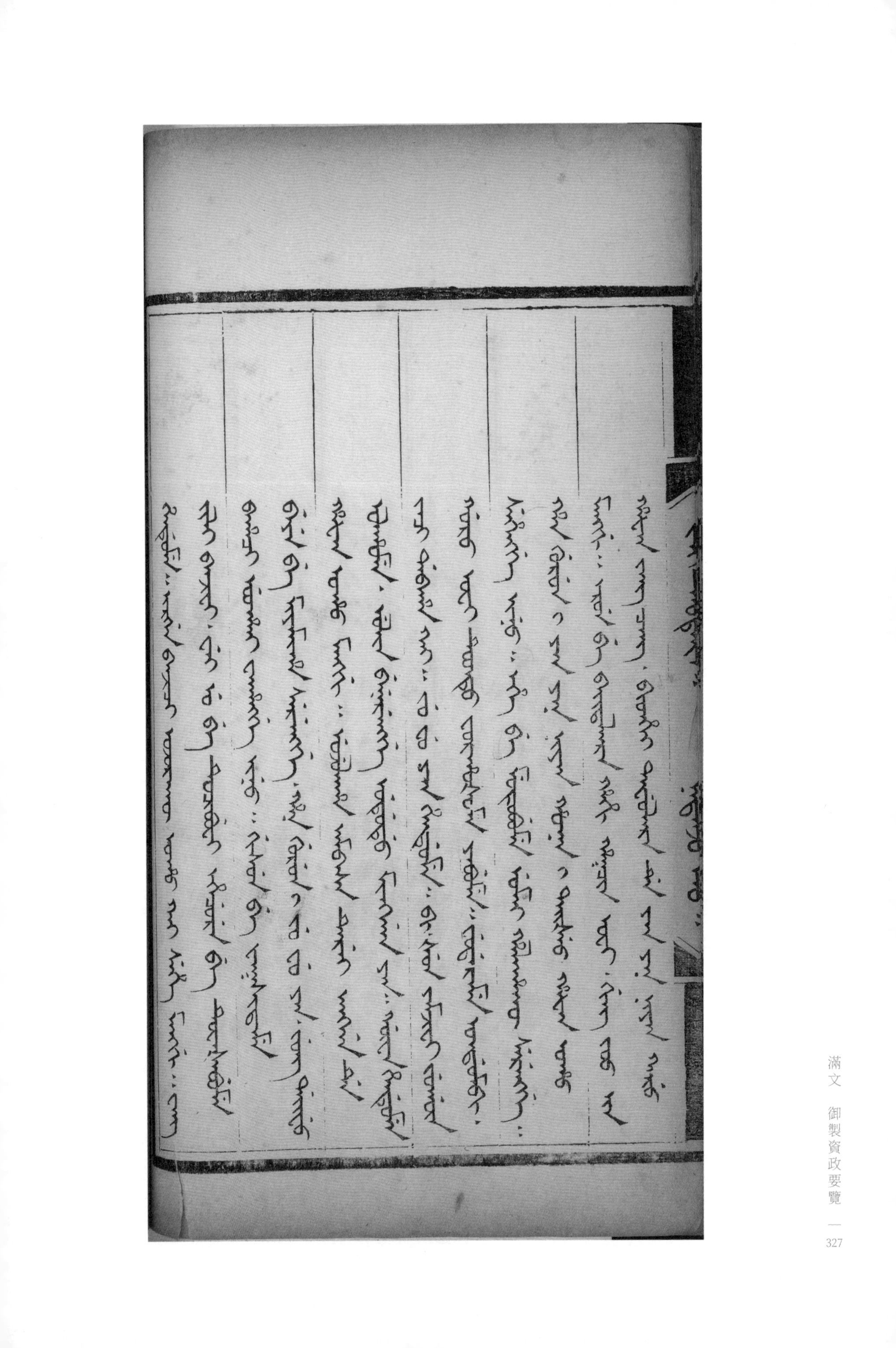

[illegible]

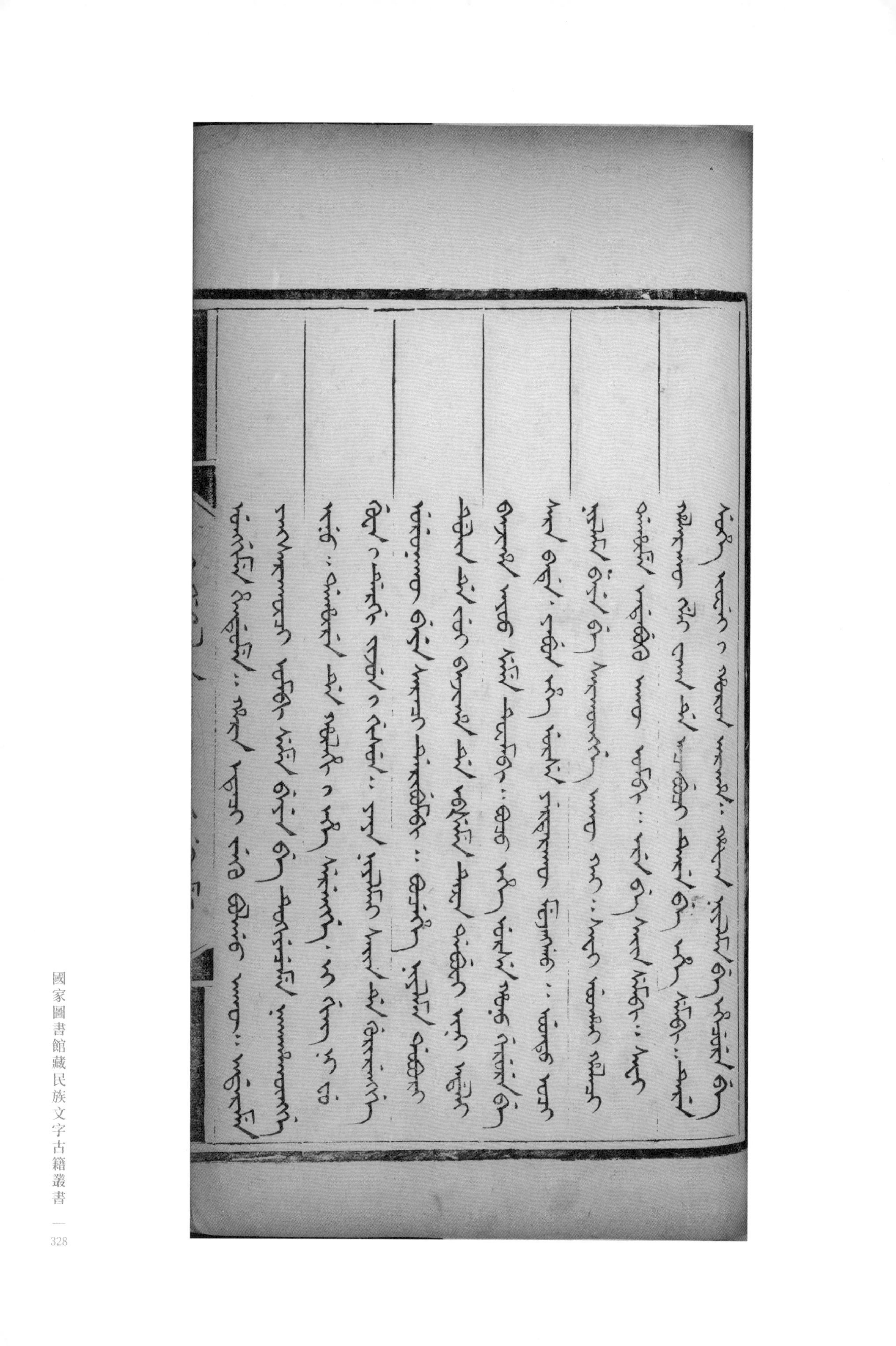

[illegible]

ᠪᠣᡨᠣᡥᠣᠩ᠈ ᠨᡳᠶᡠᡵ ᠪᡝ ᡨᠠᠴᡳᡥᡳᠶᠠᠩ᠈ ᠨᡠᡵᡤᡳ ᡝᡵᡤᡝᠮᠪᡠᠮᠪᡳ
ᠨᡳᡵᡠ ᠰᡠᡵᡝ ᠪᠣᠴᠣ ᠶᠠᠪᡠᠮᠪᡳᠰᡠᠮᠪᡳ ᡨᡝ᠉ ᡨᡝ ᠰᡳᠮᡝᠩᡤᡝ ᡥᠠᠯᠠ ᠪᡝ
ᡤᡠᠴᡠ ᠪᠣᡩᠣ᠉ ᡨᠠᠩ ᡳ ᡳᠰᡳᡥᠠᠩ ᠪᡠᠯᡳᠩ ᡥᠠᠯᠠ ᠪᡝ ᡤᡠᠴᡠᠰᡠ ᠪᡝ
ᡥᠠᠨ᠈ ᠨᡳᠶᠠᠯᠮᠠ ᠰᡳᠪᡠᡥᠣ ᠪᡝ ᡨᡝᡵᡝ᠈ ᡥᠠᠨ ᡳ ᡤᡠᠴᡠᠰᡝ ᠪᡝ ᡨᡝᠨ
ᠨᠠᡴᠠᠨ
ᠪᠣᠯᡤᠣᠮᠪᡳ᠉

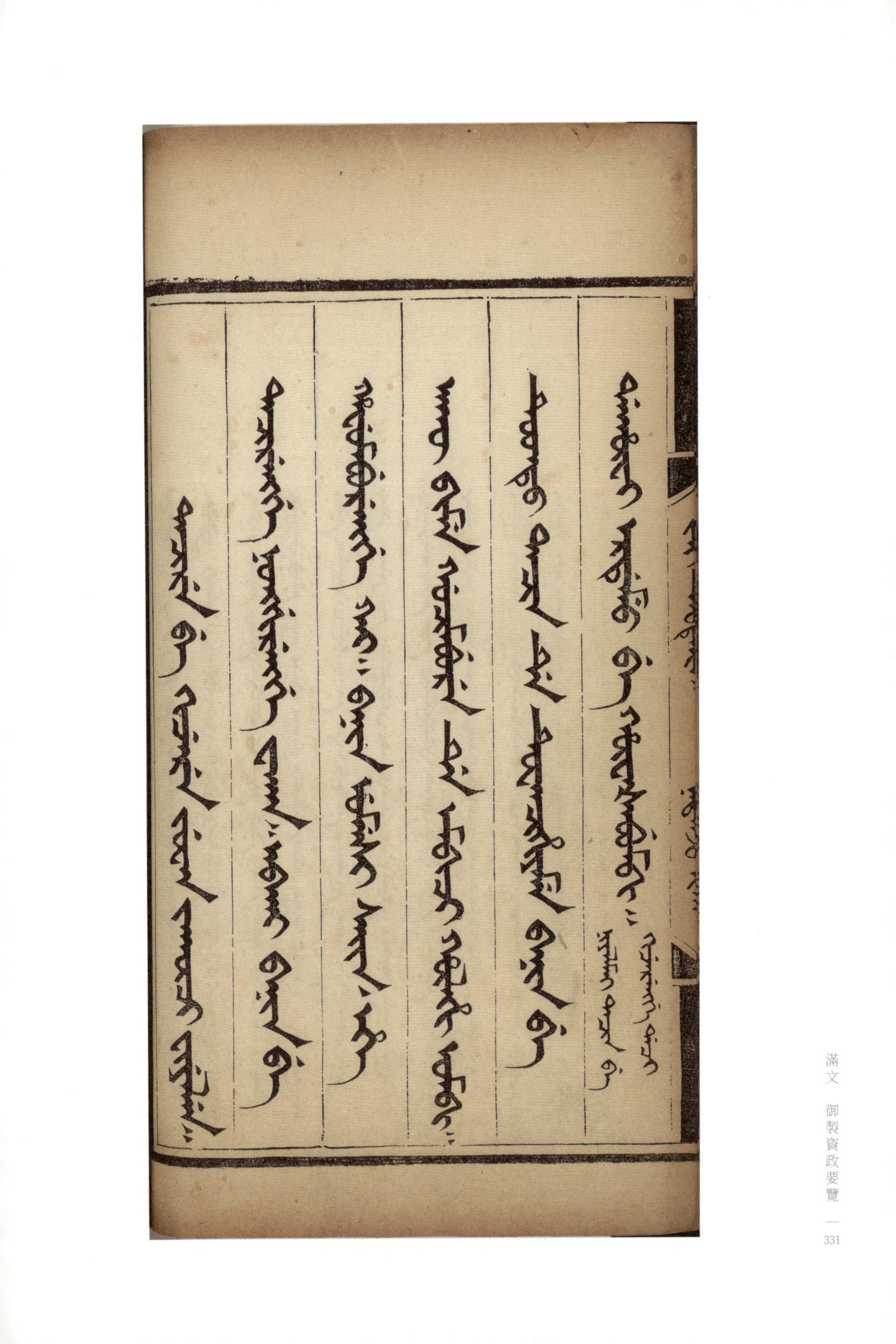

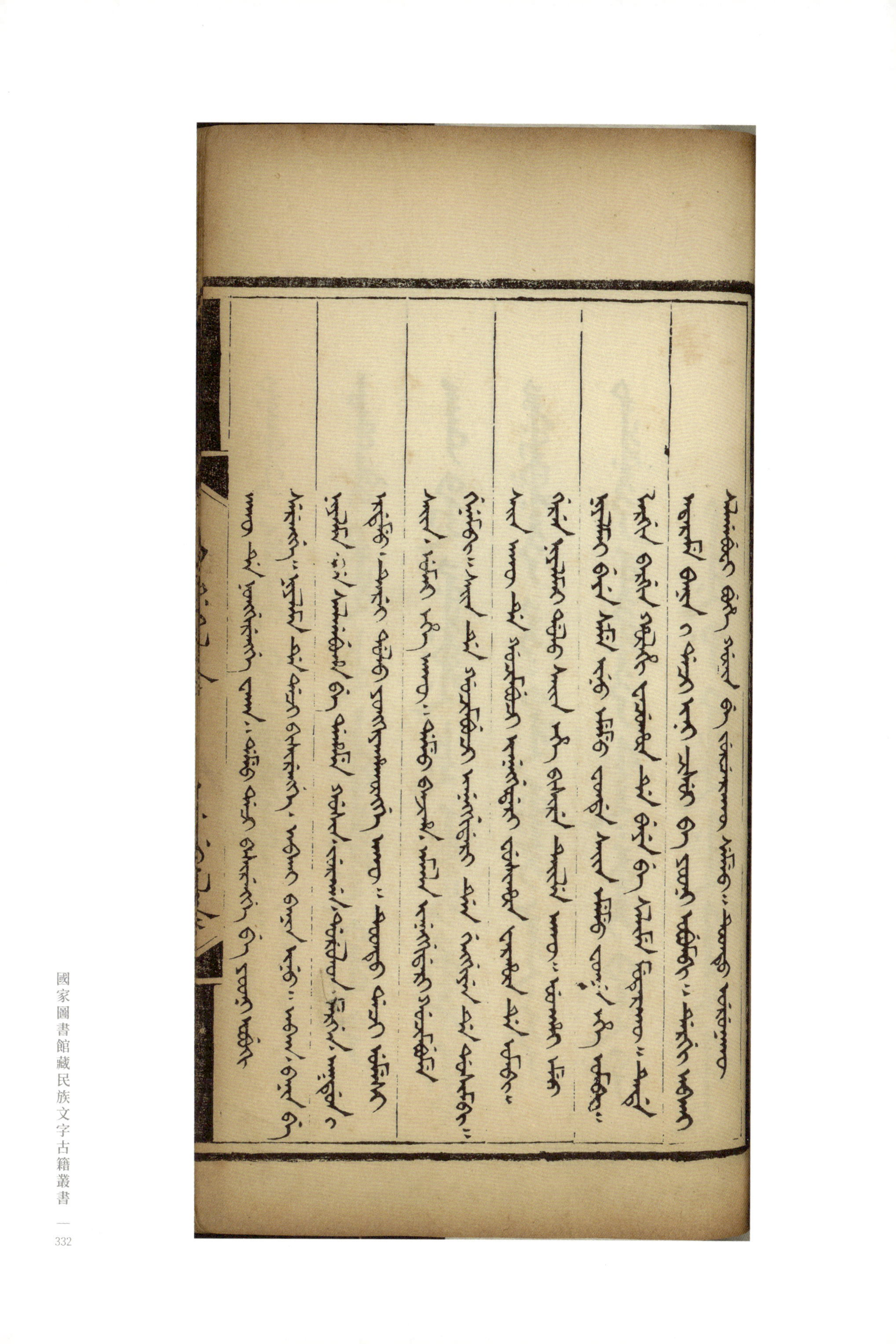

[illegible]

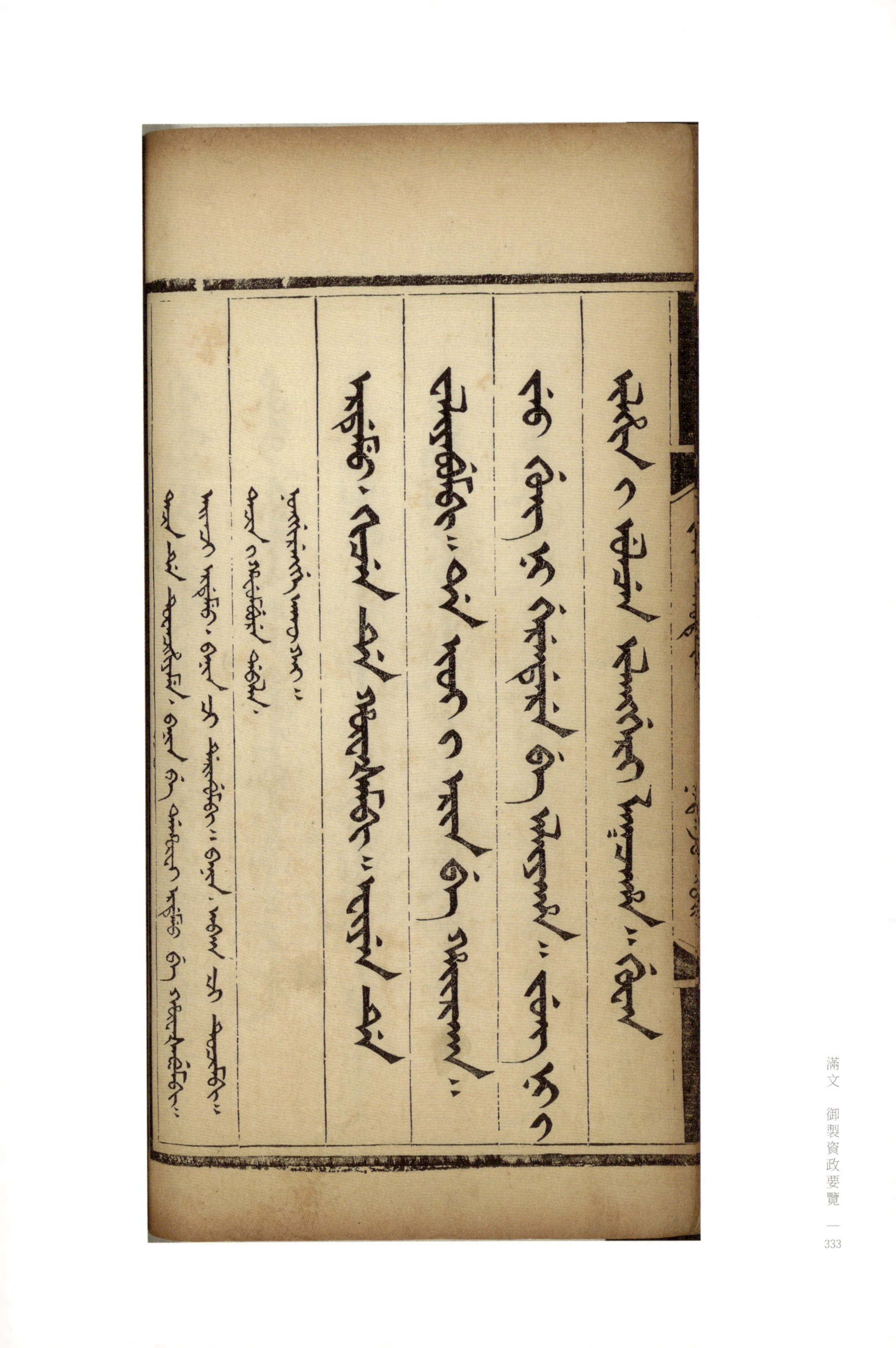

[illegible]

[illegible]

[illegible]

[illegible]

[illegible]

[illegible]

[illegible]

[illegible]

ᡤᡳᠰᡠᠨ ᠪᡝ ᡨᠠᠴᡳᠪᡠᡥᠠ ᡳ ᠪᠣᠯᡤᠣ ᠰᡝᠮᡝ ᠠᡴᡡᠮᠪᡠᠮᡝ ᡩᠣᡵᠣᠨ ᡩᠣᠰᠣᠮᠪᡠᠮᡝ

ᡩᠣᡵᠣᡳ ᡩᠣᡵᠣ ᠪᡝ ᡩᠠᠰᠠᡵᡝ ᠵᠠᠯᠠᠨ ᠵᠠᠯᠠᠨ ᡩᡝ ᠰᠠᡳᠨ ᠰᡝᠮᡝ ::

ᡩᠣᡵᠣ ᡩᠣᡵᠣᠨ ᠪᡝ ᠠᠨᡳ ᡴᡝᠮᡠᠨᡳ ᠪᡳ ᡩᡝ ᡤᡝᠮᡠ

ᠰᡝᠮᡝ ᡤᡠᠰᡝᠮᠪᡠᡥᡝᠩᡤᡝ ᡩᠣᠨᡳ ᠰᠠᠮᡝ ᠪᡝ ᠪᡝᡳᠯᡝᡥᡝ

ᡩᠣᡵᠣ ᡩᠣᡵᠣᠨ ᠪᡝ ᡩᠣᠨᠵᡳᡴᡳ :: ᡨᡠᠸᠠᡵᡝ

ᠰᡠᠨᠵᠠᠩᡤᠠ ᠠᠨᡳᠶᠠ ᠪᡳᠶᠠᡳ ᡳᠴᡝ ᠣᠨᡳ :: ᠪᡳᠶᠠᠯᡳ

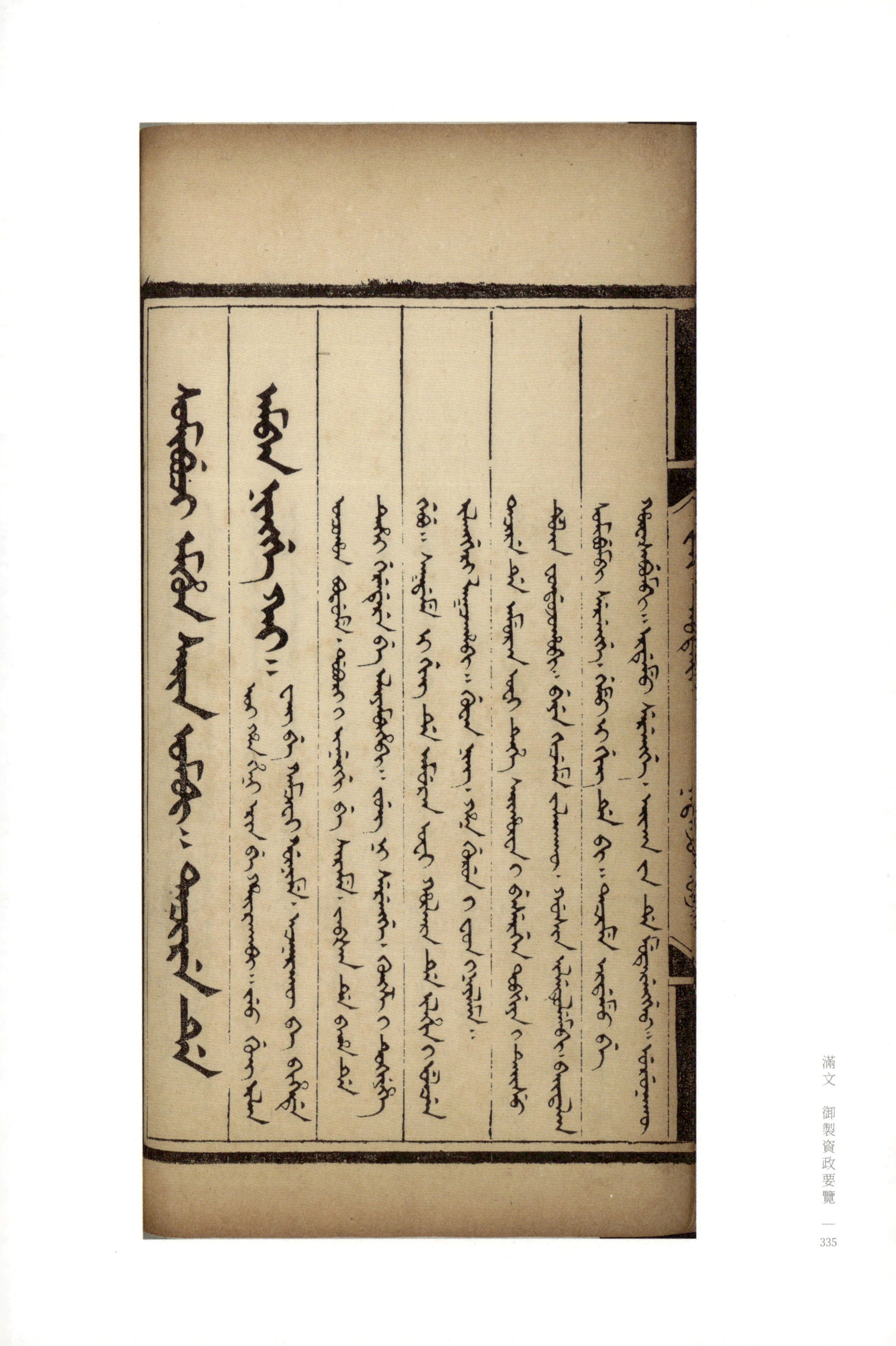

ᡩᡝᡵᡤᡳ ᠪᡝ ᠰᡳᠮᠨᡝᠮᡝ᠉ ᠠᠮᠠᡤᠠ ᠪᡝ ᠪᠠᠨᠵᡳᠪᡠᡵᡝ ᠪᡳᠮᡝ᠈ ᡨᡝᠨᡳ ᠰᡝᠮᡝ ᠮᡠᡨᡝᠮᡝ

ᠰᡠᠸᠠᠯᡳᠶᠠᠮᠪᡳ ᠪᡝ ᠪᠠᡥᠠᠮᡝ᠈ ᡤᡳᠰᡠᠨ ᠮᡠᡨᡝᡵᡝᡴᡡ᠈ ᠰᠠᡳᠨ ᡩᠠ ᠪᡳ

ᡨᡠᠸᠠᡴᡳᠶᠠᠮᡝ ᠰᡝᠮᡝ ᡨᡠᠸᠠᡵᡝᡤᡝ᠉ ᠠᠰᡠᡵᡳ ᠰᡠᡵᡝ ᠪᡝ ᡩᠠᠰᠠᠮᡝ ᡥᡡᠸᠠᡥᠠ ᡳ ᡩᡝ ᠪᡝ

ᠪᡳ ᠪᠠᠨᠵᡳᠮᡝ ᡩᠣᠷᠣᠨ᠈ ᡤᡳᠰᡠᡵᡝᡵᡝ ᠪᡝ ᠰᡝᡵᡝ ᠮᡠᠰᡝ ᠪᡝ ᠪᠠᡥᠠᠮᡝ ᠮᡠᡨᡝᡵᡝᡴᡡ᠈ ᡝᠮᡠ ᠪᡝ ᡳᠰᡳᠪᡠᡥᡝ

ᡤᡝᡵᡤᡳᠶᡝᠨ ᠪᡝ ᡤᡝᠯᡝᠮᡝ᠈ ᠵᠠᡴᠠ ᡳ ᠵᠠᡴᠠ ᡳᠰᡳᠮᡝ ᡥᡝᠰᡝᡴᡝᠮᡝ ᡳ ᠰᡝᠮᡝ

ᠨᡳᠶᠠᠯᠮᠠ ᡳ ᠰᡝᠮᡝ ᡤᡝᠨᡝᡥᡝᠩᡤᡝ ᠪᡝ ᠮᡠᡨᡝᠮᠪᡳ᠈ ᠵᡠᠰᡝ ᡳ ᠰᡠᠸᠠᠯᡳᠶᠠᡴᡡ ᠪᡝ ᡝᡵᡝᠨ ᡳ ᡳᡵᡤᡝᠨ ᠰᡝᠮᡝ ᠮᡠᡨᡝᡵᡝᡴᡡ ᠪᡝ᠈ ᠰᠠᡳᠨ ᡩᠠ ᡤᠣᡵᠣ ᡩᡝ ᠪᡳᠮᡝ

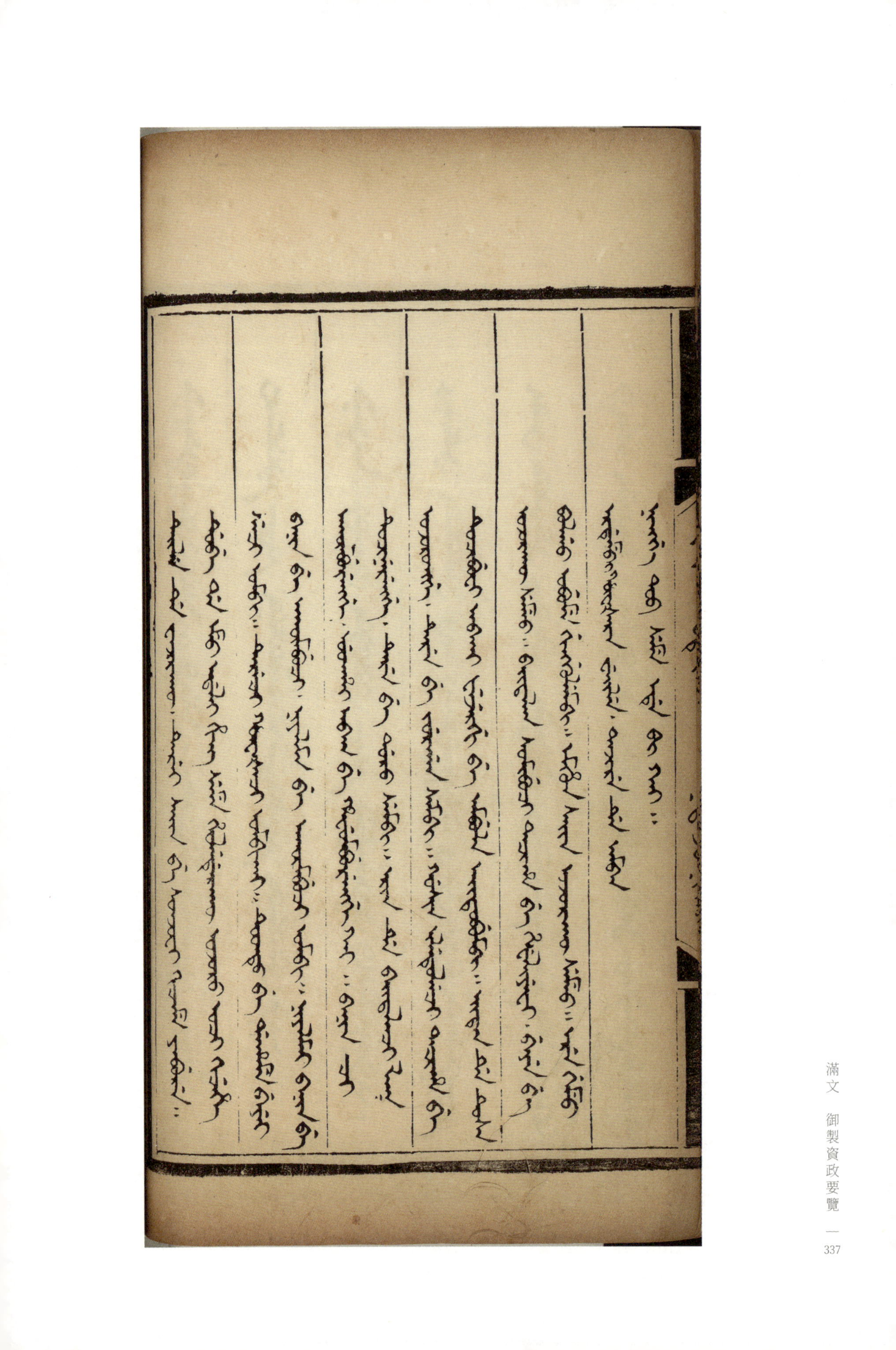

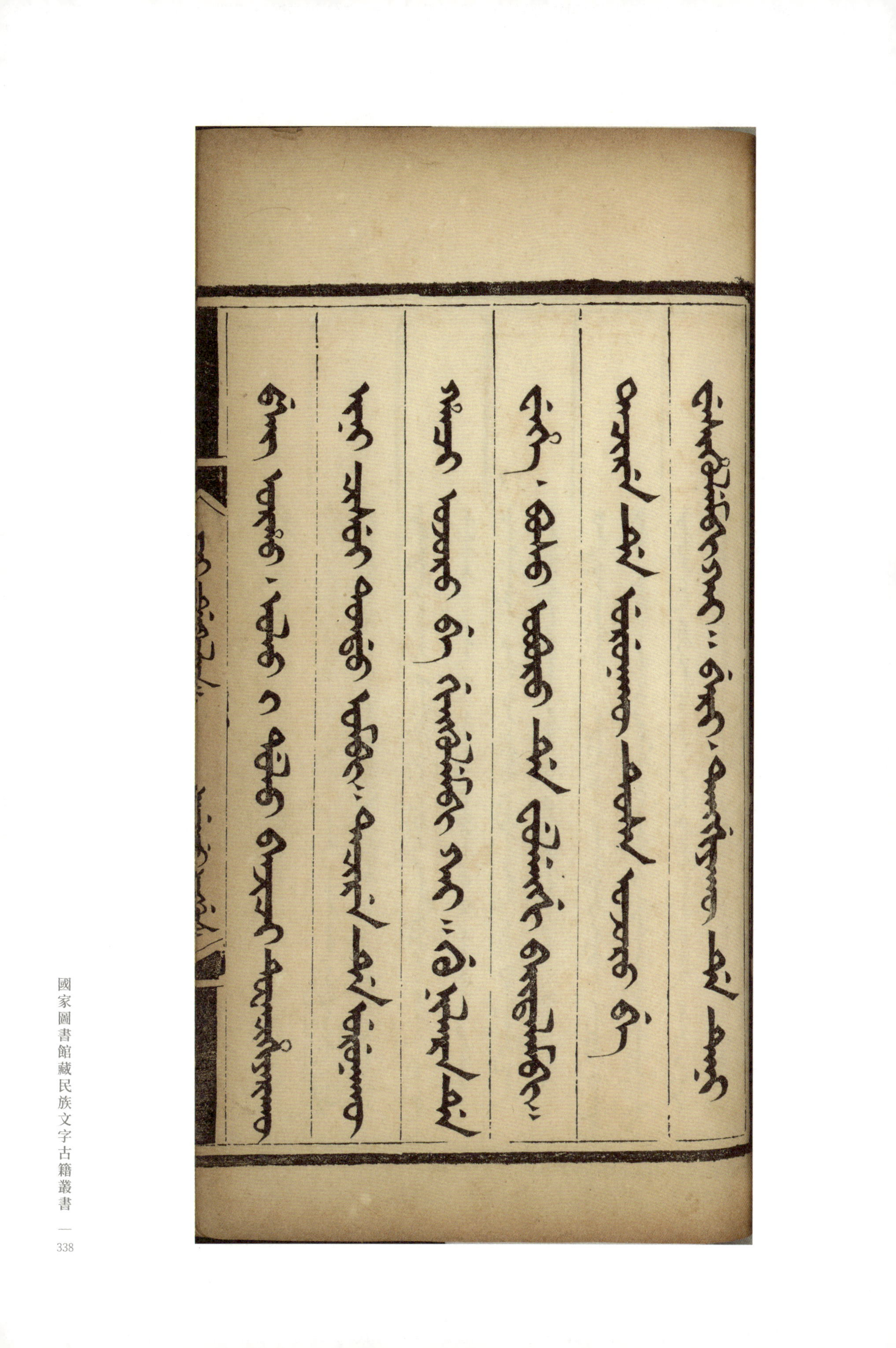

[illegible]

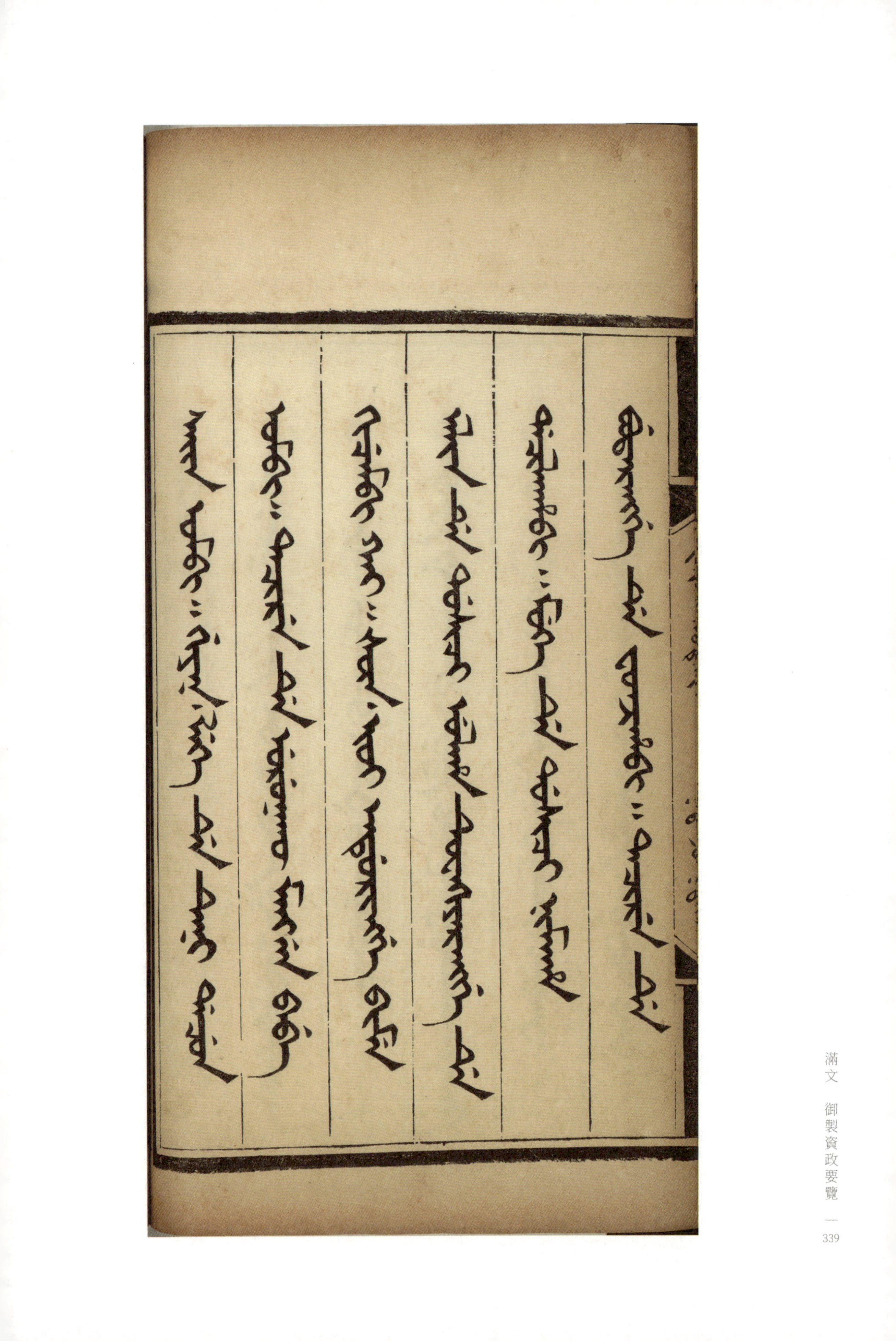

[illegible]

[illegible]

[illegible]

[illegible]

[illegible]

[illegible]

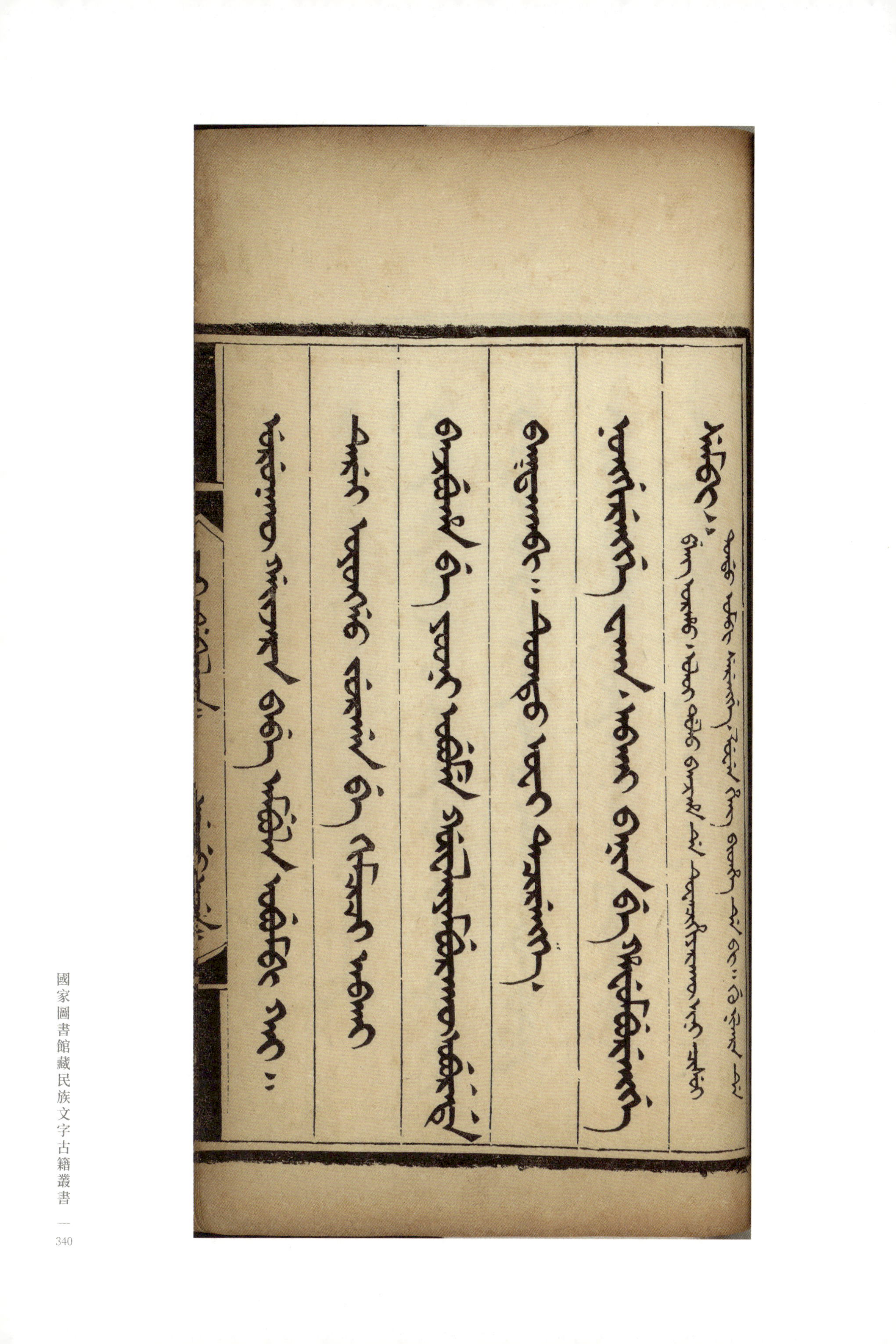

[illegible]

[illegible]

[illegible]

[illegible]

[illegible]

[illegible]

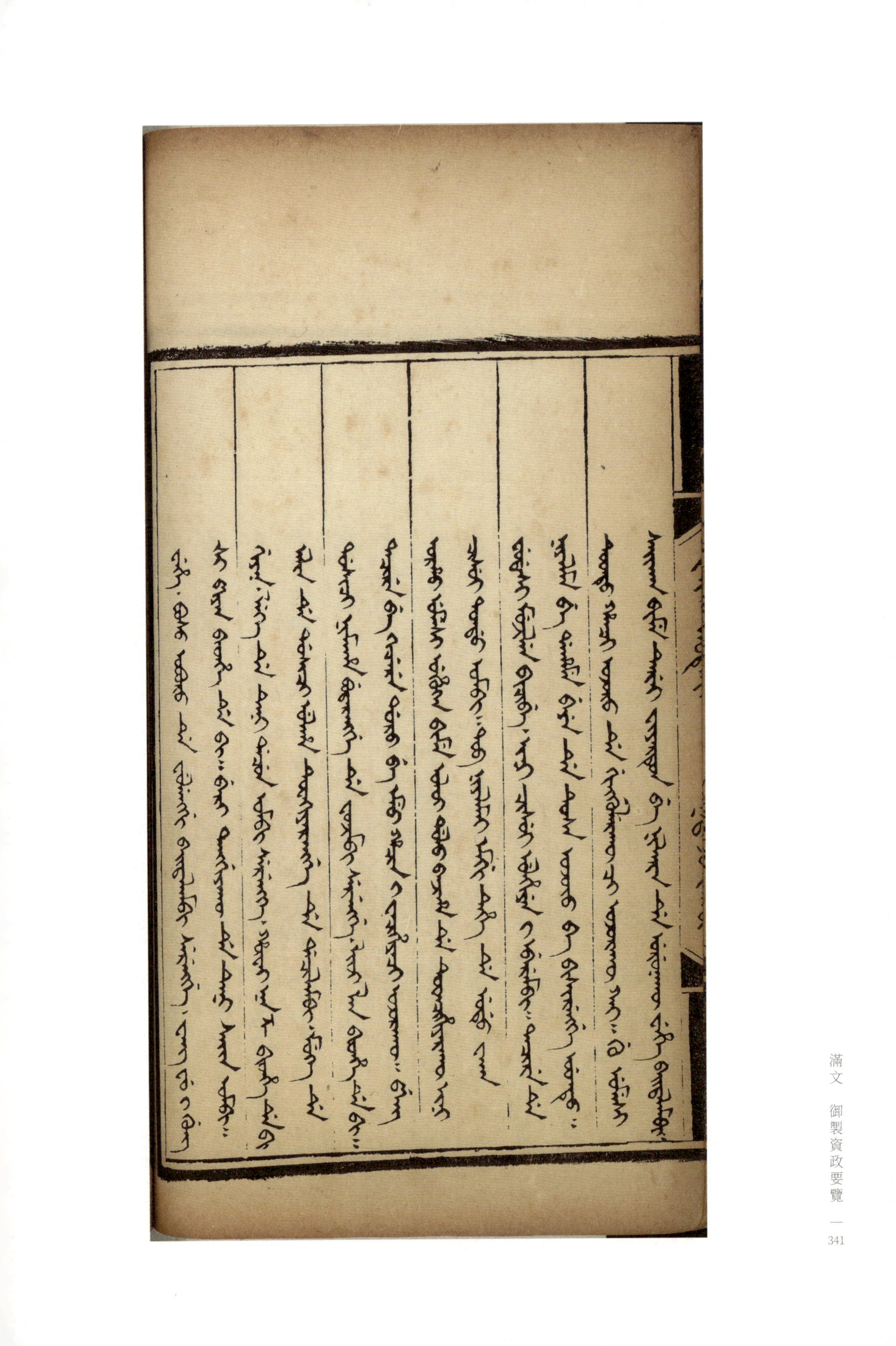

[illegible]

[illegible]

[illegible]

[illegible]

[illegible]

[illegible]

[illegible]

[illegible]

[illegible]

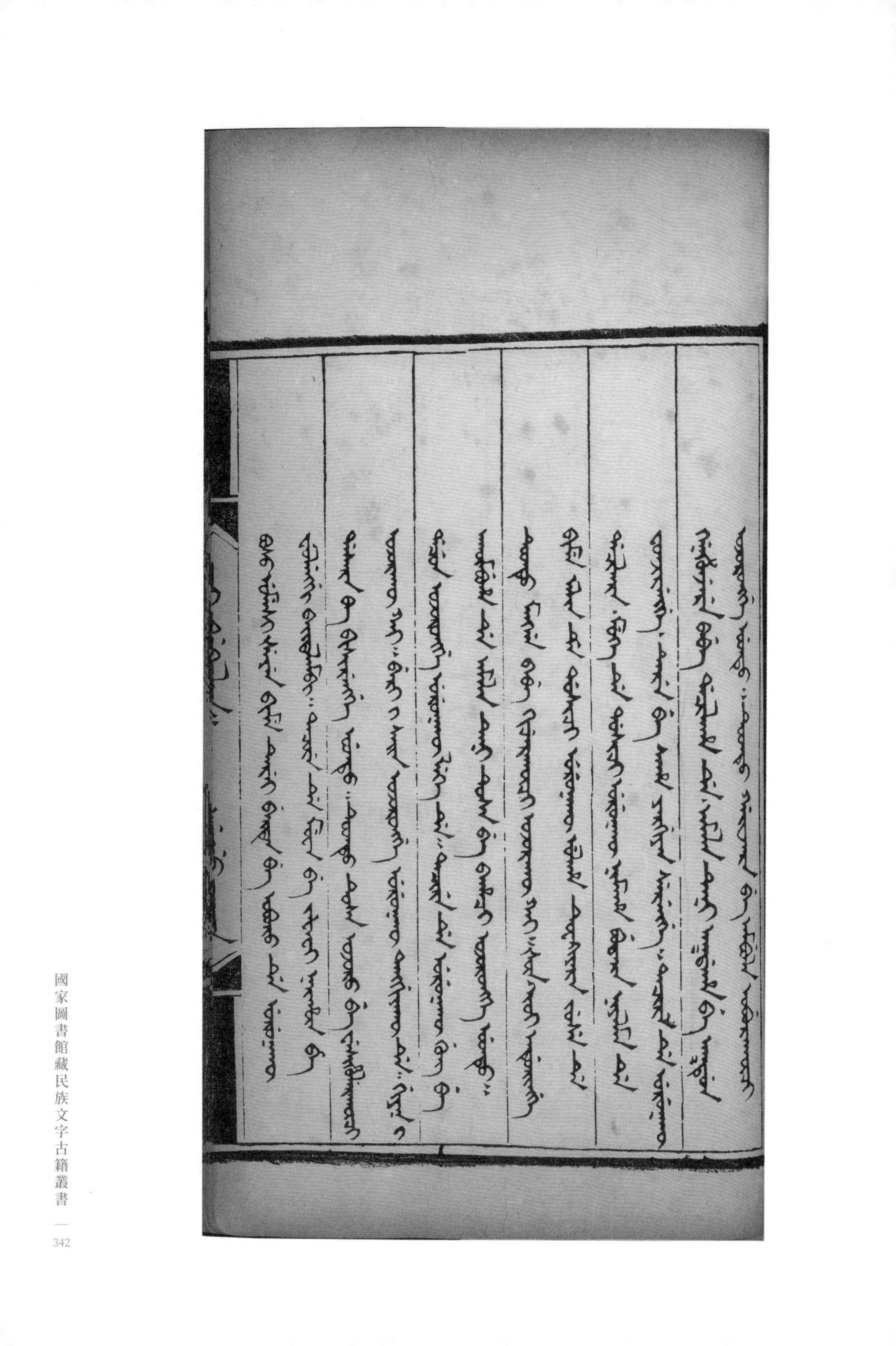

[illegible]

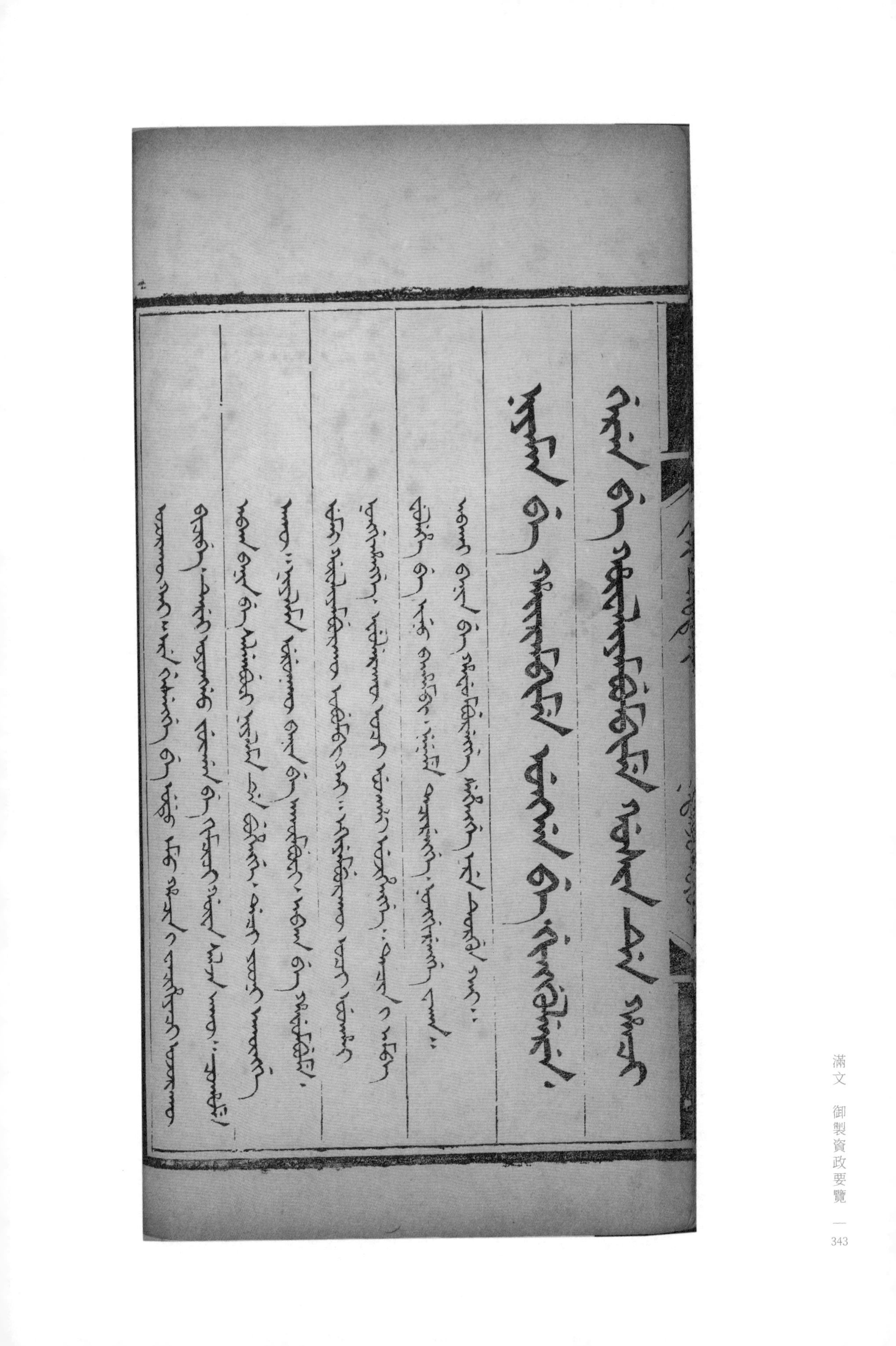

[illegible]

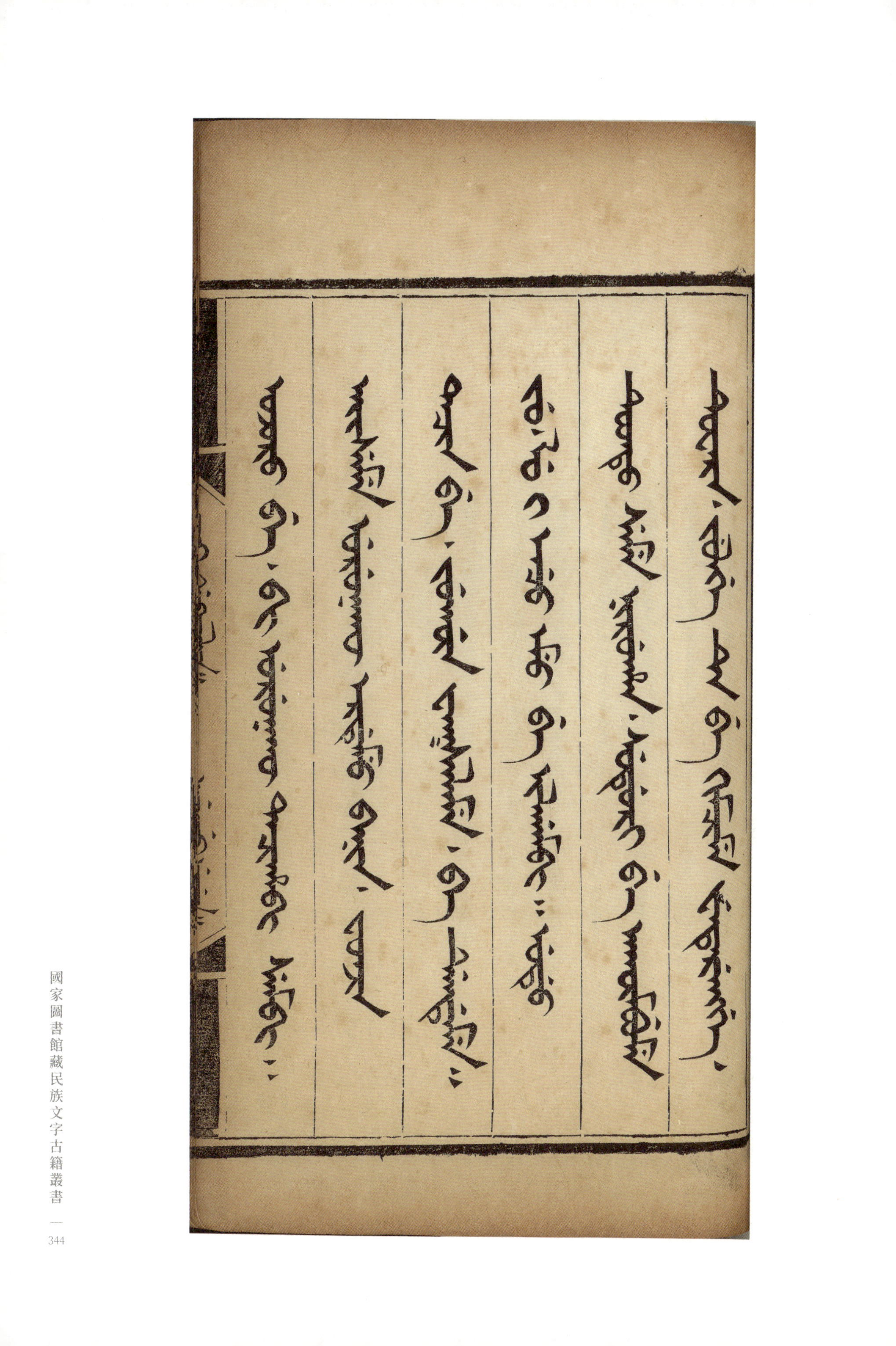

[illegible]

[illegible]

[illegible]

[illegible]

[illegible]

[illegible]

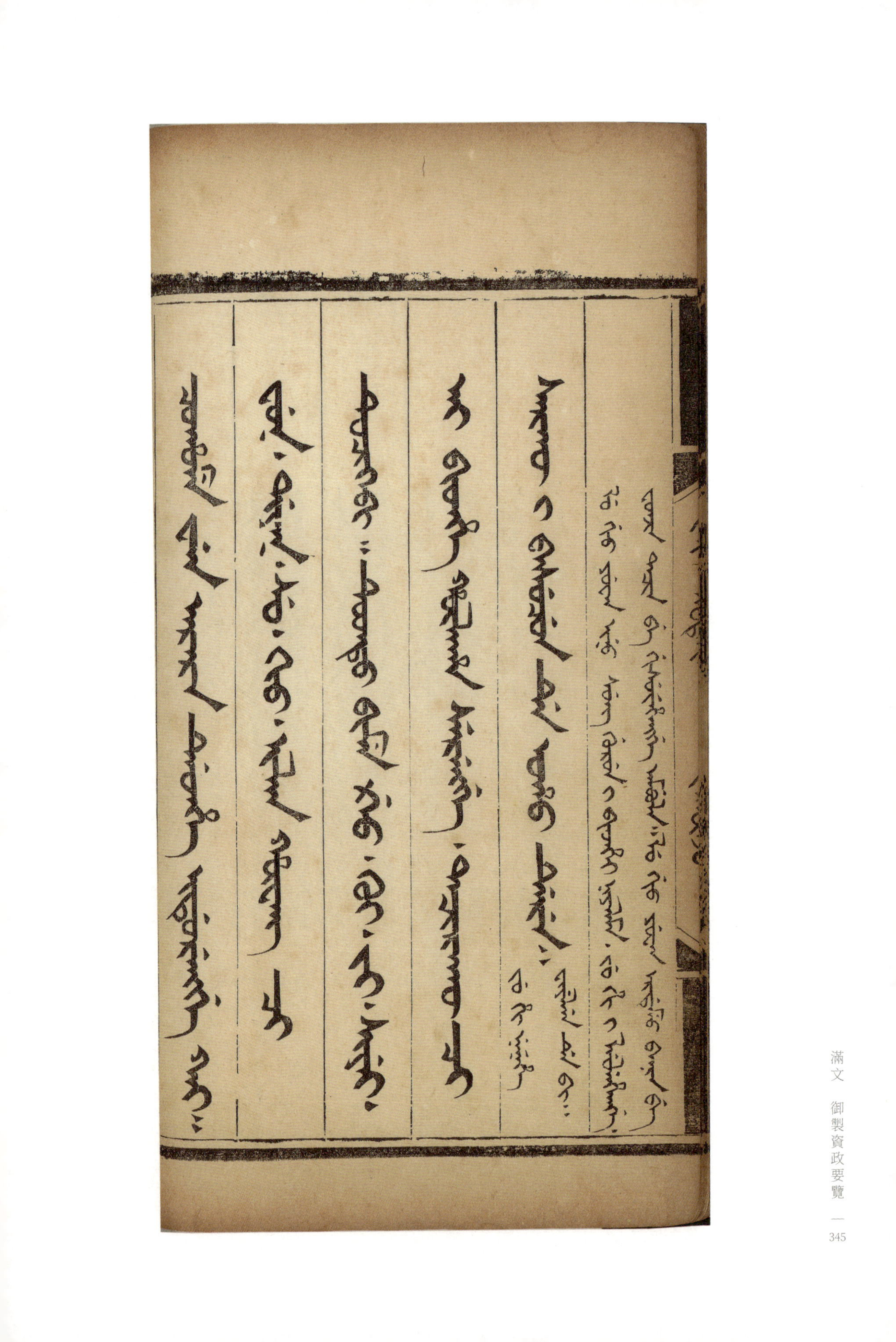

[illegible]

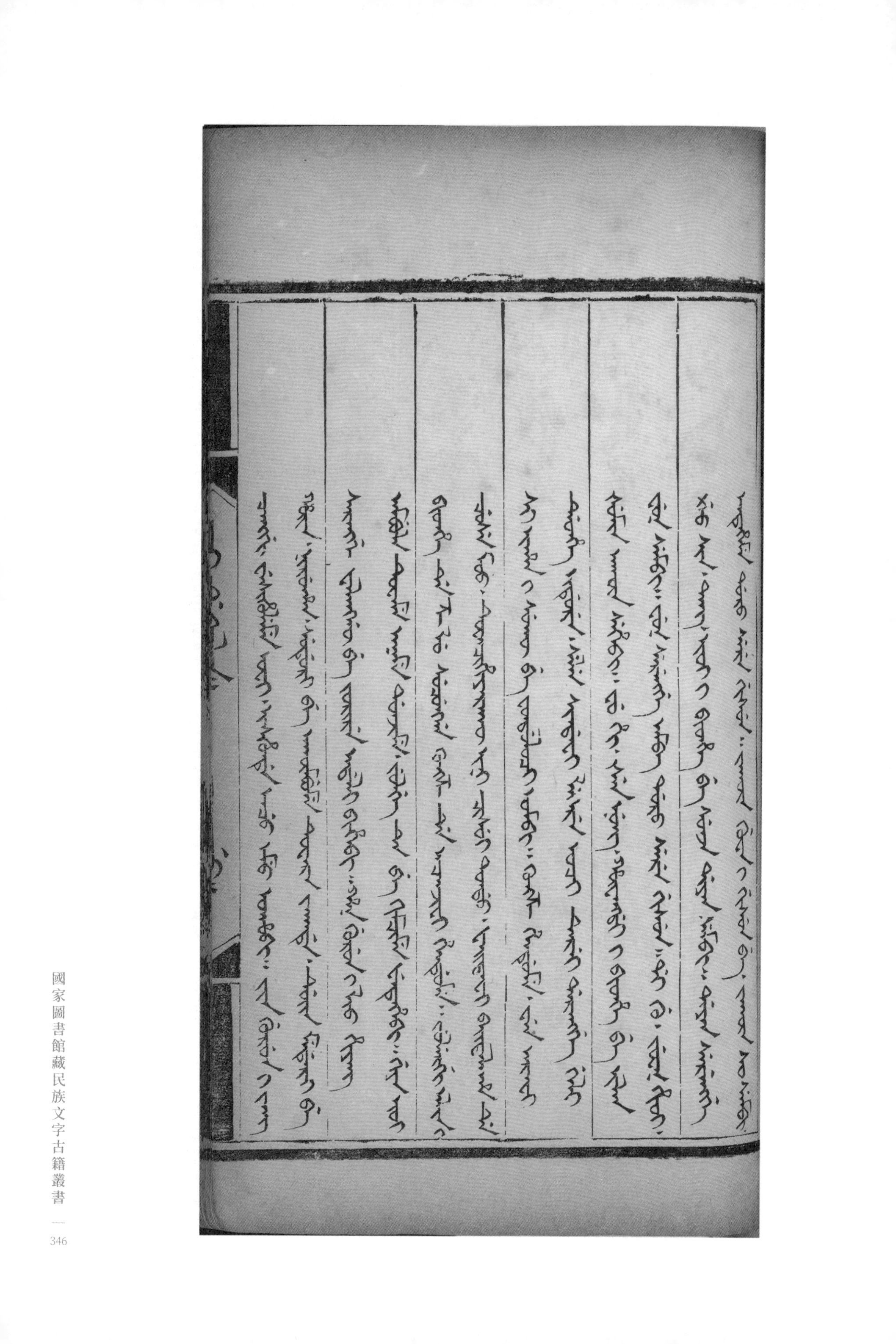

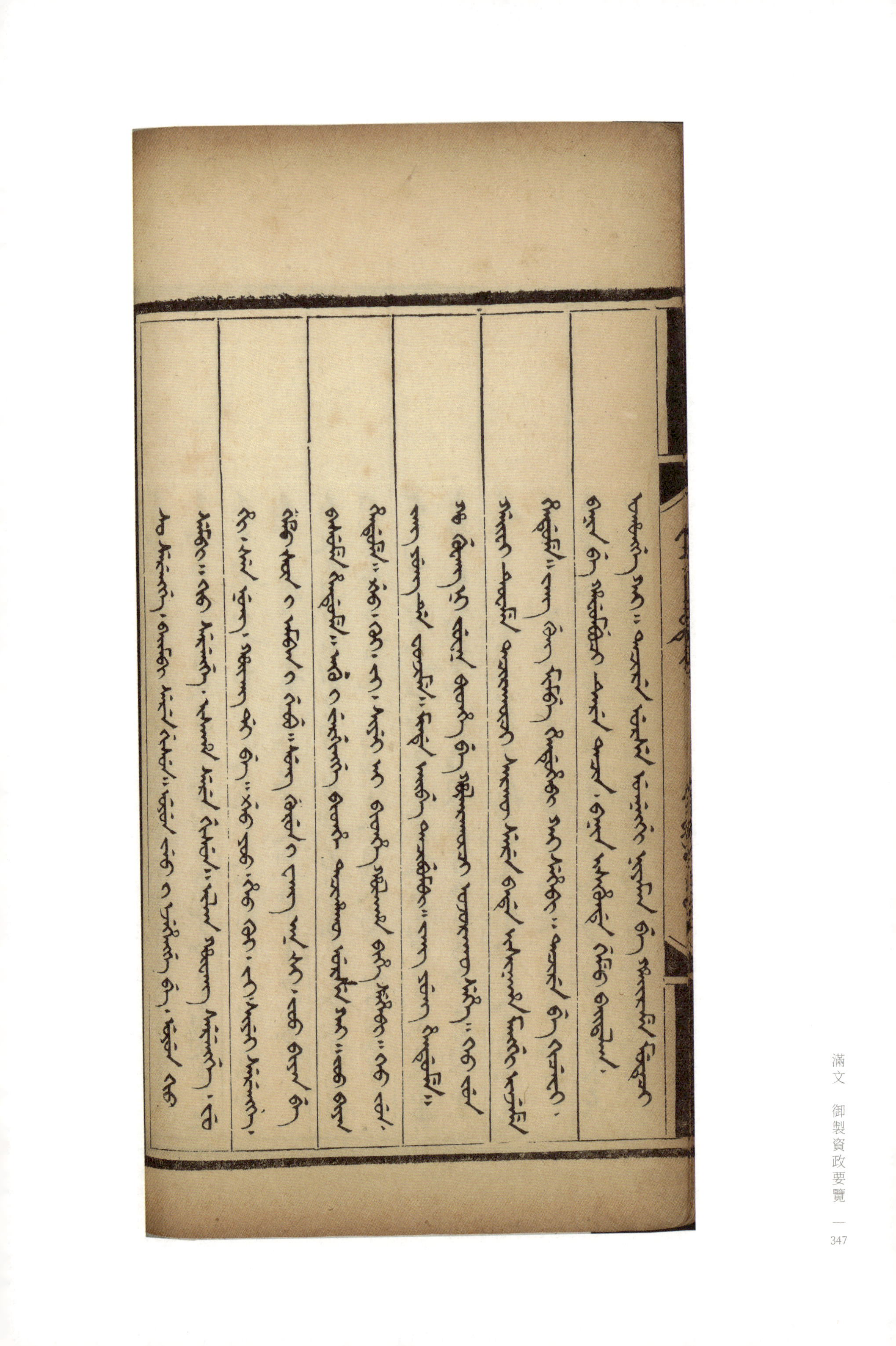

[illegible]

[illegible]

[illegible]

[illegible]

[illegible]

[illegible]

[illegible]

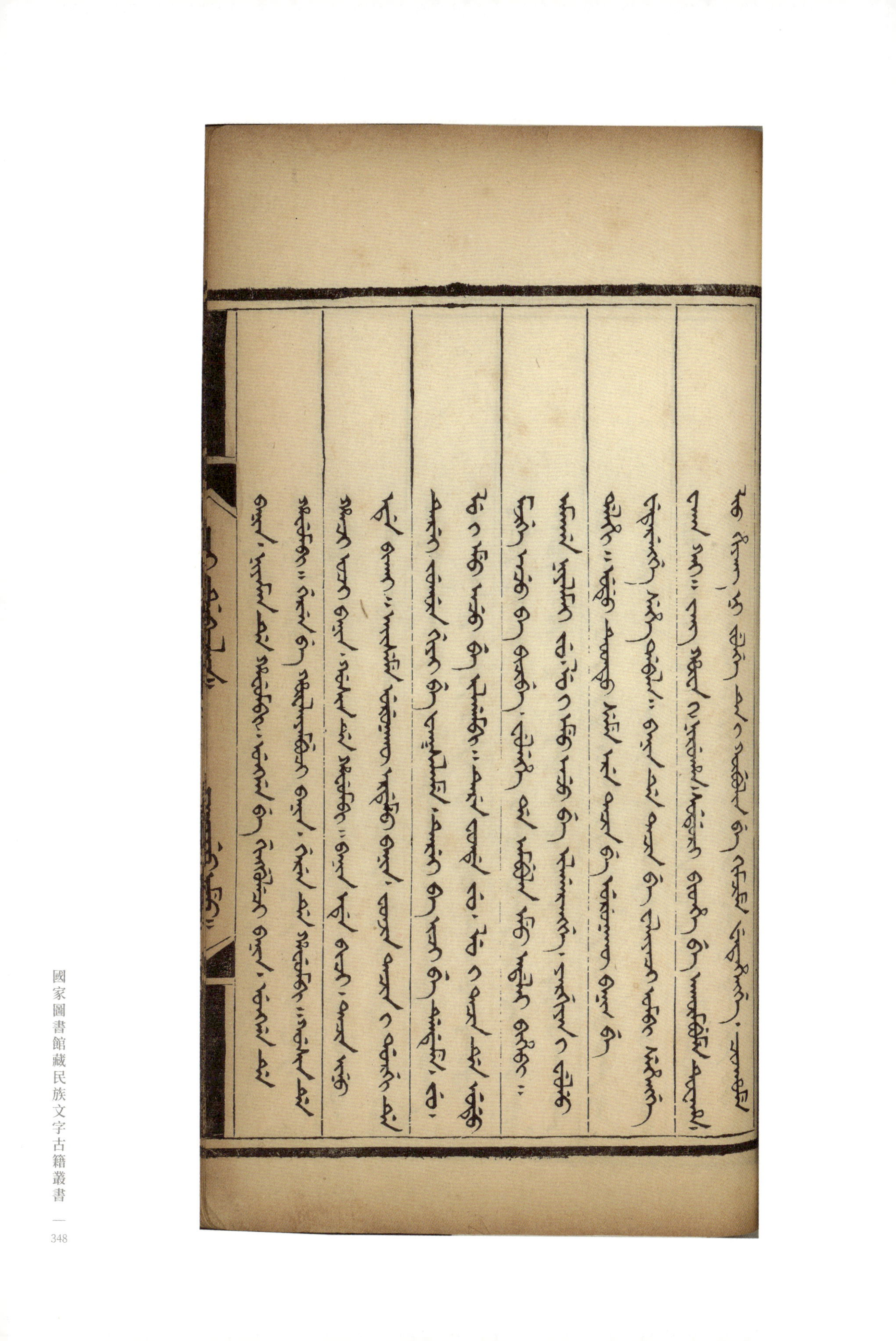

[illegible]

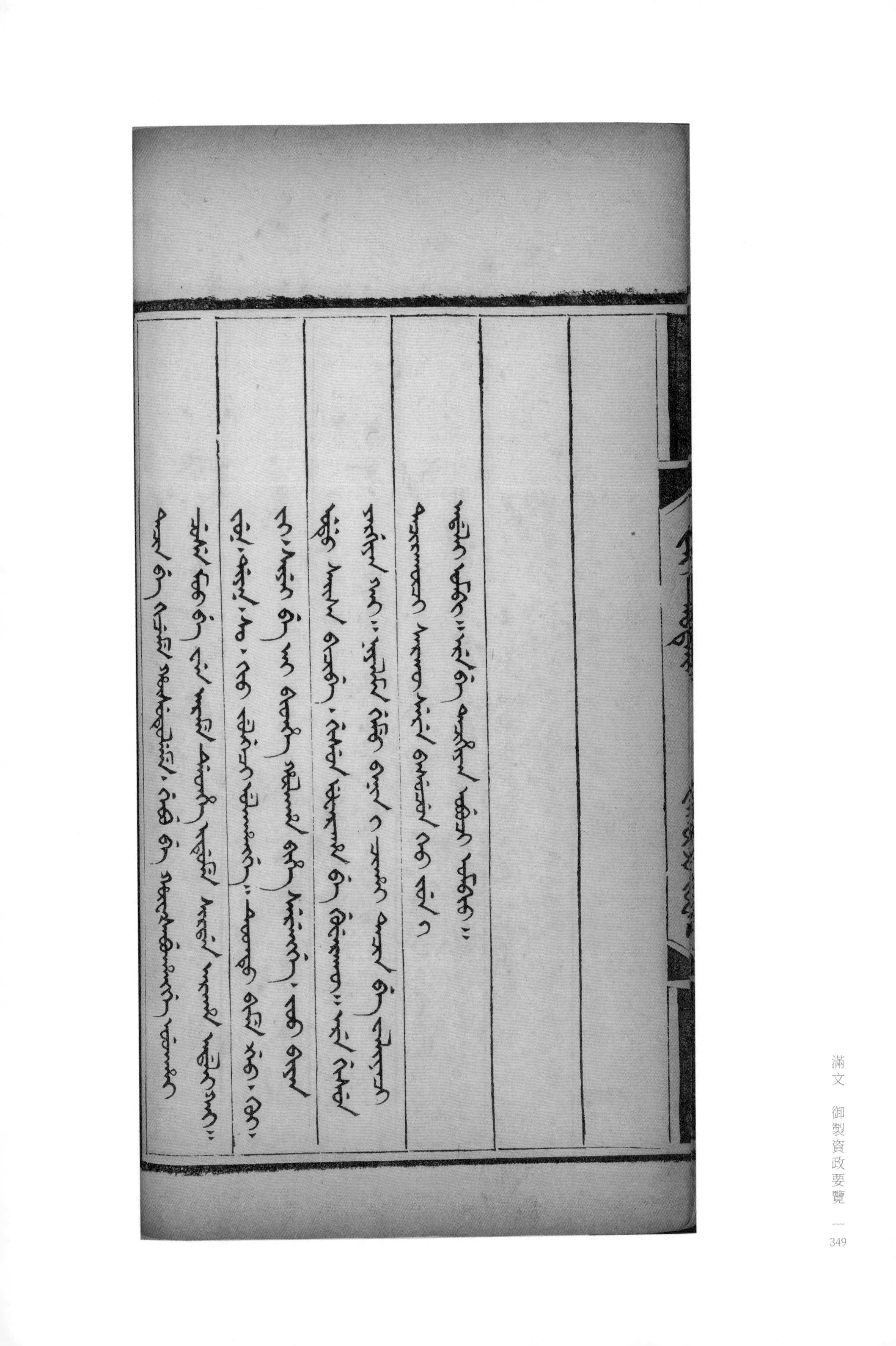

[illegible]

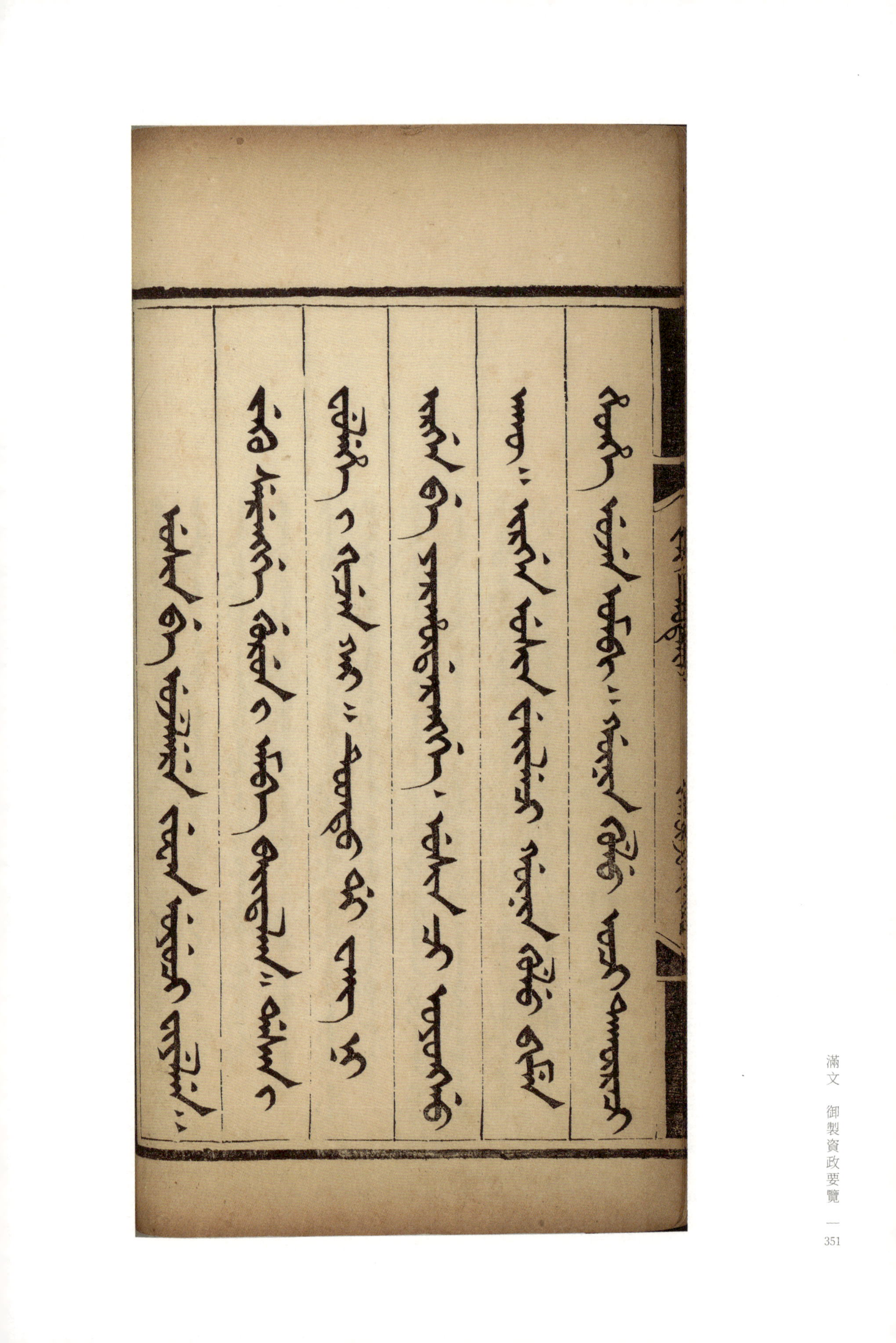

[illegible]

[illegible]

[illegible]

[illegible]

[illegible]

[illegible]

[illegible]

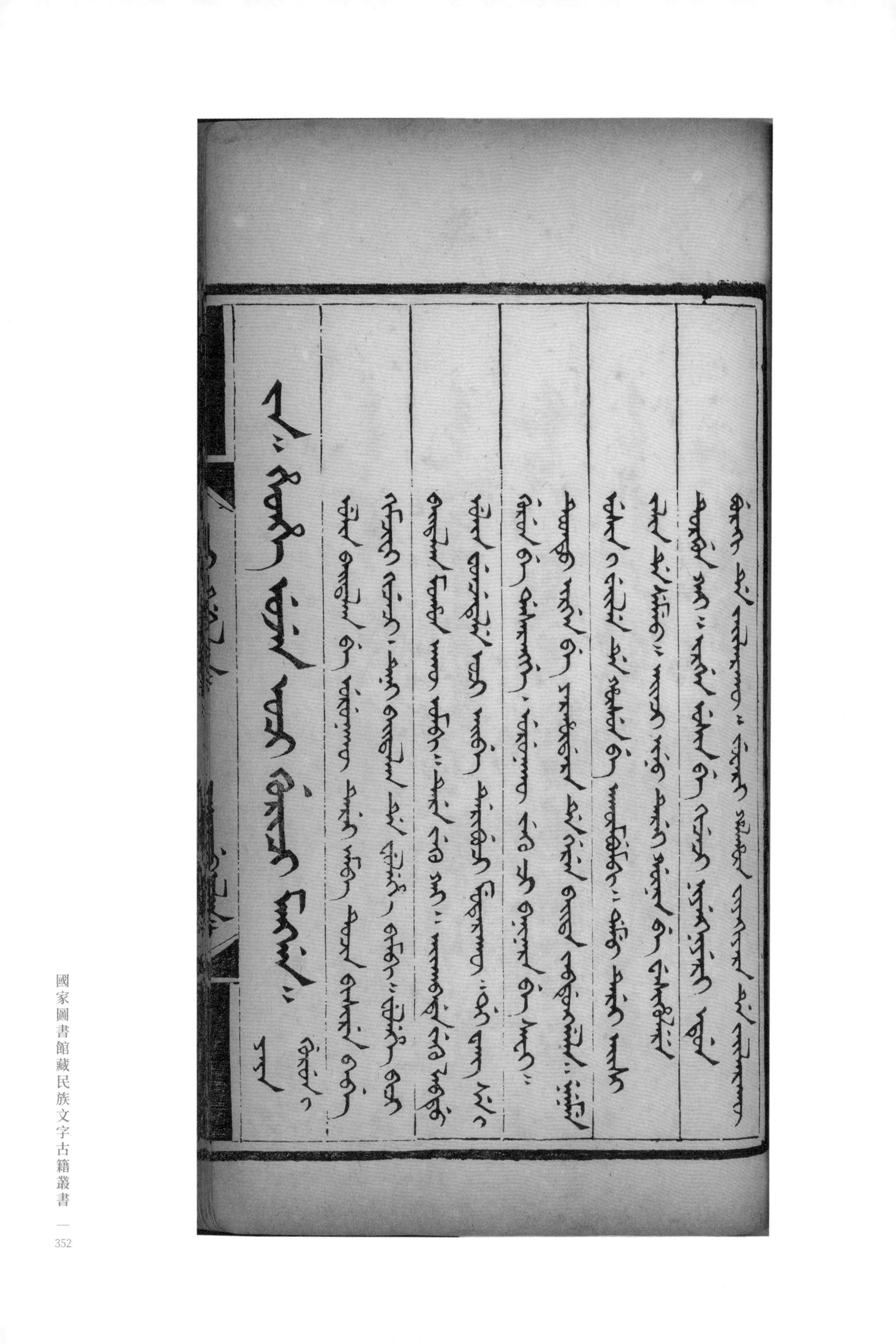

[illegible]

ᠪᠣᡥᠣᠨ ᡨᠠᡴᡡᡵᠠ ᠠᠨᡳ ᠪᡝ ᡨᠠᠰᠠᡵᠠᠮᠪᡳ :: ᡨᡠᠸᠠᠴᡳ ᠪᠣᡳᡴᠣᠨ ᡨᡠᠰᡳᠶᡝᠨ ᠪᡝ

ᡨᠠᠰᠠᡵᠠᠮᠪᡳ :: ᡨᡝᠨᡳ ᡤᡳᠰᡠᠨ ᠰᡠᡩᠠᠯᠠᠮᠪᡳ ᠰᠠᠶᡳᠨ :: ᡨᡠᠸᠠᠴᡳ ᡳᠨᡠ

ᠪᡝᡳᠯᡝᡥᡝ ᠪᡝ ᠠᡴᡡ :: ᠰᡠᠰᡠ ᠰᠠᠪᡠᡵᡝ ᠠᠨᡳ :: ᠠᠪᡴᠠ ᠪᡝ ᠰᠠᡵᡴᡡ :: ᡩᡝᡵᡳ ᡳ ᠪᡝ

ᠪᠣᠯᠣᠮᠪᡳ :: ᡨᡠᠸᠠᠴᡳ ᡩᡝ ᠰᡠᡩᠠᠯᠠᠮᠪᡳ :: ᠰᠠᡴᡩᠠᠮᠪᡳ ᡩᡝ ᡨᠠᡴᠠᠮᠪᡳ :: ᡳᠨᡠ ᡨᡠᠸᠠᠨᠴᡳ

ᡨᡠᠴᡳᠮᠪᡳ ᠠᡨᠠᠩᡤᡳ ᡳᠨᡠ :: ᠪᠣᠯᠣᡵᡳ ᠪᡝ ᡤᡳᠰᡠᠨ ᠪᡝ ᠰᠠᠪᡠᡵᡝ ᠠᡴᡡ :: ᡨᠠᡴᠠ ᡳ ᡨᡠᠸᠠᠮᠪᡳ

ᡳᠴᡳᡥᡳᠶᠠᠮᠪᡳ ᠠᡴᡡ :: ᡤᡝᠮᡠ ᡨᡠᠸᠠᠮᠪᡳ ᠠᠨᡳ :: ᠰᡠᠨᠵᠠ ᡳᠨᡠ ᠪᡳ ᠰᠠᡴᡩᠠ ᡳᠨᡠ

ᡨᡠᠸᠠᠮᠪᡳ ᠪᡝᠶᡝᠨ ᠰᠠᠶᡳᠨ ᡳᠨᡠ ᡤᡳᠰᡠᠨ ᡨᡠᠸᠠᠪᡳ :: ᠰᠠᡳᠰᡠᠮᠪᡳ

ᠪᠠᡳᡨᠠᠯᠠᡵᠠ ᡳ :: ᡤᡳᠰᡠᠨ ᡳᠨᡠ ᠰᡝᠮᡝ ᡨᡝᡳᠯᡝᠮᠪᡳ ᠰᡠᡩᠠᠯᠠᠮᠪᡳ ᡨᡠᠸᠠᠮᠪᡳ ᡳᠨᡠ ᠰᡝᠮᡝ

ᡳᠨᡠ ᠰᡠᡩᠠᠯᠠᠮᠪᡝ ᠰᡠᡩᠠᠯᠠᠮᠪᡳᡴᡝ ᡨᡠᠸᠠᠮᠪᡳᡴᡝ ᠰᡠᠰᡠ ᡤᡝᠮᡠ ᠪᡝ ᠪᡳᡥᡝᠯᡝᠮᠪᡳ ᠰᡝᠮᡝ

ᡨᡝᠨᡳ ᡤᡳᠰᡠᠨ ᠠᡴᡡ :: ᡨᠣᠮᠣᠪᡳ ᠪᡳᡨᡥᡝ ᠰᡝᠮᡝ :: ᠰᠠᠮᠪᡳ ᡳᠨᡠ ᡨᠣᠮᠣᡥᠣᠨ

ᠪᡳᠶᠠ ᠪᡝ :: ᡨᡠᠸᠠᠴᡳᡥᡳᠶᠠᠨ

ᡳᠰᡳᠨᠵᡳ ᠪᡝ ᠠᡴᡡ ::

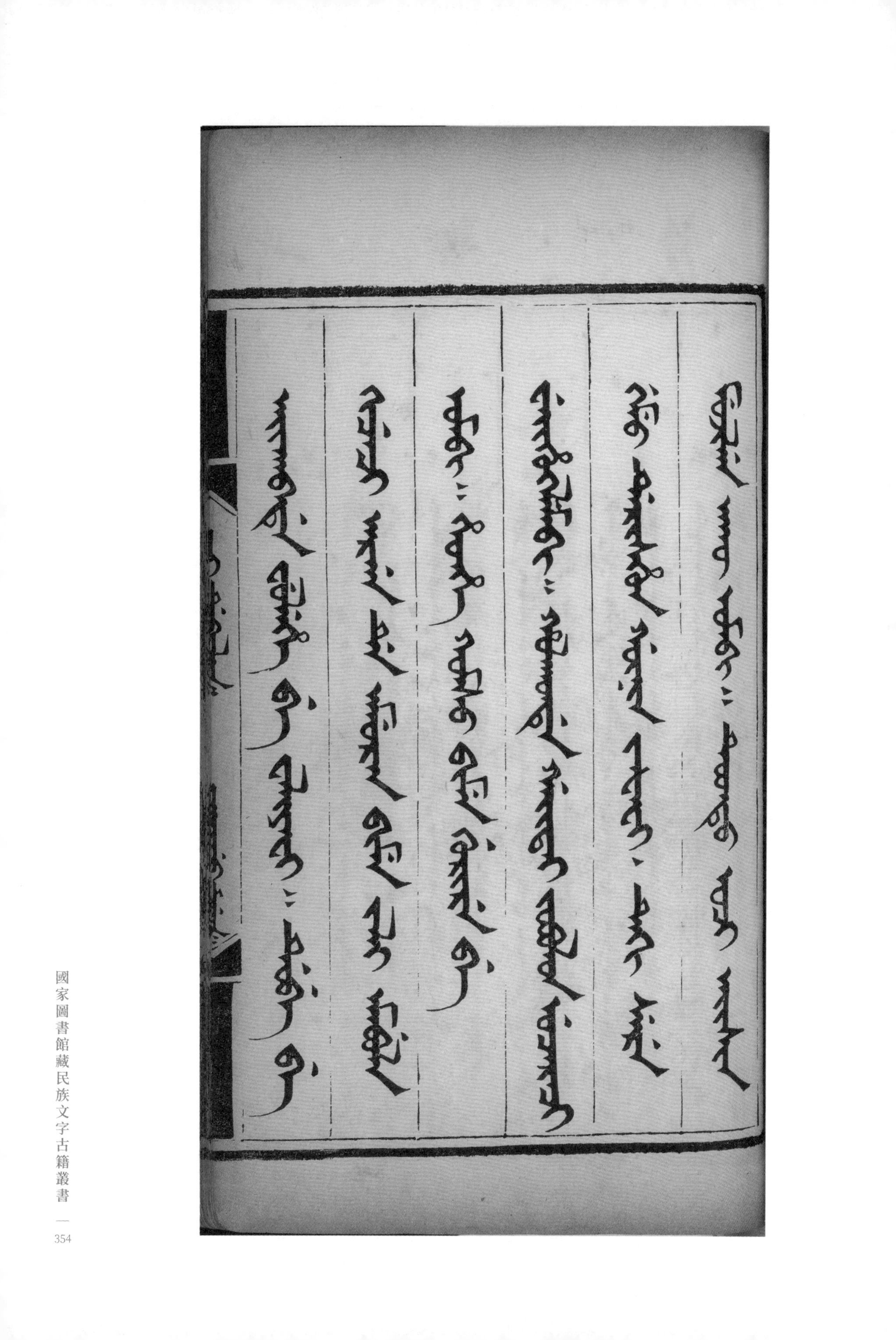

[illegible]

[illegible]

[illegible]

[illegible]

[illegible]

[illegible]

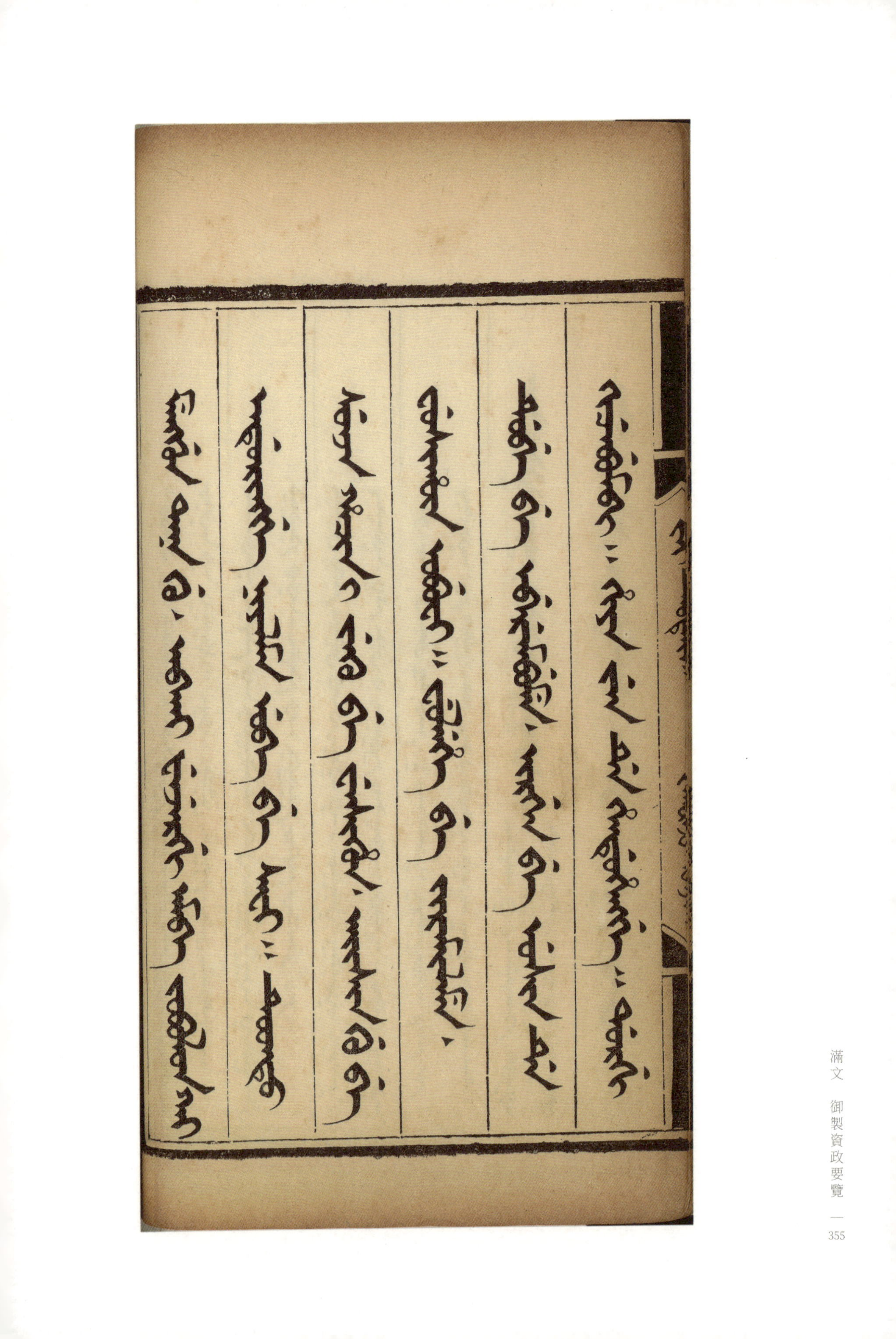

[illegible]

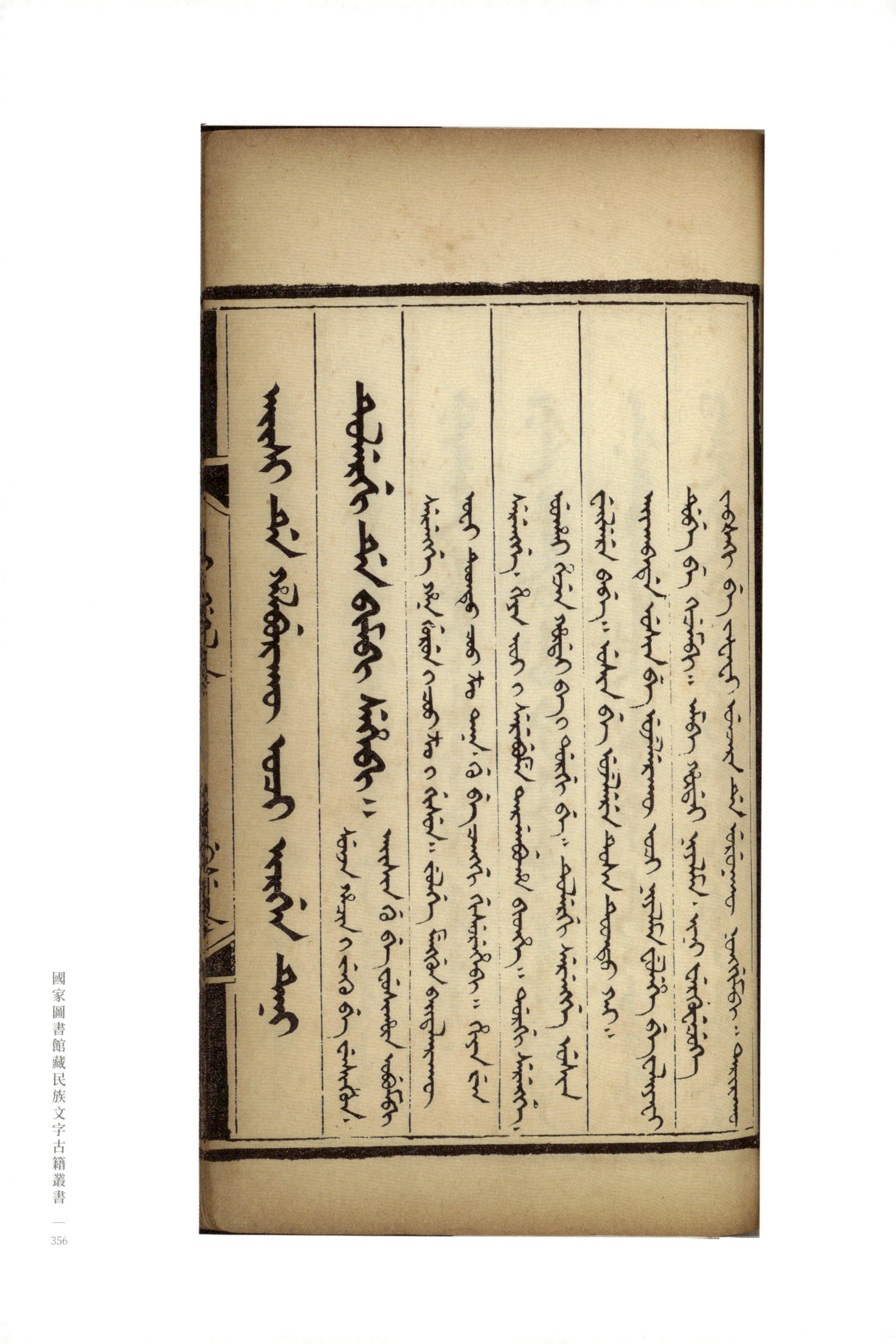

[illegible]

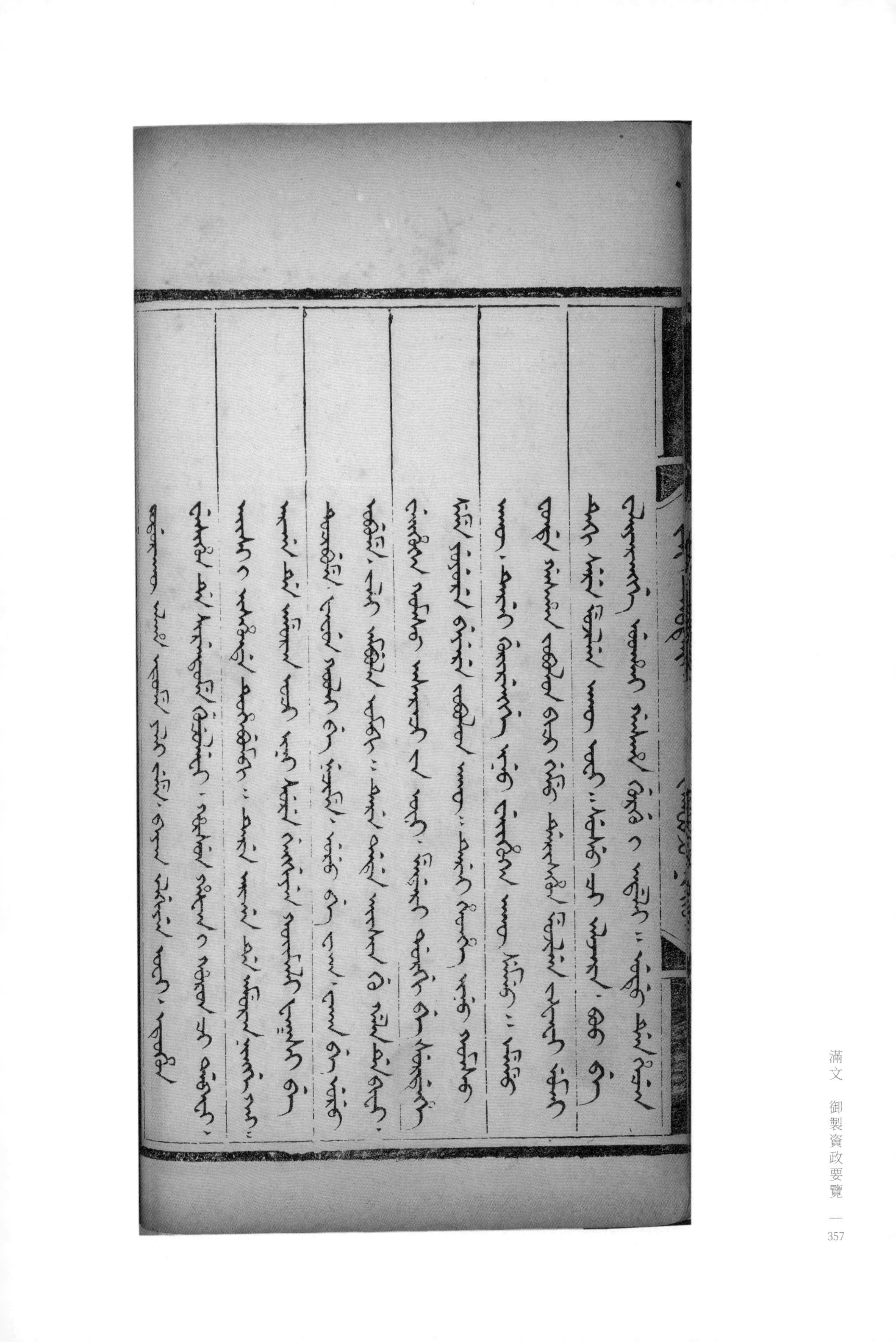

[illegible]

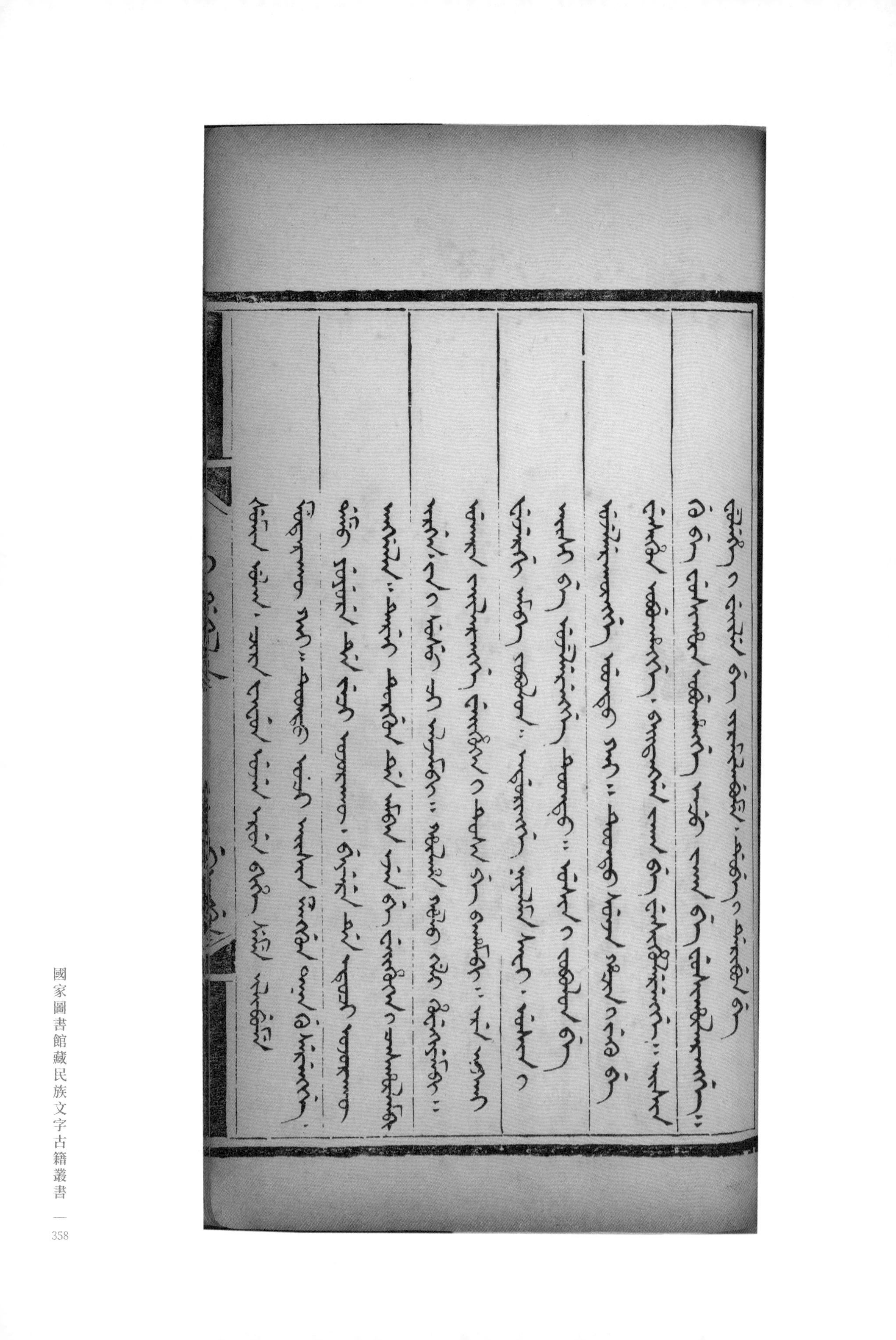

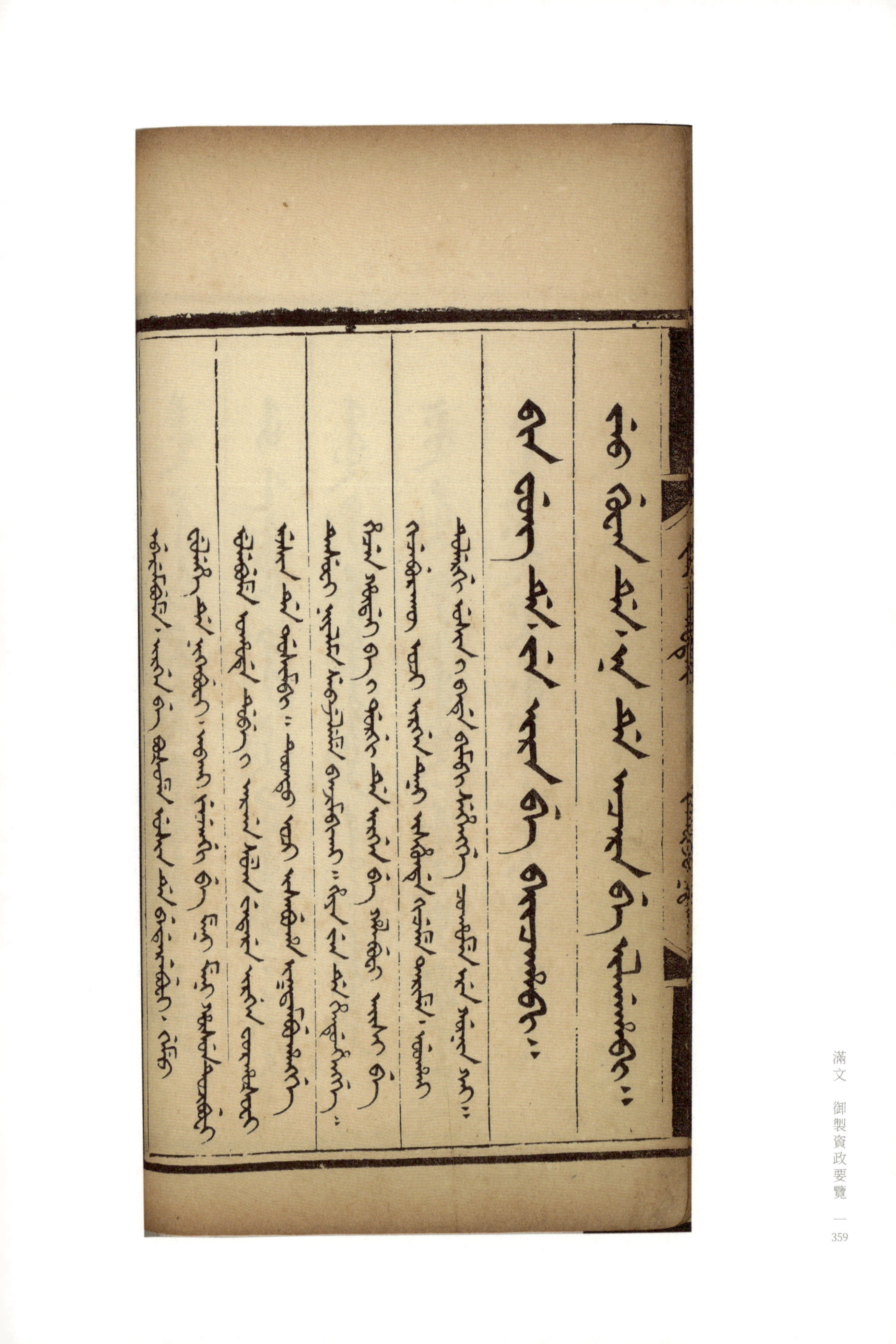

[illegible]

ᠵᠠᠯᡳᠨ ᠵᠠᠯᡳᠨ ᡳ ᠠᠮᠪᠠ ᡥᡝᠮᡝᠨ ᠪᡝ ᡳᠮᡝ ᠪᠣᠣᡩᡝ᠈
ᠪᠣᠯᡤᠣᠮᡝ ᠪᡝ ᡨᡝᡵᡝ ᡤᡝᠮᡠ᠈ ᡳᠮᡝᠩᡤᡝ ᠪᡝ ᡝᡵᡝᠰᡠᡴᠠ
ᡠᠵᡝ ᡠᠵᡠ ᠪᡝ ᠪᠣᠣᡩᡝ᠈ ᡨᠣᡴᡨᠣᠪᡠ ᠪᡝ ᡤᡳᠩᡤᡠᠵᡝᠮᡝ
ᡝᠵᡝᡥᡝ ᠪᡝ ᡥᡡᠸᠠᡩᡳᠩᡤᠠ ᡨᡠᠮᡝᠨ᠉ ᡤᡳᠰᡠᡵᡝᠨ
ᠪᠣᠣ ᠴᡳᠮᠪᡠᡥᡝ ᠰᡝᡵᡝ ᡤᡝᠨᡝ ᠰᡝᠮᠪᡠᠪᡠᡥᡝ᠉ ᡤᡳᠰᡠᡵᡝᠨ
ᡠᡵᡤᡠᠨ ᠠᠮᠪᠠᠯᡳᠩᡤᡡ ᡤᡝᠩᡤᡳᠶᡝᠨ ᠪᡝᠯᡳᠨᠪᡝ᠉ ᡥᡝᠨᡩᡠ

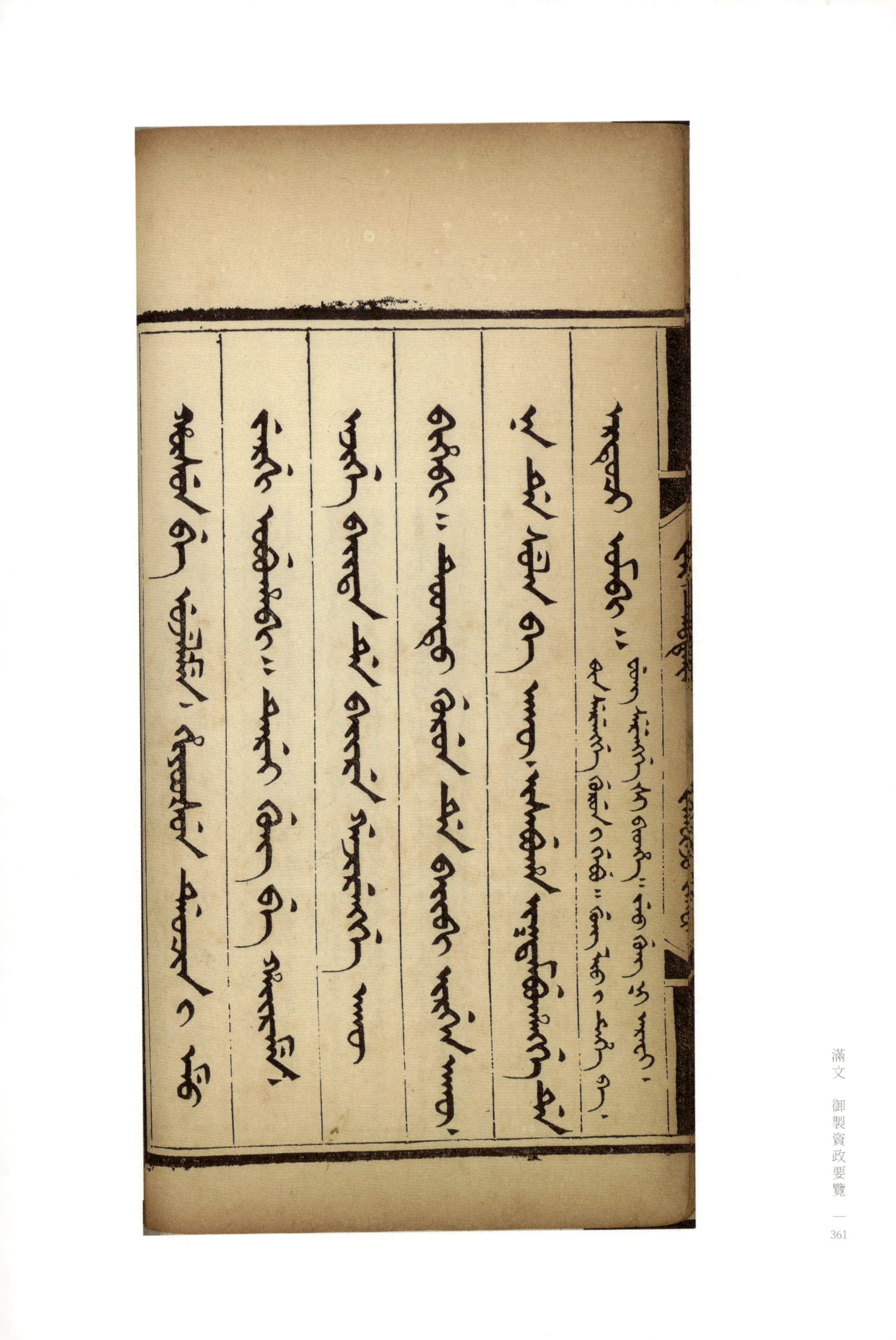

[illegible]

[illegible]

[illegible]

[illegible]

[illegible]

[illegible]

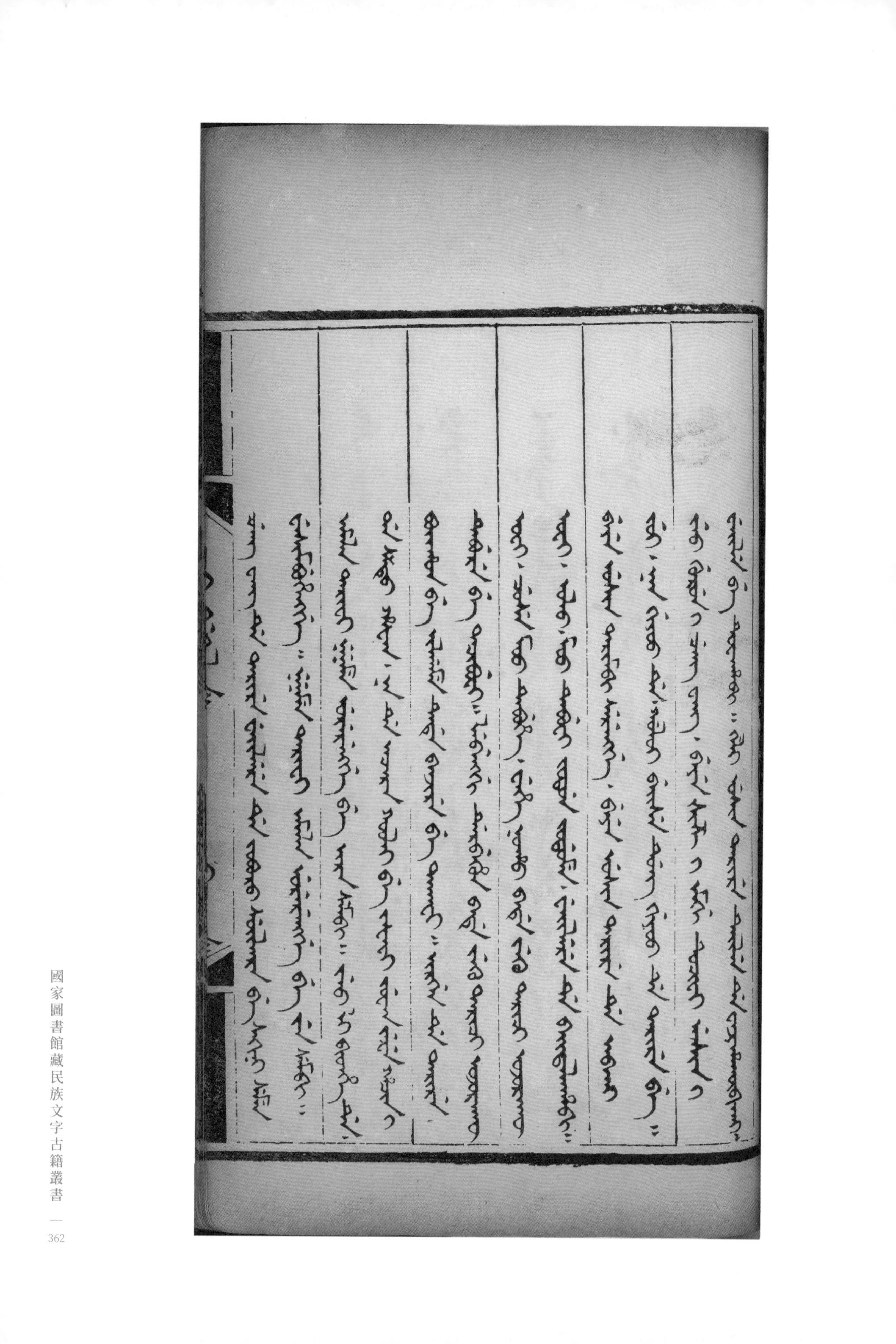

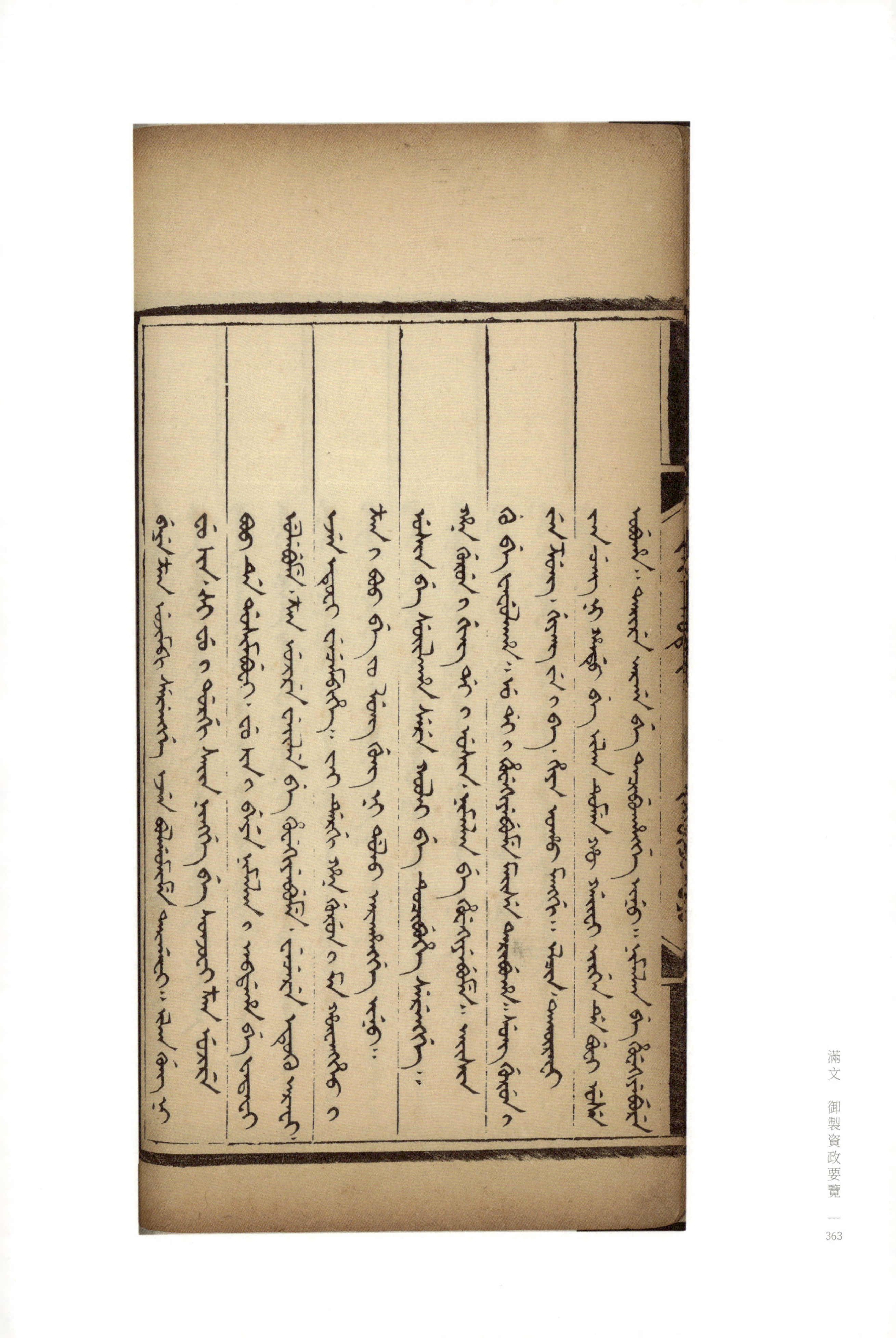

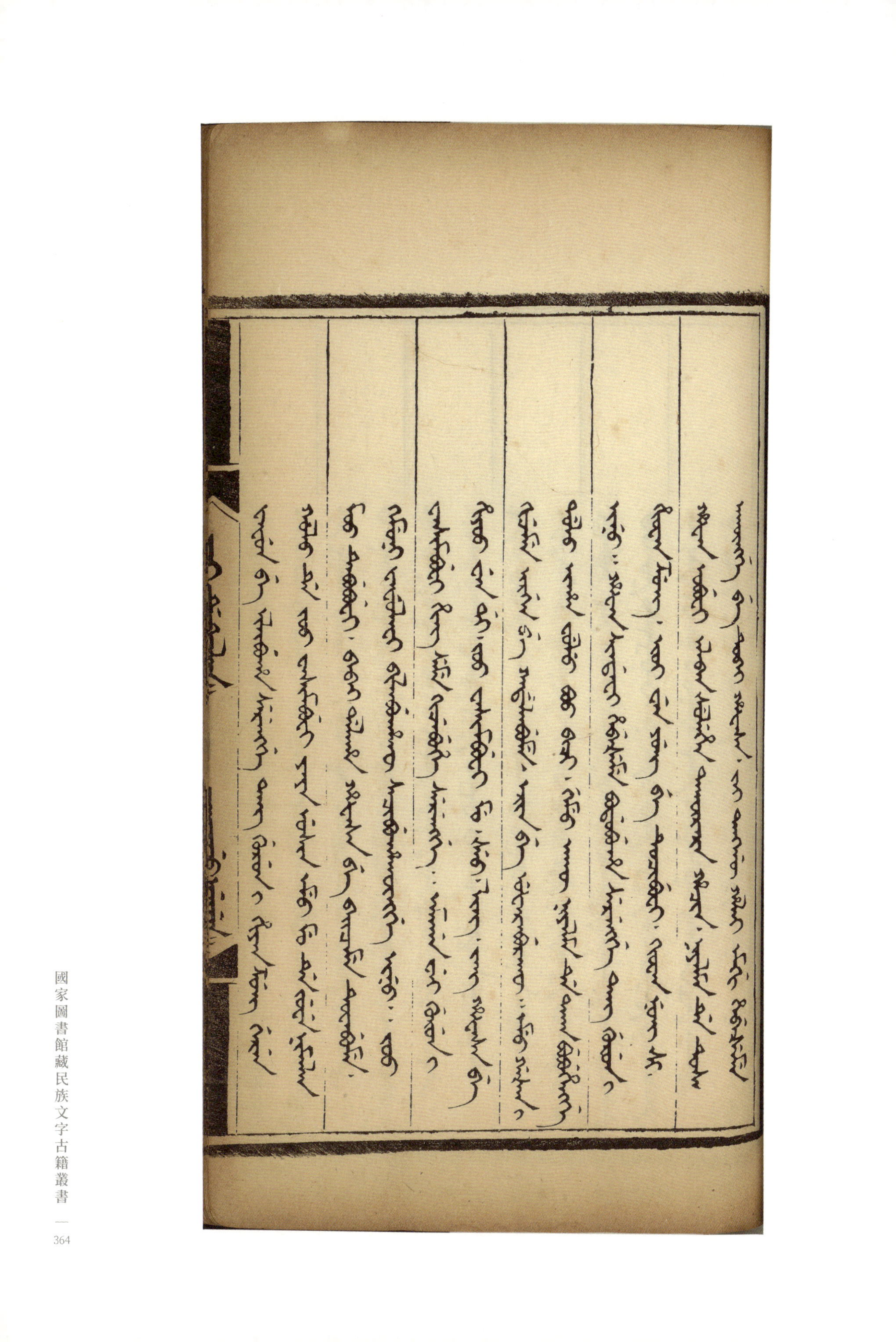

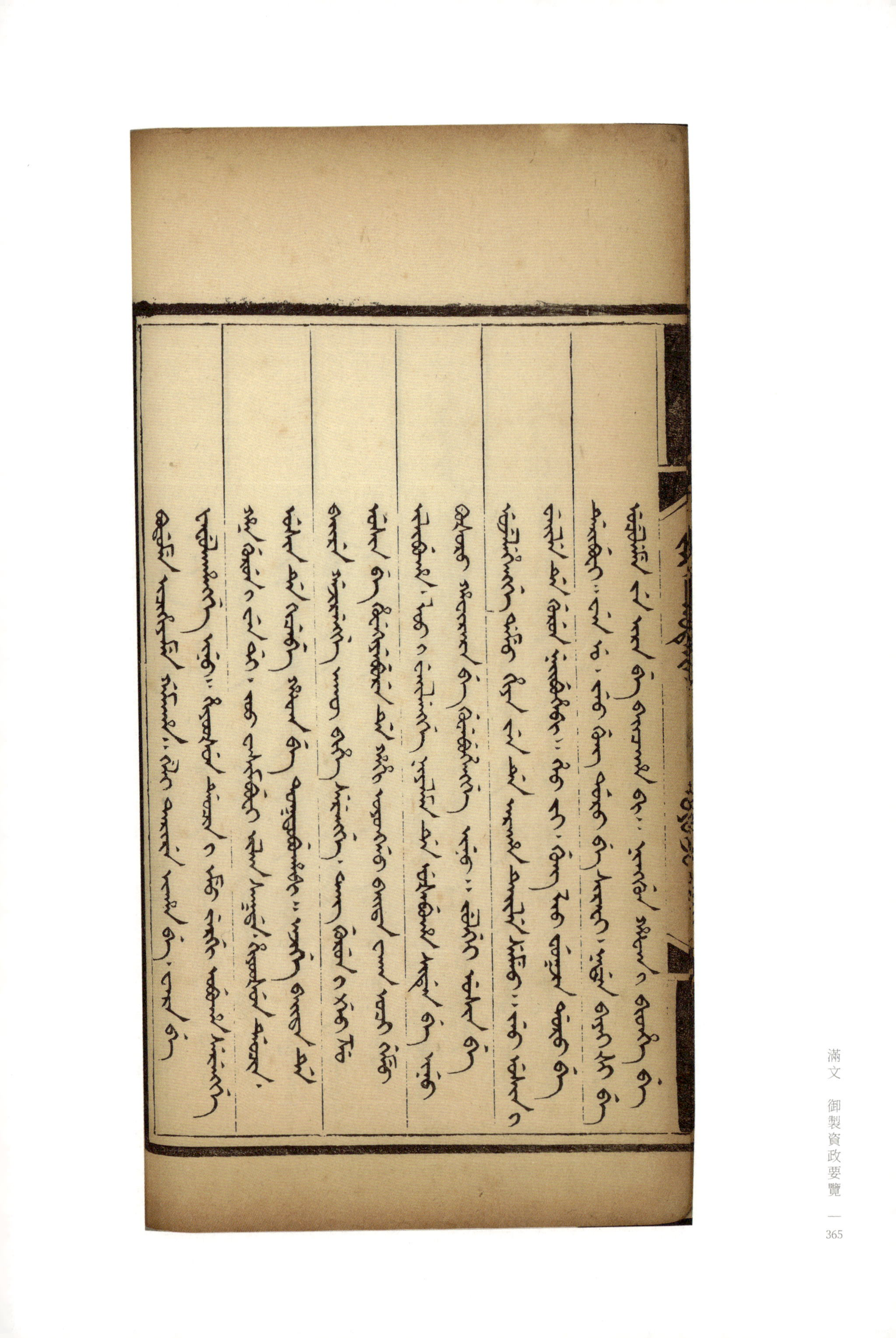

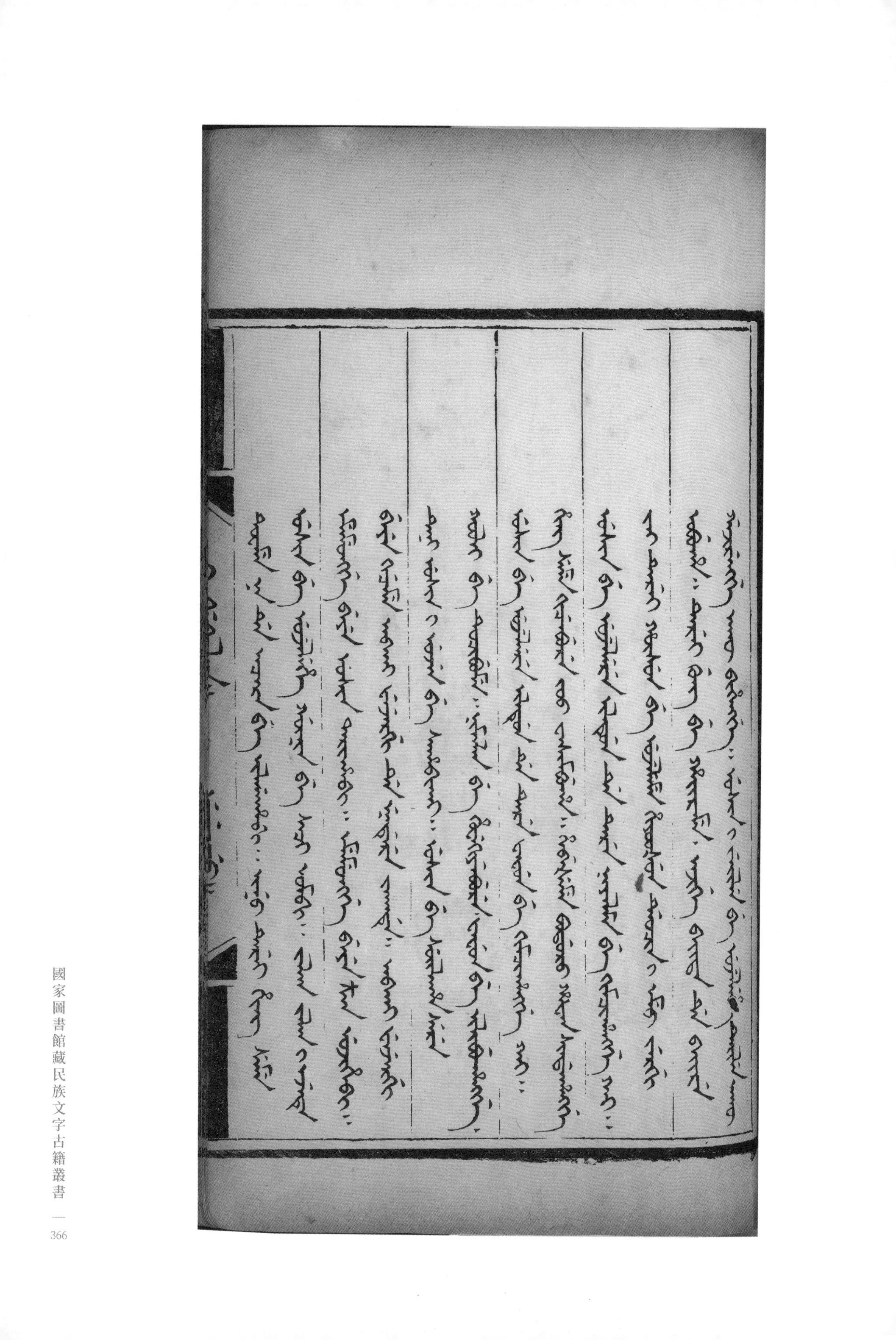

[illegible]

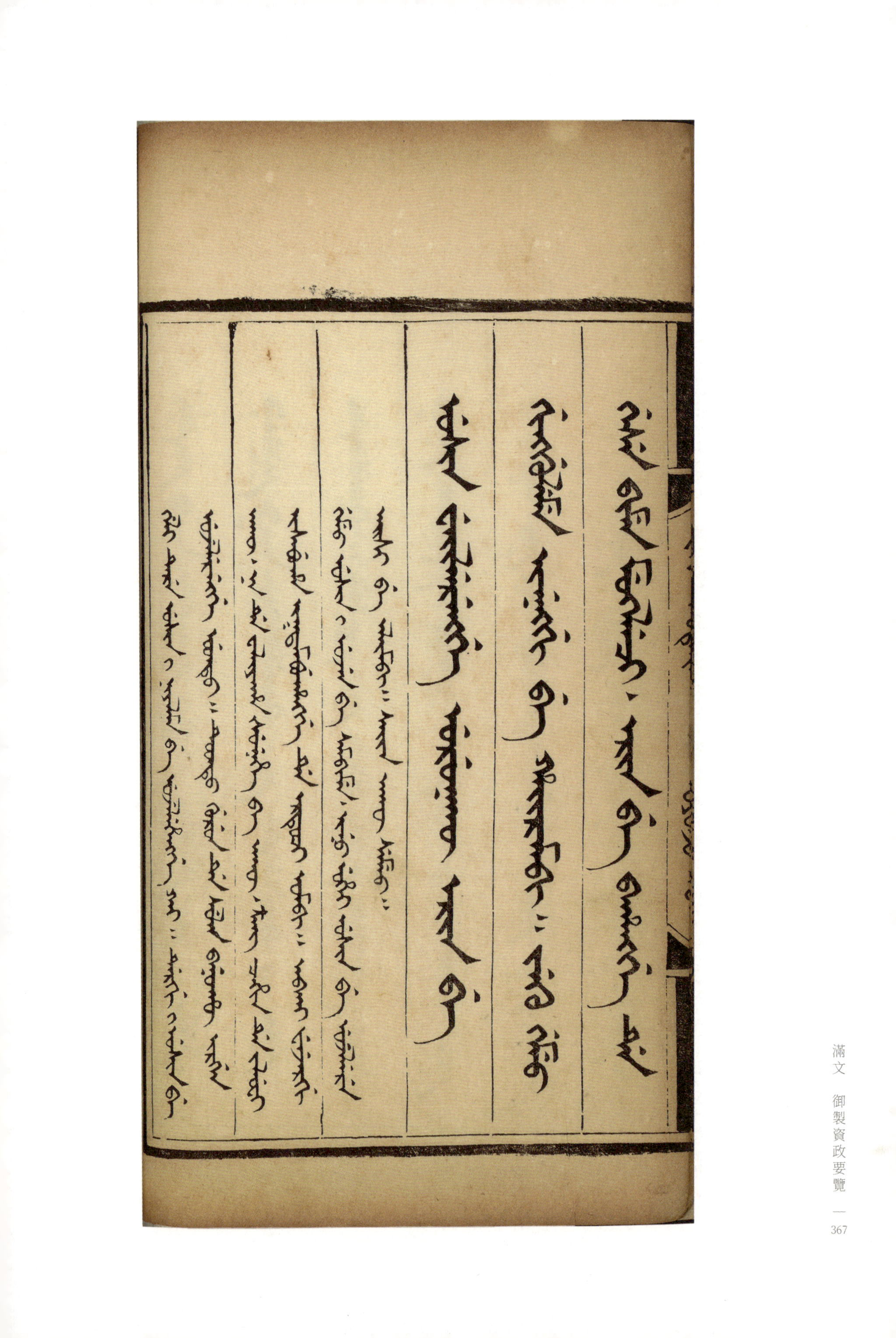

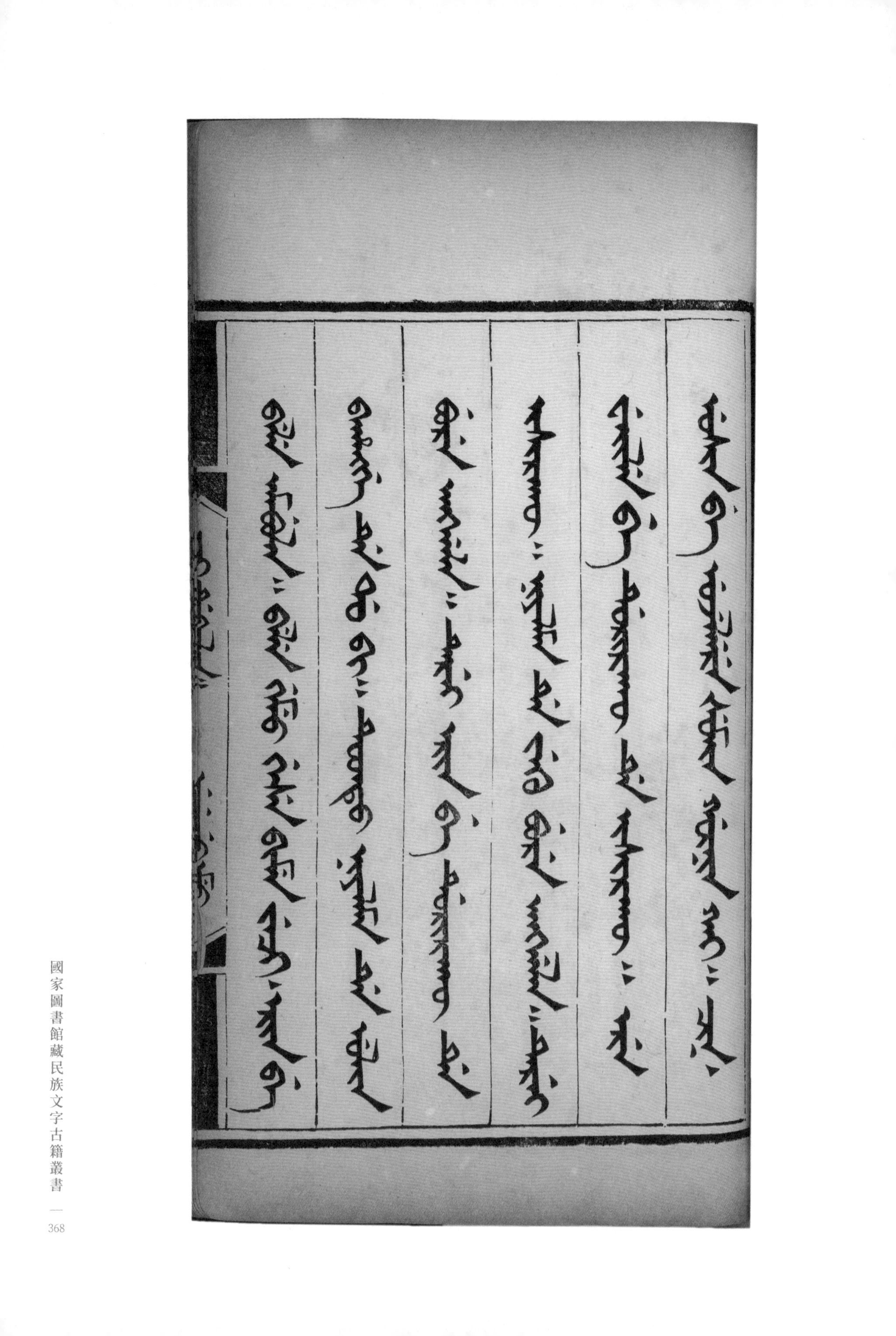

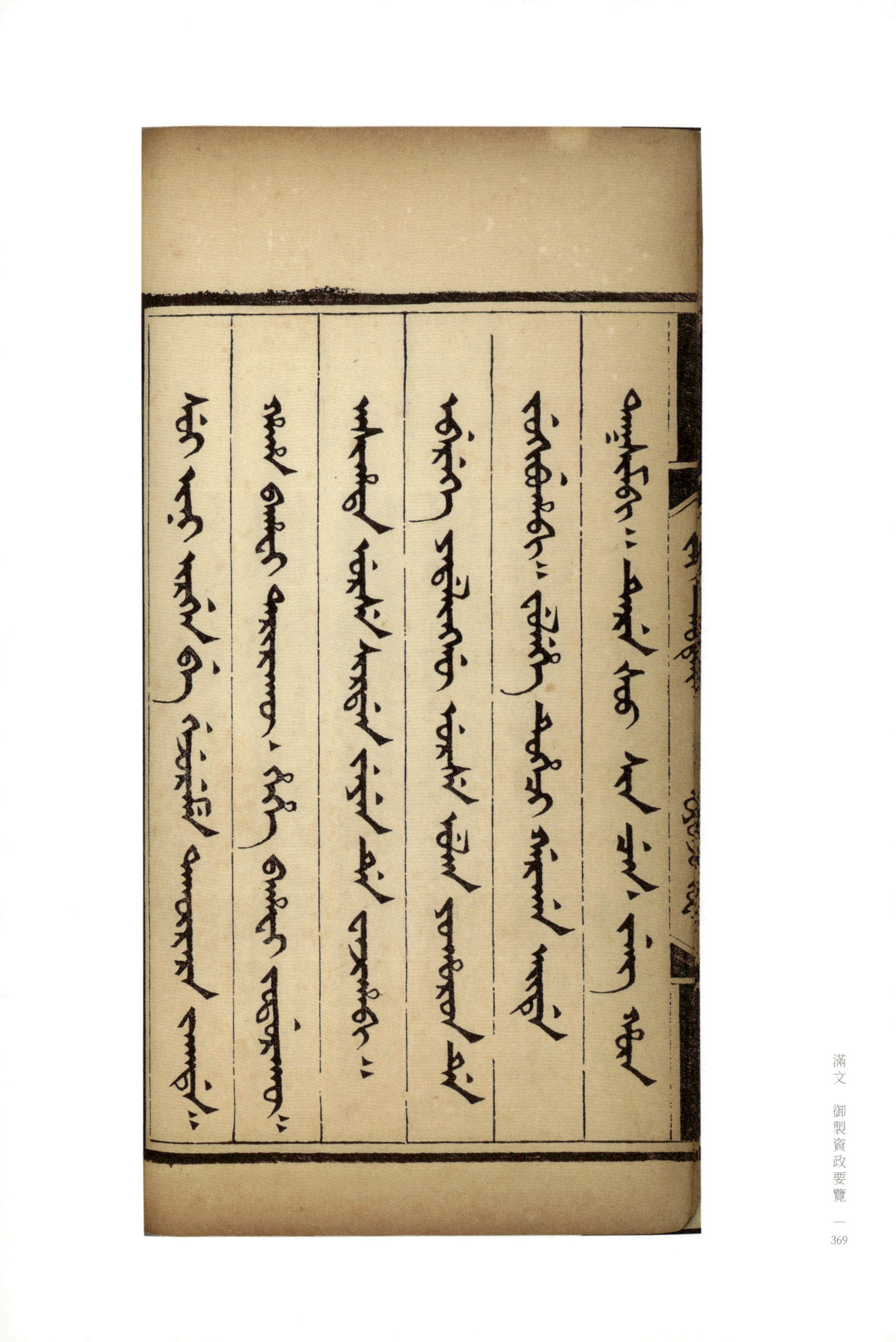

[illegible]

[illegible]

[illegible]

[illegible]

[illegible]

[illegible]

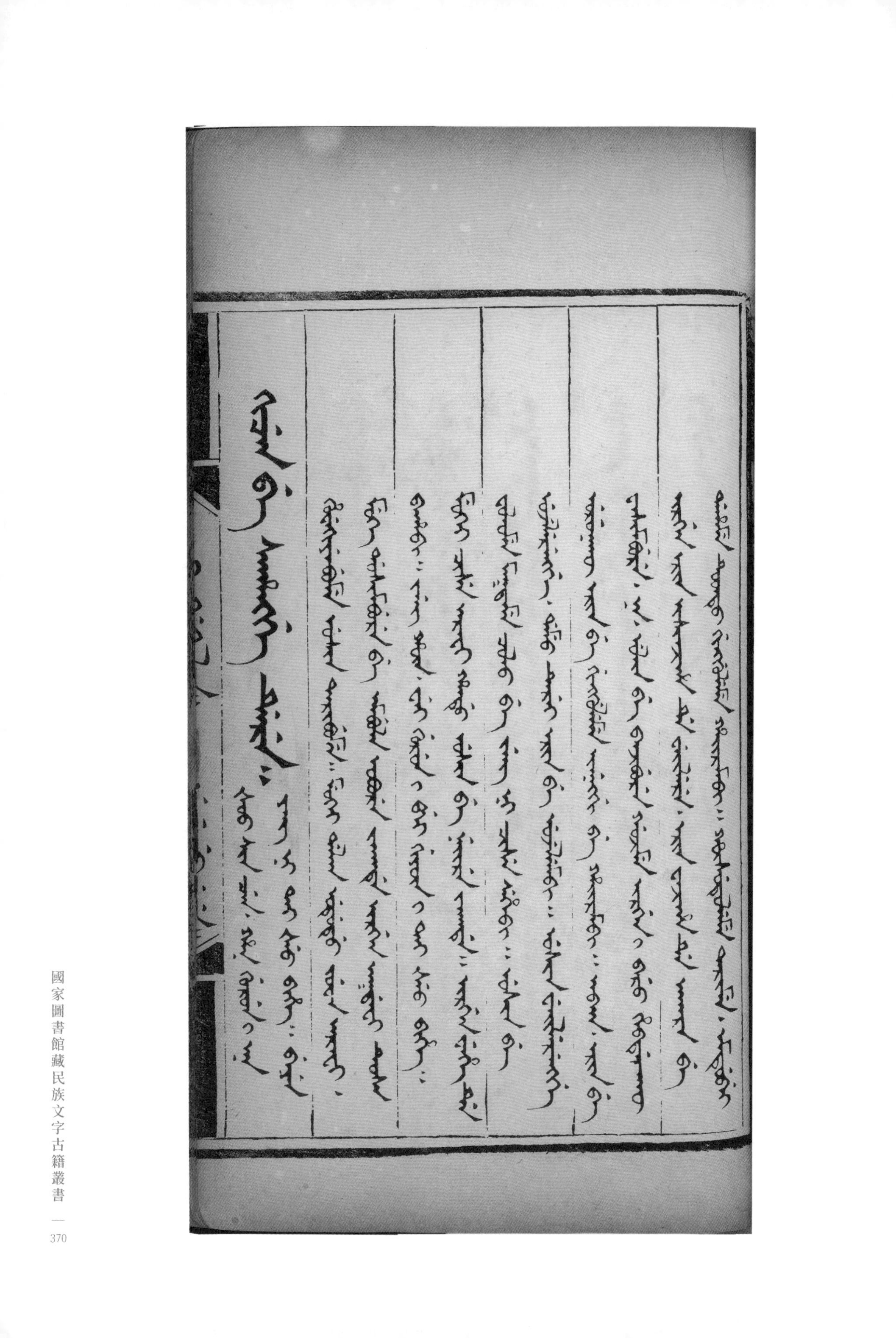

[illegible]

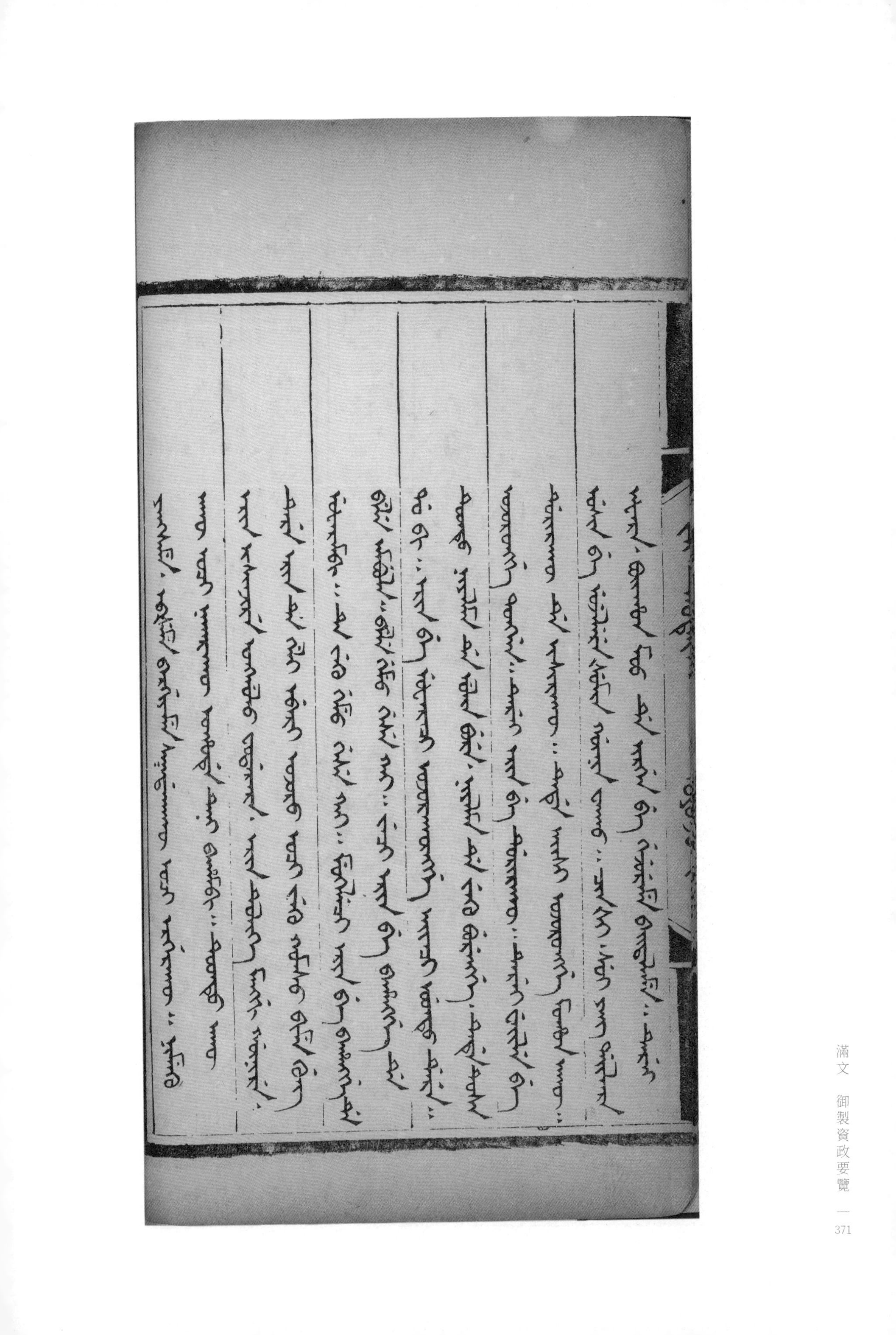

[illegible]

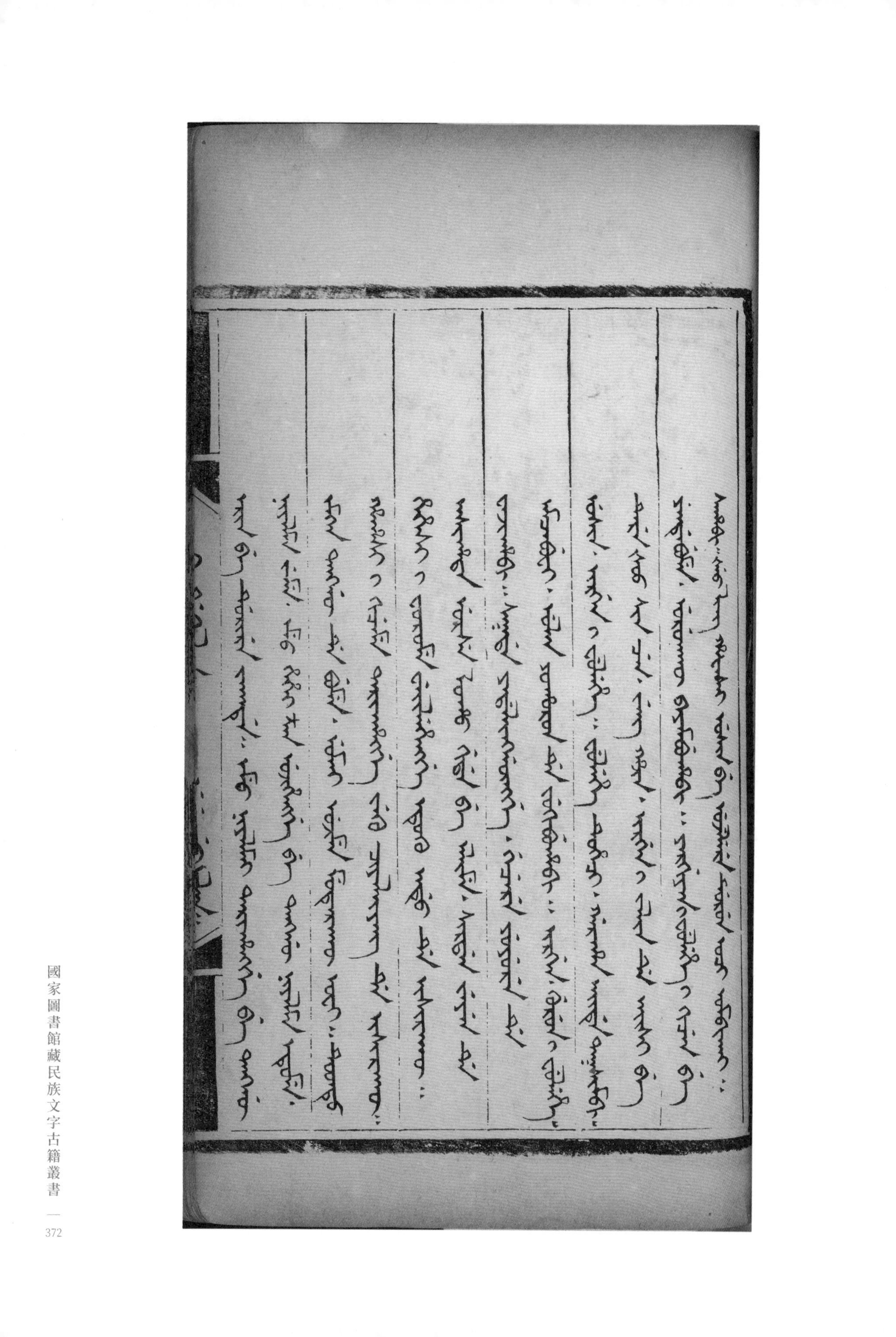

ᡤᡠᡵᡠᠨ ᠪᡝ ᡩᠠᠰᠠᠮᡝ ᡨᠣᠪᠣᡥᠣᠨ ᡩᠣᡵᠣᠨ ::

ᠮᡠᠵᡳᠨ ᡤᡡᠨᡳᠨ ᡩᠠᠰᠠᡵᠠ ᡨᠣᡴᡨᠣᠨ ᠰᡝᠮᡝ ᡨᠣᠪᠣᡥᠣᠨ

ᠮᡠᠵᡳᠯᡝᠨ ᠪᡝ ᠪᠣᠯᡤᠣᠮᠪᡳ :: ᠰᠠᡳᠰᠠᠩᡤᠠ ᡨᡠᡵᡤᡠᠨ ᠰᡳᡵᡝ ᠪᡝ

ᠪᠣᠯᡤᠣᠮᠪᡳ :: ᠪᠣᠣ ᡨᡠᠮᡝᠨ ᡳ ᠪᡠᡩᡝ ᠵᡳᡩᡝᠨ ᠪᡳ ::

ᠪᠣᡩᠣᡤᠣᠨ ᠰᡳᠰᡝ ᠪᡝᠶᡝᡩᡝᡥᡝᠩᡤᡝ ᠪᡝ ᡨᡠᠸᠠᠨ

ᠪᠣᡩᠣᡤᠣᠨ ᠪᡝ ᡨᠣᡴᡨᠣᠪᡠᡥᠠᡴᡡ :: ᠰᠠᡳᠨ ᡤᡳᠰᡠᠨ ᠪᡝ

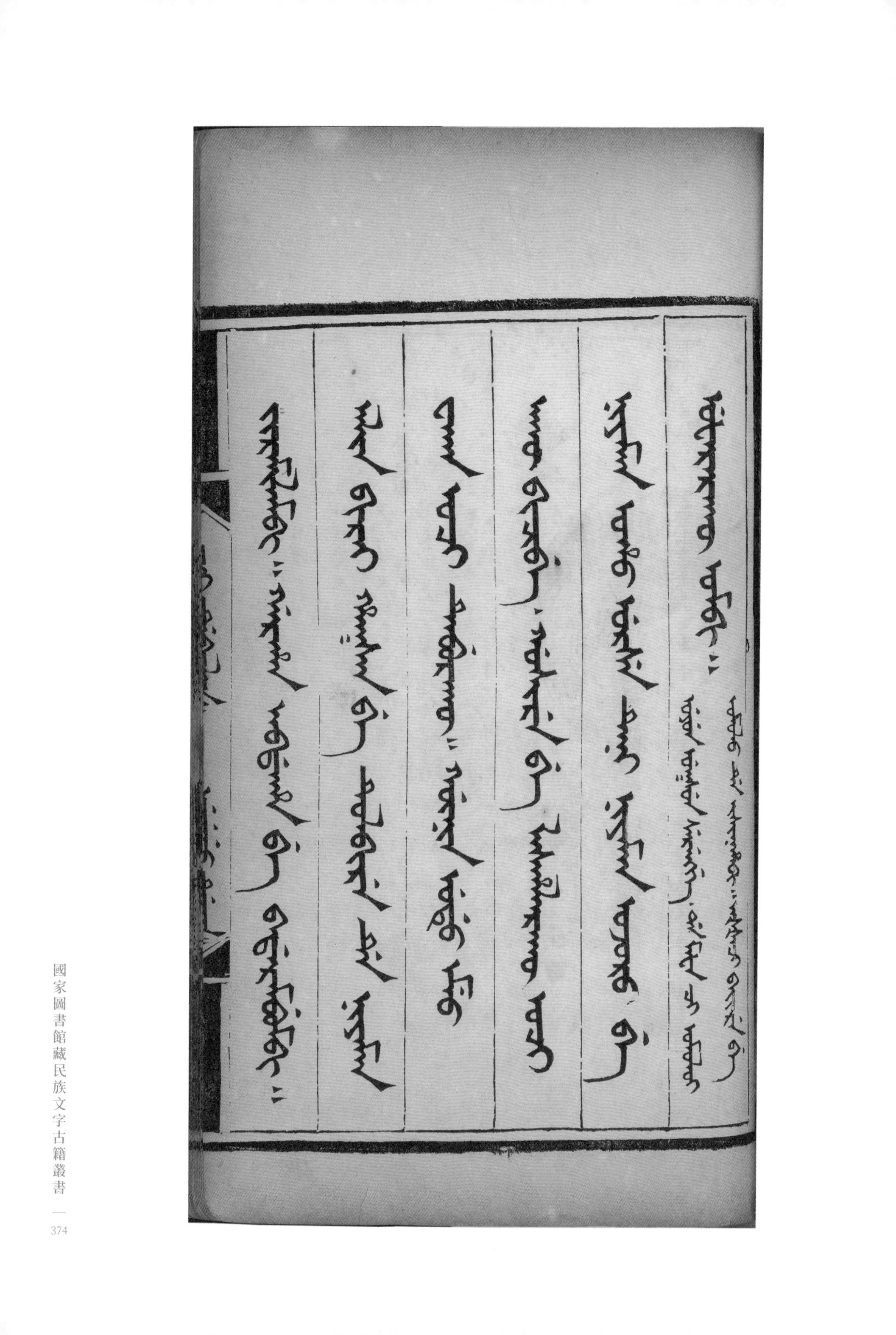

[illegible]

[illegible]

[illegible]

[illegible]

[illegible]

[illegible]

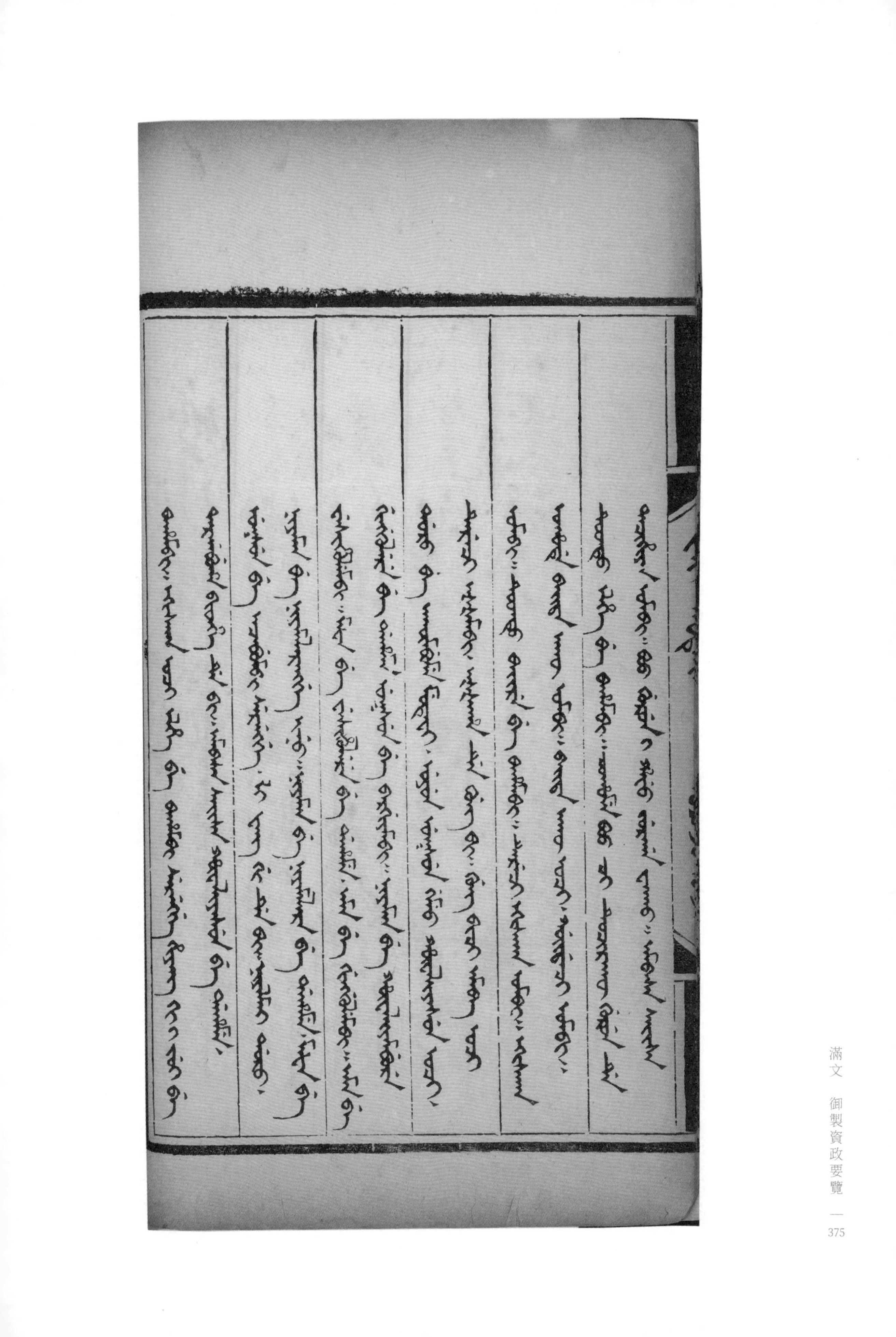

[illegible]

ᠨᡳᠶᠠᠯᠮᠠ ᠪᡝ ᡨᡠᠸᠠᡴᡳᠶᠠᠪᡠᡥᠠ ᡩᠣᡵᠣ ᠪᡝ ᡨᡠᠸᠠᠴᡳ ᠪᡳᡵᡝ ᡤᡝᠮᡠ ᠪᡝ ᡨᡠᠸᠠᡴᡳᠶᠠᠪᡠᡥᠠ ::

ᡝᠨᡝᠩᡤᡳ ᡝᡩᡝᡵᡳ ᡨᡠᠸᠠᠴᡳ ᠪᡝ ᡴᠠᡩᠠᠯᠠᡵᠠᡴᡡ ᠪᡝ ᠠᡵᠠᠮᡝ ᡨᡠᠸᠠᡵᠠ ᠪᡝ᠈ ᡨᡠᠸᠠᠴᡳ

ᡥᠣᠨᠣ ᡥᠠᡵᡤᠠᡧᠠᡵᠠ ᠠᡴᡡ ᠠᡴᡡ :: ᠪᡝᡳᠯᡝᡥᡝ ᡥᠠᡵᡤᠠᡧᠠᡵᠠ ᠠᡴᡡ ᡳᠴᡳ ᡩᠣᡵᠣ ᠪᡝ

ᠠᠮᠪᠠᠯᡳᠩᡤᡡ ᡨᡠᠸᠠᡥᠠ ᡠᡥᡝ ᡨᡠᠸᠠᡵᠠ ᡳᠴᡳ ᠪᡝ ᡨᡠᠸᠠᠴᡳ ᡨᡠᠸᠠᡵᠠ ᡝᠨᡨᡝᡥᡝᠮᡝ

ᠨᡳᠶᠠᠯᠮᠠ ᠪᡝ ᡨᡠᠸᠠᡴᡳᠶᠠᡵᠠ :: ᠠᠮᠪᠠᠯᡳᠩᡤᡡ ᠮᡝᠨᡳ ᠪᡝ ᡨᡠᠸᠠᡥᠠ ᡨᡠᠸᠠᠴᡳ ᠪᡝ ᡨᡠᠸᠠᠴᡳ

ᠪᠣᡳᡥᠣᠨ ᠨᡳᠶᠠᠯᠮᠠ ᠪᡝ ᡨᡠᠸᠠᡴᡳᠶᠠᡵᠠ :: ᡥᡡᠸᠠᠯᡳᠶᠠᠰᡠᠨ ᡳᠴᡳ ᠪᡳᡵᡝ ᡨᡠᠸᠠᠴᡳ

ᠠᠮᠪᠠᠯᡳᠩᡤᡡ ᠪᡝ ᡥᠣᡩᠣᠩᡤᡳ ᡤᡳᠰᡠᠨ ᠪᡝ ᡨᡠᠸᠠᡴᡳᠶᠠᡵᠠᡴᡡ :: ᡨᡠᠸᠠᡵᠠ ᡨᡠᠸᠠᠴᡳ ᡨᡠᠸᠠᡵᠠ

ᠪᠣᠣᡨᠠᡳ ᡳᠴᡳ ᠨᡳᠶᠠᠯᠮᠠ ᡨᡠᠸᠠᡵᠠ ᡠᡥᡝ ᡨᡠᠸᠠᡴᡳᠶᠠᡵᠠ :: ᡠᡥᡝ ᠪᠣᡳᡥᠣᠨ ᡨᡠᠸᠠᡵᠠ ᡥᠣᠨᠣ

ᠠᠮᠪᠠᠯᡳᠩᡤᡡ ᠪᡳᡵᡝ ᡤᡳᠰᡠᠨ ᡤᡳᠰᡠᠨ ᠠᠮᠪᠠᠯᡳᠩᡤᡡ ᠪᡝ ᡨᡠᠸᠠᡴᡳᠶᠠᠴᡳ᠈ ᠪᠣᡳᡥᠣᠨ ᡨᡠᠸᠠ ᡥᠣᠨᠣ᠈

ᡨᡠᠸᠠᠨ ᠠᠮᠪᠠᠯᡳᠩᡤᡡ ᡨᡠᠸᠠ ᡥᠣᡩᠣᠩᡤᡳ ᠪᡝ ᠠᠮᠪᠠᠯᡳᠩᡤᡡ ᡤᡳᠰᡠᠨ᠈ ᡨᡠᠸᠠᡵᠠ ᠪᠣᡳᡥᠣᠨ ᡨᡠᠸᠠᠴᡳ

ᡥᠣᠰᠣᠨ ᠨᡳᠶᠠᠯᠮᠠ ᠪᡝ ᡨᡠᠸᠠᡴᡳᠶᠠᡵᠠᡴᡡ ᠠᠮᠪᠠᠯᡳᠩᡤᡡ ᠪᡝ ᡨᡠᠸᠠᡴᡳᠶᠠᡵᠠᡴᡡ ᡨᡠᠸᠠᡵᠠ ᠪᡝ

ᠨᡳᠶᠠᠯᠮᠠ ᡥᠣᠨᠣ ᡤᡳᠰᡠᠨ ᠨᡳᠶᠠᠯᠮᠠ ᡥᠣᡵᡳ ᠪᡝ ᡥᡳᠶᠣᠣᡧᡠᠯᠠᡵᠠᡴᡡ ᡥᠣᠣᡧᠣ :: ᡨᡝᡵᡝ ᠪᡝ

ᡳᠵᡳᠰᡥᡡᠨ ᡩᠠᠰᠠᠨ ᡳ ᠵᡠᠸᠠᠨ ᠵᡠᠸᡝᠴᡳ ᠠᠨᡳᠶᠠ ᡳ ᠪᠣᠣ ᡩᡝ ᠪᡳᠰᡳᡵᡝ
ᠠᠨᡳᠶᠠ ᡳ ᠨᡳᠩᡤᡠᠨ ᠪᡳᠶᠠ ᡳ ᡳᠨᡝᠩᡤᡳ ᡳ ᠰᡝᡵᡝᠩᡤᡝ

ᡤᡝᠮᡠ ᠪᡝ ᡤᡝᠨᡤᡳᠶᡝᠨ ᡝᡵᡩᡝᠮᡠ ᡩᡝ ᡩᠠᠰᠠᡵᠠᡴᡡ ᡳ

ᡳᠨᡝᠩᡤᡳ ᡴᡳᠮᠴᡳᡴᡳ ᡤᡝᡵᡝᠨ ᡤᡠᡵᡠᠨ ᡤᡝᠮᡠ ᡥᡝᠨᡩᡠᡵᡝ

ᡳᠪᡝᡳᠨᡝᡵᡝ ᡝᡵᡝ ᡝᡵᡩᡝᠮᡠᡳ ᡤᡝᡵᡝᠨ ᡤᡠᡵᡠᠨ ᡳ ᠠᠯᡳᠨ

ᠪᠣᠴᡳ ᡝᡥᡝ ᡤᡡᠨᡳᠨ ᠪᡝ ᠰᠠᡳᠨ ᡤᡡᠨᡳᠨ ᡩᡝ ᠪᡝᡩᡝᡵᡝᠪᡠᡥᡝ

ᠪᠣᡩᠣᡵᠣ ᡤᡡᠨᡳᡥᠠᡵᠠᡴᡡ ᠰᡝᠮᠪᡳ ᡳ ᠪᠠᡳᠴᠠᡴᡳ ᠪᡝ

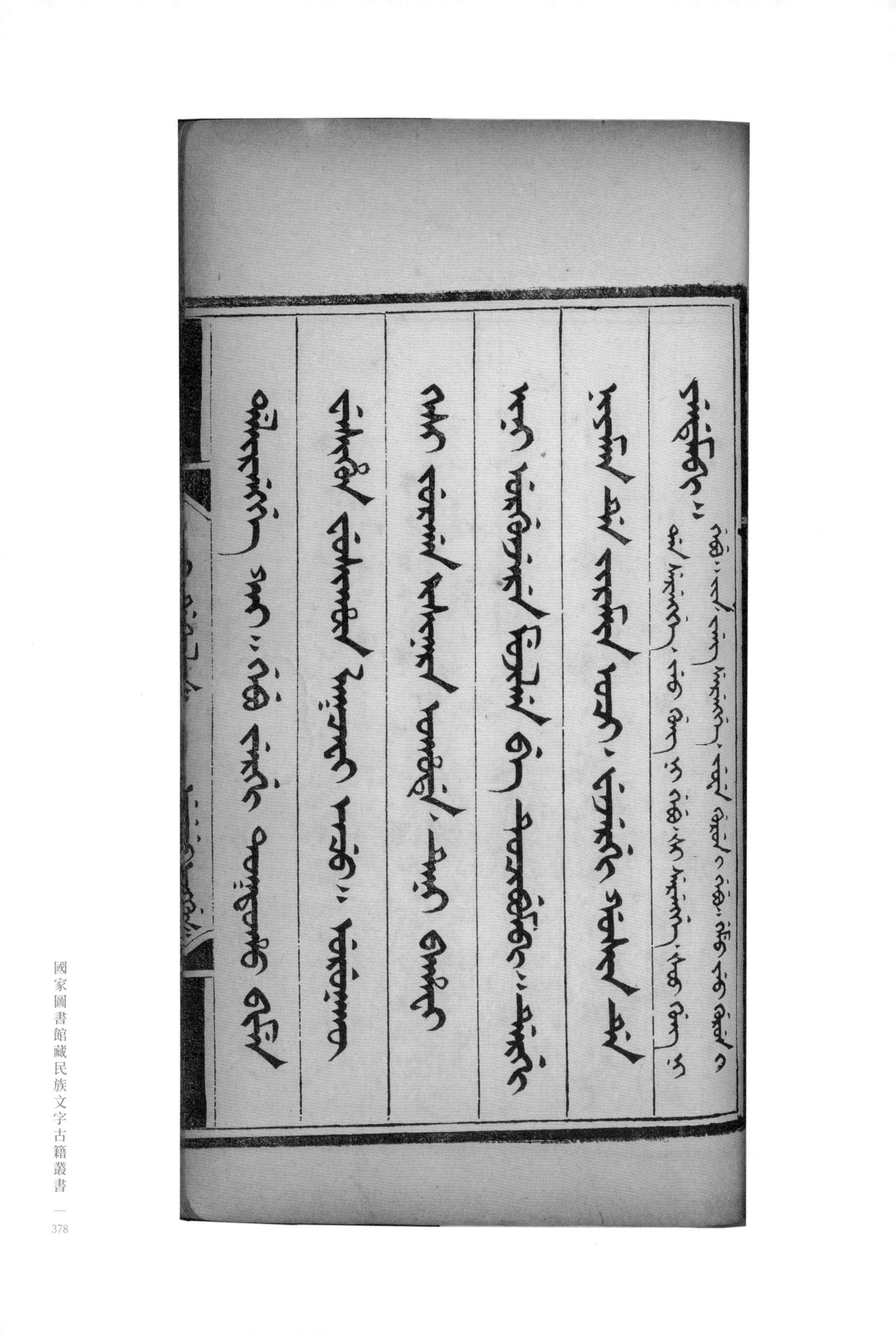

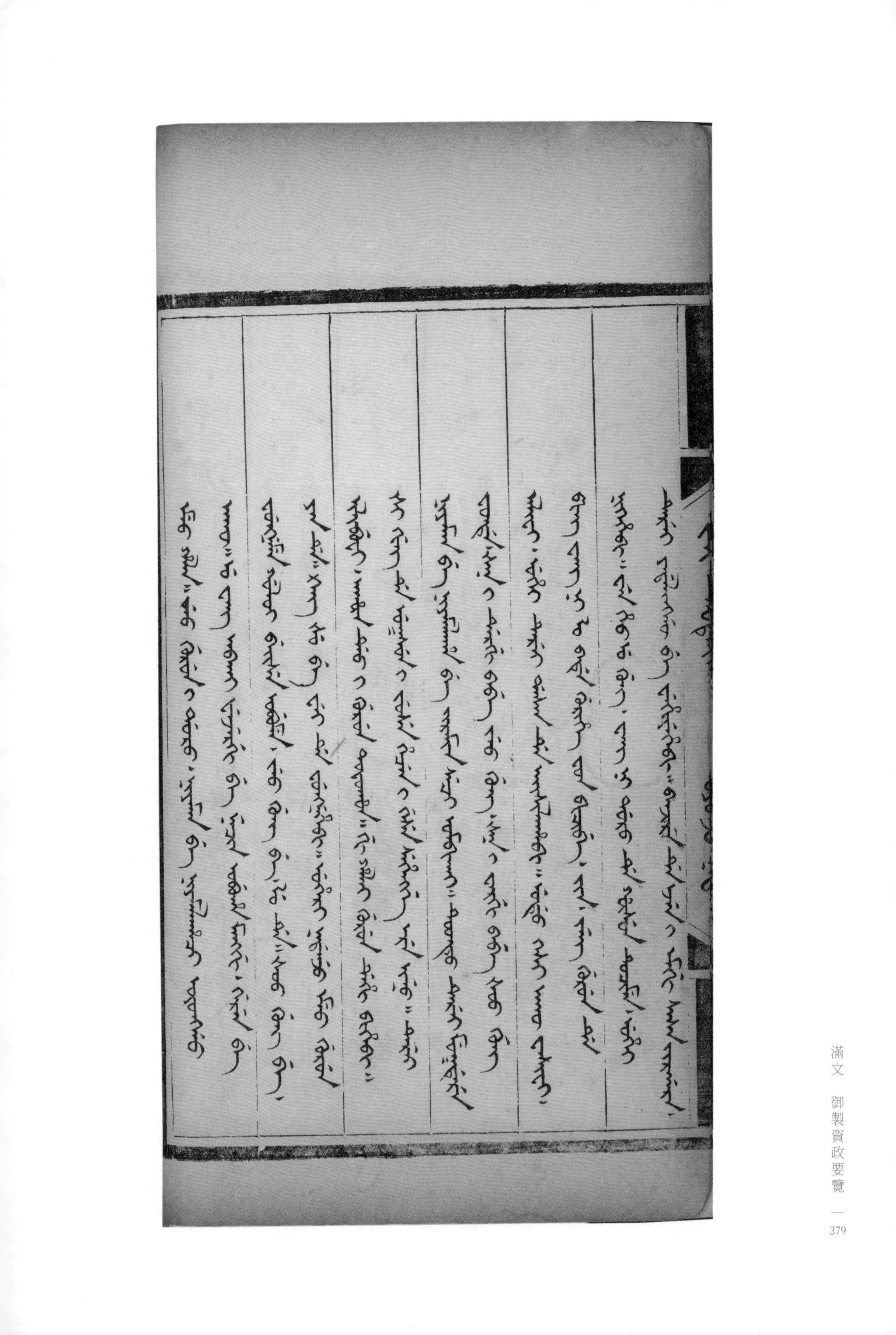

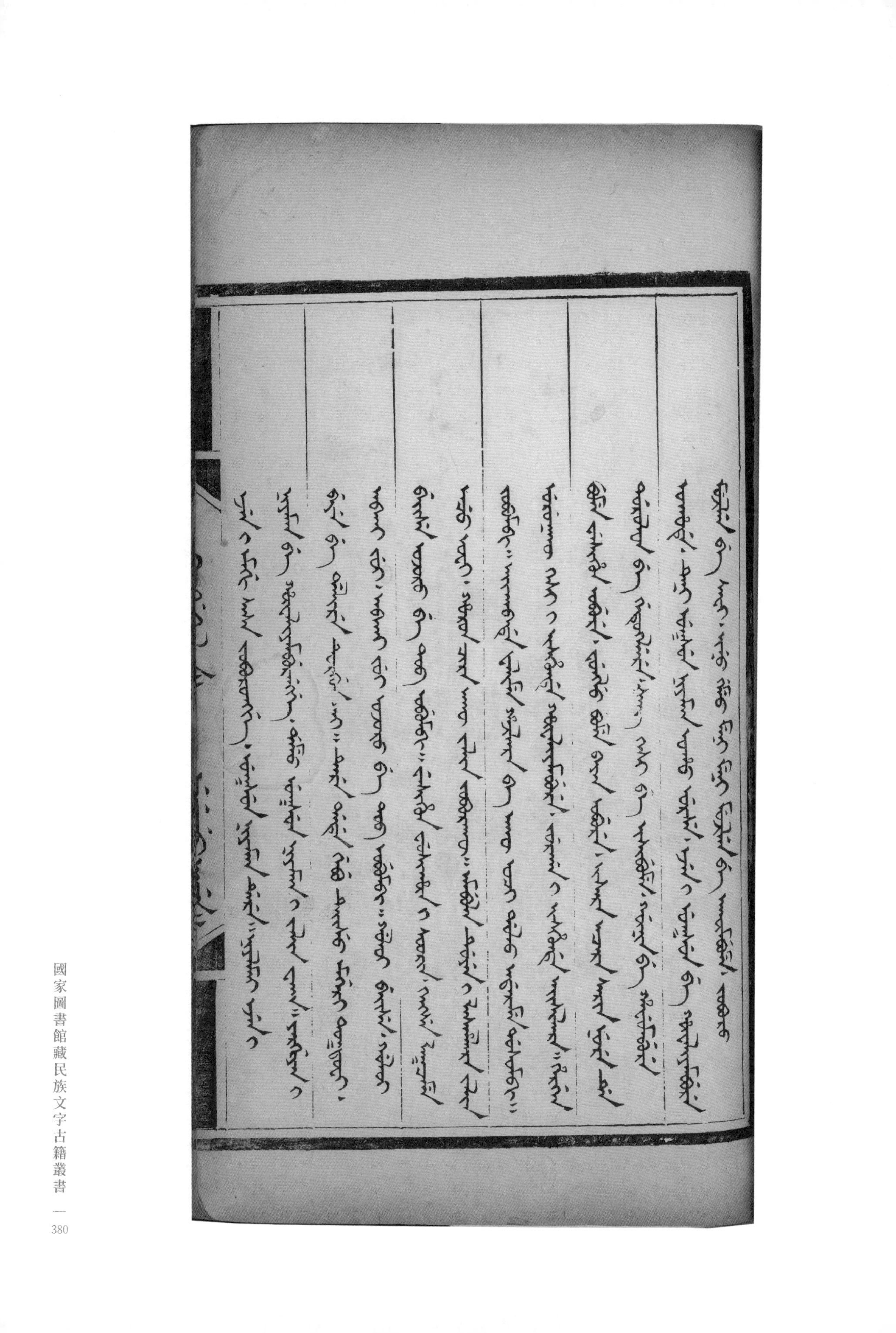

[illegible]

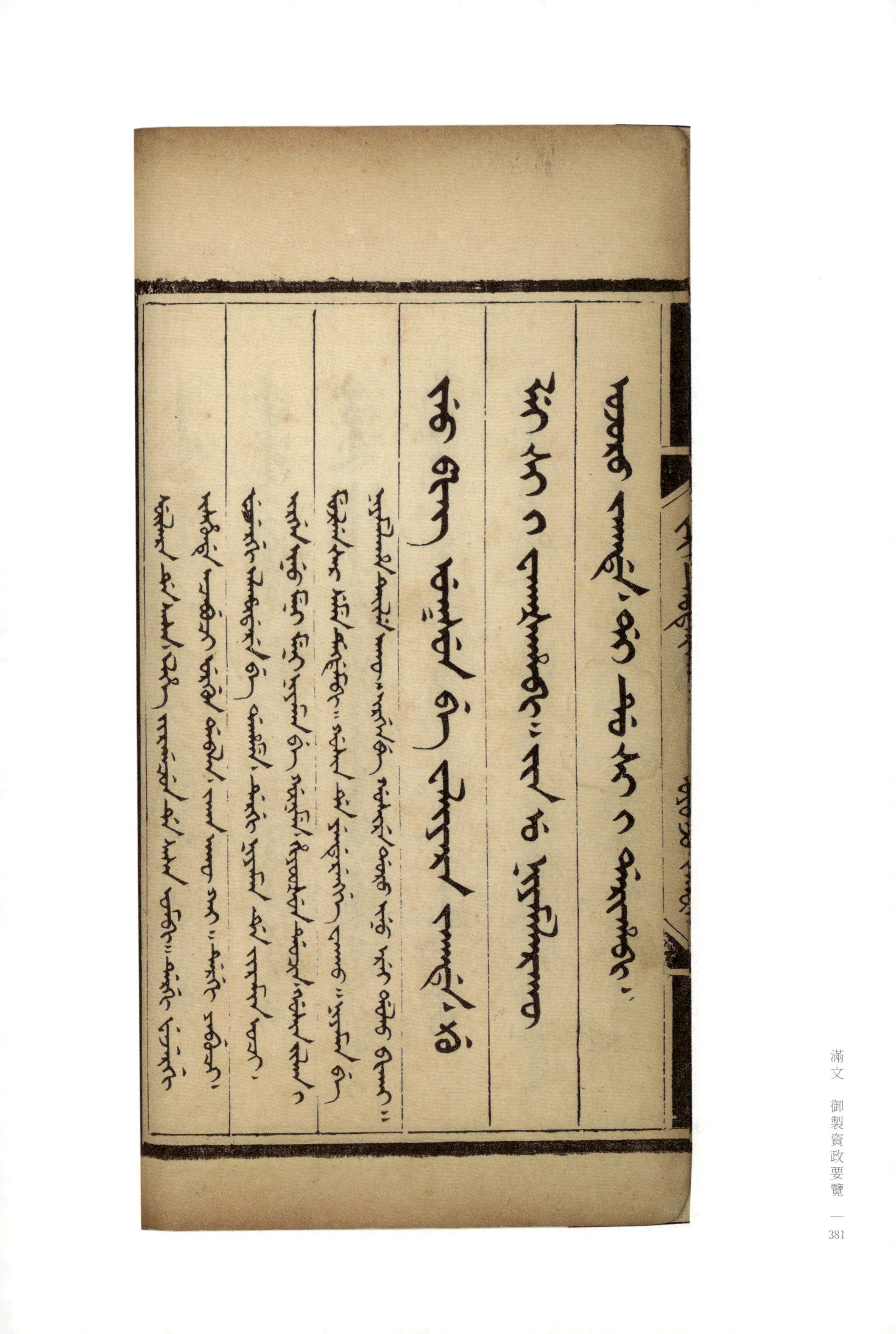

[illegible]

[illegible]

[illegible]

[illegible]

[illegible]

[illegible]

[illegible]

ᠪᡝᠶᡝ ᠪᡝ ᡨᡠᠸᠠᡵᠠ ᠪᡝ ᠰᠠ ᡤᡝᠨᡝᡵᡝ :: ᠰᡝᠮᡝ

ᠪᡝᠶᡝ ᡨᠠᠴᡳᠮᡝ ᡤᡳᠰᡠᡵᡝᡵᡝ ᠪᡝ ᡤᡡᠨᡳᠨ ᠵᡳ ᠪᡝᠶᡝ

ᡥᠣᡵᡳ ᡥᡝᡵᡝ ᠪᡝ ᠰᡠᠸᠠᠨᠵᠠ ᡩᠣᡵᠣᡳ ᠨᡳᠶᠠᠯᠮᠠ ᠵᡳᠮᡝ

ᠪᡝᠶᡝ ᡨᡝᡵᡝ ᡤᡳᠰᡠᡵᡝᠮᡝ :: ᡩᠣᠣᡵᡝ ᠰᡝᡵᡝ ᡤᡝᠮᡠ ᠪᡝᡳᡝ ᡳ

ᡩᠣᠣᡵᡝ ᠵᠠᡴᠠᠨ ᡩᠣᠣᡵᡝ ᠪᡝ ᡩᠣᡵᠣ ᡤᡝᠮᡠ ᡩᠣᠣᡵᡝ

ᠨᡳᠶᠠᠯᠮᠠ ᠵᡳᡩᡝ ᠪᡳ ᠰᡝ ᡳ ᡤᡳᠰᡠᡵᡝᠨ ᡩᠣᠣᡵᡝᡵᡝ ::

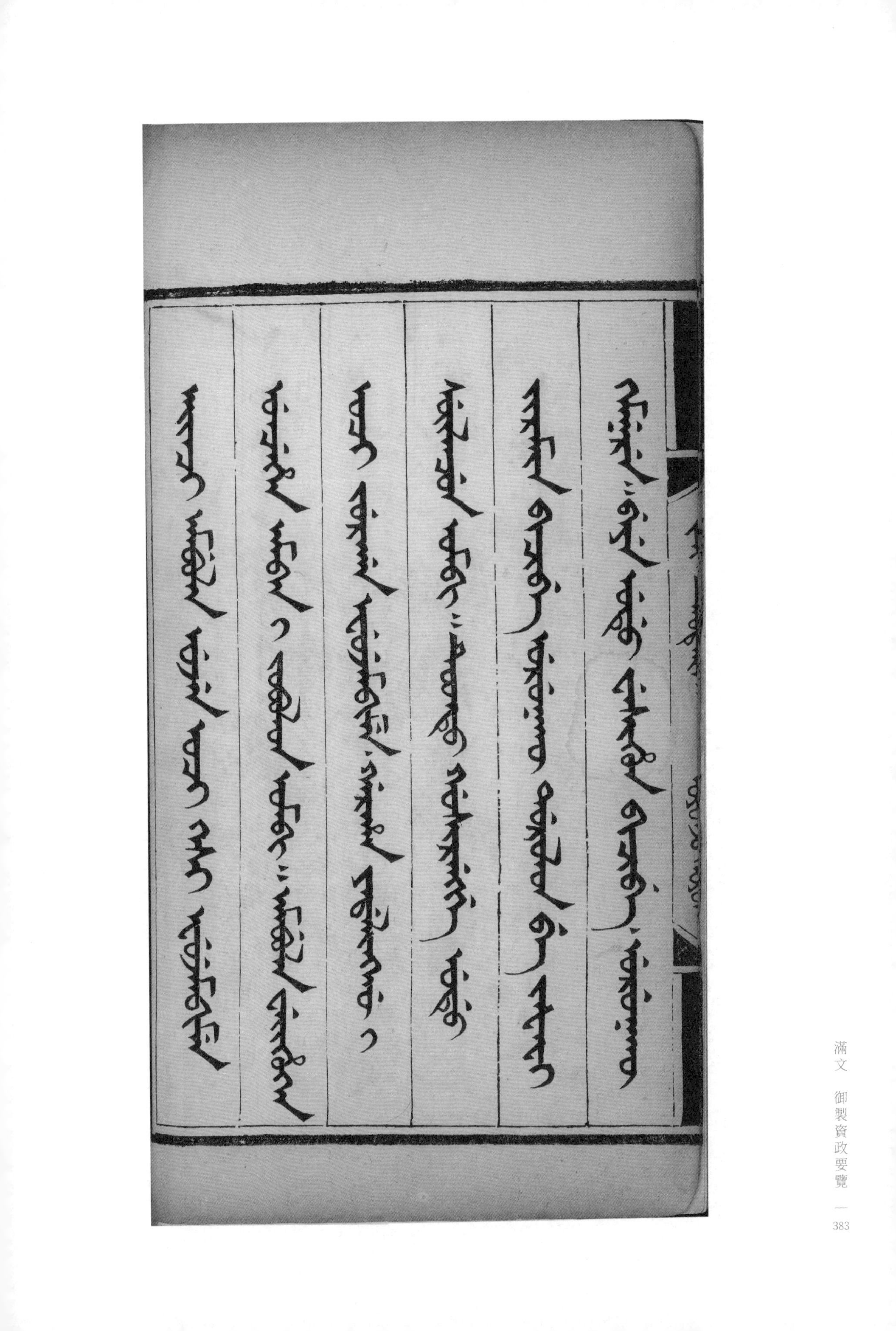

[illegible] [illegible] ᠪᠠᠨᡳᠨ ᠪᡝ [illegible] [illegible] [illegible]
[illegible] [illegible] ᡳ [illegible] [illegible] ᠈ [illegible] [illegible] [illegible]
ᡨᡝᡵᡝ [illegible] [illegible] ᠈ [illegible] [illegible] ᡳ
[illegible] [illegible] ᠈ [illegible] [illegible] [illegible]
[illegible] [illegible] [illegible] [illegible] [illegible] [illegible]
[illegible] ᠈ [illegible] [illegible] [illegible] [illegible] [illegible]

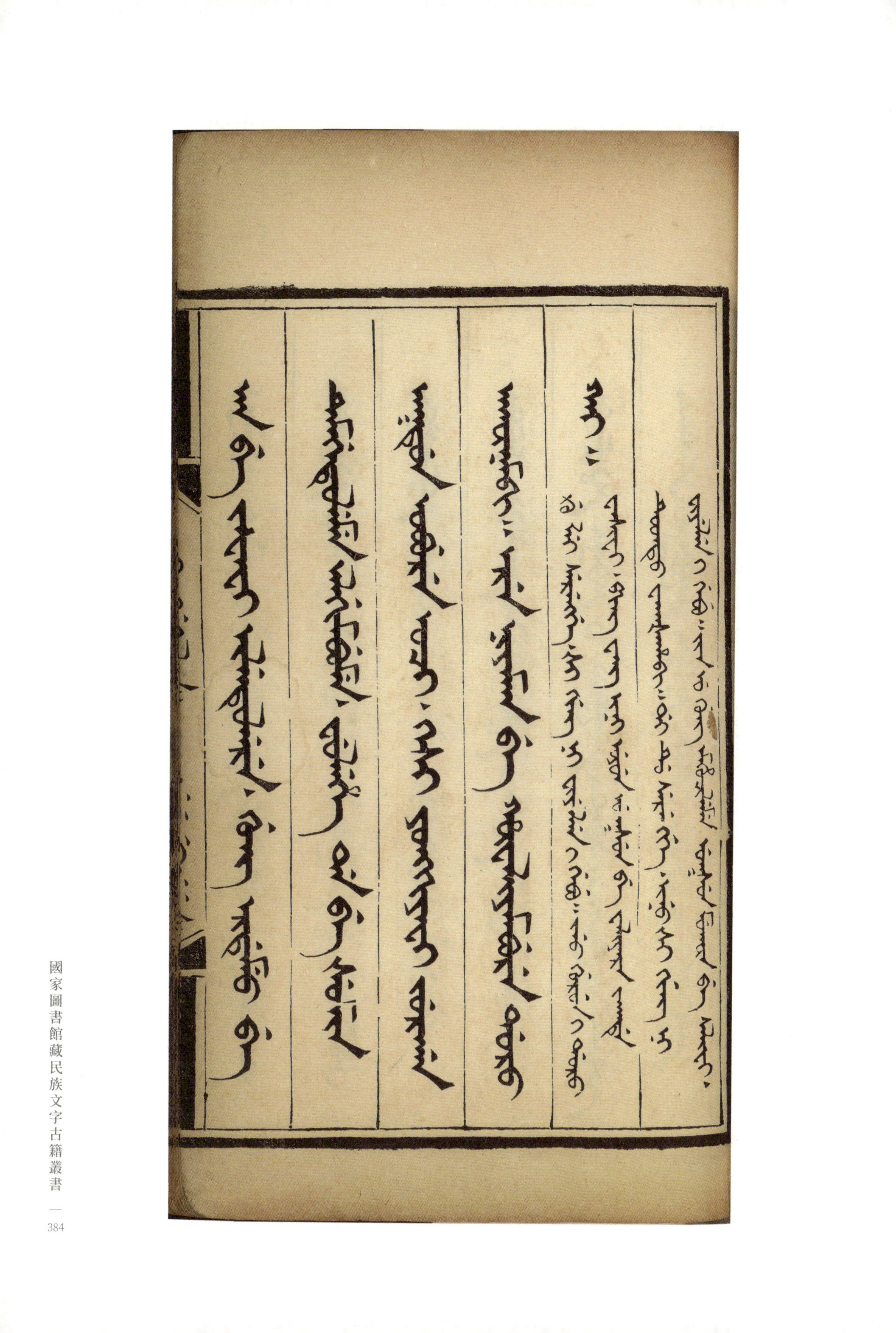

[illegible]

ᠪᡝ [illegible]

ᠨᡳ [illegible] ᠪᡝ [illegible]

[illegible]

ᡝᡵᡝ ᠪᡝ [illegible] ᠪᡝ

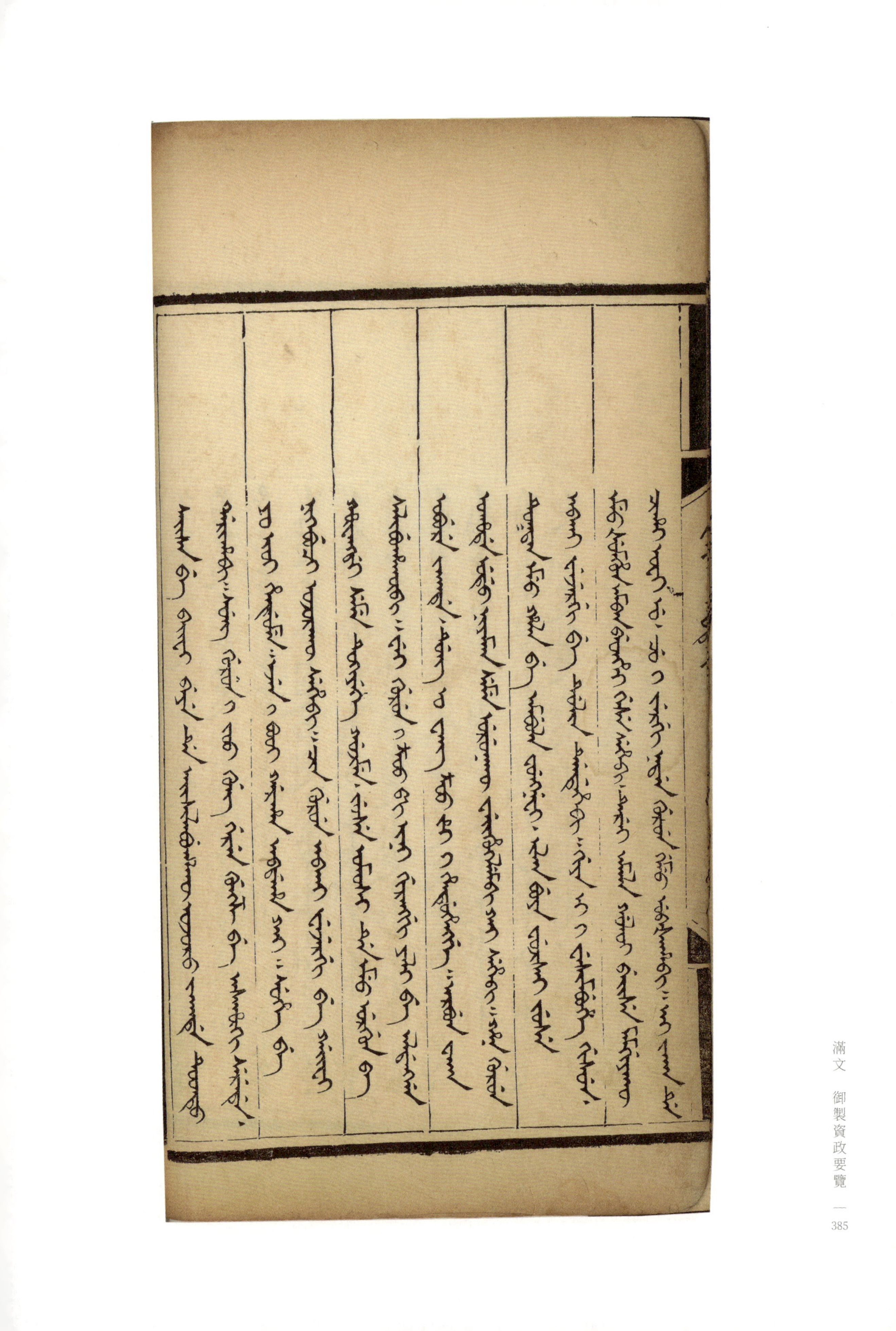

[illegible]
[illegible]
[illegible]
[illegible]
[illegible]
[illegible]
[illegible]
[illegible]
[illegible]
[illegible]
[illegible]
[illegible]

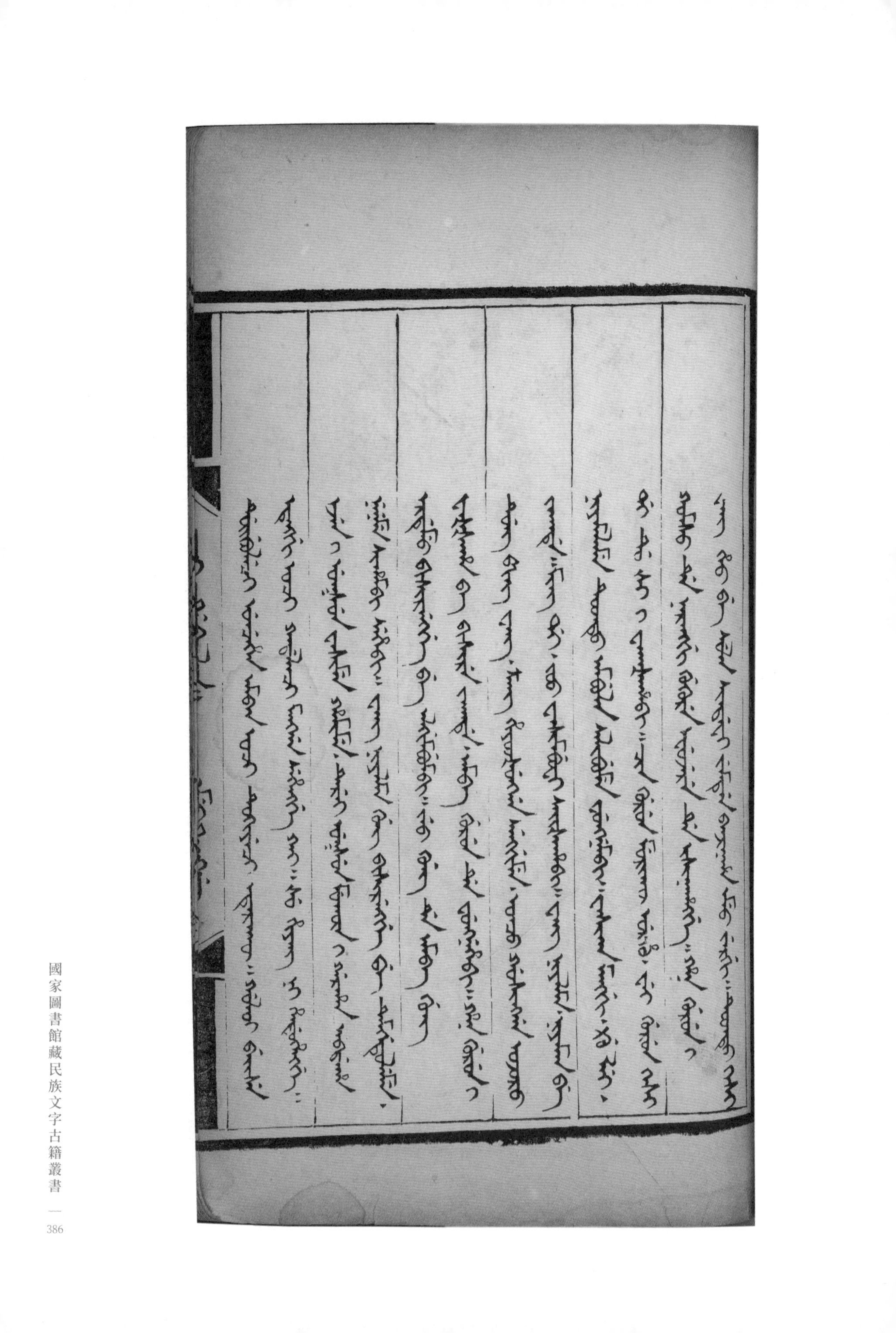

[illegible]

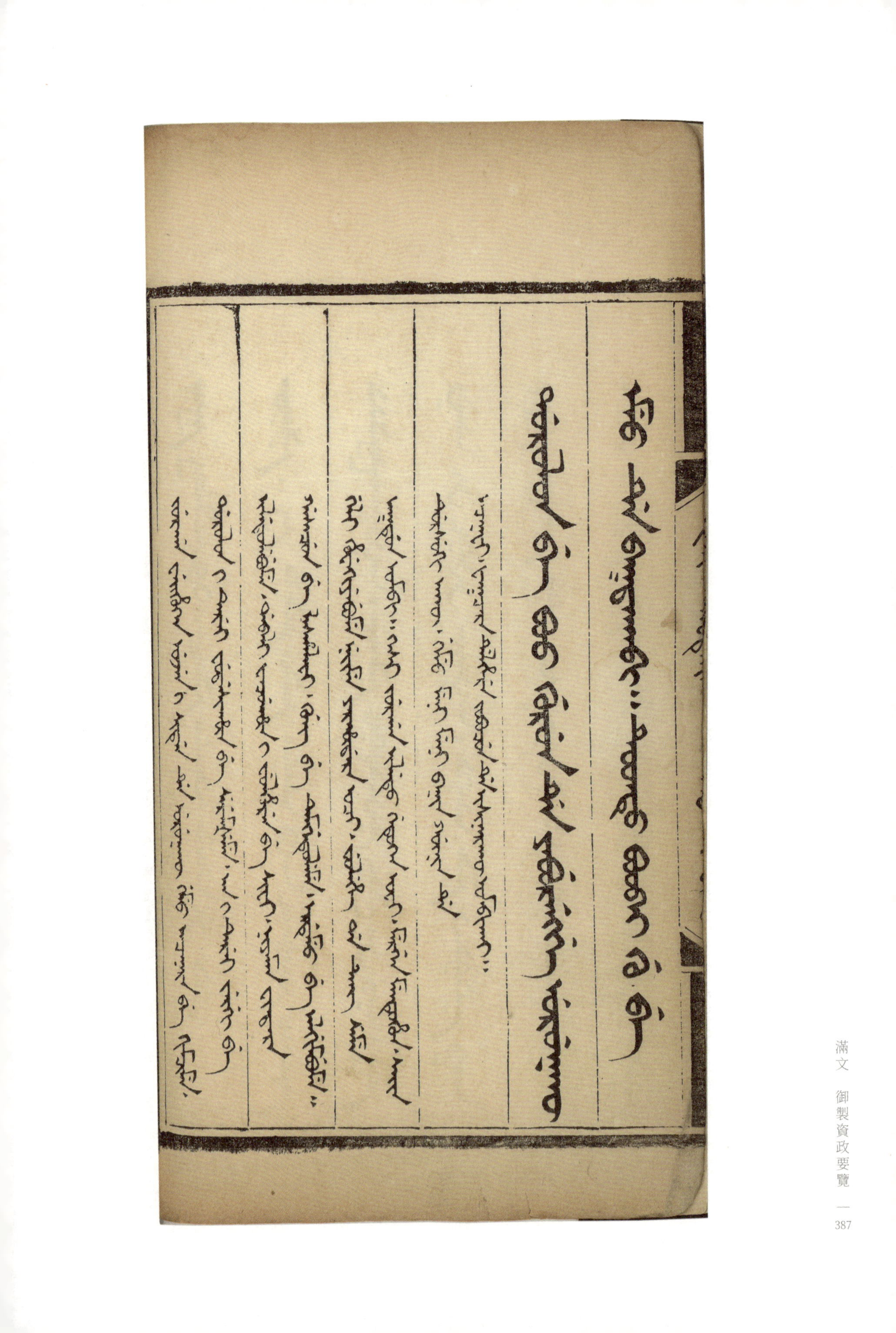

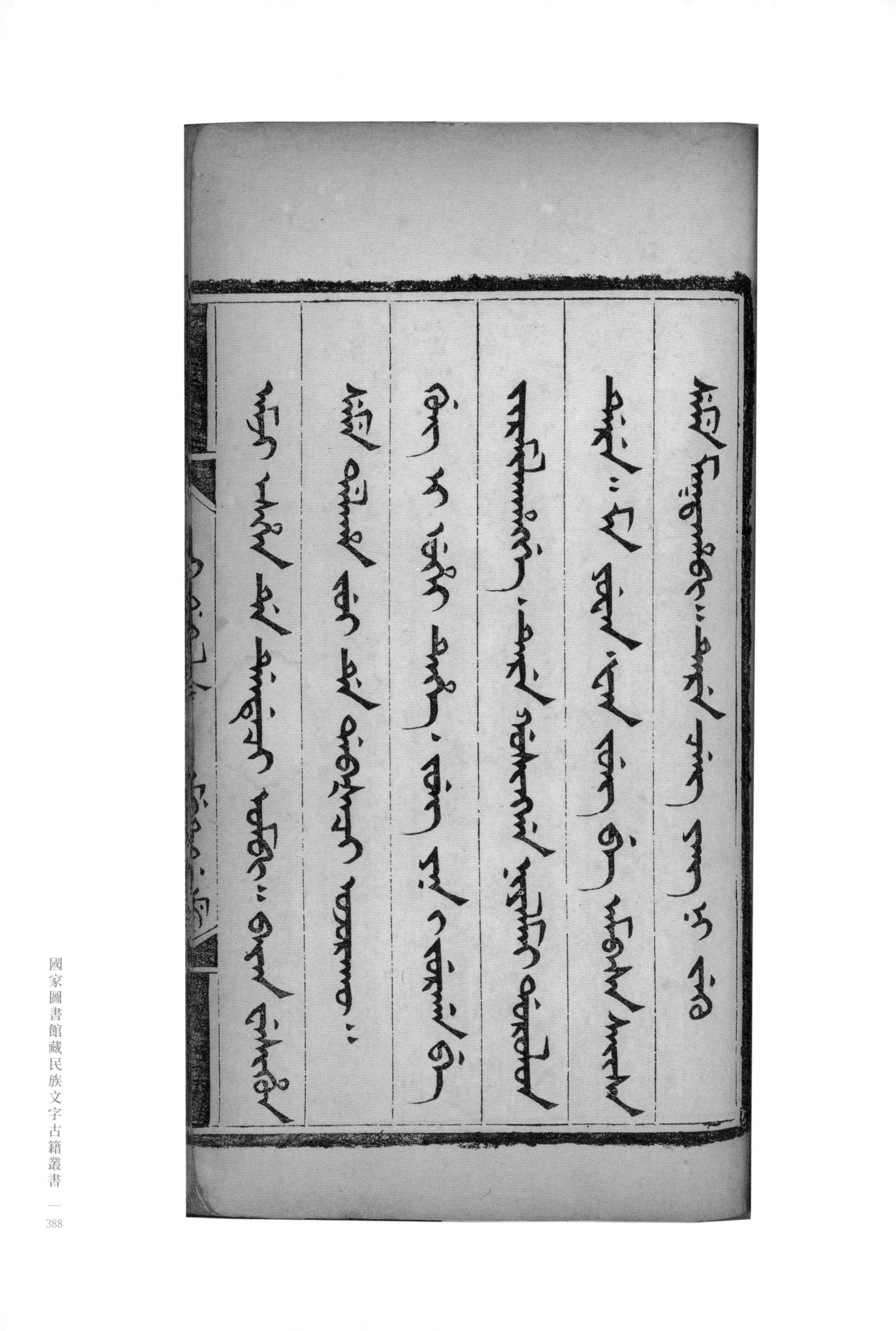

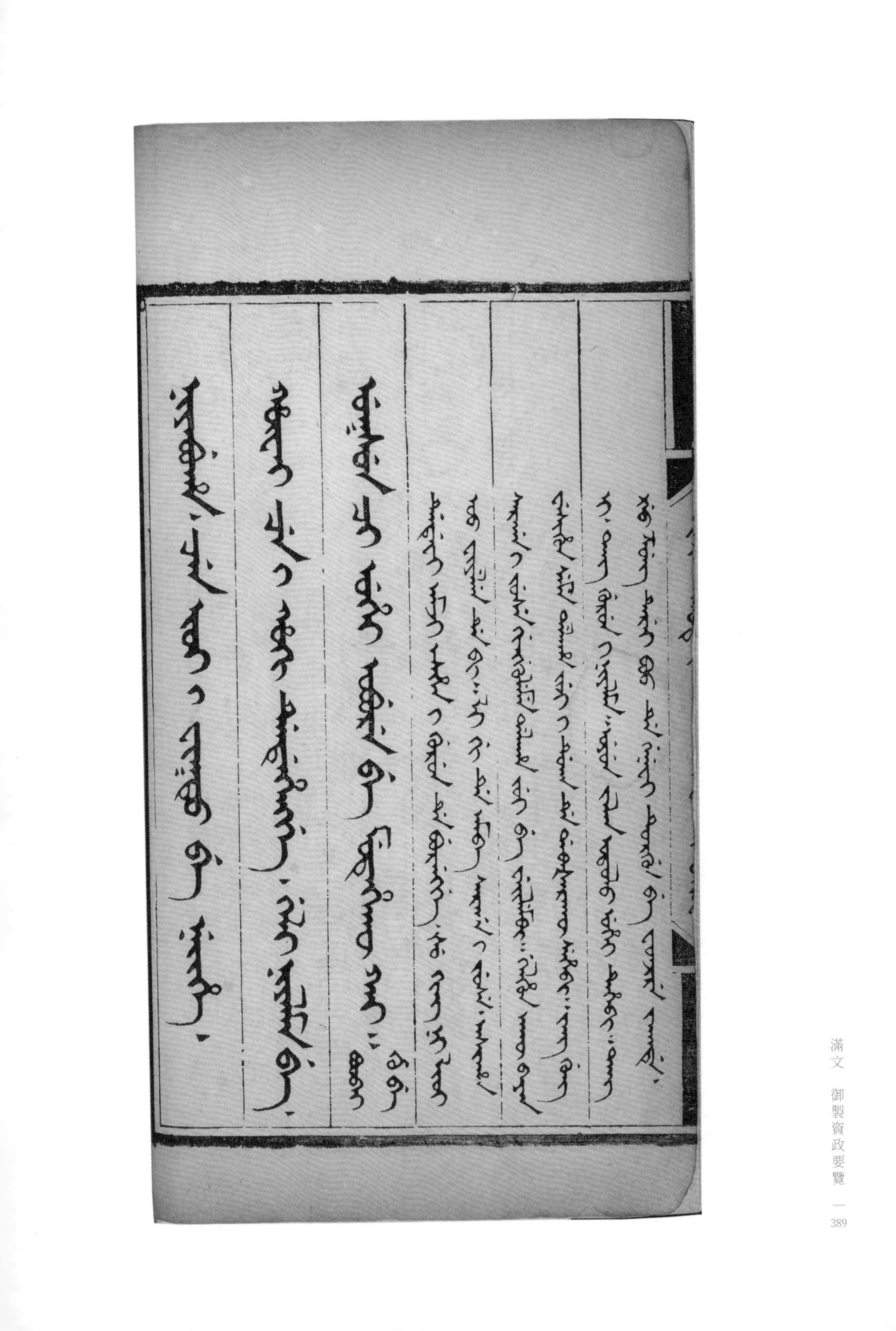

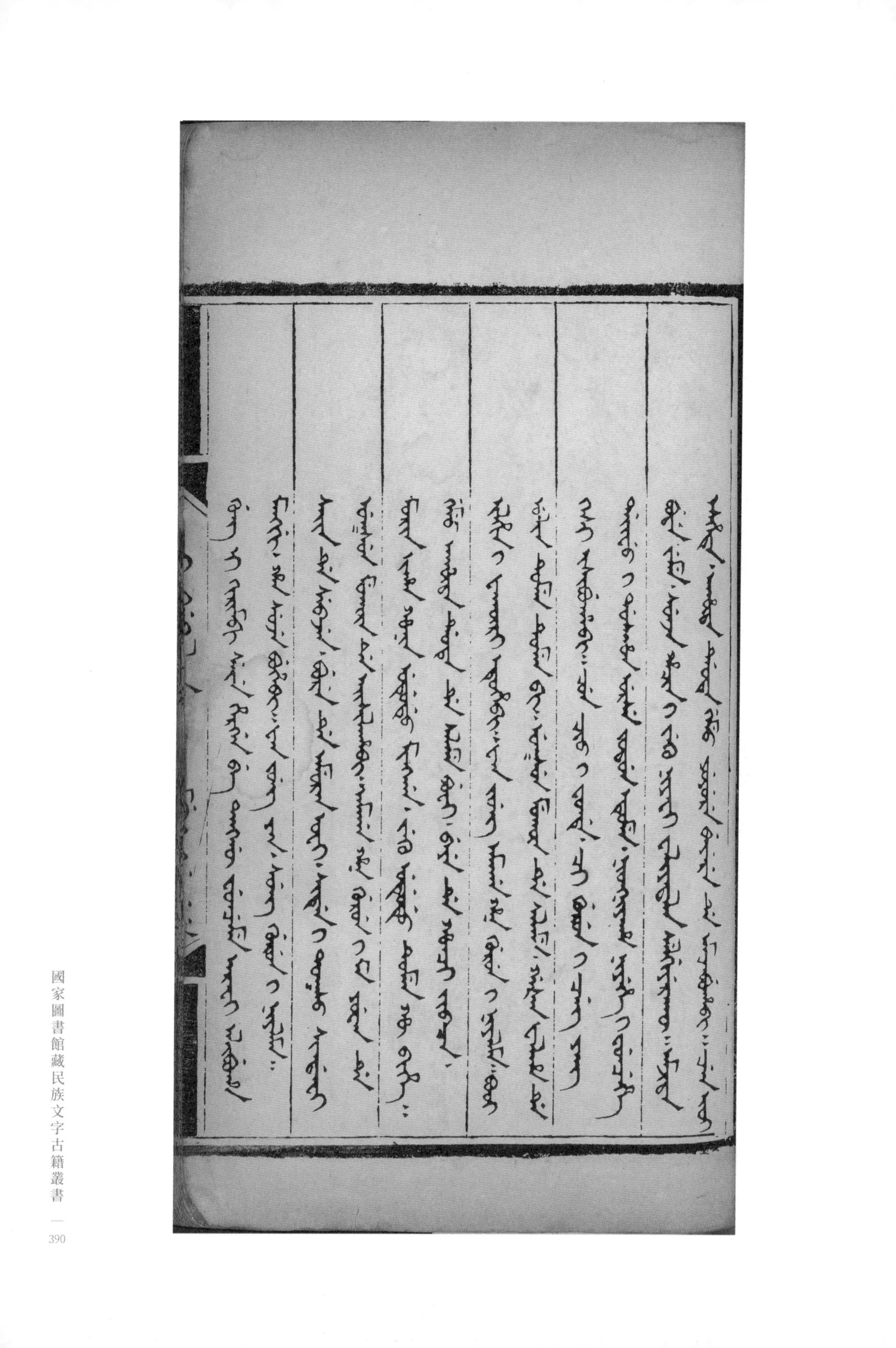

[illegible]

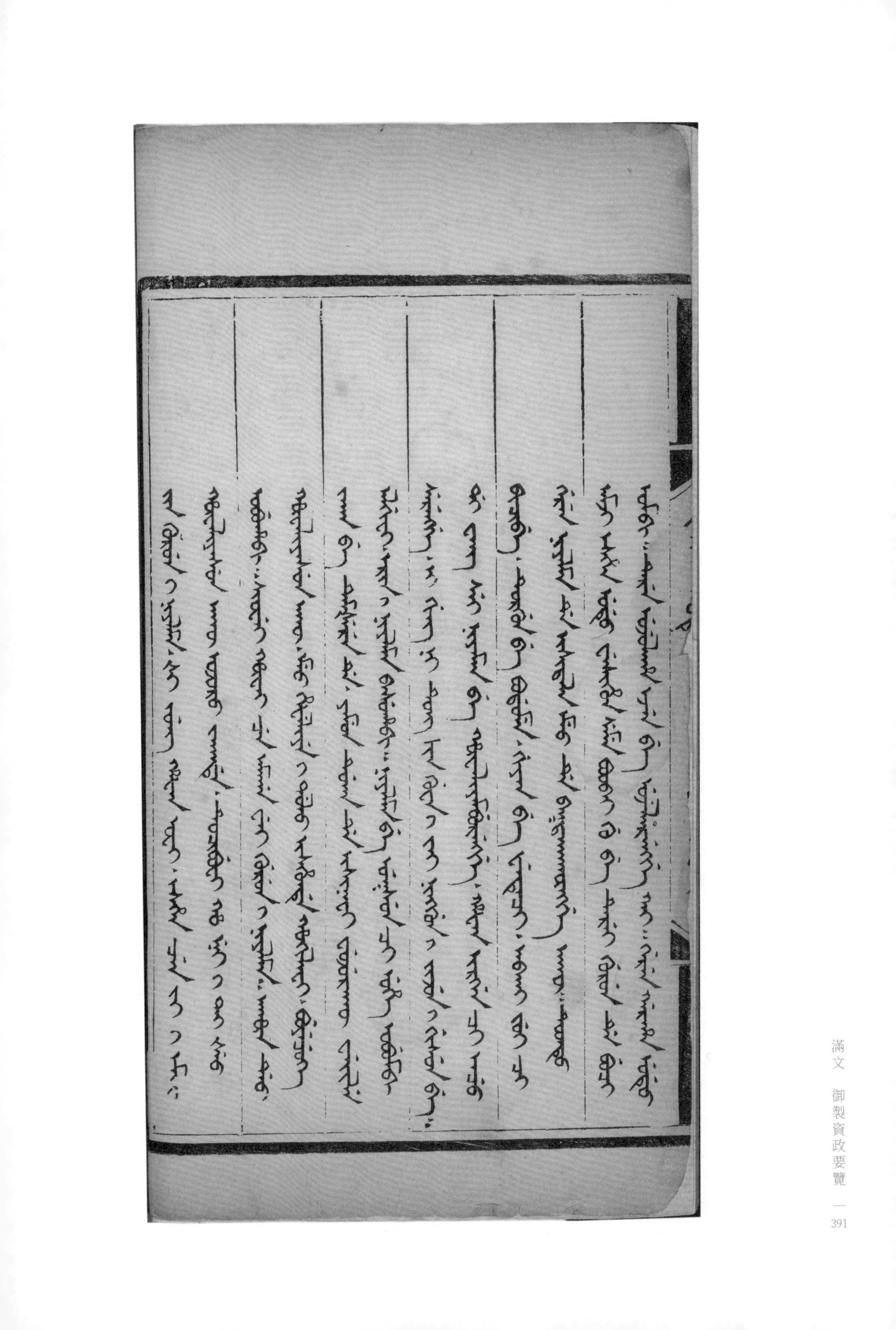

[illegible]